Texte zur katholischen Soziallehre

Texte zur katholischen Soziallehre

Die sozialen Rundschreiben der Päpste
und andere kirchliche Dokumente

mit einer Einführung von
Oswald von Nell-Breuning SJ

Herausgegeben vom Bundesverband
der Katholischen Arbeitnehmer-Bewegung (KAB)
Deutschlands

Verlag Butzon & Bercker · Kevelaer

ISBN 3 7666 8939 8

4., erweiterte Auflage

© 1977 Bundesverband der Katholischen Arbeitnehmer-Bewegung (KAB)
Umschlaggestaltung: Dieter Groß, Vaihingen
Gesamtherstellung: Bercker, Graphischer Betrieb GmbH, Kevelaer

Inhalt:

Vorwort zur 1. Auflage

Was viele von uns lange Zeit für nicht möglich hielten, ist inzwischen nun doch Wirklichkeit geworden: der nicht mehr zu überhörende Ruf nach der Neubelebung der Katholischen Soziallehre.

Jahrelang schien es so, als sei die Soziallehre vergessen und gar ausgeschlossen bei den Entscheidungsprozessen über die großen gesellschaftlichen Probleme unserer Tage.

Die KAB ist stets mit Nachdruck der These entgegengetreten, die Soziallehre habe nichts Eigenständiges mehr zu sagen und müsse, um zeitgemäß zu erscheinen, Anleihen bei individualistischen und kollektivistischen Systemen machen. Dabei haben die lehramtlich formulierten Grundsätze der Katholischen Soziallehre unmißverständlich zum Ausdruck gebracht, daß nach dem obersten Grundsatz dieser Lehre der „Mensch Schöpfer, Träger und Ziel aller gesellschaftlichen Einrichtungen" ist und sein muß.

Die KAB fühlt sich in besonderer Weise als Träger der Soziallehre verpflichtet, für die Verwirklichung dieser Grundsätze einzutreten und sie in den konkreten Erfahrungen des Alltags zu präzisieren.

Dies setzt jedoch das gründliche Studium aller bisher erschienenen Sozialenzykliken voraus. Vielfach sind „Rerum novarum", „Quadragesimo anno" und andere klassische Dokumente der Kath. Soziallehre nicht mehr bekannt. Arbeitnehmer in Bildungskursen, Schüler an Berufsschulen und Gymnasien, aber auch Gewerkschaftler und Politiker verlangen wieder häufig nach diesen Dokumenten der Katholischen Soziallehre.

Ich halte es für einen beklagenswerten Mangel, wenn im Sozialkundeunterricht und in Gewerkschaftskursen die Teilnehmer so gut wie nichts von der Katholischen Soziallehre erfahren. Vielfach hat das die Ursache darin, daß die Texte selbst in katholischen Einrichtungen und Verbänden nicht mehr greifbar sind.

So freue ich mich darüber, daß der Bundesverband der KAB Deutschlands meine Idee verwirklicht, in einem Sammelband die wichtigsten Sozialenzykliken und Verlautbarungen der Päpste zur „Sozialen Frage" herauszugeben. Ich bin sicher, daß dies dankbar angenommen und so die von vielen Menschen geforderte Neubelebung der Kath. Soziallehre angestoßen wird.

Für die Verwirklichung dieses Sammelbandes haben wir ganz besonders zu danken Herrn Professor Dr. Oswald von Nell-Breuning SJ, der mit Energie und Liebe das Werk wissenschaftlich betreute und die Einführung schrieb.

Das Namens- und Stichwortverzeichnis fertigte Herr Dr. theol. Heinrich Ludwig, Münster.

Köln, im Juni 1975

Alfons Müller
Bundesvorsitzender der KAB

Vorwort zur 3. Auflage

Schon drei Monate nach Erscheinen der 1. Auflage unseres Sammelbandes können wir nun die 3. Auflage herausgeben. Die überstarke Nachfrage nach den Texten bestätigt unsere Feststellung im Vorwort zur 1. Auflage, daß diese Dokumente verlangt werden. Wir sehen darin den Ruf nach der Neubelebung der Katholischen Soziallehre bestätigt.

Neben vielen positiven Stimmen und Dankschreiben und ausschließlich befürwortenden Rezensionen in der Presse gilt es, einem Mißverständnis entgegenzutreten: Unser Sammelband kann nicht – und sollte auch nicht – das Bemühen um die Präzisierung und Neubelebung der Katholischen Soziallehre ersetzen. Vielmehr ist es unser Anliegen, daß die bisherigen Lehraussagen der Kirche, die für viele Interessierte nicht mehr greifbar waren, wieder stärker zur Kenntnis genommen werden. Diese Lücke hat unser Sammelband geschlossen.

Neben den lehramtlichen Aussagen sind für die Entwicklung der Katholischen Soziallehre auch die Versuche wichtig, die engagierte Bischöfe, Priester und Laien einzeln oder in Verbänden zur Lösung sozialer Probleme unternommen haben. Der Bundesverband der KAB wird deshalb demnächst in einem zweiten Sammelband Dokumente aus der christlich-sozialen Bewegung des deutschsprachigen Raumes veröffentlichen.

Köln, im März 1976

Alfons Müller
Bundesvorsitzender der KAB

Vorwort zur 4. Auflage

Diese 4. Auflage ist bereichert um Teil III des erst nach Erscheinen unserer 1. Auflage ergangenen Apostolischen Schreibens Papst Paul VI. „Evangelii nuntiandi" vom 8. 12. 1975, worin der Hl. Vater darlegt, wie alles Bemühen um mehr Freiheit und Gerechtigkeit in der Welt hingeordnet sein muß auf das eine und einzige Endziel, das Heil und die Glückseligkeit in Gott.

Als Anhang ist beigefügt das Kommunismusdekret des Hl. Offizium von 1949. Da es immer wieder falsch zitiert wird, schien es uns notwendig, nicht nur den Wortlaut abzudrucken, sondern in kurzen Worten auch seinen genauen Sinn klarzustellen.

Einige Druckfehler der früheren Auflagen sind in dieser Auflage berichtigt.

Auf vielfachen Wunsch wurde das Stichwortverzeichnis stark erweitert; für diese Mühewaltung danken wir Frau Hedwig Herzog, Mitarbeiterin am Anthropos-Institut St. Augustin.

Köln, im April 1977

Alfons Müller
Bundesvorsitzender der KAB

Einführung

Zur Soziallehre der Kirche

Päpste und Bischöfe üben das kirchliche Lehramt aus, der Papst und die zum Konzil versammelten Bischöfe für die Gesamtkirche, die einzelnen Bischöfe für ihre Diözesen, in begrenztem Umfang auch die zu Bischofskonferenzen zusammengetretenen Bischöfe eines Landes oder Sprachbereichs für ihr jeweiliges Gebiet. Das gilt wie für die gesamte Glaubens- und Sittenlehre so auch für die Soziallehre, d. i. die Lehre darüber, wie wir unser Zusammenleben in der menschlichen Gesellschaft verstehen, einzurichten und zu ordnen und wie wir uns als große oder kleine gesellschaftliche Gruppen, aber auch als einzelne in der Gesellschaft zu verhalten haben. – Zu allen Zeiten hat die Kirche in ihrer Lehrverkündigung auch Belehrung erteilt über das rechte, sittlich geordnete Verhalten in der Gesellschaft, insbesondere in der kleinen Gesellschaft der Familie und in der großen Gesellschaft des Staates. Erst in neuerer Zeit, in der die Verflechtung des Menschen in Staat, Gesellschaft und Wirtschaft immer enger geworden ist, aber auch die Wissenschaften von der Gesellschaft sich immer weiter entfaltet, zum Teil aber auch höchst bedenkliche Lehrmeinungen vorgelegt haben, mußte die Kirche sich eingehend mit den vielfältigen Erscheinungen und Einrichtungen des gesellschaftlichen und insbesondere des wirtschaftlichen Lebens befassen, um zu klären und ihre Gläubigen belehren zu können, was von diesen Erscheinungen und Einrichtungen gut und was böse und was zu tun sei, um den Forderungen, die dieses immer komplizierter werdende gesellschaftliche und wirtschaftliche Leben stelle, insbesondere den Forderungen der Gerechtigkeit, Genüge zu tun. – Um diese Lehre zu verkünden, bedienen die Päpste sich vorzugsweise der feierlichen Form der „Enzyklika", zu deutsch „Rundschreiben", die sich meist an die ganze Welt (den „Erdkreis") richten, also Weltrundschreiben sind; nur ausnahmsweise ergeht eine Enzyklika aus besonderem Anlaß an einen begrenzten Kreis von Empfängern; so z. B. die in deutscher Sprache abgefaßte Enzyklika „Mit brennender Sorge" gegen den Nationalsozialismus oder die in diesem Bande abgedruckte Enzyklika „Singulari quadam" zum deutschen Gewerkschaftsstreit. Mehr und mehr bedienen die Päpste sich auch anderer Weisen, ihre Lehre zu verkünden; so hat denn Pius XII. überhaupt keine Sozialenzyklika ergehen lassen, vielmehr sich der Rede vor geeigneten Hörerkreisen oder des sich an alle wendenden Rundfunks bedient, so insbesondere seine in diesem Bande abgedruckte Pfingstansprache 1941 und seine Weihnachtsansprachen. – Paul VI. benutzt neben der Form der Enzyklika auch die öffentliche Rede, so die in diesem Bande abgedruckte Rede an die Vollversammlung der Internationalen Arbeits-Organisation am 10. 6. 1969 in Genf. Selbstverständlich kann der Papst auch jede andere Form wählen, die ihm geeignet erscheint, um diejenigen, die es angeht, anzusprechen; als Beispiele dafür bringen wir in diesem Band zwei Schreiben Papst Pius' XII. sowie das Schreiben „Octogesima adveniens" Papst Pauls VI. an Card. Roy, das an Inhalt und Umfang einer Enzyklika gleichkommt.

Da dieser Band griffbereit zusammenstellen will, was deutsche Katholiken, an erster Stelle Mitglieder der KAB, benötigen, um sich über Entwicklung und Stand der katholischen Soziallehre aus den Quellen selbst zu unterrichten, sind auch zwei Verlautbarungen deutscher Bischöfe aufgenommen, nämlich das sog. „Fuldaer Pastorale" von 1900, ohne dessen Kenntnis der deutsche Gewerkschaftsstreit und die auf ihn sich beziehende Enzyklika „Singulari quadam" nicht verständlich sind, sowie das Begleitschreiben, mit dem die deutschen Bischöfe diese Enzyklika ihren Diözesanen bekannt gaben und erläuterten.

In dem noch nicht ganz 100 Jahre umfassenden Zeitraum, aus dem lehramtliche Verlautbarungen der Kirche zu sozialen Fragen vorliegen, hat einmal ein Konzil stattgefunden, das 2. Vatikanische Konzil, das namentlich in seiner Pastoralkonstitution „Gaudium et Spes" wichtige Aussagen zur Soziallehre gemacht hat. Obwohl dieses Dokument weit über den Bereich der Soziallehre hinausgreift, wird es wegen seiner großen und grundsätzlichen Bedeutung hier vollständig wiedergegeben.

Die Soziallehre der Kirche besteht nicht so sehr aus überzeitlich und überörtlich geltenden, sogenannten „ewigen" Wahrheiten, sondern wendet diese Wahrheiten auf die nach Zeit und Ort verschiedenen, ständigem Wechsel unterliegenden Verhältnisse an. Daraus ergibt sich, daß sie dem Wandel der Dinge folgen und auf die ständig neu auftauchenden Fragen laufend neue Antworten geben muß. So entwickelt sich die Soziallehre der Kirche mit der fortschreitenden Entwicklung der Dinge selbst. Nachdem das Thema mit der ersten Sozialenzyklika Leos XIII. „Rerum novarum" einmal aufgegriffen ist, setzt jede später ergehende Verlautbarung die früheren voraus, baut auf ihnen auf, führt angesponnene Gedanken weiter und vertieft sie, setzt sich mit neu aufgekommenen Fragen auseinander, stellt eingetretene Mißverständnisse richtig und überprüft gegebenenfalls früher gegebene, inzwischen durch den Wandel der Dinge überholte Weisungen und paßt sie den neuen Gegebenheiten an. Alles in allem: die Soziallehre der Kirche entsteht nicht als ein „wissenschaftliches System", das ein systematisch denkender Kopf ausdenkt und in einem alles umfassenden, nichts auslassenden Lehrbuch niederlegt; sie ist auch kein Nachschlagewerk oder gar eine Datenbank, worin alles gespeichert ist und durch Knopfdruck „abgerufen" werden kann. Die Soziallehre der Kirche erwächst geschichtlich aus dem, was das gesellschaftliche Leben an Fragen, insbesondere an Streitfragen aufwirft, und was es an Nöten und Ungerechtigkeiten erzeugt. Wie die Kirche selbst, so ist auch ihre Soziallehre kein „System", sondern gehört dem Bereich des Tatsächlichen, des Geschichtlichen, des praktischen Lebens an, die allerdings immer an den Maßstäben des Gesetzes Gottes gemessen werden. Darum sind kirchenlehramtliche Verlautbarungen immer im zeitgeschichtlichen Zusammenhang zu sehen und zu verstehen; aus diesem Grunde studiert man sie am besten in der geschichtlichen Reihenfolge; demgemäß werden sie auch hier in dieser Reihenfolge dargeboten.

Die Zahl der päpstlichen und Konzils-Dokumente ist viel zu groß, als daß sie hier alle abgedruckt werden könnten; so war notwendig eine Auswahl zu treffen. Die allgemein als „Sozialenzykliken" gezählten

Dokumente sind sämtlich aufgenommen*; im übrigen war entscheidend, was der deutsche Leser braucht, um bei der Diskussion über soziale Fragen im allgemeinen und über „Kirche und Arbeiterschaft" im besonderen sachverständig mitreden und seinen Mann stehen zu können, ohne sich Blößen zu geben. Dafür reicht zwar die bloße Kenntnis der Dokumente nicht aus; auf keinen Fall aber läßt sie sich entbehren.

Zu den einzelnen Dokumenten

„Rerum novarum" – Die Reihe der Sozialenzykliken hat Leo XIII. eröffnet durch seine Enzyklika „Rerum novarum"; ihre Überschrift kündigt die Arbeiterfrage als ihren Gegenstand an. – So lange die Welt steht, haben die Menschen arbeiten müssen und haben gearbeitet, aber erst das 19. Jahrhundert hat im Zusammenhang mit der Industrialisierung das rechtlich freie, tatsächlich aber noch lange Zeit unfreie Lohnarbeitsverhältnis als Massenerscheinung hervorgebracht. „Proletariat" nannte man damals diese an Zahl immer mehr wachsende neue gesellschaftliche Gruppe, für die der rechte Platz oder eine sinnvolle Eingliederung in die menschliche Gesellschaft noch nicht gefunden war, die in drückender Not und ständiger Daseinsunsicherheit lebte ohne Aussicht auf Besserung ihrer Lage. In einem fortgeschrittenen Land wie dem unsrigen kennt man die Lage der Arbeiterschaft von damals nicht mehr und kann sich kaum noch in sie hineindenken. Für die damalige Zeit, die Zeit des noch völlig ungebändigten Liberalkapitalismus, war „Rerum novarum" nicht nur aktuell und modern, sondern eilte ihr in manchen Stücken voraus; für die Entwicklungsländer ist das alles heute noch aktuell; wir sollten „Rerum novarum" mit deren Augen lesen. – Ihre wichtigsten Aussagen sind:

1. Lohngerechtigkeit. – Die zwischen Arbeitgeber und Arbeitnehmer vereinbarte Lohnhöhe ist nicht, wie die liberalen Oekonomen behaup-

---

* Auch die Enzyklika „Divini Redemptoris" gegen den atheistischen Kommunismus könnte man zu den Sozialenzykliken zählen. Mindestens im Bewußtsein von uns Deutschen bildet sie jedoch das Gegenstück zur Enzyklika „Mit brennender Sorge" gegen den Nationalsozialismus; beide setzen sich mit einem politischen System und dessen weltanschaulichem Hintergrund auseinander, die eine mit dem braunen, die andere mit dem roten Totalitarismus oder Faschismus.

teten, schon deshalb gerecht, weil sie „frei" vereinbart ist, der Arbeitnehmer ihr also aus „freien" Stücken zugestimmt hat. Schon rein tatsächlich stimmt das nicht; der Arbeitnehmer ist nicht frei, in ein Lohnarbeitsverhältnis einzutreten oder nicht; er ist zwingend darauf angewiesen. Noch mehr: solange er, um zu leben und seine Familie zu erhalten, nichts anderes als seinen Lohn hat, muß der Lohn dafür ausreichen; so gebietet die Gerechtigkeit den „Lebenslohn"; manche Ausleger meinen, aus dem, was Leo sage, ergebe sich grundsätzlich ein wie immer zu verstehender „Familienlohn".

2. Koalitionsrecht. – Selbst in Deutschland war noch bis 1918 nur den gewerblichen Arbeitern ein obendrein noch brüchiges Koalitionsrecht zugestanden; Leo XIII. dagegen erklärt das Koalitionsrecht als ein jedem Menschen zukommendes unentziehbares Menschenrecht; durch den Zusammenschluß sollen die Arbeiter erstarken. – Der Unterschied zwischen Arbeiter(standes)verein und Gewerkschaft war allerdings noch nicht klar erkannt; daher die Meinungsverschiedenheiten darüber, wie Leo XIII. sich die von ihm empfohlenen Vereinigungen der Arbeiter vorgestellt habe.

3. Staatsintervention. – Die damals unter den Katholiken heiß umstrittene Frage, ob der Staat befugt sei, durch Schutzgesetze und Maßnahmen von der Art der Sozialversicherung zugunsten benachteiligter gesellschaftlicher Gruppen, hier der Arbeiter, einzugreifen, entscheidet Leo dahin, der Staat habe dazu nicht nur das Recht, sondern die Pflicht; allerdings zeigt er sich sehr besorgt, der Staat könne darin zu weit gehen und dadurch die Selbsthilfe der einzelnen, der Familien, aber auch der kirchlichen Einrichtungen beeinträchtigen; das heutige Ausmaß staatlicher sozialpolitischer Maßnahmen – wie auch der Steuern – liegt bestimmt weit jenseits dessen, was Leo XIII. und Menschen seiner Zeit sich vorzustellen vermochten.

Der deutsche Gewerkschaftsstreit

„Fuldaer Pastorale", Enzyklika „Singulari quadam" – Durch „Rerum novarum" ermutigt und gestärkt hatten die deutschen Katholiken zur Zeit des Kaiserreichs führenden Anteil am Aufbau und Ausbau der Sozialpolitik. Unglücklicherweise entzündete sich unter ihnen ein leidenschaftlicher Streit über das vom Papst so sehr empfohlene

Vereinigungswesen. Dieser Streit wurde brennend, als katholische Arbeiter aus Treue zu ihrem Glauben und zu ihrer Kirche den damals militant atheistischen „freien" Gewerkschaften eigene „christliche Gewerkschaften" entgegenstellten. Oberflächlich gesehen ging der Streit darum, ob katholische Arbeiter sich mit nicht-katholischen christlichen Arbeitern zusammenschließen dürften; darunter verborgen aber lag die Grundsatzfrage, ob überhaupt Gewerkschaften sein sollten oder nicht. Für uns heute sind Arbeiterverein, Gewerkschaft und Genossenschaft deutlich umschriebene, klar voneinander unterschiedene Begriffe; damals war das alles noch wenig geklärt.

Nach der Meinung der Integralisten sollte es für Katholiken nur den vom Priester geleiteten Arbeiterverein geben, der alle Aufgaben zu übernehmen hätte; die große Mehrheit der Arbeiter wollte eine eigene, von Arbeitern selbst geleitete gewerkschaftliche Organisation. In den Augen der Bischöfe ging es um die Frage, ob konfessionell oder interkonfessionell, für die Arbeiter, ob echte Gewerkschaft oder nicht, da bloße „Fachabteilungen" im katholischen Arbeiterverein offenbar kein Ersatz für echte Gewerkschaften waren.

Auf der Fuldaer Bischofskonferenz 1900 war es deren Vorsitzendem, Kardinal Kopp, gelungen, die Unterschriften aller Bischöfe für ein gemeinsames Hirtenschreiben an die Geistlichen zu gewinnen, wonach es nur „Fachabteilungen" innerhalb der vom Priester geleiteten Arbeitervereine geben sollte. Mit Berufung auf dieses unter dem Namen „Fuldaer Pastorale" in die Geschichte eingegangene Dokument hat der Verband katholischer Arbeitervereine Sitz Berlin die gewerkschaftsfreundlich eingestellte große Mehrheit der anderen Verbände West-, Süd- und Ostdeutschlands bekämpft und verlästert. Inzwischen hatten mehr und mehr Bischöfe ihre Haltung geändert; sie wandten sich an den Papst, und gegen den härtesten Widerstand der bei ihm sehr einflußreichen Integralisten gelang es, ihm das Zugeständnis abzuringen, unter eng gefaßten Voraussetzungen und streng gefaßten Bedingungen dürften sie die Mitgliedschaft katholischer Arbeiter in interkonfessionellen Gewerkschaften „dulden". Diesen Entscheid traf Pius X. in der an die deutschen Bischöfe gerichteten Enzyklika „Singulari quadam" vom 24. 9. 1912.

„Quadragesimo anno". – Wie der Name besagt, ist diese Enzyklika eine Gedächtnisschrift zum 40-jährigen Gedächtnis von „Rerum novarum". Daher ist der 1. Teil dem Rückblick auf „Rerum novarum" gewidmet und rühmt deren segensreiche Wirkungen. In diesen Rückblick eingeflochten ist die Berichtigung der in „Singulari quadam" ausgesprochenen Ermächtigung, die christlichen Gewerkschaften zu „dulden" (‚tolerari posse‘) in ausdrückliche Billigung (‚probare‘). Der 2. Teil führt die Gedanken von „Rerum novarum" weiter und klärt einige Streitfragen, die zum guten Teil hätten vermieden werden können, wenn man sich statt an die nicht immer einwandfreien Übersetzungen an den allein maßgeblichen lateinischen Text gehalten hätte (vgl. hierzu die Ausführungen auf Seite 69). – Weit über die „Arbeiterfrage" hinausgreifend wird die gesellschaftliche Ordnung im Ganzen in Angriff genommen. Die kapitalistische Wirtschaftsweise wird als „nicht an sich verwerflich" beurteilt, zugleich aber auch scharf die Grenzlinie gezogen, bei deren Überschreiten sie verwerflich wird. Die Tatsache der kapitalistischen Klassengesellschaft, vor der man so lange die Augen verschlossen hatte, wird unbefangen zur Kenntnis genommen, ja sogar die Notwendigkeit eines – allerdings „entgifteten" – Klassenkampfes anerkannt; als Ziel wird eine neue, klassenfreie gesellschaftliche Ordnung anvisiert. Leider wurde für diese neue Ordnung der Gesellschaft, mit der die kapitalistische Klassengesellschaft überwunden werden soll, eine aus der katholischen Sozialtradition überkommene Bezeichnung gewählt (in der deutschen Übersetzung „berufsständische Ordnung"), was in aller Welt dahin mißverstanden wurde, es sei beabsichtigt oder werde empfohlen, etwas längst Dahingegangenes in ein wenig modernisierter Gestalt wiederzubeleben, während in Wirklichkeit etwas ganz und gar Neues gemeint war; heute würden wir es als „klassenfreie" (im Gegensatz zur Marx'schen klassenlosen) Gesellschaft bezeichnen. In diesem Zusammenhang wird der faschistische Korporationenstaat kritisch beleuchtet; viele Leser wollten darin eine Verbeugung vor ihm sehen; Mussolini hat die Schärfe der Kritik verstanden und entsprechend hart reagiert. Eine entschiedene Absage erfährt der Kommunismus, aber auch ein genau umschriebener Sozialismus („wenn er so bleibt") wird als mit dem christlichen Weltbild und der christlichen Lebensauffassung unvereinbar abgelehnt. Der Schlußteil schärft die Gewissen, mahnt zur Tat, aber auch zur Einigkeit. – Im deutschen Sprachbereich hat der Nationalsozialismus, in der ganzen Welt der Ausbruch des 2. Weltkriegs die Enzyklika um ihre Wirkung gebracht.

In diese schlimme Zeit fallen die beiden hier nicht abgedruckten päpstlichen Enzykliken „Mit brennender Sorge" gegen den Nationalsozialismus (14. 3. 1937) und „Divini Redemptoris" gegen den atheistischen Kommunismus (19. 3. 1937).

Eine Zusammenfassung dessen, was „Rerum novarum" und „Quadragesimo anno" enthalten, gibt die Pfingstbotschaft Pius' XII. zum 50. Jahrestag von „Rerum novarum" 1941. Von ihr wurden – eine ganz seltene Ausnahme – auch die Übersetzungen in die wichtigsten Sprachen im Amtsblatt des Hl. Stuhles abgedruckt; wir übernehmen die dort abgedruckte deutsche Übersetzung. – Nachdrücklich betont der Papst den Rangunterschied zwischen dem Herrscherrecht „des" Menschen als vernunftbegabtes Geschöpf über „die" vernunftlose Schöpfung und dem nur in Unterordnung dazu bestehenden Eigentumsrecht, das diesem einzelnen Menschen die Befugnis zuweist, unter Ausschluß anderer über diese bestimmte Sache zu verfügen.

Alle Weihnachtsbotschaften Pius' XII. hätten verdient, hier abgedruckt zu werden; das würde den Band sprengen. Darum beschränken wir uns auf die Weihnachtsbotschaft des Jahres 1944 über die Demokratie. In früheren Zeiten gab es für die regierenden Herren sogenannte Fürstenspiegel, in denen sie sich betrachten und an Hand derer sie ihr Gewissen erforschen konnten; diese Weihnachtsbotschaft Pius' XII. ist ein „Fürstenspiegel" für die Träger von Macht und Verantwortung in der Demokratie.

Von besonderem Interesse für uns ist eine Ansprache, die Pius XII. am 11. 3. 1945, also zu einer Zeit, da der Krieg in Italien gerade zu Ende war, an die ACLI, die katholischen Arbeitervereine Italien, die italienische Bruderorganisation der KAB, gerichtet hat. Darin nimmt der Papst unter anderem Stellung zu Fragen des Verbandswesens, insbesondere im Hinblick auf den damals in Italien unternommenen, aber schon bald gescheiterten Versuch einer Einheitsgewerkschaft.

Unmittelbar auf deutsche Verhältnisse bezogen äußert sich der Papst zu den gleichen Fragen in seinem Schreiben vom 1. 11. 1945 an den Erzbischof von München-Freising, Kardinal Faulhaber. Von diesem sehr langen Schreiben bringen wir nur diesen Teil, der zeigt, wie großen Wert Pius XII. auf das ihm von seiner deutschen Nuntiaturzeit her

16

bekannte deutsche katholische Verbandswesen und insbesondere auf den Wiederaufbau der KAB legte.

Angesichts des nachhaltigen Widerstandes, den ein namhafter Teil des deutschen Klerus unter Berufung auf das Diözesan- bzw. Pfarrprinzip dem Wiederaufbau der Verbände entgegensetzte, mußte der Papst immer erneut für die Verbände, insbesondere für die KAB eintreten. Als Beleg dafür bringen wir noch einen Auszug aus seinem Schreiben vom 9. 5. 1956 an die KAB Westdeutschlands. Damals hatte die KAB in Gustav Gundlach einen sehr einflußreichen Freund und Befürworter in unmittelbarer Nähe Pius' XII. Dieses Schreiben verrät zwar die Gundlach'sche Handschrift nicht in gleichem Grade wie die Weihnachtsbotschaften und viele andere Verlautbarungen des Papstes; nichtsdestoweniger ist es bestimmt nicht zuletzt seinem Einfluß zu verdanken.

„Mater et magistra". – Mit dieser Enzyklika setzt eine neue Zeit ein. Die Dokumente Pius' XII. waren philosophisch, theologisch, juristisch und diplomatisch ausgefeilte Kunstwerke; Johannes XXIII. praktiziert die Diplomatie des Herzens. Selbstverständlich gibt er vom Lehrgehalt der früheren Lehrschreiben nichts preis, aber Tonart und Blickrichtung sind völlig anders. „Mater et magistra" bewegt sich nicht auf den Höhen sozialphilosophischer Abstraktion, sondern kniet sich in die soziale Wirklichkeit hinein. Damit kommt das Arbeitsleben stärker in den Blick. War Pius XII. gegenüber Einheitsgewerkschaft und gegenüber wirtschaftlicher Mitbestimmung noch ziemlich bedenklich und zurückhaltend, so ist Johannes XXIII. ganz unbekümmert aufgeschlossen und zuversichtlich. So hat seine Enzyklika denn auch in der Welt eine geradezu begeisterte Aufnahme gefunden; sie hat der Kirche und ihrer Soziallehre Sympathien gewonnen wie keine andere zuvor. – Wir Deutsche haben etwas Schwierigkeit mit dem rechten Verständnis der Ausführungen dieser Enzyklika über das, was die Franzosen unter ‚socialisation' verstehen. Unsere deutsche Übersetzung versucht es wiederzugeben durch „gesellschaftliche Verflechtung" oder „dichter werdendes Netz sozialer Beziehungen" (59 ff.); das ist sicher zutreffend, erschöpft aber nicht ganz das, was die Franzosen alles in ‚socialisation' hineingeheimnissen und weit über unseren sozialpsychologischen Begriff der „Sozialisation" hinausgeht. – „Mater et magistra" hat viele Tore aufgestoßen. Das Blickfeld hat sich erweitert, indem auch die Probleme der unterentwickelten Länder einbezogen sind und das bis dahin überwiegend auf den einzelnen Staat bezogene Gemeinwohl weltweit verstanden, auf die ganze, mehr und mehr zu einer Einheit zusammenwanchsende Welt erstreckt wird. Es geht nicht mehr um Wohl und Wehe des eigenen Landes und Volkes, sondern der Welt und der einen Menschheitsfamilie.

Die Bezifferung der Abschnitte in „Mater et magistra" stimmt erstmalig in den Übersetzungen in alle Hauptsprachen überein; nichtsdestoweniger ist sie nicht amtlich, sondern beruht auf einem Übereinkommen der Übersetzer; desgleichen in „Pacem in terris". Erst in den späteren Enzykliken sind die Abschnitte im authentischen lateinischen Text und damit amtlich beziffert.

„Pacem in terris" setzt die Ausweitung des Blickfeldes auf Weltweite fort. Im Unterschied zu der sehr locker geschriebenen Enzyklika „Mater et magistra" ist „Pacem in terris" ein genau durchdachtes, kunstvoll durchgegliedertes, architektonisches Werk. Ebenso weitherzig wie geschickt werden die von Hause aus unbestrittenermaßen individualistisch konzipierten Menschenrechte der Gründerstaaten der USA, der französischen Revolution und der Menschenrechtsdeklaration der Vereinten Nationen dieser Einseitigkeit entkleidet und in die katholische Soziallehre einverleibt. – Höchst bedeutsam hebt Johannes XXIII. den Unterschied hervor zwischen den mehr oder weniger museumsreifen Doktrinen und dem praktischen Leben politischer und sozialer Bewegungen, die nicht selten viel von der abstrusen Theorie ausgeschwitzt haben und sich um vernünftige und gerechte Dinge bemühen (159). Da sollen Katholiken sich nicht ängstlich zurückhalten, sondern – selbstverständlich ohne ihren Grundsätzen auch nur das allergeringste zu vergeben – selbstlos und uneigennützig mitmachen. – Bemerkenswert ist auch ein Wandel gegenüber einer nicht ganz zwei Jahre früher getanen grundsätzlichen Äußerung. Hatte es in „Mater et magistra" (239) noch geheißen, wann immer die Hierarchie sich zu einer Frage des politischen oder sozialen Lebens vernehmen lasse, hätten die Katholiken stramm zu stehen und prompt zu parieren, äußert „Pacem in terris" sich sehr viel zurückhaltender und überläßt das Urteil den in der politischen Praxis stehenden Männern und Frauen selbst; ein Eingriff der kirchlichen Autorität wird nur noch vorbehalten für den Fall, daß er sich mit Rücksicht auf die kirchliche Glaubensoder Sittenlehre als notwendig erweise (160), d. h. wenn diese gefährdet wäre und einer Zuwiderhandlung gegen sie vorgebeugt werden müßte. Damit hat Johannes XXIII. in seinen letzten Lebenstagen den großen Durchbruch vorweggenommen, den das 2. Vatikanische Konzil in aller Form vollzogen hat: nicht mehr Bevormundung durch den für alles zuständigen Klerus, sondern eigene Verantwortung der Laien, eines jeden im Bereich seines beruflichen Wirkens, seines Sachverstandes, seiner fachmännischen Qualifikation.

Pastoralkonstitution „Gaudium et Spes". – Vorangestellt wird eine Inhaltsübersicht, die den Aufbau erkennen läßt; so wird der Leser sich in diesem umfangreichen Dokument wohl leichter zurecht finden. – Wie steht die Kirche der Welt von heute gegenüber und wie kann sie ihr gerecht werden? Um sich darüber klar zu werden, muß die Kirche so unvoreingenommen und unbefangen wie möglich von dieser Welt Kenntnis nehmen. Sie kann sich ja nicht eine ihren Wunschvorstellungen entsprechende Welt wählen, sondern hat es zu tun mit der Welt, wie, diese nun einmal tatsächlich beschaffen ist. Anstatt über die Schlechtigkeit der Welt zu jammern, nimmt die Kirche hier eher optimistisch als pessimistisch, auf jeden Fall aber realistisch Kenntnis von dem Guten und von dem Bösen in der Welt, wie sie heute ist. Die Ängstlichkeit, das übermäßige Beharrungsstreben, womit sie früher vielfach dem materiellen, technologischen und kulturellen Fortschritt gegenüberstand, um nicht zu sagen sich entgegenstellte, ist abgelegt; die Dynamik des heutigen Lebens ist vorbehaltlos akzeptiert, ja sie wird als etwas Großes, Schönes und Gutes bejaht.

Von den Sozialenzykliken und anderen sozialen Dokumenten her sind wir Ausführungen gewohnt, die hauptsächlich aus der Sache selbst schöpfen, also philosophisch, juridisch, ökonomisch u. a. m. argumentieren, dagegen die Glaubenswahrheiten und die Gebote Gottes als bekannt und als selbstverständlich anerkannt voraussetzen. Das ist hier anders. Die Konzilskonstitution, die ihrem Thema nach von der Kirche handelt, kann gar nicht anders als zunächst einmal ein theologisches Fundament legen; über die Kirche ist nicht zu philosophieren; von ihr wissen wir überhaupt nur aus der in Jesus Christus geschehenen Offenbarung Gottes; was die Kirche ist und was sie sein soll, bestimmt sich ausschließlich nach dem Willen ihres göttlichen Stifters. Die Kirche kann ihr Selbstverständnis nur gewinnen, es weiter klären und vertiefen, indem sie sich auf das geoffenbarte Gotteswort, auf den Stifterwillen Jesu Christi besinnt. Das hat sie wesentlich in der dogmatischen Konstitution „Lumen gentium" getan und setzt es hier mit praktischer Ausrichtung fort; so ist die Pastoralkonstitution über die Kirche in der Welt von heute ausgesprochenermaßen ein theologisches Dokument.

Um es nur an einem Beispiel zu verdeutlichen: in „Pacem in terris" konnte Johannes XXIII. die Menschenwürde, wie sie der Menschenrechtsdeklaration der Vereinten Nationen zugrunde liegt, und den Kernbestand der in diesem Verständnis der Menschenwürde wurzelnden Menschenrechte sich zu eigen machen. Wenn die Konzilskonstitution ihr Bild von der menschlichen Gemeinschaft entwirft, dann legt sie ein vertieftes Verständnis der Menschenwürde zugrunde, das den Menschen nicht nur in seiner natürlichen Gottebenbildlichkeit, sondern in seiner Stellung in der übernatürlichen Heilsordnung sieht, seine Berufung zur Gotteskindschaft und zur endgültigen Vollendung in Gott einbezieht; die Pastoralkonstitution sieht die Menschenwürde im Licht des Glaubens.

Als für Soziallehre und Sozialpraxis gleich wichtig sei aus Ziff. 26, Abs. 3 angemerkt: „Die Ordnung der Dinge muß der Ordnung der Personen dienstbar gemacht werden und nicht umgekehrt"; wir wissen, wie oft das hier verworfene „Umgekehrte" praktiziert wird.

Hervorgehoben sei auch die recht verstandene Eigengesetzlichkeit der irdischen Wirklichkeiten (Ziff. 36). Die Integralisten (s. vorstehend bei Gewerkschafsstreit) erkennen allem Irdischen nur insoweit Wert zu, wie es dem jenseitigen übernatürlichen Endziel des Menschen dient; für sie hat das alles nur Dienstwert. Der rechte christliche Glaube und die Kirche schreiben dem, was Gott geschaffen hat, echten Eigen- oder Selbstwert zu. Nicht deshalb, weil etwas zum Heile dient, ist es von Wert, sondern umgekehrt, nur deswegen, weil es wirklich von echtem Wert ist, ist es sogar fähig, zum Heile dienlich zu sein. Der Schönheit und der Brauchbarkeit der von Gott geschaffenen Dinge einschließlich dessen, was menschlicher Fleiß und menschliche Kunstfertigkeit daraus machen, können und dürfen, ja sollen wir uns freuen, und diese Freude ist selbst dann ein Geschenk Gottes und Gott wohlgefällig, wenn wir uns dabei nicht eigens seiner als des Urhebers alles Guten erinnern, nicht eigens unser Herz zu ihm erheben, um ihm dafür zu danken und seine zuvorkommende Güte durch unsere dankbare Gegenliebe zu erwidern.

Auf diesen und anderen theologischen Grundlagen baut der 2. Teil der Konstitution die Lehre von Ehe und Familie, die Lehre vom echten kulturellen Fortschritt, die Lehre von der Wirtschaft, von der politischen Gemeinschaft und abschließend vom Frieden und von der Völkergemeinschaft auf.

In die Welt, in die verschiedenen weltlichen Bereiche wirkt die Kirche vor allem durch die Laien; davon handelt Ziff. 43. – Für die weltlichen Aufgaben und Tätigkeiten sind „eigentlich, wenn auch nicht ausschließlich" die Laien zuständig. „Von den Priestern dürfen die Laien Licht und geistliche Kraft erwarten", also nicht, wie es die Laien oft erwarten oder gar wünschen, fachmännische Beratung oder gar Lieferung fertiger Lösungen; dazu hat der Klerus (auch der höhere Klerus, die Hierarchie) gar nicht die Sendung. „Die Laien selbst sollen . . . darin ihre eigene Aufgabe wahrnehmen." Selbstverständlich sollen sie sich dabei an die Lehre der Kirche halten und deswegen sie zunächst einmal kennen. Also nicht beim Klerus oder der Hierarchie anfragen und Weisung einholen und dann die erhaltene Weisung getreulich ausführen, sondern aus eigenem Sachverstand und demzufolge auch in eigener Verantwortung die in der Lehre der Kirche aufgestellten Maßstäbe an die jeweilige Situation anlegen und sie auf die zur Lösung anstehende Aufgabe anwenden.

Nun wird man, so stellt das Konzil fest, oft in der gleichen Sache bei gleicher Gewissenhaftigkeit verschiedener Meinung sein können, welche Lösung mehr dem göttlichen Wohlgefallen oder dem Geist des Evangeliums entspricht. Bei einer solchen Meinungsverschiedenheit soll man für das, was man für besser oder richtiger hält, nicht die Autorität der Kirche in Anspruch nehmen, sondern sich auf die eigene Einsicht und auf die Gründe stützen, die man für diese Meinung hat. Man hat bei der Kirche keine Weisung eingeholt oder jedenfalls keine Weisung von ihr erhalten; also handelt man auch nicht auf ihre, sondern auf die eigene Verantwortung und muß den Mut aufbringen, dazu zu stehen. – Das läßt sich aber nicht übertragen auf Meinungsverschiedenheiten über die Auslegung der kirchlichen Lehre selbst; das ist ein gänzlich anderer Fall. Hier hat die Kirche gesprochen. Jede dieser verschiedenen Auslegungen will die Lehre der Kirche richtig verstehen und glaubt, sie verstehe sie richtig. Solange die Kirche den Auslegungsstreit nicht autoritativ entschieden hat, kommt es auch hier ausschließlich auf die Gründe an. Aber in diesem Fall muß man sich auf die Aussage der Kirche berufen; die Gründe können nur der kirchenlehramtlichen Aussage selbst entnommen werden. Einen Text kann man nicht auslegen, ohne sich auf ihn zu beziehen oder zu berufen; man kann sich nur an ihn selbst halten und aus ihm herausholen, was er hergibt. Meinungsverschiedenheiten über die Auslegung kann man mit Ziff. 43 nicht abwürgen.

Außer der von uns übernommenen, im Auftrag der deutschen Bischöfe erstellten und zuerst in den Ergänzungsbänden zum Lexikon für Theologie und Kirche dem lateinischen Wortlaut gegenübergestellten deutschen Übersetzung, die auch in dem von Rahner und Vorgrimler herausgegebenen Bändchen der Herder-Bücherei zu finden ist, gibt es noch eine andere, in Fromms Taschenbuchreihe „Zeitnahes Christentum" Band 44 „Vollständige Ausgabe der Konzilsbeschlüsse" enthaltene, offenbar von KNA stammende deutsche Übersetzung. An Stellen, deren Auslegung umstritten ist wie insbesondere Ziff. 68 (Mitbestimmung), wirken Unterschiede der Übersetzung störend und erschweren die Verständigung. Offenbar kam die von den Bischöfen in Auftrag gegebene Übersetzung zu spät, so daß man, um die Lücke zu schließen, sich genötigt sah, auf die schon vorliegende Übersetzung zurückzugreifen.

Papst Paul VI., Ansprache bei der 75-Jahrfeier von „Rerum novarum" – Diese Ansprache ist weit mehr als eine übliche Festrede. Wie schon Johannes XXIII. in „Mater et magistra" (212 ff.) spricht Paul VI. von „Ideologien", faßt den Begriff aber ganz weit; nicht nur einseitig verengte, insbesondere bewußt oder unbewußt vom Wunschdenken beeinflußte „standortgebundene" Vorstellungen, nicht nur Hirngespinste, sondern alle, auch noch so standfesten Lehrgebäude wie die katholische Soziallehre werden unter diesem Oberbegriff zusammengefaßt; das zu wissen wird uns das Verständnis von „Octogesima adveniens" erleichtern. – In überraschender Übereinstimmung mit Gustav Gundlach erläutert Paul VI. die soziale Gerechtigkeit, indem er statische und dynamische Gerechtigkeit unterscheidet; erstere verlangt, das geltende (positive) Recht zu achten, letztere gebietet, das menschliche Zusammenleben nach den naturrechtlichen Erfordernissen (gleichbedeutend könnte man sagen: nach den Erfordernissen des Gemeinwohls; „Gemeinwohlgerechtigkeit) zu entfalten (3), also nicht den Stand der Dinge zementieren, sondern neuen Bedürfnissen zuvorkommen, nicht auf das geschriebene Recht pochen, sondern vorweg auch dem noch nicht geschriebenen Gesetz gehorchen. – Die Kirche habe eine „gewisse theoretische und historische Vorliebe für korporative und bipolare Formen überwunden" (gemeint sind aus Arbeitgebern und Arbeitnehmern zusammengesetzte Vereinigungen); heute anerkenne die Kirche vorbehaltlos das gewerkschaftliche Organisationsprinzip (5). Daraus entnehmen wir, daß auch „die Kirche", d. i. die Träger des kirchlichen Lehramts, an der menschlichen Schwäche teilhaben, von Voreingenommenheiten, Stimmungen und Neigungen angefochten zu werden, und ihre Zeit brauchen, um sie zu überwinden. Das können „theoretische" Vorlieben sein für gewisse Schulmeinungen oder „historisches" Befangensein in Vorstellungen einer Zeit, die nicht mehr ist. Wer hätte zur Zeit des deutschen Gewerkschaftsstreits sich vorstellen können, daß ein Papst einmal in solcher Weise für das Gewerkschaftsprinzip „optieren" könnte?! – Im Zusammenhang mit Kommunismus und Marxismus verwirft Paul VI. den „zum System erhobenen Klassenkampf" (6). Damit liegt er genau in der Linie Pius' XI: „zum System erhobener Klassenkampf" ist der von Haß und Neid getragene, auf Vernichtung des Gegners abzielende Klassenkampf; dagegen „kann und soll" (nach „Quadragesimo anno" 114) ein davon geläuterter, „entgifteter" Klassenkampf „als Ausgangspunkt dienen", um den bestehenden Zustand der Klassengesellschaft zu überwinden und zu einer gesellschaftlichen Ordnung zu kommen, die alle sinnvoll in die Gesellschaft eingliedert und allen den ihnen zukommenden Anteil am Gemeinwohl gewährleistet.

„Populorum progressio" – diese Enzyklika greift die bereits in „Mater et magistra" angesprochene Entwicklungshilfe in einem Augenblick von neuem auf, da die Weltöffentlichkeit ihrer gerade wieder einmal überdrüssig geworden war und sich von ihr zurückziehen wollte; der Papst will zu seinem Teil dazu beitragen, diesen gefährlichen Rückfall abzuwenden. Allerdings geht es ihm um mehr als um wirtschaftliche Entwicklung; sein Herzensanliegen ist das 'développement intégral', die vollmenschliche Entfaltung; jeder Mensch aus jedem Volk soll zu dieser vollen Entfaltung der Persönlichkeit gelangen, im christlichen Sinn bis zu dem, was der Apostel die Vollreife des Mannesalters Jesu Christi nennt. Davon kann der Papst natürlich nur zu gläubigen Christen reden; unter anderer Rücksicht aber sind die Mächtigen dieser Erde, die fortgeschrittenen Länder, deren Staatsleiter und Wirtschaftsführer, seine Adressaten, denn sie allein können wirksam zugunsten der Entwicklungsländer eingreifen; sie muß er dafür gewinnen. Von den Entwicklungsländern aber muß er verlangen, daß auch sie das Ihrige tun; sie dürfen nicht alles von fremder Hilfe erwarten, müssen vielmehr die Hauptlast auf die eigenen Schultern nehmen und zu der ihnen gebotenen Hilfe in einsichtiger Weise mitwirken, sich so verhalten, daß man ihnen wirklich helfen kann. Weil der Papst die Überempfindlichkeit dieser vielfach gerade erst zum Selbstbewußtsein erwachten Länder kennt, glaubt er ihnen das nur in äußerst schonender Weise sagen zu dürfen. Gegenüber den fortgeschrittenen und hochentwickelten Ländern führt er eine härtere Sprache, aber auch hier kann er wieder nur mit äußerster Behutsamkeit den Ost-West-Gegensatz und das Wettrüsten ansprechen, das so ungeheure Mittel verschlingt, und versuchen, diese Mittel zur Entwicklungshilfe umzulenken.

Daß Paul VI. vor dem viele Entwicklungsländer so schwer belastenden Bevölkerungsüberdruck nicht kapituliert und an der kirchlichen Lehre, die er später in der Enzyklika „Humanae vitae" noch einmal eigens bekräftigen wird, unerschütterlich festhält (37), hat manche Leute enttäuscht; er konnte unmöglich anders.

Aufsehen haben vor allem drei seiner Äußerungen erregt:

1) die Schärfe, mit der er die Sozialgebundenheit des Eigentums betont und die Enteignung als berechtigt bezeichnet, um gemeinwohlwidrige Verhältnisse (hier die schon in Ziff. 71, Abs. 6 der Pastoralkonstitution angesprochene Latifundienwirtschaft) zu bereinigen (Ziff. 23/24);

2) das harte Urteil über den heute nur noch in den zurückgebliebenen Ländern fortbestehenden manchester-liberalen Kapitalismus, das die fortgeschrittenen Länder fälschlich auf sich bezogen (Ziff. 26);

3) die Aussage, daß unter gewissen äußersten Umständen auch gewaltsamer Umsturz gerechtfertigt sein kann (Ziff. 30/31). – (In Medellin hat Paul VI. von Gewaltanwendung dringend abgemahnt. Manche wollten das als Zurücknahme dieser Aussage verstehen; näher liegt wohl die Annahme, er habe die völlige Aussichtslosigkeit eines solchen Versuchs gesehen und den unglücklichen campesinos ersparen wollen, ins Maschinengewehrfeuer hineinzulaufen und darin zu verbluten.)

Unser Abdruck übernimmt die „revidierte Übersetzung" in Band 4 der „Nachkonziliaren Dokumentation" (Paulinusverlag Trier 1967), von der angegeben wird, sie folge „dem authentischen lateinischen Text unter Berücksichtigung der französischen Fassung". Tatsächlich schwankt diese Übersetzung zwischen der französischen Fassung, die vermutlich die ursprüngliche ist, und dem allein authentischen lateinischen Text hin und her. Das ist mehr als nur ein Schönheitsfehler; glücklicherweise aber hat er keine Auslegungsstreitigkeit verursacht; so finden wir uns mit ihm ab.

Papst Paul VI., Rede vor der Vollversammlung der Internationalen Arbeitsorganisation am 10. Juni 1969 in Genf. – Zur Feier ihres 50-jährigen Bestehens hatte die IAO Papst Paul VI. eingeladen; der Papst nahm die Einladung an und verband sie mit seinem Besuch beim Ökumenischen Rat in Genf. Seine bei dieser Gelegenheit vor der Vollversammlung der IAO gehaltene, im Amtsblatt des Hl. Stuhles AAS 61 (1969), 491–502 in französischer Sprache abgedruckte Rede hat im deutschen Sprachraum nicht die gebührende Beachtung gefunden; soweit bekannt gibt es nur zwei Ausgaben in deutscher Sprache, eine vom Johannesbund Leutesdorf, die andere – nicht ohne besonderen Grund! – vom DGB. Beide Aussagen drucken wörtlich die in Genf an die Journalisten ausgeteilte Übersetzung ab; dieser sind auch die Zwischenüberschriften entnommen, die sich ebenso in den Umdrucken des französischen Originals und in den anderen Übersetzungen finden. Die Abschnittsbezifferung ist amtlich.

Auch wir drucken die vermutlich im IAA entstandene Übersetzung ab, ausgenommen die drei besonders wichtigen Absätze 16, 20 und 21, die nicht ganz einwandfrei übersetzt waren und darum hier in neuer Übersetzung vorgelegt werden. – Ziffer 21 enthält den tragenden Gedanken des Ganzen: 50 Jahre lang hat die IAO erfolgreich für die Besserung der materiellen Lage der Arbeiter („Mehr-Haben") gewirkt; jetzt kann und soll sie einen Schritt weiter gehen und ihnen zu „Mehr-Sein" verhelfen. Und worin besteht dieses „Mehr-Sein"? In mehr Verantwortung, denn der Mensch wächst mit seiner Verantwortung. Die Arbeiter sollen verantwortlich mitbestimmen bei den für sie selbst und für ihre Kinder folgenschweren wirtschaftlichen und sozialen Entscheidungen. Der Papst bedient sich hier genau der Worte, mit denen das 2. Vatikanische Konzil sich für die wirtschaftliche Mitbestimmung einsetzt; in der Fußnote ist auf die einschlägige Stelle der Pastoralkonstitution Ziff. 68 eigens hingewiesen; trotzdem wurde der deutschen Öffentlichkeit beigebracht, der Papst habe keineswegs von Mitbestimmung, sondern von Partnerschaft geredet. Damit war der DGB herausgefordert.

Unsere Übersetzung der umstrittenen Stelle gibt übereinstimmend mit dem authentischen lateinischen Wortlaut der Past. Konst. (‚decernatur') und mit deren von den deutschen Bischöfen in Auftrag gegebener Übersetzung (hier Seite 390) das französische ‚responsabilité(s)' mit „Entscheidungen" wieder; dem Papst liegt bestimmt nichts ferner, als den Arbeitern (Mit-)Verantwortung aufbürden zu wollen für die Dinge, über die sie nicht (mit-)zuentscheiden haben! Die IAO soll dahin arbeiten, die Mitentscheidung der Arbeiter in wirtschaftlichen und sozialen Angelegenheiten durch Internationale Abkommen „voranzubringen"; diese Aufgabe hat Paul VI. ihr für das zweite Halbjahrhundert ihres Bestehens mit auf den Weg gegeben.

„Octogesima adveniens" – Schreiben Papst Pauls VI. an Card. Roy vom 14. 5. 1971 – ist, wie der Name zu verstehen gibt, ebenso wie die Enzyklika „Quadragesimo anno" eine Gedächtnisschrift für „Rerum novarum", jetzt zum 80-jährigen Gedenken. Die Fülle und Vielfalt des Stoffes erzwingt einen ausführlicheren Bericht. – Im 1. Teil zählt der Papst eine Vielzahl von Problemen auf, von denen manche in anderen Ländern eine gewichtigere Rolle spielen und ein ganz anderes Gesicht zeigen als bei uns. Dabei ist der Papst sich klar darüber, daß er schon keinen vollständigen Katalog der Probleme geben kann und noch viel weniger Patentrezepte zu ihrer Lösung anzubieten hat. Wir selbst sollen auftauchende Probleme rechtzeitig erkennen und uns Gedanken über mögliche Lösungen machen. Der Papst will uns das Denken nicht abnehmen, verlangt vielmehr von uns angestrengtes und verantwortungsbewußtes eigenes Denken. – Was das besagt, wird im 2. Teil deutlich. Die Überschrift lautet „Ansprüche und Ideologien". Ansprüche: die Menschen wollen ernst genommen sein, erheben den Anspruch, mitzureden und Verantwortung zu tragen. Der Papst ist damit einverstanden und setzt sich in für manche Leute bestürzendem Ausmaß für „Demokratie" ein, nicht nur im politischen Bereich, sondern mehr oder weniger in allen Lebensbereichen. Ideologie: vorweg die Feststellung, daß Politik keine Ideologie, sondern handfeste Praxis ist. Von den heute umgehenden Ideologien kommen namentlich Marxismus, Sozialismus und Liberalismus zur Sprache. Marxismus wird nicht nur als Doktrin, sondern auch als Methode, die Ausfluß der Doktrin sei, eindeutig abgelehnt. Sozialismus und Liberalismus werden differenzierter behandelt. In beiden weit verzweigten Strömungen sieht der Papst eine Menge Gutes und begrüßt es, daß Katholiken dieses Gute bejahen und sich daran beteiligen. Zwischen den verschiedenen Erscheinungsformen des Sozialismus stelle der Papst – so wird behauptet – ein sie „tatsächlich untereinander verbindendes Band" fest und kennzeichne sie damit insgesamt als „Ausfluß ursprünglicher Lehren", als der sie für den Christen unannehmbar seien. In Wirklichkeit drückt Paul VI. sich sehr viel vorsichtiger aus; woher sollte er denn auch wissen, was alles in der Welt unter dem Namen „Sozialismus" herumläuft und aus welchen Quellen diese Sozialismen schöpfen? Das lateinische ‚pro re nata', deutsch „je nach Lage der Dinge" (Ziff. 31) darf nicht übersehen oder unterschlagen werden. Bestünde nach der Überzeugung des Papstes „tatsächlich" in jedem Fall dieses auf „ursprüngliche" weltanschauliche Irrtümer zurückführende Band, dann müßte er die Folgerung ziehen, mit keinem dieser „Sozialismen" könne der Christ sich guten Gewissens einlassen; seine Folgerung lautet aber ganz anders: der Christ solle genau unterscheiden, sich den ihm begegnenden Sozialismus genau anschauen, solle prüfen, ob und zutreffendenfalls welche Einschläge weltanschaulicher oder anderer für ihn unannehmbarer Irrtümer er enthält, und danach entscheiden, „wie weit er sich einlassen – darf" (ebda). Der Papst hält die Christen für viel reifer und urteilsfähiger, traut ihnen viel mehr Urteilskraft und Unterscheidungsfähigkeit zu als jene ängstlichen Warner. Ein Sozialismus der in „Quadragesimo anno" genau umschriebenen Art ist und bleibt mit christlichem Weltbild und christlicher Lebensauffassung unvereinbar; ein Pauschalurteil über „den" Sozialismus ist ebenso unmöglich wie über „den" Liberalismus. – In Ziff. 38 bis 41 ist die Rede von den in jüngster Zeit zu so großer Bedeutung aufgestiegenen Humanwissenschaften. – Im 3. Teil werden nochmals einige aktuell gewordene Probleme, darunter die heute so viel genannten Multinationalen Unternehmen, angesprochen, hauptsächlich wohl, um die Christen aufzuwecken und anzufeuern. Die katholische Soziallehre mit ihrer umfassenden Sicht wird als den immer nur einseitigen Ideologien unvergleichlich überlegen gefeiert. An dieser Stelle bricht der im 2. Vatikanischen Konzil überwundene „Triumpfalismus" noch einmal ungehemmt durch. – In Ziff. 47 begegnet noch einmal das Thema Mitbestimmung und Mitverantwortung; in Ziff. 52 ist die Rede von den christlichen Verbänden, doch steht dem Papst hier offenbar eine völlig andere Situation vor Augen als die uns aus unserer Erfahrung geläufige. Zum Schluß stellt der Papst nochmals fest, keineswegs alle sozialen Probleme berührt zu haben; das, was er ausgeführt habe, solle den beiden Einrichtungen, denen der Empfänger des Briefes präsidiert, „neue Anregung und Ermutigung" geben.

De iustitia in mundo – das Dokument der römischen Bischofssynode 1971 über „Gerechtigkeit in der Welt" ist in vielfacher Hinsicht bemerkenswert. Ebenso wie das andere Dokument der gleichen Synode über den priesterlichen Dienst ist es im Amtsblatt des Hl. Stuhles (AAS 63 [1971], 923–942) in lateinischer Sprache abgedruckt, jedoch nicht mit lehr- oder hirtenamtlicher Verbindlichkeit „verkündet"; vielmehr hat der Hl. Vater es zur Prüfung entgegengenommen und die Bestätigung sich vorbehalten. Da es während der kurzen Dauer der Synode und daher unter noch drückenderer Zeitnot als die Konzilskonstitution „Gaudium et Spes" ausgearbeitet werden mußte, macht es an manchen Stellen einen etwas unfertigen Eindruck; Unschärfen und gewisse Unstimmigkeiten sind stehen geblieben. Auch die verschiedenen sprachlichen Fassungen stimmen nicht in allem überein; die französische Fassung ist zweifellos die (sachlich und sprachlich) beste. Von den beiden bisher veröffentlichten deutschen Übersetzungen (eine von der Vatikanischen Druckerei herausgebrachte und eine im Verlag der Paulinusdruckerei, jedoch außerhalb der Reihe „Nachkonziliare Dokumentation" erschienene) ist die letztere die bessere, läßt aber auch noch manches zu wünschen übrig. Die hier vorgelegte Übersetzung versucht so viel wie möglich sowohl dem allein amtlichen lateinischen Text als auch der französischen Fassung gerecht zu werden; wo die beiden auseinandergehen, sind die Unterschiede kenntlich gemacht.

Die aus allen Teilen der Welt zur Synode zusammengekommenen Bischöfe sehen die Dinge nicht aus europäischem Gesichtswinkel, ihr Blick ist, was selbst dem 2. Vatikanischen Konzil noch nicht völlig gelungen war, nunmehr endgültig weltweit und weltumspannend. Sie sehen, wieviel Ungerechtigkeit auf der Welt und nicht zuletzt zwischen den fortgeschrittenen und den zurückgebliebenen Ländern besteht. Nachdrücklich betont und begründet Teil 1 das Recht der letzteren auf Fortschritt und verdeutlicht, was auf dem Spiele steht, wenn man versucht, diesen Fortschritt auf falsche Wege zu leiten oder ihn zu vereiteln. Eindrucksvoll sind auch die Ausführungen über die „stummen Opfer der Ungerechtigkeit", zu denen unter vielen anderen auch die „Kirche des Schweigens" zählt.

Teil 2 legt es darauf ab, den inneren Zusammenhang zwischen dem Erlösungswerk Jesu Christi und dem Kampf um mehr Gerechtigkeit in der Welt herauszustellen: „Die christliche Botschaft setzt das Verhältnis des Menschen zu Gott in unlösbare Einheit mit seinem Verhalten zu seinen Mitmenschen" (35). Zur „Sendung der Kirche" gehört es nicht, „fertige Lösungen anzubieten, um im sozialen, ökonomischen und politischen Bereich die Gerechtigkeit in der Welt zu verwirklichen", wohl aber, für die personale Würde und die Grundrechte des Menschen einzutreten und dafür zu kämpfen (38). Den Laien wird zuerkannt, „im allgemeinen aus eigener Initiative" zu handeln, „ohne die kirchliche Hierarchie mit Verantwortung dafür zu belasten" (39). Damit sind entscheidende, vom Konzil vollzogene Fortschritte nochmals bekräftigt.

Besonders bedeutsam und interessierter Aufnahme gewiß ist Teil 3, weil die Kirche hier sich selbst einer strengen Gewissenserforschung unterzieht und Forderungen nicht an andere, sondern an sich selbst stellt. Die meisten dieser Forderungen sind alles andere als neu; viele davon spielen auch auf der Würzburger „Gemeinsamen Synode der Bistümer der Bundesrepublik Deutschland" eine Rolle; neu ist, daß eine Versammlung von Bischöfen solche Forderungen erhebt. – Den Abschluß bildet eine Fülle von Anregungen und Vorschlägen, wie sich mehr Gerechtigkeit in der Welt verwirklichen ließe, so beispielsweise nicht nur Zusammenarbeit der verschiedenen Ortskirchen, sondern auch ökumenische Zusammenarbeit; dazu noch ein ganzes Bündel von Vorschlägen für internationale Maßnahmen. – Zum Schluß ein „Wort der Hoffnung".

Entgegen dem bei Konzilstexten und päpstlichen Enzykliken seit dem Konzil befolgten Brauch, die Abschnitte zu beziffern, sind in diesem Dokument nur die 8 Vorschläge für internationale Maßnahmen beziffert. Unsere Bezifferung der Abschnitte ist also nicht amtlich; sie hält sich aber genau an die drucktechnische Gestaltung in den AAS; in den Übersetzungen zeigt die Gliederung in Absätze geringfügige Abweichungen.

Oswald von Nell-Breuning S. J.

Dem Leser, dem es darum geht, tiefer in das Verständnis der Dinge, ihrer Entwicklung und ihrer Zusammenhänge einzudringen, kann namentlich das Sachverzeichnis ausgezeichnete Dienste leisten; es läßt ersehen und mit seiner Hilfe findet man auf, wie ein und derselbe Gegenstand in den verschiedenen Dokumenten und nicht selten selbst im gleichen Dokument immer wieder in anderem Zusammenhang oder in anderer Sicht aufscheint und immer wieder neue Seiten darbietet.

Die am Rand der Texte angebrachten senkrechten Striche sollen den Blick des Lesers auf besonders wichtige Stellen lenken, ihm aber auch behilflich sein, solche Stellen, wenn er sie braucht und sucht, mit wenig Mühe und Zeitaufwand wiederaufzufinden. Ganz wenige Stellen sind durch doppelten Strich als besonders wichtig ausgezeichnet.

Rerum novarum (Leo XIII. 1891)

An die Ehrwürdigen Brüder, die Patriarchen,
Primaten, Erzbischöfe, Bischöfe und die sonstigen Ortsordina-
rien, die in Frieden und Gemeinschaft mit dem Apostolischen
Stuhle stehen
Über die Arbeiterfrage
Papst Leo XIII.

Ehrwürdige Brüder,
Gruß und Apostolischen Segen!

1. Der Geist der Neuerung, welcher seit langem durch die Völker geht,
mußte, nachdem er auf dem politischen Gebiete seine verderblichen
Wirkungen entfaltet hatte, folgerichtig auch das volkswirtschaftliche
Gebiet ergreifen. Viele Umstände begünstigten diese Entwicklung;
die Industrie hat durch die Vervollkommnung der technischen Hilfsmittel und eine neue Produktionsweise mächtigen Aufschwung genommen; das gegenseitige Verhältnis der besitzenden Klasse und der
Arbeiter hat sich wesentlich umgestaltet; das Kapital ist in den Händen einer geringen Zahl angehäuft, während die große Menge ver-
armt; es wächst in den Arbeitern das Selbstbewußtsein, ihre Organisation erstarkt; dazu gesellt sich der Niedergang der Sitten. Dieses alles
hat den sozialen Konflikt wachgerufen, vor welchem wir stehen.
Wieviel in diesem Kampfe auf dem Spiele steht, das zeigt die bange
Erwartung der Gemüter gegenüber der Zukunft. Überall beschäftigt
man sich mit dieser Frage, in den Kreisen von Gelehrten, auf fachmännischen Kongressen, in Volksversammlungen, in den gesetzgebenden Körperschaften und im Rate der Fürsten. Die Arbeiterfrage
ist geradezu in den Vordergrund der ganzen Zeitbewegung getreten.
Im Hinblick auf die Sache der Kirche und die gemeinsame Wohlfahrt
haben Wir schon früher, Ehrwürdige Brüder, das Wort ergriffen, um
in den Rundschreiben „Über die politische Autorität", „Über die
Freiheit", „Über den christlichen Staat" und über andere verwandte
Gegenstände die betreffenden Irrtümer der Gegenwart zu kennzeichnen und zurückzuweisen. Wir erachten es aus gleichem Grunde für

31

zweckmäßig, das nämliche im vorliegenden Schreiben hinsichtlich der Arbeiterfrage zu tun. Zwar ist dieser Gegenstand von Uns auch in andern Schreiben berührt worden; aber nunmehr gedenken Wir, über denselben nach seinem ganzen Umfange Unserem Apostolischen Amt gemäß uns auszusprechen. Wir wollen die Grundsätze darlegen, welche für eine richtige und billige Entscheidung der Frage maßgebend sein müssen.

Die ganze Frage ist ohne Zweifel schwierig und voller Gefahren; schwierig, weil Recht und Pflicht im gegenseitigen Verhältnis von Reichen und Besitzlosen, von denen, welche die Arbeitsmittel, und denen, welche die Arbeit liefern, abzumessen in der Tat keine geringe Aufgabe ist; und voller Gefahren, weil eine wühlerische Partei nur allzu geschickt das Urteil irreführt und Aufregung und Empörungsgeist unter den unzufriedenen Massen verbreitet.

2. Indessen, es liegt nun einmal zutage, und es wird von allen Seiten anerkannt, daß geholfen werden muß, und zwar, daß baldige ernste Hilfe nottut, weil Unzählige ein wahrhaft gedrücktes und unwürdiges Dasein führen.

In der Umwälzung des vorigen Jahrhunderts wurden die alten Genossenschaften der arbeitenden Klassen zerstört, keine neuen Einrichtungen traten zum Ersatz ein, das öffentliche und staatliche Leben entkleidete sich zudem mehr und mehr der christlichen Sitte und Anschauung, und so geschah es, daß die Arbeiter allmählich der Herzlosigkeit reicher Besitzer und der ungezügelten Habgier der Konkurrenz isoliert und schutzlos überantwortet wurden. Ein gieriger Wucher kam hinzu, um das Übel zu vergrößern, und wenn auch die Kirche zum öfteren dem Wucher das Urteil gesprochen, fährt dennoch Habgier und Gewinnsucht fort, denselben unter einer andern Maske auszuüben. Produktion und Handel sind fast zum Monopol von wenigen geworden, und so konnten wenige übermäßig Reiche einer Masse von Besitzlosen ein nahezu sklavisches Joch auflegen.

3. Zur Hebung dieses Übels verbreiten die Sozialisten, indem sie die Besitzlosen gegen die Reichen aufstacheln, die Behauptung, der private Besitz müsse aufhören, um einer Gemeinschaft der Güter Platz zu machen, welche mittels der Vertreter der städtischen Gemeinwesen oder durch die Regierungen selbst einzuführen wäre. Sie wähnen,

durch eine solche Übertragung alles Besitzes von den Individuen an die Gesamtheit die Mißstände heben zu können, es müßten nur einmal das Vermögen und dessen Vorteile gleichmäßig unter den Staatsangehörigen verteilt sein.

Indessen dieses Programm ist weit entfernt, etwas zur Lösung der Frage beizutragen; es schädigt vielmehr die arbeitenden Klassen selbst; es ist ferner sehr ungerecht, indem es die rechtmäßigen Besitzer vergewaltigt, es ist endlich der staatlichen Aufgabe zuwider, ja führt die Staaten in völlige Auflösung.

4. Vor allem liegt nämlich klar auf der Hand, daß die Absicht, welche den Arbeiter bei der Übernahme seiner Mühe leitet, keine andere als die ist, daß er mit dem Lohn zu irgendeinem persönlichen Eigentum gelange. Indem er Kräfte und Fleiß einem andern leiht, will er für seinen eigenen Bedarf das Nötige erringen; er sucht also ein wahres und eigentliches Recht nicht bloß auf die Zahlung, sondern auch auf freie Verwendung derselben. Gesetzt, er habe durch Einschränkung Ersparnisse gemacht und sie der Sicherung halber zum Ankauf eines Grundstücks verwendet, so ist das Grundstück eben der ihm gehörige Arbeitslohn, nur in anderer Form; es bleibt in seiner Gewalt und Verfügung nicht minder als der erworbene Lohn. Aber gerade hierin besteht offenbar das Eigentumsrecht an beweglichem wie unbeweglichem Besitze. Wenn also die Sozialisten dahin streben, den Sonderbesitz in Gemeingut umzuwandeln, so ist klar, wie sie dadurch die Lage der arbeitenden Klassen nur ungünstiger machen. Sie entziehen denselben ja mit dem Eigentumsrechte die Vollmacht, ihren erworbenen Lohn nach Gutdünken anzulegen, sie rauben ihnen eben dadurch Aussicht und Fähigkeit, ihr kleines Vermögen zu vergrößern und sich durch Fleiß zu einer besseren Stellung emporzuringen.

Aber, was schwerer wiegt, das von den Sozialisten empfohlene Heilmittel der Gesellschaft ist offenbar der Gerechtigkeit zuwider, denn das Recht zum Besitze privaten Eigentums hat der Mensch von der Natur erhalten.

5. Es tritt wie in andern Dingen so auch hierin ein wesentlicher Unterschied zwischen Mensch und Tier hervor. Das Tier bestimmt sich nicht selbst, sondern wird durch den doppelten Instinkt seiner Natur geleitet. Derselbe beschützt seine Vermögen, er fördert die Entwicklung

der Kräfte, er erregt und bestimmt deren Betätigung. Indem der eine Instinkt das Tier zu seiner Selbsterhaltung treibt, bestimmt es der andere zur Erhaltung seines Geschlechts. Für beides aber ist es auf den Bereich desjenigen, was ihm gegenwärtig ist, angewiesen, eine Grenze, über welche es nicht hinauskommt, weil es nur durch das sinnliche Vermögen und durch Einzeleindrücke beherrscht wird. Weit davon verschieden ist die Natur des Menschen. In ihm finden sich einerseits das Wesen des Tieres in seiner Ganzheit und Vollkommenheit, und so besitzt er wie dieses das Vermögen sinnlichen Genusses; aber seine Natur geht nicht in einer tierischen auf, mag man sich letztere in ihm noch so vervollkommnet denken; er erhebt sich hoch über die tierische Seite seiner selbst und macht diese sich dienstbar. Was den Menschen adelt und ihn zu der ihm eigenen Würde erhebt, das ist der vernünftige Geist; dieser verleiht ihm seinen Charakter als Mensch und trennt ihn seiner ganzen Wesenheit nach vom Tiere. Eben weil er aber mit Vernunft ausgestattet ist, sind ihm irdische Güter nicht zum bloßen Gebrauche anheimgegeben, wie dem Tiere, sondern er hat persönliches Besitzrecht, Besitzrecht nicht bloß auf Dinge, die beim Gebrauche verzehrt werden, sondern auch auf solche, welche in und nach dem Gebrauche bestehen bleiben.

6. Eine tiefere Betrachtung der Natur des Menschen lehrt dieses noch klarer. Da der Mensch mit seinem Denken unzählige Gegenstände umfaßt, mit den gegenwärtigen die zukünftigen verbindet und Herr seiner Handlungen ist, so bestimmt er unter dem ewigen Gesetze und unter der allweisen Vorsehung Gottes sich selbst nach freiem Ermessen; es liegt darum in seiner Macht, unter den Dingen die Wahl zu treffen, die er zu seinem eigenen Wohle nicht allein für die Gegenwart, sondern auch für die Zukunft als die ersprießlichste erachtet. Hieraus folgt, es müssen Rechte erworben werden können nicht bloß auf Eigentum an Erzeugnissen des Bodens, sondern auch auf Eigentum am Boden selbst; denn was dem Menschen sichere Aussicht auf künftigen Fortbestand seines Unterhaltes verleiht, das ist nur der Boden mit seiner Produktionskraft. Immer unterliegt der Mensch Bedürfnissen, sie wechseln nur ihre Gestalt; sind die heutigen befriedigt, so stellen morgen andere ihre Anforderungen. Die Natur muß den Menschen demgemäß eine bleibende, unversiegliche Quelle zur Befriedigung seiner Bedürfnisse angewiesen haben, und eine solche Quelle ist nur die

Erde mit den Gaben, die sie unaufhörlich spendet. Es ist auch kein Grund vorhanden, die allgemeine Staatsfürsorge in Anspruch zu nehmen. Denn der Mensch ist älter als der Staat, und darum besaß er das | Recht auf Erhaltung seines körperlichen Daseins, ehe es einen Staat gegeben.

7. Daß aber Gott der Herr die Erde dem ganzen Menschengeschlecht zum Gebrauch und zur Nutznießung übergeben hat, dies steht durchaus nicht dem Sonderbesitz entgegen. Denn Gott hat die Erde nicht in dem Sinne der Gesamtheit überlassen, als sollten alle ohne Unterschied Herren über dieselbe sein, sondern insofern, als er selbst keinem Menschen einen besonderen Teil derselben zum Besitze angewiesen, vielmehr dem Fleiße der Menschen und den von den Völkern zu | treffenden Einrichtungen die Ordnung der Eigentumsverhältnisse unter ihnen anheimgegeben hat. Übrigens wie immer unter die einzelnen | verteilt, hört der Erdboden nicht auf, der Gesamtheit zu dienen, denn | es gibt keinen Menschen, der nicht von dessen Erträgnis lebt. Wer ohne Besitz ist, bei dem muß die Arbeit dafür eintreten, und man kann sagen, die Beschaffung aller Lebensbedürfnisse geschehe durch Arbeit, entweder durch die Bearbeitung des eigenen Bodens oder durch Arbeit in irgendeinem andern Erwerbszweig, dessen Lohn zuletzt nur von der Frucht der Erde kommt und mit der Frucht der Erde vertauscht wird.

Es ergibt sich hieraus wieder, daß privater Besitz vollkommen eine Forderung der Natur ist. Die Erde spendet zwar in großer Fülle das, was zur Erhaltung und zumal zur Vervollkommnung des irdischen Daseins nötig ist; aber sie kann es nicht aus sich spenden, d. h. nicht ohne Bearbeitung und Pflege durch den Menschen. Indem der Mensch an die Gewinnung der Güter der Natur körperlichen Fleiß und geistige Sorge setzt, macht er sich eben dadurch den bearbeiteten Teil zu eigen; es wird dem letzteren sozusagen der Stempel des Bearbeiters aufgedrückt. Also entspricht es durchaus der Gerechtigkeit, daß dieser Teil sein eigen sei und sein Recht darauf unverletzlich bleibe.

8. Die Beweiskraft des Gesagten ist so einleuchtend, daß es nur Verwunderung erwecken kann, entgegengesetzte, veraltete Theorien vortragen zu hören. Man behauptet nämlich, eigentliches Bodeneigentum sei gegen die Gerechtigkeit, und nur die Nutznießung des Bodens oder

der Teile desselben könne den einzelnen zustehen: die Scholle des Herrn, welche seine Anlagen und Baulichkeiten trägt, sei nicht sein eigen, und der Acker, den der Landwirt als den seinen bearbeitet, gehöre nicht ihm. Man will nicht sehen, daß dies ebensoviel heißt, wie einen Raub ausführen an dem, was durch die Arbeit erworben ist. Jenes früher wüste Erdreich hat doch durch den Fleiß der Bebauer und durch ihre kundige Behandlung die Gestalt völlig verändert; es ist aus Wildnis fruchtbares Ackerfeld, aus verlorener Öde ein ergiebiger Boden geworden. Was dem Boden diese neue Form verliehen, das ist derart mit ihm eines, daß es großenteils unmöglich von ihm zu trennen ist. Und es soll kein Widerspruch gegen alle Gerechtigkeit sein, jenen Boden mit der Behauptung, daß Eigentum nicht bestehen dürfe, seinem Besitzer zu entziehen und dasjenige andern zu überantworten, was der Bebauer im Schweiße seines Angesichtes geschaffen hat? Nein, wie die Wirkung ihrer Ursache folgt, so folgt die Frucht der Arbeit als rechtmäßiges Eigentum demjenigen, der die Arbeit vollzogen hat.

Mit Recht hat darum die Menschheit, unbekümmert um die abweichende Meinung weniger, immer im Naturgesetz die Grundlage für den Sonderbesitz gefunden und hat diesen durch die praktische Anerkennung der Jahrhunderte geheiligt, weil derselbe mit der Menschennatur und der Idee eines friedlichen und ruhigen Zusammenlebens gänzlich stimmt; sie hat sich weise leiten lassen von der Forderung des natürlichen Gesetzes und blieb unbekümmert um vereinzelte Einreden. – Die staatlichen Gesetze aber, die ihre Verbindlichkeit, sofern sie gerecht sind, vom Naturgesetz herleiten, haben überall das in Rede stehende Recht bestätigt und mit Strafbestimmungen gestützt. Auch die göttlichen Gesetze verkünden das Besitzrecht, und zwar mit solchem Nachdrucke, daß sie sogar das Verlangen nach fremdem Gute streng verbieten: „Du sollst nicht begehren deines Nächsten Weib, Haus, Acker, Knecht, Magd, Ochs, Esel und alles, was sein ist"[1].

9. Betrachten wir nunmehr den Menschen als geselliges Wesen, und zwar zunächst in seiner Beziehung zur Familie, so stellt sich das Recht des einzelnen auf Privatbesitz noch deutlicher dar. Wenn ihm dieses, sofern er Einzelwesen ist, zukommt, so kommt es ihm noch mehr zu in Rücksicht auf das häusliche Zusammenleben.

In Bezug auf die Wahl des Lebensstandes ist es der Freiheit eines jeden anheimgegeben, entweder den Rat Jesu Christi zum enthaltsamen Leben zu befolgen oder in die Ehe zu treten. Kein menschliches Gesetz kann dem Menschen das natürliche und ursprüngliche Recht auf die Ehe entziehen; keines kann den Hauptzweck dieser durch Gottes heilige Autorität seit der Erschaffung eingeführten Einrichtung irgendwie einschränken. „Wachset und mehret euch"[2]. Mit diesen Worten war die Familie gegründet. Die Familie, die häusliche Gesellschaft, ist eine wahre Gesellschaft mit allen Rechten derselben, so klein immerhin diese Gesellschaft sich darstellt; sie ist älter als jegliches andere Gemeinwesen, und deshalb besitzt sie unabhängig vom Staate ihre innewohnenden Rechte und Pflichten. Wenn nun jedem Menschen, wie gezeigt, als Einzelwesen die Natur das Recht, Eigentum zu besitzen, verliehen hat, so muß sich dieses Recht auch im Menschen, insofern er Haupt einer Familie ist, finden; ja das Recht besitzt im Familienhaupte noch mehr Energie, weil der Mensch sich im häuslichen Kreise gleichsam ausdehnt.

10. Ein dringendes Gesetz der Natur verlangt, daß der Familienvater den Kindern den Lebensunterhalt und alles Nötige verschaffe, und die Natur leitet ihn an, auch für die Zukunft die Kinder zu versorgen, sie gegenüber den irdischen Wechselfällen instand zu setzen, sich selbst vor Elend zu schützen; er ist es ja, der in den Kindern fortlebt und sich gleichsam in ihnen wiederholt. Wie soll er aber jenen Pflichten gegen die Kinder nachkommen können, wenn er ihnen nicht einen Besitz, welcher fruchtet, als Erbe hinterlassen darf? Wie der Staat, so ist auch die Familie, wie schon gesagt, im eigentlichen Sinne eine Gesellschaft, und es regiert selbständige Gewalt in ihr, nämlich die väterliche. Innerhalb der von ihrem nächsten Zwecke bestimmten Grenzen besitzt demgemäß die Familie zum wenigsten die gleichen Rechte wie der Staat in Wahl und Anwendung jener Mittel, die zu ihrer Erhaltung und ihrer berechtigten freien Bewegung unerläßlich sind. Wir sagen, zum wenigsten die gleichen Rechte. Denn da das häusliche Zusammenleben sowohl der Idee als der Sache nach früher ist als die bürgerliche Gemeinschaft, so haben auch seine Rechte und seine Pflichten den Vortritt, weil sie der Natur näherstehen. Wenn Individuum und Familie, nachdem sie im Verbande der staatlichen Gesellschaft sind, seitens der letzteren nur Schädigung fänden statt Nutzen, nur Verletzung des ureigenen Rechtes statt Schutz, so würde der Staatsverband eher als

Gegenstand der Abneigung und des Hasses erscheinen müssen denn als ein begehrenswertes Gut.

11. Ein großer und gefährlicher Irrtum liegt also in dem Ansinnen an den Staat, als müsse er nach seinem Gutdünken in das Innere der Familie, des Hauses eindringen. Allerdings, wenn sich eine Familie in äußerster Not und in so verzweifelter Lage befindet, daß sie sich in keiner Weise helfen kann, so ist es der Ordnung entsprechend, daß staatliche Hilfeleistung für die äußerst Bedrängten eintrete; die Familien sind eben Teile des Staates. Ebenso hat die öffentliche Gewalt zum Rechtsschutz einzugreifen, wenn innerhalb der häuslichen Mauern erhebliche Verletzungen des gegenseitigen Rechtes geschehen: Übergriffe in Schranken weisen und die Ordnung herstellen heißt dann offenbar nicht Befugnisse der Familie und der Individuen an sich reißen: der Staat befestigt in diesem Falle die Befugnisse der einzelnen, er zerstört sie nicht. Allein an diesem Punkt muß er haltmachen, über obige Grenzen darf er nicht hinaus, sonst handelt er dem natürlichen Recht entgegen. Die väterliche Gewalt ist von Natur so beschaffen, daß sie nicht zerstört, auch nicht vom Staate an sich gezogen werden kann; sie weist eine gleich ehrwürdige Herkunft auf wie das Leben des Menschen selbst. „Die Kinder sind", um mit dem hl. Thomas zu sprechen, „gewissermaßen ein Teil des Vaters"; sie sind gleichsam eine Entfaltung seiner Person. Auch treten sie in die staatliche Gemeinschaft als deren Teilnehmer, wenn man im eigentlichen Sinne reden will, nicht selbständig, nicht als Individuen ein, sondern vermittels der Familiengemeinschaft, in welcher sie das Leben empfangen haben. Aus eben diesem Grunde, weil nämlich die Kinder „von Natur einen Teil des Vaters bilden, stehen sie", nach den Worten des heiligen Lehrers, „unter der Sorge der Eltern, ehe sie den Gebrauch des freien Willens haben"[3]. Das sozialistische System also, welches die elterliche Fürsorge beiseite setzt, um eine allgemeine Staatsfürsorge einzuführen, versündigt sich an der natürlichen Gerechtigkeit und zerreißt gewaltsam die Fugen des Familienhauses.

12. Aber sieht man selbst von der Ungerechtigkeit ab, so ist es ebensowenig zu leugnen, daß dieses System in allen Schichten der Gesellschaft Verwirrung herbeiführen würde. Eine unerträgliche Beengung aller, eine sklavische Abhängigkeit würde die Folge des Versuches

seiner Anwendung sein. Es würde gegenseitiger Mißgunst, Zwietracht und Verfolgung Tür und Tor geöffnet. Mit dem Wegfalle des Spornes zu Strebsamkeit und Fleiß würden auch die Quellen des Wohlstandes versiegen. Aus der eingebildeten Gleichheit aller würde nichts anderes als der nämliche klägliche Zustand der Entwürdigung für alle.

Aus alledem ergibt sich klar die Verwerflichkeit der sozialistischen Grundlehre, wonach der Staat den Privatbesitz einzuziehen und zu öffentlichem Gute zu machen hätte. Eine solche Theorie gereicht denen, welchen geholfen werden soll, lediglich zu schwerem Schaden, sie widerstreitet den natürlichen Rechten eines jeden Menschen, sie verzerrt den Beruf des Staates und macht eine ruhige, friedliche Entwicklung des Gesellschaftslebens unmöglich. Bei allen Versuchen, den niederen Klassen aufzuhelfen, ist also durchaus als Grundsatz festzuhalten, daß das Privateigentum unangetastet zu lassen sei. Wir gehen nunmehr zu der Darlegung über, worin die überall begehrte Abhilfe in der mißlichen Lage des arbeitenden Standes zu suchen sei.

13. Mit voller Zuversicht treten Wir an diese Aufgabe heran und im Bewußtsein, daß Uns das Wort gebührt. Denn ohne Zuhilfenahme von Religion und Kirche ist kein Ausgang aus dem Wirrsale zu finden; aber da die Hut der Religion und die Verwaltung der kirchlichen Kräfte und Mittel vor allem in Unsere Hände gelegt sind, so könnte das Stillschweigen eine Verletzung Unserer Pflicht scheinen.

Allerdings ist in dieser wichtigen Frage auch die Tätigkeit und Anstrengung anderer Faktoren unentbehrlich: Wir meinen die Fürsten und Regierungen, die besitzende Klasse und die Arbeitgeber, endlich die Besitzlosen, um deren Stellung es sich handelt. Aber Wir sagen mit allem Nachdruck: Läßt man die Kirche nicht zur Geltung kommen, so werden alle menschlichen Bemühungen vergeblich sein; denn die Kirche ist es, welche aus dem Evangelium einen Schatz von Lehren verkündet, unter deren kräftigem Einfluß der Streit sich beilegen oder wenigstens seine Schärfe verlieren und mildere Formen annehmen kann; sie ist es, die den Geistern nicht bloß Belehrung bringt, sondern auch mit Macht auf eine den christlichen Vorschriften entsprechende Regelung der Sitten bei jedem einzelnen hinwirkt; die Kirche ist ohne Unterlaß damit beschäftigt, die soziale Lage der niederen Schichten durch nützliche Einrichtungen zu heben; sie ist endlich vom Verlangen beseelt, daß die Kräfte und Bestrebungen aller Stände sich zur Förderung der wahren Interessen der Arbeiter zusammentun, und hält ein Vorgehen der staatlichen Autorität auf dem Wege der Gesetzgebung, innerhalb der nötigen Schranken für unerläßlich, damit der Zweck erreicht werde.

14. Vor allem ist also von der einmal gegebenen unveränderlichen Ordnung der Dinge auszugehen, wonach in der bürgerlichen Gesellschaft eine Gleichmachung von hoch und niedrig, von arm und reich schlechthin nicht möglich ist. Es mögen die Sozialisten solche Träume zu verwirklichen suchen, aber man kämpft umsonst gegen die Naturordnung an. Es werden immerdar in der Menschheit die größten und tiefgreifendsten Ungleichheiten bestehen. Ungleich sind Anlagen, Fleiß, Gesundheit und Kräfte, und hiervon ist als Folge unzertrennlich die Ungleichheit in der Lebensstellung, im Besitze. Dieser Zustand ist aber ein sehr zweckmäßiger sowohl für den einzelnen wie für die Gesellschaft. Das gesellschaftliche Dasein erfordert nämlich eine Verschiedenheit von Kräften und eine gewisse Mannigfaltigkeit von Leistungen; und zu diesen verschiedenen Leistungen werden die Menschen hauptsächlich durch jene Ungleichheit in der Lebensstellung angetrieben.

Die körperliche Arbeit anlangend, würde der Mensch im Stand der Unschuld freilich nicht untätig gewesen sein. Die Arbeit, nach welcher er damals wie nach einem Genusse freiwillig verlangt hätte, sie wurde ihm nach dem Sündenfalle als eine notwendige Buße auferlegt, deren Last er spüren muß. „Verflucht sei die Erde in deinem Werke; mit Arbeit sollst du von ihr essen alle Tage deines Lebens[4]." In gleicher Weise werden immer auch die übrigen Beschwernisse auf dieser Erde wohnen, weil die Folgen der Sünde als bittere Begleiter an der Seite des Menschen bis zu seinem Tode haften. Leiden und dulden ist einmal der Anteil unseres Geschlechtes, und so große Anstrengungen man auch zur Besserung des Daseins machen mag, die Gesellschaft wird niemals frei von großer Plage werden. Die, welche vorgeben, sie könnten es dahin bringen, und die dem armen Volke ein Leben ohne Not und nur voll Ruhe und Genuß vorspiegeln, täuschen fürwahr die Menschen mit einem Truge, welcher nur größere Übel zur Folge haben wird, als die sind, an denen die gegenwärtige Gesellschaft krankt. Das Richtige ist, die Dinge nehmen, wie sie wirklich sind, und das Linderungsmittel, wie gesagt, anderswo aufsuchen.

15. Ein Grundfehler in der Behandlung der sozialen Frage ist sodann auch der, daß man das gegenseitige Verhältnis zwischen der besitzenden und der unvermögenden, arbeitenden Klasse so darstellt, als ob zwischen ihnen von Natur ein unversöhnlicher Gegensatz Platz griffe, der sie zum Kampf aufrufe. Ganz das Gegenteil ist wahr. Die Natur hat vielmehr alles zur Eintracht, zu gegenseitiger Harmonie hingeordnet; und so wie im menschlichen Leibe bei aller Verschiedenheit der Glieder im wechselseitigen Verhältnis Einklang und Gleichmaß vorhanden ist, so hat auch die Natur gewollt, daß im Körper der Gesellschaft jene beiden Klassen in einträchtiger Beziehung zueinander stehen und ein gewisses Gleichgewicht darstellen. Die eine hat die andere durchaus notwendig. So wenig das Kapital ohne die Arbeit, so wenig kann die Arbeit ohne das Kapital bestehen. Eintracht ist überall die unerläßliche Vorbedingung von Schönheit und Ordnung; ein fortgesetzter Kampf dagegen erzeugt Verwilderung und Verwirrung. Zur Beseitigung des Kampfes aber und selbst zur Ausrottung seiner Ursachen besitzt das Christentum wunderbare und vielgestaltige Kräfte.

16. Die Kirche, als Vertreterin und Wahrerin der Religion, hat zunächst in den religiösen Wahrheiten und Gesetzen ein mächtiges Mittel, die Reichen und die Armen zu versöhnen und einander nahezubringen; ihre Lehren und Gebote führen beide Klassen zu ihren Pflichten gegeneinander und namentlich zur Befolgung der Vorschriften der Gerechtigkeit.

Von diesen Pflichten berühren folgende die arbeitenden Stände: vollständig und treu die Arbeitsleistung zu verrichten, zu welcher sie sich frei und mit gerechtem Vertrage verbunden haben; den Arbeitgebern weder an der Habe noch an der Person Schaden zuzufügen; in der Wahrung ihrer Interessen sich der Gewalttätigkeit zu enthalten und in keinem Falle Auflehnung zu stiften; nicht Verbindung zu unterhalten mit Übelgesinnten, die ihnen trügerische Hoffnungen vorspiegeln und nur bittere Enttäuschung und Ruin zurücklassen.

Die Pflichten, die hinwieder die Besitzenden und Arbeitgeber angehen, sind die nachstehenden: die Arbeiter dürfen nicht wie Sklaven angesehen und behandelt werden; ihre persönliche Würde, welche geadelt ist durch ihre Würde als Christen, werde stets heilig gehalten; Arbeit und Erwerbssorgen erniedrigen sie nicht, vielmehr muß, wer vernünftig und christlich denkt, es ihnen als Ehre anrechnen, daß sie selbständig ihr Leben unter Mühe und Anstrengung erhalten; unehrenvoll dagegen und unwürdig ist es, Menschen bloß zu eigenem Gewinne auszubeuten und sie nur so hoch anzuschlagen, als ihre Arbeitskräfte reichen. Eine weitere Vorschrift schärft ein: Habet auch die gebührende Rücksicht auf das geistige Wohl und die religiösen Bedürfnisse der Besitzlosen; ihr Herren seid verpflichtet, ihnen Zeit zu lassen für ihre gottesdienstlichen Übungen; ihr dürft sie nicht der Verführung und sittlichen Gefahren bei ihrer Verwendung aussetzen; den Sinn für Häuslichkeit und Sparsamkeit dürft ihr in ihnen nicht ersticken; es ist ungerecht, sie mit mehr Arbeit zu beschweren, als ihre Kräfte tragen können, oder Leistungen von ihnen zu fordern, die mit ihrem Alter oder Geschlecht in Widerspruch stehen.

17. Vor allem aber ist es Pflicht der Arbeitsherren, den Grundsatz: jedem das Seine, stets vor Augen zu behalten. Dieser Grundsatz sollte auch unparteiisch auf die Höhe des Lohnes Anwendung finden, ohne daß die verschiedenen für die Billigkeit des Lohnmaßes mitzuberücksichtigenden Momente übersehen werden. Im allgemeinen ist in Bezug auf den Lohn wohl zu beachten, daß es wider göttliches und menschliches Gesetz geht. Notleidende zu drücken und auszubeuten um des eigenen Vorteils willen. Dem Arbeiter den ihm gebührenden Verdienst vorenthalten, ist eine Sünde, die zum Himmel schreit. „Siehe", sagt der Heilige Geist, „der Lohn der Arbeiter, . . . den ihr unterschlagen, schreit zu Gott, und ihre Stimmen dringen zum Herrn Sabaoth«[5]. Die Reichen dürfen endlich unter keinen Umständen die Besitzlosen in ihrem Erworbenen schädigen, sei es durch Gewalt oder durch Trug oder durch Wucherkünste: und das um so weniger als ihr Stand minder gegen Unrecht und Übervorteilung geschützt ist. Ihr Eigentum, weil gering, beansprucht eben deshalb um so mehr Unverletzlichkeit. Wer wird in Abrede stellen, daß die Befolgung dieser Vorschriften allein imstande sein würde, den bestehenden Zwiespalt samt seinen Ursachen zu beseitigen?

18. Aber die Kirche, welche in den Fußstapfen ihres göttlichen Lehrers und Führers Jesu Christus wandelt, hat noch höhere Ziele; sie trachtet mit Vorschriften von noch größerer sittlicher Vollkommenheit, den einen Teil dem andern möglichst anzunähern und ein freundliches Verhältnis zwischen beiden herzustellen. Nur wenn wir das

künftige unsterbliche Leben zum Maßstabe nehmen, können wir über das gegenwärtige Leben unbefangen und gerecht urteilen. Gäbe es kein anderes Leben, so würde eben damit der wahre Begriff sittlicher Pflicht verlorengehen, und das irdische Dasein würde zu einem dunklen, von keinem Verstande zu entwirrenden Rätsel. Wenn dies uns schon die Vernunft selbst sagt, so wird es zugleich durch den Glauben verbürgt, der als Grundstein aller Religion die Lehre hinstellt, daß beim Ausscheiden aus dem irdischen Leben unser wahres Leben beginnt. Denn Gott hat uns nicht für die hinfälligen und vergänglichen Güter der Zeit geschaffen, sondern für die ewigen des Himmels, und er hat uns die Erde nicht als eigentlichen Wohnsitz, sondern als Ort der Verbannung angewiesen. Ob der Mensch an Reichtum und an anderen Dingen, die man Güter nennt, Überfluß habe oder Mangel leide, darauf kommt es für die ewige Seligkeit nicht an; aber sehr viel kommt auf die Weise an, wie er seine Erlösung benützt. Jesus Christus hat durch seine „reiche Erlösung" keineswegs Leiden und Kreuz hinweggenommen, das unsern Lebensweg bedeckt, er hat es aber in einen Sporn für unsere Tugend, in einen Gegenstand des Verdienstes verwandelt, und keiner wird der ewigen Krone teilhaftig, der nicht den schmerzlichen Kreuzweg des Herrn wandelt. „Wenn wir mit ihm leiden, werden wir auch mit ihm herrschen"[6]. Durch seine freiwilligen Mühen und Peinen hat jedoch der Heiland all unsere Mühen und Peinen wunderbar gemildert. Er erleichtert uns die Ertragung aller Trübsal nicht bloß durch sein Beispiel, sondern auch durch seine stärkende Gnade und durch den Ausblick auf ewigen Lohn. „Denn unsere vorübergehende und leichte Trübsal in der Gegenwart erwirkt uns ein überschwengliches Maß von Glorie in der Ewigkeit"[7].
Es ergeht also die Mahnung der Kirche an die mit Glücksgütern Gesegneten, daß Reichtum nicht von Mühsal frei mache, und daß er für das ewige Leben nichts nütze, ja demselben eher schädlich sei[8]. Die auffälligen Drohungen Jesu Christi an die Reichen müßten diese mit Furcht erfüllen[9], denn dem ewigen Richter wird einst strengste Rechenschaft über den Gebrauch der Güter dieses Lebens abgelegt werden müssen.

19. Eine wichtige und tiefgreifende Lehre verkündet die Kirche sodann über den Gebrauch des Reichtums, eine Lehre, welche von der heidnischen Weltweisheit nur dunkel geahnt wurde, die aber von der

Kirche in voller Klarheit hingestellt und, was mehr ist, in lebendige praktische Übung umgesetzt wird. Sie betrifft die Pflicht der Wohltätigkeit, das Almosen. Diese Lehre hat die Unterscheidung zwischen gerechtem Besitz und gerechtem Gebrauch des Besitzes zur Voraussetzung.

Das Privateigentum gründet sich, wie wir gesehen haben, auf die natürliche Ordnung, und dieses Recht zu gebrauchen, ist nicht bloß erlaubt, sondern es ist auch im gesellschaftlichen Dasein eine Notwendigkeit. „Es ist erlaubt", so drückt der hl. Thomas es aus, „daß der Mensch Eigentum besitze, und es ist zugleich notwendig für das menschliche Leben"[10]. Fragt man nun, wie der Gebrauch des Besitzes beschaffen sein müsse, so antwortet die Kirche mit dem nämlichen heiligen Lehrer: „Der Mensch muß die äußern Dinge nicht wie ein Eigentum, sondern wie gemeinsames Gut betrachten und behandeln, insofern nämlich, als er sich zur Mitteilung derselben an Notleidende leicht verstehen soll. Darum spricht der Apostel: ‚Befiehl den Reichen dieser Welt, . . . daß sie gerne geben und mitteilen'"[11]. Gewiß ist niemand verpflichtet, dem eigenen notwendigen Unterhalt oder demjenigen der Familie Abbruch zu tun, um dem Nächsten beizuspringen. Es besteht nicht einmal die Verbindlichkeit, des Almosens wegen auf standesgemäße und geziemende Ausgaben zu verzichten. „Denn niemand ist", um wieder mit St. Thomas zu sprechen, „verpflichtet, auf unangemessene Weise zu leben"[12]. Ist der Besitz jedoch größer, als es für den Unterhalt und ein standesgemäßes Auftreten nötig ist, dann tritt die Pflicht ein, vom Überflusse den notleidenden Mitbrüdern Almosen zu spenden. „Was ihr an Überfluß habet, das gebet den Armen", heißt es im Evangelium[13]. Diese Pflicht ist allerdings nicht eine Pflicht der Gerechtigkeit, den Fall der äußersten Not ausgenommen, sondern der christlichen Liebe, und darum könnte sie auch nicht auf gerichtlichem Wege erzwungen werden. Sie erhält indes eine Bekräftigung, mächtiger als die durch irdische Gesetzgeber und Richter, von seiten des ewigen Richters der Welt, der durch vielfache Aussprüche die Mildtätigkeit empfiehlt: „Es ist seliger geben, als nehmen"[14], und der Gericht halten wird über Spendung und Verweigerung der Almosen an seine Armen, so als wäre sie ihm geschehen: „Was ihr einem der geringsten meiner Brüder getan habt, das habt ihr mir getan"[15]. Das Gesagte läßt sich also kurz so zusammenfassen: Wer irgend mit Gütern von Gott dem Herrn reichlicher bedacht wurde, seien es leibliche und

äußere, seien es geistige Güter, der hat den Überfluß zu dem Zweck
erhalten, daß er ihn zu seinem eigenen wahren Besten und zum Besten
der Mitmenschen wie ein Diener der göttlichen Vorsehung benütze.
„Wem also Einsicht verliehen ist", sagt der hl. Gregor der Große, „der
verwende sie zu nutzbringender Unterweisung, wer Reichtum erhalten hat, sehe zu, daß er mit der Wohltätigkeit nicht säume; wer in praktischen Dingen Erfahrung und Übung besitzt, verwende sein Können
zum Besten der Mitmenschen"[16].

20. Die Besitzlosen aber belehrt die Kirche, daß Armut in den Augen
der ewigen Wahrheit nicht die geringste Schande ist, und daß Handarbeit zum Erwerb des Unterhaltes durchaus keine Unehre bereitet.
Christus der Herr hat dies durch Tat und Beispiel bekräftigt, er, der um
unseretwillen „arm geworden, da er reich war"[17], und der, obwohl
Sohn Gottes und Gott selbst, dennoch für den Sohn des Zimmermanns
gehalten werden, ja einen großen Teil seines Lebens mit körperlicher
Arbeit zubringen wollte. „Ist dies nicht der Zimmermann, der Sohn
Mariä?"[18] Wer dies göttlich hohe Beispiel ernst betrachtet, der wird
leichter verstehen, daß die wahre Würde und Größe des Menschen in
sittlichen Eigenschaften, das heißt in der Tugend beruht, daß die Tugend aber ein Gut sei, welches allen gleich zugänglich ist, dem Nieder-
sten wie dem Höchsten, dem Reichen wie dem Armen, und daß durchaus nichts anderes als Tugend und Verdienst des Himmels teilhaftig
macht. Ja gegen die Hilflosen und Unglücklichen dieser Welt tritt Gottes Liebe gewissermaßen noch mehr an den Tag: Jesus Christus preist
die Armen selig[19]; er ladet alle, die mit Mühe und Kummer beladen,
liebevoll zu sich, um sie zu trösten[20]; die Niedrigsten und Verfolgten
umfaßt er mit ganz besonderem Wohlwollen. Diese Wahrheiten sind
wahrlich imstande, in den Begüterten und Hochstehenden jeden
Übermut niederzuhalten und in den Armen den Kleinmut aufzurichten; sie müssen den Reichen Entgegenkommen gegen die Armen einflößen und die Armen selbst zur Bescheidenheit stimmen. So wird die
soziale Kluft zwischen den beiden Klassen unschwer verringert und
hüben und drüben freundliche, versöhnliche Gesinnung geweckt.

21. Wenn aber die Moral des Christentums ganz zur Geltung kommt,
wird man auch nicht bei versöhnlicher Stimmung stehenbleiben; es
wird wahre brüderliche Liebe beide Teile verbinden. Sie werden dann

in dem Bewußtsein leben, daß ein gemeinsamer Vater im Himmel alle Menschen geschaffen hat und alle für das gleiche Ziel bestimmt hat, für den ewigen Lohn der Guten, welcher Gott selbst ist, der allein die Menschen und die Engel mit vollkommener Seligkeit beglücken kann. Sie erfassen dann, was es heißt: Jesus Christus hat alle gleicherweise durch sein Leiden erlöst, alle zur nämlichen Würde von Kindern Gottes erhoben; ein wahrhaftes geistiges Bruderband besteht zwischen ihnen und mit Christus dem Herrn, „dem Erstgeborenen unter vielen Brüdern"[21]. Sie verstehen, was es ferner heißt, die Güter der Natur und die Geschenke der Gnade insgesamt gehören gemeinschaftlich der großen Menschenfamilie an, nur wer sich selbst unwürdig macht, wird vom Erbe des himmlischen Glückes ausgeschlossen. „Wenn aber Söhne, dann auch Erben, und zwar Erben Gottes und Miterben Christi."[22]

Das sind nach christlicher Auffassung die Grundzüge der Menschenrechte und der Menschenpflichten. Würde nicht aller Streit in kurzer Frist erledigt sein, wenn diese Wahrheiten in der bürgerlichen Gesellschaft zu voller Anerkennung gelangten?

22. Indessen die Kirche läßt es sich nicht dabei begnügen, bloß den Weg zur Heilung zu zeigen, sie wendet auch die Heilmittel selbst an. Ihr ganzes Arbeiten geht dahin, die Menschheit nach Maßgabe ihrer Lehre und ihres Geistes umzubilden und zu erziehen. Durch den Episkopat und den Klerus leitet sie den heiligen Strom ihres Unterrichtes in die weitesten Kreise des Volkes hinab, soweit immer ihr Einfluß gelangen kann. Sie sucht in das Innerste der Menschen einzudringen und ihren Willen zu lenken, damit sich alle im Handeln nach Gottes Vorschriften richten. Gerade in bezug auf diese innere Wirksamkeit, also an einem Punkte, auf den alles ankommt, entfaltet die Kirche eine siegreiche, ihr ausschließlich eigene Macht. Denn die Mittel, die ihr den Zugang zu den Herzen bahnen, hat sie von Jesus Christus selbst für diesen heiligen Zweck überkommen, es ruht in ihnen eine göttliche Kraft. Diese Mittel allein gelangen zum Innersten der Menschenbrust, und diese Macht allein führt den Menschen zum Gehorsam gegen seine Pflicht, zur Bezähmung der eigenen Leidenschaft, zu vollkommener Liebe Gottes und des Nächsten, zur Überwindung der vielen auf dem Wege der Tugend auftretenden Hindernisse.

Zur Bestätigung dessen braucht nur auf das Beispiel der Vergangenheit hingewiesen zu werden. Wir heben nur Tatsachen hervor, welche außer allem Zweifel stehen, wenn wir sagen: es war der Einfluß und das Walten der Kirche, wodurch die bürgerliche Gesellschaft von Grund aus erneuert wurde; die höheren sozialen Kräfte, die ihr eigen sind, haben die Menschheit auf die Bahn des wahren Fortschritts erhoben, ja vom Untergange wieder zum Leben erweckt; sie haben durch die christliche Erziehung der Völker eine Entwicklung herbeigeführt, welche alle früheren Kulturformen weit übertrifft und in alle Zukunft nicht durch eine andere übertroffen werden wird. Diese Wohltaten haben die hochheilige Person Jesu Christi zu ihrer Urquelle und zu ihrem Endzwecke; wie die Welt dem Gottmenschen alles verdankt, so bezieht sich alles Gute auf ihn als Zielpunkt der Dinge zurück. Das Leben Jesu Christi durchdrang den Erdkreis, nachdem das Licht des Evangeliums aufgegangen und das große Geheimnis von der Menschwerdung Gottes und der Erlösung unseres Geschlechtes verkündet war; es drang zu allen Völkern, allen Klassen und gründete in ihnen den christlichen Glauben und dessen sittliche Vorschriften. Es ergibt sich hieraus die Notwendigkeit, daß, wenn man ein Heilmittel für die menschliche Gesellschaft sucht, dasselbe nur in der christlichen Wiederherstellung des öffentlichen und privaten Lebens beruht. Denn es ist ein bekanntes Axiom, daß jede Gesellschaft, die sich aus Niedergang erheben will, im Sinne ihres Ursprungs arbeiten muß. Durch das Streben nach dem beim Ursprung gesetzten Ziele muß das entsprechende Leben in den gesellschaftlichen Körper kommen. Abweichen vom Ziele ist gleichbedeutend mit Verfall; Rückkehr zu demselben bedeutet Heilung. Dies gilt vom ganzen Körper des Staates, und es gilt ebenso von der bei weitem zahlreichsten Klasse von Staatsbürgern, den arbeitenden Ständen.

23. Die Fürsorge der Kirche geht indessen nicht so in der Pflege des geistigen Lebens auf, daß sie darüber der Anliegen des irdischen Lebens vergäße. Sie ist vielmehr, insbesondre dem Arbeiterstande gegenüber, vom eifrigen Streben erfüllt, die Not des Lebens für ihn auch nach der materiellen Seite zu lindern und ihn zu besseren Verhältnissen zu erheben. Schon durch ihre Anleitung zur Sittlichkeit und Tugend fördert sie zugleich das materielle Wohl; denn ein geregeltes christliches Leben hat stets seinen Anteil an der Herbeiführung irdischer Wohlfahrt; es macht Gott, welcher Urquell und Spender aller

Wohlfahrt ist, dem Menschen geneigt, und es drängt zwei Feinde zurück, welche allzu häufig mitten im Überflusse die Ursache bittern Elends sind, die ungezügelte Habgier und die Genußsucht[23]; es würzt ein bescheidenes irdisches Los mit dem Glücke der Zufriedenheit, spendet in der Sparsamkeit einen Ersatz für die abgehenden Glücksgüter und bewahrt vor Leichtsinn und Laster, wodurch auch der ansehnlichste Wohlstand oft so schnell zugrunde gerichtet wird.

24. Aber die Kirche entfaltet außerdem auch geeignete praktische Maßnahmen zur Milderung des materiellen Notstandes der Besitzlosen; sie unterhält und fördert die verschiedensten Anstalten zur Hebung ihres Daseins. Ja, daß ihre Tätigkeit in dieser Hinsicht jederzeit eine höchst wohltätige gewesen, wird auch von ihren Feinden mit lautem Lobe anerkannt. Zur Zeit der ersten Christen war die brüderliche Liebe so mächtig, daß häufig Reiche all ihrer Habe sich entblößten, um den Armen beizuspringen. Es gab infolgedessen, wie die Heilige Schrift sagt, „keinen Dürftigen in der Mitte der Gläubigen"[24]. Das tägliche Almosengeben war die Aufgabe, welche den Diakonen von den Aposteln gestellt wurde, und derentwegen namentlich die besondere Weihestufe des Diakonats eingesetzt war. Der heilige Apostel Paulus nahm es trotz seiner vielfältigen Sorgen für alle Kirchen auf sich, den notleidenden Christen persönlich auf mühevollen Reisen das Almosen zu bringen. Tertullian spricht von der bei jeder Versammlung der Christen gespendeten Beisteuer; er nennt sie „Hinterlage der Liebe" und sagt, sie diene „zum Unterhalte der Armen und ihrem Begräbnis, den dürftigen Waisen beiderlei Geschlechtes, den Greisen und den Schiffbrüchigen"[25].

So floß allmählich ein kirchliches Patrimonium zusammen, und dasselbe ward stets mit heiliger Sorgfalt als ein Erbschatz der Armen und Notleidenden bewahrt. Die Kirche scheute sich nicht, auch als Bettlerin zu den Türen der Reichen zu wandern, um den Bedrängten ein Scherflein zu gewinnen. Sie war es, die gemeinsame Mutter von arm und reich, welche dadurch, daß sie die christliche Nächstenliebe zu hoher Flamme entzündete, besondere geistliche Orden erweckte und viele andere Einrichtungen erstehen ließ zur Linderung der irdischen Not, auf daß für jede Bedrängnis eine Abhilfe, für jeden Schmerz ein Trost bestände.

Allerdings vernimmt man in der Gegenwart Stimmen, welche, wie die

Heiden es schon getan, Anklagen gegen die Kirche selbst in dieser Liebestätigkeit suchen. An deren Stelle sucht man ein staatliches System des Wohltuns einzuführen. Aber wo sind die staatlichen, die menschlichen Einrichtungen, die sich an die Stelle der christlichen Liebe und des Opfergeistes, die ihren Schwung von der Kirche empfangen, zu setzen vermöchten? Nein, die Kirche allein besitzt das Geheimnis dieses himmlischen Schwunges. Quillt die Liebe und Kraft nicht aus dem heiligsten Herzen des Erlösers, so ist sie nichtig. Um aber des innern Lebens des Erlösers teilhaftig zu werden, muß man ein lebendiges Glied seiner Kirche sein.

25. Indessen ist nicht zu bezweifeln, daß zur Lösung der sozialen Frage zugleich die menschlichen Mittel in Bewegung gesetzt werden müssen. Alle, die es irgend berührt, müssen je nach ihrer Stellung mitarbeiten. Es gibt hier das Wirken der göttlichen Vorsehung, welche die Welt regiert, gewissermaßen ein Vorbild; denn hängt der Ausgang von vielen Ursachen zugleich ab, so sehen wir, wie eben diese Ursachen sich zur Erzielung der Wirkung zueinander gesellen.

Es handelt sich zunächst darum, welcher Anteil bei der Lösung der Frage der Staatsgewalt zufalle. Unter Staatsgewalt verstehen Wir hier nicht die zufällige Regierungsform der einzelnen Länder, sondern die Staatsgewalt der Idee nach, wie sie durch die Natur und Vernunft gefordert wird, und wie sie sich nach den Grundsätzen der Offenbarung, die Wir in der Enzyklika über die christliche Staatsverfassung entwikkelt haben, darstellt.

26. Die Beihilfe also, welche von den Staatslenkern erwartet werden muß, besteht zunächst in einer derartigen allgemeinen Einrichtung der Gesetzgebung und Verwaltung, daß daraus von selbst das Wohlergehen der Gemeinschaft wie der einzelnen emporblüht. Hier liegt die Aufgabe einer einsichtigen Regierung, die wahre Pflicht jeder weisen Staatsleitung. Was aber im Staate vor allem Glück und Friede verbürgt, das ist Ordnung, Zucht und Sitte, ein wohlgeordnetes Familienleben, Heilighaltung von Religion und Recht, mäßige Auflage und gleiche Verteilung der Lasten, Betriebsamkeit in Gewerbe und Handel, günstiger Stand des Ackerbaues und anderes ähnliche. Je umsichtiger alle diese Hebel benützt und gehandhabt werden, desto gesicherter ist die Wohlfahrt der Glieder des Staates. Hier eröffnet sich also

eine weite Bahn, auf welcher der Staat für den Nutzen aller Klassen der Bevölkerung und insbesondere für die Lage der Arbeiter tätig sein kann; gebraucht er hier sein Recht, so ist durchaus kein Vorwurf möglich, als ob er einen Übergriff beginge; denn nichts geht den Staat seinem Wesen nach näher an als die Pflicht, das Gemeinwohl zu fördern; und je wirksamer und durchgreifender er es durch allgemeine Maßnahmen tut, desto weniger brauchen anderweitige Mittel zur Besserung der Arbeiterverhältnisse aufgesucht zu werden.

27. Es ist überdies als Wahrheit von einschneidender Bedeutung vor Augen zu halten, daß der Staat für alle da ist, in gleicher Weise für die Niedern wie für die Hohen. Die Besitzlosen sind vom naturrechtlichen Standpunkt nicht minder Bürger als die Besitzenden, d. h. sie sind wahre Teile des Staates, die am Leben der aus der Gesamtheit der Familien gebildeten Staatsgemeinschaft teilnehmen; und sie bilden zudem, was sehr ins Gewicht fällt, in jeder Stadt bei weitem die größere Zahl der Einwohner. Wenn es also unzulässig ist, nur für einen Teil der Staatsangehörigen zu sorgen, den andern aber zu vernachlässigen, so muß der Staat durch öffentliche Maßnahmen sich in gebührender Weise des Schutzes der Arbeiter annehmen. Wenn dies nicht geschieht, so verletzt er die Forderung der Gerechtigkeit, welche jedem das Seine zu geben befiehlt. Richtig bemerkt in dieser Hinsicht der hl. Thomas: „Wie der Teil und das Ganze gewissermaßen dasselbe sind, so gehört das, was dem Ganzen gehört, auch gewissermaßen dem Teile an"[26]. Unter den vielen und wichtigen Pflichten also, die eine für das Wohl der Untertanen besorgte Staatsleitung zu erfüllen hat, ist es eine der ersten, daß sie allen Klassen von Untertanen denselben Schutz angedeihen lasse, in strenger Wahrung jener Gerechtigkeit, die man die „verteilende" genannt hat.

Wenn auch alle Staatsangehörigen ohne Ausnahme an den Bestrebungen für das Wohl des Staates sich zu beteiligen haben, indem ja alle die Vorteile der Staatsgemeinschaft genießen, so können sich doch nicht alle im gleichen Grade beteiligen. Wie immer die Regierungsform sich gestalten mag, stets werden unter den Bürgern jene Standesunterschiede da sein, ohne die überhaupt keine Gesellschaft denkbar ist. Stets wird sich zum Beispiel ein Teil mit den Aufgaben des Staates selbst, mit der Gesetzgebung, der Rechtsprechung, der Verwaltung und den militärischen Angelegenheiten beschäftigen müssen; von selbst werden diese einen höheren Rang unter den Staatsangehörigen einnehmen, weil sie unmittelbar und in hervorragender Weise an dem Gemeinwohl arbeiten. Tragen die übrigen Bürger, z. B. die Gewerbetreibenden, nicht in diesem Maße zum öffentlichen Nutzen bei, so leisten jedoch auch sie offenbar der öffentlichen Wohlfahrt Dienste, wenn auch nur mittelbare. Allerdings besteht das Gemeinwohl vor allem in der Pflege von Rechtschaffenheit und Tugend, und es gehört zum Begriffe sozialer Wohlfahrt, daß sie die Menschen besser mache.

Aber auch die Beschaffung der irdischen Mittel, „deren Vorhandensein und Gebrauch zur Ausübung der Tugend unerläßlich ist"[27], gehört ebenso zu einem gut eingerichteten Staate. Zur Herstellung dieser Güter ist nun die Tätigkeit der Arbeiter besonders wirksam und notwendig, sei es, daß sie ihre Geschicklichkeit und Hand auf den Feldern oder an der Werkbank betätigen. Ja auf diesem Gebiete ist ihre Kraft und Wirksamkeit so groß, daß es eine unumstößliche Wahrheit ist, nicht anderswoher als aus der Arbeit der Werktätigen entstehe Wohlhabenheit im Staate. Es ist also eine Forderung der Billigkeit, daß man sich seitens der öffentlichen Gewalt des Arbeiters annehme, damit er von dem, was er zum allgemeinen Nutzen beiträgt, etwas empfängt, so daß er in Sicherheit hinsichtlich Wohnung, Kleidung und Nahrung ein weniger schweres Leben führen kann. Daraus folgt, daß alles zu fördern ist, was irgendwie der Lage der Arbeiterschaft nützen kann. Wenn der Staat hierfür Sorge trägt, so fügt er dadurch niemand Nachteil zu, er nützt vielmehr sehr der Gesamtheit, die ein offenbares Interesse daran hat, daß ein Stand, welcher dem Staate so notwendige Dienste leistet, nicht im Elend seine Existenz friste.

28. Der Bürger und die Familie sollen allerdings nicht im Staate aufgehen, wie gesagt wurde, und die Freiheit der Bewegung, soweit sie nicht dem öffentlichen Wohle oder dem Rechte anderer zuwider ist, muß ihnen gewahrt bleiben. Indessen wirksame Schutzmaßregeln der Regierung sollten der Gesamtheit und den einzelnen Ständen gewidmet sein: der Gesamtheit, weil nach der Ordnung der Natur deren Wohl nicht bloß das oberste Gesetz, sondern auch Grund und Endzweck der höchsten Gewalt überhaupt ist; den einzelnen Ständen, weil die Regierung der Gesamtheit nicht um der Regierenden willen, sondern für die Regierten geführt wird, wie dies Vernunft und Glaube leh-

ren. Und da jede Autorität von Gott kommt, als ein Ausfluß der höchsten Autorität, so ist auch die Regierung zu handhaben nach dem Vorbilde der göttlichen Regierung, die da mit gleicher väterlicher Liebe sowohl die Gesamtheit der Geschöpfe als die einzelnen Dinge leitet. Droht also der staatlichen Gesamtheit oder einzelnen Ständen ein Nachteil, dem anders nicht abzuhelfen ist, so ist es Sache des Staates, einzugreifen.

29. Es liegt nun aber ebenso im öffentlichen wie im privaten Interesse, daß im Staate Friede und Ordnung herrsche, daß das ganze Familienleben den göttlichen Geboten und dem Naturgesetz entspreche, daß die Religion geachtet und geübt werde, daß im privaten wie im öffentlichen Leben Reinheit der Sitte herrsche, daß Recht und Gerechtigkeit gewahrt und nicht ungestraft verletzt werde, daß die Jugend kräftig heranwachse zum Nutzen und, wo nötig, zur Verteidigung des Gemeinwesens. Wenn also sich öffentliche Wirren ankündigen infolge widersetzlicher Haltung der Arbeiter oder infolge von verabredeter Arbeitseinstellung, wenn die natürlichen Familienbande in den Kreisen der Besitzlosen zerrüttet werden, wenn bei den Arbeitern die Religion gefährdet ist, indem ihnen nicht genügend Zeit und Gelegenheit zu ihren gottesdienstlichen Pflichten gelassen wird, wenn ihrer Sittlichkeit Gefahr droht durch die Art und Weise von gemeinschaftlicher Verwendung beider Geschlechter bei der Arbeit oder durch andere Lockungen zur Sünde, wenn die Arbeitgeber sie ungerechterweise belasten oder sie zur Annahme von Bedingungen nötigen, die der persönlichen Würde und den Menschenrechten zuwiderlaufen, wenn ihre Gesundheit durch übermäßige Anstrengung oder ihrem Alter und Geschlecht nicht entsprechende Anforderungen untergraben wird – in allen diesen Fällen muß die Autorität und Gewalt der Gesetze innerhalb gewisser Schranken sich geltend machen. Die Schranken werden durch denselben Grund gezogen, aus welchem die Beihilfe der Gesetze verlangt wird. Nur soweit es zur Hebung des Übels und zur Entfernung der Gefahr nötig ist, nicht aber weiter, dürfen die staatlichen Maßnahmen in die Verhältnisse der Bürger eingreifen.

Wenn aber überhaupt alle Rechte der Staatsangehörigen sorgfältig beachtet werden müssen, und die öffentliche Gewalt darüber zu wachen hat, daß jedem das Seine bleibe, und daß alle Verletzung der Gerechtigkeit abgewehrt werde oder Strafe finde, so muß doch der Staat beim Rechtsschutze zugunsten der Privaten eine ganz besondere Fürsorge für die niedere, besitzlose Masse sich angelegen sein lassen. Die Wohlhabenden sind nämlich nicht in dem Maße auf den öffentlichen Schutz angewiesen, sie haben selbst die Hilfe eher zur Hand; dagegen hängen die Besitzlosen, ohne eigenen Boden unter den Füßen, fast ganz von der Fürsorge des Staates ab. Die Lohnarbeiter also, die ja zumeist die Besitzlosen bilden, müssen vom Staat in besondere Obhut genommen werden.

30. Doch es sind hier noch einzelne Momente besonders zu betonen. Das erste ist, daß die öffentliche Autorität durch entschiedene Maßregeln das Recht und die Sicherheit des privaten Besitzes gewährleisten muß. Die Bewegung der Masse, wenn in ihr die Gier nach fremder Habe erwacht, muß mit Kraft gezügelt werden. Ein Streben nach Verbesserung der eigenen Lage ohne ungerechte Schädigung anderer tadelt niemand, aber auf Aneignung fremden Besitzes ausgehen, und dies unter dem törichten Vorgeben, es müsse eine Gleichmachung in der Gesellschaft erfolgen, das ist ein Angriff auf die Gerechtigkeit und auf das Gemeinwohl zugleich. Ohne Zweifel zieht es der allergrößte Teil der Arbeiter vor, durch ehrliche Arbeit und ohne Beeinträchtigung des Nächsten sich zu einer besseren Stellung zu erschwingen. Aber zahlreich sind auch die Unruhestifter, die Verbreiter falscher Ideen, denen jedes Mittel recht ist, um einen Umsturz vorzubereiten und das Volk zur Gewalttätigkeit zu verleiten. Es muß also die Staatsgewalt dazwischentreten, dem Hetzen Einhalt gebieten, die friedliche Arbeit vor der Verführung und Aufreizung schützen, den rechtmäßigen Besitz gegen den Raub sicherstellen.

31. Nicht selten greifen die Arbeiter zu gemeinsamer Arbeitseinstellung, wenn ihnen die Anforderungen zu schwer, die Arbeitsdauer zu lang, der Lohnsatz zu gering erscheint. Dieses Vorgehen, das in der Gegenwart immer häufiger wird und immer weiteren Umfang annimmt, fordert die öffentliche Gewalt auf, dagegen Abhilfe zu schaffen; denn die Ausstände gereichen nicht bloß den Arbeitgebern mitsamt den Arbeitern zum Schaden, sie benachteiligen auch empfindlich Handel und Industrie, überhaupt den ganzen öffentlichen Wohlstand. Außerdem geben sie erfahrungsmäßig häufig Anlaß zu Gewalttätigkeiten und Unruhen und stören so den Frieden im Staate. Demge-

genüber ist diejenige Art der Abwehr am wirksamsten und heilsamsten, welche durch entsprechende Anordnungen und Gesetze dem Übel zuvorzukommen trachtet und sein Entstehen hindert durch Beseitigung jener Ursachen, die den Konflikt zwischen den Anforderungen der Arbeitsherren und der Arbeiter herbeizuführen pflegen.

32. Der Staat ist ferner den Arbeitern in mehrfacher praktischer Richtung einen Schutz schuldig, und zwar zunächst in Hinsicht ihrer geistigen Güter. Ist auch das irdische Leben fürwahr ein Gut, das aller Sorge wert ist, so besteht doch in ihm nicht das höchste uns gesetzte Ziel. Es hat nur als Weg, als Mittel zur Erreichung des Lebens der Seele zu gelten. Dieses Leben der Seele ist Erkenntnis der Wahrheit und Liebe zum Guten. In die Seele ist das erhabene Ebenbild des Schöpfers eingedrückt, und in ihr thront jene hohe Würde des Menschen, kraft deren er über die niedrigen Naturwesen zu herrschen und Erde und Meer sich dienstbar zu machen berufen ist. „Erfüllet die Erde und unterwerfet sie, und herrschet über die Fische des Meeres und die Vögel des Himmels und alle Tiere, die sich bewegen auf der Erde."[28] Unter dieser Rücksicht sind alle Menschen gleich; kein Unterschied der Menschenwürde zwischen reich und arm, Herr und Diener, Fürst und Untertan, „denn derselbe ist der Herr aller"[29]. Keine Gewalt darf sich ungestraft an der Würde des Menschen vergreifen, da doch Gott selbst „mit großer Achtung", wie es heißt, über ihn verfügt; keine Gewalt darf ihn auf dem Wege christlicher Pflicht und Tugend, der ihn zum ewigen Leben im Himmel führen soll, zurückhalten. Ja, der Mensch besitzt nicht einmal selbst die Vollmacht, auf die hierzu nötige Freiheit Verzicht zu leisten und sich der Rechte, die seine Natur verlangt, zu begeben; denn nicht um Befugnisse, die in seinem Belieben stehen, handelt es sich, sondern um unausweichliche, über alles heilig zu haltende Pflichten gegen Gott.
Hiermit ist die Grundlage der pflichtmäßigen Sonntagsruhe bezeichnet. Die Sonntagsruhe bedeutet nicht soviel wie Genuß einer trägen Untätigkeit. Noch weniger besteht sie in der Freiheit von Regel und Ordnung, und sie ist nicht dazu da, wozu sie manchen erwünscht ist, nämlich um Leichtsinn und Ausgelassenheit zu begünstigen oder um Gelegenheit zu überflüssigen Ausgaben zu schaffen. Sie ist vielmehr eine durch die Religion geheiligte Ruhe von der Arbeit. Die religiös geweihte Ruhe enthebt den Menschen den Geschäften des täglichen

Lebens, der Last gewohnter Arbeit, um ihn aufzurufen zu Gedanken an die Güter des Jenseits und zu den Pflichten der Gottesverehrung. Das ist die Natur, das die Ursache der Sonntagsruhe. Das hat Gott im Alten Testamente eindringlich durch das Gebot bekräftigt: „Gedenke, daß du den Sabbath heiligest"[30], und diesen Charakter verlieh er dieser Ruhe, da er in seiner eigenen geheimnisvollen Ruhe nach der Erschaffung des Menschen das Vorbild gab: „Er ruhte am siebten Tage von jedem Werke, das er geschaffen hatte"[31].

33. Was sodann den Schutz der irdischen Güter des Arbeiterstandes angeht, so ist vor allem jener unwürdigen Lage ein Ende zu machen, in welche derselbe durch den Eigennutz und die Hartherzigkeit von Arbeitgebern versetzt ist, welche die Arbeiter maßlos ausbeuten und sie nicht wie Menschen, sondern als Sachen behandeln. Die Gerechtigkeit und die Menschlichkeit erheben Einspruch gegen Arbeitsforderungen von solcher Höhe, daß der Körper unterliegt und der Geist sich abstumpft. Wie im Menschen alles seine Grenzen hat, so auch die Leistungsfähigkeit bei der Arbeit, und über die Schranken des Vermögens kann man nicht hinausgehen. Die Arbeitskraft steigert sich freilich bei Übung und Anpassung, aber nur dann verspricht sie die wirklich zukömmliche Leistung, wenn zur rechten Zeit für Unterbrechung und Ruhe gesorgt ist. In bezug auf die tägliche Arbeitszeit muß also der Grundsatz gelten, daß sie nicht länger sein darf, als es den Kräften der Arbeiter entspricht. Wie lange die Ruhe aber dauern müsse, das richtet sich nach der Art der Arbeit, nach Zeit und Ort, nach den körperlichen Kräften. Berg- und Grubenarbeiten erfordern offenbar größere Anstrengung als andere und sind mehr gesundheitsschädlich; für sie muß also eine kürzere Durchschnittszeitdauer angesetzt werden. Ebenso sind gewisse Arbeiten in der einen Jahreszeit leicht zu leisten, zu einer andern Jahreszeit aber gar nicht oder nur mit großen Schwierigkeiten ausführbar.

Endlich was ein erwachsener, kräftiger Mann leistet, dazu ist eine Frau oder ein Kind nicht imstande. Die Kinderarbeit insbesondere erheischt die menschenfreundlichste Fürsorge. Es wäre nicht zuzulassen, daß Kinder in die Werkstatt oder Fabrik eintreten, ehe Leib und Geist zur gehörigen Reife gediehen sind. Die Entfaltung der Kräfte wird in den jungen Wesen durch vorzeitige Anspannung erstickt, und ist einmal die Blüte des kindlichen Alters gebrochen, so ist es um die ganze

Entwicklung in traurigster Weise geschehen. Ebenso ist durchaus zu beachten, daß manche Arbeiten weniger zukömmlich sind für das weibliche Geschlecht, welches überhaupt für die häuslichen Verrichtungen eigentlich berufen ist. Diese letztere Gattung von Arbeit gereicht dem Weibe zu einer Schutzwehr seiner Würde, erleichtert die gute Erziehung der Kinder und befördert das häusliche Glück. Im allgemeinen aber ist daran festzuhalten, daß den Arbeitern so viel Ruhe zu sichern sei, als zur Herstellung ihrer bei der Arbeit aufgewendeten Kräfte nötig ist: denn die Unterbrechung der Arbeit hat eben den Ersatz der Kräfte zum Zwecke. Bei jeder Verbindlichkeit, die zwischen Arbeitgebern und Arbeitern eingegangen wird, ist ausdrücklich oder stillschweigend die Bedingung vorhanden, daß die obengenannte doppelte Art von Ruhe dem Arbeiter gesichert sei. Eine Vereinbarung ohne diese Bedingung wäre sittlich nicht zulässig, weil die Preisgabe von Pflichten gegen Gott und gegen sich selbst von niemand gefordert und von niemand zugestanden werden kann.

34. Wir berühren im Anschlusse hieran eine Frage von sehr großer Wichtigkeit, bei welcher viel auf richtiges Verständnis ankommt, damit nicht nach der einen oder der anderen Seite hin gefehlt werde. Da der Lohnsatz vom Arbeiter angenommen wird, so könnte es scheinen, als sei der Arbeitgeber nach erfolgter Auszahlung des Lohnes aller weiteren Verbindlichkeiten enthoben. Man könnte meinen, ein Unrecht läge nur dann vor, wenn entweder der Lohnherr einen Teil der Zahlung zurückbehalte oder der Arbeiter nicht die vollständige Leistung verrichte, und einzig in diesen Fällen sei für die Staatsgewalt ein gerechter Grund zum Einschreiten vorhanden, damit nämlich jedem das Seine zuteil werde.

Indes diese Schlußfolgerung kann nicht vollständigen Beifall finden; der Gedankengang weist eine Lücke auf, indem ein wesentliches, hierher gehöriges Moment übergangen wird. Es ist das folgende: Arbeiten heißt, seine Kräfte anstrengen zur Beschaffung der irdischen Bedürfnisse, besonders des notwendigen Lebensunterhaltes. „Im Schweiße deines Angesichtes sollst du dein Brot essen"[32]. Zwei Eigenschaften wohnen demzufolge der Arbeit inne: sie ist persönlich, insofern die betätigte Kraft und Anstrengung persönliches Gut des Arbeitenden ist; und sie ist notwendig, weil sie den Lebensunterhalt einbringen muß und eine strenge natürliche Pflicht die Erhaltung des Daseins gebietet. Wenn man nun die Arbeit lediglich, soweit sie persönlich ist, betrachtet, wird man nicht in Abrede stellen können, daß es im Belieben des Arbeitenden steht, in jeden verringerten Ansatz des Lohnes einzuwilligen; er leistet eben die Arbeit nach persönlichem Entschluß und kann sich auch mit einem geringen Lohne begnügen oder gänzlich auf denselben verzichten. Anders aber stellt sich die Sache dar, wenn man die andere, unzertrennliche Eigenschaft der Arbeit mit in Erwägung zieht, ihre Notwendigkeit. Die Erhaltung des Lebens ist heilige Pflicht eines jeden. Hat demnach jeder ein natürliches Recht, den Lebensunterhalt zu finden, so ist hinwieder der Dürftige hierzu allein auf die Händearbeit notwendig angewiesen.

Wenn also auch immerhin die Vereinbarung zwischen Arbeiter und Arbeitgeber, insbesondere hinsichtlich des Lohnes, beiderseitig frei geschieht, so bleibt dennoch eine Forderung der natürlichen Gerechtigkeit bestehen, die nämlich, daß der Lohn nicht etwa so niedrig sei, daß er einem genügsamen, rechtschaffenen Arbeiter den Lebensunterhalt nicht abwirft. Diese schwerwiegende Forderung ist unabhängig von dem freien Willen der Vereinbarenden. Gesetzt, der Arbeiter beugt sich aus reiner Not oder um einem schlimmeren Zustande zu entgehen, den allzu harten Bedingungen, die ihm nun einmal vom Arbeitsherrn oder Unternehmer auferlegt werden, so heißt das Gewalt leiden, und die Gerechtigkeit erhebt gegen einen solchen Zwang Einspruch.

Damit aber in solchen Fragen wie diejenige der täglichen Arbeitszeit die verschiedenen Arbeitsarten, und diejenige der Schutzmaßregeln gegen körperliche Gefährdung, zumal in Fabriken, die öffentliche Gewalt sich nicht in ungehöriger Weise einmische, so erscheint es in Anbetracht der Verschiedenheit der zeitlichen und örtlichen Umstände durchaus ratsam, jene Fragen vor die Ausschüsse zu bringen, von denen Wir unten näher handeln werden, oder einen andern Weg zur Vertretung der Interessen der Arbeiter einzuschlagen, je nach Erfordernis unter Mitwirkung und Leitung des Staates.

35. Gewinnt der Arbeiter einen genügenden Lohn, um sich mit Frau und Kind anständig zu erhalten, ist er zugleich weise auf Sparsamkeit bedacht, so wird er es, wozu die Natur selbst anzuleiten scheint, auch dahin bringen, daß er einen Sparpfennig zurücklegen und zu einer kleinen Habe gelangen kann. Will man zu irgendeiner wirksamen Lö-

sung der sozialen Frage gelangen, so ist unter allen Umständen davon auszugehen, daß das Recht auf persönlichen Besitz unbedingt hochgehalten werden muß. Der Staat muß dieses Recht in seiner Gesetzgebung begünstigen und nach Kräften dahin wirken, daß möglichst viele aus den Staatsangehörigen eine eigene Habe zu erwerben trachten. Ein solcher Zustand würde von beträchtlichen Vorteilen begleitet sein. Dahin gehört zuerst eine der Billigkeit mehr entsprechende Verteilung der irdischen Güter. Es ist eine Folge der Umgestaltung der bürgerlichen Verhältnisse, daß die Bevölkerung der Städte sich in zwei Klassen geschieden sieht, die eine ungeheure Kluft voneinander trennt. Auf der einen Seite eine überreiche Partei, welche Industrie und Markt völlig beherrscht, und weil sie Träger aller Unternehmungen, Nerv aller gewinnbringenden Tätigkeit ist, nicht bloß sich pekuniär immer stärker bereichert, sondern auch in staatlichen Dingen zu einer einflußreichen Beteiligung mehr und mehr gelangt. Auf der andern Seite jene Menge, die der Güter dieses Lebens entbehren muß und die mit Erbitterung erfüllt und zu Unruhen geneigt ist. Wenn nun diesen niederen Klassen Antrieb gegeben wird, bei Fleiß und Anstrengung zu einem kleinen Grundbesitze zu gelangen, so müßte allmählich eine Annäherung der Lage beider Stände stattfinden; es würden die Gegensätze von äußerster Armut und aufgehäuftem Reichtum mehr und mehr verschwinden. Es würde dabei zugleich der Reichtum der Bodenerzeugnisse ohne Zweifel gewinnen. Denn bei dem Bewußtsein, auf Eigentum zu arbeiten, arbeitet man ohne Zweifel mit größerer Betriebsamkeit und Hingabe; man schätzt den Boden in demselben Maße, als man ihm Mühe opfert; man gewinnt ihn lieb, wenn man in ihm die versprechende Quelle eines kleinen Wohlstandes für sich und die Familie erblickt. Es liegt also auf der Hand, wie viel der Ertrag, wie viel der Gesamtwohlstand des Volkes gewinnen würde. Als dritter Vorteil ist zu nennen die Stärkung des Heimatgefühles, der Liebe zum Boden, welcher die Stätte des elterlichen Hauses, der Ort der Geburt und Erziehung gewesen. Sicher würden viele Auswanderer, die jetzt in der Ferne eine andere Heimat suchen, die bleibende Ansässigkeit zu Hause vorziehen, wenn die Heimat ihnen eine erträgliche materielle Existenz darböte.
Obige Vorteile werden jedoch offenbar dann nicht gewonnen, wenn der Staat seinen Angehörigen so hohe Steuern auferlegt, daß dadurch das Privateigentum aufgezehrt wird. Denn da das Recht auf Privatbe-

sitz nicht durch ein menschliches Gesetz, sondern durch die Natur gegeben ist, kann es der Staat nicht aufheben, sondern nur seine Handhabung regeln und mit dem allgemeinen Wohl in Einklang bringen. Es
ist also gegen Recht und Billigkeit, wenn der Staat vom Vermögen der
Untertanen einen übergroßen Anteil als Steuer entzieht.

36. Endlich können und müssen aber auch die Arbeitgeber und die
Arbeiter selbst zu einer gedeihlichen Lösung der Frage durch Maßnahmen und Einrichtungen mitwirken, die den Notstand möglichst
heben und die eine Klasse der andern näherbringen helfen. Hierher
gehören Vereine zu gegenseitiger Unterstützung, private Veranstaltungen zur Hilfeleistung für den Arbeiter und seine Familie bei plötzli-
chem Unglück, in Krankheits- und Todesfällen, Einrichtungen zum
Schutz für Kinder, jugendliche Personen oder auch Erwachsene. Den
ersten Platz aber nehmen in dieser Hinsicht die Arbeitervereinigungen
ein, unter deren Zweck einigermaßen alles andere Genannte fällt. In
der Vergangenheit haben die Korporationen von Handwerkern lange
Zeit eine gedeihliche Wirksamkeit entfaltet. Sie brachten nicht bloß
ihren Mitgliedern erhebliche Vorteile, sondern trugen auch viel bei zur
Entwicklung und zur Ehre des Handwerkes, wie die Geschichte dessen
Zeuge ist. In einer Zeit wie der unsrigen mit ihren geänderten Lebens-
gewohnheiten können natürlich nicht die alten Innungen in ihrer ehe-
maligen Gestalt wieder ins Leben gerufen werden; die neuen Sitten,
der Fortschritt in Wissenschaft und Bildung, die gesteigerten Lebensbedürfnisse, alles stellt andere Anforderungen. Es ist notwendig, daß
die Vereinigungen der Arbeiter sich nach den neuen Verhältnissen
einrichten. Sehr erfreulich ist es, daß in unserer Zeit mehr und mehr
Vereinigungen jener Art entstehen, sei es, daß sie aus Arbeitern allein
oder aus Arbeitern und Arbeitgebern sich bilden, und man kann nur
wünschen, daß sie an Zahl und an innerer Kraft zunehmen. Obgleich
Wir schon wiederholt von den Arbeitervereinen gesprochen haben,
wollen Wir doch an dieser Stelle eingehender ihre Zeitgemäßheit und
Berechtigung darlegen, indem Wir damit das Nötige über ihre Einrichtung und die von ihnen festzuhaltenden Ziele verbinden.

37. Es ist die Beschränktheit der eigenen Kräfte, die den Menschen
stets von selbst dazu antreibt, sich mit andern zu gegenseitiger Hilfe
und Unterstützung zu verbinden. ,,Es ist besser, daß zwei zusammen

seien, als daß einer allein stehe; sie haben den Vorteil ihrer Gemeinschaft. Fällt der eine, so wird er vom andern gehalten. Wehe dem Vereinzelten! Wenn er fällt, so hat er niemand, der ihn aufrichtet"[33]. So das Wort der Heiligen Schrift. Und wiederum: „Der Bruder, der vom Bruder unterstützt wird, ist gleich einer festen Stadt"[34]. Wie also dieser natürliche Zug zur Gemeinschaft den Menschen zum staatlichen Zusammenleben führt, so treibt er ihn auch zu den verschiedensten Vereinigungen mit andern Menschen. Wenngleich es nur kleine und keine vollkommenen Gesellschaften sind, die durch solche Vereinigungen entstehen, so sind es doch wahre Gesellschaften.

Zwischen ihnen und der großen staatlichen Gesellschaft besteht ein mannigfacher Unterschied. Der Zweck des Staates umfaßt alle Einwohner, denn er geht auf die allgemeine öffentliche Wohlfahrt, deren Vorteile alle zu genießen das Recht haben; und der Staat wird eben darum als das „Gemeinwesen" bezeichnet, weil in demselben, um mit dem hl. Thomas zu sprechen, „die Menschen sich vereinigen, um eine Gemeinschaft zu bilden"[35]. Jene Gesellschaften hingegen, die sich im Schoße des Staates bilden, heißen private, weil ihr nächster Zweck der private Nutzen, nämlich der Nutzen ihrer Mitglieder, ist. „Eine private Gesellschaft", sagt der hl. Thomas, „ist jene, welche ein privates Ziel verfolgt; eine solche ist z. B. vorhanden, wenn zwei oder drei sich zur Durchführung eines Handelsgeschäftes verbinden"[36].

38. Wenngleich nun diese privaten Gesellschaften innerhalb der staatlichen Gesellschaft bestehen und gewissermaßen einen Teil von ihr bilden, so besitzt der Staat nicht schlechthin die Vollmacht, ihr Dasein zu verbieten. Sie ruhen auf der Grundlage des Naturrechtes; das Naturrecht aber kann der Staat nicht vernichten, sein Beruf ist es vielmehr, dasselbe zu schützen. Verbietet ein Staat dennoch die Bildung solcher Genossenschaften, so handelt er gegen sein eigenes Prinzip, da er ja selbst, ganz ebenso wie die privaten Gesellschaften unter den Staatsangehörigen, einzig aus dem natürlichen Trieb des Menschen zu gegenseitiger Vereinigung entspringt. Allerdings ist in manchen einzelnen Fällen die staatliche Gewalt vollauf berechtigt, gegen Vereine vorzugehen; so wenn sie sich zu Zielen bekennen, die offenkundig gegen Recht und Sittlichkeit oder sonstwie gegen die öffentliche Wohlfahrt gerichtet sind. Steht dem Staat die Befugnis zu, die Bildung solcher Vereine zu verhindern und bestehende aufzulösen, so liegt es ihm

anderseits sehr strenge ob, jeden Schein des Eingriffs in die Rechte der Bürger zu unterlassen. Der Vorwand des nötigen Schutzes für die öffentlichen Interessen darf ihn auf keine Weise zu Schritten verleiten, die nicht auf vernünftigem Grunde beruhen. Denn staatliche Gesetze und Anordnungen besitzen inneren Anspruch auf Gehorsam nur, insofern sie der richtigen Vernunft und damit dem ewigen Gesetze Gottes entsprechen[37].

39. Wir gedenken hier der mannigfachen Genossenschaften, Vereine und geistlichen Orden, welche auf dem Boden der Kirche entsprossen sind, Gründungen der Kirche und der frommen Gesinnung ihrer Kinder. Wie viel Segen sie gebracht haben, davon ist die Vergangenheit bis auf unsere Tage Zeuge. Der sittliche Charakter ihres Zweckes sagt schon der bloßen Vernunft, daß sie, auf dem Naturrecht gründend, ein natürliches und unbestreitbares Recht des Bestandes haben. Insoweit sie aber die Religion berühren, hat ausschließlich die Kirche über sie zu verfügen. Die Regierungen besitzen keinerlei Recht über sie und sind auch nicht bevollmächtigt, ihre äußere Verwaltung an sich zu ziehen; sie sind ihnen im Gegenteil den Tribut der Achtung und des Schutzes schuldig; sie haben die Pflicht, für dieselben einzutreten, um gegebenenfalls Unrecht von ihnen abzuwehren. Leider haben Wir indessen, namentlich in letzter Zeit, ganz andere Dinge geschehen sehen. An vielen Orten ist die staatliche Obrigkeit gegen jene Korporationen mit ungerechten und verletzenden Maßregeln vorgegangen; sie hat die Freiheit derselben durch gehässige Gesetzesbestimmungen eingeschränkt, hat ihnen Stellung und Rechte einer juristischen Person entzogen, hat sie schnöde ihres Vermögens beraubt. Auf das Vermögen besaß aber nicht bloß die Kirche unveräußerliche Rechte, sondern auch die Mitglieder, ferner die Stifter und Wohltäter, welche ihre Beiträge für jene frommen Zwecke bestimmt hatten, und endlich diejenigen, für deren Bestes die Stiftungen geschaffen waren. Deshalb können Wir Uns nicht enthalten, gegen jene ungerechten und verderblichen Beraubungen Beschwerde zu erheben. Hierbei ist insbesondere dies ein betrübender Umstand, daß den friedlichen und allseitig nützlichen Vereinigungen von Katholiken der Weg verlegt wird zu gleicher Zeit, wo man verkündet, daß Vereinsfreiheit ein allgemeines gesetzliches Gut sei, und wo ihr Gebrauch religionsfeindlichen und staatsgefährlichen Verbindungen im weitesten Umfange gestattet wird.

40. Die verschiedensten Genossenschaften und Vereinigungen treten in unserer Zeit, zumal in den Arbeiterkreisen, in viel größerer Zahl auf als früher. Woher manche ihren Ursprung nehmen, wohin sie zielen, auf welchem Wege sie vorangehen, das ist hier nicht zu untersuchen. Aber Wir müssen auf die allgemeine, durch Tatsachen gestützte Meinung hinweisen, daß sie vielfach einer einheitlichen geheimen Leitung gehorchen und Einrichtungen haben, die dem Wohle der Religion und des Staates nicht entsprechen; daß sie darauf ausgehen, ein gewisses Arbeitsmonopol an sich zu reißen und die charakterfesten Arbeiter, die den Beitritt ablehnen, in Not und Elend bringen. Damit sehen sich christlich gesinnte Arbeiter vor die Wahl gestellt, entweder Mitglieder von Bünden zu werden, die ihrer Religion Gefahr bringen, oder aber ihrerseits Vereine zu gründen, um mit gemeinsamen Kräften gegen jenes schmähliche System der Unterdrückung anzukämpfen. Jeder, der nicht die höchsten Güter der Menschheit aufs Spiel gesetzt sehen will, muß das letztere als höchst zeitgemäß und wünschenswert betrachten.

41. In klarer Erkenntnis der Forderungen der Zeit beschäftigt sich eine Reihe katholischer Männer mit dem Studium der sozialen Frage, und sie verdienen das höchste Lob für die Hingebung, mit welcher sie die Mittel aufsuchen und erproben, durch welche die Besitzlosen nach und nach in eine bessere Lage versetzt werden können. Wir sehen sie des herrschenden Übelstandes und der materiellen Stellung der Familien und der einzelnen sich annehmen. Sie arbeiten dahin, daß in der gegenseitigen Verbindlichkeit zwischen Arbeitgebern und Arbeitnehmern Billigkeit und Gerechtigkeit zur Geltung kommen. Sie suchen in anerkennenswerter Weise bei beiden Teilen das Gefühl der Pflicht und den Gehorsam gegen die Vorschriften des heiligen Evangeliums zu kräftigen; diese göttlichen Vorschriften sind es ja, welche der Genußsucht und der Unmäßigkeit mit Macht Grenzen ziehen und bei aller Ungleichheit der gesellschaftlichen Stände eine friedliche Wechselbeziehung zwischen denselben aufrechterhalten. Treffliche Männer vereinigen sich zu Versammlungen, um das Vorgehen zugunsten der Arbeiter zu beraten und die sich ergebenden schwierigen Fragen einer Lösung näherzubringen. Anderwärts ist das löbliche Bestreben wach geworden, Handwerker und Arbeiter in Vereinen zu organisieren und sie mit Rat und Tat zu unterstützen, auch in der Richtung, daß ihnen eine dauernde und einträgliche Arbeit gesichert sei. Die Bi-

schöfe aber eifern diese ganze Tätigkeit an und bieten ihr einen Rückhalt mit ihrer Autorität. Im Namen der Bischöfe beteiligen sich Mitglieder des Welt- und Ordensklerus an der Leitung der Vereine nach ihrer geistigen Seite. Es fehlt auch nicht an reichen Katholiken, die sich mit Großmut zu Gönnern und Genossen des arbeitenden Standes machen, und die für die Errichtung und Ausbreitung von Vereinen ansehnliche Geldmittel auswerfen; sie verhelfen damit dem Arbeiter, welcher teilnimmt, zu einem regelmäßigen und ausreichenden Unterhalt, ja versetzen ihn in die Möglichkeit, für das Alter sich ein kleines Vermögen zurückzulegen, das ihn der Sorge enthebt. Es braucht nicht gesagt zu werden, welchen Nutzen bisher schon diese vielfache und eifrige Tätigkeit geschaffen hat. Wir nähren im Hinblick darauf die besten Hoffnungen für die Zukunft, wenn anders diese Vereine sich an Zahl vermehren, und wenn sie weise organisiert werden. Der Staat sollte ihnen seine schützende Hand leihen, aber in ihre inneren Angelegenheiten nicht eingreifen; fremdartige Eingriffe gereichen sehr leicht einem Leben, das von innen, vom eigenen Prinzip ausgehen muß, zur Zerstörung.

42. Umsicht und Weisheit sind hier aufzuwenden zur Erhaltung der notwendigen innern Einheit und Harmonie. Wenn also das Vereinsrecht ein Recht der Staatsbürger ist, wie es tatsächlich der Fall, so müssen auch jene Vereine ungehindert ihre Statuten und Einrichtungen dem Zwecke entsprechend gestalten dürfen. Es ist unmöglich, die Einrichtungen der gedachten Vereine in einer für alle geltenden Form vorzuzeichnen; dazu hängen sie zu sehr vom Volkscharakter, von den Erfahrungen, von der wirtschaftlichen Entwicklung, von der Art und Einträglichkeit der verschiedenen Arbeiten, endlich von manchen anderen Umständen ab, die in Erwägung zu ziehen sind. Vor allem kommt es darauf an, bei Gründung und Leitung dieser Vereine ihren Zweck im Auge zu behalten und demselben die Statuten und alle Tätigkeit dienstbar zu machen; Zweck aber ist die Hebung und Förderung der leiblichen und geistigen Lage der Arbeiter.
Das religiöse Element muß dem Verein zu einer Grundlage seiner Einrichtungen werden. Die Religiosität der Mitglieder soll das wichtigste Ziel sein, und darum muß der christliche Glaube die ganze Organisation durchdringen. Andernfalls würde der Verein in Bälde sein ursprüngliches Gepräge einbüßen; er würde nicht viel besser sein als

jene Bünde, die auf die Religion keine Rücksicht zu nehmen pflegen. Was nützt es aber dem Arbeiter, für seine irdische Wohlfahrt noch soviel Vorteile vom Verein zu gewinnen, wenn aus Mangel an geistiger Nahrung seine Seele in Gefahr kommt? „Was nützt es dem Menschen, wenn er die ganze Welt gewinnt, aber an seiner Seele Schaden leidet?"[38] Christus der Herr hat ein unterscheidendes Merkmal zwischen Heiden und Christen in den Worten aufgestellt: „Diesem allem gehen die Heiden nach . . . Suchet zuerst das Reich Gottes und seine Gerechtigkeit, und dieses alles wird euch hinzugegeben werden"[39]. Indem alle jene Vereine das Reich Gottes zum letzten Zielpunkt nehmen, sollen sie darauf bedacht sein, den religiösen Unterricht der Arbeiter zu befördern. Die Unwissenheit in Glaubenssachen, die wachsende Unkenntnis der Pflichten gegen Gott und den Nächsten soll durch geeignete Unterweisungen bekämpft werden. Man sorge für gründliche Aufklärung über die Irrtümer der Zeit und über die Trugschlüsse der Glaubensfeinde, für Belehrung und Warnung gegen die Lockmittel der Verführung. Man erwecke bei den Mitgliedern Hochschätzung der Frömmigkeit und des Gottesdienstes; insbesondere halte man sie zur religiösen Feier der Sonn- und Festtage an. Man lehre den Arbeiter, die Kirche Gottes als allgemeine Mutter verehren und lieben, ihre Gebote befolgen und die göttlichen Gnadenmittel ihrer Sakramente, welche die Seele reinigen und das Gnadenleben erschließen, öfters empfangen.

43. Hat der Verein in dieser Weise die Religion zum Fundament genommen, so ist damit schon eine Richtung gegeben für die Festsetzung des gegenseitigen Verhältnisses der Vereinsgenossen, und die Folge ist ein einträchtiges Zusammenleben und das Gedeihen der Sache. Dem Zweck entsprechend sind die Ämter so zu verteilen, daß nicht ein zu großer Abstand der Personen und Interessen die Eintracht gefährde. Auch soll man streben, alle Klagen wegen Beeinträchtigung von Mitgliedern abzuschneiden durch klare und einsichtige Vorzeichnung des Geschäftskreises. Die gemeinsame Kasse werde gewissenhaft verwaltet. Die dem einzelnen zu gewährende Hilfe bestimme man nach dem wahren Bedürfnisse. Als Ziel gelte stets das gesunde Verhältnis zwischen Arbeitern und Lohnherren in bezug auf Rechte und Pflichten. Zur Erledigung von Beschwerden der einen und der andern Seite sollten Ausschüsse aus unbescholtenen und erfahrenen Männern dersel-

ben Vereinigung gebildet werden mit einer durch die Statuten gewährleisteten Geltung ihres Schiedsspruches.

Ein Hauptbemühen hat dahin zu gehen, daß es den Mitgliedern nie an
Arbeit fehle, und daß eine gemeinsame Kasse vorhanden sei, aus welcher den einzelnen die Unterstützungen zufließen bei Arbeitsstockun-
gen, in Krankheit, im Alter und bei Unglücksfällen.

Wofern derlei Bestimmungen entgegenkommend gehandhabt werden, wird gewiß manches zur Besserung der Lage des dürftigeren Teiles erreicht sein, und ohne Zweifel werden die katholischen Arbeiterverbände einen kräftigen Hebel zur Förderung der öffentlichen Wohlfahrt abgeben können. Die Vergangenheit gestattet in mancher Hinsicht auch auf unserem Gebiete einen Blick in die Zukunft. Es wiederholen sich die gleichen Erscheinungen bei allem Wechsel der Zeiten
und der Völker oft mit wunderbarer Ähnlichkeit, weil der Weltlauf der
Vorsehung Gottes untergeordnet ist, welche nach ewigem Plane alle
Dinge ihrem höchsten Zwecke anbequemt und dienstbar macht. Bekannt ist, daß dem Christentum in den ersten Jahrhunderten der Vorwurf entgegengehalten wurde, seine Anhänger seien meist nur arme
Leute, die von Händearbeit lebten. Indessen diese Armen, diese Ver-
achteten errangen allmählich die Gunst der Reichen und Mächtigen.
Sie boten der Welt ein Schauspiel der Arbeitsamkeit, der Friedfertig-
keit, aller Rechtschaffenheit und zumal der brüderlichen Liebe. Ge-
genüber diesem beredten Zeugnisse ihres Wandels schwanden die
Vorurteile, verstummten die gehässigen Anklagen, und der heidnische
Unglaube mußte sich vor dem aufstrahlenden Lichte der christlichen
Wahrheit nach und nach zurückziehen.

44. In der Gegenwart ist die Lage der Arbeiter Gegenstand vielfachen Streites. Daß dieser Streit eine friedliche und gesetzmäßige Lösung finde, liegt nach beiden Seiten hin im höchsten Interesse des Staates. Die Frage wird aber durch die christlich gesinnten Arbeiter einer
richtigen Lösung nähergeführt werden, wenn diese in gut organisierten Vereinigungen und unter weiser Führung denselben Weg einschlagen, welchen die Christen im Altertum der heidnischen Welt gegenüber zu ihrem eigenen Heil und dem der Gesellschaft eingehalten
haben. Denn so stark auch die Macht des Vorurteils und der Leidenschaft ist, so wird dennoch überall, wo nicht ein verderbter Wille das
Gefühl für Recht und Wahrheit abgestumpft hat, die öffentliche Gunst

sich Männern zuwenden, welche Fleiß und Mäßigung auf ihre Fahne geschrieben haben; man wird gerne für Arbeiter Partei ergreifen, denen Billigkeit über den Gewinn und ernste Pflichttreue über alle andern Rücksichten geht. Die Verbreitung dieser Arbeiterverbände würde auch denjenigen Arbeitern zugute kommen und ihre Rückkehr zu besserer Gesinnung erleichtern, welche Glauben oder Sittlichkeit darangegeben haben. Auch sie erkennen oft genug, daß falsche Hoffnung und trügerischer Schein sie täuschte; sie fühlen es, wie hart sie von geldgierigen Herren behandelt, und daß sie nur nach der Höhe des Gewinnes, den sie ihnen bringen, gewertet werden. Es ist ihnen nicht verborgen, daß in den Verbänden, denen sie sich angeschlossen haben, an Stelle gegenseitiger Achtung und Liebe innere Zwietracht herrscht, die ja immer im Gefolge der gewissenlosen und glaubenslosen Armut auftritt. Wie gar viele dieser Unglücklichen, die körperlich gebrochen und geistig entmutigt sind, möchten solch erniedrigender Knechtschaft entrinnen; sie wagten es aber nicht, sei es, daß sie die Scham oder die Furcht vor Armut zurückhält. Diesen allen nun könnten die katholischen Arbeiterverbände große Hilfe bringen, wenn sie nämlich die Schwankenden zur Erleichterung ihrer schwierigen Lage in ihre Gemeinschaft einladen und den Zurückkehrenden Schutz und brüderliche Teilnahme erweisen würden.

45. Im vorstehenden haben Wir Euch gezeigt, Ehrwürdige Brüder, wer zur Mitwirkung bei der Lösung der wichtigen sozialen Frage berufen ist und wie die Mitwirkung sich zu gestalten hat. Möge jeder Berufene Hand anlegen und ohne Verzug, damit die Heilung des bereits gewaltig angewachsenen Übels nicht durch Säumnis noch schwieriger werde. Die Staatsregierungen mögen durch Gesetze und Verordnungen vorgehen; die Reichen und die Arbeitsherren mögen sich ihrer Pflicht bewußt bleiben; die Besitzlosen, um deren Los es sich handelt, mögen auf gerechte Weise ihre Interessen vertreten; und da die Religion, wie Wir zu Anfang gesagt haben, allein zu einer vollkommenen innern Abhilfe der Mißstände befähigt ist, so möge sich die Überzeugung immer mehr verbreiten, daß es vor allem auf die Wiederbelebung christlicher Gesinnung und Sitte ankommt, ohne welche alle noch so vielversprechenden Maßnahmen menschlicher Klugheit, wahres Heil zu schaffen, unvermögend bleiben.
Was aber die Kirche angeht, so wird diese keinen Augenblick ihre all-

seitige Hilfe vermissen lassen. Ihre Tätigkeit wird um so wirksamer sein, je größere Freiheit der Bewegung ihr gelassen wird. Mögen dies namentlich diejenigen vor Augen haben, in deren Hände die Sorge für das Heil der Staaten gelegt ist. Mögen alle Glieder der Geistlichkeit ihre volle Kraft und allen Eifer der großen Aufgabe widmen, unter Eurer Führung und nach Eurem Beispiele und Vorgange, Ehrwürdige Brüder, unermüdlich die Grundsätze des heiligen Evangeliums allen Ständen vorhalten und einschärfen, mit allen ihnen zu Gebote stehenden Mitteln am Heile des Volkes arbeiten, vor allem aber die Liebe, aller Tugenden Herrin und Königin, in sich bewahren und in den andern, Hohen wie Niederen, anfachen. Das Heil ist ja insbesondere von der vollen Betätigung der Liebe zu erwarten, jener christlichen Liebe, die der kurzgefaßte Inbegriff der evangelischen Gebote ist, die, immer bereit, sich selbst für des Nächsten Heil zu opfern, das heilkräftigste Gegengift gegen den Hochmut und Egoismus der Welt darstellt, und deren göttliches Bild und Walten der Apostel Paulus mit den Worten gezeichnet hat: „Die Liebe ist geduldig, sie ist gütig; sie sucht nicht das Ihrige, sie duldet alles, sie trägt alles"[40].

Als Unterpfand des göttlichen Segens und Erweis Unseres Wohlwollens spenden Wir Euch, Ehrwürdige Brüder, Eurem Klerus und Volke in Liebe den Apostolischen Segen im Herrn.

Gegeben zu Rom bei St. Peter am 15. Mai 1891, im vierzehnten Jahre Unseres Pontifikates.

Leo XIII., Papst

Belegstellen

[1] Dt 5, 21.
[2] Gn 1, 28.
[3] S. Thom. 2, 2, q. 10, a. 12.
[4] Gn 3, 17.
[5] Jak 5, 4.
[6] 2 Tim 2, 12.

[7] 2 Kor 4, 17.

[8] Mt 19, 23 24.

[9] Lk 6, 24 25.

[10] 2, 2 q. 66, a. 2.

[11] 2, 2 q. 66 a. 2 und 1 Tim. 6, 17.

[12] 2, 2 q. 32, a. 6.

[13] Lk 11, 41.

[14] Apg 20, 35.

[15] Mt 25, 40.

[16] In Evang. hom. 9, n. 7.

[17] 2 Kor 8, 9.

[18] Mk 6, 3.

[19] Mt 5, 3: „Selig sind die Armen im Geiste"

[20] Mt 11, 28: „Kommet zu mir alle, die ihr mühselig und beladen seid, und ich will euch erquicken."

[21] Röm 8, 29.

[22] Röm 8, 17.

[23] „Die Wurzel aller Übel ist die Habsucht" 1 Tim 6, 10.

[24] Apg 4, 34.

[25] Apol 2, 39.

[26] 1, 2, q. 61, a. 1 ad 2.

[27] S. Thom., De reg. princip. 1, c. 15.

[28] Gn 1, 28.

[29] Röm 10, 12.

[30] Ex 20, 8.

[31] Gn 2, 2.

[32] Gn 3, 19.

[33] Prd 4, 9, 10.

[34] Spr 18, 19.

[35] Contra impugnantes Dei cultum et religionem c. 2.

[36] ebenda.

[37] „Das menschliche Gesetz hat den Charakter eines wahren Gesetzes", so lehrt der hl. Thomas, „insoweit als es der Vernunft entspricht; unter dieser Rücksicht leitet es sich offenbar vom ewigen Gesetze ab. Insofern es aber von der Ordnung der Vernunft abirrt, heißt es ein ungerechtes Gesetz und hat nicht den Charakter eines Gesetzes, sondern eher den einer Vergewaltigung". (Summa Theol. 1, 2 q. 93, a. 3 ad 2).

[38] Mt 16, 26.

[39] Mt 6, 32 33.

[40] 1 Kor 13, 4–7.

Zur deutschen Übersetzung von „Rerum novarum"

Dem hier vorliegenden Abdruck von „Rerum novarum" liegt im Ganzen die ursprüngliche, im Verlag Herder erschienene und als „autorisiert" bezeichnete deutsche Übersetzung zugrunde; an einzelnen Stellen jedoch, an denen diese Übersetzung ungenau, ja unzutreffend war, wird hier von ihr abgewichen.

Diese Unstimmigkeiten der „autorisierten Übersetzung" sind alsbald bemerkt worden; von verschiedenen Seiten wirft man ihr bis zum heutigen Tag sogar bewußte Fälschung vor. Trotzdem ist man erst nach Erscheinen der Enzyklika „Quadragesimo anno" daran gegangen, sie zu berichtigen; die seither erschienenen Druckausgaben weichen in Kleinigkeiten voneinander ab. Die Autorisierung, vor der man offenbar zurückschreckte, hätte nicht zu hindern brauchen, denn sie bestand nur in einem Belobigungsschreiben des Hl. Stuhles an den Verleger für sein Vorhaben, die Enzykliken Leos XIII. in deutscher Übersetzung herauszubringen; darin war auch die Arbeit eines Übersetzers gerühmt, der jedoch beim Erscheinen von „Rerum novarum" bereits verstorben war und daher an deren Übersetzung nicht mehr beteiligt gewesen sein kann.

Die fehlerhaft übersetzten Stellen spielen in der Diskussion über die päpstliche Soziallehre auch heute noch eine Rolle; darum werden hier die wichtigsten von ihnen und unsere berichtigte Fassung einander gegenübergestellt.

Ziff. 7: autor. Übers. „Abgrenzung und Verteilung des Privatbesitzes"; dagegen unsere Übers. „Ordnung der Eigentumsverhältnisse"

Ziff. 12: autor. Übers. „als Grundsatz festzuhalten, daß das Privateigentum unantastbar und heilig sei"; dagegen unsere Übers. „Privateigentum unangetastet zu lassen" (die Worte „und heilig" hat der Übersetzer von 1891 als seine Auslegung hinzugefügt; in dem allein maßgeblichen lateinischen Text stehen sie nicht!)

Ziff. 27: autor. Übers. „Ja, es ist eigentlich die Arbeit auf dem Felde, in der Werkstatt, in der Fabrik, welche im Staate die Wohlfahrt herbeiführt"; (hier sind aus dem vorhergehenden Satz die Worte ‚sive in agris artem atque manum, sive in officinis' herübergenommen; dafür ist das „ex opificum labore" ausgefallen); dagegen unsere Übers. „Ja, auf diesem Gebiet ist ihre Kraft und Wirksamkeit so groß, daß es eine unumstößliche Wahrheit ist, nicht anderswoher als aus der Arbeit der

Werktätigen entstehe Wohlhabenheit im Staate" (das ist die berühmte und vielumstrittene Stelle zur Arbeitswertlehre; vgl. dazu „Quadragesimo anno" Ziff. 53)

Ziff. 35, Abs. 1 autor. Übers. „muß der private Besitz. . . als unantastbares Recht gelten"; (hier hat der Übersetzer von 1891, der in Ziff. 12 die angebliche „Heiligkeit" des Eigentums hineingebracht hatte, richtig das lateinische ‚sanctum esse oportere' mit „unantastbar sein" wiedergegeben; ‚sancire', zu deutsch „sanktionieren" = mit Sanktionen bewehren; das Eigentumsrecht strafrechtlich schützen; 7. Gebot!); dagegen unsere Übers. „das Recht auf persönlichen Besitz (muß) unbedingt hochgehalten werden"

Ebenda Abs. 3 autor. Übers. „Das Recht auf Privatbesitz. . . kann der Staat nicht aufheben; er kann nur den Gebrauch des Eigentums regeln und dasselbe mit den öffentlichen Interessen in Einklang bringen"; dagegen unsere Übers. „. . . kann der Staat nicht aufheben, sondern nur seine Handhabung regeln und mit dem allgemeinen Wohl in Einklang bringen" (im lateinischen Text ist nicht die Rede vom Gebrauch, den der Eigentümer von seinem Eigentum macht, sondern vom Recht auf Eigentum und wie der Staat dessen Handhabung regelt; das ist die gesamte Regelung der Eigentumsordnung; vgl. dazu „Quadragesimo anno" Ziff. 49)

Zur Bezifferung der Abschnitte in „Rerum novarum"

Die ursprüngliche Ausgabe von „Rerum novarum" in der Zeitschrift „Acta Sanctae Sedis" XXIII (1890/1), 641–670, kennt weder eine Gliederung noch eine Bezifferung der Abschnitte. Ohne eine solche Unterteilung sind Zitate unauffindbar. Als zum 40jährigen Gedenken von „Rerum novarum" eine neue Enzyklika ausgearbeitet und darin auf Textstellen in „Rerum novarum" Bezug genommen werden sollte, wurde diesem Mangel abgeholfen durch einen Neudruck der Vatikanischen Druckerei mit bezifferten Absätzen. „Quadragesimo anno" zitiert „Rerum novarum" nach diesen Ziffern; damit haben sie amtlichen Charakter gewonnen; seither wird „Rerum novarum" immer mit dieser Abschnittsbezifferung gedruckt.

Zum deutschen Gewerkschaftsstreit

a) Fuldaer Pastorale

Der am Grabe des hl. Bonifatius zu Fulda
versammelte preußische Episkopat
entbietet
dem hochwürdigen Klerus Gruß und Segen im Herrn

Ehrwürdige Mitbrüder!
Im Anschlusse an das Schreiben des Papstes Leo XIII. an den Erzbischof von Köln vom 20. April 1890 haben wir in unserm gemeinsamen Hirtenschreiben vom 23. August 1890 Euch, ehrwürdige Mitbrüder, und unsere gesamten Diözesanen ermahnt, alle Kräfte aufzubieten, um die sozialen Bewegungen unserer Zeit in Bahnen zu leiten, welche zur dauernden Sicherung der Wohlfahrt der arbeitenden Klassen, zum Frieden in der bürgerlichen Gesellschaft und zur gedeihlichen Förderung der irdischen wie ewigen Interessen aller führen. Unsere Mahnungen erhielten im folgenden Jahre eine hocherfreuliche und machtvolle Hilfe in der Enzyklica des Hl. Vaters vom 15. Mai 1891, welche mit den Worten beginnt „Rerum novarum". Darin zeichnet der Hl. Vater in meisterhaften Zügen die sozialen Bewegungen der neuen Zeit in ihren Ursachen, Erscheinungen und Zielen. Er bietet zugleich der christlichen Welt aus dem unerschöpflichen Schatze der Lehre der Kirche, dessen höchster Hüter er ist, die Heilmittel zur Gesundung der menschlichen Gesellschaft und ermahnt uns alle, den arbeitenden Klassen unsere hingebende Sorge zu widmen und Organisationen zu schaffen, die geeignet sind, das geistige und materielle Wohl jener zu fördern.
Mit freudiger Genugtuung dürfen wir uns rühmen, daß unsere Mahnungen wie die Stimme des Hl. Vaters nicht ungehört und nicht wirkungslos geblieben sind. Denn an vielen Orten unserer Diözesen wurden Dank der tatkräftigen Initiative unseres ehrwürdigen Klerus ne-

ben den schon bestehenden zahlreiche neue Arbeiter- und Arbeiterinnen-Vereine gegründet; es entstanden Veranstaltungen und Einrichtungen, welche die geistige und materielle Wohlfahrt der Vereinsmitglieder wirksam fördern; im Westen wie im Osten schlossen sich die Arbeitervereine zu Verbänden zusammen, um ihre Aufgaben besser und sicherer lösen zu können. Daneben arbeiten die Lehrlings-, Gesellen- und Meister-Vereine trotz der Schwierigkeiten, welche die neue soziale Entwicklung denselben geschaffen hat, unverdrossen gemäß ihren altehrwürdigen Traditionen weiter fort. Auch auf dem Gebiete der christlichen Caritas sind mancherlei rühmliche Fortschritte zu verzeichnen.

Mit freudigem Danke gegen Gott dürfen wir sonach auf die bisherigen Leistungen der christlichen Vereine auf dem sozialen Gebiete zurückblicken und folgen gern dem Drange unserer Herzen, indem wir Euch, ehrwürdige Mitbrüder, unsern Dank und unsere Anerkennung für Eure Arbeiten und Mühen aussprechen. Wir können uns aber nicht verhehlen, daß sich auch Erscheinungen bemerklich machen, die uns Besorgnis einflößen müssen. Es will uns scheinen, als ob hie und da der erste Eifer erkaltet sei und das Interesse nachgelassen habe, welches diese Arbeit erfordert. Nicht immer und nicht überall begreift man die großen Aufgaben der Arbeitervereine in ihrem vollen Umfange; nicht überall bemüht man sich, alle Mittel anzuwenden, um denselben gerecht zu werden; manchen erscheint der den Vereinen vorgezeichnete Weg zu lang und die Gangart zu langsam; man sucht darum in ungeduldigem Drängen nach anderen Wegen, um das vorgesteckte Ziel zu erreichen, ohne zu bedenken, daß dadurch die Vereine in ihrer Grundlage erschüttert werden. Demgegenüber halten wir es für geboten, Euch, ehrwürdige Mitbrüder, neuerdings an die Grundsätze zu erinnern, welche für die Leitung der Arbeitervereine maßgebend sein müssen, und Euch auf die Mittel hinzuweisen, welche zu einer glücklichen Lösung der Aufgaben dieser Vereine anzuwenden sind.

Die katholischen Arbeitervereine müssen auf religiöser Grundlage ruhen. Wir können nur wiederholen, was wir Euch darüber vor Jahren gesagt haben: „Gewiß können und sollen sie nicht überall, wie die auch in bürgerlicher und sozialer Beziehung nicht hoch genug zu schätzenden Bruderschaften und Sodalitäten, ausschließlich und vorzugsweise der Pflege des religiösen Lebens und besonderer kirchlicher Andachten gewidmet sein. Allein sie müssen alle die Religion, aufrichtiges und lebendiges Christentum zur Grundlage und das christliche Sittengesetz zur Regel haben. Wo dieses fehlt, wird jeder Verein nicht nur unfruchtbar sein und zerfallen, sondern auch leicht ausarten und das Übel ärger machen." Und der Hl. Vater bestätigt dieses in der vorerwähnten Enzyklika, indem er ausführt: „Es ist klar, daß der Hauptzweck der Vereine die Vervollkommnung der Frömmigkeit und Sitten ist, und daß danach die soziale Belehrung sich vollständig richten muß. Denn sonst würden sie in andere Formen ausarten und sich nicht viel über diejenigen Verbände erheben, welche auf die Religion keine Rücksicht nehmen. Was nützt es übrigens dem Arbeiter, durch den Verein irdische Vorteile zu gewinnen, wenn seine Seele aus Mangel an geistiger Nahrung Gefahr leidet? Was nützt es dem Menschen, wenn er die ganze Welt gewänne, aber an seiner Seele Schaden litte? (Matth. 16, 26). Christus der Herr hat dieses als ein Merkmal zur Unterscheidung des Christen von den Heiden bezeichnet: Diesem allem gehen die Heiden nach. Suchet zuerst das Reich Gottes und seine Gerechtigkeit, und dieses alles wird euch zugegeben werden (Matth. 6, 32–33). Indem also, fährt der Hl. Vater fort, diese Vereine von Gott ihre Grundlage nehmen, sollen sie ihr erstes Augenmerk auf die religiöse Unterweisung richten, damit jeder seine Pflichten gegen Gott erkenne und genau wisse, was er glauben, hoffen und tun soll, um das ewige Heil zu erlangen, und eifrigst dafür sorgen, daß die Arbeiter gegen die Irrtümer und verderblichen Anschauungen gewappnet werden. Man ermahne sie zum Besuche des Gottesdienstes und zur Übung der Frömmigkeit, besonders zur Feier der Sonn- und Festtage. Man lehre sie, die Kirche als die gemeinsame Mutter aller zu verehren und zu lieben, ihre Gebote zu befolgen und die Sakramente zu empfangen, welche Gott eingesetzt hat zur Tilgung der Flecken unserer Seelen und zu unserer Heiligung."

Ernstlicher und eindringlicher kann die unbedingte Notwendigkeit, die Arbeitervereine auf religiöser Grundlage aufzubauen, nicht betont werden. Von der treuen Wahrung der hier verkündeten Grundsätze hängt das segensreiche Wirken und ersprießliche Gedeihen dieser Vereine ab. Die Religion soll den ganzen Menschen durchdringen; es genügt nicht, daß er sich ihrer gelegentlich erinnert und ihren Vorschriften und Grundsätzen hin und wieder huldigt; nein, sie muß sein ganzes Wesen, sein Denken und Fühlen, sein Streben und Meiden, sein Tun und Lassen beeinflussen; sie soll sein Führer sein und der Engel, der ihn mahnt, wenn Fehltritte drohen, und ermuntert, wenn er ermattet in seinem Arbeiten, Ringen und Leiden. Die Vereinsmitglieder müssen darum belehrt und gewöhnt werden, alle ihre Arbeiten, Bestrebungen und Interessen vom religiösen Standpunkte aus zu betrachten. Es kann keinem Zweifel unterliegen, daß die irdische Wohlfahrt vornehmlich von der Bewahrung des Glaubens und von der Beobachtung seiner sittlichen Vorschriften abhängt. Auf der Religion baut sich das Glück der Familie auf; in ihr findet der Vater die Kraft, in der Arbeit für die Seinen, die Pfänder Gottes sind, treu auszuharren; in ihr sucht die Mutter Trost und Ermutigung in ihren Sorgen; in ihr liegen die kraftvollsten Anregungen zur gewissenhaften Erfüllung der Pflichten, welche den Eltern und Kindern obliegen; aus ihr quillt jener christliche Starkmut, welcher die Familien in den Prüfungen dieses wechselvollen Lebens aufrecht hält; aus ihr fließt die unbeugsame Überzeugung, daß es besser sei, Unrecht zu leiden, als Unrecht zu tun. – Werden darum die Grundsätze unserer hl. Religion den Mitgliedern der Vereine tief eingeprägt, wird deren Vernunftmäßigkeit, Kraft und Wirksamkeit für Zeit und Ewigkeit überzeugend dargelegt, so gewinnen jene dadurch eine sichere Leitung für ihren Lebensweg und einen mächtigen Schutz gegen die Verführungen, die ihnen überall entgegentreten.

Beansprucht demnach mit Recht die Religion als die Grundlage der Wohlfahrt der einzelnen Menschen eine eifrige Pflege in den Vereinen, so darf sie auch nicht außer acht gelassen werden bei den Bestrebungen, welche die Förderung der materiellen Standesinteressen, die Besserung der Lohn- und Arbeitsverhältnisse u. dergl. bezwecken. Unter Religion verstehen wir dabei aber nicht eine unbestimmte Anzahl von religiösen Wahrheiten, welche etwa aus den irdischen Dingen und aus der wunderbaren Ökonomie der Schöpfung, oder sittliche Grundsätze, welche aus dem Naturrechte hergeleitet werden können, sondern unsere heilige Religion, d. h. den Glauben, welchen der Sohn Gottes gelehrt hat und die katholische Kirche verkündet. Denn für katholische Arbeiter und für katholische Arbeitervereine gibt es keine andere Norm, als jene, welche die Lehre unserer heiligen Kirche bietet und diese Lehre muß auch der Leitstern bei der Lösung wirtschaftlicher Fragen sein. Danach aber ist es schlechterdings unmöglich, menschliche Handlungen und menschliche Bestrebungen als losgelöst von jeder Rücksicht auf die Grundsätze des katholischen Glaubens und der katholischen Sittenlehre zu betrachten. Jede menschliche Handlung und jedes menschliche Streben untersteht dem Sittengesetze. Die Handlungen und Bestrebungen sind gut oder böse, je nachdem sie mit dem Sittengesetze übereinstimmen oder in Widerspruch stehen. Entstehen aber Zweifel über ihren sittlichen Wert oder Unwert, so kommt das entscheidende Urteil der Kirche zu und denjenigen, welche Jesus Christus in derselben zu Hütern des Glaubens und der Sitten gesetzt hat.

Nach diesen unanfechtbaren Grundsätzen ist es irrig, zu behaupten, daß wirtschaftliche Bestrebungen, z. B. die Besserung der Lohn- und Arbeitsverhältnisse, mit der Religion nichts zu tun haben und folglich ohne Rücksicht auf die Lehren Jesu Christi und seiner Kirche betätigt werden können. Denn das bedeutet nicht mehr und nicht weniger als den Ausschluß religiöser Rücksichten aus den großen, die menschliche Gesellschaft so tief bewegenden sozialen Kämpfen der Gegenwart und eine verhängnisvolle Konnivenz gegenüber dem Hauptdogma des materialistischen Sozialismus, die Religion des Diesseits. Freilich will man nur das positive kirchliche Bekenntnis außer acht lassen, dagegen den Glauben an Gott und die Anerkennung einer natürlichen sittlichen und rechtlichen Ordnung als Norm für die wirtschaftlichen Bestrebungen anerkennen. Allein diese Norm entbehrt der Zuverlässigkeit und Bestimmtheit und vor allem der Autorität. Denn über den Inhalt und über die Verbindlichkeit jener Ordnung herrschen Zweifel und widersprechende Anschauungen, und es fehlt die Instanz, welche in dem Streite der Meinungen mit unanfechtbarer Autorität entscheiden könnte. Daher gebricht es den Einzelnen wie den Korporationen an einer sicheren moralischen Richtschnur, die da um so notwendiger ist, wo erfahrungsmäßig die menschlichen Leidenschaften am schwierigsten zu beruhigen sind.

Diese Bemerkungen mögen genügen, um Euch, ehrwürdige Mitbrüder, auf einen Irrtum aufmerksam zu machen, der, eingegeben von dem ungeduldigen Verlangen, die Wünsche der arbeitenden Klassen rascher zum Ziele zu führen, unter dem Scheine einer kraftlosen, natürlichen Religion die Grundsätze des katholischen Glaubens aus den wirtschaftlichen Bestrebungen der Arbeiter verbannen will. Wir brauchen nicht weiter nachzuweisen, welche Gefahren darin für die gegenwärtige Bewegung im Arbeiterstande und für die kirchliche Treue der Arbeiter selbst liegen. Die Lohnbewegungen berühren die Interessen aller auf das Tiefste; es kommen dabei die Pflichten des Arbeiters gegen sich selbst, gegen die Familie, gegen die Mitarbeiter, gegen die Arbeitgeber, gegen die Gesellschaft, gegen den Staat in Frage; es entwickeln sich dabei Kämpfe, welche die Leidenschaften aufstacheln und die Erbitterung zwischen einzelnen Gesellschaftsklassen verhängnisvoll steigern: soll – so fragen wir Euch – soll in der Vorbereitung, Ausführung und Beendigung so großer, für die Einzelnen, wie für die Gesellschaft so tief einschneidender Bewegungen allein der Erlöser der Welt, der göttliche Lehrer der Menschheit, zum Schweigen verurteilt sein? Soll allein sein weltumgestaltendes Wort die Seinigen vor gefährlichen Irrwegen nicht warnen dürfen? Soll allein die Stimme des vom katholischen Glauben erleuchteten Gewissens sich nicht vernehmen lassen, und sollen katholische Männer bei so folgenschweren Entscheidungen zu dem Rate ihrer treuen Mutter, der katholischen Kirche, nicht ihre Zuflucht nehmen dürfen?

Urteilt selbst, ehrwürdige Mitbrüder, ob das dem Arbeiterstande frommen kann, und ob es den Grundsätzen entspricht, welche der Hl. Vater für die Ausgestaltung und die Wirksamkeit der Arbeitervereine sowie für die Behandlung sozialer Verhältnisse und Kämpfe gegeben hat. Wir bitten und beschwören Euch: Haltet an diesen Grundsätzen unverbrüchlich fest und lasset in der Leitung der Vereine und der Bestrebungen der arbeitenden Klasse nichts zu, was dieselben schwächen und verflüchtigen könnte.

Um den Vereinsleitern ihre schwere und verantwortliche Aufgabe zu erleichtern, wollen wir noch einige Gedanken aussprechen, in welcher Weise die Vereinsleitung zu gestalten ist.

Der religiöse Gedanke soll die ganze Vereinstätigkeit heiligen. Er soll, ohne aufdringlich und lästig zu werden, im ersten Unterricht wie in der Erholung durchklingen und verhindern, daß Gottmißfälliges und Niedriges, Zank und Streit das Leben und Wirken des Vereines vergiften. Der Verein wird sich aber auch angelegen sein lassen müssen, den geistigen Fortschritt seiner Mitglieder zu fördern. Dazu werden zunächst die Vorträge dienen, welche in den Vereinsversammlungen regelmäßig gehalten werden. Dieselben sollen alles umfassen, was den geistigen und materiellen Interessen der Arbeiter dienlich ist. Sie werden religiös-apologetisch sein und vor allem jene Wahrheiten behandeln müssen, die von grundlegender Bedeutung für die christliche Lebensauffassung gegenüber den materialistischen Irrtümern sind. Es wird auch notwendig sein, aus dem Gebiete der Geschichte wichtige und entscheidende Epochen im Lichte der katholischen Auffassung darzustellen. Diese Vorträge sollen sich endlich mit Sozialpolitik befassen und die Mitglieder über die Grundsätze belehren, welche bei der Beurteilung sozialpolitischer Tagesfragen theoretisch und praktisch festgehalten werden müssen, wie sie auch Belehrung über die soziale Gesetzgebung enthalten sollen.

Um diesen Aufgaben zu genügen, reicht die Kraft und Zeit der Leiter der Vereine freilich nicht aus. Es empfiehlt sich daher, aus dem Laienstande tüchtige und willige Helfer heranzuziehen. Dieses regt auch das Interesse für den Verein an und erwärmt die Herzen für seine Zwecke und Aufgaben. Wir denken dabei besonders an die katholischen Lehrer der Elementar- wie höheren Schulanstalten und hegen das zuversichtliche Vertrauen, daß dieselben gern an der Wohlfahrt des Arbeiterstandes mitarbeiten und dafür ihre Kräfte zur Verfügung stellen werden. Nicht weniger können sich katholische Juristen verdient machen, wenn sie über die Erläuterung und praktische Anwendung der sozialen Gesetzgebung in den Vereinen Vorträge halten. Ebenso können Ärzte durch angemessene Vorträge über die Hygiene vielen Nutzen stiften.

Bei diesen Vorträgen werden die Leiter der Vereine ängstlich darüber wachen, daß sie sich grundsätzlich an die Enzyklika „Rerum novarum" halten, in welcher die unveränderlichen Grundzüge für die Behandlung der sozialen Frage vorgezeichnet sind. Im übrigen bietet die katholische soziale Literatur ein reichhaltiges Material für diese Vorträge; eine Vereinsbibliothek, die auch den Mitgliedern zur Benutzung freisteht, ist unentbehrlich. Zweckmäßig ist es auch, zur Schulung des Klerus, in sozialen Unterrichtskursen und Konferenzen die wichtigsten Fragen zu behandeln.

In der Entwicklung der katholischen Arbeitervereine hat sich, wie überall in der arbeitenden Klasse, das Bedürfnis zur Bildung von Fachabteilungen geltend gemacht. In ihnen schließen sich die Arbeiter desselben Berufes zusammen, um ihre besonderen Interessen zu schützen und zu verfolgen. Sie wollen durch geeignete Veranstaltungen die Fachbildung fördern und die ihnen gemeinsamen fachberuflichen Angelegenheiten beraten. Sie stellen daher innerhalb des Vereines eine gewerkschaftliche Genossenschaft dar, unter deren besonderen Bestrebungen indes die gemeinsamen Vereinsinteressen nicht leiden müssen und die deshalb ihre Zugehörigkeit zu dem Vereine durchaus nicht aufzugeben brauchen.

Wir billigen diesen Zug der heutigen Arbeiterbewegung vollkommen und halten diese Bestrebungen für ganz gerechtfertigt und den Interessen des Arbeiterstandes entsprechend. Mögen diese Genossenschaften überall sich bilden, wo die Verhältnisse es als zweckmäßig erscheinen lassen, und mögen sie von Euch, ehrwürdige Mitbrüder, eifrig unterstüzt werden. Kann es doch nur wünschenswert sein, wenn diese Fachabteilungen innerhalb der Vereine sich kräftig entwickeln, um ein starkes Gegengewicht gegen jene gewerkschaftlichen Vereine zu bilden, die unter antichristlicher Leitung stehen, und um die Arbeiterbewegung durch das Gewicht gesunder Prinzipien vor einem Hinabgleiten auf verhängnisvolle Bahnen zu bewahren. Wir bitten daher die Leiter der Arbeitervereine, auf diese wichtige Angelegenheit ihre besondere Aufmerksamkeit zu richten und tüchtige Vereinsmitglieder für die Leitung dieser Fachabteilungen auszuwählen. Freilich erwachsen dadurch den Vereinsleitern neue Mühen und eine neue Verantwortlichkeit; aber sie werden die Vereine dadurch vor großen Gefahren schützen und ihre soziale Bedeutung und Wirksamkeit wesentlich heben und kräftigen. Diese Fachabteilungen in den Arbeitervereinen werden in ihrer allgemeinen Verbreitung zugleich den Beweis liefern, daß es keiner religiös-neutralen Neuschöpfungen bedarf, um die materiellen Interessen der christlichen Arbeiterschaft zu verteidigen und zu fördern, sondern daß die katholischen Arbeitervereine befähigt und stark genug sind, neben der geistigen Wohlfahrt auch die materiellen Standesinteressen ihrer Mitglieder zu vertreten.

Die Arbeitervereine sollen auch bestrebt sein, durch zweckmäßige Wohlfahrtseinrichtungen ihren Mitgliedern materielle Vorteile zuzuwenden, wie zu unserer Freude auch geschieht. Es sind Sparkassen eingerichtet, aus welchen Zuschüsse zu den Krankengeldern, Beihilfen in Todesfällen und Unterstützungen in außerordentlichen Notfällen gewährt werden.

Diese Einrichtungen sind sorgfältig zu pflegen und weiter fortzubilden. Insbesondere empfehlen wir auch die Gründung von Hospizen für Arbeiterinnen, um diese vor den zahlreichen Gefahren zu schützen, die sie bedrohen.

Die Vereinsleiter werden auch den Mitgliedern Gelegenheit zu angemessenen Erholungen und Unterhaltungen bieten; indes werden sie dabei ihren ganzen Einfluß geltend machen, daß kostspielige Feste vermieden werden und Ausgelassenheiten ausgeschlossen bleiben. Die Mitglieder sollen durch die Vereine nicht zu zweckwidrigen und übermäßigen Ausgaben verleitet werden. Darum empfiehlt sich auch, die regelmäßigen Versammlungen möglichst an Orten abzuhalten, an welchen die Mitglieder nicht genötigt sind, Ausgaben zu machen, und die Zeit für jene so zu wählen und in dem Maße zu beschränken, daß das Familienleben nicht geschädigt wird.

Wir wissen wohl, ehrwürdige Mitbrüder, welch hohe Anforderungen an Eure Arbeitskraft und Eure Berufsfreude wir mit diesen Mahnungen stellen. Wir zweifeln aber nicht, daß Ihr unserem erneuten Rufe bereitwillig nachkommen werdet; denn Ihr seid mit uns überzeugt, wie sehr diese soziale Tätigkeit in den priesterlichen Aufgaben der Gegenwart liegt. Ihr wißt und sehet, wie die katholischen Arbeiter nach Eurer Liebe und Hilfe verlangen. Versagt sie ihnen nicht; bleibet die Freunde und Berater der katholischen Arbeiter, deren große Mehrheit zu unserer Freude und zu unserem Troste treu zur Kirche hält und willig auf deren Stimme und Warnung hört. Erhaltet diese Glaubens- und Gewissenstreue im arbeitenden Volke als einen Sauerteig, welcher in der gährenden Bewegung der jetzigen Arbeiterwelt eine gesunde Entwicklung sichert. Es handelt sich in Wahrheit um große Dinge: um die Rettung der Seelen, um Erhaltung eines großen Teiles des katholischen Volkes in dem Glauben der Väter und christlicher Sitte, um die Bildung und Stärkung einer Macht, die berufen ist, in den unausbleiblichen Kämpfen der Zukunft den Ausschlag zu geben zu Gunsten des Glaubens, der christlichen Besinnung, der Gesittung und staatlichen Ordnung. Für diese großen Ziele kann keine Arbeit zu schwer, kein Opfer zu groß sein. Möge Gott, dessen Ehre das Ziel all unserer Arbeiten ist, diese Eure Arbeiten besonders segnen und Eure Opfer belohnen!

Fulda, den 22. August 1900.

Der am Grabe des hl. Bonifatius versammelte preußische Episkopat:

G. Kard. Kopp, Fürstbischof von Breslau, zugleich in Vertretung des Bischofes von Hildesheim.

✝ Thomas, Erzbischof von Freiburg.

✝ Hubertus, Erzbischof von Köln.

† M. Felix, Bischof von Trier.

† Andreas, Bischof von Ermland.

† Hermann, Bischof von Münster.

† Dominicus, Bischof von Limburg.

† Adalbert, Bischof von Fulda.

† Augustinus, Bischof von Culm.

† Hubertus, Bischof von Osnabrück.

† Wilhelm, Bischof von Paderborn.

† Eduard, Titular-Bischof von Aureliop und Auxiliar von Posen, als Vertreter des Herrn Erzbischofs von Gnesen und Posen.

b) Singulari quadam (Pius X. 1912)

Enzyklika Sr. Heiligkeit des Papstes Pius X. an die Bischöfe
Deutschlands
Unserem Geliebten Sohn
Georg Kopp,
Kardinalpriester der hl. Römischen Kirche,
Bischof von Breslau,
unseren Ehrwürdigen Brüdern,
den übrigen Erzbischöfen und Bischöfen Deutschlands
Papst Pius X.
Geliebter Sohn und Ehrwürdige Brüder, Gruß
und Apostolischen Segen.

Bewogen von besonders liebevoller und wohlwollender Gesinnung gegen die Katholiken Deutschlands, die in größter Treue und Folgsamkeit diesem Apostolischen Stuhl ergeben, hochherzig und tapfer für die Kirche zu kämpfen gewohnt sind, fühlen Wir Uns angetrieben, Ehrwürdige Brüder, alle Kraft und Sorgfalt auf die Erörterung jener Streitfrage zu verwenden, die unter ihnen hinsichtlich der Arbeiter-Vereinigungen besteht, eine Streitfrage, über die schon öfter in den letztverflossenen Jahren sowohl mehrere von Euch, wie auch urteilsfähige und angesehene Männer beider Richtungen Uns unterrichtet hatten. Und um so eifriger haben Wir Uns die Sache angelegen sein lassen, weil Wir im Bewußtsein Unseres Apostolischen Amtes als Unsere heilige Aufgabe es erkennen, dahin zu streben und zu wirken, daß diese Unsere geliebten Söhne die katholische Lehre unverfälscht und unversehrt bewahren und in keiner Weise zulassen, daß ihr Glaube in Gefahr gerate. Denn wenn sie nicht zeitig zur Wachsamkeit angeregt würden, so würden sie offenbar in Gefahr schweben, allmählich und wie unversehens mit einer verschwommenen und unbestimmten Art von christlicher Religion sich zu begnügen, die man interkonfessionell zu nennen pflegt, und die auf eine inhaltsleere Empfehlung eines allgemeinen Christentums hinausläuft, während doch offenbar nichts so sehr dem Lehrwort Jesu Christi widerspricht als sie. Dazu kommt, daß Wir, entsprechend Unserem sehnlichsten Wunsche, unter den Katholiken die Eintracht zu fördern und zu festigen, alle Anlässe zu Zwistigkeiten beseitigen wollen, die die Kräfte der Gutgesinnten zersplittern, und dadurch nur den Feinden der Religion von Nutzen sein können; ja Wir wollen und wünschen überdies, daß die Unserigen mit den nicht-katholischen Mitbürgern jenen Frieden pflegen, ohne den weder die Ordnung der menschlichen Gesellschaft noch die Wohlfahrt des Staates bestehen könnte. Wenngleich aber, wie gesagt, der Stand dieser Frage uns bekannt war, so hielten Wir es doch für gut, bevor Wir ein Urteil über sie aussprachen, die Ansicht eines jeden von Euch, Ehrwürdige Brüder, einzuholen; und auf Unsere Fragen habt Ihr einzeln mit jener Gewissenhaftigkeit und Sorgfalt geantwortet, die der ernsten Bedeutung der Sache entsprach.

Demgemäß erklären Wir es zunächst als die Pflicht aller Katholiken, als eine im Privatleben ebenso wie im gemeinsamen und öffentlichen Leben heilig und unverletzt zu befolgende Pflicht, mit Entschiedenheit festzuhalten und ohne Scheu zu bekennen die vom Lehramte der katholischen Kirche dargelegten Grundsätze der christlichen Wahrheit, namentlich jene, welche unser Vorgänger mit höchster Weisheit in der Enzyklika ,,Rerum novarum" auseinandergesetzt hat und denen, wie Wir wissen, ganz besonders die Bischöfe Preußens, die im Jahre 1900 in Fulda versammelt waren, bei ihren Beratungen gefolgt sind, und deren Grundgedanken Ihr selbst in Euren Antwortschreiben über diese Frage zusammengefaßt habt.

Nämlich: Was immer der Christ tut, auch in der Ordnung der irdischen Dinge, es steht ihm nicht frei, die übernatürlichen Güter außer acht zu lassen, er muß vielmehr den Vorschriften der christlichen Lebensweisheit gemäß zum höchsten Gut, als dem letzten Ziel, alles hinordnen. Alle seine Handlungen aber, insoweit sie gut oder bös in sittlicher Hinsicht sind, d. h. insoweit sie mit dem natürlichen und göttlichen Gesetz übereinstimmen oder von ihm abweichen, sind dem Urteil und dem Richteramte der Kirche unterworfen. – Alle, die sich als Einzelpersonen oder in Vereinigungen des christlichen Namens rühmen, dürfen, wofern sie ihrer Pflicht eingedenk sein wollen, keine Feindschaften und Zwistigkeiten unter den Ständen der bürgerlichen Gesellschaft schüren, sondern müssen untereinander Frieden und wechselseitige Liebe befördern. – Die soziale Frage und die mit ihr verknüpften Streitfragen über Charakter und Dauer der Arbeit, über die Lohnzahlung, über den Arbeiterstreik sind nicht rein wirtschaftlicher Natur und somit nicht zu denen zu zählen, die mit Hintansetzung der kirchlichen Obrigkeit beigelegt werden können; da es im Gegenteil außer allem Zweifel steht, daß die soziale Frage in erster Linie eine sittliche und religiöse ist und deshalb vornehmlich nach dem Sittengesetz und vom Standpunkte der Religion gelöst werden muß*.

Was nun Vereinigungen von Arbeitern anlangt, so sind, wenngleich ihre Aufgabe darin besteht, ihren Mitgliedern irdische Vorteile zu verschaffen, doch am meisten zu billigen und unter allen für den wahren und dauernden Nutzen der Mitglieder als bestgeeignete jene Vereinigungen anzusehen, die hauptsächlich auf der Grundlage der katholischen Religion aufgebaut sind und der Kirche als Führerin offen folgen; was Wir selbst mehrmals bei gelegentlichen Anfragen aus verschiedenen Ländern erklärt haben. Hieraus folgt, daß derartige sogenannte konfessionell-katholische Vereinigungen sicherlich in katholischen Gegenden, und außerdem in allen anderen Gegenden, wo anzunehmen ist, daß durch sie den verschiedenen Bedürfnissen der Mitglieder genügend Hilfe gebracht werden kann, gegründet und auf jede Weise unterstützt werden müssen. Handelt es sich aber um Vereinigungen, die das Gebiet der Religion und der Sittlichkeit direkt oder indirekt berühren, dann wäre es in keiner Weise zu billigen, in den eben erwähnten Gebieten gemischte Vereinigungen fördern und verbreiten zu wollen, d. h. solche, die sich aus Katholiken und Nichtkatholiken zusammensetzen. Denn, abgesehen von anderem, befinden sich bei derartigen Vereinigungen die Unserigen oder können sich doch sicherlich befinden in großen Gefahren für die Reinheit ihres Glaubens und den gebührenden Gehorsam gegen die Gebote und Vorschriften der katholischen Kirche; Gefahren, auf welche auch Ihr, Ehrwürdige Brüder, in mehreren Eurer Antworten über diese Fragen offen, wie Wir gelesen, hingewiesen habet.

Wir spenden also allen und jeden in Deutschland bestehenden rein katholischen Arbeiter-Vereinigungen mit Freuden alles Lob und wünschen allen ihren Bestrebungen zum Wohl der Arbeiterbevölkerung glücklichen Erfolg und erhoffen für sie ein immer erfreulicheres Wachstum. Indes, wenn Wir dies sagen, leugnen Wir nicht, daß es den Katholiken zusteht, zur Erstrebung besserer Lebensverhältnisse für den Arbeiter, billigerer Bedingungen für Lohn und Arbeit oder zum Zweck anderer berechtigter Vorteile gemeinschaftlich mit Nichtkatholiken, unter Anwendung von Vorsicht, für ihre gemeinsamen In-

---

* Enzyklika Graves de communi.

teressen zu arbeiten. Um dieses Zweckes willen sehen Wir es lieber, wenn die katholischen und nichtkatholischen Vereinigungen sich miteinander verbinden mittels jener zeitgemäßen neuen Einrichtung, die man Kartell nennt.

In dieser Hinsicht nun, Ehrwürdige Brüder, erbitten nicht wenige von Euch, es möchte Euch durch Uns erlaubt werden, die sogenannten christlichen Gewerkschaften, wie sie heutzutage in Euren Diözesen bestehen, zu dulden, weil sie einerseits eine bedeutend größere Zahl von Arbeitern in sich schließen als die rein katholischen Vereinigungen, und weil anderseits es große Nachteile nach sich ziehen würde, falls dies nicht gestattet würde. Diesem Ersuchen glauben Wir mit Rücksicht auf die besondere Lage der katholischen Sache in Deutschland entgegenkommen zu sollen, und Wir erklären, es könne geduldet und den Katholiken gestattet werden, auch jenen gemischten Vereinigungen, wie sie in Euren Diözesen bestehen, sich anzuschließen, so lange nicht wegen neu eintretender Umstände diese Duldung aufhört, zweckmäßig oder zulässig zu sein. Dabei müssen jedoch geeignete Vorsichtsmaßregeln zur Fernhaltung der Gefahren angewendet werden, welche, wie gesagt, derartigen Vereinigungen anhaften. Die hauptsächlichsten dieser Vorsichtsmaßregeln sind folgende: An erster Stelle ist dafür zu sorgen, daß katholische Arbeiter, die Mitglieder solcher Gewerkschaften sind, zugleich jenen katholischen Vereinigungen angehören, welche unter der Bezeichnung Arbeitervereine bekannt sind. Falls sie aus diesem Grunde irgendein Opfer, zumal an Geld, bringen müssen, so sind Wir überzeugt, daß sie bei ihrer Sorge um die Reinerhaltung ihres Glaubens dies bereitwilligst tun werden. Denn wie sich erfreulicherweise gezeigt hat, vermögen diese katholischen Arbeitervereine unter Mitwirkung des Klerus, durch dessen Führung und wachsame Leitung, sehr viel, um die Unverfälschtheit des Glaubens und die Reinheit der Sitten bei ihren Mitgliedern zu schützen, und den religiösen Geist durch häufige Übung der Frömmigkeit zu nähren. Deshalb werden die Leiter solcher Vereine mit klarer Einsicht in die Zeitbedürfnisse ohne Zweifel bereit sein; namentlich bezüglich der Pflichten der Gerechtigkeit und Liebe, die Arbeiter in jenen Geboten und Vorschriften zu unterweisen, deren genaue Kenntnis ihnen notwendig oder nützlich ist, um an den Gewerkschaften in rechter Weise und nach den Grundsätzen der katholischen Lehre sich beteiligen zu können.

Ferner ist es notwendig, daß die Gewerkschaften, damit sie so sind, daß die Katholiken ihnen beitreten können, von allem sich fernhalten, was grundsätzlich oder tatsächlich mit den Lehren und Geboten der Kirche wie der zuständigen kirchlichen Obrigkeit nicht in Einklang steht; ebenso ist alles in Schriften oder Reden oder Handlungen zu meiden, was aus diesem Gesichtspunkt tadelnswert ist. Darum mögen die Bischöfe es als ihre heilige Pflicht ansehen, sorgfältig das Verhalten dieser Vereinigungen zu beobachten und darüber zu wachen, daß den Katholiken aus der Anteilnahme an ihnen kein Schaden erwächst. Die katholischen Mitglieder selbst aber sollen niemals zulassen, daß die Gewerkschaften, auch als solche, in der Sorge für die weltlichen Angelegenheiten ihrer Mitglieder sich zu Lehren bekennen oder Handlungen unternehmen, die irgendwie den vom obersten kirchlichen Lehramte verkündeten Vorschriften, zumal den obenerwähnten, widersprechen. Deshalb sollen, so oft Fragen auftauchen über Dinge, die die Sitten berühren, d. h. Fragen über Gerechtigkeit oder Liebe, die Bischöfe mit größter Aufmerksamkeit wachen, damit die Gläubigen die katholischen Sittenlehren nicht außer acht lassen und auch keinen Finger breit von ihnen abweichen.

Wir sind überzeugt, Ehrwürdige Brüder, daß Ihr für die gewissenhafte und genaue Befolgung dieser Unserer Anordnungen Sorge tragen und über eine Angelegenheit von so großer Bedeutung sorgfältig und fortlaufend Uns berichten werdet.

Weil Wir nun aber diese Angelegenheit an Uns gezogen haben und das Urteil über sie, nach Anhörung der Bischöfe, Uns zustehen muß, so ergeht hiermit an alle gutgesinnten Katholiken Unsere Weisung, von nun an sich jedes Streites unter sich über diese Sache zu enthalten, und Wir hegen das Vertrauen, daß sie durch brüderliche Liebe und vollkommenen Gehorsam gegen Uns und gegen ihre Oberhirten vollständig und freudig das ausführen, was Wir befehlen. Sollte unter ihnen noch irgendeine Schwierigkeit entstehen, so ist zu deren Lösung der gewiesene Weg folgender: sie sollen sich an ihre Bischöfe um Rat wenden, und diese werden die Sache an den Apostolischen Stuhl berichten, von welchem sie entschieden wird.

Noch eins erübrigt, was aus dem bisher Gesagten leicht zu entnehmen ist. Wie es einerseits niemand verstattet wäre, eines verdächtigen Glaubens diejenigen zu bezichtigen, und unter solchem Vorgeben diejenigen anzufeinden, die standhaft die Lehren und Rechte der Kirche verteidigen, jedoch aus gutem Grunde den gemischten Gewerkschaften dort beigetreten sind oder beitreten wollen, wo in Anbetracht der Ortsverhältnisse die kirchliche Obrigkeit es für gut befunden hat, solche Gewerkschaften unter gewissen Vorsichtsmaßregeln zuzulassen; so wäre es anderseits als höchst verwerflich zu tadeln, die rein katholischen Vereinigungen feindselig zu befehden – diese Art von Vereinigungen muß im Gegenteil auf jede Weise unterstützt und gefördert werden – und zu verlangen, daß die sogenannten interkonfessionellen Vereinigungen eingeführt werden, und sie gleichsam aufzudrängen, sei es auch unter dem Vorgeben, daß alle katholischen Vereinigungen in den einzelnen Diözesen nach einer und derselben Form einzurichten seien.

Indem Wir nun dem katholischen Deutschland den Wunsch aussprechen, daß es große Fortschritte im religiösen wie im bürgerlichen Leben machen möge, erflehen Wir, damit dies glücklich sich erfülle, dem geliebten deutschen Volke die besondere Hilfe des allmächtigen Gottes und den Schutz der jungfräulichen Gottesmutter, die selbst die Königin des Friedens ist, und als Unterpfand der göttlichen Gnadengaben sowie als Erweis Unseres ganz besonderen Wohlwollens erteilen Wir euch, geliebter Sohn und Ehrwürdige Brüder, Eurem Klerus und Eurem Volke in größter Liebe den Apostolischen Segen.

Gegeben zu Rom bei St. Peter am 24. September 1912, im zehnten Jahre Unseres Pontifikates.

Papst Pius X.

c) Begleitschreiben der Bischöfe

Ausschreiben der zu Fulda am Grabe des hl. Bonifatius versammelten Oberhirten an die hochwürdige Geistlichkeit ihrer Diözesen

Fulda, den 5. November 1912.

Die in den letzten Jahren unter den katholischen Arbeitern Deutschlands entstandenen Meinungsverschiedenheiten über die für Katholiken zulässigen Arten gewerkschaftlicher Organisation haben dem Hl. Vater Anlaß gegeben, nach Anhörung der Bischöfe Deutschlands und in Übereinstimmung mit den Vorschlägen derselben, ein Apostolisches Rundschreiben an den deutschen Episkopat zu richten, welches wir zugleich mit deutscher Übersetzung nunmehr zur Kenntnis der hochwürdigen Geistlichkeit unserer Diözesen bringen.

Wir sind dem Hl. Vater innig dankbar dafür, daß er durch seine höchste Autorität die Stimme der Bischöfe unterstützt hat und daß nunmehr bindende, klare Richtlinien für die Haltung der katholischen Arbeiter von höchster Stelle aus ergangen sind.

Die hochwürdigen Geistlichen unserer Diözesen, insbesondere die im katholischen Vereinswesen wirkenden Geistlichen, wollen bei geeigneter Gelegenheit die Gläubigen über den Inhalt der Enzyklika vom 24. September d. J. belehren, in umsichtiger Weise für die Ausführung der Mahnungen des Hl. Vaters Sorge tragen und gegenüber den Angriffen, die die kirchliche Autorität in letzter Zeit so oft erfahren hat, auf die Grundzüge der Enzyklika das Augenmerk der Gläubigen richten.

Wie jedes Wort der Enzyklika beweist, ist der Hl. Vater zu seinem Einschreiten einzig und allein durch die Pflicht seines Lehr- und Hirtenamtes veranlaßt. Ziel der Enzyklika ist, den katholischen Glauben und die katholische Sittenlehre in Theorie und Praxis rein und unversehrt in den Herzen aller Kreise des katholischen Volkes zu erhalten. Ziel der Mahnungen des Hl. Vaters ist es, von den Katholiken jene Gefahren fernzuhalten, die in unserer tiefbewegten Zeit für Glaubensund Sittenlehre durch das Zusammengehen von Katholiken und Nichtkatholiken infolge der Verschiedenheit der Ansichten entstehen oder entstehen können. Diesen Gefahren entgegenzutreten, ist Pflicht des von Christus in der Kirche eingesetzten Lehr- und Hirtenamtes. Darum hat die Enzyklika mit großer Klarheit für die Autorität der Kirche die Entscheidung derjenigen Fragen in Anspruch genommen, welche und insoweit sie Glaubens- und Sittenlehre, Seelenheil und kirchliche Treue berühren.

Die Befolgung der Weisungen der Enzyklika wird es ermöglichen, daß die katholischen Arbeiter stets der fundamentalen Pflicht des katholischen Christen treu bleiben, alle irdischen Handlungen hinzulenken auf das ewige Ziel und lieber alles zu opfern, als ihren heiligen Glauben und ihr Seelenheil in Gefahr zu bringen.

Die Weisungen des Hl. Vaters dienen zugleich jenem in der Enzyklika so nachdrücklich betonten Ziele, zwischen katholischen und nichtkatholischen Arbeitern den bürgerlichen Frieden und jene Eintracht zu erhalten, ohne die die irdische Wohlfahrt nicht bestehen kann.

Die vom Hl. Stuhl an die Katholiken ergangene Mahnung zur Einigkeit, zur Unterlassung gegenseitiger Beschuldigungen, zur Einhaltung des ordnungsmäßigen Weges zur Lösung der etwa noch in vorbezeichneter Richtung auftauchenden Differenzen entspricht dem heißen Verlangen des gesamten katholischen Volkes.

Wir vertrauen daher zu der kirchlichen Treue und Friedensliebe aller guten Katholiken, daß sie die Enzyklika als neuen Erweis der Weisheit und Hirtenliebe des Hl. Vaters mit innigem Dank aufnehmen und alle Weisungen der Enzyklika freudig und gewissenhaft befolgen werden.

Die am Grabe des hl. Bonifatius zu Fulda versammelten Oberhirten:

> G. Kard. Kopp, Fürstbischof von Breslau, zugleich als Vertreter des Bischofs Dr. Heinrich Vollmer, Feldpropst der Armee.

✝ Thomas, Erzbischof von Freiburg, zugleich als Vertreter des Bischofs von Limburg.

† M. Felix, Bischof von Trier.

† Paul Wilhelm, Bischof von Rottenburg.

† Adolf, Bischof von Straßburg.

† Hubertus, Bischof von Osnabrück.

† Willibrord, Bischof von Metz, O. S. B.

† Georg Heinrich, Bischof von Mainz.

† Aloysius, Bischof, Apostolischer Vikar im Königreich Sachsen.

† Adolf, Bischof von Hildesheim.

† Joseph Damian, Bischof von Fulda.

† Augustinus, Bischof von Ermland, zugleich als Vertreter des Bischofs von Culm.

† Karl Joseph, Bischof von Paderborn.

† Felix, Bischof von Münster.

† Dr. Likowski, Weihbischof und Kapitularvikar von Posen, zugleich als Vertreter des Kapitularvikars von Gnesen.

Dr. Kreutzwald, Kapitularvikar von Köln.

Quadragesimo anno (Pius XI. 1931)

An die Ehrwürdigen Brüder, Patriarchen, Primaten, Erz-
bischöfe, Bischöfe und die anderen Oberhirten, die in Frieden
und Gemeinschaft mit dem Apostolischen Stuhle leben, und an
alle christgläubigen Katholiken des Erdkreises,
über die Gesellschaftliche Ordnung, ihre Wiederherstellung und
ihre Vollendung nach dem Heilsplan der Frohbotschaft zum
40. Jahrestag des Rundschreibens Leo's XIII. ,,Rerum novarum"
Pius XI. Papst.

Ehrwürdige Brüder, geliebte Söhne
Gruß und Apostolischen Segen!

1. Vierzig Jahre sind verflossen, seit Unser Vorgänger seligen Angedenkens, Leo XIII., sein herrliches Rundschreiben Rerum novarum
ergehen ließ. In dankbarer Freude ergreift der ganze katholische Erdkreis diesen Anlaß, um das Gedenken verdientermaßen feierlich zu
begehen.

2. Als Wegbereiter dieser einzigartigen Urkunde oberster Hirtensorge waren schon andere Rundschreiben Unseres Vorgängers vor-
ausgegangen: über die Grundlage der menschlichen Gesellschaft, die
Familie und das hl. Sakrament der Ehe[1]; über den Ursprung der
Staatsgewalt[2] und deren geordnete Beziehungen zur Kirche[3]; über die
Hauptpflichten christlicher Staatsbürger[4]; sodann aber auch gegen
den Sozialismus[5] und eine falsche Freiheitslehre[6], sowie andere mehr,
aus denen Leos Geist bereits deutlich genug sprach. Das Rundschreiben Rerum novarum aber zeichnete sich dadurch vor allen übrigen
aus, daß es die sichere Richtschnur zur glücklichen Lösung jener dor-
nenvollen Frage um die menschliche Gesellschaft, die als die soziale
Frage bekannt ist, gerade in dem Augenblick der Menschheit darbot,
da es am meisten gelegen kam, ja sogar dringendst not tat.

Veranlassung

3. Gegen die Neige des 19. Jahrhunderts hatten ja die neue Wirtschaftsweise und die Industrialisierung bei einer ganzen Reihe von

Völkern mehr und mehr zu einer Spaltung der Gesellschaft in zwei Klassen geführt: die eine Klasse, nur gering an Zahl, genoß fast allein alle Annehmlichkeiten, welche die neuzeitlichen Erfindungen so reichlich zu bieten vermochten; die andere Klasse dagegen, die ungeheuere Masse der Arbeiterschaft umfassend, litt unter dem Druck jammervoller Not, ohne sich trotz angestrengtesten Bemühens aus ihrer kläglichen Lage befreien zu können.

4. Mit dieser Lage der Dinge fanden sich jene leicht genug ab, die selber im Reichtum schwimmend in ihr einfach das Ergebnis naturnotwendiger Wirtschaftsgesetze erblickten und folgerecht alle Sorge um eine Linderung der Elendszustände einzig der Nächstenliebe zuweisen wollten – gerade als ob es Sache der Nächstenliebe wäre, die von der Gesetzgebung nur allzuoft geduldete, manchmal sogar gutgeheißene Verletzung der Gerechtigkeit mit ihrem Mantel zuzudecken. Knirschend dagegen ertrug die Arbeiterschaft diesen Stand der Dinge, unter dem ihr ein so hartes Los zufiel, und bäumte sich auf gegen ein so unerträgliches Joch. Unter dem Einfluß der Verhetzung erstrebte der eine Teil der Arbeiterschaft den völligen Umsturz der menschlichen Gesellschaft; aber auch bei dem andern Teil, der durch seine gediegene christliche Durchbildung gegen solche Verirrungen gefeit war, festigte sich die Überzeugung, daß ein tiefgreifender Wandel dringend und schleunig geboten sei.

5. Ganz gleich dachten nicht wenige jener katholischen Männer, Geistliche und Laien, die, von bewunderungswürdiger Nächstenliebe getrieben, schon lange der unverdienten Notlage des Proletariats abzuhelfen sich mühten. Auch sie vermochten sich nicht einzureden, daß eine so ungeheuerliche und so unbillige Ungleichheit in der Verteilung der zeitlichen Güter den Absichten des allweisen Schöpfers entsprechen sollte.

6. Sie alle suchten aufrichtig und ehrlich nach einem wirksamen Heilmittel für die jammervolle Störung der allgemeinen Ordnung sowie nach vorbeugenden Maßnahmen, um wenigstens eine noch ärgere Verschlimmerung hintanhalten zu können. Indes – so armselig ist nun einmal der Geistesflug selbst hochstehender Menschen – von den einen erfuhren sie als gefährliche Neuerer scharfe Ablehnung, von der

anderen Seite fielen ihnen Mitarbeiter am gleichen edlen Werk, deren
Ansichten und Pläne aber in anderer Richtung gingen, hindernd in den
Arm, so daß sie in dem Widerstreit der Meinungen schließlich nicht
mehr wußten, welchen Weg sie einschlagen sollten.

7. In diesem geistigen Ringen nun, da der Meinungsstreit hin und her
tobte und gelegentlich zu großer Schärfe aufflammte, richteten sich
wie so oft zuvor aller Augen auf Petri Stuhl, auf diesen ehrwürdigen
Hort der Wahrheit, von dem Worte des Heiles in die ganze Welt ausgehen. Ja, zu den Füßen des Stellvertreters Christi auf Erden strömten
in nie gekannter Zahl führende Männer der Sozialwissenschaften, Arbeitgeber und schließlich Arbeiter zusammen; alle miteinander hatten
das eine Anliegen, endlich den sicheren Weg gewiesen zu werden.

8. Reiflich erwog der Papst in seiner hohen Klugheit die Dinge mit
sich allein und vor Gott; die erfahrensten Berater wurden zugezogen;
nach allen Seiten ward jegliches ernst überdacht. Am Ende stand sein
Entschluß fest: im Bewußtsein der heiligen Pflicht seines Apostolischen Amtes[7], um durch längeres Schweigen auch nicht den Schein der
Pflichtversäumnis auf sich zu laden[8], wird er zur Kirche Christi, zur
Menschheit sprechen, seines von Gott ihm aufgetragenen Lehramtes
walten.

9. So erhob denn der Papst am 15. Mai 1891 seine lange erwartete
Stimme. Von der Schwierigkeit der Aufgabe nicht erschreckt, vom Alter nicht gebeugt, nein, in hochaufgereckter Kraft wies er dem Menschengeschlecht zur Lösung der sozialen Frage neue Bahnen.

Gegenstand

10. Ihr alle, Ehrwürdige Brüder und geliebte Söhne, seid wohlver-
traut mit jener bewunderungswürdigen Lehre, die der unvergängliche
Ruhm des Rundschreibens Rerum novarum ist. Voll Schmerz, einen
so großen Teil der Menschheit unter jammervollen, kläglichen Verhältnissen in unwürdiger Lage erblicken zu müssen, nachdem die wirtschaftliche Entwicklung „den Arbeiter in seiner Vereinzelung schutzlos der Unmenschlichkeit der Arbeitsherren und dem Eigennutz eines
zügellosen Wettbewerbs ausgeliefert" hatte[9], macht der oberste Hirte

die Sache der Arbeiterschaft zu der seinen. Dabei entlehnt er Hilfe weder vom Liberalismus noch vom Sozialismus, da ersterer zur Lösung der sozialen Frage sich völlig unfähig erwiesen hatte, letzterer aber ein Heilmittel anempfahl, das schlimmer als das zu heilende Übel selbst die menschliche Gesellschaft nur noch näher an den Abgrund herangeführt hätte.

11. Aus eigenster Machtvollkommenheit und erfüllt von dem Bewußtsein, daß ihm an erster Stelle die Obhut der Religion und die Führung in alle dem, was eng mit ihr zusammenhängt, anvertraut ist, griff der Papst die Angelegenheit auf, in der „ohne Hilfe der Religion und der Kirche kein glücklicher Ausgang"[10] abzusehen war. Einzig gestützt auf die unwandelbaren Grundsätze von Vernunft und Offenbarung beleuchtete er die „wechselseitigen Rechte und Pflichten der Besitzenden und der Enterbten, der Arbeitgeber und der Arbeitnehmer"[11]. Voll zuversichtlichen Mutes und redend „wie einer, der Macht hat"[12], erläuterte und stellte er fest, was die Kirche, was der Staat, was die Beteiligten selbst zur Lösung der Frage beizutragen haben.

12. Nicht umsonst ließ der Papst sein apostolisches Wort ergehen. Voll Staunen lauschten ihm, mit Begeisterung nahmen es in sich auf nicht allein die getreuen Söhne der Kirche, sondern auch viele, die fernab von dem einen wahren Glauben im Irrtum wandeln, ja, mit wenigen Ausnahmen alle, die hinfort in gelehrter Forschung oder praktischer, gesetzgeberischer Arbeit mit gesellschaftlichen und wirtschaftlichen Fragen sich befaßten.

13. Mit besonderer Freude aber griffen das päpstliche Rundschreiben die christlichen Arbeiter auf, die sich von der höchsten Autorität auf Erden verstanden und verteidigt sahen, sowie all jene hochherzigen Männer, die bei ihren unverdrossenen Bemühungen um die Hebung der Lage der Arbeiterschaft bis dahin kaum etwas anderes angetroffen hatten als eine allgemeine Interesselosigkeit, nicht ganz vereinzelt auch gehässige Verdächtigung, wenn nicht gar ausgesprochene Feindseligkeit. Mit Recht steht bei ihnen allen das Apostolische Schreiben in so hoher Verehrung, daß es bereits stehender Brauch geworden ist, allenthalben Jahr für Jahr auf die eine oder andere Art seiner dankbar zu gedenken.

14. Von dieser allgemeinen Übereinstimmung machten einige eine Ausnahme, deren sich eine gewisse Beunruhigung bemächtigte. In der Tat fand die hochherzige und hochsinnige Lehre des Papstes, die für die Welt etwas Unerhörtes war, auch bei Katholiken hier und da eine zweideutige und vereinzelt sogar eine ablehnende Aufnahme. In zu kühnem Ansturm hat Leo XIII. die Götzen des Liberalismus gestürzt, zu rücksichtslos mit eingerosteten Vorurteilen aufgeräumt, zu unverhofft zukünftige Entwicklungen vorweggenommen. Da mußten doch die Saumseligen ihre Herzen gegen die Aufnahme einer so unerhört neuen Sozialphilosophie sperren und die zaghaften Gemüter vor dem Aufstieg zu so schwindelnder Höhe zurückschrecken. Ja, nicht einmal solche fehlten, die die strahlende Lichtfülle zwar bewunderten, aber das Ganze nur als ein traumhaftes Wunschbild ansahen, das sich niemals in die Wirklichkeit überführen lasse.

Inhalt und Zweck vorliegenden Schreibens

15. Die Vierzigjahrfeier des päpstlichen Rundschreibens, die allerorts und in allen Kreisen, besonders aber von den aus der ganzen Welt nach dieser heiligen Stadt zur Feier zusammenströmenden katholischen Arbeitern mit großer Begeisterung begangen wird, bietet Uns daher erwünschten Anlaß, das Wort zu ergreifen. Wir wollen die segensreichen Früchte des Leoninischen Rundschreibens für die Katholische Kirche wie für die ganze menschliche Gesellschaft rückblickend überschauen (I), alsdann des großen Meisters Gesellschafts- und Wirtschaftslehre gegenüber gewissen Erörterungen, die sich daran geknüpft haben, zweifelsfrei klarstellen sowie in einigen Stücken ihre Ansätze weiter entfalten (II), endlich mit der Wirtschaft von heute ins Gericht gehen und über den Sozialismus das Urteil sprechen, um die wahre Ursache der gegenwärtigen Störung der gesellschaftlichen Ordnung aufzudecken und damit zugleich den einzigen Weg zur Heilung aufzuzeigen, nämlich die sittliche Erneuerung aus christlichem Geiste (III). Damit haben Wir die drei Hauptteile dieses Unseres Rundschreibens bezeichnet.

I.

Die segensreichen Wirkungen von „Rerum novarum".

16. Um also mit dem erstgenannten zu beginnen, dürfen Wir nicht unterlassen, der Mahnung des hl. Ambrosius folgend, der da sagt: „Keine Pflicht geht über die Dankespflicht"[13], überschwenglichen Dank Gott dem Allmächtigen und Allgütigen zu sagen für die reichen Segnungen, die Kirche und Welt durch Leos XIII. Rundschreiben zuteil geworden sind. Wollten Wir auch nur im Überfluge dieser Segnungen Erwähnung tun, so hätten Wir nicht viel weniger als eine Gesamtdarstellung der gesellschaftlichen und wirtschaftlichen Entwicklung in den letzten 40 Jahren zu geben. Unter drei Hauptgesichtspunkten lassen sie sich indes knapp zusammenfassen, entsprechend den drei Seiten, deren Mitwirkung der Papst zu seinem großen Erneuerungswerk erwartete.

1. Kirche

17. An erster Stelle die Mitwirkung der Kirche betreffend, hatte Leo XIII. ausgeführt: „Die Kirche schöpft aus der Frohbotschaft die Lehren, die den Streit, wenn nicht völlig beizulegen, so doch zu entgiften und zu mildern vermögen; sie ist es ebenfalls, die durch ihre Weisungen nicht nur den Verstand zu belehren, sondern die gesamte sittliche Lebensführung des Menschen zu ordnen sich angelegen sein läßt; sie trifft zur Hebung der Lage der Enterbten vielfältige, ersprießliche Veranstaltungen"[14].

Lehre

18. Diesen ihren kostbaren Schatz hat die Kirche fürwahr nicht in der Truhe verborgen gehalten; vielmehr teilte sie in reicher Fülle davon aus zur allgemeinen und so notwendigen Befriedung. Ohne Unterlaß haben Leo XIII. selbst wie seine Nachfolger die Gesellschafts- und Wirtschaftslehre des Rundschreibens Rerum novarum in Wort und Schrift verkündet, immer wieder eingeschärft und in zweckmäßiger Anpassung an die Sach- und Zeiterfordernisse dem Bedürfnis entsprechend angewandt; stets im Geiste väterlicher Fürsorge und in unerschrockener Erfüllung ihrer Hirtenpflicht, sich vor allem der Armen und Hilflosen anzunehmen[15]. Desgleichen taten so viele Bischöfe, die

sich unermüdlich angelegen sein ließen, diese Lehre auszulegen, in ihr Verständnis einzuführen und die Anwendung auf die örtlich verschiedenen Verhältnisse zu geben, nach dem Sinn und nach den Weisungen des Hl. Stuhles[16].

19. Kein Wunder denn, daß unter Führung und Leitung der Kirche eine große Zahl gelehrter Männer aus dem Priester- und Laienstande den zeitgemäßen Ausbau der Gesellschafts- und Wirtschaftswissenschaft entschlossen in Angriff nahm, wobei sie vor allem das Bestreben leitete, der ewig alten und ewig jungen, stets unwandelbaren Kirchenlehre die Heilmittel für die immer wechselnden Zeitbedürfnisse zu entnehmen.

20. So entstand im Lichte und unter der Wegleite des Leoninischen Rundschreibens wirklich eine katholische Gesellschaftswissenschaft, deren weiterer Ausgestaltung und Bereicherung mit unverdrossener Hingabe jene erlesenen Männer obliegen, den Wir den Ehrennamen „Helfer der Kirche" gaben. Auch sie vergraben ihre Wissenschaft nicht, sondern stellen sie hinein in den Lärm und Kampf des Tages. Beispielshalber nennen Wir nur: mit ebenso großem Nutzen wie Zulauf veranstaltete Lehrgänge an Katholischen Universitäten, Akademien, Seminarien; soziale Tagungen und „Wochen" in großer Zahl und mit schönen Erfolgen; Studienvereinigungen; endlich zweckentsprechende, gediegene Schriften aller Art für die verschiedensten Leserkreise.

21. Doch damit sind die Auswirkungen des päpstlichen Schriftstücks noch keineswegs erschöpft. Allmählich und unauffällig gewann die Lehre des Rundschreibens Rerum novarum Einfluß auch in solchen Kreisen, die von der kirchlichen Einheit getrennt die Oberhoheit der Kirche nicht anerkennen. In der Tat sind die katholischen Sozialprinzipien mit der Zeit Gemeingut des Menschengeschlechts geworden. So haben wir die Freude, die ewigen Wahrheiten, die Unser glorreicher Vorgänger hoheitsvoll verkündet hatte, nicht bloß in nichtkatholischen Zeitschriften und Büchern, sondern auch in den gesetzgeberischen Körperschaften und in Gerichtsverhandlungen immer wieder anrufen und verfechten zu hören.

22. Ja, als nach dem Weltkriege die Staatsmänner der führenden Mächte den Frieden auf eine grundlegende Neuschaffung der gesellschaftlichen Verhältnisse gründen wollten, erwiesen sich mehrere der zu einer gerechten und billigen Regelung des Arbeitsverhältnisses aufgestellten Leitsätze so auffallend mit den Lehren und Weisungen Leos XIII. in Übereinstimmung, daß sie gerade mit bewußter Absicht aus diesen als ihrer Quelle abgeleitet erscheinen möchten. Fürwahr, das Rundschreiben Rerum novarum ist eine Urkunde, denkwürdig für alle Zeiten, wirklich nach dem Worte des Isaias ein „ragendes Wahrzeichen für die Völker"[17].

Anwendung

23. Während nun in weiterer Ausstrahlung der wissenschaftlichen Forschungsarbeit die Kenntnis der Lehre Leos XIII. in die weitesten Kreise drang, blieb auch die nutzbare Anwendung nicht zurück. Ganz besonders galt diese im Geiste tätigen Wohlwollens mit Eifer aufgenommene Arbeit der Emporführung jener Klasse der menschlichen Gesellschaft, die, obwohl im Zuge der neuzeitlichen wirtschaftlichen Entwicklung an Zahl ungeheuer angewachsen, dennoch ihre rechte Eingliederung in diese Gesellschaft und daher auch die ihr gebührende Achtung und Wertung noch nicht gefunden hatte, nämlich der Arbeiterklasse. Unverzüglich lud der Klerus, den Bischöfen nacheifernd, zu seinen sonstigen Seelsorgspflichten auch noch ein gewaltiges Maß volksbildnerischer und volkserzieherischer Arbeit auf seine Schultern, eine Arbeit, die sich gerade seelsorgerlich als überaus dankbar erwies. Die in beharrlich aufgewandter Mühe erreichte Durchbildung und Durchdringung der Arbeiterschaft mit christlichem Geist trug überdies in besonderem Maße dazu bei, den christlichen Arbeitern das wahre Bewußtsein ihres Wertes und ihrer Würde zu geben und sie instand zu setzen, in klarer Erkenntnis ihrer besonderen Rechte und Pflichten in Ehren und Treuen mit Erfolg den Weg sozialen und ökonomischen Aufstiegs zu beschreiten, ja auf diesem Wege sich selbst in Führung zu setzen.

24. Der nächste Schritt galt der umfassenderen Sicherung einer gehobeneren Lebenshaltung. Nicht allein, daß Wohlfahrtseinrichtungen und Wohltätigkeitsanstalten in Befolgung des päpstlichen Aufrufs in

großer Zahl und Mannigfaltigkeit entstanden. Dazu kommt das auf-
blühende Vereinigungswesen: allerorts bildeten sich Tag für Tag zu
wechselseitiger Nächstenhilfe und Selbsthilfe Vereinigungen der Arbeiter, der Handwerker, des Landvolkes, der Lohn- und Gehaltsemp-
fänger aller Kategorien – stets an der Hand der Kirche, sehr oft unter
priesterlicher Initiative.

2. Staat

25. Zum zweiten, die Staatsgewalt betreffend, setzte sich Leo XIII.
über die von der liberalen Staatslehre aufgerichteten Schranken kur-
zerhand hinweg. Dieser Staatsauffassung, die im Staat nur den Wäch-
ter der Rechtsordnung erblicken will, setzte Leo unbeirrt die Lehre
vom Rechts- und Wohlfahrtsstaat entgegen: durch richtige Gestaltung
der gesamten gesetzlichen und sachlichen Einrichtungen müßten allgemeine Wohlfahrt wie auch Wohlfahrt der einzelnen als natürliches
Ergebnis der Verfassung und Verwaltung des Staates sich einstellen[18].
Der Initiative des einzelnen Staatsbürgers und der Familie sei gewiß
der gebührende Spielraum zu lassen; dieser finde aber seine Grenze
am Gemeinwohl und am Rechte anderer. Der Staatsgewalt obliege der
machtvolle Schutz des Gesamtvolkes und aller seiner Glieder; bei der
Erfüllung dieser seiner Rechtsschutzaufgabe habe der Staat in besonderer Weise auf die Rechte der Schwachen und Mittellosen Bedacht zu
nehmen. „Bedürfen doch die besitzenden Kreise, selber stark genug,
sich zu schützen, weniger des staatlichen Schutzes; die Masse der Enterbten dagegen, aller eigenen Hilfsmittel entblößt, sieht sich ganz auf
die Hilfe des Staates angewiesen. Der Lohnarbeiterschaft, dieser
Hauptmasse der Enterbten, schuldet der Staat daher ein ganz besonderes Maß von Obsorge und Fürsorge."[19]

26. Es soll nicht verkannt werden, daß verschiedene Staatsregierungen bereits vor dem Rundschreiben Leos XIII. das eine oder andere
zugunsten der Arbeiterschaft in Abhilfe der dringendsten Notstände
und der schreiendsten Unbill unternommen hatten. Aber erst nachdem das Apostolische Hirtenwort vom Lehrstuhle Petri aus seinen
Weg über die ganze Welt hin genommen hatte, gingen die Staatsmänner, beseelt von einem tieferen Verständnis ihres staatsmännischen
Berufes, an die Einleitung einer umfassenderen Sozialpolitik.

27. Der Liberalismus, der so lange ein wirksames Eingreifen der Staatsgewalt hintanzuhalten vermocht hatte, war aus dem Sattel gehoben. Jetzt nahmen die Völker, dem Aufruf des Rundschreibens Rerum novarum folgend, eine energische Sozialpolitik selber in die Hand. Hervorragende katholische Männer nahmen Veranlassung, sich ihren Regierungen für Aufgaben dieser Art zur Verfügung zu stellen. Oft genug waren gerade sie die wärmsten Befürworter dieser neuen Politik in den gesetzgebenden Versammlungen; ja, nicht selten sind Diener des Heiligtums, die ganz in Leos Gedankenwelt leben, die Ausarbeiter und Einbringer solcher Gesetzesvorlagen gewesen, deren Verabschiedung und Vollzug sie dann weiter mit aller Kraft betrieben.

28. Diese unablässigen und unermüdlichen Bemühungen brachten schließlich ein neues, dem vorigen Geschlecht noch gänzlich unbekanntes Rechtsgebiet zur Entwicklung: das Arbeitsrecht, das den Schutz der Menschen- und Christenwürde des Arbeiters zum Gegenstand hat: Leben, Gesundheit, Kräfte, Familie, Heim, Arbeitsstätte, Arbeitslohn. Betriebsgefahren, kurz alles, was den Arbeiter und seine Lebensverhältnisse betrifft, zieht das Arbeitsrecht in seinen Kreis, unter besonderer Berücksichtigung der Frauen- und Kinderarbeit. Atmen auch nicht alle arbeitsrechtlichen Bestimmungen vollkommen den Geist Leos XII., so bestehen doch unverkennbar starke Anklänge an sein Rundschreiben Rerum novarum, dem es in hervorragendem Maße zu danken ist, wenn seither die Lage der Arbeiterschaft eine Wendung zum Besseren erfahren hat.

3. Selbsthilfe

29. An dritter Stelle endlich wies die Weisheit des Papstes Arbeitgeber und Arbeitnehmer auf den Weg der Selbsthilfe, „durch solche Veranstaltungen nämlich, durch die der Hilfsbedürftige geeignete Hilfe findet und die beiden gesellschaftlichen Gruppen einander näher gebracht werden"[20]. Den ersten Platz unter diesen Einrichtungen wies Leo den Vereinigungen zu, die sich entweder aus Arbeitern allein oder aus Arbeitnehmern und Arbeitgebern zugleich zusammensetzen. Eingehende Ausführungen widmet der Papst ihrer Erläuterung und Empfehlung; ihr Wesen, ihre Aufgabe, ihr Nutzen, ihre Rechte und Pflichten, ihre Verfassung werden von ihm mit tiefem Verständnis dargelegt.

30. Gerade dieses Lehrstück erwies sich als überaus zeitgemäß und angebracht: waren doch damals in verschiedenen Staaten die herrschenden Kreise, noch ganz erfüllt von den liberalen Ideen, derartigen Vereinigungen wenig günstig gesinnt oder verfolgten sie sogar offen. Während ähnliche Vereinigungen anderer Volksschichten auf keinerlei Schwierigkeiten stießen und ohne weiteres den staatlichen Rechtsschutz genossen, versagte man in himmelschreiender Ungerechtigkeit gerade denen das Koalitionsrecht, die seiner zum Schutz gegen übermächtigen Druck am dringendsten bedurften. Ja, es gab selbst Katholiken, die die ersten Koalitionsversuche der Arbeiter sehr unfreundlich ansahen, ja in ihnen mehr oder weniger sozialistische oder revolutionäre Umtriebe erblicken wollten.

Zusammenschluß der Arbeiter

31. Darin liegt die einzigartige Bedeutung der von Leo kraft seiner obersten Lehrgewalt verkündeten Grundsätze, daß sie diese Widerstände zu brechen, diese Bedenken zu zerstreuen vermocht haben; sodann aber darin, daß sie den christlichen Arbeitern nicht allein den Anstoß gaben zur Gründung eines vielseitigen Vereinigungswesens auf beruflicher Grundlage, sondern ihnen zugleich auch die geeignete Anleitung dazu boten. Zahllose Arbeiter wurden so in ihrer guten Gesinnung bestärkt und wirksam gefeit gegen die Lockungen der sozialistischen Organisationen, die es wagten, sich als die einzigen anzupreisen, die in wirksamer Weise für die Interessen der Enterbten und Ausgebeuteten einträten.

32. Besonders glücklich war jene Anweisung des Rundschreibens Rerum novarum, wonach „Verfassung und Leitung die Arbeitervereinigungen zu möglichst tauglichen Werkzeugen für den ihnen vorgesetzten Zweck machen müssen. Dieser Zweck aber besteht in der größtmöglichen Förderung der Mitglieder an Leib und Seele wie an äußeren Gütern". Offenkundig aber sei „die religiös-sittliche Vervollkommnung als das Hauptziel ins Auge zu fassen und nach ihm die ganze Gebarung der Vereinigungen auszurichten". Denn „sind die Vereinssatzungen auf die Religion als ihre feste Grundlage gestellt, dann ist der Weg leicht zu einer Regelung der wechselseitigen Beziehungen der Mitglieder, die ein friedvolles Zusammenleben und allgemeine Wohlfahrt sichert"[21].

33. Die Gründung solcher Vereinigungen betrieben allenthalben Geistliche und Laien, denen es darum ging, das ganze Programm des Papstes ohne Abstriche durchzuführen, mit einem allen Lobes würdigen Eifer. So haben denn diese Vereinigungen echt christliche Arbeiter gebildet, die, gleich hervorragend in beruflicher Tüchtigkeit und religiöser Gewissenhaftigkeit, es verstanden, ihre nachdrücklichste wirtschaftliche Interessenvertretung und den entschiedenen Kampf um ihr Recht stets in Einklang zu halten mit dem strengsten Sinn für Gerechtigkeit und dem aufrichtigen Willen zur Zusammenarbeit mit den anderen gesellschaftlichen Gruppen zu dem Ziele der Erneuerung der Gesellschaft im christlichen Geiste.

34. Zur Durchführung der Anregungen und Anordnungen Leos XIII. schlug man den örtlichen Verhältnissen entsprechend verschiedene Wege ein. In einzelnen Ländern ließ man eine und dieselbe Organisation sämtliche vom Papste vorgezeichneten Aufgaben übernehmen; anderwärts, wo die Umstände dies nahelegten oder notwendig machten, gelangte man zu einer Aufgabenteilung derart, daß eigene Verbände die Interessenvertretung auf dem Arbeitsmarkt übernahmen, andere Vereinigungen sich den Aufgaben wirtschaftlicher Selbsthilfe zuwandten, während wiederum besondere Vereine sich völlig auf das religiös-sittliche Aufgabengebiet und damit zusammenhängende Zielsetzungen verlegten.

35. Letzteren Weg schlug man namentlich dort ein, wo entweder die Landesgesetze oder bestimmte wirtschaftliche Umstände oder jene beklagenswerte Gespaltenheit in den Überzeugungen und Gesinnungen, unter der die heutige Gesellschaft weithin zu leiden hat, sowie die zwingende Not, gegen den Ansturm der Mächte des Umsturzes mit vereintem Einsatz aller Kräfte sich zur Wehr zu setzen, der Gründung rein katholischer Gewerkschaften unübersteigliche Hindernisse entgegenstellten. Unter solchen Umständen ergibt sich für die Katholiken die augenscheinliche Notwendigkeit, gemischten Gewerkschaften anzugehören, – immer jedoch vorausgesetzt, daß diese sich vorbehaltlos zu Recht und Gerechtigkeit bekennen und ihren katholischen Mitgliedern die volle Freiheit gewährleisten, sich in allem nach ihrem Gewissen zu richten und den Weisungen der Kirche zu folgen. Den Bischöfen steht es zu, der Zugehörigkeit katholischer Arbeiter zu solchen

Gewerkschaften ihre Billigung zu erteilen, wenn sie nach Lage der Dinge deren Notwendigkeit und religiöse Unbedenklichkeit für gegeben erachten. Dabei gelten die Grundsätze wie auch die Sicherungen, die Unser Vorgänger sel. Anged. Pius X. anbefohlen hat[22]. Die vornehmste und bedeutsamste dieser Sicherungen ist das Nebeneinanderstehen von Gewerkschaften und Arbeitervereinen, welch letztere ihre Mitglieder religiös-sittlich aufs gründlichste durchbilden und so in den Stand setzen, jene wirtschaftlichen Verbände mit dem rechten Geist zu durchdringen, der ihre ganze Tätigkeit beherrschen soll. Dadurch üben diese Vereine einen wohltätigen Einfluß aus, der noch über den Kreis ihrer eigenen Mitglieder hinausreicht.

36. So haben dank dem päpstlichen Rundschreiben alle diese Arbeiter-Vereinigungen – wenngleich an zahlenmäßiger Stärke derzeit leider von den sozialistischen und kommunistischen Organisationen noch übertroffen – allenthalben einen so erfreulichen Aufschwung genommen und einen so bedeutenden Mitgliederbestand um ihr Banner geschart, daß in der einzelstaatlichen Sozialpolitik sowohl als bei zwischenstaatlichen sozialpolitischen Veranstaltungen ihr Einfluß spürbar ist in der Durchsetzung der rechtlichen und billigen Ansprüche der katholischen Arbeiter, in der Verwirklichung der Grundsätze gesunder christlicher Gesellschaftslehre.

Vereinigungswesen in anderen Kreisen

37. Das von Leo XIII. so tief begründete und so kraftvoll verfochtene Koalitionsrecht mußte den Gedanken nahe legen, das Vereinigungswesen auch noch für andere gesellschaftliche Gruppen als die Arbeiterschaft auszubauen. So geht es wiederum zum großen Teil auf das Rundschreiben Leos XIII. zurück, wenn unter der Bauernschaft und überhaupt im Mittelstand das Vereins- und Genossenschaftswesen einen so herrlichen Aufschwung nahm und zu so großer Ausdehnung gelangte, wobei kulturelle Ziele und wirtschaftliche Förderung in glücklichster Weise Hand in Hand gehen.

Vereine von Arbeitgebern bzw. Unternehmern

38. Hat der dringende Wunsch Unseres Vorgängers, unter dem Arbeitgebertum und der industriellen Führerschaft ähnliche Vereinigun-

gen erblühen zu sehen, sich nicht in gleichem Maße erfüllt, so daß Wir
zu Unserm Leidwesen nur spärliche Ansätze dazu erblicken, so liegt
die Ursache keineswegs allein an mangelndem guten Willen, sondern
vor allem an den viel größeren sachlichen Schwierigkeiten, die sich
Vereinigungen dieser Art entgegenstellen. Diese Schwierigkeiten sind
Uns sehr wohl vertraut, und Wir wissen sie nach ihrem ganzen Gewicht
zu würdigen. Das kann jedoch Unsere feste Zuversicht auf die alsbal-
dige Überwindung dieser Schwierigkeiten nicht erschüttern; inzwischen aber begrüßen Wir mit aufrichtiger Herzensfreude das verheißungsvolle und glückliche Beginnen auf diesem Gebiet, das noch größere Erfolge für die Zukunft erwarten läßt[23].

Die Magna Charta christlicher Sozialarbeit

39. Die Fülle segensreicher Früchte des Leoninischen Rundschreibens, von denen Wir, Ehrwürdige Brüder und geliebte Söhne, nur einen ganz flüchtigen Überblick geben konnten, beweisen Eines unwi-
derleglich: das in dieser unvergeßlichen Urkunde gezeichnete Bild der
menschlichen Gesellschaft ist kein wirklichkeitsfremdes, wenngleich
wundervolles Traumbild. Im Gegenteil: aus der unversieglichen Le-
bensquelle der Frohbotschaft hat Unser großer Vorgänger Grundsätze entnommen, die den mörderischen, das Menschengeschlecht
zerfleischenden Streit, wenn nicht augenblicklich zu befrieden, so
doch gewiß merklich zu lindern vermögen. Daß die vor 40 Jahren so
reichlich ausgestreute gute Saat zum guten Teil auf fruchtbare Erde
gefallen ist, zeigt die herrliche Ernte, die mit Gottes Segen für die Kirche Jesu Christi und für die ganze Menschheit eingebracht worden ist.
Ohne Übertreibung dürfen Wir feststellen: in der Feuerprobe dieser
Zeitspanne hat Leos Werk sich bewährt als die Magna Charta, als die
sichere Unterlage aller christlichen Sozialarbeit. Die Verächter aber
dieses päpstlichen Rundschreibens und seiner Feier lästern, was sie
nicht kennen, oder, wenn sie eine oberflächliche Kenntnis haben, fehlt
ihnen doch das Verständnis; oder wenn sie doch verstehen, so beweisen sie einen empörenden Undank.

40. Der Zeitraum seit Erscheinen des päpstlichen Rundschreibens
sah jedoch hinsichtlich einzelner Stellen Auslegungszweifel und Meinungsverschiedenheiten betreffs der weiteren Folgerungen auftau-

chen, woraus sich manchmal auch unter Katholiken recht lebhafte Erörterungen entspannen. Sodann erheischen neue Nöte unserer Tage und die inzwischen eingetretenen tiefgreifenden Umwälzungen eine sorgsame Anpassung der Lehre Leos sowie selbst die eine oder andere Ergänzung. Gern ergreifen Wir daher die sich Uns bietende Gelegenheit, um diesen Zweifeln und Zeiterfordernissen, soviel an Uns liegt, abzuhelfen. So verlangt es ja Unser apostolisches Amt; macht es Uns doch zu jedermanns Schuldner[24].

II.
*Machtvollkommenheit der Kirche über Gesellschaft und Wirtschaft**

41. An die Spitze Unserer Ausführungen setzen wir den von Leo XIII. schon in helles Licht gestellten Satz: nach Recht und Pflicht walten Wir kraft Unserer höchsten Autorität des Richteramtes über die gesellschaftlichen und wirtschaftlichen Fragen[25]. Gewiß ward der Kirche nicht die Aufgabe, die Menschen zu einem bloß vergänglichen und hinfälligen Glück zu führen, sondern zur ewigen Glückseligkeit. Ja, „die Kirche würde es sich als einen Übergriff anrechnen, grundlos in diese irdischen Angelegenheiten sich einzumischen"[26]. Aber unmöglich kann die Kirche des von Gott ihr übertragenen Amtes sich begeben, ihre Autorität geltend zu machen, nicht zwar in Fragen technischer Art, wofür sie weder über die geeigneten Mittel verfügt, noch eine Sendung erhalten hat, wohl aber in allem, was auf das Sittengesetz Bezug hat. Die von Gott Uns anvertraute Hinterlage der Wahrheit und das von Gott Uns aufgetragene heilige Amt, das Sittengesetz in seinem ganzen Umfang zu verkünden, zu erklären und – ob erwünscht, ob unerwünscht – auf seine Befolgung zu dringen, unterwerfen nach dieser Seite hin wie den gesellschaftlichen, so den wirtschaftlichen Bereich vorbehaltlos Unserm höchstrichterlichen Urteil.

42. In der Tat, wenngleich Wirtschaft und Sittlichkeit jede in ihrem Bereich eigenständig sind, so geht es doch fehl, die Bereiche des Wirtschaftlichen und des Sittlichen derart auseinanderzureißen, daß jener

* Diese Überschrift gilt nur für die Abschnitte 41–43 (Anmerkung des Herausgebers).

außer aller Abhängigkeit von diesem tritt. Die sogenannten Wirtschaftsgesetze, aus dem Wesen der Sachgüter wie aus dem Geist-Leib-Wesen des Menschen erfließend, besagen nur etwas über das Verhältnis von Mittel und Zweck und zeigen so, welche Zielsetzungen auf wirtschaftlichem Gebiet möglich, welche nicht möglich sind. Aus der gleichen Sachgüterwelt sowie der Individual- und Sozial-Natur des Menschen entnimmt sodann die menschliche Vernunft mit voller Bestimmtheit das von Gott, dem Schöpfer, der Wirtschaft als Ganzem vorgesteckte Ziel.

43. Anders das Sittengesetz. Ihm allein eignet verpflichtende Kraft, mit der es unsern Willen bindet, wie in all unserm Tun und Lassen die Richtung auf unser höchstes und letztes Ziel, so in den verschiedenen Sachbereichen die Ausrichtung auf die jedem einzelnen von ihnen vom Schöpfer erkennbar vorgesteckten Ziele und damit zugleich die rechte Stufenordnung der Ziele bis zum höchsten und letzten allzeit innezuhalten. Wir brauchen nur diesem Gesetz zu gehorsamen, um alle Einzelziele wirtschaftlicher Art, Sozial- und Individual-Ziele, in die große Gesamtordnung der Ziele sich einreihen zu sehen, womit sie für uns ebenso viele Stufen werden, auf denen wir hinaufsteigen bis zum letzten Ziel und Ende aller Dinge, zu Gott, dem höchsten, unendlichen Gut.

1. Eigentum

44. Um zum einzelnen überzugehen, so beginnen Wir mit dem Eigentum bzw. dem Eigentumsrecht. Es ist Euch erinnerlich, Ehrwürdige Brüder und geliebte Söhne, wie Leo XIII. sel. Anged. gegen den damaligen Sozialismus das Eigentum unerschrocken verteidigte, indem er dartat, wie die Abschaffung des Sondereigentums, statt der Arbeiterschaft zu nützen, ihr größtes Unglück sein würde. Da nichtsdestoweniger einige – gewiß sehr zu Unrecht! – Papst und Kirche verleumderisch der Begünstigung der besitzenden Kreise zum Nachteil der Enterbten bezichtigen, da ferner auch unter Katholiken einige Zweifel über die wirkliche und lautere Lehre Leos XIII. entstanden sind, so erachten Wir es für angezeigt, die Lehre des Papstes, die keine andere als die der Kirche ist, gegen solche Verleumdung in Schutz zu nehmen und gegenüber irriger Auslegung klarzustellen.

Individual- und Sozial-Natur

45. Zunächst muß allem Streit entrückt sein: weder Leo noch die unter Leitung des kirchlichen Lehramts wirkenden Theologen haben jemals die Doppelseitigkeit des Eigentums, d. i. seine individuelle und seine soziale, seine dem Einzelwohl und seine dem Gesamtwohl zugeordnete Seite verkannt oder in Zweifel gezogen. Im Gegenteil: einmütig lehren sie, das Sondereigentumsrecht sei von der Natur, ja vom Schöpfer selbst dem Menschen verliehen, einmal, damit jeder für sich und die Seinen sorgen könne, zum andernmal, damit mittels dieser Institution die vom Schöpfer der ganzen Menschheitsfamilie gewidmeten Erdengüter diesen ihren Widmungszweck wirklich erfüllen: beides hat die Einhaltung einer festen und eindeutigen Ordnung zur unerläßlichen Voraussetzung.

46. Zwei gefährliche Einseitigkeiten sind daher mit Bedacht zu meiden. Auf der einen Seite führt die Leugnung oder Abschwächung der Sozialfunktion des Eigentumsrechts zum Individualismus oder mindestens in seine Nähe; auf der andern Seite treibt die Verkennung oder Aushöhlung seiner Individualfunktion zum Kollektivismus oder läßt wenigstens dessen Standpunkt bedenklich streifen. Bleibt dies außer acht, so geht es auf abschüssiger Bahn reißend jenem moralischen, juristischen und sozialen Modernismus zu, auf den Wir schon im Rundschreiben zum Antritt Unseres Pontifikats warnend hingewiesen haben[27]. Das sollen vor allem jene umstürzlerischen Geister sich merken, die ohne Scham der Kirche Schimpf antun durch die verleumderische Anklage, sie habe in die Lehre ihrer Theologen einen angeblich heidnischen Eigentumsbegriff sich einschleichen lassen, der durch einen anderen zu ersetzen sei, dem sie in bemerkenswerter Unwissenheit die Bezeichnung „christlich" beilegen.

Pflichten

47. Um die hitzigen Erörterungen über das Eigentum und die mit ihm verbundenen Pflichten in die gehörigen Schranken zu weisen, sei an die Spitze gesetzt, was schon Leo XIII. als Grundstein aufgestellt hat: Eigentumsrecht und Eigentumsgebrauch sind wohl zu unterscheidende Dinge[28]. Die Achtung der Grenzen von Mein und Dein, die

Ausschließlichkeit jeden Rechtes, die den Einbruch aus den Grenzen des eigenen Rechtsbereichs heraus in den Rechtsbereich des andern wehrt, gehört der Verkehrsgerechtigkeit an; der sittlich geordnete Gebrauch des Eigentums durch den Eigentümer dagegen gehört nicht dieser Tugend an, sondern ist Gegenstand anderer Tugenden und kann daher „im Klagewege nicht erstritten werden"[29]. Zu Unrecht vertreten daher einige den Satz, die Grenzen des Eigentums und seines sittlich geordneten Gebrauchs seien ein und dasselbe; noch viel weniger bewirkt Mißbrauch oder Nicht-Gebrauch des Eigentums die Verwirkung oder den Verlust des Rechts.

48. Ein nützliches und verdienstvolles Werk tun daher jene, die unbeschadet der Liebe und Eintracht sowie der Reinheit der von der Kirche allzeit festgehaltenen Lehrüberlieferung sich bemühen um die genauere Erforschung der inneren Wesensart dieser Pflichten sowie der Grenzen, die durch die Erfordernisse des menschlichen Gemeinschaftslebens sowohl dem Eigentumsrecht selbst als dem Gebrauch und der Nutzung der Eigentumssache gezogen werden. In Täuschung und Irrtum aber ist befangen, wer immer die individuelle Seite des Eigentums so weit auszuhöhlen trachtet, daß tatsächlich nichts mehr von ihr übrigbleibt.

Befugnisse des Staates

49. Daß beim Eigentumsgebrauch nicht nur an den eigenen Vorteil zu denken, sondern auch auf das Gemeinwohl Bedacht zu nehmen ist, folgt ohne weiteres aus der bereits betonten Doppelseitigkeit des Eigentums mit seiner Individual- und Sozialfunktion. Sache der Staatsgewalt ist es, die hier einschlagenden Pflichten, wo das Bedürfnis besteht und sie nicht bereits durch das Naturgesetz hinreichend bestimmt sind, ins einzelne gehend zu umschreiben. Der Staat kann also – immer im Rahmen des natürlichen und göttlichen Gesetzes – mit Rücksicht auf wirkliche Erfordernisse des allgemeinen Wohls genauer im einzelnen anordnen, was die Eigentümer hinsichtlich des Eigentumsgebrauchs dürfen, was ihnen verwehrt ist. Ja, wie Leo XIII. treffend bemerkt, hat Gott der menschlichen Geschicklichkeit und den staatlichen Einrichtungen die Umschreibung des Sondereigentums anheimgegeben[30]. In der Tat erweist die Geschichte, – das sind Unsere eige-

nen Worte – daß, wie die übrigen grundlegenden Bestandstücke des gesellschaftlichen Lebens, so auch das Eigentum nicht unwandelbar ist: „Wie verschiedene vergegenständlichte Formen hat doch das Eigentum angenommen, angefangen von seiner urzeitlichen Gestalt bei den wilden Völkern, deren vereinzelte Zeugen noch in unsern Tagen anzutreffen sind, bis zum Eigentum in der patriarchalischen Zeit und Erscheinungsform und schrittweise weiter in den verschiedenen Formen der Tyrannis (Wir nehmen das Wort in seinem klassischen Sinn); dann durch die feudalen Gestaltungen hindurch, endlich unter den Abwandlungen der monarchischen Verfassung und zuletzt in allen einander ablösenden Erscheinungsformen der jüngsten Zeit!"[31] Selbstverständlich darf die Staatsgewalt nicht willkürlich verfahren. Das naturgegebene Recht auf Sondereigentum, eingeschlossen das Erbrecht, muß immer unberührt und unverletzt bleiben, da der Staat es zu entziehen keine Macht hat; „der Mensch ist ja älter als der Staat"[32]; auch die „häusliche Gemeinschaft geht begrifflich und sachlich der staatlichen Gemeinschaft vorauf"[33]. Darum hatte schon Leo XIII. betont, der Staat dürfe das Vermögen seiner Bürger nicht durch steuerliche Überlastung aufzehren. „Denn das Recht auf Sondereigentum, das nicht durch Menschensatzungen, sondern von der Natur verliehen ist, kann der Staat nicht aufheben, vielmehr nur seine Handhabung regeln und mit dem Gemeinwohl in Einklang bringen."[34] Indem jedoch die Staatsgewalt das Sondereigentum auf die Erfordernisse des Gemeinwohls abstimmt, erweist sie den Eigentümern keine Feindseligkeit, sondern einen Freundschaftsdienst; denn sie verhütet auf diese Weise, daß die Einrichtung des Sondereigentums, vom Schöpfer in weiser Vorsehung zur Erleichterung des menschlichen Lebens bestimmt, zu unerträglichen Unzuträglichkeiten führt und so sich selbst ihr Grab gräbt. Das heißt nicht, das Sondereigentum aufheben, sondern es schirmen; das ist keine Aushöhlung des Eigentums, sondern seine innere Festigung.

Pflichten bezüglich der Einkommens-Verwendung

50. Desgleichen sind die freien Einkünfte, d. h. diejenigen, die zur angemessenen und würdigen Lebenshaltung nicht benötigt werden, keineswegs dem Belieben des Menschen anheimgegeben. Die strenge Pflicht der Mildtätigkeit, der Wohltätigkeit im weiteren Sinne, der

Großzügigkeit den besitzenden Kreisen immer wieder einzuschärfen, werden die Hl. Schrift und die hl. Väter der Kirche nicht müde.

51. Die Verwendung sehr großer Einkünfte zur Schaffung von Arbeits- und Verdienst-Gelegenheit im großen Stil aber muß, wofern nur die Arbeit der Erzeugung wirklich wertechter Güter dient, nach den Grundsätzen des Englischen Lehrers als eine ausgezeichnete und hervorragende zeitgemäße Übung der Tugend der Großzügigkeit gelten[35].

Erwerbstitel

52. Ursprünglicher Eigentumserwerb vollzieht sich – das ist die einhellige Überlieferung aller Zeiten wie auch die Lehre Unseres Vorgängers Leo – durch Besitzergreifung herrenlosen Gutes und durch Bearbeitung. Allen gegenteiligen Behauptungen zum Trotz geschieht niemand ein Unrecht durch die Besitzergreifung einer dem Zugriff sich darbietenden, herrenlosen Sache; was sodann die Arbeit betrifft, so bestizt natürlich nur diejenige, die der Mensch im eigenen Namen ausübt und soweit sie eine Umgestaltung oder Wertsteigerung an ihrem Gegenstande hervorbringt, eigentumschaffende Kraft.

2. Kapital und Arbeit

53. Ganz anders die Arbeit, die gegen Entgelt in fremden Dienst gestellt an fremder Sache geleistet wird. Auf diese Arbeit trifft vor allem zu, was Leo XIII. als „lauterste Wahrheit" bezeichnet, nämlich daß „aus keiner anderen Quelle als aus der Arbeit der Werktätigen der Wohlstand der Völker stamme"[36]. Sehen wir denn nicht mit eigenen Augen diese Fülle von Gütern, die den menschlichen Reichtum ausmachen, in der arbeitenden Hand entstehen und aus ihr hervorgehen, mag nun diese Hand ohne Rüstzeug in Tätigkeit treten oder durch Werkzeug und Maschine ihre Wirkkraft ungeahnt verlängern! Ja, es ist unverkennbar: alle Völker, die aus Not und Elend zu hohem und blühendem Wohlstand emporgestiegen sind, danken dies einer ungeheuren Arbeitsanspannung aller Volksgenossen – sowohl leitender als ausführender Arbeit. Aber ebenso offensichtlich müßte die äußerste Kraftanstrengung nutzlos und gegenstandslos sein, ja, wäre sie gar

nicht einmal möglich gewesen, hätte nicht zuvor der Schöpfer des Alls, Gott, in seiner Güte diesen Völkern natürliche Reichtümer, Naturschätze und Naturkräfte, in Fülle gespendet. An ihnen und mittels ihrer die Geistes- und Körperkräfte auswirken und üben, das heißt ja: arbeiten. Nun soll aber nach dem Fingerzeig der Natur, der uns Gottes Willen zu verstehen gibt, die Nutzung dieser natürlichen Ausstattung an Produktionsmitteln in geordneter Weise vor sich gehen; diese Ordnung aber besteht in der Einrichtung des Sondereigentums. Soweit daher jemand nicht gerade sein Eigentum bearbeitet, müssen der Produktionsfaktor Arbeit des einen und die sachlichen Produktionsmittel des andern eine Verbindung eingehen, da kein Teil ohne den andern etwas ausrichten kann.

Wechselseitig aufeinander angewiesen

Gerade diesen Fall hatte Leo XIII. vor Augen, wenn er schrieb: „So wenig das Kapital ohne die Arbeit, so wenig kann die Arbeit ohne das Kapital bestehen"[37]. Es widerstreitet daher den Tatsachen, einem der beiden, dem Kapital oder der Arbeit, die Alleinursächlichkeit an dem Ertrag ihres Zusammenwirkens zuzuschreiben; vollends widerspricht es der Gerechtigkeit, wenn der eine oder der andere Teil auf diese angebliche Alleinursächlichkeit pochend das ganze Erträgnis für sich beansprucht.

Widerrechtliche Ansprüche des Kapitals

54. Lange genug konnte in der Tat das Kapital ein Übermaß für sich vorwegnehmen. Das ganze Erträgnis, die ganzen Überschüsse nahm das Kapital vorweg für sich in Anspruch, dem Arbeiter kaum die Notdurft für die Erhaltung der Arbeitskraft und ihre Reproduktion übriglassend. Nach einem unwiderstehlichen Naturgesetz der Wirtschaft sollte alle Kapitalakkumulation nur beim Kapitalbesitzer stattfinden können, während das gleiche Gesetz den Arbeiter zu ewiger Proletariät und zu einem Leben an der Grenze des Existenzminimums verdamme. So wenigstens lautete die Theorie. Zuzugeben wird sein, daß es im Leben doch nicht ständig und allgemein so hart hergegangen ist, wie die liberal-manchesterliche Theorie es wollte. Aber es läßt sich doch auch nicht in Abrede stellen, daß das ganze Schwergewicht ge-

sellschafts-wirtschaftlicher Gegebenheit unablässig nach dieser Grenzlage hindrängte. Kann es wundernehmen, daß derart verkehrte Auffassungen, derart unberechtigte Ansprüche leidenschaftlich bekämpft wurden? Dabei standen die Enterbten, die sich solchergestalt um ihr angeborenes Recht auf wirtschaftlichen Aufstieg betrogen sahen, keineswegs allein.

Widerrechtliche Ansprüche der Arbeit

55. Zu der in ihrem Recht verkürzten Arbeiterschaft stießen die sogenannten Intellektuellen. Jenem angeblichen Naturgesetz der Wirtschaft stellten sie ein ebenso aus der Luft gegriffenes sittliches Postulat entgegen: alle Erträgnisse oder Überschüsse, nach Abzug lediglich des Mindestbedarfs für Kapitalerhaltung und Kapitalerneuerung, gebühre kraft Rechtens dem Arbeiter. Viel bestechender als die sozialistische Forderung der Verstaatlichung oder Vergesellschaftung der Produktionsmittel, bedeutet diese falsche Lehre eine um so größere Gefahr, je leichter sie sich in arglose Gemüter einschleicht: ein süßes Gift, das viele gierig schlürfen, die der offen sozialistischen Verführung unzugänglich waren.

Leitregel für Bemessung der beiderseitigen Anteile

56. Statt durch solche falsche Theorien sich den Zugang zu einer gerechten und versöhnenden Lösung zu verrammeln, brauchte man sich allerdings nur auf die weisen Worte Unseres Vorgängers zu besinnen: „Auch nach ihrer Unterstellung unter das Sondereigentum hört die Erde nicht auf, dem allgemeinen Nutzen zu dienen"[38]. Ganz das gleiche lehren Wir selbst etwas weiter oben, wo Wir ausführen, gerade um dieses Nutzens willen, den die Güter der sichtbaren Schöpfung nur im Wege bestimmter und gesicherter Ordnung den Menschen zu gewähren vermögen, habe die Natur selbst die Teilung der Güter als Sondereigentum veranlaßt. Um nicht vom geraden Wege abzuirren, ist diese Wahrheit unablässig im Auge zu behalten.

57. Keineswegs jede beliebige Güter- und Reichtumsverteilung läßt nämlich den gottgewollten Zweck, sei es überhaupt, sei es in befriedigendem Maße erreichen. Darum müssen die Anteile der verschiede-

nen Menschen und gesellschaftlichen Klassen an der mit dem Fortschritt des Gesellschaftsprozesses der Wirtschaft ständig wachsenden Güterfülle so bemessen werden, daß dieser von Leo XIII. hervorgehobene allgemeine Nutzen gewahrt bleibt oder, was dasselbe mit anderen Worten ist, dem Gesamtwohl der menschlichen Gesellschaft nicht zu nahe getreten wird. Dieser Forderung der Gemeinwohlgerechtigkeit läuft es zuwider, wenn eine Klasse der andern jeden Anteil abspricht. Gegen dieses Gesetz versündigt sich gleicherweise eine satte Bourgeoisie, die in naiver Gedankenlosigkeit es als die natürliche und befriedigende Ordnung der Dinge ansieht, daß ihr allein alles zufällt und der Arbeiter leer ausgeht, wie ein in seinem Recht verletztes und darob leidenschaftlich gereiztes Proletariat, das, in seinem Rechtssinn und in seiner Rechtsverfolgung einseitig geworden, nunmehr alles als vermeintlich seiner Hände Werk für sich beansprucht und daher jegliches nichterarbeitete Vermögen oder Einkommen unterschiedslos und ohne Rücksicht auf seine Bedeutung im Gesellschaftsganzen schlechthin als solches bekämpft und beseitigen will. Völlig abwegig ist die Berufung auf das Apostelwort: „Wer nicht arbeiten will, soll auch nicht essen"[39]. Hier spricht der Apostel denen das Urteil, die nicht arbeiten mögen, obwohl sie arbeiten könnten und müßten; zugleich mahnt er, die Gottesgabe der Zeit sowie unsere Körper- und Geisteskräfte fleißig zu nutzen und nicht anderen zur Last zu fallen, wo wir uns selbst helfen können. Davon daß Arbeit allein ein Recht auf Lebensunterhalt oder Einkommen verleihe, sagt der Apostel kein Wort[40].

58. Jedem soll also sein Anteil zukommen; im Ergebnis muß die Verteilung der Erdengüter, die heute durch den ungeheuren Gegensatz von wenigen Überreichen und einer unübersehbaren Masse von Eigentumslosen aufs schwerste gestört ist – keiner, der das Herz am rechten Fleck hat, kann sich darüber einer Täuschung hingeben –, wieder mit den Forderungen des Gemeinwohls bzw. der Gemeinwohlgerechtigkeit in Übereinstimmung gebracht werden.

3. Entproletarisierung des Proletariats

59. Das ist die Entproletarisierung des Proletariats, das Ziel, auf das hinzuarbeiten Unser Vorgänger als gebieterische Notwendigkeit be-

zeichnete. Um so mehr muß jetzt darauf bestanden und gedrungen werden, als die heilsamen Weisungen des Papstes nicht selten in Vergessenheit gerieten, da man sie absichtlich totschwieg oder für unausführbar hielt, während doch ihre Ausführung nicht nur möglich, sondern geboten ist. Und wenn jenes Massenelend, das Leo XIII. in so erschreckendem Maße um sich sah, heute nicht mehr in gleichem Umfange besteht, so sind darum seine Weisungen für unsere Zeit um nichts weniger gültig und zutreffend. Gewiß ist die Lage der Arbeiterschaft zum Besseren gewendet und in vielfacher Hinsicht gehoben, namentlich in den fortgeschritteneren Ländern, wo die Arbeiterschaft nicht mehr allgemein und unterschiedslos als in Elend und Not lebend angesehen werden kann. Doch seit die moderne Technik und die Industriewirtschaft reißend in unübersehbare Gebiete, in die jungen Einwanderungsländer wie in die uralten Kulturstaaten des fernen Ostens eingebrochen sind und sich dort festsetzten, ist von neuem ein Elendsproletariat zu ungeheurer Zahl angeschwollen, dessen jammervolle Lage zum Himmel schreit. Dazu kommt das Riesenheer des Landproletariats, auf die unterste Stufe der Lebenshaltung herabgedrückt und jeder Hoffnung bar, jemals „ein Stückchen Erdboden"[41] sein eigen zu nennen – daher, wenn nicht einsichtige und zugleich durchgreifende Maßnahmen ergriffen werden, auf ewig der Proletarität verhaftet.

60. So wahr es ist, daß Pauperismus und Proletarität wohl zu unterscheidende Begriffe sind, so ist doch die überwältigende Massenerscheinung des Proletariats gegenüber einem kleinen Kreise von Überreichen ein unwidersprechlicher Beweis dafür, daß die Erdengüter, die in unserm Zeitalter des sogenannten Industrialismus in so reicher Fülle erzeugt werden, nicht richtig verteilt und den verschiedenen gesellschaftlichen Klassen nicht entsprechend zugute gekommen sind.

Überwindung der Proletarität durch Vermögensbildung

61. Darum ist mit aller Macht und Anstrengung dahin zu arbeiten, daß wenigstens in Zukunft die neugeschaffene Güterfülle nur in einem billigen Verhältnis bei den besitzenden Kreisen sich anhäufe, dagegen in breitem Strom der Lohnarbeiterschaft zufließe. Gewiß nicht, damit der Arbeiter von der Arbeit ablasse – ist doch der Mensch zur Arbeit geboren wie der Vogel zum Fluge –, sondern damit er durch Sparsam-

keit seine Habe mehre, durch ihre sorgsame Verwaltung mit größerer Leichtigkeit und Sicherheit die Familienlasten bestreite und der Daseinsunsicherheit, die so recht eigentlich Proletarierschicksal geworden ist, überhoben, nicht bloß den Wechselfällen des Lebens gerüstet gegenüberstehe, sondern noch über dieses Leben hinaus die beruhigende Gewißheit habe, daß seine Hinterbliebenen nicht ganz unversorgt dastehen.

62. All dies hat schon unser Vorgänger Leo XIII. nicht etwa bloß angedeutet, sondern klar und deutlich ausgesprochen. Durch Unser gegenwärtiges Rundschreiben drängen Wir erneut und verstärkt darauf. Gehe man doch endlich mit Entschiedenheit und ohne weitere Säumnis an die Ausführung. Täusche sich niemand! Nur um diesen Preis lassen sich öffentliche Ordnung, Ruhe und Frieden der menschlichen Gesellschaft gegen die Mächte des Umsturzes mit Erfolg behaupten.

4. Lohngerechtigkeit

63. Die Ausführung, von der Wir sprachen, geschieht auf dem Wege, daß der eigentumslose Nurlohnarbeiter durch Fleiß und Sparsamkeit sich jedenfalls zu einer gewissen bescheidenen Wohlhabenheit emporarbeitet. So erläuterten Wir es ja bereits ganz im Sinne Unseres Vorgängers. Wovon anders aber als von seinem Lohn kann derjenige bei eingeschränkter Lebenshaltung etwas zurücklegen, der nichts anderes hat als seine Arbeit, um sich Lebensunterhalt und Lebensbedarf zu erwerben? So kommen Wir zur Lohnfrage. Leo XIII. nennt sie eine „schwerwiegende" Frage[42]. Wir wollen seine Lehren und Vorschriften nach Erfordernis genauer auslegen und weiter ausführen.

Lohnverhältnis nicht in sich ungerecht

64. Zunächst kann nicht der Lohnvertrag in sich als ungerecht bezeichnet und sein Ersatz durch den Gesellschaftsvertrag gefordert werden. Eine solche Behauptung ist nicht nur völlig unhaltbar, sondern zugleich schwer ehrenrührig für Unsern Vorgänger, der in seinem Rundschreiben den Lohnvertrag nicht nur gelten läßt, sondern sich eingehend mit seiner gerechten Ausgestaltung befaßt.

65. Für den heutigen Stand der gesellschaftlichen Wirtschaft mag immerhin eine gewisse Annäherung des Lohnarbeitsverhältnisses an ein Gesellschaftsverhältnis nach Maßgabe des Tunlichen sich empfehlen. Erfreuliche Anfänge sind ja bereits gemacht zum beiderseitigen nicht geringen Vorteil der Arbeitnehmer wie der Produktionsmittelbesitzer. Arbeiter und Angestellte gelangen auf diese Weise zu Mitbesitz oder Mitverwaltung oder zu irgendeiner Art Gewinnbeteiligung.

66. Die gerechte Bemessung des Lohnes kann nicht nach einem Gesichtspunkt, sondern nur nach einer Mehrzahl von Gesichtspunkten geschehen. Das hat bereits Leo XIII. treffend hervorgehoben mit den Worten: „Um die Lohnhöhe gerecht zu bestimmen, sind mehrere Bestimmungsgründe in Betracht zu ziehen"[43].

67. Damit hat er schon vorweg die Leichtfertigkeit derer gerichtet, die da glauben, mit einem einzigen Maßstabe – obendrein mit einem ganz verfehlten! – auszukommen, um diese überaus ernst zu nehmende Angelegenheit spielend zu erledigen.

68. Ganz in die Irre geht ein heute viel verfochtener Grundsatz: der Wert der Arbeitsleistung und daher der Entgelt zum Gleichwert sei gleichzusetzen dem Wert des Arbeitsertrags; der Lohnarbeiter habe infolgedessen einen Rechtsanspruch auf den „vollen Arbeitsertrag". Die Unhaltbarkeit dieser Auffassung ergibt sich ohne weiteres aus Unsern obigen Ausführungen über Kapital und Arbeit.

Individual- und Sozial-Natur der Arbeit

69. Ebenso wie das Eigentum weist nun auch die Arbeit, ganz besonders die in den Dienst eines anderen gestellte, neben ihrem Personal- oder Individualcharakter auch eine soziale Seite auf, die offenbar nicht übersehen werden darf. Nur der Bestand eines wirklichen Sozialorganismus, nur der Schutz der gesellschaftlichen Rechtsordnung, nur die gegenseitige Befruchtung und Ergänzung der verschiedenen, in ihrem Wohl und Wehe aufeinander angewiesenen Gewerbszweige, nicht zuletzt das Zusammenwirken, der innige Bund von Intelligenz, Kapital und Arbeit gewährleisten der menschlichen Schaffenskraft ihre Fruchtbarkeit. Außerachtlassung des zugleich sozialen und individu-

116

alen Charakters der menschlichen Arbeit verunmöglicht daher wie ihre gerechte Wertung, so ihre Abgeltung zum Gleichwert.

Drei Gesichtspunkte

70. Aus dieser der menschlichen Arbeit wesenseigenen Doppelnatur ergeben sich weittragende Folgerungen für Bemessung und Regelung des Arbeitslohns.

a) Lebensbedarf des Arbeiters und der Arbeiterfamilie

71. An erster Stelle steht dem Arbeiter ein ausreichender Lohn zu für seinen und seiner Familie Lebensunterhalt[44]. Gewiß soll auch die übrige Familie zum gemeinsamen Unterhalt je nach Kräften des einzelnen beitragen, wie dies besonders im Bauernhause, aber auch in vielen Handwerker- und kleinen Kaufmannsfamilien zu beobachten ist. Aber Frauen und Kinder dürfen niemals über das Maß ihres Alters und ihrer Kräfte belastet werden. Familienmütter sollen in ihrer Häuslichkeit und dem, was dazu gehört, ihr hauptsächliches Arbeitsfeld finden in Erfüllung ihrer hausfraulichen Obliegenheiten. Daß dagegen Hausfrauen und Mütter wegen Unzulänglichkeit des väterlichen Arbeitsverdienstes zum Schaden ihres häuslichen Pflichtenkreises und besonders der Kindererziehung außerhäuslicher Erwerbsarbeit nachzugehen genötigt sind, ist ein schändlicher Mißbrauch, der, koste es, was es wolle, verschwinden muß. Auf alle Weise ist daher darauf hinzuarbeiten, daß der Arbeitsverdienst der Familienväter zur angemessenen Bestreitung des gemeinsamen häuslichen Aufwandes ausreiche. Falls dies unter den gegenwärtigen Verhältnissen nicht in allen Fällen möglich ist, dann ist es ein Gebot der Gemeinwohlgerechtigkeit, alsbald diejenigen Änderungen in diesen Verhältnissen eintreten zu lassen, die einen Lohn in der gedachten Höhe für jeden erwachsenen Arbeiter sicherstellen. – Mit verdienter Anerkennung sei hier auch gedacht aller von weiser und verständnisvoller Absicht getragenen Versuche und Bestrebungen, durch geeignete Maßnahmen oder Einrichtungen den Arbeitsverdienst derart mit den Familienlasten steigen zu lassen, daß entsprechend deren Steigerung Zulagen gewährt werden, sowie eintretendenfalls auch für unvermeidliche Belastungen außerordentlicher Art Rat zu schaffen.

117

b) Lebensfähigkeit des Unternehmens

72. An zweiter Stelle ist die Lage des Unternehmens bzw. des Unternehmers bei der Bestimmung der Lohnhöhe in Betracht zu ziehen. Ungerecht wäre die Forderung übertriebener Löhne, die zum Zusammenbruch des Unternehmens mit allen sich daraus ergebenden bösen Folgen für die Belegschaften selbst führen müßten. Anders, wenn infolge Lässigkeit, aus Mangel an Initiative und dadurch verschuldeter technischer oder wirtschaftlicher Rückständigkeit die Rentabilität des Unternehmens leidet; daraus läßt sich keine Berechtigung herleiten, der Belegschaft die Löhne zu drücken. Steht dagegen das Unternehmen selbst unter dem Druck ungerechter Vorbelastungen oder unter dem Zwange, seine Erzeugnisse unter Preis abzugeben, so daß ihm zufolgedessen die Mittel zur Zahlung angemessener Löhne nicht zur Verfügung stehen, so machen diejenigen, die auf das Unternehmen diesen Druck oder Zwang ausüben, himmelschreiender Sünde sich schuldig; sind doch sie es, die dem Arbeiter, der notgedrungen zu einem Hungerlohn sich verdingt, den gerechten Lohn vorenthalten.

73. In gemeinsamen Überlegungen und Anstrengungen sollten daher Werksleitung und Belegschaften der Schwierigkeiten und Hindernisse Meister zu werden suchen; eine kluge staatliche Wirtschaftspolitik sollte ihnen die Sache erleichtern. Kommt es zum Äußersten, dann ist zu überlegen, ob und wie eine Stillegung sich vermeiden läßt, gegebenenfalls, wie anderweitig für die Belegschaft Vorsorge zu treffen ist. Gerade bei dieser schwersten Entscheidung muß sich die innere Verbundenheit und christliche Solidarität von Werksleitung und Belegschaft zeigen und praktisch bewähren.

c) Allgemeine Wohlfahrt

74. Endlich muß die Lohnbemessung der allgemeinen Wohlfahrt Rechnung tragen. Was es für diese Wohlfahrt, was es für das allgemeine Wohl bedeutet, daß Arbeiter und Angestellte einen Lohn- oder Gehaltsanteil, den sie von der Lebensnotdurft erübrigen, zurücklegen können und so allmählich zu bescheidenem Wohlstand gelangen, haben Wir weiter oben ausgeführt. Ein anderer Punkt von kaum geringe-

rer Tragweite und von ganz besonderer Dringlichkeit im Augenblick darf nicht übersehen werden, nämlich, daß alle Arbeitsfähigen und Arbeitswilligen auch wirklich Arbeitsgelegenheit finden. Hier ist nun die Lohnhöhe von nicht zu unterschätzendem Einfluß: so günstige Wirkungen ihre richtige Festsetzung hat, so nachteilig kann es sich auswirken, wenn der zulässige Spielraum nach oben oder unten überschritten wird. Man weiß ja heute, daß sowohl eine zu stark gedrückte als eine übersteigerte Lohnhöhe Arbeitslosigkeit verursacht. Diese Arbeitslosigkeit, ganz besonders eine lang andauernde Massenarbeitslosigkeit, wie Wir sie während unseres Pontifikates erleben müssen, ist eine furchtbare Geißel: sie schlägt den einzelnen Arbeitslosen mit wirtschaftlicher Not und treibt ihn in sittliche Gefahren; sie vernichtet den Wohlstand ganzer Länder; ja, sie bedeutet eine Gefahr für öffentliche Ordnung, Ruhe und Frieden der gesamten Welt. Die Gemeinwohlgerechtigkeit verbietet daher, ohne Rücksicht auf das Gemeinwohl nur dem eigenen Vorteil gemäß die Löhne über den zulässigen Spielraum hinaus hinabzudrücken oder hinaufzutreiben; sie gebietet, mit vereinten Kräften des Geistes und des guten Willens nach Möglichkeit eine solche Regelung der Löhne herbeizuführen, bei der möglichst viele eine Arbeitsgelegenheit finden und von ihrer Arbeit in Ehren leben können.

75. Hierhin gehört auch das richtige Verhältnis der Löhne untereinander. Eng hängt damit wieder zusammen das richtige Verhältnis der Preise für die Erzeugnisse der verschiedenen Wirtschaftszweige, beispielshalber für Agrar- und Industrieprodukte u. a. m. Die rechte Innehaltung aller dieser Beziehungen läßt die verschiedenen Wirtschaftszweige gewissermaßen zu einem großen Wirtschaftskörper zusammenwachsen, innerhalb dessen sie als Glieder sich gegenseitig ergänzen und fördern. Damit erst besteht eine wirkliche, ihren Sinn erfüllende Volkswirtschaft, indem allen Gliedern des Wirtschaftsvolkes alle die Güter zur Verfügung stehen, die nach dem Stande der Ausstattung mit natürlichen Hilfsquellen, der Produktionstechnik und der gesellschaftlichen Organisation des Wirtschaftslebens geboten werden können. So reichlich sollten sie bemessen sein, daß sie nicht bloß zur lebensnotwendigen und sonstigen ehrbaren Bedarfsbefriedigung ausreichen, sondern den Menschen die Entfaltung eines veredelten Kulturlebens ermöglichen, das, im rechten Maß genossen, dem tugendli-

chen Leben nicht nur nicht abträglich, sondern im Gegenteil förderlich ist[45].

5. Die neue Gesellschaftsordnung

76. Alle Unsere bisherigen Ausführungen über die billige Verteilung der Erdengüter sowie über die Lohngerechtigkeit betrafen unmittelbar den Einzelmenschen und nur mittelbar die Gesellschaftsordnung. Unseres Vorgängers Leos XIII. ganzes Sinnen und Trachten aber ging gerade auf deren Wiederaufrichtung nach den Grundsätzen gesunder Sozialphilosophie bis zu ihrer Vollendung nach den erhabenen Vorschriften des Heilsplans der Frohbotschaft.

77. Ein glücklicher Anfang ist gemacht. Um ihn aber zu sichern und um durch Ausführung des noch Ausstehenden zum guten Ende zu kommen, wodurch dem Menschengeschlecht erst die reichsten und beglückendsten Segnungen zuteil werden, braucht es vor allem zwei Dinge: Zuständereform und Sittenbesserung.

78. Bei der Zuständereform denken Wir zunächst an den Staat. Nicht als ob alles Heil von der Staatstätigkeit zu erwarten wäre; der Grund ist ein anderer. In Auswirkung des individualistischen Geistes ist es so weit gekommen, daß das einst blühend und reichgegliedert in einer Fülle verschiedenartiger Vergemeinschaftungen entfaltete menschliche Gesellschaftsleben derart zerschlagen und nahezu ertötet wurde, bis schließlich fast nur noch die Einzelmenschen und der Staat übrigblieben – zum nicht geringen Schaden für den Staat selber. Das Gesellschaftsleben wurde ganz und gar unförmlich; der Staat aber, der sich mit all den Aufgaben belud, welche die von ihm verdrängten Vergemeinschaftungen nun nicht mehr zu leisten vermochten, wurde unter einem Übermaß von Obliegenheiten und Verpflichtungen zugedeckt und erdrückt.

79. Wenn es nämlich auch zutrifft, was ja die Geschichte deutlich bestätigt, daß unter den veränderten Verhältnissen manche Aufgaben, die früher leicht von kleineren Gemeinwesen geleistet wurden, nur mehr von großen bewältigt werden können, so muß doch allzeit unverrückbar jener höchst gewichtige sozialphilosophische Grundsatz fest-

gehalten werden, an dem nicht zu rütteln noch zu deuteln ist: wie dasjenige, was der Einzelmensch aus eigener Initiative und mit seinen eigenen Kräften leisten kann, ihm nicht entzogen und der Gesellschaftstätigkeit zugewiesen werden darf, so verstößt es gegen die Gerechtigkeit, das, was die kleineren und untergeordneten Gemeinwesen leisten
und zum guten Ende führen können, für die weitere und übergeordnete Gemeinschaft in Anspruch zu nehmen; zugleich ist es überaus
nachteilig und verwirrt die ganze Gesellschaftsordnung. Jedwede Gesellschaftstätigkeit ist ja ihrem Wesen und Begriff nach subsidiär; sie
soll die Glieder des Sozialkörpers unterstützen, darf sie aber niemals
zerschlagen oder aufsaugen.

80. Angelegenheiten von untergeordneter Bedeutung, die nur zur
Abhaltung von wichtigeren Aufgaben führen müßten, soll die Staatsgewalt also den kleineren Gemeinwesen überlassen. Sie selbst steht
dadurch nur um so freier, stärker und schlagfertiger da für diejenigen
Aufgaben, die in ihre ausschließliche Zuständigkeit fallen, weil sie allein ihnen gewachsen ist: durch Leitung, Überwachung, Nachdruck
und Zügelung, je nach Umständen und Erfordernis. Darum mögen die
staatlichen Machthaber sich überzeugt halten: je besser durch strenge
Beobachtung des Prinzips der Subsidiarität die Stufenordnung der
verschiedenen Vergesellschaftungen innegehalten wird, um so stärker
stehen gesellschaftliche Autorität und gesellschaftliche Wirkkraft da,
um so besser und glücklicher ist es auch um den Staat bestellt.

Berufsständische Ordnung

81. In heißem Bemühen aber müssen Staatsmänner und gute Staatsbürger dahin trachten, aus der Auseinandersetzung zwischen den
Klassen zur einträchtigen Zusammenarbeit der Stände uns emporzuarbeiten.

82. Erneuerung einer ständischen Ordnung also ist das gesellschafts-
politische Ziel. Bis zur Stunde dauert ja der unnatürlich-gewaltsame
Zustand der Gesellschaft fort und ermangelt infolgedessen der Dau-
erhaftigkeit und Festigkeit; ist doch die heutige Gesellschaft geradezu
aufgebaut auf der Gegensätzlichkeit der Interessenlagen der Klassen

und damit auf dem Gegensatz der Klassen selbst, der allzuleicht in feindseligen Streit ausartet.

83. Zwar ist Arbeit, wie Unser Vorgänger in seinem Rundschreiben darlegt[46], keine feile Ware, vielmehr ist in ihr immer die Menschenwürde des Arbeiters zu achten; auch kann sie nicht wie irgendeine beliebige Ware im Markte umgehen. Nichtsdestoweniger läßt bei der heutigen Sachlage Nachfrage und Angebot der Arbeitskraft die Menschen auf dem „Arbeitsmarkt" zwei Klassen, sozusagen zwei Kampffronten bilden; die Auseinandersetzung dieser Arbeitsmarktparteien aber macht den Arbeitsmarkt zum Kampffelde, auf dem die beiden Parteien in heißem Streite miteinander ringen. Die Notwendigkeit schleunigster Abhilfe gegenüber diesem Zustand, der eine Gefährdung der menschlichen Gesellschaft bedeutet, kann niemand verkennen. Durchgreifende Abhilfe aber hat die Ausräumung dieses Gegensatzes zur unerläßlichen Voraussetzung und erscheint kaum anders möglich als dadurch, daß wohlgefügte Glieder des Gesellschaftsorganismus sich bilden, also „Stände", denen man nicht nach der Zugehörigkeit zur einen oder andern Arbeitsmarktpartei, sondern nach der verschiedenen gesellschaftlichen Funktion des einzelnen angehört. Denn genau, wie die nachbarschaftliche Verbundenheit die Menschen zur Gemeinde zusammenführt, so läßt die Zugehörigkeit zum gleichen Beruf — gleichviel ob wirtschaftlicher oder außerwirtschaftlicher Art — sie zu Berufsständen oder berufsständischen Körperschaften sich zusammenschließen. Das eine ist so natürlich wie das andere. Darum werden ja auch diese autonomen Körperschaften, ohne Wesensbestandstücke der bürgerlichen Gesellschaft zu sein, doch gern als ihre naturgemäße Ausstattung bezeichnet.

84. Ordnung bedeutet, wie der hl. Thomas meisterhaft ausführt[47], Einheit in wohlgegliederter Vielheit. Eine rechte gesellschaftliche Ordnung verlangt also eine Vielheit von Gliedern des Gesellschaftskörpers, die ein starkes Band zur Einheit verbindet. Die Kraft eines solchen Einheitsbandes besitzen einmal die Güter und Dienstleistungen, deren Erzeugung bzw. Darbietung die Angehörigen des gleichen Berufsstandes, gleichviel ob Arbeitgeber oder Arbeitnehmer, obliegen, zum andernmal das Gemeinwohl, zu dem sämtliche Berufsstände, jeder zu seinem Teil, mitzuwirken und beizutragen haben. Um so

kraftvoller und wirksamer aber wird die Einheit sein, je hingebender alle, die einzelnen und die Stände, ihren Beruf erfüllen und Hervorragendes darin zu leisten sich bemühen.

85. Daraus ergibt sich ohne weiteres: in diesen Körperschaften liegt das Schwergewicht durchaus bei den gemeinsamen Angelegenheiten, deren bedeutsamste diese ist, die Mitwirkung des Berufsstandes zum allgemeinen Wohl des Gesamtvolkes möglichst fruchtbar zu gestalten. Angelegenheiten dagegen, die in besonderer Weise die Sonderinteressen der Selbständigen oder die Gehilfenschaft berühren, so daß ein Schutz gegen Vergewaltigung geboten sein muß, unterliegen vorkommendenfalls gesonderter Beratung und je nach der Sachlage auch getrennter Beschlußfassung.

86. Kaum bedarf es eigener Erwähnung, daß das, was Leo XIII. über die Staatsform lehrte[48], auch auf die Berufsstände oder berufsständischen Körperschaften sinngemäße Anwendung findet, nämlich: die Menschen haben die volle Freiheit, eine Form nach ihrem Gefallen zu wählen, wenn nur der Gerechtigkeit und den Erfordernissen des Gemeinwohls Genüge geschieht.

87. Ebenso nun, wie die Bürger der Gemeinde zu den verschiedensten Zwecken freie Vereinbarungen eingehen, denen beizutreten oder fernzubleiben ins freie Belieben des einzelnen gestellt ist, werden die Angehörigen des gleichen Berufes freie Vereinigungen unter sich bilden zu Zwecken, die mit ihrer Berufsausübung irgendwie zusammenhängen. Nachdem Unser Vorgänger Leo XIII. in seinem Rundschreiben sich so eingehend und lichtvoll über diese freien Vereinigungen verbreitet hat, mag es genügen, das Eine wieder einzuschärfen: der Mensch hat die volle Freiheit, nicht bloß solche Vereinigungen, die der Privatrechtsordnung angehören, ins Leben zu rufen, sondern auch „frei diejenige innere Lebensordnung, diejenigen Satzungen anzunehmen, die zum vorgesetzten Ziele am geeignetsten erscheinen"[49]. Nicht minder frei können Vereinigungen sich bilden, die über die Grenzen der Berufsstände hinausgreifen. Die heute schon bestehenden und segensreich wirkenden Vereinigungen aber mögen sich betrachten und nach Kräften auch betätigen als die Wegbereiter für eine berufsständische Ordnung, wie oben angedeutet, im Sinne christlicher Gesellschaftslehre.

Regulatives Prinzip der Wirtschaft

88. Noch eines wird erfordert, das mit dem vorigen eng zusammenhängt. So wenig die Einheit der menschlichen Gesellschaft gründen kann auf der Gegensätzlichkeit der Klassen, ebensowenig kann die rechte Ordnung der Wirtschaft dem freien Wettbewerb anheimgegeben werden. Das ist der Grundirrtum der individualistischen Wirtschaftswissenschaft, aus dem all ihre Einzelirrtümer sich ableiten: in Vergessenheit oder Verkennung der gesellschaftlichen wie der sittlichen Natur der Wirtschaft glaubte sie, die öffentliche Gewalt habe der Wirtschaft gegenüber nichts anderes zu tun, als sie frei und ungehindert sich selbst zu überlassen; im Markte, d. h. im freien Wettbewerb, besitze diese ja ihr regulatives Prinzip in sich, durch das sie sich vollkommener selbst reguliere, als das Eingreifen irgendeines geschaffenen Geistes dies je vermöchte. Die Wettbewerbsfreiheit – obwohl innerhalb der gehörigen Grenzen berechtigt und von zweifellosem Nutzen – kann aber unmöglich regulatives Prinzip der Wirtschaft sein. Die Erfahrung hat dies, nachdem die verderblichen individualistischen Theorien in die Praxis umgesetzt wurden, bis zum Übermaß bestätigt. Daher besteht die dringende Notwendigkeit, die Wirtschaft wieder einem echten und durchgreifend regulativen Prinzip zu unterstellen. Die an die Stelle der Wettbewerbsfreiheit getretene Vermachtung der Wirtschaft kann aber noch weniger diese Selbststeuerung bewirken: Macht ist blind; Gewalt ist stürmisch. Um segenbringend für die Menschheit zu sein, bedarf sie selbst kraftvoller Zügelung und weiser Lenkung; diese Zügelung und Lenkung kann sie sich aber nicht selbst geben. Höhere und edlere Kräfte müssen es sein, die die wirtschaftliche Macht in strenge und weise Zucht nehmen: die soziale Gerechtigkeit und die soziale Liebe! Darum müssen die staatlichen und gesellschaftlichen Einrichtungen ganz und gar von dieser Gerechtigkeit durchwaltet sein; vor allem aber tut es not, daß sie zur gesellschaftspolitischen Auswirkung kommt, d. h. eine Rechts- und Gesellschaftsordnung herbeiführt, die der Wirtschaft ganz und gar das Gepräge gibt. Seele dieser Ordnung muß die soziale Liebe sein; die öffentliche Gewalt aber hat sie kraftvoll zu schützen und durchzusetzen, was sie um so leichter vermag, wenn sie sich jener Belastungen entledigt, die, wie oben dargelegt, ihr wesensfremd sind.

89. Mehr noch: die verschiedenen Völker sollten angesichts ihrer

starken gegenseitigen wirtschaftlichen Abhängigkeit und Ergän-
zungsbedürftigkeit durch gemeinsames Raten und Taten zwischen-
staatliche Vereinbarungen und Einrichtungen schaffen zur Förderung
einer wahrhaft gedeihlichen wirtschaftlichen Zusammenarbeit untereinander.

90. Werden so die Glieder des Sozialorganismus hergestellt und erhält die Volkswirtschaft wieder ihr regulatives Prinzip, dann wird, was
der Apostel vom geheimnisvollen Leibe Christi sagt, auch auf diesen
Organismus einigermaßen anwendbar sein: „Der ganze Leib, zur Einheit gefügt durch die Verbundenheit der Dienstleistungen aller Glieder, indem jeder Teil die ihm angemessene Betätigung verrichtet, entfaltet sein Wachstum, bis er in der Liebe erbaut ist"[50].

[Kritik am faschistischen Korporativstaat]

91. Nun ist unlängst eine eigenartige gewerkschaftliche und berufsständische Organisation eingeführt worden, die bei dem Gegenstand
dieses Unseres Rundschreibens hier nicht ohne einige Charakterisie-
rung und entsprechende Würdigung bleiben kann.

92. Der Staat verleiht der Gewerkschaft die rechtliche Anerkennung,
und zwar nicht ohne Monopolstellung, insofern ausschließlich die so
anerkannte Gewerkschaft Arbeitnehmer bzw. Arbeitgeber vertreten,
ausschließlich sie Tarifverträge und Tarifgemeinschaften schließen
kann. Die Zugehörigkeit zur Gewerkschaft ist freigestellt, und nur in
diesem Sinne kann die gewerkschaftliche Organisation als frei bezeichnet werden, denn der Gewerkschaftsbeitrag und andere besondere Abgaben sind pflichtmäßig für alle Berufsangehörigen, gleichviel
ob Arbeitnehmer oder Arbeitgeber, wie auch die von den rechtlich
anerkannten Gewerkschaften geschlossenen Tarifverträge bindend
sind für alle. Allerdings wird amtlich erklärt, daß die rechtlich anerkannte Gewerkschaft das Bestehen rein tatsächlicher Vereinigungen
auf beruflicher Grundlage nicht ausschließt.

93. Die berufsständischen Körperschaften sind zusammengesetzt aus
Vertretern der Arbeitnehmer- und Arbeitgeber-Gewerkschaften des
gleichen Gewerbes oder Berufszweiges. Als wirkliche und eigentliche

125

Staatsorgane und Staatseinrichtungen üben sie die Oberleitung über die Gewerkschaften aus und stellen in Angelegenheiten, die gemeinsame Belange betreffen, die Übereinstimmung zwischen diesen her.

94. Arbeitseinstellungen sind verboten; wenn die streitenden Teile sich nicht einigen können, schlichtet die Behörde.

95. Schon eine flüchtige Überlegung läßt die Vorteile der insoweit kurz geschilderten Regelung erkennen: friedliche Zusammenarbeit der Klassen, Zurückdrängung der sozialistischen Organisationen und Bestrebungen, regelnder Einfluß eines eigenen Behördenapparats. Um jedoch in einer Sache von solcher Bedeutung nichts zu verabsäumen, sowie im Einklang mit den oben herausgestellten Grundsätzen und einigen weiteren, die hier folgen, müssen Wir ergänzen, daß es Uns nicht entgeht, wie manche die Befürchtung hegen, der Staat setze sich an die Stelle der freien Selbstbetätigung, statt sich auf die notwendige und ausreichende Hilfestellung und Förderung zu beschränken; sodann, die neue gewerkschaftliche und berufsständische Verfassung habe einen übermäßig bürokratischen und politischen Einschlag; endlich, trotz der angeführten allgemeinen Vorteile, die sie bietet, könne sie politischen Sonderbestrebungen mehr dienstbar sein als der Herbeiführung und Einleitung einer besseren gesellschaftlichen Ordnung.

96. Wir sind der Überzeugung, daß zur Erreichung dieses letzteren hohen Zieles mit wahrem und dauerhaftem Nutzen zuerst und mehr als alles andere der Segen Gottes und an zweiter Stelle die Mitarbeit aller Gutgesinnten not tut. Ferner, und zwar in zwingender Folge, sind Wir überzeugt, daß dieses Ziel um so sicherer erreicht wird, je größer der Anteil ist, den fachliche, berufliche und gesellschaftliche Sachverständigkeit, mehr noch aber die katholischen Grundsätze und ihre Auswirkung im Leben dazu beitragen. Diesen letzteren Beitrag, die Auswirkung, erwarten Wir nicht zwar seitens der Katholischen Aktion (die keine im strengen Sinne gewerkschaftliche oder politische Tätigkeit auszuüben beabsichtigt), wohl aber von seiten Unserer Söhne, die in der Katholischen Aktion eine vorzügliche Schulung nach diesen Grundsätzen für ihr Apostolat erhalten unter der Hirtensorge und dem Lehramt der Kirche, dieser Kirche, die auch auf dem oben umschriebenen Arbeitsfeld ihren gottgegebenen Auftrag, zu wachen und

zu lehren, weder verleugnen noch vernachlässigen kann, wie überall, wo Fragen sittlicher Art zur Erörterung und zum Austrag kommen.

97. In der Tat, die von Uns umrissene Wiederaufrichtung und Vollendung der gesellschaftlichen Ordnung hat zur Voraussetzung die sittliche Erneuerung. Das lehrt eindrucksvoll die Geschichte. Es hat einmal eine gesellschaftliche Ordnung gegeben, die zwar auch nicht in jeder Beziehung vollkommen war, aber doch in Anbetracht der Zeitverhältnisse und Zeitbedürfnisse der rechten Vernunftordnung einigermaßen nahekam. Wenn diese Ordnung schon lange dahingegangen ist, so ist der Grund nicht der, daß sie der Anpassung an veränderte Verhältnisse und Bedürfnisse durch entsprechende Fortbildung und elastische Ausweitung nicht fähig gewesen wäre. Die Schuld liegt vielmehr an der selbstsüchtigen Engherzigkeit der Menschen, die – was doch ihre Pflicht war – der wachsenden Volkszahl keinen Raum innerhalb dieser Ordnung gewähren wollten, sowie an einer falschen Freiheitsidee und anderen falschen Ideen, unter deren Einfluß sie keine Autorität über sich anerkennen und jede Bindung abschütteln wollten.

98. So haben Wir nur noch mit der Wirtschaft von heute sowie mit ihrem großen Ankläger, dem Sozialismus, ins Gericht zu gehen und mit ebensoviel Freimut als strenger Gerechtigkeit beiden das Urteil zu sprechen, um die tiefste Wurzel des Übels aufzudecken und damit auch schon das erste und notwendigste Heilmittel zu bezeichnen: die sittliche Erneuerung.

III.
Wandlungen seit Leo XIII.

99. Tiefgreifende Wandlungen sind es, die seit den Tagen Leos XIII. sowohl die Wirtschaftsweise als der Sozialismus durchgemacht haben.

100. Völlig verändert, um damit zu beginnen, zeigt sich das Bild der Wirtschaft. Es ist Euch bewußt, Ehrwürdige Brüder und geliebte Söhne, daß Unser Vorgänger sel. Anged. in seinem Rundschreiben besonders jene Wirtschaftsweise im Auge hatte, bei der es im allgemei-

nen andere sind, die die Produktionsmittel, und andere, die die Arbeit zum gemeinsamen Wirtschaftsvollzuge beistellen, wie er es kurz und treffend kennzeichnet: „so wenig das Kapital ohne die Arbeit, so wenig kann die Arbeit ohne das Kapital bestehen"[51].

1. Wandlungen der kapitalistischen Wirtschaftsweise

101. Dieser Wirtschaftsweise bemüht sich Leo die rechte Ordnung zu geben; daraus folgt, daß sie als solche nicht zu verdammen ist. Und in der Tat, sie ist nicht in sich schlecht. Die Verkehrtheit beginnt vielmehr erst dann, wenn das Kapital die Lohnarbeiterschaft in seinen Dienst nimmt, um die Unternehmungen und die Wirtschaft insgesamt einseitig nach seinem Gesetz und zu seinem Vorteil ablaufen zu lassen, ohne Rücksicht auf die Menschenwürde des Arbeiters, ohne Rücksicht auf den gesellschaftlichen Charakter der Wirtschaft, ohne Rücksicht auf Gemeinwohl und Gemeinwohlgerechtigkeit.

102. Diese Wirtschaftsweise ist auch heute noch keineswegs die allein herrschende. Auch heute gilt noch, daß der an Zahl und Bedeutung überwiegende Teil der Menschheit auf andere Weise wirtschaftet, ganz besonders der bäuerliche Berufsstand, in welchem der größte Teil des Menschengeschlechts ehrbar und rechtschaffen seine Nahrung findet. Auch dieser außerkapitalistische Wirtschaftsraum hat seine eigenen Schwierigkeiten und Nöte, auf die Unser Vorgänger an zahlreichen Stellen seines Rundschreibens Bezug nimmt, wie auch Wir die eine oder andere Bemerkung darüber hier eingeflochten haben.

103. Gerade im Gefolge der reißend schnellen Ausbreitung des Industrialismus hat aber die kapitalistische Wirtschaftsweise seit dem Erscheinen des Rundschreibens Leos XIII. eine ungeheure Ausweitung erfahren, so daß sie tatsächlich auch den wirtschaftlichen und sozialen Verhältnissen des außerkapitalistischen Raumes ihr Gepräge aufdrückt, sie mit ihren Vorzügen, nicht minder aber mit ihren Nachteilen und Schäden maßgebend beeinflußt.

104. Es geht darum nicht nur um die besonderen Belange der hochkapitalistischen Länder oder der Industriewirtschaft allein, sondern um die Belange der Gesamtmenschheit, wenn Wir hier die Wandlungen der kapitalistischen Wirtschaftsweise, wie sie seit den Tagen Leos XIII. sich ereignet haben, näher ins Auge fassen.

Vermachtung als Ergebnis der Wettbewerbsfreiheit

105. Am auffallendsten ist heute die geradezu ungeheure Zusammenballung nicht nur an Kapital, sondern an Macht und wirtschaftlicher Herrschgewalt in den Händen einzelner, die sehr oft gar nicht Eigentümer, sondern Treuhänder oder Verwalter anvertrauten Gutes sind, über das sie mit geradezu unumschränkter Machtvollkommenheit verfügen.

106. Zur Ungeheuerlichkeit wächst diese Vermachtung der Wirtschaft sich aus bei denjenigen, die als Beherrscher und Lenker des Finanzkapitals unbeschränkte Verfügung haben über den Kredit und seine Verteilung nach ihrem Willen bestimmen. Mit dem Kredit beherrschen sie den Blutkreislauf des ganzen Wirtschaftskörpers; das Lebenselement der Wirtschaft ist derart unter ihrer Faust, daß niemand gegen ihr Geheiß auch nur zu atmen wagen kann.

107. Diese Zusammenballung von Macht, das natürliche Ergebnis einer grundsätzlich zügellosen Konkurrenzfreiheit, die nicht anders als mit dem Überleben des Stärkeren, d. i. allzu oft des Gewalttätigeren und Gewissenloseren, enden kann, ist das Eigentümliche der jüngsten wirtschaftlichen Entwicklung.

108. Solch gehäufte Macht führt ihrerseits wieder zum Kampf, zu einem dreifachen Kampf: zum Kampf um die Macht innerhalb der Wirtschaft selbst; zum Kampf sodann um die Macht über den Staat, der selbst als Machtfaktor in den wirtschaftlichen Interessenkämpfen eingesetzt werden soll; zum Machtkampf endlich der Staaten untereinander, die mit Mitteln staatlicher Macht wirtschaftliche Interessen ihrer Angehörigen durchzusetzen suchen und wieder umgekehrt zum Austrag zwischenstaatlicher Streithändel wirtschaftliche Macht als Kampfmittel einsetzen.

Schlimme Folgen

109. Die letzten Auswirkungen des individualistischen Geistes sind es, die Ihr, Ehrwürdige Brüder und geliebte Söhne, vor Augen habt und beklagt: der freie Wettbewerb hat zu seiner Selbstaufhebung geführt; an die Stelle der freien Marktwirtschaft trat die Vermachtung

der Wirtschaft; das Gewinnstreben steigerte sich zum zügellosen Machtstreben. Dadurch kam in das ganze Wirtschaftsleben eine furchtbare, grausenerregende Härte. Dazu traten die schweren Schäden einer Vermengung und unerfreulichen Verquickung des staatlichen und des wirtschaftlichen Bereichs. Als einen der schwersten Schäden nennen Wir die Erniedrigung der staatlichen Hoheit, die, unparteiisch und allem Interessenstreit entrückt, einzig auf das gemeine Wohl und die Gerechtigkeit bedacht, als oberste Schlichterin in königlicher Würde thronen sollte, zur willenlos gefesselten Sklavin selbstsüchtiger Interessen. Im zwischenstaatlichen Leben aber entsprang der gleichen Quelle ein doppeltes Übel: hier ein übersteigerter Nationalismus und Imperialismus wirtschaftlicher Art, dort ein nicht minder verderblicher und verwerflicher finanzkapitalistischer Internationalismus oder Imperialismus des internationalen Finanzkapitals, das sich überall da zu Hause fühlt, wo sich ein Beutefeld auftut.

Abhilfe

110. Die Mittel, um diesen schweren Übelständen abzuhelfen, haben Wir im lehrhaften (zweiten) Teil dieses Rundschreibens dargelegt, so daß hier eine kurze Erinnerung genügt. Da Kapital und Arbeit die heutige Wirtschaft bestimmen, kommt es darauf an, die rechten Vernunftgrundsätze, das sind die gesunden Prinzipien christlicher Sozialphilosophie, über Kapital, Arbeit und deren Verbindung wieder zur theoretischen Anerkennung und zur praktischen Anwendung zu bringen. Dem Doppelcharakter sowohl des Eigentums als der Arbeit, d. i. ihrer Individual- und Sozial-Natur, ist billig und sorglich Rechnung zu tragen, um die Klippen gleicherweise des Individualismus wie des Kollektivismus zu vermeiden. Die wechselseitigen Beziehungen von Kapital und Arbeit sind nach den Anforderungen der strengsten Verkehrsgerechtigkeit auszurichten unter Beihilfe der christlichen Liebesgesinnung. Der freie Wettbewerb, innerhalb der gehörigen Schranken gehalten, mehr noch die wirtschaftliche Macht, sind der öffentlichen Gewalt in allem, was deren Amtes ist, entschieden unterzuordnen. Das menschliche Gemeinschaftsleben insgesamt ist durch die öffentlichen Einrichtungen den Erfordernissen des Gemeinwohls, oder, was dasselbe besagt, den Anforderungen der Gemeinwohlgerechtigkeit entsprechend zu gestalten, womit es nicht ausbleiben kann,

daß auch jener überaus bedeutsame Zweig gesellschaftlichen Lebens, den die Wirtschaft ausmacht, zur rechten und gesunden Ordnung sich zurückfindet.

2. Wandlungen im Sozialismus

111. Aber nicht nur das Bild der Wirtschaft hat sich seit den Tagen Leos XIII. gewandelt. Mindestens in gleichem Maße gilt dies von dem Gegner, gegen den Leo XIII. zu kämpfen hatte, vom Sozialismus. War der Sozialismus zu Leos Zeiten in der Hauptsache wenigstens ein einheitliches Gebilde mit einem bestimmten und geschlossenen Lehrsystem, so hat er sich heute in zwei einander scharf entgegengesetzte und einander leidenschaftlich bekämpfende Hauptrichtungen auseinander entwickelt, ohne allerdings die dem ganzen Sozialismus gemeinsame widerchristliche Grundlage verlassen zu haben.

a) Die schärfere Richtung: Kommunismus

112. Nach der einen Seite hin hat der Sozialismus die gleiche Vermachtung durchgemacht, die Wir soeben von der sogenannten kapitalistischen Wirtschaftsweise beschrieben haben. Dieser zum Kommunismus gewordene Sozialismus verfolgt in Theorie und Praxis seine beiden Hauptziele: schärfster Klassenkampf und äußerste Eigentumsfeindlichkeit. Nicht auf Schleich- und Umwegen, sondern mit offener und rücksichtsloser Gewalt geht er aufs Ziel. Vor nichts schreckt er zurück; nichts ist ihm heilig. Zur Macht gelangt, erweist er sich von unglaublicher und unbeschreiblicher Härte und Unmenschlichkeit. Die unseligen Trümmer und Verwüstungen, die er in dem ungeheueren Ländergebiet von Osteuropa und Asien angerichtet hat, sprechen eine beredte Sprache. In welchem Maße dieser kommunistische Sozialismus offen kirchenfeindlich und gottfeindlich ist, das ist leider nur zu sehr bekannt, nur zu sehr durch Tatsachen belegt! Für die guten und treuen Kinder der Kirche bedarf es da wahrlich keiner Warnung mehr vor dem gottlosen und ungerechten Kommunismus. Aber nur mit tiefem Schmerze können Wir die Sorglosigkeit derer mit ansehen, die der von dieser Seite drohenden Gefahr nicht achtend ruhig zusehen, wie die Bestrebungen eines gewaltsamen und blutigen Umsturzes in alle Welt getragen werden. Noch schärfere Verurteilung aber verdient der

Leichtsinn, der um all dieses unbekümmert Zustände weiterbestehen läßt, die den fruchtbaren Nährboden berechtigter Unzufriedenheit abgeben und so der angestrebten Weltrevolution Schrittmacherdienste leisten.

b) Die gemäßigtere Richtung im Sozialismus

113. Anders verhält es sich mit der gemäßigteren Richtung, die auch heute noch die Bezeichnung „Sozialismus" weiter führt. Dieser Sozialismus verzichtet nicht nur auf die Anwendung roher Gewalt, sondern kommt mehr oder weniger selbst zu einer Abmilderung des Klassenkampfs und der Eigentumsfeindlichkeit, wenn nicht zu ihrer gänzlichen Preisgabe. Erschreckt vor seinen eigenen Grundsätzen und den vom Kommunismus davon gemachten Anwendungen wende, so möchte man meinen, der Sozialismus sich wieder zurück zu Wahrheiten, die christliche Erbweisheit sind, oder tue jedenfalls einige Schritte darauf zu. Unleugbar ist hier gelegentlich eine bemerkenswerte Annäherung sozialistischer Propagandaforderungen an die Postulate einer christlichen Sozialreform zu beobachten.

Milderung des Klassenkampfes und der Eigentumsfeindlichkeit

114. Werden die Feindseligkeiten und der Haß gegenüber der andern Klasse aufgegeben, so kann der verwerfliche Klassenkampf entgiftet werden und sich wandeln in ehrliche, vom Gerechtigkeitswillen getragene Auseinandersetzung zwischen den Klassen, die zwar noch nicht den allseits ersehnten sozialen Frieden bedeutet, aber doch als Ausgangspunkt dienen kann und soll, von dem aus man sich zur einträchtigen Zusammenarbeit der Stände emporarbeitet. Auch die Eigentumsfeindlichkeit kann sich mehr und mehr läutern, so daß nicht mehr das Eigentum an den Produktionsmitteln als solches bekämpft wird, sondern nur eine wider alles Recht angemaßte gesellschaftliche Herrschaftsstellung des Eigentums. In der Tat kommt ja eine solche Herrschaftsstellung von Rechts wegen gar nicht dem Eigentum zu, sondern der öffentlichen Gewalt. Alsdann kann auch hier ein fließender Grenzübergang stattfinden, von den Forderungen eines solchen gemäßigten Sozialismus zu durchaus berechtigten Bestrebungen christlicher Sozialreformer. Mit vollem Recht kann man ja dafür eintreten,

bestimmte Arten von Gütern der öffentlichen Hand vorzubehalten, weil die mit ihnen verknüpfte übergroße Macht ohne Gefährdung des öffentlichen Wohls Privathänden nicht überantwortet bleiben kann.

115. Berechtigte Bestrebungen und Forderungen solcher Art haben nichts mehr an sich, was mit christlicher Auffassung im Widerspruch stünde; noch viel weniger sind sie spezifisch sozialistisch. Wer nichts anderes will als dies, hat daher keine Veranlassung, sich zum Sozialismus zu bekennen.

116. Gebe sich aber niemand der Täuschung hin, zu glauben, alle nichtkommunistischen Richtungen des Sozialismus ohne Ausnahme hätten in Programm und Praxis diese Wendung zur besseren Einsicht schon vollzogen. Meistens handelt es sich nicht um Aufgabe, sondern nur um eine gewisse Milderung des Klassenkampfprinzips und der Eigentumsfeindlichkeit.

Ein Mittelweg?

Gerade im letzteren Falle der bloßen Abmilderung oder Verwischung falscher Grundsätze erhebt sich – oder vielmehr erhebt man unbegründeterweise – die Frage, ob sich vielleicht auch die christlichen Grundsätze ein wenig abschwächen oder abbauen ließen, so daß man dem Sozialismus entgegenkomme und sich sozusagen auf halbem Wege begegne. Dieser und jener wiegt sich in der Hoffnung, auf diese Weise ließen sich die Sozialisten zu uns hinüberziehen. Trügerische Hoffnung! Wer als Apostel in den Kreisen des Sozialismus wirken will, der muß die christliche Wahrheit in vollem Umfang offen und ehrlich bekennen und darf sich auf keine Halbheiten einlassen. Wer ein rechter Künder der Frohbotschaft sein will, verlege sich vor allem darauf, den Sozialisten vor Augen zu führen, wie ihre Forderungen, soweit sie die Gerechtigkeit für sich haben, aus den Grundsätzen des christlichen Glaubens eine viel schlagendere Begründung, aus der Kraft christlicher Liebesgesinnung eine viel machtvollere Förderung erfahren.

117. Wie aber, wenn in bezug auf Klassenkampf und Sondereigentum der Sozialismus sich wirklich so weit gemäßigt und geläutert hat, daß

dieserhalb nichts mehr an ihm auszusetzen ist? Hat er damit auch
schon seinem widerchristlichen Wesen entsagt? Das ist die Frage, die
viele tiefinnerlichst bewegt. Gerade die vielen Katholiken aber, die
ganz klar sehen, daß eine Preisgabe oder Verwischung christlicher
Grundsätze niemals in Betracht kommen darf, richten ihre fragenden
Blicke auf den Hl. Stuhl und erwarten sehnlichst Unsere Entscheidung, ob ein solcher Sozialismus von seinen irrigen Aufstellungen so
völlig abgegangen sei, daß er ohne Preisgabe irgendeines christlichen
Grundsatzes anerkannt und sozusagen getauft werden könne. Um diesen Fragestellern gemäß Unserer väterlichen Hirtensorge Genüge zu
tun, erklären Wir: der Sozialismus, gleichviel ob als Lehre, als geschichtliche Erscheinung oder als Bewegung, auch nachdem er in den
genannten Stücken der Wahrheit und Gerechtigkeit Raum gibt, bleibt
mit der Lehre der katholischen Kirche immer unvereinbar – er müßte
denn aufhören, Sozialismus zu sein: der Gegensatz zwischen sozialistischer und christlicher Gesellschaftsauffassung ist unüberbrückbar.

Gegensatz zur christlichen Gesellschaftsauffassung

118. Nach christlicher Auffassung ist der Mensch mit seiner gesellschaftlichen Anlage von Gott geschaffen, um in der Gesellschaft und
in Unterordnung unter die gottgesetzte gesellschaftliche Autorität[52]
sich zur ganzen Fülle und zum ganzen Reichtum dessen, was Gott an
Anlagen in ihn hineingelegt hat, zur Ehre Gottes zu entfalten und
durch treue Erfüllung seines irdischen Lebensberufs sein zeitliches
und zugleich sein ewiges Glück zu wirken. Von all dem weiß der Sozialismus nichts; vollkommen unbekannt und gleichgültig ist ihm diese
erhabene Bestimmung sowohl des Menschen als der Gesellschaft; er
sieht in der Gesellschaft lediglich eine Nutzveranstaltung.

119. Da die Erzeugung der irdischen Güter arbeitsteilig erfolgreicher
vor sich geht, als wenn jeder für sich allein darin sich versuchen wollte,
müsse die Wirtschaft, die als reines Gütergeschehen aufgefaßt wird,
gesellschaftlich betrieben werden. Um dieser sachlich gegebenen
Notwendigkeit willen müßten die Menschen in bezug auf die Gütererzeugung sich ganz der Gesellschaft hingeben und unterordnen. Ja, die
möglichst beste Versorgung mit all dem, was der Annehmlichkeit des
irdischen Lebens dienen kann, erscheint so sehr als das höchste aller

Güter, daß hier bedenkenlos die höheren Güter des Menschen, nicht zuletzt das Gut seiner Freiheit, geopfert werden in restloser Unterordnung unter die Sachnotwendigkeiten der absolut rationalsten Gütererzeugung. Die Entschädigung für dieses Opfer seiner menschlichen Persönlichkeit im vergesellschafteten Wirtschaftsprozeß soll der Mensch leicht und reichlich finden in der überströmenden Güterfülle, die als sein Anteil am Ertrag dieses vergesellschafteten Wirtschaftsprozesses ihm ausgeschüttet wird, deren er alsdann, wie immer es ihm beliebt, zur Annehmlichkeit und Verschönerung des Daseins in voller Freiheit genießen mag. Während so die sozialistische Gesellschaft auf der einen Seite ohne ein Übermaß von Zwang weder vorzustellen noch durchzuführen ist, huldigt sie auf der andern Seite einer nicht minder falschen Freiheitsidee. Echte gesellschaftliche Autorität aber findet in der sozialistischen Gesellschaft keinen Raum. In Nützlichkeit, im Diesseits kann wahre Autorität nun einmal nicht gründen: ihr Ursprung ist eben nur in Gott, dem Schöpfer und letzten Ziel aller Dinge[53].

Katholik und Sozialist unvereinbar

120. Enthält der Sozialismus – wie übrigens jeder Irrtum – auch einiges Richtige (was die Päpste nie bestritten haben), so liegt ihm doch eine Gesellschaftsauffassung zugrunde, die ihm eigentümlich ist, mit der echten christlichen Auffassung aber in Widerspruch steht. Religiöser Sozialismus, christlicher Sozialismus sind Widersprüche in sich; es ist unmöglich, gleichzeitig guter Katholik und wirklicher Sozialist zu sein.

Kultursozialismus

121. Dieses von Uns hiermit ausdrücklich erneuerte und bestätigte Urteil gilt gleicherweise auch gegenüber einer neuen Erscheinung im Sozialismus, die früher in dieser Form unbekannt war, heute aber keineswegs auf eine Richtung innerhalb des Sozialismus beschränkt ist. Wir meinen den Sozialismus als Bildungs- und Erziehungsbewegung. Mit aller Macht suchen die sozialistischen Kinderfreunde schon die zarte Jugend an sich zu ziehen und für sich zu gewinnen. Aber darüber hinaus soll die Gesamtheit des Volkes erfaßt werden, um den ,,sozialistischen Menschen" zu bilden als Träger der sozialistischen Gesellschaftordnung.

122. Nachdem Wir in Unserm Rundschreiben Divini illius Magistri die Grundsätze und Ziele einer christlichen Erziehung ausführlich entwickelt haben[54], liegt die Unvereinbarkeit der von diesem Bildungs- und Erziehungssozialismus eingeschlagenen Wege und angestrebten Ziele mit den christlichen Grundsätzen so klar und offen zutage, daß Wir Uns nicht noch eigens darüber zu verbreiten brauchen. Aber Größe und Ernst der hier drohenden Gefahr werden offenbar noch längst nicht überall gebührend gewürdigt, woher es denn auch vielfach an entsprechend entschlossenen Gegenmaßnahmen fehlt. Vor dem hier drohenden Unheil zu warnen ist Pflicht Unseres Hirtenamtes. Möge sich jedermann darüber klar sein: am Anfang dieses Kultursozialismus steht der Kulturliberalismus; an seinem Ende steht der Kulturbolschewismus.

Katholiken im Lager des Sozialismus

123. Nach all dem begreift Ihr, Ehrwürdige Brüder, die Größe Unseres Schmerzes, sehen zu müssen, wie – namentlich in einzelnen Ländern – nicht wenige Unserer Söhne, von deren gläubiger Gesinnung und deren aufrichtig gutem Willen Wir immer noch überzeugt sein möchten, der Kirche den Rücken gekehrt haben und in den Reihen des Sozialismus stehen: viele, die sich offen und selbstbewußt Sozialisten nennen und zu sozialistischen Programmen bekennen; viele auch, die mehr oder weniger gleichgültig oder selbst widerwillig Verbänden angehören, die eingestandenermaßen oder doch tatsächlich sozialistisch sind.

124. In der Bekümmernis Unseres Vaterherzens quält Uns immer wieder die Frage: Wie konnten sie sich dorthin verirren? Es ist Uns, als vernähmen Wir die Antwort, mit der viele von ihnen sich rechtfertigen wollen: Kirche und kirchlich Gesinnte hielten es mit den Besitzenden, kümmerten sich nicht um den Arbeiter und nähmen sich seiner nicht an; darum müßten die Arbeiter im Sozialismus sich zusammenschließen, um selbst ihre Sache in die Hand zu nehmen.

125. Gott sei es geklagt, Ehrwürdige Brüder, wirklich hat es Kreise gegeben und gibt es sogar heute noch, die sich des katholischen Namens rühmen, bei denen aber jenes erhabene Gesetz der Gerechtig-

keit und Liebe, nach dem wir nicht nur jedem das Seine zu gewähren haben, sondern der notleidenden Brüder wie Christus des Herrn selber uns annehmen sollen[55], fast völlig dem Bewußtsein entschwunden ist, ja, was noch ernster zu nehmen, bei denen das Gewissen sogar zu gewinnsüchtiger Ausbeutung des Arbeiters schweigt. Ja, selbst das findet sich, daß man gerade die Religion vorzuschützen sucht als Wandschirm, hinter dem man mit seinen ungerechten Machenschaften sich verstecken und durchaus gerechten Forderungen der Arbeiterschaft sich entziehen will. Niemals werden Wir davon ablassen, diesen Leuten auf das ernsteste ins Gewissen zu reden. Sie sind es, die die Schuld tragen, daß auf die Kirche der falsche Schein und die Verdächtigung fallen konnte, sie begünstige die Besitzenden und sähe die Leiden und Nöte der Enterbten dieser Erde teilnahmslos mit an. Wie falsch dieser Schein, wie ungerecht diese Verdächtigung ist, dafür zeugt die ganze Kirchengeschichte; wenn aber irgend etwas, dann müßte das Rundschreiben, dessen Jubelfeier Wir hier begehen, aller Welt sichtbar machen, wie bitteres Unrecht diese verleumderischen und ehrenkränkenden Anklagen der Kirche antun.

Einladung zur Heimkehr

126. Aber weit entfernt, im Bewußtsein des Uns angetanen Unrechts in gekränktem Vaterschmerz diese Unsere Söhne, die so elend in die Irre gingen und jetzt so fern der Wahrheit und dem Heile sind, von Uns zu weisen und zu verstoßen, rufen Wir sie mit aller Inständigkeit zum mütterlichen Schoß der Kirche zurück. Möchten sie auf Unsere Stimme hören. Möchten sie heimkehren ins verlassene Vaterhaus und ihren Platz einnehmen, wo wirklich ihr Platz ist, in den Reihen derer, die im engsten Anschluß an die Weisungen, die Leo zuerst erteilt hat und die Wir hier in feierlicher Weise von neuem als Losung ausgeben, das soziale Reformprogramm der Kirche verwirklichen, in sozialer Gerechtigkeit und sozialer Liebe die Gesellschaft zu erneuern! Mögen sie überzeugt sein, daß sie selbst irdisches Glück bei niemand reichlicher finden werden als bei demjenigen, der „um unseretwillen arm ward, da er reich war, damit seine Armut unser Reichtum würde"[56], der in Armut und Mühseligkeiten lebte von Jugend an, der alle „Mühseligen und Beladenen" zu sich einlädt, um sie in der Liebe seines Herzens zu erquicken[57], der endlich ohne Ansehen der Person mehr for-

dern wird von dem, dem mehr gegeben ward[58], und einem jeden vergelten wird nach seinen Werken[59].

3. Sittliche Erneuerung

127. Tiefere und eindringendere Betrachtung zeigt klar, daß der so heiß ersehnten Erneuerung der Gesellschaft eine ganz innerliche Erneuerung im christlichen Geiste voraufgehen muß, den so viele Menschen im wirtschaftlichen Leben verleugnen. Andernfalls werden alle Bemühungen vergeblich sein, und das Gebäude wird statt auf Felsengrund auf flüchtigen Sand gebaut[60].

128. In der Tat, Ehrwürdige Brüder und geliebte Söhne, Wir schauten der heutigen Wirtschaft ins Gesicht und fanden sie schwer mißbildet. Ebenso hielten Wir von neuem Gericht über den Kommunismus und Sozialismus und kamen zu der Feststellung, daß auch ihre gemilderten Richtungen vom Gesetz der Frohbotschaft weit abirren.

129. „Soll daher der menschlichen Gesellschaft geholfen werden", – das sind Worte Unseres Vorgängers – „dann wird allein die Erneuerung christlichen Lebens und christlicher Einrichtungen helfen"[61]. Sie allein kann der übertriebenen Sorge um die vergänglichen Güter, die aller Übel Wurzel ist, wirksam abhelfen; sie allein kann die Menschen, die wie gebannt auf die Nichtigkeiten des diesseitigen Lebens starren, davon losreißen und ihre Blicke wieder himmelwärts richten. Und wer möchte leugnen, daß im Augenblick die menschliche Gesellschaft dieses Heilmittels am meisten bedarf?

Hauptübel des heutigen Zustandes: das Verderben der Seelen

130. Die zeitlichen Wirrnisse, Verluste und Verwüstungen nehmen ja alle Gemüter fast völlig in Anspruch. Und doch, wenn wir, wie gehörig, die Dinge mit christlichen Augen anschauen, was bedeuten dann alle zusammen gegenüber dem Verderben der Seelen? Nun können aber die gesellschaftlichen und wirtschaftlichen Verhältnisse der Gegenwart ohne Übertreibung als derartig bezeichnet werden, daß sie einer ungeheuer großen Zahl von Menschen es außerordentlich schwer machen, das eine Notwendige, ihr ewiges Heil, zu wirken.

131. Zum Hirten und Schützer dieser ganzen großen Herde vom obersten Hirten bestellt, der sie mit seinem Blute erkauft hat, können Wir diese ihre Gefährdung nicht teilnahmslos mit ansehen. Nein, im Bewußtsein Unseres Hirtenamtes sinnen Wir unablässig darüber nach, wie Wir ihnen Hilfe zu bringen vermögen, und rufen alle zur hingebenden Mitarbeit auf, denen die Rechts- oder Liebespflicht dazu obliegt. Denn was nützt es den Menschen, durch weisere Nutzung der Erdengüter sich zu befähigen, die ganze Welt zu gewinnen, wenn sie dabei Schaden leiden an ihren Seelen[62]? Was nützt es, sie verläßliche Grundsätze über die Wirtschaft zu lehren, wenn sie in zügelloser und schmutziger Gier so von der Selbstsucht sich beherrschen lassen, daß sie „die Gebote Gottes zwar hören, aber in allem das Gegenteil davon tun"[63]?

Ursachen dieses Verlustes

132. Tiefste Ursache dieser Abkehr vom Gesetze Christi in Gesellschaft und Wirtschaft und des daher rührenden Abfalls so großer Arbeitermassen vom katholischen Glauben ist die ungeordnete Begierlichkeit in der Menschenbrust, diese traurige Folge der Erbsünde. Durch die Erbsünde ist ja die ursprüngliche wunderbare Harmonie der menschlichen Anlagen so gestört, daß der Mensch allzu leicht seinen ungeordneten Trieben unterliegt und die stärksten Lockungen verspürt, die hinfälligen Güter dieser Welt den himmlischen und dauerhaften Gütern vorzuziehen. Daher jene unstillbare Gier nach Reichtum an irdischen Gütern, die zu allen Zeiten die Menschen zur Übertretung des göttlichen Gesetzes und zur Verletzung der Rechte des Nebenmenschen verleitet hat, in der heutigen Wirtschaftsweise aber der menschlichen Schwachheit ganz besonders zahlreiche Gelegenheiten zum Falle bietet.

Die übermäßige Labilität der Wirtschaftslage und der ganzen Wirtschaftsverfassung fordert vom wirtschaftlichen Menschen dauernd die höchste Anspannung seiner Kräfte. Dadurch sind viele Gewissen so abgestumpft, daß ihnen zum Geldverdienen jedes Mittel gut genug ist und sie erst recht kein Mittel scheuen, um sich im Besitz des mit so großen Anstrengungen Erworbenen gegen alle Wechselfälle des wirtschaftlichen Lebens zu behaupten. Die Leichtigkeit für jedermann, im ungeregelten Markt Gewinne zu machen, lockt viele zum Handel und

Güterumsatz, die nur ein Ziel haben, möglichst mühelos und bequem zu gewinnen, und zu diesem Ende ohne sachliche Berechtigung, nur aus Beutegier, die Preise durch wilde Spekulation ruhelos nach oben und wieder nach unten zu treiben, wodurch alle Berechnungen ernster Wirtschafter durchkreuzt werden. Die vom Gesetz zur Verfügung gestellten Rechtsformen für Erwerbsgesellschaften mit ihrer Teilung der Verantwortlichkeit und ihrer Haftungsbeschränkung haben Anlaß geboten zu sehr üblen Mißbräuchen. Es zeigt sich, daß die auf diese Weise stark geschwächte Rechenschaftspflicht nur wenig Eindruck macht. Die schlimmsten Ungerechtigkeiten und Betrügereien spielen sich ab im Halbdunkel der Anonymität hinter der Fassade einer neutralen Firma. Verwaltungen von Erwerbsgesellschaften gehen in ihrer Pflichtvergessenheit bis zur Untreue denen gegenüber, deren Ersparnisse sie zu verwalten haben. An letzter Stelle ist noch zu nennen die skrupellose, aber wohlberechnete Spekulation auf die niederen Triebe des Publikums, die man aufstachelt, um an ihrer Befriedigung zu verdienen.

133. Eine strenge und feste Handhabung der Wirtschaftsmoral seitens der Staatsgewalt hätte diese überaus schweren Übelstände fernhalten oder ihnen zuvorkommen können; daran fehlte es aber allzuoft kläglich. Da die Anfänge der neuen Wirtschaft gerade in die Zeit fielen, da der Rationalismus die Geister beherrschte und sich tief in sie eingefressen hatte, entstand bald eine Wirtschaftswissenschaft, die es unterließ, sich an der wahren Sittennorm zu orientieren. Das hatte zur Folge, daß den menschlichen Leidenschaften völlig die Zügel gelokkert wurden.

134. Infolgedessen warfen sich die Menschen in noch viel größerer Zahl als früher einzig auf den Reichtumserwerb mit allen Mitteln; ihren Eigennutz über alles stellend und allem andern vorziehend, machten sie sich kein Gewissen aus noch so schwerem Unrecht gegen andere. Die ersten, die diesen Weg einschlugen, der zum Verderben führt[64], fanden mit Leichtigkeit viele Nachahmer auf ihrem Wege: ihre augenscheinlichen Erfolge, der Glanz ihres Reichtums, der Spott, mit dem sie sich über die altväterliche Gewissenhaftigkeit der andern lustig machten, die Rücksichtslosigkeit, mit der sie über die Leichen minder skrupelloser Konkurrenten hinwegschritten, alles dies konnte ja seinen Eindruck nicht verfehlen.

135. Wenn die Wirtschaftsführer vom rechten Wege abkamen, konnte es kaum ausbleiben, daß auch die breiten werktätigen Massen den gleichen Weg des Verderbens einschlugen. Dies um so mehr, als viele Arbeitgeber ihre Arbeiter als bloße Werkzeuge behandelten, ohne Rücksicht auf ihre Seele, ohne jeden Gedanken an höhere Dinge. Wahrhaftig, man schaudert bei dem Gedanken an die zahllosen Gefahren, denen auf der Arbeitsstätte die Sittlichkeit der Arbeiter, namentlich der jugendlichen, sowie die Frauenehre der jungen Mädchen und übrigen Arbeiterinnen ausgesetzt sind. Man ist erschüttert angesichts der Erschwerung, die die heutige Wirtschaftsweise und namentlich die ganz unselige Entwicklung des Wohnungswesens dem wirtschaftlichen Zusammenhalt und dem menschlichen Zusammenleben der Familie bereitet. Wie viele Hindernisse für die Sonntagsheiligung! Schmerzlich anzuschauen die allgemeine Erschlaffung gläubigchristlichen Sinnes, an dem Einfältige und Ungelehrte eine so erhabene Lebensweisheit besaßen, und seine Verdrängung durch die eine und einzige Sorge ums tägliche Brot. So wird der Hände Arbeit, die Gott in seiner väterlichen Vorsehung auch nach dem Sündenfalle zur leiblichen und seelischen Wohlfahrt der Menschen bestimmt hatte, weit und breit zur Quelle sittlicher Verderbnis. Während der tote Stoff veredelt die Stätten der Arbeit verläßt, werden die Menschen dort an Leib und Seele verdorben.

Heilmittel:

a) Erneuerung der Wirtschaft in christlichem Geiste

136. Für die beklagenswerte Verderbnis der Seelen, an der alle Bestrebungen gesellschaftlicher Erneuerung scheitern müssen, gibt es nur ein wirkliches Heilmittel: aufrichtige und vollständige Rückkehr zur Heilslehre der Frohbotschaft, zu den Geboten dessen, der allein Worte des ewigen Lebens hat[65], Worte, die niemals vergehen, wenn auch Himmel und Erde vergehen[66]. Alle wirklich sachverständigen Sozialreformer erstreben eine vollkommene Rationalisierung, die die rechte Vernunftordnung des wirtschaftlichen Lebens wiederherstellt. Aber diese Ordnung, die Wir selbst so dringend wünschen und eifrig fördern, bleibt ganz und gar unzulänglich und mangelhaft, wenn nicht alle wirtschaftlichen Betätigungen der Menschen in Nachahmung der

wunderbaren Einheit des göttlichen Weltplanes und, soweit Menschen dies gegeben ist, zu seiner Verwirklichung freundwillig sich vereinigen. Wir meinen jene vollkommene Ordnung, die von der Kirche mit aller Kraft gepredigt, ja schon von der natürlichen Vernunft gefordert wird: alles auf Gott hingeordnet, das erste und höchste Ziel aller geschöpflichen Tätigkeit; alles, was nicht Gott ist, bloßes Mittel, das soweit in Anspruch genommen wird, als es zur Erreichung des letzten Zieles und Endes dienlich ist. Keineswegs erfährt dadurch die Erwerbstätigkeit eine Minderschätzung, als ob sie gar der Menschwürde weniger entspräche. Im Gegenteil: wir lernen in ihr den heiligen Willen Gottes verehren, der den Menschen in diese Welt hineinstellte, um sie durch Arbeit seinen vielfältigen Lebensbedürfnissen nutzbar zu machen. Auf ehrliche und rechtschaffene Weise ihren Wohlstand zu mehren, ist denen, die in der Gütererzeugung tätig sind, mitnichten verwehrt; ja, es ist nur billig und recht, daß, wer zum Nutzen der allgemeinen Wohlfahrt tätig ist, auch entsprechend an der gemehrten Güterfülle Anteil habe und zu steigendem Wohlstand gelange. Nur muß der Erwerb dieser Güter in schuldiger Unterwürfigkeit unter Gottes Gesetz und ohne Rechtsverletzung gegenüber dem Nächsten sich vollziehen und ihre Verwendung nach den Grundsätzen des Glaubens und der Vernunft wohlgeordnet sein. Wollten alle immer und überall sich daran halten, dann würden bald nicht nur Gütererzeugung und Vermögenserwerb, sondern auch die heute so häufig ungeordnete Reichtumsverwendung wieder in die rechten Bahnen kommen. Gegenüber der häßlichen Selbstsucht aber, die so recht der Schandfleck und die große Sünde unserer Zeit ist, würde mit sanfter Gewalt das Gesetz christlicher Mäßigung sich durchsetzen, das den Menschen zuerst das Reich Gottes und seine Gerechtigkeit suchen heißt, gewiß, daß Gottes Freigebigkeit und Verheißungstreue auch die zeitlichen Güter, soviel nötig, beigeben werde[67].

b) Anteil der Liebe

137. Den Hauptanteil an allem aber muß die Liebe haben, die das Band der Vollkommenheit ist[68]. Einer großen Täuschung erliegen daher alle unbesonnenen Reformer, die einzig bedacht auf Herstellung der Gerechtigkeit – obendrein nur der Verkehrsgerechtigkeit – die Mitwirkung der Liebe hochmütig ablehnen. Gewiß kann die Liebe

kein Ersatz sein für geschuldete, aber versagte Gerechtigkeit. Aber **I** selbst wenn der Mensch alles erhielte, was er nach der Gerechtigkeit zu erhalten hat, bliebe immer noch ein weites Feld für die Liebe: die Gerechtigkeit, so treu sie auch immer geübt werde, kann nur den Streitstoff sozialer Konflikte aus der Welt schaffen; die Herzen innerlich zu verbinden vermag sie nicht. Nun ist aber die innere Gesinnungsverbundenheit unter den Beteiligten die feste Grundlage aller Einrichtungen zur Sicherung des sozialen Friedens und zur Förderung der Zusammenarbeit unter den Menschen. Das gilt gerade auch von den vortrefflichsten Veranstaltungen dieser Art. Ja, die Erfahrung lehrt immer wieder, daß ohne solche Gesinnungseinheit die weisesten Anordnungen zu gar nichts nütze sind. Ein wahres Zusammenwirken aller zu dem einen Ziel des Gemeinwohls ist daher nur dann möglich, wenn die verschiedenen gesellschaftlichen Gruppen sich ganz durchdringen lassen von dem Bewußtsein ihrer Zusammengehörigkeit als Glieder einer großen Familie, als Kinder eines und desselben himmlischen Vaters, wenn sie sich fühlen als ein Leib in Christo, „einer des andern Glied"[69], so daß, „wenn ein Glied leidet, alle anderen mit ihm leiden"[70]. Alsdann werden die vermögenden und einflußreichen Kreise ihre frühere Gleichgültigkeit gegenüber ihren weniger mit Erdengütern gesegneten Mitbrüdern in fürsorgliche und tätige Liebe wandeln; deren gerechtfertigten Ansprüchen werden sie großherzig entgegenkommen; allenfallsigen Fehlern und Mißgriffen gegenüber werden sie verstehende Nachsicht üben. Umgekehrt werden die Arbeiter allen Klassenhaß und Klassenneid, den die Hetzer zum Klassenkampf so geschickt aufzupeitschen verstehen, aufrichtig ablegen; sie werden den von der göttlichen Vorsehung innerhalb der menschlichen Gesellschaft ihnen zugewiesenen Platz nicht bloß willig einnehmen, sondern zu schätzen wissen in dem erhebenden Bewußtsein des Wertes und der Ehre, die einem jeden zukommen, der an seinem Platze rechtschaffen seinen Beitrag zum allgemeinen Wohl leistet; ja, sie dürfen sich sagen, in besonderer Weise demjenigen auf seinem Wege nachzufolgen, der, da er in der Herrlichkeit Gottes war, Handwerker hier auf Erden sein und für einen Handwerkerssohn gehalten werden wollte.

Schwere des Werkes

138. Von solch neuer Ausgießung des Geistes der Frohbotschaft, des Geistes christlicher Mäßigung und allumfassender Liebe versprechen

Wir uns die ersehnte durchgreifende Erneuerung der menschlichen
Gesellschaft in Christus und den „Frieden Christi im Reiche Christi",
wofür Wir mit all Unsern Kräften, all Unserer Hirtensorge zu arbeiten
gleich eingangs Unseres Pontifikates Uns vorgenommen und zum unverrückbaren Ziel gesetzt haben[71]. Ihr, Ehrwürdige Brüder, die Ihr
auf Geheiß des Geistes Gottes seine Kirche mit Uns regieret[72], seid in
der ganzen Welt, nicht zu vergessen auch in den Gebieten der Hei-
denmissionen, Unsere Mitarbeiter zu diesem hohen und heute besonders notwendigen Ziel mit einem Eifer, der höchste Anerkennung
verdient. Verdientes Lob und Anerkennung sei Euch und allen, Geistlichen und Laien, die Wir mit großer Freude als Euere täglichen Mitarbeiter und tatkräftigen Helfer am Werke sehen, Unsere geliebten
Söhne in der Katholischen Aktion, die mit besonderem Eifer die soziale Frage bearbeiten, soweit die Kirche kraft ihrer göttlichen Stiftung
die Zuständigkeit dafür besitzt und die Verantwortung dafür trägt. Sie
alle ermahnen Wir unablässig im Herrn, keine Mühe zu scheuen,
durch keine Schwierigkeiten sich abschrecken zu lassen; mögen sie
von Tag zu Tag an Stärke wachsen und in Tatkraft wirken[73]. Wahrhaftig, schwer ist die Aufgabe, zu der Wir sie aufrufen; wohl bewußt ist es
Uns, wie viele Hindernisse von beiden Seiten, von den höheren und
von den niederen Gesellschaftskreisen her sich in den Weg stellen und
überwunden werden müssen. Sie sollen den Mut nicht sinken lassen:
Christenart ist es, sich dahin zu stellen, wo der Kampf am heißesten
tobt; schwere Mühen sind der Anteil derer, die als Christi tapfere
Kriegsmannen[74] seine engste Gefolgschaft bilden wollen.

139. Im Vertrauen auf die allmächtige Hilfe dessen, der „will, daß alle
Menschen selig werden"[76], soll es an uns nicht fehlen, den bemitleid-
denswerten gottentfremdeten Seelen nach besten Kräften zu Hilfe zu
kommen, sie von der Verstrickung in zeitliche Sorgen zu lösen, und sie
wieder zu lehren, hoffnungsfreudig nach den ewigen Gütern zu trachten. Nicht selten wird dies leichter gelingen, als auf den ersten Blick zu
erwarten schien. Wenn selbst in den Herzensfalten auch des tiefst ge-
sunkenen Menschen, dem glimmenden Funken unter der Asche
gleich, sich der geheimnisvolle Zug zu Gott verbirgt, ein untrüglicher
Beweis der von Hause christlichen Seele, wieviel mehr dann in den
Herzen all der vielen, die mehr aus Unwissenheit und infolge ungünstiger Umstände in die Irre gegangen sind!

140. Verheißungsvolle Anzeichen einer Erneuerung der Gesellschaft sind die Arbeiterverbände. Zu Unserer größten Freude erblicken Wir in ihren Reihen auch die festgefügten Sturmtrupps der werktätigen Jugend, die dem Rufe der göttlichen Gnade willig Folge leistet und mit bewundernswertem Eifer ihre Berufs- und Altersgenossen für Christus zu gewinnen strebt. Keine geringere Anerkennung verdienen die Arbeiterführer, die uneigennützig nur auf das Wohl ihrer Berufsgenossen bedacht, in geschickter Weise deren berechtigte Ansprüche mit dem Wohlergehen des ganzen Berufstandes in Einklang zu setzen verstehen und beide zugleich zu fördern beflissen sind, wobei sie weder durch sachliche Schwierigkeiten noch durch persönliche Verdächtigungen sich von ihrer ungemein bedeutsamen Aufgabe abbringen lassen. Auch in den Kreisen derer, denen durch Bildung und Besitz einflußreiche Stellungen im gesellschaftlichen Leben sicher sind, sieht man den jungen Nachwuchs vielfach den Fragen des Gesellschaftslebens mit großem Ernst sich zuwenden, um, wie hiernach zu hoffen steht, sich einmal mit ganzer Kraft der Erneuerung der Gesellschaft anzunehmen.

Einzuschlagender Weg

141. So lassen die Gegenwartsverhältnisse, Ehrwürdige Brüder, bereits ganz klar den einzuschlagenden Weg erkennen. Uns steht heute – wie es auch schon früher mehr als einmal in der Kirchengeschichte der Fall war – eine Welt gegenüber, die großenteils ins Heidentum zurückgefallen ist. Um so weite Gesellschaftskreise nach ihrem Abfall von Christus wieder zu Christus zurückzuführen, braucht es eine Auslese wohlausgebildeter Laienhelfer aus ihrer eigenen Mitte, die mit ihrer ganzen Denkweise und Willensrichtung aufs genaueste vertraut sind und in brüderlich freundwilliger Gesinnung den Weg zu ihren Herzen finden. Die ersten und nächsten Apostel unter der Arbeiterschaft müssen Arbeiter sein; ebenso müssen die Apostel für die Welt der Industrie und des Handels aus dieser selbst hervorgehen.

142. Solche Laienapostel der Arbeiterschaft wie der Unternehmerkreise mit Eifer zu suchen, mit Klugheit auszuwählen, gründlich auszubilden und zu schulen, das ist, Ehrwürdige Brüder, an erster Stelle Euere und Eueres Klerus Aufgabe. Gewiß ist es ein schweres Stück

Arbeit, das hier dem Priester zugemutet wird. Darum muß der ganze priesterliche Nachwuchs durch angestrengtes Studium der Gesellschaftswissenschaften eine gediegene Ausrüstung dazu erhalten. Diejenigen aber, die Ihr eigens für dieses Arbeitsfeld freistellt, müssen die unbedingte Gewähr hochentwickelten Gerechtigkeitssinnes und männlichen Mutes bieten, um jedwedem, der ungerechtfertigte Ansprüche stellt oder ungerechte Machenschaften sich erlaubt, mit Entschiedenheit entgegenzutreten; sie müssen sich auszeichnen durch Klugheit und Maßhaltung, die sie vor der Gefahr des Radikalismus nach der einen oder anderen Seite hin bewahrt: sie müssen vor allem ganz erfüllt und durchdrungen sein von der Liebe Christi, der allein es gegeben ist, mit unwiderstehlicher und doch sanfter Gewalt Herz und Sinn der Menschen dem Gesetz der Gerechtigkeit und Billigkeit geneigt zu machen. Das ist der einzuschlagende Weg: vielfältige Erfahrung der Vergangenheit hat ihn erprobt: jetzt darf es kein Zögern mehr geben, sondern nur noch ein mutiges Voranschreiten!

143. Unsere zu einer so hohen Aufgabe erwählten Söhne aber beschwören Wir im Herrn, mit ganzem Eifer der Heranbildung der ihnen anbefohlenen Laienapostel obzuliegen. Bei diesem hervorragend priesterlichen und apostolischen Werk mögen sie die Kraft christlicher Erziehungskunst sich auswirken lassen in Unterweisung der Jugend, durch Gründung katholischer Vereine, durch Veranstaltungen zur Vertiefung des Wissens nach Maßgabe der Glaubensgrundsätze. Vor allem mögen sie das kostbare Werkzeug zur inneren Erneuerung der einzelnen und der Gesellschaft hochschätzen und zum Nutzen ihrer Anbefohlenen fleißig benutzen, das Wir in Unserm Rundschreiben Mens Nostra[76] in den „Geistlichen Übungen" bezeichnet haben. Wir haben dort die Geistlichen Übungen nicht nur im allgemeinen für Laien empfohlen, sondern ausdrücklich den Nutzen besonderer Arbeiterexerzitien hervorgehoben und dringend zu solchen aufgefordert. In dieser Geistesschule werden nicht nur vortreffliche Christen, sondern auch wahre Apostel für alle Lebensverhältnisse gebildet und mit dem Feuer erfüllt, das im Herzen Jesu brennt. Wie am ersten Pfingstfest die Apostel aus dem Abendmahlssaale, so werden auch aus dieser Geistesschule Männer hervorgehen, stark im Glauben, unüberwindlich standhaft in der Verfolgung, voll glühenden Eifers für das Reich Christi und seine immer weitere Ausbreitung.

144. Gerade jetzt tun solch wackere Streiter Christi not, um die Menschheit vor dem namenlosen Unheil zu bewahren, das ihr droht, wenn eine Gestaltung der Dinge sich durchsetzen sollte – allen Lehren der Frohbotschaft zum Trotz –, bei der alles natürliche und göttliche Recht mit Füßen getreten wird. Die Kirche Christi, auf den unerschütterlichen Felsen gegründet, hat für sich selbst nichts zu fürchten, da sie gewiß weiß, daß die Pforten der Hölle sie nicht überwältigen werden[77]; ja, die Erfahrung der Jahrhunderte beweist ihr, daß sie aus den schwersten Stürmen nur gestärkt und in neuem Glanze strahlend hervorgeht. Aber ihr mütterliches Herz muß zittern bei dem Gedanken an das maßlose Leid, wovon während eines solchen Sturmes so viele Menschen betroffen würden, und besonders an das furchtbare Verderben, das so viele durch Christi Blut erkaufte Seelen in die Gefahr brächte, ewig verlorenzugehen.

145. Nichts darf daher unversucht bleiben, um solches Unheil von der menschlichen Gesellschaft fernzuhalten; hierauf müssen alle Anstrengungen, alle Veranstaltungen, hierauf muß unser anhaltendes und heißes Gebet sich vereinigen. Mit Gottes Hilfe liegen ja die Geschicke der Menschheit in unsern Händen.

146. Lassen wir nicht zu, Ehrwürdige Brüder und geliebte Söhne, daß die Kinder dieser Welt sich klüger erweisen als wir, die wir durch Gottes Güte Kinder des Lichtes sind[78]. Jene sehen wir nach wohlüberlegtem Plan eine Auslese entschlossener Anhänger schulen, um durch sie ihre falschen Ideen in alle Kreise, in alle Länder tragen und Tag um Tag weiter verbreiten zu lassen. Und jedesmal, wenn es einen Hauptansturm auf die Kirche Christi gilt, sehen wir sie alle inneren Streitigkeiten zurückstellen, eine geschlossene Angriffsfront bilden und alle Kräfte vereint einsetzen, um ihr Ziel zu erreichen.

Einheit und Einigkeit

147. Gewiß kann niemand die großen Leistungen verkennen, die der unermüdliche Eifer der Katholiken aufzuweisen hat, sowohl auf gesellschaftlichem und wirtschaftlichem, als auf schulischem und kirchlichem Gebiet. Aber alle diese bewundernswerte und hingebungsvolle Arbeit hat oft nicht den entsprechenden Erfolg wegen übermäßiger

Zersplitterung der Kräfte. Darum mögen alle, die guten Willens sind, alle die unter Führung der Hirten der Kirche diesen guten und friedlichen Kampf für die Sache Christi bestehen wollen, mögen alle, von der Kirche geführt und belehrt, sich zusammenschließen zur Erneuerung der menschlichen Gesellschaft im christlichen Geiste, wie sie Leo XIII. durch sein herrliches Rundschreiben Rerum novarum eingeleitet hat. Jeder wolle nach seiner Begabung, nach seinen Kräften, nach seinen Lebensverhältnissen das Seine dazu beitragen; nicht sich und seinen Vorteil suchen, sondern nur die Sache Jesu Christi[79], nicht die eigene Meinung um jeden Preis durchsetzen wollen, sondern bereit sein, selbst die eigene bessere Meinung zurücktreten zu lassen, wenn das höhere Gut des allgemeinen Wohles dieses Opfer erheischt; auf daß in allem und über alles Christus herrsche, Christus gebiete, dem Ehre und Ruhm und Macht sei in Ewigkeit[80].

148. Daß dies geschehe, dazu erteilen Wir Euch, Ehrwürdige Brüder und geliebte Söhne, Euch allen, die ihr Glieder der großen, vom Herrn Uns anvertrauten Familie der Katholischen Kirche seid, in besonderer Liebe Unseres Herzens aber den Arbeitern und allen übrigen mit ihrer Hände Arbeit Werktätigen, die von der göttlichen Vorsehung Uns ganz besonders anbefohlen sind, sowie den christlichen Arbeitgebern und Unternehmern in väterlichem Wohlwollen den Apostolischen Segen.

Gegeben zu Rom, bei Sankt Peter, am 15. Mai 1931, im zehnten Jahre Unseres Pontifikates.

Pius XI., Papst

Belegstellen

[1] Rundschreiben Arcanum, 10. Februar 1880.
[2] Rundschreiben Diuturnum, 29. Juni 1881.
[3] Rundschreiben Immortale Dei, 1. November 1885.
[4] Rundschreiben Sapientiae christianae, 10. Januar 1890.
[5] Rundschreiben Quod apostolici muneris, 28. Dezember 1878.
[6] Rundschreiben Libertas, 20. Juni 1888.
[7] Rundschreiben Rerum novarum, n. 1.
[8] Vgl. R. n. n. 13.
[9] R. n. n. 2.
[10] Vgl. R. n. n. 13.
[11] R. n. n. 1.
[12] Mt 7, 29.
[13] S. Ambrosius, De excessu fratris sui Satyri I, 44.
[14] R. n. n. 13.
[15] Beispielshalber seien genannt: Leo XIII., Apostolisches Schreiben Praeclara, 20. Juni 1894; Rundschreiben Graves de communi, 18. Januar 1901; Pius X., Motu proprio über die christliche Volksbewegung, 8. Dezember 1903; Benedikt XV., Rundschreiben Ad beatissimi, 1. November 1914; Pius XI., Rundschreiben Ubi arcano, 23. Dez. 1922; Rundschreiben Rite expiatis, 30. April 1926.
[16] Vgl. La hiérarchie catholique et le problème social depuis l'Encyclique „Rerum novarum", 1891–1931, herausgegeben von der „Union internationale d'Etudes sociales", begründet 1920 zu Mecheln unter dem Vorsitz des Kardinals Mercier, XVI-335 S. Paris, éditions „Spes", 1931.
[17] Is 11, 12.
[18] R. n. n. 26.
[19] R. n. n. 29.
[20] R. n. n. 36.
[21] R. n. n. 42, 43.
[22] Pius X., Rundschreiben Singulari quadam, 24. September 1912.
[23] Vgl. Schreiben der Hl. Konzilskongregation an den Bischof von Lille, 5. Juni 1929.
[24] Röm 1, 14.
[25] Vgl. R. n. n. 13.
[26] Rundschreiben Ubi arcano, 23. Dezember 1922.
[27] Ebenda.
[28] R. n. n. 19.
[29] R. n., ebenda.
[30] R. n. n. 7.
[31] Ansprache an den Generalrat der Katholischen Aktion in Italien, 16. Mai 1926.
[32] R. n. n. 6.
[33] R. n. n. 10.
[34] R. n. n. 35.

[35] Vgl. S. Thom. 2. 2 q. 134.
[36] R. n. n. 27.
[37] R. n. n. 15.
[38] R. n. n. 7.
[39] 2. Thess 3, 10.
[40] Vgl. ebenda, 3, 8–10.
[41] R. n. n. 35.
[42] R. n. n. 34.
[43] R. n. n. 17.
[44] Vgl. Rundschreiben Casti conubii, 31. Dezember 1930.
[45] Vgl. S. Thomas, De regimine principum, 1, 15. R. n. n. 27.
[46] R. n. n. 16.
[47] Vgl. S. Thomas, C. G., 3, 71; vgl. S. Th., 1 q. 65, a. 2 i. c.
[48] Vgl. Rundschreiben Immortale, 1. November 1885.
[49] Vgl. R. n. n. 42.
[50] Eph 4, 16.
[51] R. n. n. 15.
[52] Röm 13, 1 ff.
[53] Vgl. Rundschreiben Diuturnum, 29. Juni 1881.
[54] Rundschreiben Divini illius Magistri, 31. Dezember 1929.
[55] Vgl. Jak 2.
[56] 2 Kor 8, 9.
[57] Mt 11, 28.
[58] Vgl. Luk 12, 48.
[59] Mt 16, 27.
[60] Vgl. Mt 7, 24 ff.
[61] R. n. n. 22.
[62] Vgl. Mt 16, 26.
[63] Vgl. Richter 2, 17.
[64] Vgl. Mt 7, 13.
[65] Vgl. Jo 6, 70.
[66] Vgl. Mt 24, 35.
[67] Vgl. Mt 6, 33.
[68] Kol 3, 14.
[69] Röm 12, 5.
[70] 1 Kor 12, 26.
[71] Vgl. Rundschreiben Ubi arcano, 23. Dezember 1922.
[72] Vgl. Apg 20, 28.
[73] Vgl. 5 Mos 31, 7.
[74] Vgl. 2 Tim 2, 3.
[75] 1 Tim 2, 4.
[76] Rundschreiben Mens Nostra, 20. Dezember 1929.
[77] Vgl. Mt 16, 18.
[78] Vgl. Luk 16, 8.
[79] Vgl. Phil 2, 21.
[80] Geh. Offb 5, 13.

Zur deutschen Übersetzung von „Quadragesimo anno"

Die hier abgedruckte Übersetzung stimmt bis auf ein einziges Wort überein mit der von mir (O. v. Nell-Breuning) gefertigten, von der Vatikanischen Druckerei zugleich mit der Enzyklika selbst herausgebrachten deutschen Übersetzung.

Diese Übersetzung wurde versehentlich – auch von mir selbst in meinem Kommentar „Die soziale Enzyklika" – als „amtlich" bezeichnet; das ist sie aber nicht. „Amtlich" war nur der an mich ergangene Auftrag; die Übersetzung selbst geht ganz auf meine Verantwortung; keine amtliche Stelle hat sie geprüft oder gar gutgeheißen (in diesem Sinne ist die Vatikanische Druckerei keine „amtliche Stelle"). Im allgemeinen haben wohl alle Ausgaben der Enzyklika in deutscher Sprache diese Übersetzung übernommen, gelegentlich mit kleinen Abweichungen, die, soweit sie mir bekannt geworden sind, den Sinn eher getrübt oder verdunkelt haben.

Ausgewechselt ist in diesem Abdruck der Enzyklika lediglich in Ziff. 79 das Wort „oberste"; es ist ersetzt durch „höchst gewichtige". Das entspricht nicht nur genauer dem lateinischen Wort ‚gravissimum', sondern schließt auch das Mißverständnis aus, als solle das Subsidiaritätsprinzip als „der" oberste sozialphilosophische Grundsatz bezeichnet werden, was nicht zutrifft; es gehört zu den obersten sozialphilosophischen Grundsätzen, aber nur als einer von mehreren (mehr sagt auch die Wendung „jener oberste" nicht, aber sie wird gelesen und sogar zitiert, als ob da stünde „der oberste"; darum die Änderung).

Zur Bezifferung der Abschnitte in „Quadragesimo anno"

Obwohl in „Rerum novarum", um diese Enzyklika für „Quadragesimo anno" zitierbar zu machen, nachträglich die Abschnitte beziffert wurden, konnte man sich nicht entschließen, bei der neuen Enzyklika von vornherein ebenso zu verfahren. – Unsere Bezifferung stammt von Gustav Gundlach, ist also rein privaten Charakters und völlig unverbindlich; nichtsdestoweniger wurde sie, soweit ersichtlich, in alle deutschen Ausgaben von „Quadragesimo anno" übernommen. Dagegen gliedern und beziffern die Übersetzungen in andere Sprachen die Abschnitte unterschiedlich; so haben insbesondere die Franzosen mehr, also kleinere Abschnitte gebildet und kommen damit auf höhere Ziffern. Demzufolge müssen wir die Belegstellen zu QA-Zitaten fremdsprachiger, insbesondere französischer Autoren in der deutschen Übersetzung unter niedrigerer Ziffer suchen.

Pfingstbotschaft (Pius XII. 1941)

Ansprache seiner Heiligkeit
Papst Pius XII.
zur Fünfzigjahrfeier des Rundschreibens
„Rerum novarum"
Papst Leos XIII.
über die soziale Frage.
Pfingstsonntag, 1. Juni 1941.

Das hochheilige Pfingstfest, der glorreiche Geburtstag der Kirche Christi, ist für Uns eine willkommene und besonders sinnvolle Gelegenheit, um euch, geliebte Söhne und Töchter der ganzen Welt, inmitten der Wirrnisse der Gegenwart eine Botschaft der Liebe, der Ermunterung und des Trostes zukommen zu lassen. Wir sprechen zu euch in einem Augenblick, wo in früher nie gekanntem Maße und Eifer alle körperlichen und geistigen Kräfte eines immer größeren Teiles der Menschheit in der eisernen, mitleidlosen Fron des Kriegsgedankens stehen, in einem Augenblick, wo von anderen Funkmasten Worte der Erbitterung und Schärfe, der Entzweiung und der Fehdeansage ertönen.

Die Antennen des Mons Vaticanus, jenes Bodens, den Martyrium und Grab des ersten Petrus zum unverfälschten Ausgangspunkt der Frohbotschaft und ihrer wohltätigen Ausbreitung in alle Welt geheiligt haben, können keine anderen Worte aussenden als solche, die beseelt und durchdrungen sind vom trostspendenden Geist der ersten Pfingstfestpredigt, da Jerusalem widerhallte und in Bewegung geriet durch die Stimme des Petrus. Es war dies der Geist brennender apostolischer Liebe, die keine größere Sehnsucht, keine heiligere Freude kennt, als alle, Freunde und Feinde, zu den Füßen des Gekreuzigten auf Golgotha, zum Grabe des auferstandenen und verherrlichten Gottessohnes und Erlösers der Menschen zu führen, um alle zu überzeugen, daß wirkliche Rettung und dauernde Wohlfahrt für die einzelnen wie für die Völker nur in Ihm zu finden sind: in der Wahrheit, die Er lehrte, in der Liebe, die Er wohltuend und heilend allen erwies, die Er lebte bis zum Opfer Seiner selbst für das Leben der Welt.

In dieser Pfingststunde, so ereignisschwer in Kraft jenes göttlichen Ratschlusses, der die Völkergeschichte lenkt und der Wache hält über die Kirche, ist es Uns eine innige Genugtuung und Freude, euch, geliebte Söhne und Töchter, die Stimme eures gemeinsamen Vaters vernehmen zu lassen, euch von allüberall zusammenzurufen zu einer kurzen katholischen Gemeinschaftsstunde, euch allen mit Banden des Friedens vereint, die Wonne des *„cor unum et anima una"*[1] gewissermaßen experimentell erleben zu lassen, welche die Pfingstgemeinde Jerusalems unter dem Walten des göttlichen Geistes erfüllte und einte. Je mehr die durch den Krieg geschaffenen Verhältnisse den unmittelbaren lebendigen Kontakt zwischen dem obersten Hirten und seiner Herde weithin erschweren, um so dankbarer begrüßen und benutzen Wir jene einigende Brücke, die der Erfindergeist unserer Zeit in einem Augenblick über den Äther schlägt, um über die Berge, Meere und Kontinente hinweg allen Enden der Erde miteinander in unerhörter Geschwindigkeit zu verbinden. Was vielen heute eine Waffe im Kampf geworden ist, verwandelt sich für Uns in ein providenzielles Werkzeug wirksamen und friedlichen Apostolats, das in einem neuen, gesteigerten Sinn das Schriftwort wahr macht: „In alle Welt geht aus ihr Schall und an der Erde Grenzen dringen ihre Worte"[2].

So mag sich wohl das große Pfingstwunder erneuern, da die verschiedenen Völker aus Ländern fremder Zunge in Jerusalem sich zusammenfanden und doch die Stimme des Petrus und der Apostel in ihrer eigenen Sprache vernahmen. Mit aufrichtiger Freude bedienen Wir Uns gerade heute eines so wundervollen Instrumentes, um die Aufmerksamkeit der katholischen Welt auf ein Gedenkjahr hinzuweisen, das in den Annalen der Kirche mit goldenen Lettern aufgezeichnet zu werden verdient: Wir meinen das 50. Gedenkjahr des Erscheinens von Leos XIII. grundlegender Sozialenzyklika „Rerum novarum" vom 15. Mai 1891.

Leo XIII. hat der Welt seine soziale Botschaft übermittelt aus der tiefen Überzeugung heraus, daß die Kirche nicht nur das Recht, sondern auch die Pflicht hat, zu den Fragen des menschlichen Zusammenlebens autoritativ Stellung zu nehmen. Nicht als ob er die gewissermaßen technische, rein fachliche Seite des gesellschaftlichen Lebens hätte regeln wollen. Er wußte sehr wohl und es war ihm eine selbstverständliche Wahrheit, was übrigens auch Unser Vorgänger verehrungswürdigen Andenkens Pius XI. vor zehn Jahren in seiner Gedächtnisenzyklika „Quadragesimo anno" (Nr. 41) betont hat, daß die Kirche dafür keine Sendung beansprucht. In den allgemein praktischen Fragen menschlicher Arbeit ist der gesunden und verantwortungsbewußten Entfaltung aller materiellen und geistigen Energien der Einzelnen und ihrer freien Vereinigungen weitester Spielraum gelassen. Hier greift sodann ergänzend und ordnend die öffentliche Hand ein, zunächst durch die gebietlichen und beruflichen Körperschaften und schließlich durch den Staat selbst. Seiner übergeordneten, leitenden Gewalt im Gesellschaftsleben obliegt die wichtige Pflicht, jene Gleichgewichtsstörungen im Wirtschaftsleben zu verhüten, die sich aus der Vielfältigkeit widerstrebender Sonderinteressen der Einzelnen oder der Körperschaften ergeben.

Zum unanfechtbaren Geltungsbereich der Kirche aber gehört es, in denjenigen Belangen des sozialen Lebens, die an das Gebiet der Sittlichkeit heranreichen oder es schon berühren, darüber zu befinden, ob die Grundlagen der jeweiligen gesellschaftlichen Ordnung mit der ewig gültigen Ordnung übereinstimmen, die Gott, der Schöpfer und Erlöser, durch Naturrecht und Offenbarung kundgetan hat. Auf beide Kundgebungen Gottes beruft sich Leo XIII. in seinem Rundschreiben. Mit Recht: Denn die Grundsätze des Naturrechts und die Offenbarungswahrheiten haben, wie zwei keineswegs entgegengesetzte, sondern gleichgerichtete Wasserläufe, beide ihre gemeinsame Quelle in Gott. Und da die Kirche ja die Hüterin der christlichen Heilsordnung ist, in welcher Natur und Gnade in eins zusammengeschlossen sind, so hat sie die Gewissen zu bilden, auch die Gewissen derer, die berufen sind, für die vom menschlichen Gesellschaftsleben gestellten Aufgaben Lösungen zu schaffen. Von der gottgemäßen oder gottwidrigen Gestaltung dieses Gemeinschaftslebens ist auch die Wohlfahrt oder das Verderben der Seelen bedingt. Von ihr hängt es ab, ob die in die irdischen Realitäten hineingeborenen Menschen, die alle zur Gnade Christi berufen sind, den gesunden Lebenshauch der Wahrheit und sittlichen Kraft, oder aber den Krankheits- und oft selbst Todeskeim des Irrtums und der sittlichen Verderbnis atmen. Wie könnte es der Kirche, die als liebevolle Mutter um das Wohl ihrer Kinder besorgt ist, angesichts solcher Tatsachen erlaubt sein, gleichgültig deren Gefahren mit anzusehen? Darf sie schweigen oder sich blind und uninteressiert stellen gegenüber sozialen Verhältnissen, die bewußt oder unbewußt darauf hinauslaufen, einen christlichen Lebensaufbau, überhaupt ein Leben nach den Geboten des Allerhöchsten Gesetzgebers zu erschweren oder praktisch unmöglich zu machen?

Aus solcher Verantwortung heraus hat Leo XIII. seine soziale Botschaft an die Menschheit gerichtet. Er hat darin das christliche Gewissen auf die Irrtümer und Gefahren eines materialistischen Sozialismus ebenso aufmerksam gemacht, wie auf die unheilvollen Folgen eines ökonomischen Liberalismus, der die sozialen Pflichten gar oft übersah, vernachlässigte oder verachtete. Zugleich hat er mit meisterhafter Klarheit und wundervoller Bestimmtheit die geeigneten Grundsätze aufgestellt, nach denen die Lage des Arbeiters materiell und geistig in stufenweiser, friedlicher Entwicklung zu bessern ist.

Wenn ihr, geliebte Söhne und Töchter, heute, fünfzig Jahre nach Erscheinen der Enzyklika, Uns fragt, ob die Wirkung seiner Worte den hohen Absichten, den wahrheitserfüllten Gedanken und segenverheißenden Richtlinien ihres Schöpfers einigermaßen entsprochen habe, so antworten Wir euch: gerade um dem Allmächtigen demütigen und tiefempfundenen Dank abzustatten für die Pfingstgabe, die Er vor 50 Jahren mit jenem Rundschreiben Seines Stellvertreters auf Erden Seiner Kirche schenkte, um Ihn zu preisen für das erfrischende Geisteswehen, das Er von ihr über die ganze Menschheit ausgehen ließ, haben Wir am heutigen Pfingstfest Unser Wort an euch richten wollen.

Schon Unser Vorgänger Pius XI. hat im ersten Teil seiner Gedächtnisenzyklika[3] die herrliche Ernte von „Rerum novarum" gefeiert: „Rerum novarum" war der fruchtbare Keim einer katholischen Gesellschaftswissenschaft, die edlen Söhnen der Kirche, Priestern und Laien, die Pläne und das Werkzeug für fruchtbarste soziale Aufbauarbeit bot. Sie hat im katholischen Lager Wohlfahrtseinrichtungen in großer Zahl und Mannigfaltigkeit hervorsprießen lassen, blühendes Vereinigungswesen zur wechselseitigen Nächsten- und Selbsthilfe. Welcher Segen, materiell-natürlicher wie geistig-übernatürlicher Art, ist durch die katholischen Arbeitervereine in die katholischen Arbeiter und ihre Familien hineingetragen worden! Wie zeitgemäß und wirksam hat sich das Vereins- und Genossenschaftswesen im Bauern- und Mittelstand erwiesen: zur Behebung sozialer Not, zur Sicherung der sozialen Gerechtigkeit, zur Mäßigung der Leidenschaften und zur Erhaltung des sozialen Friedens!

Aber dabei blieb es nicht, die Enzyklika „Rerum novarum", geschrieben aus inniger Liebe und Hochschätzung zum Volk, drang tief in Geist und Herz der Arbeiterschaft ein und erfüllte sie mit christlichem Denken und bürgerlichem Selbstbewußtsein. Ihre sozialen Grundsätze wurden – und darin liegt wohl ihre stärkste Wirkung – im Verlauf der Jahre so erfolgreich entwickelt und verbreitet, daß sie gewissermaßen Gemeingut der Menschheitsfamilie geworden sind. Den Staat vollends, der sich im 19. Jahrhundert mit seinem übersteigerten Freiheitsbewußtsein gemeinhin nur als Rechtsstaat zum Schutze der Freiheit fühlte, hat Leo XIII. aufgerufen zum machtvollen Schutz des Gesamtvolkes und aller seiner Glieder, der Schwachen vor allem und der Mittellosen, zu einer durchgreifenden Sozialpolitik, zur Schaffung des Arbeitsrechts. Sein Ruf fand stärksten Widerhall, und es ist eine Pflicht der Gerechtigkeit, die Fortschritte anzuerkennen, die eine verantwortungsbewußte Staatsführung in vielen Nationen der Lage des Arbeiters zukommen ließ. So konnte man mit Recht sagen, daß die Enzyklika „Rerum novarum" sich erwiesen hat als die Magna charta christlicher Sozialarbeit.

Inzwischen ist ein halbes Jahrhundert dahingegangen, das tiefe Furchen und böse Gärstoffe im Boden der Nationen und der Gesellschaft zurückließ. Die Fragen, welche die sozialen, vor allem wirtschaftlichen Veränderungen und Umwälzungen nach „Rerum novarum" zur sittlichen Beurteilung aufgeworfen haben, sind von Unserem unmittelbaren Vorgänger in „Quadragesimo anno" mit tiefster Gründlichkeit behandelt worden. Das darauffolgende Jahrzehnt war nicht weniger reich an Überraschungen im gesellschaftlichen und wirtschaftlichen Leben als seine Vorgänger und ist mit seinen ruhelos trüben Fluten in den Ozean eines Krieges ausgemündet, dessen Wogendrang für Wirtschaft und Gemeinschaft unabsehbar verhängnisvoll werden kann.

Welche besonderen, vielleicht ganz neuen sozialen Fragen und Aufgaben die Zeit nach einem Krieg, der so viele Völker erfaßt, der Kirche stellen wird, das ist im gegenwärtigen Augenblick noch schwer abzutasten.

Doch die Zukunft hat ja ihre Wurzeln in der Vergangenheit, und die Erfahrung der letzten Jahre muß Uns Lehrmeisterin sein in Voraussicht kommender Verhältnisse. Darum glauben Wir die heutige Gedächtnisfeier benützen zu sollen, um im Geiste Leos XIII. und seine für den anhebenden sozialen Ablauf der Zeiten geradezu seherischen

Gedanken entwickelnd, zu drei Grundwerten des Gemeinschafts- und Wirtschaftslebens weitere Richtlinien sittlichen Gehaltes zu geben. Die drei Grundwerte, die sich gegenseitig bedingen, durchdringen und fördern, sind die Nutzung der Erdengüter, die Arbeit und die Familie.

Nutzung der Erdengüter

„Rerum novarum" stellt Grundsätze über das Eigentum und den Lebensunterhalt des Menschen auf, die durch den Zeitablauf nichts von ihrer urwüchsigen Kraft verloren, und die noch heute, nach 50 Jahren, ihre lebendige und lebenspendende Fruchtbarkeit bewahrt und vertieft haben. Wir selbst haben in Unserem Rundschreiben an die Bischöfe der Vereinigten Staaten von Nordamerika „Sertum laetitiae" die Öffentlichkeit auf die Wurzel jener Lehren hingewiesen; sie liegt, wie Wir sagten, in der unumstößlichen Forderung, „daß die Güter, die Gott für die Menschen insgesamt schuf, im Ausmaß der Billigkeit nach den Grundsätzen der Gerechtigkeit und Liebe allen zuströmen".

In der Tat hat jeder Mensch als vernunftbegabtes Lebewesen von Natur grundsätzlich das Recht der Nutzung an den materiellen Gütern der Erde, wenn es auch den Bemühungen der Menschen und den Rechtsformen der Völker überlassen bleibt, die Verwirklichung dieses Rechtes näher zu regeln. Dieses grundsätzliche individuelle Nutzungsrecht kann durch nichts, auch nicht durch andere unbezweifelbare friedliche Rechte auf die äußeren Güter aufgehoben werden. Denn zweifellos fordert zwar die gottgegebene Naturordnung das Privateigentum und den freien zwischenmenschlichen Güterverkehr durch Tauschen und Schenken, sowie die Ordnungsbefugnis der öffentlichen Gewalt über diese beiden Einrichtungen. Trotz alledem aber bleibt doch dies alles dem natürlichen Zweck der Erdengüter unterstellt und darf keineswegs von jenem ursprünglichen Nutzungsrecht aller an ihnen losgelöst werden. Es hat vielmehr dazu zu dienen, eine zweckentsprechende Verwirklichung dieses Rechtes zu ermöglichen. So allein kann und so soll erreicht werden, daß Besitz und Gebrauch der materiellen Güter dem menschlichen Zusammenleben fruchtbaren Frieden und lebensvolle Festigkeit, nicht kampf- und neidgeladene, nur auf dem erbarmungslosen Spiel von Macht und Ohnmacht beruhende, stets schwankende Beziehungen geben.

Das naturgegebene Nutzungsrecht an den Erdengütern steht in engster Beziehung zur Persönlichkeitswürde und zu den Persönlichkeitsrechten des Menschen. Es gibt mit den genannten Auswirkungen dem Menschen die sichere materielle Grundlage, die ihm für die Erfüllung seiner sittlichen Pflichten von höchster Bedeutung ist. Denn durch die Wahrung jenes Nutzungsrechts wird der Mensch instand gesetzt, in rechtmäßiger Freiheit einen Umkreis dauernder Obliegenheiten und Entscheidungen auszufüllen, für die er unmittelbar dem Schöpfer verantwortlich ist und die gleichzeitig seine persönliche Würde sicherstellen: er hat nämlich die ganz persönliche Pflicht, sein leibliches und geistiges Leben zu erhalten und zu entwickeln, um so das religiössittliche Ziel zu erreichen, das Gott allen Menschen gesetzt und als oberste Norm gegeben hat, eine Norm, die vor allen anderen Pflichten immer und in jeder Lage bindet.

Den unantastbaren Lebenskreis der Pflichten und Rechte der menschlichen Persönlichkeit zu schützen und seine Verwirklichung zu erleichtern, ist wesentliche Aufgabe jeder öffentlichen Gewalt. Dies ist der eigentliche Sinn des von ihr zu wahrenden „Gemeinwohls". Keineswegs also besagt die Wahrung des Gemeinwohls eine solche Herrschaftsbefugnis über die Glieder der Gemeinschaft, daß die öffentliche Gewalt etwa den eben umschriebenen Lebenskreis der Persönlichkeit aufheben, über den Beginn oder über dessen Beendigung – den Fall der rechtmäßigen Strafe ausgenommen – direkt des Menschenlebens entscheiden, die Art und Weise seiner leiblich-geistigen und religiössittlichen Entwicklung unabhängig von oder gar im Widerspruch mit seinen persönlichen Pflichten und Rechten bestimmen und zu diesem Zwecke das naturgegebene Nutzungsrecht an den irdischen Gütern aufheben oder unwirksam machen dürfte. Wer solche Machtübersteigerung aus der Wahrung des Gemeinwohls ableiten wollte, würde damit den Sinn des Gemeinwohles selbst verkehren und dem Irrtum verfallen, als ob der eigentliche Zweck des Menschen auf Erden die Gemeinschaft, die Gemeinschaft aber Selbstzweck sei, und als ob der Mensch kein anderes Leben zu erwarten hätte außer dem, das hienieden sein Ende findet.

Auch die nationale Wirtschaft als die Wirtschaft der in der staatlichen Gemeinschaft verbundenen wirtschaftenden Menschen hat keinen anderen Zweck, als dauernd die materielle Grundlage zu schaffen, auf der sich das volle persönliche Leben der Staatsbürger verwirklichen kann. Wird dies erreicht und dauernd erreicht, dann ist ein solches

Volk in Wahrheit wirtschaftlich reich, eben weil die umfassende Wohlfahrt aller und somit das persönliche Nutzungsrecht aller an den irdischen Gütern nach dem vom Schöpfer gewollten Zweck verwirklicht ist.

Daraus, geliebte Söhne und Töchter, könnt ihr aber auch sehr deutlich sehen, daß der wirtschaftliche Reichtum eines Volkes nicht eigentlich in der Fülle der in ihrem Wert rein materiell zählbaren Güter an sich liegt, sondern darin, daß diese Fülle wirklich und wirksam die hinreichende materielle Grundlage bildet für eine berechtigte persönliche Entfaltung seiner Glieder. Wäre dies nicht oder nur sehr unvollkommen der Fall, dann wäre der wahre Zweck der nationalen Wirtschaft nicht erreicht. Trotz der etwa verfügbaren Güterfülle wäre ein solches um seinen Anspruch betrogenes Volk keineswegs wirtschaftlich reich, sondern arm. Wo aber die genannte gerechte Verteilung wirklich und dauernd erreicht wird, kann ein Volk auch bei geringerer Menge verfügbarer Güter ein wirtschaftlich gesundes Volk sein.

Diese Grundgedanken über den Reichtum und die Armut der Völker euerer Beachtung zu empfehlen, scheint Uns heute besonders am Platze zu sein, wo man allzu geneigt ist, Armut und Reichtum der Völker ganz falsch zu messen, nämlich nach rein quantitativen Maßen des verfügbaren Raumes und des Umfangs der Güter. Wo man aber den Zweck der nationalen Wirtschaft richtig sieht, wird von ihm ein Licht ausstrahlen, das den Ehrgeiz der Staatsmänner und Völker von selbst in eine Bahn lenkt, die nicht dauernd Lasten an Gut und Blut fordert, sondern Früchte des Friedens und allgemeinen Wohlstandes einbringt.

Die Arbeit

Geliebte Söhne und Töchter, ihr seht selbst, daß mit dem Nutzungsrecht an den Erdengütern die Arbeit im Zusammenhang steht. „Rerum novarum" lehrt, daß der Arbeit des Menschen zwei Dinge eigentümlich sind: sie ist persönlich, und sie ist notwendig. Sie ist persönlich, weil sie durch Einsatz der persönlichen Kräfte geleistet wird; sie ist notwendig, weil ohne sie der notwendige Lebensunterhalt nicht beschafft werden kann. Die Erhaltung des Lebens ist aber eine naturgegebene, strenge persönliche Pflicht. Der naturgegebenen persönlichen Arbeitspflicht entspricht folgerichtig das naturgegebene persönliche

Recht, durch Arbeit für das eigene Leben und das Leben der Seinen Vorsorge zu treffen.

So ist der Befehl der Natur auf das erhabene Ziel der Erhaltung des Menschen hingeordnet. Doch beachtet: Diese Pflicht und das ihr entsprechende Recht zur Arbeit kommen dem Einzelmenschen in erster Linie von der Natur, nicht etwa erst von der Gemeinschaft zu, als ob der Mensch nichts als ein von der Gemeinschaft zur Arbeit Beauftragter wäre.

Daraus folgt, daß Pflicht und Recht zur Ordnung des arbeitenden Volkes zunächst bei den unmittelbar Beteiligten liegen: bei den Arbeitgebern und bei den Arbeitnehmern. Insofern sie ihre Aufgabe nicht zu erfüllen vermögen, ist es Aufgabe des Staates einzugreifen, in den Einsatz wie in die Verteilung der Arbeit, auf die Art und in dem Maße, wie es die Wahrung des wohlverstandenen Gemeinwohles verlangt.

Alle berechtigten und wohltuenden staatlichen Eingriffe in den Arbeitsprozeß sollen in jedem Falle so sein, daß der persönliche Charakter der menschlichen Arbeit grundsätzlich und auch möglichst tatsächlich gewahrt bleibt. Kennzeichen dafür ist, daß die staatlichen Maßnahmen andere, ebenfalls persönlichen Rechte und Pflichten weder aufheben noch ihre Ausübung unmöglich machen. Solche persönlichen Rechte und Pflichten sind: das Recht der wahren Gottesverehrung; das Recht zur Ehe; das Recht der Ehegatten, des Familienvaters und der Familienmutter auf Führung des ehelichen und häuslichen Lebens; das Recht einer vernünftigen Freiheit der Berufswahl und der Ausübung eines wahren Berufes. Das letztere ist mehr denn jedes andere ein persönliches Recht des geistigen Menschen, erst recht erhaben, wenn auch noch höhere und unabdingliche Sonderrechte Gottes und der Kirche auf die Berufsausübung des Menschen gegeben sind, wie bei der Wahl und Ausübung des Priester- und Ordensberufes.

Die Familie

Nach der Lehre von „Rerum novarum" hat die Natur selbst das Privateigentum mit dem Bestand der menschlichen Gesellschaft und ihrer wahren Kultur innerlich verbunden – und zwar in hervorragendem Grade – mit dem Bestand und der Entwicklung der Familie. Der Hauptgrund dafür liegt offen am Tag: das Privateigentum soll dem Familienvater die nötige Freiheit und Unabhängigkeit sichern, deren er bedarf, um die vom Schöpfer selbst ihm auferlegten Pflichten hinsichtlich des leiblichen, geistigen und religiös-sittlichen Wohles der Familie erfüllen zu können.

In der Familie findet das Volk die naturgegebene, fruchtbare Wurzel für seine Größe und Macht. Hat das Privateigentum dem Wohl der Familie zu dienen, so müssen alle öffentlichen, vor allem staatlichen Maßnahmen im Bereich des Privateigentums darauf abzielen, seine in gewisser Hinsicht jeglichem anderen Zweck übergeordnete Funktion für die Familie nicht allein zu ermöglichen und zu erhalten, sondern immer weiter zu vervollkommnen. Deshalb ist eine Entwicklung naturwidrig, die – sei es durch übermäßige Abgaben, sei es durch unmittelbaren Eingriff – das Privateigentum aushöhlt und damit der Familie und ihrem Oberhaupt die tatsächliche Freiheit nimmt, den von Gott gewollten Zweck eines vollkommenen Familienlebens zu erfüllen.

Von allen Gütern, die im Privateigentum stehen können, ist nach der Lehre von „Rerum novarum" keines mehr naturgemäß als der Boden, das Stück Land, auf dem die Familie wohnt und von dessen Früchten sie ganz oder wenigstens zum Teile lebt. Ja es ist im Sinne von „Rerum novarum" zu sagen, daß im Regelfall nur jene Stabilität, die vom eigenen Boden kommt, aus der Familie die ganz vollkommene und ganz fruchtbare Lebenszelle der Gesellschaft macht, die durch ihren fortwirkenden Zusammenhalt die Geschlechter, die jeweils gegenwärtigen und die zukünftigen, wunderbar verbindet. Wenn heute die Schaffung von „Lebensraum" so sehr im Mittelpunkt des sozialpolitischen Denkens und Planens steht, müßte man da nicht vor allem an diesen Lebensraum der Familie denken? Müßte man nicht die Familie aus Verhältnissen herausführen, die sie vielfach nicht einmal mehr zum Bewußtsein irgendeines eigenen Heims und Herdes kommen lassen? Trotz vieler ausgedehnten Ozeane, Meere und Seen, trotz der Gebirge und Steppen, die mit ewigem Eis und Schnee bedeckt sind, trotz großer Wüsten und ungastlicher, unfruchtbarer Gebiete ist unser Planet doch auch nicht arm an Landstrichen und Gefilden, die noch der verschwenderischen Laune der Natur überlassen, sich sehr wohl eignen würden zur Pflege durch Menschenhand, zur wirtschaftlichen und staatlichen Nutzung. Und gar oft läßt es sich nicht umgehen, daß Familien sich durch Auswanderung irgendwo eine neue Heimat suchen. Auch dann ist nach der Lehre von „Rerum novarum" das Recht der Familie auf Lebensraum besonders zu berücksichtigen. Wo dies geschieht, wird die Auswanderung ihren naturgemäßen und sehr oft in der Geschichte bewährten Zweck erreichen, nämlich die günstigere Verteilung der Menschen über den Siedlungsboden der Erdoberfläche, den Gott der ganzen Menschheit zur Nutzung geschaffen und bereitet hat. Wenn beide Teile, das Land, das die Erlaubnis zur Auswanderung aus der Heimat erteilt, und das, welches die Einwanderer aufnimmt, aufrichtig bemüht sind, alle etwa möglichen Hindernisse eines wirklichen Vertrauens zwischen dem Heimatland und dem der Einwanderung zu beseitigen, werden alle Beteiligten den Nutzen davon haben: die Familien erhalten einen neuen Heimatboden im eigentlichen Sinne des Wortes; die übervölkerten Staaten werden entlastet und schaffen sich selber durch die Auswanderung neue Freunde in fremden Ländern. Die aufnehmenden Staaten aber gewinnen arbeitskräftige Staatsbürger. Beide, die übervölkerten abgebenden wie die aufnehmenden Staaten werden so und nur so zu einer Steigerung von Menschheitsglück und Menschheitskultur beisteuern.

Das, geliebte Söhne und Töchter, sind die Gedanken, Grundsätze und Richtlinien, durch die Wir schon jetzt zum kommenden Neuaufbau, zur „neuen Ordnung" beitragen wollten, jener neuen Ordnung, deren Geburt die Welt als Ergebnis der gewaltigen Gärung des gegenwärtigen Ringens erwartet und herbeisehnt, auf daß sie die Völker zur Ruhe bringe in Friede und Gerechtigkeit. Was bleibt Uns noch übrig, als daß Wir im Geiste Leos XIII. und seinen erhabenen Zielen entsprechend, euch mahnen, das Werk, das die vergangene Generation eurer Brüder und Schwestern so wagemutigen Herzens aufgebaut hat, weiterzuführen und weiterzuentwickeln? Möge das eindringliche Wort der beiden Päpste der sozialen Rundschreiben nie unter euch verhallen oder an Wirkkraft verlieren! Sie haben der sittlichen Pflicht derer, die an die übernatürliche Wiedergeburt der Menschheit glauben, ordnend in das gesellschaftliche, vor allem das wirtschaftliche Leben einzugreifen, schärfste Betonung verliehen. Sie haben sie betont für die am Wirtschaftsleben Beteiligten, sie haben sie betont für den Staat als solchen. Wie sollte sie nicht eine heilige Verpflichtung bedeuten für jeden Christen? Laßt euch nicht entmutigen, geliebte Söhne und Töchter, durch äußere Schwierigkeiten, nicht erschrecken durch die steigende Säkularisierung des öffentlichen Lebens, nicht irreführen durch ungesunde und falsche, auf Schwund und nicht auf Wachstum der religiösen Substanz deutende Richtungen, wie jene, die sagt: die Heilsordnung sei eine Ordnung der Gnade, also ganz Gottes Werk, und bedürfe nicht unseres Zutuns im diesseitigen Raum. Welch bedauerliche Verkennung des Werkes Gottes! „Indem sie sich weise dünkten, sind sie zu Toren geworden"[4]. Als ob nicht die erste Wirkung der Gnade gerade die wäre, daß wir in ehrlichem Bemühen Gottes Gebot erfüllen, Tag für Tag, als Einzelmenschen wie als Glieder der Gemeinschaft; als ob nicht immer in der Kirche, im ganzen Verlauf ihrer fast zweitausendjährigen Geschichte, das Bewußtsein solidarischer Verantwortung aller für alle bestanden hätte, das ihre Kinder zum Heroismus der Caritas von jeher bis heute begeistert hat, in den ackerbauenden Mönchen, den Befreiern der Sklaven, in den Krankenhäusern, in den Boten des Glaubens, der Kultur und der Wissenschaft unter allen Völkern und Altersklassen, um für alle die sozialen Verhältnisse zu schaffen, die erst ein menschen- und christenwürdiges Leben ermöglichen und erleichtern. Ihr aber dürft euch, im vollen Bewußtsein dieser heiligen Verantwortung, nie und nimmer mit einem Allgemeinzustand abfinden, in dem der Durchschnitt der Menschen so gestellt ist, daß er nur unter Heroismus jene Gebote Gottes erfüllen kann, die immer und in jedem Falle verpflichten.

Das bisweilen offenbar gewordene Mißverhältnis zwischen Wollen und Vollbringen, das bei allem menschlichen Tun gelegentlich unterlaufende Irren, Meinungsverschiedenheiten über die eingeschlagenen oder einzuschlagenden Wege, all dies darf euern Mut nicht lähmen, euern Schritt nicht hemmen, nicht Anlaß werden zu Klagen oder Anklagen. Noch viel weniger kann damit die trostvolle Tatsache aus der Welt geschafft werden, daß der erleuchteten Papstbotschaft „Rerum novarum" frisch und klar ein Quellstrom starken, ehrlichen, selbstlosen sozialen Wirkens entsprungen ist, ein Quellstrom, der heute von einem Bergrutsch anderen und stärkeren Geschehens zum Teil verschüttet sein mag, aus dem jedoch morgen, beim Aufräumen der Ruinen dieses Weltorkans und beim Neuaufbau einer gottes- und menschenwürdigen sozialen Ordnung zum 2. Male neues Sprossen und Wachsen auf alle Gebiete menschlicher Kulturarbeit ausgehen kann. Hütet darum, geliebte Söhne und Töchter, die edle Flamme brüderlichen sozialen Wollens, die vor einem halben Jahrhundert Leos XIII. erleuchtendes und entflammendes Hirtenwort in den Herzen eurer Väter entfacht hat.

Hütet sie und laßt sie nicht aus Mangel an Nahrung ersterben, nachdem sie bei diesem ehrenvollen Gedenktag so flammend aufschlug! Laßt sie nicht erlöschen in schlaffer und bequemer Gleichgültigkeit gegenüber der allgemeinen Not der ärmsten unserer Brüder, nicht ersticken vom schmutzig staubigen Wirbelsturm unchristlichen oder christenfeindlichen Geistes.

Nährt diese Flamme, belebt sie, erhebt sie, lasset sie um sich greifen, tragt sie überall hin, wo ihr das Stöhnen des Kummers, das Weinen der Not, den Aufschrei des Schmerzes vernehmt. Entzündet sie immer von neuem an der Liebesglut des Erlöserherzens, dem der heute anhebende Monat in besonderer Weise geweiht ist. Geht hin zu diesem göttlichen Herzen, das die Milde ist und die Demut, die Heimstatt jeglichen Trostes in der Ermattung und im Drucke der Arbeit. Es ist das Herz dessen, der jeder aufrichtig reinen Tat im Dienste der Leidenden und Bedrängten, der von der Welt Verlassenen und der hilflos, mittellos Enterbten, sofern sie nur in Seinem Namen und Geist vollbracht wird, den ewig beglückenden Lohn verhieß: „Gesegnete meines Vaters! Was ihr dem geringsten meiner Brüder getan habt, das habt ihr mir getan!"

Belegstellen

[1] Vgl. Apg. 4.32.
[2] Psalm 18.5; Röm. 10.18.
[3] „Quadragesimo anno" 16–40.
[4] Röm. 1, 22.

Weihnachts-Rundfunkbotschaft (Pius XII. 1944)

Rundfunkbotschaft Pius XII.
über
Demokratie und Weltfrieden
am 24. Dezember 1944

Erschienen ist die Güte und Menschenfreundlichkeit unseres Erlöser-gottes."[1] . . .
Ein wahrer Strom von Licht und Freude senkt sich herab auf die trau-ernden, betrübten, zerschlagenen Herzen und dringt bis auf ihren Grund. Die zu Boden gesenkten Häupter erheben sich und werden wieder froh, denn Weihnachten ist das Fest der Menschenwürde, das Fest des „wunderbaren Tausches, durch den der Schöpfer des Men-schengeschlechtes, indem Er Menschennatur annahm und sich wür-digte, aus der Jungfrau geboren zu werden, uns der göttlichen Natur teilhaftig machte."
Doch von diesem strahlenden Kind in der Krippe wendet sich unser Blick unwillkürlich ab zu der Welt, die Es umgibt. Und der schmerzli-che Seufzer des Evangelisten Johannes steigt uns auf die Lippen: „Lux in tenebris lucet et tenebrae eam non comprehenderunt."[2] Das Licht leuchtet in der Finsternis, aber die Finsternis hat es nicht begriffen. Denn leider geht der Weihnachtstag schon zum sechsten Male auf über Schlachtfeldern, die sich immer weiter ausdehnen; über Friedhöfen, wo sich die Leichen der Opfer dieses Krieges immer mehr häufen; über verwüsteten Ländern, wo einige schwankende Türme in trostlo-sem Schweigen die Trümmer der vor kurzem noch blühenden und glücklichen Städte bezeichnen, und wo die Glocken, die zerschlagen oder weggenommen wurden, nicht mehr durch ihr festliches Lied die Menschen in dieser freudigen Nacht wecken können. Soviel Zeugen, die, wenn sie auch stumm sind, unsere Zeit verklagen und anprangern,

und die zeigen, wie sie einen Schandfleck in der Geschichte der Menschheit bildet! Weil unsere Zeit willentlich die Augen verschlossen hat vor dem Lichte dessen, der Strahl und Abglanz des Vaters ist; weil sie sich willentlich von Christus entfernt hat, darum ist sie hinabgesunken und der Vernichtung und Entäußerung ihrer Würde anheimgefallen. Selbst das Ewige Licht ist ausgelöscht in zahlreichen majestätischen Domen und in vielen bescheidenen Kapellen, wo es beim Tabernakel teilnahm an der Wache des göttlichen Gastes über der schlafenden Welt. Welche Verwüstung! Welche Zerstörung! Sollte es denn keine Hoffnung mehr geben für die Menschheit?

Doch gepriesen sei der Herr! Aus den schauerlichen Schmerzensrufen und mitten aus der grauenhaften Angst der Einzelnen und der bedrückten Völker leuchtet ein Hoffnungsschimmer hervor. Bei hervorragenden Geistern, deren Zahl ständig wächst, bricht ein Gedanke durch; ein immer klarerer und festerer Wille: diesen Weltkrieg, diesen allgemeinen Umsturz zum Ausgangspunkt für ein neues Zeitalter, für eine tiefgreifende Erneuerung, für eine vollständige Umgestaltung der Welt zu machen. Und während die Heere fortfahren, sich in mörderischen Schlachten mit immer grausameren Waffen aufzureiben, treffen sich die Machthaber als verantwortliche Vertreter der Nationen, um teilzunehmen an Aussprachen und Zusammenkünften, deren Ziel es ist, die Rechte und Grundpflichten zu bestimmen, auf denen die Gemeinschaft der Staaten aufgebaut werden müßte, und um den Weg zu bahnen zu einer Zukunft, die schöner, sicherer und menschenwürdiger ist. Seltsamer Gegensatz: dieses Zusammentreffen eines Krieges, der auf Vernichtung zielt, mit einem sichtbaren Fortschritt in Bestrebungen und Plänen, deren Ziel ein Übereinkommen für einen festen und dauerhaften Frieden ist! Ohne Zweifel kann man über Wert, Anwendbarkeit und Wirksamkeit des einen oder anderen Vorschlags streiten, man kann sein Urteil darüber zurückstellen, aber bestehen bleibt doch, daß die Bewegung im Gange ist.

Außerdem – und das ist vielleicht der wichtigste Punkt – sind die Völker unter dem unheilvollen Lichte des Krieges, das sie umfängt, und in der brennenden Glut des Schmelzofens; in den sie eingeschlossen sind, jetzt wie aus langer Betäubung erwacht. Sie haben gegenüber dem Staat, gegenüber den Regierenden eine neue Haltung angenommen, die Rechenschaft fordert, kritisch und mißtrauisch ist. Durch bittere Erfahrung belehrt, widersetzen sie sich immer heftiger den Ansprüchen einer diktatorischen Macht, die nicht zur Verantwortung gezogen werden kann und die unangreifbar ist; sie suchen ein Regierungssystem, das mit der Würde und Freiheit der Bürger besser zu vereinen ist. Diese unruhigen Massen, die durch den Krieg in ihren Tiefen erschüttert sind, haben heute die Überzeugung gewonnen, – die anfangs vielleicht verschwommen und unklar war, jetzt aber nicht mehr zu unterdrücken ist –; die Welt wäre nicht in diesen vernichtenden Wirbel des Krieges hinein gezogen worden, wenn es möglich gewesen wäre, das Vorgehen der öffentlichen Macht zu kontrollieren und zu steuern; in den Völkern selbst wären wirksame Garantien zu schaffen, damit für die Zukunft solche Katastrophen vermieden würden.

Bei dieser geistigen Haltung braucht man sich nicht mehr darüber zu wundern, daß demokratische Bestrebungen sich der Völker bemächtigen und in großem Ausmaße die Überzeugung und Zustimmung derer gewinnen, deren Anliegen es ist, die Geschicke der Einzelnen und der Gesellschaft wirksam zu beeinflussen.

Es ist wohl kaum nötig, hier daran zu erinnern, daß es nach der Lehre der Kirche „nicht verboten ist, Regierungsformen den Vorzug zu geben, die durch die Mitwirkung des Volkes beeinflußt werden; wohlverstanden unter der Bedingung, daß die katholische Lehre über den Ursprung und die Anwendung der staatlichen Macht gewahrt bleibt." Denn „die Kirche lehnt keine der vielen verschiedenen Formen ab, die eine Regierung haben kann, sofern sie nur geeignet ist, das Wohl der Bürger zu sichern."[3]

In dieser Festzeit, die zugleich die Güte des menschgewordenen Wortes und die Würde des Menschen feiert (Würde, nicht nur vom persönlichen, sondern auch vom sozialen Gesichtspunkt aus verstanden), wenden Wir Unsere Aufmerksamkeit auf das Problem der Demokratie. Wir wollen prüfen, nach welchen Gesetzen sie sich richten muß, um den Namen einer wahren und gesunden Demokratie, die den Bedürfnissen der jetzigen Stunde angepaßt ist, zu verdienen. Diese Tatsache zeigt deutlich, daß die Sorge und die Arbeit der Kirche nicht so sehr ihren äußeren und inneren Aufbau betreffen, die von den jeweils verschiedenen Neigungen der einzelnen Völker abhängen, als vielmehr den Menschen selbst, der, weit davon entfernt, ein passives Element des sozialen Lebens zu sein, sein Träger, Fundament und Zweck sein und bleiben soll.

Es ist klar, daß die Demokratie im weiten Sinne des Wortes verschiedene Formen zuläßt und sich gleich gut in einer Monarchie wie in einer Republik verwirklichen kann. So erheben sich zwei Fragen, die Wir prüfen wollen:

Welche Eigenschaften müssen die Menschen auszeichnen

1. die in einer Demokratie und unter einer demokratischen Regierung leben,
2. die die Macht in einer Demokratie ausüben?

Seine Meinung sagen über die ihm auferlegten Pflichten und Opfer und nicht gezwungen sein zu gehorchen ohne gehört worden zu sein: das sind zwei Rechte des Bürgers, die in der Demokratie, wie schon ihr Name sagt, ihren Ausdruck finden. Aus der Festigkeit, Übereinstimmung und den Erfolgen dieser Berührung zwischen Bürgern und Regierung kann man erkennen, ob eine Demokratie gesund und im Gleichgewicht und wie stark ihre Lebenskraft und Entwicklungsfähigkeit ist. Wenn wir das Ausmaß und die Art der Opfer ansehen, die von allen Bürgern gefordert werden, erscheint die demokratische Form der Regierung in der Gegenwart, wo die Tätigkeit des Staates ein so großes Ausmaß und einen so entscheidenden Einfluß gewonnen hat, vielen als eine Forderung der Natur, die von der Vernunft selbst aufgestellt ist. Doch wenn man „mehr Demokratie und eine bessere Demokratie" fordert, dann kann diese Forderung nur das Ziel haben, den Bürger immer mehr in die Lage zu versetzen, sich seine persönliche Meinung zu bilden, sie zu äußern und ihr entsprechend den Forderungen des allgemeinen Wohls Geltung zu verschaffen.

Daraus ergibt sich eine erste notwendige Forderung mit ihren praktischen Folgerungen. Ein Staat umfaßt und vereint nicht mechanisch auf einem gegebenen Raum eine formlose Anhäufung von Einzelwesen. In Wahrheit ist und muß er die organische und organisatorische Einheit eines wirklichen Volkes sein.

Volk und formlose Menge oder, wie man gewöhnlich sagt, „Masse", sind zwei verschiedene Begriffe. Das Volk lebt und bewegt sich durch sein eigenes Leben; die Masse ist an sich untätig, sie kann nur von außen her bewegt werden. Das Volk lebt aus der Fülle des Lebens der Menschen, aus denen es besteht und deren jeder einzelne an seinem Platze und auf seine Weise eine Persönlichkeit ist, die sich ihrer Verantwortung und ihrer Überzeugung bewußt ist. Die Masse dagegen wartet auf den Anstoß von außen, ist ein williges Spielzeug in den Händen desjenigen, der ihre Instinkte oder Gefühle ausnutzt; sie folgt bereitwillig heute dieser Fahne, morgen jener. Das überströmende Leben eines wahren Volkes teilt sich verschwenderisch und reich dem Staat und allen seinen Organen mit, flößt ihnen dadurch eine immer wieder erneuerte Lebenskraft, das Bewußtsein ihrer Verantwortung und den wirklichen Sinn für das allgemeine Wohl ein. Der elementaren Gewalt der Masse kann sich der Staat selbst bedienen, wenn er sie geschickt leitet und benutzt. Wenn der Staat dem Ehrgeiz eines einzigen oder einiger Führer, die künstlich durch ihre egoistischen Leidenschaften geeint sind, unterworfen ist, dann kann es dahin kommen, daß er mit Unterstützung der Masse, die er nur noch eine Maschine sein läßt, dem besseren Teil des Volkes seine willkürlichen Beschlüsse aufzwingt. Dadurch wird das allgemeine Wohl schwer und nachhaltig verletzt, und diese Verwundung ist nicht leicht zu heilen. Hieraus ergibt sich klar eine weitere Folgerung: die Masse, so wie Wir sie definiert haben, ist der Hauptfeind der wahren Demokratie und ihres Ideales von Freiheit und Gleichheit.

In einem Volk, das dieses Namens würdig ist, fühlt der Bürger in sich selbst das Bewußtsein seiner Persönlichkeit, seiner Pflichten, seiner Rechte und seiner Freiheit, verbunden mit der Achtung vor der Freiheit und der Würde des Nächsten. In einem Volk, das dieses Namens würdig ist, sind alle Ungleichheiten, die nicht aus Willkür, sondern aus der Natur der Dinge selbst stammen, Ungleichheiten der Bildung, des Besitzes, der sozialen Stellung – ohne hier Gerechtigkeit und Nächstenliebe in Betracht zu ziehen – kein Hindernis für das Vorhandensein und das Vorherrschen des Geistes wahrer Gemeinschaft und Brüderlichkeit. Sie verletzen die bürgerliche Gleichheit keineswegs, sie geben ihr vielmehr ihre wahre Bedeutung, so daß also jeder gegenüber dem Staate das Recht hat, in Ehren sein persönliches Leben zu führen an dem Platze und unter den Verhältnissen, in die ihn die Absichten und Bestimmungen der Vorsehung gestellt haben.

Welchen Anblick bietet im Gegensatz zu diesem Bild des demokratischen Ideals der Freiheit und Gleichheit in einem Volke, das von ehrenhaften und gescheiten Männern geführt wird, ein demokratischer Staat, der der Willkür der Massen ausgeliefert ist! Die Freiheit, wie die moralischen Pflichten der Person verwandeln sich in tyrannische Forderungen, den Leidenschaften und Trieben freien Lauf zu lassen ohne Rücksicht auf die Rechte des Mitmenschen. Die Gleichheit sinkt herab zu einer mechanischen Gleichmacherei, zu einer farblosen

Gleichförmigkeit; das wirkliche Ehrgefühl, das persönliche Handeln, die Achtung vor der Überlieferung, die Würde, mit einem Worte, alles, was dem Leben Wert gibt, versinkt und schwindet, Bestehen bleiben nur auf der einen Seite die Opfer dieses trügerischen Blendwerks einer Demokratie, das naiv mit dem Geist der Demokratie selbst verwechselt wird, mit der Freiheit und der Gleichheit; auf der anderen Seite die mehr oder weniger zahlreichen Gewinner, die durch die Macht des Geldes oder der Organisation sich eine Vorzugstellung und die Gewalt selbst zu verschaffen wußten.

Der demokratische Staat muß, ob er nun monarchisch oder republikanisch ist, wie jede andere Regierungsform mit einer Befehlsgewalt ausgerüstet sein, die auf wahrer und wirksamer Autorität beruht. Die absolute Seins- und Zielordnung, die den Menschen zur selbständigen Persönlichkeit macht, d. h. als Träger unverletzlicher Pflichten und Rechte, als Ursprung und Ziel des sozialen Lebens, umfaßt auch den Staat als eine notwendige Gesellschaft, die mit Autorität ausgestattet ist, ohne die er weder sein noch leben kann. Denn wenn die Menschen unter Berufung auf ihre persönliche Freiheit jede Abhängigkeit von einer höheren Autorität, die mit dem Recht ausgestattet ist, Zwang auszuüben, zurückwiesen, dann untergrüben sie dadurch Würde und Freiheit, die absolute Ordnung des Seins und der Ziele.

Da die Persönlichkeit, der Staat und die öffentliche Macht mit ihren jeweiligen Rechten auf der gleichen Grundlage ruhen, sind sie so eng miteinander verbunden, daß sie sich gegenseitig unterstützen oder zugrunde richten.

Da diese absolute Ordnung, wenn man sie im Lichte der Vernunft und vor allem des christlichen Glaubens betrachtet, keinen anderen Ursprung haben kann als einen persönlichen Gott, unseren Schöpfer, so ergibt sich daraus: die Würde des Menschen besteht in der Gottebenbildlichkeit, die Würde des Staates in der sittlichen, von Gott gewollten Gemeinschaft, die Würde der politischen Autorität in der Teilnahme an der Autorität Gottes.

Es gibt keine Staatsform, die diese innige und unlösliche Verbindung nicht berücksichtigen müßte; noch weniger als jede andere könnte es die Demokratie. Wer daher die Macht besitzt, diese Verbindung aber nicht sieht oder sie mehr oder weniger vernachlässigt, erschüttert die Grundlagen seiner eigenen Autorität. Gleicherweise besteht die große Gefahr, daß, wenn er diese Beziehung nicht genügend berücksichtigt und in seinem Amte nicht den Auftrag sieht, die von Gott gewollte Ordnung zu verwirklichen, und wenn eigensüchtiger Ehrgeiz und Selbstsucht über die wesentlichen Forderungen der politischen und sozialen Moral vorherrschen, daß der leere Schein einer nur formellen Demokratie dem als Maske dient, was in Wirklichkeit sehr wenig demokratisch ist.

Nur die klare Einsicht in die Ziele, die Gott einer jeden menschlichen Gesellschaft vorgezeichnet hat, verbunden mit dem tiefen Gefühl für die erhabenen Pflichten der sozialen Tätigkeit kann diejenigen, denen die Gewalt überantwortet ist, in die Lage versetzen, ihre Aufgaben gesetzgebender, richterlicher oder ausübender Art mit jenem Verantwortungsbewußtsein zu erfüllen, mit jener Sachlichkeit, Unparteilichkeit, Gerechtigkeit, mit jenem Großmut und Unbestechlichkeit, ohne die eine demokratische Regierung es schwerlich erreichen wird, Achtung, Vertrauen und Billigung des besseren Teiles des Volkes zu gewinnen. Das tiefe Gefühl für die Grundlagen einer gesunden politischen und sozialen Ordnung, die den Grundsätzen von Recht und Gerechtigkeit entspricht, ist von besonderer Wichtigkeit für jene, die in einem demokratischen Regime, gleich welcher Form, als Vertreter des Volkes ganz oder teilweise die gesetzgebende Macht in ihren Händen haben. Und da der Schwerpunkt einer rechtmäßig aufgebauten Demokratie in dieser Volksvertretung liegt, von wo aus die politischen Strömungen zum Guten wie zum Schlechten in alle Gebiete des öffentlichen Lebens ausstrahlen, ist die Frage nach dem moralischen Hochstand, der praktischen Brauchbarkeit, der geistigen Fähigkeiten der Abgeordneten im Parlament für jedes Volk unter demokratischer Herrschaft eine Frage, die über Leben und Tod, Wohlstand und Verfall, Aufstieg und ständigen Niedergang entscheidet.

Um fruchtbare Arbeit zu leisten, um sich Achtung und Vertrauen zu erwerben, muß jede gesetzgebende Körperschaft – wie es unwiderlegliche Erfahrungen zeigen – eine Elite von Männern vereinigen, die durch Geist und Charakterfestigkeit hervorragen; die sich als Vertreter des ganzen Volkes ansehen und nicht als die Beauftragten einer Gruppe, deren Sonderinteressen sehr oft an die Stelle der wahren Bedürfnisse und wahren Erfordernisse des öffentlichen Wohles treten; eine Elite von Männern, die nicht auf einen Beruf oder einen Stand beschränkt ist, sondern die ein Bild des vielfältigen Lebens des ganzen Volkes sein soll; eine Elite von Männern, die sich auszeichnet durch ihre unerschütterliche christliche Überzeugung, ihr gerades, sicheres Urteil, ihren praktischen Sinn, ihre Billigkeit, ihre in allen Umständen klare Haltung. Männer von klarer und gesunder Lehre, von festem und aufrechtem Willen; Männer vor allem, die durch die Autorität, die sie aus ihrem reinen Gewissen ausstrahlen und die sich um sie verbreitet, fähig sind, Führer und Lenker ihrer Mitbürger zu sein; vor allem in Zeiten wie den jetzigen, wo die Nöte, die die Völker bedrücken, sie leicht beeinflußbar machen und sie der Gefahr aussetzen, sich zu täuschen und getäuscht zu werden; Männer, die in Zeiten des Übergangs, die immer von Leidenschaften, Meinungsverschiedenheiten, widersprechenden Programmen bedrängt und zerrissen sind, sich doppelt verpflichtet fühlen, den Adern des Volkes und des Staates, in denen tausend Fieber brennen, die geistige Medizin der klaren Sicht, der helfenden Güte, des gleichen Rechts für alle, der Willensausrichtung zur Einheit und der nationalen Eintracht im Geiste wahrer Bruderliebe einzuflößen.

Die Völker, deren geistige und sittliche Veranlagung noch gesund und fruchtbar ist, finden in sich selbst Herolde und Werkzeuge der Demokratie, die diese Eigenschaften besitzen und sie zu verwirklichen wissen. Sie können sie auch der Welt geben. Wo dagegen Männer dieses Schlages fehlen, werden andere ihren Platz einnehmen und aus der politischen Tätigkeit ein Feld ihres Ehrgeizes machen, den Dingen einen Verlauf geben, der ihnen, ihrer Kaste oder ihre Klasse vorteilhaft ist. Es ist ja bekannt, daß die Jagd nach dem Einzelinteresse das wirkliche allgemeine Wohl aus dem Blickfeld ausschließt und in Gefahr bringt. Eine gesunde Demokratie, die auf den unveränderlichen Grundlagen des Naturgesetzes und der geoffenbarten Wahrheiten beruht, ist entschieden der politischen Verderbtheit entgegengesetzt, die der Gesetzgebung des Staates eine zügel- und grenzenlose Macht zubilligt, und die aus dem demokratischen Regime selbst, trotz der trügerischen gegenteiligen Erscheinung, ganz klar ein System des Absolutismus macht. Der Absolutismus des Staates (als solcher nicht mit der absoluten Monarchie zu verwechseln, von der Wir hier nicht sprechen), besteht in der Tat in dem irrigen Grundsatz, daß die Autorität des Staates unbegrenzt ist und daß ihr gegenüber – auch dann, wenn sie ihren machtgierigen Bestrebungen freien Lauf läßt und so die Grenzen von Gut und Böse überschreitet – kein höheres, moralisch verpflichtendes Gesetz angerufen werden kann.

Ein Mann, der rechte Begriffe von Staat, Autorität und Macht hat, mit der er als Hüter der sozialen Ordnung bekleidet ist, wird die Majestät des positiven Gesetzes, das innerhalb der Grenzen seiner natürlichen Anwendbarkeit bleibt, nicht antasten. Aber diese Majestät des positiven menschlichen Gesetzes ist nur unanfechtbar in dem Maße, in dem es übereinstimmt – oder zum mindesten nicht im Widerspruch steht – mit der absoluten Ordnung, die durch den Schöpfer aufgestellt und durch die Offenbarung des Evangeliums in ein neues Licht gerückt ist. Sie kann nur Bestand haben, wenn sie die Grundlagen achtet, auf die sich die menschliche Persönlichkeit, der Staat und die öffentliche Macht stützen. Das ist das Kennzeichen für jede gesunde Form der Regierung, die Demokratie einbegriffen; das Kennzeichen, nach dem der Wert jedes einzelnen Gesetzes beurteilt werden soll.

Wir wollen, geliebte Söhne und Töchter, die Gelegenheit des Weihnachtsfestes ergreifen, um zu zeigen, auf welchen Wegen eine Demokratie, die der menschlichen Würde entspricht, im Einklang mit dem Naturgesetz und den Plänen Gottes, die Er in der Offenbarung aufgezeigt hat, zu guten Ergebnissen gelangen kann. Denn Wir sind Uns tief der großen Bedeutung dieses Problems für die Entwicklung der Menschheitsfamilie bewußt; gleichzeitig fühlen Wir genau die ganze moralische Reife, die diese Regierungsform von den Bürgern fordert; eine moralische Reife, zu der vollständig und sicher zu gelangen man vergeblich hoffen würde; wenn das Licht aus der Grotte von Bethlehem nicht den Weg erleuchtete, auf dem die Völker aus der von Stürmen bedrängten Gegenwart einer Zukunft entgegenschreiten, die, wie sie hoffen, ungetrübter ist.

Aber wie weit sind die Vertreter und Wegbereiter der Demokratie bei ihren Beratungen von der Überzeugung durchdrungen, daß die absolute Ordnung des Seins und Sollens, die Wir beharrlich in die Erinnerung zurückgerufen haben, als moralische Forderung und als Krönung der sozialen Entwicklung gleichzeitig die Einheit des menschlichen Geschlechtes und der Völkerfamilie in sich einschließt? Von der Anerkennung dieses Grundsatzes hängt die Zukunft des Friedens ab. Keine Reform der Welt, keine Friedensgarantie kann davon absehen, ohne sich zu schwächen und sich selbst zu verneinen. Im Gegenteil: wenn diese moralische Forderung sich verwirklicht fände in einer Völkergemeinschaft, die die Fehler und Unzulänglichkeiten der früheren Lösungsversuche zu vermeiden wüßte, dann würde die Majestät der absoluten Ordnung auch gleichzeitig die Beschlüsse dieser Gemein-schaft und die Anwendung ihrer Maßnahmen regeln und beherr-schen.

Man versteht, wie aus demselben Grunde die Autorität dieser Völker-gemeinschaft bei ihren Mitgliedstaaten wirklich und wirksam sein muß; derart, daß jeder ein gleiches Recht auf seine relative Selbstän-digkeit behält. Nur auf diese Weise kann der Geist einer gesunden Demokratie auch in die ausgedehnten und dornigen Gefilde der Au-ßenpolitik eindringen.

Eine Pflicht ist im übrigen allen auferlegt; eine Pflicht, die keine Ver-zögerung, keinen Aufschub, keine Zurückhaltung, keine Ausflucht duldet: die Pflicht, alles nur irgend Mögliche zu tun, um ein für alle Mal den Angriffskrieg als rechtmäßige Lösung internationaler Streitigkei-ten und als Werkzeug nationaler Bestrebungen zu ächten und zu ban-nen. Die Vergangenheit hat genügend Versuche mit diesen Zielen ge-sehen. Sie alle haben Schiffbruch erlitten. Und sie werden auch so-lange weiter scheitern, als der gesündere Teil des Menschengeschlech-tes noch nicht den festen Willen, die heilige Hartnäckigkeit wie eine Gewissenspflicht in sich fühlt, die Mission zu vollenden, die die früheren Zeitalter begonnen haben, aber ohne die nötige Ent-schlossenheit.

Wenn jemals eine Generation den Schrei „Krieg dem Kriege!" der aus den Tiefen ihres Gewissens aufstieg, vernehmen mußte, dann ist es gewiß die unsere. Sie ist durch einen Ozean von Blut und Tränen ge-schritten wie es vielleicht keine Zeit vorher gekannt hat, und sie hat die unaussprechlichen Grausamkeiten so intensiv erlebt, daß das Anden-ken an diese Schrecken in ihr Gedächtnis und in den Grund ihrer Seele eingegraben bleiben wird wie das Bild einer Hölle . . .

Die Beschlüsse, die von den internationalen Kommissionen ange-nommen und bis jetzt bekannt geworden sind, lassen erwarten, daß ein wesentlicher Punkt jeder zukünftigen Weltorganisation die Bildung eines Organs sein wird, das den Frieden aufrecht erhalten soll; eines Organs, das durch gemeinsamen Beschluß mit einer höchsten Autori-tät ausgerüstet ist und das auch die Aufgabe hat, jede Angriffsdrohung im Keime zu ersticken. Niemand kann diese Entwicklung mit größerer Freude begrüßen als derjenige, der schon seit langer Zeit den Grund-satz vertreten hat, daß die Theorie vom Kriege als dem geeigneten und angebrachten Mittel internationale Konflikte zu lösen, von nun an überlebt sei. Niemand kann dieser gemeinsamen Zusammenarbeit, die es mit bisher unbekannter Entschlossenheit ins Werk zu setzen gilt, mit größerer Wärme einen vollen und glücklichen Erfolg wünschen als derjenige, der im Gewissen dazu verpflichtet ist, das christliche und religiöse Denken dahin zu beeinflussen, daß es den modernen Krieg mit seinen fürchterlichen Kampfmitteln ablehnt.

Fürchterliche Kampfmittel! Es besteht kein Zweifel, daß der Fortschritt der menschlichen Erfindungen, der das Nahen eines größeren Wohlstandes für die ganze Menschheit sichern sollte, im Gegenteil dazu verwandt worden ist, das zu vernichten, was die Jahrhunderte aufgebaut hatten. Aber gerade dadurch ist die Unsittlichkeit des Angriffskrieges immer augenfälliger geworden. Und wenn sich zu der Erkenntnis dieser Unsittlichkeit die drohende Gefahr eines gerichtlichen Einspruchs der Nationen und einer Strafe gesellt, die dem Angreifer vom Bund der Völker auferlegt wird, so daß der Krieg sich ständig unter dem Druck der Ächtung und immer von vorbeugenden Maßnahmen überwacht fühlt, dann kann die Menschheit, die aus der dunklen Nacht hervorgeht, in die sie so lange versenkt war, die Morgenröte eines neuen und besseren Zeitalters ihrer Geschichte begrüßen.

Allerdings nur unter der einen Bedingung, daß die Friedensorganisation, der gegenseitige Garantien und wenn nötig, wirtschaftliche Maßnahmen und selbst bewaffnetes Eingreifen Kraft und Festigkeit verleihen müßten, nicht endgültig eine Ungerechtigkeit billigt und nicht eine Verletzung eines Rechts zum Nachteil eines Volkes zufügt (ob dies Volk nun zu der Gruppe der Sieger oder zu der der Besiegten oder der Neutralen gehört); daß sie nicht irgendwelche Auflagen oder Lasten verewigt, die höchstens als Reparation für die Kriegsschäden zulässig wären.

Daß gewisse Völker, deren Regierungen – oder vielleicht auch teilweise sie selbst – für den Krieg verantwortlich geworden sind, einige Zeit die Härte der Sicherheitsmaßnahmen zu ertragen haben, bis die Bande gegenseitigen Vertrauens, die durch die Gewalt zerbrochen wurden, nach und nach wieder hergestellt sind, das ist etwas, was schwerlich zu vermeiden ist, so hart es auch sein mag. Indessen müssen auch diese Völker die wohlbegründete Hoffnung haben können, entsprechend dem Maß ihrer redlichen und wirksamen Mitarbeit an dem Bemühen um den Wiederaufbau wie die anderen Staaten und mit demselben Ansehen und denselben Rechten in die große Gemeinschaft der Nationen eingegliedert zu werden. Ihnen diese Hoffnung verweigern, wäre das Gegenteil von voraussehender Klugheit; es hieße, die große Verantwortung auf sich nehmen, den Weg zu sperren, der zu einer allgemeinen Befreiung von den verhängnisvollen moralischen, materiellen und politischen Folgerungen führt, die sich aus dem gigantischen Umsturz ergeben, der die arme Menschheit in ihren letzten Tiefen aufgerührt, ihr aber auch zur gleichen Zeit den Weg zu neuen Zielen gezeigt hat.

Wir wollen nicht aufhören zu vertrauen, daß die Völker, die alle die Schule des Schmerzes durchgemacht haben, davon ernste Lehren behalten haben. Und Wir finden eine Bestätigung dieser Hoffnung in den Aussprüchen der Männer, die die Leiden des Krieges bitter erfahren haben und die edle Worte fanden, um zugleich mit der Betonung ihrer Sicherheitsforderungen gegen jeden zukünftigen Angriff ihre Achtung vor den Lebensrechten der anderen Völker und ihre Ablehnung jeder Unterdrückung dieser Rechte auszusprechen. Es wäre eitel zu erwarten, daß dieses maßvolle Urteil, das von der geschichtlichen Erfahrung und von einem hohen politischen Sinn diktiert ist, ganz allgemein von der öffentlichen Meinung oder auch nur von der Mehrheit jetzt, wo die Herzen noch glühen, angenommen würde. Der Haß, die Unfähigkeit, sich gegenseitig zu verstehen, hat zwischen den Völkern, die gegeneinander gekämpft haben, eine Nebelwand aufsteigen lassen, die zu dicht ist, als daß man erwarten könnte, die Stunde sei schon gekommen, wo ein Lichtstrahl das trostlose Bild auf beiden Seiten der Mauer erhellte. Aber eines ist sicher: dieser Augenblick wird kommen – und vielleicht eher, als man denkt – wo die einen und die anderen erkennen, daß es, richtig gesehen, nur einen einzigen Weg gibt, um aus den Schwierigkeiten herauszukommen, die die Welt wie ein ungeheures Netz umschließen, und zwar den Weg der Rückkehr zu einer seit langer Zeit vergessenen Gemeinsamkeit; einer Gemeinsamkeit, die sich nicht auf dieses oder jenes Volk beschränkt, sondern universell ist und auf der engen Gemeinsamkeit des Schicksals aller und der Gleichheit ihrer Rechte beruht.

Selbstverständlich denkt niemand daran, die Gerechtigkeit gegenüber denjenigen zu entwaffnen, die aus dem Kriege Nutzen gezogen und Verbrechen gegen das allgemeine Wohl begangen haben; wirkliche und erwiesene Vergehen, für die die vorgeschobenen militärischen Notwendigkeiten höchstens einen Vorwand, niemals aber eine Rechtfertigung bieten konnten. Wenn indessen nicht mehr die Einzelnen, sondern ganze Gemeinschaften bestraft werden sollten, – wer würde in einem solchen Vorgehen nicht eine Verletzung der Regeln sehen, die jeden menschlichen Richtspruch lenken?

Niemals vorher haben Völker in einer Wende ihrer Geschichte sich solchen Aufgaben gegenübergesehen, wo sie fühlen, wie in ihren Herzen der ungeduldige und gleichsam angeborene Wunsch schwingt, die Zügel ihres Geschickes mit größerer Selbstverantwortung in die Hand zu nehmen. Sie hoffen nämlich, daß es ihnen dann leichter sein wird, sich gegen die zeitweiligen Ausbrüche der Gewalt zu verteidigen, die wie ein Strom glühender Lava auf ihrem Wege alles vernichten und nichts verschonen, was ihnen lieb und heilig ist.

Gott sei gedankt: man kann annehmen, daß die Zeiten vorüber sind, wo die Erinnerung an sittliche und evangelische Grundsätze bezüglich des Staats- und Völkerlebens mit Verachtung beiseite geschoben wurde als mangelnder Realismus. Die Ereignisse der Kriegsjahre, die wir durchlebt haben, hatten die Aufgabe, die Vertreter solcher Ideen auf die härteste Weise, die man sich denken kann, zu widerlegen. Die Verachtung, die sie dem gegenüber zur Schau getragen haben, was sie Mangel an Realismus nannten, ist zu einer erschreckenden Realität geworden: Brutalität, Sünde, Zerstörung, Vernichtung.

Wenn die Zukunft der Demokratie gehören soll, wird ein Teil, der zu ihrer Errichtung wesentlich ist, der Religion Christi und der Kirche zukommen, die Vermittlerin der Erlöserworte und Fortsetzerin Seiner Heilsmission ist. In der Tat lehrt und verteidigt sie die Wahrheit; sie teilt die übernatürlichen Gnadenkräfte aus, um die Ordnung des Seins und Sollens zu verwirklichen, die von Gott aufgestellt ist und letzte Grundlage und Richtschnur jeder Demokratie ist.

Schon die Existenz der Kirche erhebt sich gegenüber der Welt als ein strahlender Leuchtturm, der unaufhörlich an diese göttliche Ordnung erinnert. Ihre Geschichte spiegelt ganz klar ihre von der Vorsehung bestimmte Aufgabe wider. Die Kämpfe, die sie, gezwungen durch Mißbrauch der Macht, für die Verteidigung der von Gott erhaltenen Freiheit führen mußte, waren gleichzeitig Kämpfe für die wahre Freiheit des Menschen.

Die Kirche hat die Aufgabe, der Welt, die sich nach den besten und vollkommensten Formen der Demokratie sehnt, die größte und wichtigste Botschaft zu verkünden, die es nur gibt: die Würde des Menschen, seine Berufung zur Gotteskindschaft. Das ist der mächtige Ruf, der von der Krippe zu Bethlehem aus bis zu den äußersten Grenzen der Erde in den Ohren der Menschen widerhallt in einer Zeit, die die schmerzlichste Erniedrigung dieser Würde gesehen hat.

Das heilige Weihnachtsgeheimnis verkündet diese Würde mit einer Kraft und einem Anspruch, gegen den kein Einwand gilt, und der unendlich den überragt, den alle nur möglichen Erklärungen der Menschenrechte je erreichen könnten. Weihnachten, das hohe Fest der Erscheinung des fleischgewordenen Wortes, das Fest, wo der Himmel sich zur Erde neigt mit einer unauslöschlichen Gnade und Güte, ist auch der Tag, wo die Christenheit und die Menschheit im Angesicht der Krippe, in der Betrachtung der „benignitas et humanitas Salvatoris nostri Dei" sich noch inniger der engen Verbundenheit bewußt wird, die Gott unter ihr aufgerichtet hat. Die Krippe des Welterlösers, des Wiederherstellers der menschlichen Würde in ihrer ganzen Fülle, ist der Ort, der für immer gezeichnet ist durch die Verbundenheit der Menschen, die guten Willens sind. Dort ist der armen, von Zwietracht zerrissenen, von Eigennutz aufgespalteten, durch Haß vergifteten Welt das Licht gewährt worden; dort ist ihr die Liebe wiedergegeben worden, und dort ist es ihr verliehen worden, in herzlichem Einklang sich auf den Weg zu machen zu dem gemeinsamen Ziel, um endlich die Heilung ihrer Wunden im Frieden Christi zu finden.

Wir wollen Unsere Weihnachtsbotschaft nicht beschließen, ohne ein tiefempfundenes Wort der Dankbarkeit an alle die Staaten, Regierungen, Bischöfe und Völker zu richten, die in Zeiten unaussprechlichen Unglücks Uns wirksam geholfen haben, dem Schmerzensschrei, der aus vielen Gegenden der Welt zu Uns drang, zu antworten und vielen geliebten Söhnen und Töchtern hilfreich die Hand zu bieten, die durch das Unglück des Krieges in die größte Armut und das größte Elend gebracht sind.

Es ist billig, hier an erster Stelle der weitgehenden Hilfsarbeit zu gedenken, die trotz außerordentlichen Transportschwierigkeiten von den Vereinigten Staaten von Amerika und, was im besonderen Italien angeht, von Sr. Exzellenz dem persönlichen Vertreter des Präsidenten dieser Republik bei Uns entfaltet worden ist.

Wir möchten das gleiche Lob und die gleiche Dankbarkeit auch der Großmut des Staatschefs, der Regierung und des Volkes von Spanien aussprechen, der Regierung von Irland, von Argentinien, Australien,

Bolivien, Peru, Polen, Rumänien, der Slovakei, der Schweiz, Ungarns, Uruguays, die in Liebe und edlem brüderlichen Sinn einen Wettstreit geführt haben, dessen Echo in der Welt nicht vergeblich erklingen wird.

Während die Menschen, die guten Willens sind, sich bemühen, eine geistige Brücke der Einigung zwischen den Völkern zu bauen, gewinnt dieses Hilfswerk, das aller eigennützigen Interessen bar ist, eine einzigartige Wichtigkeit und Bedeutung.

Wenn, wie wir es alle hoffen, die Mißklänge des Hasses und der Zwietracht, die den Augenblick beherrschen, nur noch eine traurige Erinnerung sein werden, dann werden mit noch größerer Fülle die Früchte dieses Sieges großmütiger Liebe reifen, die das Gift der Eigensucht und Feindseligkeit angreift. Möge allen, die an diesem Kreuzzug der Liebe teilgenommen haben, Unser apostolischer Segen Ermutigung und Belohnung sein. . . . Retribuere dignare, Domine, omnibus nobis bona facientibus propter nomen tuum vitam aeternam!

Belegstellen

[1] Tit. 3, 4.
[2] Jo. 1, 5.
[3] Leo XIII., Enzyklika „Libertas" vom 20. Juni 1888 gegen Ende.

Ansprache (Pius XII. 1945)

Ansprache an die Delegierten
der italienischen christlichen Arbeitervereine
11. März 1945

Die Aufgabe der christlichen Arbeitervereine

Begrüßung

Unser Vorgänger seligen Angedenkens, Pius XI., hat, als er des unvergänglichen Rundschreibens Leos XIII. „Rerum novarum" gedachte, daran erinnert, mit welcher Freude es von den christlichen Arbeitern aufgenommen wurde, „die sich durch es von der höchsten Autorität der Erde beschützt und verteidigt sahen"[1]. Eure Anwesenheit bei Uns, geliebte Söhne, ist ein Unserem Herzen teueres Zeugnis dafür, daß dieses Gefühl und dieses Vertrauen noch in der Arbeiterschaft lebendig sind. Wir, die Wir ihre Lage genau kennen, wollen Unserseits mit innigster Anteilnahme die Sache der christlichen Arbeiter und auch die der ganzen, weiten arbeitenden Welt unterstützen. Wir heißen Euch mit väterlicher Liebe willkommen. Indem wir Euch und Euern Vereinen Unsere innigsten Wünsche ausdrücken, möchten Wir einige kurze Worte der Aufklärung und der Ermutigung an Euch richten.

Die Bedeutung der katholischen Arbeitervereine für deren eigene Mitglieder

1. Und zwar zunächst: was bedeuten die katholischen Arbeitervereine für ihre eigenen Mitglieder? Sie sind vor allem Zellen des christlichen Apostolates in unserer Zeit. Nicht zwar in der Weise, daß sie etwa

183

an die Stelle der Pfarreien treten könnten oder sollten. Aber sie erhalten, pflegen und hüten in der Welt der Arbeit das religiöse und sittliche Fundament des Lebens in einer Weise, die den besonderen Lebensverhältnissen jeder Zeit angepaßt ist. Sehet die Feinde Christi! Sie nützen die Schwierigkeiten und Probleme des Arbeiterlebens aus, um die Seele des christlichen Arbeiters zu gewinnen, um sein Gewissen zu verwirren und ihn schließlich vom göttlichen Erlöser loszureißen und zu entfernen. Ist das nicht ein offensichtlicher Beweis dafür, daß die christlichen Arbeitervereine heute ein unerläßliches Mittel des Apostolates sind, unerläßlich selbst da, wo der Feind Christi scheinbar noch nicht Fuß gefaßt und noch kein besonderes Zeichen der Regsamkeit und Tätigkeit gegeben hat? Denn überall beunruhigen die Lebensverhältnisse und die täglichen Nöte der Lohnarbeiter den Geist auch tiefgläubiger Menschen und werfen Probleme auf, die den religiös-sittlichen Bereich berühren und deshalb zu ihrer Lösung des Beistandes und der Hilfe der Kirche bedürfen. Tragt also mit Hilfe Eurer Vereine die Grundsätze des Glaubens und einer gründlichen christlichen Bildung in das sittliche und religiöse Leben des Arbeiters und seiner Familien hinein. Macht gleichfalls aus diesen Vereinen Mittelpunkte eines geistlichen Lebens, das, durch die Sakramente genährt, in Worten und Taten einer gegenseitigen, wahrhaft evangelischen Liebe seine segensreichen Wirkungen verbreitet. Auf diesem festen Fundament aufbauend wird der christliche Arbeiter gleichzeitig in den Vereinen die Möglichkeit finden, sein Wissen und Können auf den anderen Gebieten des privaten und öffentlichen Lebens zu erweitern. Aber vor allem soll ein solcher Verein dazu beitragen, die Familie des christlichen Arbeiters mehr noch als die andern Familien fähig zu machen, die Kinder gut zu erziehen und das Heim zum geistigen und materiellen Wohl seiner Glieder zu leiten. Erfüllt der Arbeiterverein diese Aufgabe, so werden aus ihm wahre Apostel hervorgehen, Arbeiter, die zu Aposteln ihrer Kameraden werden und die ganze Welt des Arbeiters, seine Arbeitsstätte, seinen häuslichen Herd und auch sein ehrbares Vergnügen mit christlichem Geiste durchdringen und beleben.

Die Bedeutung der katholischen Arbeitervereine für die anderen Einrichtungen zugunsten der Arbeiterschaft

2. Damit aber berühren Wir einen zweiten Punkt, der uns sehr am Herzen liegt: Was bedeuten die christlichen Arbeitervereine für die anderen Einrichtungen zugunsten der Arbeiterschaft? Wir denken hier nicht nur an die Organisationen der Selbsthilfe, wie z. B. die Konsumgenossenschaften, sondern auch an die öffentlichen Einrichtungen der Sozialversicherung, bei denen die Mitwirkung der Arbeiterschaft notwendig ist. Ihr wißt wohl, wie sehr der Erfolg solcher an sich heilsamer und nützlicher Unternehmungen von der Gewissenhaftigkeit, der Ehrlichkeit und dem gegenseitigen Vertrauen ihrer Mitglieder abhängt. Ihr kennt auch – und ihr macht diesbezüglich täglich mehr die bittere Erfahrung – die schrecklichen Verwüstungen, die der Krieg mit seinen traurigen Folgen in der Gesellschaftsmoral des Volkes angerichtet hat, Verheerungen, die noch schlimmer sind, als die ungeheuren materiellen Schäden. Ohne diese christlichen Tugenden würde die Arbeiterschaft sich selbst zum schlimmsten Feinde. Im Kampf gegen diese Gefahr leisten die christlichen Arbeitervereine den anderen Vereinigungen und Hilfswerken der Arbeiterklassen wertvolle Hilfe. Wenn sie wirklich Pflanzschulen der sozialen Tugenden, der Rechtschaffenheit, der Treue und der Gewissenhaftigkeit werden, dann liefern sie den andern Vereinigungen ihre besten Mitglieder, ihre zuverlässigsten Führer, Männer und Frauen, die den Geist der Verantwortung und der Zusammengehörigkeit erwecken und am Leben erhalten, ohne den keine gegenseitige Hilfe, keine Versicherung gedeihen kann, den Geist, den der hl. Paulus in den herrlichen Worten beschreibt: „Einer trage des andern Last"[2].

Die christlichen Arbeitervereine und die Gewerkschaft

3. Prüfen wir jetzt kurz das Verhältnis der christlichen Arbeitervereine zu den Gewerkschaften. Im Gegensatz zum früheren System hat sich kürzlich in Italien eine Einheitsgewerkschaft gebildet. Wir können nur erwarten und wünschen, daß der Verzicht, den die Katholiken mit ihrem Beitritt zu ihr geleistet haben, der katholischen Sache keinen Schaden bringen, sondern der ganzen Arbeiterschaft die erhoffte Frucht tragen möge. Voraussetzung dafür ist, daß die Gewerkschaft sich in den Grenzen ihrer wesentlichen Zielsetzung hält, nämlich der,

die Interessen der Arbeiter in den Arbeitsverträgen zu vertreten und zu verteidigen. Im Rahmen dieser Aufgabe übt die Gewerkschaft natürlich einen Einfluß auf die Politik und auf die öffentliche Meinung aus. Aber sie kann diese Grenze niemals überschreiten, ohne sich selbst aufs schwerste zu schaden. Wenn es je dazu käme, daß die Gewerkschaft als solche sich im Laufe der politischen und wirtschaftlichen Entwicklung eine Art Recht anmaßte, frei über den Arbeiter, seine Arbeitskraft und sein Eigentum zu verfügen, wie dies anderswo der Fall ist, so würde dadurch der Begriff der Gewerkschaft als einer Vereinigung zur gegenseitigen Hilfe und Verteidigung geändert und aufgehoben. Unter Voraussetzung dieser Bedingungen haben die Gewerkschaften und die christlichen Arbeitervereinigungen ein gemeinsames Ziel, nämlich die Lebensverhältnisse des Arbeiters zu heben. Die Führer der neuen Einheitsgewerkschaft haben „den überaus wertvollen geistigen Beitrag, den die katholischen Arbeiter für das Werk der Gewerkschaft leisten", anerkannt und sich lobend über „den Geist des Evangeliums" ausgesprochen, den sie „zum Wohle der ganzen Arbeiterbewegung" der Gewerkschaft eingeflößt haben. Gebe Gott, daß diese Äußerungen von wirksamer Dauer seien und daß der Geist des Evangeliums in Wahrheit die Grundlage des gewerkschaftlichen Wirkens abgebe. Worin besteht denn, wenn wir uns nicht mit leeren Worten begnügen wollen, in Wirklichkeit dieser Geist des Evangeliums, wenn nicht darin, daß die in der göttlichen Weltordnung verankerten Grundsätze der Gerechtigkeit über die rein mechanische Macht der Organisationen und das Verstehen und die christliche Liebe über den Klassenhaß siegen? Ihr seht also, welch wichtige Pflicht und Aufgabe des Anspornes, der Wachsamkeit, der Vorbereitung und der Vervollkommnung die christlichen Arbeitervereine der gewerkschaftlichen Arbeit gegenüber haben.

Die christlichen Arbeitervereine und die soziale Neuordnung

Das Verhältnis zwischen Arbeitnehmer und Arbeitgeber

4. Die Erfüllung dieser Aufgabe führt Uns zur Betrachtung eines vierten Punktes: Welche Rolle kommt den christlichen Arbeitervereinen bei der Errichtung der neuen sozialen Ordnung zu? Sehen Wir hier von der augenblicklichen Lage der Dinge ab. Sie ist nicht normal

und läßt im Augenblick nur die Möglichkeit, nach den Grundsätzen der Gerechtigkeit und der Billigkeit die Last der erhöhten Lebenskosten gleichmäßig auf Arbeitgeber und Arbeitnehmer – und zwar bei diesen letztern nach ihren verschiedenen Kategorien – zu verteilen. Im übrigen wissen die christlichen Arbeitervereine, daß es sich auch unter normalen Verhältnissen nicht darum handeln kann, das bloße Abkommen oder den bloßen Vergleich zwischen Arbeitgeber und Arbeitnehmer zum bleibenden Prinzip der sozialen Ordnung zu machen, selbst wenn er vom reinsten Geiste der Billigkeit getragen wäre. Dieses Prinzip wäre in der Tat schon verletzt, wenn der Vergleich, seinem eigentlichen Sinn zuwider, den Pfad der Gerechtigkeit verließe, indem er entweder zur Unterdrückung oder ungerechtfertigten Ausbeutung des Arbeiters würde oder anderseits z. B. aus dem, was man heute Nationalisierung oder Sozialisierung des Betriebes und Demokratisierung der Wirtschaft nennt, eine Waffe des Kampfes und des Streites gegen den privaten Arbeitgeber als solchen machte.

Die Sozialisierung

Die christlichen Arbeitervereine erkennen die Sozialisierung der Betriebe nur in den Fällen an, wo sie wirklich durch das Gemeinwohl gefordert zu sein scheint, d. h. wo sie das einzig wirksame Mittel ist, Mißbräuche abzustellen, eine Vergeudung der produktiven Kräfte eines Landes zu verhüten, die organische Ordnung eben dieser Kräfte zu sichern und sie zum Besten der wirtschaftlichen Interessen der Nation zu lenken, nämlich darauf, daß die nationale Wirtschaft in regulärer und friedlicher Entwicklung der materiellen Wohlfahrt des ganzen Volkes den Weg freimacht, einer Wohlfahrt, die gleichzeitig auch dem kulturellen und religiösen Leben eine gesunde Grundlage gibt. In jedem Falle anerkennen sie dann, daß die Sozialisierung die Verpflichtung zu angemessener Entschädigung mit sich bringt, d. h. einer Entschädigung, die danach festgesetzt wird, daß sie unter den gegebenen Umständen für alle Beteiligten gerecht und billig ist.

Zur Demokratisierung der Wirtschaft ist zu sagen: sie wird nicht nur vom Monopol oder vom wirtschaftlichen Despotismus anonymer Zusammenballung privaten Kapitals bedroht, sondern auch von der Übermacht der organisierten Masse, die dazu neigt, ihre Macht zum Schaden der Gerechtigkeit und des Rechtes anderer zu gebrauchen.

Berufsständische Ordnung im Sinne von „Quadragesimo anno"

Es ist heute an der Zeit, die leeren Phrasen aufzugeben und mit Quadragesimo anno an die neue Ordnung der produktiven Kräfte des Volkes zu denken. Das heißt jenseits des Unterschiedes zwischen Arbeitgeber und Arbeitnehmer müssen die Menschen jene höhere Einheit, die alle in der Produktion tätigen Menschen umfaßt, sehen lernen, nämlich ihre Verbundenheit und Solidarität in der Pflicht, zusammen auf dauerhafte Weise für das Gemeinwohl und die Bedürfnisse der Allgemeinheit zu sorgen. Diese Solidarität soll sich auf alle Zweige der Produktion erstrecken, und sie soll die Grundlage einer besseren Wirtschaftsordnung werden, einer gesunden und gerechten Selbstverwaltung. Sie soll den arbeitenden Klassen den Weg öffnen, ihren Teil an der Verantwortung für die Leitung der nationalen Wirtschaft ehrlich zu erwerben. Auf diese Weise wird es dank dieser friedlichen Zuordnung und Zusammenarbeit, dieser engeren Verbindung der Arbeit mit den übrigen Faktoren des Wirtschaftslebens dazu kommen, daß der Arbeiter für seine Arbeit ein gesichertes und genügendes Verdienst für seinen und seiner Familie Unterhalt findet, wahre Befriedigung seines Geistes und einen mächtigen Ansporn zur Weiterbildung erfährt.

Mögen doch die christlichen Arbeitervereine Italiens in dieser Notzeit die Einheit und die Solidarität der Menschen im ganzen Bereich des Wirtschaftslebens fördern! Dann wird ein neuer Geist es erreichen, daß die nationale Arbeit alle aus der Enge des Raumes und der Knappheit der Mittel erwachsenen Schwierigkeiten überwindet.

Das wirksamste – Wir möchten sagen das einzig wahrhaft wirksame – Mittel, um diesen Sinn für die Zusammengehörigkeit, die sichere Grundlage der Gerechtigkeit und des sozialen Friedens, zu schaffen, ist der Geist des Evangeliums. Er fließt Euch zu aus dem Herzen des Gottmenschen, des Welterlösers. Kein Arbeiter ist von ihm so vollkommen und so tief durchdrungen gewesen wie der, der mit Christus in der innigsten Familien- und Arbeitsgemeinschaft zusammengelebt hat, nämlich sein Nährvater, der hl. Joseph. Unter seinen mächtigen Schutz stellen Wir also Eure katholischen Arbeiterorganisationen, damit es ihnen vergönnt sei, in einer Stunde so ernster Entscheidungen und schwerer Gefahren für die ganze Welt der Arbeit ihrer von der Vorsehung bestimmten Sendung voll und ganz nachzukommen. Und so geben Wir, als Unterpfand der Fülle göttlicher Gnade, Euch, allen Mitgliedern Eurer Vereine, Euren Familien und allen Personen die Euch teuer sind, von ganzem Herzen Unseren väterlichen apostolischen Segen.

Belegstellen

[1] „Quadragesimo anno", Einleitung.
[2] Gal. 6, 2.

Brief an Kardinal Faulhaber (Pius XII. 1945)

Auszug aus dem
Brief des Heiligen Vaters an die deutschen Bischöfe
zu Händen von
Kardinal Michael von Faulhaber,
Erzbischof von München-Freising
vom 1. November 1945

Voraussetzung für das wahre Glück der Gesellschaft:
die Beobachtung der göttlichen Gebote

... Mit Fug und Recht erfüllen Euch mit Angst und Sorge nicht so sehr die unzähligen Ruinen Eures Vaterlandes, als vielmehr jene anderen, wahrhaftig viel verderblicheren Schäden geistiger Art, die aus den Anschauungen jener schlimmen Lehren entstanden sind, die das Gesetz des Evangeliums beseitigen und an dessen Stelle Ansprüche und Forderungen der Rasse, des Blutes und des Hochmutes setzen wollten. In entsprechender Weise gelobt Ihr Euch deshalb selbst, alles nur mögliche zu tun, um die Irrenden wieder zur Vernunft zurückzuführen und die vorgefaßten Meinungen und Irrtümer zu enthüllen, zu beleuchten und zu beseitigen, Irrtümer, die sowohl über Jesus Christus, das menschgewordene Wort Gottes, und die von ihm gestiftete Kirche als auch über seine göttlichen Gebote und Vorschriften in den letzten Jahren in Mengen zusammengetragen wurden. Denn nur aus diesen Geboten kann, wenn sie in ihrer Klarheit erkannt und auf die Wirklichkeit mit Mut und Sorgfalt angewandt werden, nicht nur die einstige ewige Seligkeit, sondern auch das irdische Wohlergehen und Glück erwachsen, soweit uns dessen Erreichung in diesem Leben überhaupt vergönnt ist. Darum kann auch euer Vaterland, das heute durch so traurige Ereignisse verwirrt ist, zum Heile im wahren Sinne des Wortes und zu glücklicheren Zeiten gelangen, wenn es sich den Frieden, die Liebe und die Demut, die vom Evangelium ausgehen, im privaten und öffentlichen Leben zu eigen macht.

Das katholische Schrifttum, besonders bzgl. sozialer Fragen

Es ist leicht einzusehen, wie wichtig es hierfür ist, daß – was Wir von Herzen wünschen – bei Euch jene Unternehmungen und Einrichtungen baldmöglichst wieder aufleben,deren Aufgabe es sein soll, Schrifttum jeder Art, das mit den katholischen Grundsätzen übereinstimmt, im Druck zu veröffentlichen und zum größten Nutzen für die Sache des Christentums zu fördern und zu verbreiten. Auf diese Weise wird euch nämlich ein leichtes Mittel in die Hand gegeben, die richtigen Lehrgrundsätze zu verkünden und gesichertere Lösungen der Streitfragen vorzulegen, gleichviel ob die soziale Frage und ihre Spezialgebiete oder Fragen der Verwaltung und Leitung des Staates behandelt werden oder ob endlich andere schwerwiegende Probleme zur Erörterung stehen, wie z. B. Jugenderziehung, Ehe und Familienleben, worüber Unsere Vorgänger hochseligen Angedenkens Leo XIII. und Pius XI. und Wir selbst bei Gelegenheit die Richtlinien, die angebracht erschienen, vorgelegt haben.

Einheitsgewerkschaft?

Zum Gebiet der sozialen Frage gehört aber zweifellos in erster Linie jener Streitpunkt, der sich auf den zu gründenden Verband aller Arbeiter bezieht, die, wie Ihr schreibt, „demnächst in einer einzigen Körperschaft" zusammengeschlossen werden sollen. Wir weisen nun darauf hin, daß die Form und Art eines derartigen Zusammenschlusses zeitweilig zugelassen werden kann, solange die gegenwärtigen außerordentlichen Verhältnisse andauern. Da aber diese Art und Form nicht frei von großen Gefahren ist, wird es sicherlich Aufgabe Eurer Sorge und Wachsamkeit sein, die Bestrebungen der Arbeiter und voreilige Absichten so zu lenken und zu leiten, daß diejenigen unter ihnen, die katholisch sind, nicht abirren von den Vorschriften der Gesellschaftslehre, die, aus dem Evangelium und dem Naturrecht geschöpft, schon früher so klar und richtig von Unseren Vorfahren überliefert worden sind. Das eine vor allem soll mit aller Kraft erreicht werden, daß aus diesem einen Verband zusammengeschlossener Menschen nicht ein scharfer Kampf gegen die bürgerliche Ordnung und nicht ein Streit der politischen Parteien entsteht, sondern daß vielmehr unsere Arbeiter, jeder nach seinem Können, zur Eintracht, Ordnung und Beständigkeit des gesellschaftlichen Lebens beitragen. Denn wenn auf die Staatsleitung der vergangenen Jahre, die auf Gewalt und Unterdrückung aufbaute, nunmehr wieder eine Herrschaft folgen würde, die ebenso jene Prinzipien des geistigen Lebens verachten und ausschalten würde, die als Normen der berechtigten Freiheit und der Menschenwürde die beste Grundlage des bürgerlichen Zusammenlebens abgeben, dann würde zweifellos Euer Vaterland nicht wieder gutzumachenden Schaden erleiden.

Die Bekenntnisschule

Daß ihr es für angebracht hieltet, bezüglich eigener Schulen für Katholiken, die in Eurer Sprache „Bekenntnisschulen" heißen, in unmißverständlicher Weise Stellung zu nehmen, begrüßen Wir von ganzem Herzen. Denn wenn bei Euch vom Staate Volksschulen unterhalten werden, zu deren Besuch alle verpflichtet sind, dann darf ohne Zweifel auf eigene Schulen für die Katholiken nicht verzichtet werden. Die Forderung stützt sich durchaus auf die ausgezeichnete Gewohnheit, wie sie früher herrschte, und auf die Rechte der Staatsbürger und ebenso auf die Bestimmungen des zwischen dem Heiligen Stuhl und Deutschland abgeschlossenen Konkordates. Wie aber im übrigen immer auch bei Euch das Schulwesen in Zukunft geordnet werden mag, es soll in jedem Fall den Familienvätern und Familienmüttern sowie jenen, denen an Stelle der Eltern die Erziehung der Kinder obliegt, die gesetzliche Möglichkeit offen stehen, die Kinder in katholische Volksschulen zu schicken.

Es ist allgemein bekannt, wie der Sturm der ungerechten Verfolgung die den Katholiken gehörenden Schulen und in gleicher Weise die zum Wohle Eurer Landsleute privat errichteten, blühenden Lehranstalten, besonders die von Klosterfrauen geleiteten Ordensschulen, und noch viele andere in beklagenswerter Weise beseitigt und fortgerissen hat. Aber gerade jener fanatische Wille, der diese Einrichtungen zerstörte und auflöste, beweist klar ihr Leistungsvermögen in einer echten und christlichen Erziehung der Jugend. Deshalb können Wir Uns der Hoffnung nicht verschließen, daß sie bald wieder segensreich aufblühen und den Familien und der bürgerlichen Gemeinschaft neuen und reichen Segen stiften mögen.

Wiederaufbau der katholischen Vereine

Es ist uns genau bekannt, daß Deutschland vor dem Jahre 1933 mit fast unzähligen katholischen Vereinen versehen war. Da es zur Zeit um ihre Wiedererrichtung geht, erhebt sich nun die Frage, wie und in welcher Zahl sie wieder aufzubauen sind. Dabei ist, geliebter Sohn und ehrwürdige Brüder, nicht so sehr das zu berücksichtigen, was an Vereinen in der Vergangenheit bestanden hat und was dieser Art – wenn es sich auch um Einrichtungen rühmlichen Angedenkens handelt – Euch von Euren Vorfahren überliefert wurde, es ist vielmehr mit größter Aufmerksamkeit zu erwägen, was die Bedürfnisse der Gegenwart erfordern und was für die Zukunft zweckmäßiger ist und erhöhte Wirkkraft besitzt. Vereine nämlich, die sich früher bestens bewährt haben und deren Aufgabe durch die Not des Augenblicks nicht verringert, vielmehr noch vermehrt wurde, wie dies z. B. von den katholischen Arbeitervereinen behauptet werden kann, sollen naturgemäß in derselben Art, in der sie früher bestanden, wieder aufleben. Dies soll unter Eurer Aufsicht und Leitung entweder in jeder einzelnen Diözese gesondert oder in mehreren unter sich verbundenen Diözesen geschehen, wie es euch eben am zweckmäßigsten erscheint und wie es das ihnen gesteckte Ziel erfordert. Es ist aber, wie Ihr wohl wißt, von großer Wichtigkeit, daß zwischen der Katholischen Aktion und den übrigen katholischen Vereinigungen eine klare und richtige Ordnung besteht und so wechselseitige Übereinstimmung und gegenseitige Unterstützung gewährleistet sind.

Der Caritasverband

Gott allein kann, geliebter Sohn und ehrwürdige Brüder, die Unsumme von Leid und Elend ermessen, die Euch und den Eurigen der lange Krieg gebracht hat, unter dessen Ausgang mit seinen überaus traurigen Folgen Ihr augenblicklich leidet. Wir haben daher zum großen Troste Unseres väterlichen Herzens erfahren, daß bei Euch der Katholische Caritasverband wieder aufgerufen worden ist, diese Härten nach Kräften zu lindern, und daß er an dieser ihm anvertrauten Aufgabe bereits unermüdlich und erfolgreich arbeitet . . .

Brief an die KAB (Pius XII. 1956)

Brief Sr. Heiligkeit Papst Pius XII.
vom 9. Mai 1956
an die Katholische Arbeiter-Bewegung
Westdeutschlands

Unseren geliebten Söhnen
dem Priester Hermann Joseph Schmitt,
Verbandspräses, und Josef Gockeln,
Verbandsvorsitzender der Katholischen
Arbeiterbewegung Westdeutschlands

Ihr steht, geliebte Söhne, vor dem 20. Verbandstag der Katholischen Arbeiter-Bewegung Westdeutschlands, und bittet Uns in eurem Schreiben vom 14. April d. J., euch zu diesem Anlaß ein Wort des Gedenkens und der Ermunterung zu senden. Gerne entsprechen Wir eurem Wunsche. Daß ihr nach der schweren Katastrophe Deutschlands vor nunmehr elf Jahren eure Tätigkeit wieder mutig aufnahmt, war ein Entschluß, den auch der Erfolg als richtig bestätigte. Wir haben diesen Entschluß immer begrüßt und unterstützt. Wir taten dies nicht in einer unbedingten Vorliebe für das Herkömmliche. Wir wissen wohl, daß unter Umständen neue Zeiten neue Formen verlangen und daß besonders die Seelsorge schwer leidet, wenn ihre Formen erstarrt sind und wenn der Mangel an Ideen oder die Bequemlichkeit keine neuen Wege ermöglichen. Auch die rühmliche Vergangenheit, die in Deutschland, in langen Jahrzehnten vor 1933, die katholischen Organisationen beruflicher und sozialer Art darstellen, ist es nicht, was Uns nach der Katastrophe bestimmte, das Wiederaufleben von allem zu begrüßen, was einmal gewesen. Unsere Gründe sind vielmehr andere. Erstens war es die damals neue und für Deutschland erstmalige Entwicklung des Gewerkschaftswesens. Wenn irgendwann, dann war es nunmehr geboten, neben der neuen Form der Gewerkschaften katholische Arbeiter-Vereine zu haben. Ihre Notwendigkeit ist ja von Unserem Vorgänger hochseligen Angedenkens, Papst Pius XI., im Rundschreiben „Quadragesimo anno" besonders unterstrichen für den Fall, daß sogenannte „gemischte Gewerkschaften" irgendwelcher Art be-

195

stehen. Dann nämlich ist von der Kirche ein katholisches Arbeitervereinswesen gewünscht, das nach Aufbau und Weite der Organisation personell und materiell befähigt ist, die notwendige, den jeweiligen Zeitfragen entsprechende Bildung sowohl in der Glaubens- und Sittenlehre im allgemeinen wie auch in der Soziallehre der Kirche im besonderen den katholischen Arbeitern zu vermitteln und sie zur praktischen Lebensgestaltung eines katholischen Christen mit den Mitteln außerordentlicher Seelsorge anzuregen und zu unterstützen. Dieser Dienst am katholischen Arbeiter wird von eurer Katholischen Arbeiter-Bewegung immer geleistet werden müssen, welch immergeartete Formen „gemischter Gewerkschaften" für die Zukunft in Deutschland sein werden.

Der zweite Grund, weshalb Wir das Wiederaufleben der katholischen Arbeiter-Vereine zu begrüßen fortfahren, liegt darin, daß sie schon durch ihr Dasein bezeugen, wie dem Arbeiter eine außerbetriebliche Lebenssphäre gehört und gehören soll, die ihm vom Betrieb nicht gewissermaßen übriggelassen werden muß, sondern die in möglichster Breite und Tiefe geradezu Voraussetzung und Richtmaß der Pflege echter menschlicher Beziehungen im Innern des Betriebs ist. In dieser unentbehrlichen, außerbetrieblichen Lebenssphäre des Arbeiters hat nun die Katholische Arbeiter-Bewegung ihre Wurzel, ihre Bedeutung und wegen ihrer nicht an den Betrieb gebundenen Form auch ihre besondere Möglichkeit und Kraft, für den Arbeiter und für die Welt der Arbeit zu wirken. Dies festzustellen, scheint Uns besonders heute wichtig, wo man mit Recht die echt menschliche Bedeutung des Betriebs für all seine Glieder betont und praktisch pflegt und wo unter dieser Rücksicht vielerorts die katholischen Glieder des Betriebs löblich und erfolgreich sich zusammenfinden. Solche Gruppen und die Vereine der Katholischen Arbeiter-Bewegung werden sich in der gemeinsamen Aufgabe für das Reich Christi immer verstehen, wenn man nur der beiderseitigen Eigenart sich bewußt bleibt.

Der dritte Grund, weshalb Wir das Wiederaufleben der katholischen Arbeiter-Vereine begrüßen und heute immer mehr begrüßen, ist ihre gesteigerte apostolische Bedeutung. Es geht um die Aufgabe, den katholischen Arbeiter und durch ihn alle Arbeiter mit dem Bewußtsein des eigenen Wertes als eines von Gott geschaffenen und erlösten Menschen zu erfüllen. Man spricht nämlich heute so viel von der Unzufriedenheit und Unbefriedigtheit des Arbeiters, auch und sogar besonders in Gebieten, wo die materielle Lage des Arbeiters, seine soziale Sicherheit und Geltung im Vergleich zu früher erfreulich gebessert sind. Hier kann man gewissermaßen mit Auge und Ohr merken, daß der Mensch mehr will als alle die genannten Dinge. Er sucht sich selbst in seiner Ganzheit als Mensch; er sucht einen festen Standort in einer Gesellschaft, die soziale Strukturen nicht mehr und noch nicht hat; er sucht den Sinn seines konkreten Lebens inmitten einer schier verwirrenden Dynamik des den Arbeiter zunächst angehenden Geschehens. Dieser Sinn kann dem Arbeiter nur von seinem eigenen Innern her gegeben werden, da, wo der Kern der Person ist, in der Ebenbildlichkeit Gottes, in der ebenso sicheren wie tröstlichen Wahrheit, daß ein jeder von Gott gekannt, geliebt und von seiner Vorsehung geführt ist. Diese religiöse und einzig mögliche Lebenserfüllung dem Arbeiter zu vermitteln, stellt gerade heute die apostolische Bedeutung der katholischen Arbeiter-Vereine dar.

Wir sprachen eben von einer in der Gegenwart gegebenen Steigerung dieser apostolischen Bedeutung. Heute ist ja die große Gefahr, daß Teile der Arbeiterschaft ihre Lebenserfüllung, die innerliche Abrundung der Gestalt des Arbeiters auf einem falschen, nichtreligiösen, rein diesseitigen Wege suchen. Geblendet von dem erstaunlich durch die Technik vermehrten praktischen Können des Menschen und von der dadurch wieder mehr zu schätzenden individuellen Befähigung des Arbeiters, macht er sich vor, daß er zu seinem eigentlichen Wert und zu sich selber komme, wenn er immer wieder in den Werken des Menschen sich selbst als Glied der produzierenden Gesellschaft wiederfinde. Man will also die produzierende Gesellschaft an die Stelle Gottes setzen. Ganz abgesehen davon, daß hier eine Erneuerung des widergöttlichen Turmbaus von Babel vorliegt, ist zu sagen, daß ein solches Menschenbild in der westlichen Welt der Arbeit den Arbeiter für die gleichgeartete Menschenauffassung der vom Osten her andrängenden Ideen reif macht. Dem mit aller Kraft entgegenzutreten und die religiöse Auffassung vom Menschen unter den Arbeitern zu verbreiten, ist heute die gesteigerte apostolische Aufgabe der katholischen Arbeiter-Vereine Westdeutschlands.

Der vierte Grund, weshalb Wir heute das äußerlich und innerlich kräftige Wiederaufleben der Katholischen Arbeiter-Bewegung bei euch begrüßen, liegt in dem ungeheuren Problem, dem sich heute die Kirche in den zu politischer Selbständigkeit drängenden Völkern außerhalb Europas gegenübersieht. Die Frage ihrer wirtschaftlichen und sozialen Zukunft schließt auch den kommenden Weg der dortigen Arbeiterschaft ein. Den dort vorhandenen katholischen Arbeitern und den anderen den richtigen Weg zu zeigen, ist eine Aufgabe, zu deren Lösung die katholischen Arbeiter-Bewegungen Europas mitberufen sind. Sie können und sollen dies tun durch Gebet und Beispiel, aber auch durch materielle und personelle Hilfe, durch ihr Schrifttum und durch organisatorischen Beistand. Die dortigen Christen in der Arbeiterwelt sollen spüren, daß ihre Brüder in Europa hinter ihnen stehen, verbunden durch das Band der einen Kirche, selbstlos und nur vom Willen getrieben, zur Neuordnung in Christus, in seiner Gerechtigkeit und Liebe beizutragen.

Diese Unsere Gedanken über katholische Arbeiter-Vereine in der jetzigen Zeit sind gewiß auch die eurigen. Ihr berichtet Uns, daß Unser Wort im Jahre 1950 an euren Verbandstag in Gelsenkirchen eure Arbeit sehr befruchtete. Aber noch ist viel zu tun, und Wir hoffen, daß Unser neues Schreiben euch zur Stärkung und Aufmunterung gereiche. Fahrt fort in eurer reichen Bildungs- und Schulungsarbeit, die gewiß viele erfaßen, aber noch mehr immer wohl gezielt sein muß.

Laßt auch nicht zu, daß eure Bewegung Schaden leide durch eine gewisse Müdigkeit des heutigen Menschen, sich über seinen privaten Raum hinaus um das gesellschaftliche Leben zu kümmern. Wenn diese Müdigkeit vielfach auch von euren Gegnern, den Propagandisten einer falschen Freiheit und des Materialismus, beklagt wird, so ist sie doch beim katholischen Menschen nicht nur ein störender Umstand, sondern ein Mangel an christlicher Tugend, um nicht zu sagen, eine Verfehlung. Er darf ja nicht egoistisch nur an sich und allenfalls an seine Familie denken. Denn auch das gesellschaftliche Leben gehört Christus, und jeder Christ ist in seiner Weise dafür verantwortlich.

Macht also eure Vereine so und gestaltet ihr Leben so, daß jeder katholische Arbeiter gern sich euch anschließt, um als Glied der Kirche seiner Verantwortung für die Welt der Arbeit zu genügen. Keiner habe Scheu, sich gerade einer katholischen Vereinigung anzuschließen. Denn dadurch schließt er sich nicht vom übrigen Volke ab, sondern hilft mit, das Wertvollste, nämlich lebendiges Christentum, ins Volk hineinwirken zu lassen. Wir wünschen daher, daß vor allem aus den katholischen Organisationen der Jugend immer wieder Arbeiter in eure Vereine hineinwachsen.

Laßt es nicht an tätiger Hilfe unter euch fehlen. Die Zahl, die ihr Uns als Leistung eures „Sozialen Hilfswerks" angebt, ist bereits jetzt erstaunlich hoch und beispielhaft. Bedenkt, daß dieses Eintreten für jeden Notstand bei euren Mitgliedern und ihren Familien nicht nur eine äußere Werbekraft besitzt, sondern unmittelbarer Ausfluß eurer apostolischen Sendung ist, die aus Liebe kommt und Liebe spendet. Mit größtem Interesse entnahmen Wir eurem Schreiben, daß Tausende eurer Mitglieder irgendwelche Ämter und Posten im öffentlichen Leben bekleiden, sei es im Staat, sei es in der sozialen Selbstverwaltung, sei es in den gesetzlichen Einrichtungen der Betriebe. Mögen alle in ihrem amtlichen Wirken Zeugen sein für die geistige und charakterliche Fruchtbarkeit der katholischen Arbeiter-Vereine. Mögt ihr aber auch selber in euren eigenen Führungsgremien genügend Personen behalten, die ihr Können und ihre Hingabe euch selbst, wenn nötig, ausschließlich weihen.

Denn ihr müßt noch wachsen und auch immer mehr von der Jugend her nachwachsen. Noch steht euch außerdem das so wichtige Feld der Arbeiterinnen offen. Die wieder wachsende Zahl der Arbeiterinnen wirft ja ein Schlaglicht auf die gegenwärtige und noch mehr die künftige Familie in Deutschland, und die Familie ist mit den katholischen Arbeiter-Vereinen gewissermaßen naturverbunden.

Zum Schluß hoffen Wir, daß Unser oberstes Hirtenwort über die katholischen Arbeiter-Vereine eure treuen Helfer und Freunde im Klerus stärkt und erfreut und besonders euren Präsides ein Dank der Kirche sei für ihre Treue und opfervolle Bereitschaft. Möge aber auch der gesamte Klerus sich seiner Verantwortung euch gegenüber immer mehr bewußt sein, und möge kein Anwärter auf das Priestertum zum Weihealtar schreiten, der nicht auch für diese Verantwortung vorbereitet ist. Die Kirche braucht heute mehr als je die Mitwirkung des katholischen Volkes, weil ohne vernünftig spezialisierte Seelsorge nicht auszukommen ist. Damit ist die Bedeutung der katholischen Vereinigungen beruflicher und sozialer Art unmittelbar gegeben. Gerade sie verhüten, daß kirchliche Führungsgremien entstehen, auch mit Beteiligung von sachverständigen Laien, wo zwar viel Geist und guter Wille zusammenkommt, wo aber der dauernde und belebende Kontakt mit dem katholischen Volke fehlt. Möge die Katholische Arbeiter-Bewegung Westdeutschlands in Zusammenwirken von Klerus und Laien immer mehr ein brauchbares Werkzeug der modernen Seelsorge sein, also auch immer bereit, sich im obersten Führungsgremium der deutschen Katholiken, nach dem Willen der Bischöfe, mit den anderen Vereinigungen zu koordinieren und als Verbindung zum gläubigen Volke zu dienen.

Mit dem Wunsche, euer Wahlspruch: Gott segne die christliche Arbeit, möge immer mehr Wirklichkeit werden, erteilen Wir der Katholischen Arbeiter-Bewegung Westdeutschlands, ihren Mitgliedern wie deren Familien, ihren Einrichtungen und Zeitschriften, allen ihren Mitarbeitern aus dem Priester- und Laienstand aus der Fülle des Herzens den Apostolischen Segen.

Aus dem Vatikan, den 9. Mai 1956   Pius pp. XII.

Mater et Magistra (Joh. XXIII. 1961)

*Rundschreiben
unseres Heiligen Vaters
Johannes XXIII.
durch Gottes Vorsehung
Papst
an die Ehrwürdigen Brüder,
die Patriarchen, Primaten, Erzbischöfe, Bischöfe
und die andern Oberhirten,
die in Frieden und Gemeinschaft
mit dem Apostolischen Stuhl leben,
sowie an den gesamten Klerus
und die Christgläubigen
des katholischen Erdkreises

über die jüngsten Entwicklungen des gesellschaftlichen Lebens
und seine Gestaltung im Licht der christlichen Lehre*

Papst Johannes XXIII.

*Ehrwürdige Brüder, geliebte Söhne
Gruß und Apostolischen Segen*

1. Mutter und Lehrmeisterin der Völker ist die katholische Kirche. Sie ist von Christus Jesus dazu eingesetzt, alle, die sich im Lauf der Geschichte ihrer herzlichen Liebe anvertrauen, zur Fülle höheren Lebens und zum Heile zu führen. Dieser Kirche, der „Säule und Grundfeste der Wahrheit" (1 Tim. 3, 15), hat ihr heiliger Gründer einen doppelten Auftrag gegeben: Sie soll ihm Kinder schenken; sie soll sie lehren und leiten. Dabei soll sie sich in mütterlicher Fürsorge der einzelnen und der Völker annehmen in ihrem Leben, dessen erhabene Würde sie stets hoch in Ehren hielt, über das sie wachte und das sie beschützte.

2. Christi Lehre verbindet ja gleichsam Erde und Himmel; sie erfaßt den Menschen in seiner Ganzheit, Leib und Seele, Vernunft und Willen; sie führt seinen Sinn von den wechselvollen Gegebenheiten dieses

irdischen Lebens zu den Gefilden des ewigen. Dort soll er einmal unvergängliche Seligkeit und Frieden genießen.

3. Die heilige Kirche hat so zwar vor allem die Aufgabe, die Seelen zu heiligen und ihnen die Teilnahme an den himmlischen Gütern zu schenken. Sie bemüht sich aber auch um die Bedürfnisse des menschlichen Alltags. Dabei geht es ihr nicht nur um das Lebensnotwendige. Sie kümmert sich auch um der Menschen Wohlstand und Wohlergehen in den verschiedensten Kulturbereichen, so wie es jeweils die Zeit erfordert.

4. Damit verwirklicht die heilige Kirche den Auftrag Christi, ihres Gründers. Dieser meint vor allem das ewige Heil des Menschen, wenn er einmal sagt: „Ich bin der Weg, die Wahrheit und das Leben" (Joh. 14, 6), und bei anderer Gelegenheit: „Ich bin das Licht der Welt" (Joh. 8, 12). Wenn er aber beim Anblick der hungernden Menge bewegt ausruft: „Mich erbarmt des Volkes" (Mark. 8, 2), zeigt er, wie sehr ihm auch die irdischen Bedürfnisse der Völker am Herzen liegen. Diese Sorge beweisen im Leben unseres göttlichen Erlösers nicht nur seine Worte, sondern auch seine Taten. So hat er, den Hunger der Menge zu stillen, mehrfach wunderbar das Brot vermehrt.

5. Mit diesem Brot, dem Leib zur Speise gegeben, kündigte er jene himmlische Seelenspeise zeichenhaft an, die er „am Abend vor seinem Leiden" den Menschen geben wollte.

6. Kein Wunder also, wenn die katholische Kirche, Christi Lehre aufgreifend und Christi Gebot erfüllend, seit nunmehr zweitausend Jahren, von den Diensten der alten Diakone an bis auf unsere Tage, unentwegt die Fackel der Liebe hochhält. Sie tut es nicht nur in ihrer Lehre. Sie gibt auch das Beispiel der Fülle ihres Tuns. Diese Liebe verbindet harmonisch in sich das Gebot der Zuneigung, die wir zueinander haben sollen, und seine Erfüllung. Wunderbar trägt sie in sich den doppelten Auftrag der Kirche, zu geben: die Gabe der sozialen Lehre und die Gabe der sozialen Tat.

7. Ein besonders eindrucksvolles Zeugnis dieser von der Kirche im Laufe der Jahrhunderte entfalteten sozialen Lehre und Tat ist nun un-

streitig das Rundschreiben „Rerum Novarum" Unseres Vorgängers Leo XIII. Siebzig Jahre sind es jetzt, seit er in ihm seine Grundsätze zur Lösung der Arbeiterfrage im Sinn der christlichen Lehre vortrug.

8. Nur selten fand ein Papstwort einen so weltweiten Widerhall wie dieses. Grund dafür ist sowohl die Gewichtigkeit und Weite seines Inhalts wie die unvergleichliche Kraft seiner Sprache. In der Tat wurden jene Richtlinien und Mahnungen so bedeutsam, daß sie aus dem Gedächtnis der Nachwelt nicht mehr auszulöschen sind. Seither weitet sich das Wirken der katholischen Kirche sichtbar. Ihr Oberhirt macht sich gewissermaßen die Leiden, die Klagen, die Bestrebungen der unteren Schichten und der Unterdrückten zu eigen. Er tritt auf als Anwalt und Schützer ihrer Rechte.

9. Seitdem ist nun schon ein langer Zeitraum verstrichen. Trotzdem ist bis heute die Kraft jener Botschaft wirksam. Sie ist wirksam in den Verlautbarungen der Nachfolger Leos XIII. auf dem päpstlichen Stuhl. Immer wieder greifen sie in ihren Worten zu Wirtschaft und Gesellschaft auf das Rundschreiben Leos XIII. zurück: bald führen sie es weiter aus; bald stellen sie seine Tragweite deutlicher heraus; bald regen sie, von ihm ausgehend, erneut den Eifer der katholischen Christen an. Die Botschaft ist auch wirksam im Recht vieler Staaten. Vertieft man sich nur gründlich in die Grundsätze, die praktischen Richtlinien und die in väterlicher Liebe ausgesprochenen Mahnworte dieses bedeutenden Rundschreibens Unseres großen Vorgängers, so wird offenkundig, daß sie auch in unsern Tagen noch ihre alte Autorität behaupten; ja daß sie darüber hinaus den Menschen von heute neue und lebendige Anregungen geben können, den Inhalt und Umfang der sozialen Frage, so wie sie sich heute stellt, richtig zu beurteilen und die entsprechende Verantwortung zu übernehmen.

ERSTER TEIL

Lehre des Rundschreibens „Rerum Novarum";
ihre Entfaltung in der
Lehrtätigkeit Pius' XI. und Pius' XII.

Die Zeit von „Rerum Novarum"

10. Tiefe Schatten liegen über der Zeit, in der die Lehre Leos XIII. an die ganze Menschheit erging. Das läßt das Licht, das von ihr ausging, nur um so heller erstrahlen. Es war die Zeit eines tiefgehenden wirtschaftlichen und politischen Umbruchs; im Zusammenhang damit entbrannten vielfach leidenschaftliche Auseinandersetzungen, schürte man offen den Aufruhr.

11. Die damals vorherrschende Auffassung von der Wirtschaft, der auch weithin die Praxis entsprach, ist, wie bekannt, naturalistisch. Alles ergibt sich danach zwangsläufig aus dem Wirken der Naturkräfte. Es besteht kein Zusammenhang zwischen Wirtschaftsgesetzen und Sittengesetz. Einziger Antrieb des wirtschaftlichen Schaffens ist der persönliche Eigennutz. Oberstes Gesetz, das die Beziehungen zwischen den wirtschaftlich Schaffenden regelt, ist der schrankenlos freie Wettbewerb. Kapitalzins, Preise von Waren und Dienstleistungen, die Höhe von Gewinnen und Löhnen bestimmen sich rein mechanisch nach den Marktgesetzen. Der Staat hat sich jedweder Einmischung in das Wirtschaftsgeschehen zu enthalten. Gleichzeitig waren die Arbeiterorganisationen je nach den einzelnen Ländern entweder verboten oder genossen nur Anerkennung für den Bereich des Privatrechts.

12. In einer solchen Zeit galt die Macht des Stärkeren in der Wirtschaft grundsätzlich als gerechtfertigt; praktisch beherrschte sie eindeutig die Beziehungen der Menschen zueinander. Das Ergebnis war eine bis in ihre Wurzeln hinein verkehrte Ordnung der gesamten Wirtschaft.

13. Während sich nämlich allzu großer Reichtum in den Händen weniger aufhäufte, litten die breiten Massen der Arbeiter unter täglich zunehmender Verelendung. Die Arbeitslöhne langten nicht zum Lebensnotwendigen, waren manchmal sogar ausgesprochene Hunger-

löhne; vielfach wurden der Arbeiterschaft Arbeitsbedingungen aufgezwungen, die der körperlichen Gesundheit, Sitte und Sittlichkeit, Glauben und Religion abträglich waren. Unmenschlich sind oft im besonderen die Arbeitsbedingungen zu nennen, denen Kinder und Frauen ausgesetzt waren. Dazu drohte täglich das Schreckgespenst der Arbeitslosigkeit. Die häusliche Lebensgemeinschaft geriet in die Gefahr, sich allmählich aufzulösen.

14. Die natürliche Folge war eine tiefe Unzufriedenheit unter den arbeitenden Schichten. Offen verlangten sie die Beseitigung dieses Zustandes. So erklärt sich auch, warum unter ihnen immer mehr extremistische Auffassungen um sich griffen, die Heilmittel vorschlugen, schlimmer noch als die Übel, die nach Abhilfe riefen.

Wege zum Wiederaufbau

15. In diese geschichtliche Entwicklung hinein stellte Leo XIII. mit der Veröffentlichung von „Rerum Novarum" seine soziale Botschaft. Sie greift zurück auf die Forderungen der menschlichen Natur und entspricht der Lehre und dem Geist des Evangeliums. Die Botschaft fand – abgesehen vom üblichen Widerstand einiger – allenthalben in der Welt Beifall und höchste Bewunderung. Zwar war es nicht das erstemal, daß der Apostolische Stuhl sich in Anliegen des irdischen Lebens zum Vorkämpfer der Armen machte. Andere Verlautbarungen Leos XIII. selbst hatten dem erwähnten Schritt schon den Weg geebnet. Dieses Rundschreiben aber enthielt erstmals eine Gesamtdarstellung der Grundsätze und ein einheitliches Programm. Man kann es deswegen wohl eine Zusammenfassung dessen nennen, was die katholische Lehre über Wirtschaft und Gesellschaft zu sagen hat.

16. Man muß schon sagen: Dazu gehörte nicht wenig Mut. Während sich manche nicht scheuten, der Kirche vorzuwerfen, sie tue nichts, als den Armen Ergebung in ihr Elend und den Reichen herablassende Mildtätigkeit zu predigen, zögerte Leo XIII. nicht, offen einzutreten für die Unantastbarkeit der Rechte der Arbeiter und sie zu schützen. An den Anfang seiner Ausführungen über die Grundsätze und Forderungen der katholischen Soziallehre stellte er das Wort: „Zuversichtlich und mit voller Berechtigung gehen Wir an diesen Gegenstand her-

an; handelt es sich doch um ein Problem, dessen Lösung, wenn irgendwie, so doch sicherlich nicht ohne Hilfe von Religion und Kirche
gefunden werden kann" (RN 13).

17. Ihr kennt sicher, Ehrwürdige Brüder, jene tragenden Grundsätze,
die nach den klaren und eindrucksvollen Lehren des großen Papstes
die Gestaltung des menschlichen Zusammenlebens in Gesellschaft
und Wirtschaft bestimmen sollen.

18. Er handelt zunächst von der Arbeit. Diese dürfe nicht als eine
bloße Ware behandelt werden; sei sie doch eine Äußerung der
menschlichen Person. Für die große Mehrheit der Menschen ist sie zudem die einzige Quelle ihres Lebensunterhalts. Darum darf die Höhe
ihrer Vergütung nicht dem Spiel der Marktgesetze überlassen werden,
muß vielmehr bestimmt werden von Gerechtigkeit und Billigkeit. Andernfalls wird beim Arbeitsvertrag die Gerechtigkeit auch dann
durchaus verletzt, wenn beide Seiten ihn freiwillig abschließen.

19. Weiter spricht der Papst vom Privateigentum. Die Natur gibt dem
einzelnen ein Recht darauf, Produktionsmittel nicht ausgenommen;
und der Staat darf dieses Recht unter keinen Umständen unterdrük-
ken. Aber der privaten Verfügungsgewalt über Güter wohnt eine soziale Funktion wesentlich inne; wer das Eigentum daran in Anspruch
nimmt, ist darum verpflichtet, nicht nur den eigenen Vorteil, sondern
auch den Nutzen der anderen zu berücksichtigen.

20. Der Staat hat zum Ziel die Gewährleistung des irdischen Gemeinwohls. Darum darf er sich nicht völlig aus dem wirtschaftlichen
Leben seiner Bürger heraushalten. Er muß vielmehr in ihm gegenwärtig sein und fördernd eingreifen, zunächst um in ihm die Erzeugung jenes Maßes an materiellen Gütern zu gewährleisten, „deren Inanspruchnahme für ein tugendhaftes Handeln notwendig ist" (Thomas
von Aquin, De regimine principum I, 15); dann um die Rechte aller
Bürger zu schützen, besonders die der Schwächeren; dazu gehören die
Arbeiter, die Frauen und die Kinder. Niemals darf er sich seiner Verpflichtung entziehen, sich um die Verbesserung der Lage der Arbeiter
zu kümmern.

21. Der Staat hat ferner die Pflicht, darüber zu wachen, daß die rechtliche Gestaltung des Arbeitsverhältnisses dem Gesetz von Gerechtigkeit und Billigkeit entspricht; ferner darüber, daß auf dem Arbeitsplatz nicht die Würde der menschlichen Person an Leib und Seele verletzt wird. In dieser Beziehung enthält das Rundschreiben Leos XIII. oberste Sozialrechtsgrundsätze, die die modernen Staaten in ihrer Gesetzgebung verwerten konnten. Sie haben, wie schon Unser Vorgänger Pius XI. im Rundschreiben „Quadragesimo Anno" bemerkt, nicht wenig zum Werden und zur Entwicklung eines neuen Rechtszweiges beigetragen, nämlich des Arbeitsrechtes.

22. Den Arbeitern, so heißt es in dem Rundschreiben weiter, steht das naturgegebene Recht zu, Vereine und Verbände zu gründen; seien es reine Arbeiterorganisationen oder gemischte Verbände, aus Arbeitnehmern und Arbeitgebern als Mitgliedern zusammengesetzt; ferner das Recht, diesen Vereinigungen jene Organisationsform zu geben, die sie in ihrem beruflichen Interesse für die geeignetste halten; schließlich das Recht, sich ungestört, frei und in eigener Initiative für die Verfolgung ihrer Interessen einzusetzen.

23. Endlich sollen Arbeiter und Arbeitgeber ihre Beziehungen zueinander regeln nach den Grundsätzen der menschlichen Solidarität und im Sinn der christlichen Brüderlichkeit; dagegen sind sowohl ein Wettbewerb, wie ihn die sogenannten Liberalen wollen, als auch der Klassenkampf im Sinn des Marxismus ganz und gar unvereinbar mit der christlichen Lehre, ja mit der menschlichen Natur.

24. Das, Ehrwürdige Brüder, sind die Grundlagen, die den Aufbau einer Ordnung in Wirtschaft und Gesellschaft tragen sollen.

25. Es ist also nicht zu verwundern, wenn hervorragende Katholiken, angespornt durch dieses Schreiben, in einer Fülle von Initiativen darangingen, die hier vorgetragenen Grundsätze zu verwirklichen. Den gleichen Weg gingen in den verschiedenen Ländern der Welt, bewegt von den gleichen Forderungen der menschlichen Natur, auch andere ausgezeichnete Menschen guten Willens.

26. So galt und gilt das Rundschreiben mit vollem Recht als Magna Charta einer neuen Wirtschafts- und Gesellschaftsordnung.

Das Rundschreiben „Quadragesimo Anno"

27. Unser Vorgänger Pius XI. veröffentlichte vierzig Jahre nach dem Erscheinen des Rundschreibens „Rerum Novarum" ein eigenes Rundschreiben, „Quadragesimo Anno".

28. In dieser Verlautbarung bekräftigt der Papst das Recht und die Pflicht der Kirche, ihren besonderen Beitrag zur Lösung der ernsten sozialen Frage zu leisten, die die ganze Menschheit so sehr bewegt. Er bestätigt und betont noch einmal die der geschichtlichen Situation entsprechenden Grundsätze und Forderungen des Leoschen Rundschreibens. Dann ergreift er die Gelegenheit, einige Lehrstücke zu klären, über die unter den Katholiken selbst Meinungsverschiedenheiten entstanden waren; ferner um zu zeigen, wie diese Grundsätze und Forderungen der Sozialordnung in Auseinandersetzung mit der veränderten Zeitlage weiterzuentwickeln sind.

29. Die damals entstandenen Zweifel bezogen sich auf die rechte Haltung der Katholiken in der Frage des Privateigentums, der Lohngerechtigkeit sowie einer gemäßigten Form des Sozialismus.

30. Zunächst verkündet Unser Vorgänger erneut den naturrechtlichen Charakter des Privateigentums; er betont zugleich seine soziale Seite und entwickelt und erläutert seine soziale Funktion.

31. In bezug auf das Lohnverhältnis weist der Papst die Behauptung zurück, es sei seiner Natur nach ungerecht. Zugleich bedauert er die unmenschlichen und ungerechten Formen, die es in der Praxis nicht selten annimmt. Er weist eingehend auf die Normen und Bedingungen hin, die zu wahren sind, wenn man hier nicht vom Weg der Gerechtigkeit oder Billigkeit abkommen will.

32. Auf diesem Gebiet, sagt Unser Vorgänger, empfehle es sich heute, den Arbeitsvertrag durch Übernahme einiger Elemente des Gesellschaftsvertrages aufzulockern; „Arbeiter und Angestellte gelangen auf diese Weise zu Mitbesitz oder Mitverwaltung oder zu irgendeiner Art Gewinnbeteiligung" (QA 65).

33. Theoretisch und praktisch bedeutsam ist zweifellos auch die Feststellung Pius' XI.: „Außerachtlassung des zugleich sozialen und individualen Charakters der menschlichen Arbeit verunmöglicht daher wie ihre gerechte Wertung, so ihre Abgeltung zum Gleichwert" (QA 69). Deshalb verlangt die Gerechtigkeit, daß man bei der Bemessung des Arbeitslohnes außer dem Bedarf des einzelnen Arbeiters und seiner Familie auch der Lage des Betriebs Rechnung trägt, in dem der Arbeiter beschäftigt ist, sowie umfassend den Erfordernissen „der allgemeinen Wohlfahrt" (QA 74).

34. Kommunismus und Christentum, so erklärt der Papst, widersprechen sich radikal. Aber auch die Lehre der wohl eine mildere Richtung vertretenden Sozialisten sei für Katholiken durchaus unannehmbar. Aus ihrer Auffassung ergebe sich nämlich zunächst eine rein diesseitige Sicht der gesellschaftlichen Ordnung, und darum eine ausschließliche Hinordnung derselben auf das irdische Wohlergehen; auch beeinträchtige die einseitig auf die Gütererzeugung ausgerichtete Gestaltung der Gesellschaft die menschliche Freiheit unerträglich, zumal man es am rechten Verständnis für wahre gesellschaftliche Autorität fehlen lasse.

35. Es entgeht Pius XI. nicht, daß sich in den vierzig Jahren seit Erscheinen des Leoschen Schreibens die geschichtliche Situation grundlegend geändert hat. Das zeigt sich unter anderem darin, daß der freie Wettbewerb sich schließlich kraft einer inneren Gesetzlichkeit selbst fast ganz aufgehoben hatte. Diese habe zu einer ungeheuren Konzentration des Reichtums und damit maßloser Herrschaftsgewalt in den Händen weniger geführt, „die sehr oft gar nicht Eigentümer, sondern Treuhänder oder Verwalter anvertrauten Gutes sind, über das sie mit geradezu uneingeschränkter Machtvollkommenheit verfügen" (QA 105).

36. Der Papst bemerkt: „An die Stelle der freien Marktwirtschaft trat die Vermachtung der Wirtschaft. Das Gewinnstreben steigerte sich zum zügellosen Machtstreben. Dadurch kam in das ganze Wirtschaftsleben eine furchtbare, grauenerregende Härte" (QA 109). Sie lieferte im Ergebnis die staatliche Gewalt der Selbstsucht der Mächtigeren aus und mündete im internationalen Finanzimperialismus.

37. Um dieser Entwicklung der Dinge zu begegnen, verweist der Papst auf folgende Leitsätze: Die Welt der Wirtschaft muß wieder zur Achtung vor der sittlichen Ordnung zurückkehren, das Einzel- oder Gruppeninteresse muß wieder in Einklang kommen mit dem Gemeinwohl. Das verlangt, so fordert Unser Vorgänger, zunächst die Wiederherstellung der gesellschaftlichen Ordnung durch auf den wirtschaftlichen und beruflichen Raum bezogene Sozialgebilde eigenen Rechtes, die keine Staatsschöpfungen sein dürfen; ferner die Wiederherstellung der Hoheitsfunktion der staatlichen Gewalt, damit sie nicht die Sorge für das Gemeinwohl zu kurz kommen läßt; endlich fordert der Papst gemeinsame Beratungen zwischen den Staaten und Zusammenarbeit auf Weltebene, auch zum Zweck des wirtschaftlichen Wohles der Völker.

38. Die wesentlichen Grundgedanken des Rundschreibens Pius' XI. lassen sich vor allem auf zwei zurückführen. Der erste ist dieser: Oberster Maßstab in der Wirtschaft darf unter keinen Umständen das Einzel- und Gruppeninteresse sein; auch nicht der zügellose Wettbewerb oder die hemmungslose Macht des Stärkeren, das nationale Prestige oder der Machtwille der Nation oder irgendein derartiger Maßstab.

39. Herrschen müssen in allen wirtschaftlichen Unternehmungen vielmehr Gerechtigkeit und Liebe als die obersten Gesetze sozialen Verhaltens.

40. Der zweite Grundgedanke ist wohl: Zu fordern ist der Ausbau einer innerstaatlichen und internationalen Rechtsordnung mit einem Gerüst fester Einrichtungen, öffentlicher und freier, das Ganze beseelt von der sozialen Gerechtigkeit. In ihr müssen die in der Wirtschaft Tätigen ihr eigenes Interesse mit dem Gemeinwohl harmonisch vereinigen können.

Die Rundfunkbotschaft von Pfingsten 1941

41. Aber auch Unser Vorgänger Pius XII. hat zur Klärung der sozialen Pflichten und Rechte nicht wenig beigetragen. Am heiligen Pfingstfest, dem 1. Juni 1941, erging von ihm eine Rundfunkbotschaft an die ganze Welt, „um die Aufmerksamkeit der katholischen Welt

auf ein denkwürdiges Ereignis hinzuweisen, das in den Annalen der Kirche mit goldenen Lettern aufgezeichnet zu werden verdient: auf das Erscheinen von Leos XIII. grundlegendem sozialem Lehrschreiben ,Rerum Novarum' vor fünfzig Jahren am 15. Mai 1891" (Pfingstbotschaft vom 1. 6. 1941, U-G 496) und „um dem Allmächtigen demütigen und tief empfundenen Dank abzustatten für die Gabe, die er vor fünfzig Jahren mit jenem Rundschreiben seines Stellvertreters auf Erden seiner Kirche schenkte, um ihn zu preisen für das erfrischende Geisteswehen, das er von ihr stärker und immer stärker über die ganze Menschheit ausströmen ließ" (ebd., U-G 500).

42. In der Rundfunkbotschaft betont der Papst: „Zum unanfechtbaren Geltungsbereich der Kirche gehört es . . . darüber zu befinden, ob die Grundlagen der jeweiligen gesellschaftlichen Ordnung mit der ewig gültigen Ordnung übereinstimmen, die Gott, der Schöpfer und Erlöser, durch Naturrecht und Offenbarung kundgetan hat" (ebd., U-G 498). Er bestätigt die bleibende Bedeutung des Rundschreibens „Rerum Novarum" und seine unerschöpfliche Fruchtbarkeit. Er ergreift die Gelegenheit, „zu drei Grundwerten des Gemeinschafts- und Wirtschaftslebens weitere Richtlinien sittlichen Gehalts zu geben. Die drei Grundwerte, die sich gegenseitig bedingen, durchdringen und fördern, sind die Nutzung der Erdengüter, die Arbeit und die Familie" (ebd., U-G 504).

43. Was das erste angeht, so stellt Unser Vorgänger fest, daß das Recht jedes Menschen, materielle Güter zu seinem Lebensunterhalt zu nutzen, einen Vorrang hat vor jedem andern Recht wirtschaftlichen Inhalts, also auch vor dem Recht auf Privateigentum. Gewiß gründet, so gibt Unser Vorgänger zu bedenken, auch das Recht auf Privateigentum in der menschlichen Natur. Nach der objektiven, von Gott eingerichteten Ordnung kann das Recht auf Eigentum sich nicht als Hindernis entgegenstellen, um die Erfüllung „der unumstößlichen Forderung" zu vereiteln, „ ,daß die Güter, die Gott für die Menschen insgesamt schuf, im Ausmaß der Billigkeit nach den Grundsätzen der Gerechtigkeit und Liebe allen zuströmen' " (ebd., U-G 505).

44. Mit Beziehung auf die Arbeit greift Pius XII. einen Gedanken aus dem Rundschreiben Leos auf und betont, daß sie gleichzeitig eine

Pflicht und ein Recht der Einzelmenschen ist. Folglich kommt es auch ihnen in erster Linie zu, ihre gegenseitigen Beziehungen im Arbeitsverhältnis zu regeln. Nur in dem Fall, daß die Beteiligten ihre Aufgabe nicht erfüllen wollen oder nicht erfüllen können, „ist es Aufgabe des Staates, einzugreifen in den Einsatz wie in die Verteilung der Arbeit auf die Art und in dem Maße, wie es die Wahrung des wohlverstandenen Gemeinwohls verlangt" (ebd., U-G 514).

45. Zur Familie übergehend, weist der Papst darauf hin, welche Bedeutung das Privateigentum an den materiellen Gütern als Lebensraum der Familie habe; es soll „dem Familienvater die nötige Freiheit und Unabhängigkeit sichern, deren er bedarf, um die vom Schöpfer selbst ihm auferlegten Pflichten hinsichtlich des leiblichen, geistigen und religiös-sittlichen Wohles der Familie erfüllen zu können" (ebd., U-G 516). Ebendarin gründet auch das Recht der Familie auszuwandern. Unser Vorgänger mahnt darum die verantwortlichen Lenker der Staaten, die die Auswanderung freigeben, wie jener, die neue Menschen aufnehmen, „alle etwa möglichen Hindernisse eines wirklichen Vertrauens zwischen dem Heimatland und dem der Einwanderung zu beseitigen" (ebd., U-G 519). Geschehe das, so ergebe sich daraus für beide Völker ein bedeutsamer wirtschaftlicher und kultureller Fortschritt.

Neue Wandlungen

46. Wenn schon Pius XII. die Zeit der von ihm begangenen Gedenkfeier gegenüber früher erheblich verändert fand, so hat sich die Lage in diesen letzten zwanzig Jahren erneut und grundlegend gewandelt; und dies nicht nur innerhalb der einzelnen Staaten, sondern auch im Verhältnis der Staaten zueinander.

47. Betrachten wir den Bereich der Wissenschaft, der Technik und der Wirtschaft, so stehen hier heute vor allem diese neuen Gegebenheiten: die Entdeckung der Atomkraft; ihre erste Anwendung zu Kriegszwecken, dann ihre täglich wachsende Nutzung für friedliche Zwecke; die fast unbegrenzten Möglichkeiten der Herstellung synthetischer Stoffe durch die Chemie; die immer mehr zunehmende Anwendung der Automation in der Gütererzeugung und in den Dienst-

leistungen; die Modernisierung der Landwirtschaft; das fast völlige Schwinden der Entfernungen zwischen den Völkern im Nachrichtenwesen, vor allem durch Rundfunk und Fernsehen; das rasch wachsende Tempo im gesamten Verkehr; schließlich unser Vorstoß in den Weltraum.

48. Wenden wir uns dem gesellschaftlichen Bereich zu, so stellen wir heute fest: erweiterte Leistungen der Sozialversicherungen in einigen wirtschaftlich fortgeschrittenen Ländern; die Einführung umfassender Systeme sozialer Sicherheit; in den Arbeiterorganisationen ein wachsendes Bewußtsein der wesentlichen wirtschaftlichen und gesellschaftlichen Zusammenhänge; eine allgemeine Hebung der Elementarbildung in vielen Ländern; die Ausdehnung des Wohlstandes auf immer breitere Schichten der Bevölkerung; die wachsende Beweglichkeit des Menschen zwischen den einzelnen Industriezweigen und die ständige Verminderung des Unterschieds zwischen den verschiedenen Schichten; die wachsende Anteilnahme des einfachen Mannes an den Ereignissen in der ganzen Welt. Gleichzeitig wachsen mit dem mächtigen Fortschritt der wirtschaftlichen und gesellschaftlichen Organisation in einer zunehmenden Zahl von Staaten auch täglich offenkundiger werdende Spannungen; so zwischen der Landwirtschaft, der Industrie und den Dienstleistungsgewerben; zwischen wirtschaftlich verschieden gut gestellten Gebieten innerhalb des gleichen Landes; endlich auf Weltebene die Spannungen zwischen wirtschaftlich unterschiedlich entwickelten Völkern.

49. Beim Blick auf den politischen Bereich stellen wir ebenfalls Veränderungen fest. In vielen Ländern beteiligt die Demokratisierung eine wachsende Zahl von Bürgern aller sozialen Schichten an der politischen Verantwortung. Immer weiter, immer tiefer greifen die Regierungen in Wirtschaft und Gesellschaft ein. Nach dem Untergang der Kolonialherrschaft erreichten die Völker Asiens und Afrikas ihre politische Selbständigkeit; es wachsen die Verflochtenheiten der Völker untereinander und damit die Abhängigkeit der Völker voneinander; es entstehen und entwickeln sich auf Weltebene immer weitere überstaatliche Organisationen und Gremien wirtschaftlicher, sozialer oder kultureller Art, mit dem Ziel, das Wohl der weltweiten Völkergemeinschaft zu gewährleisten.

50. Im Blick auf diese Vorgänge schien es Uns als Unsere Pflicht, die von Unsern großen Vorgängern entzündete Flamme unauslöschlich lebendigzuhalten und alle aufzufordern, von ihr aus Licht und Antrieb zu empfangen für gegenwartsgerechte Lösungen der sozialen Frage. Darum möchten Wir dieses Rundschreiben nicht nur dem verdienten Gedenken an das Rundschreiben Leos widmen, sondern auch angesichts der veränderten Lage der Welt die von Unsern Vorgängern dargelegten Weisungen bekräftigen und klärend weiterführen. Wir möchten zugleich aber auch die Lehre der Kirche im Hinblick auf die neuen und ernsten Anliegen der Gegenwart nach verschiedenen Seiten entfalten.

ZWEITER TEIL

Klarstellungen und Weiterführungen
zur Lehre von „Rerum Novarum"

Persönliche Initiative und staatlicher Eingriff in die Wirtschaft

51. Von vornherein ist festzuhalten: Im Bereich der Wirtschaft kommt der Vorrang der Privatinitiative der einzelnen zu, die entweder für sich allein oder in vielfältiger Verbundenheit mit andern zur Verfolgung gemeinsamer Interessen tätig werden.

52. Aber aus den bereits von Unsern Vorgängern angeführten Gründen bedarf es in der Wirtschaft auch des tätigen Eingreifens der staatlichen Gewalt, um in der rechten Weise die Wohlstandssteigerung zu fördern, so daß mit ihr zugleich ein sozialer Fortschritt verbunden ist und sie so allen Bürgern zustatten kommt.

53. Dieses staatliche Eingreifen, das fördert, anregt, regelt, Lücken schließt und Vollständigkeit gewährleistet, findet seine Begründung in dem „Subsidiaritätsprinzip" (QA 78), so wie es Pius XI. in dem Rundschreiben „Quadragesimo Anno" ausgesprochen hat: „Fest und unverrückbar bleibt jener oberste Grundsatz der Sozialphilosophie, an dem nicht zu rütteln noch zu deuten ist: Wie dasjenige, was der Einzelmensch aus eigener Initiative und mit seinen eigenen Kräften leisten kann, ihm nicht entzogen und der Gesellschaftstätigkeit zugewie-

sen werden darf, so verstößt es gegen die Gerechtigkeit, das, was die kleineren und untergeordneten Gemeinwesen leisten und zum guten Ende führen können, für die weitere und übergeordnete Gemeinschaft in Anspruch zu nehmen; zugleich ist es überaus nachteilig und verwirrt die rechte Ordnung. Jedwede Gesellschaftstätigkeit ist ja ihrem Wesen und Begriff nach subsidiär: sie soll die Glieder des Sozialkörpers unterstützen, darf sie aber niemals zerschlagen oder aufsaugen" (QA 79).

54. Es ist wahr, die Fortschritte der wissenschaftlichen Erkenntnis und Produktionstechnik geben augenscheinlich der staatlichen Führung heute in umfassenderem Maß als früher Möglichkeiten an die Hand, Spannungen zwischen den verschiedenen Wirtschaftszweigen, zwischen den verschiedenen Gebieten ein und derselben Nation wie zwischen den verschiedenen Nationen auf Weltebene zu mildern; die aus den Konjunkturschwankungen der Wirtschaft sich ergebenden Störungen zu begrenzen und durch vorbeugende Maßnahmen den Eintritt von Massenarbeitslosigkeit wirksam zu verhindern. Darum ist von der staatlichen Führung, die für das Gemeinwohl verantwortlich ist, immer wieder zu fordern, daß sie sich in vielfältiger Weise, umfassender und planmäßiger als früher, wirtschaftspolitisch betätigt und dafür angepaßte Einrichtungen, Zuständigkeiten, Mittel und Verfahrensweisen ausbildet.

55. Immer aber muß dabei festgehalten werden: Die Sorge des Staates für die Wirtschaft, so weit und so tief sie auch in das Gemeinschaftsleben eingreift, muß dergestalt sein, daß sie den Raum der Privatinitiative der einzelnen Bürger nicht nur nicht einschränkt, sondern vielmehr ausweitet, allerdings so, daß die wesentlichen Rechte jeder menschlichen Person gewahrt bleiben. Zu diesen ist zunächst das Recht und die Pflicht der einzelnen zu zählen, in der Regel sich und ihre Angehörigen selbst mit dem Lebensunterhalt zu versorgen. Das besagt: daß es überall in der Wirtschaft einem jeden nicht nur möglich, sondern leicht gemacht werden muß, erwerbstätig zu sein.

56. Übrigens macht die geschichtliche Entwicklung selbst immer einsichtiger: Ein geordnetes und gedeihliches Zusammenleben der Menschen ist einfach nicht möglich, ohne daß die Bürger und die politische

Führung in der Wirtschaft zusammenwirken; das erfordert einträchtige gemeinsame Anstrengung derart, daß der Beitrag beider den Erfordernissen des Gemeinwohls je nach den wechselnden Verhältnissen möglichst gut entspricht.

57. In der Tat belehrt uns die ständige Erfahrung: Wo die Privatinitiative der einzelnen fehlt, herrscht politisch die Tyrannei; da geraten aber auch manche Wirtschaftsbereiche ins Stocken; da fehlt es an tausenderlei Verbrauchsgütern und Diensten, auf die Leib und Seele angewiesen sind; Güter und Dienste, die zu erlangen in besonderer Weise die Schaffensfreude und den Fleiß der einzelnen auslöst und anstachelt.

58. Wo umgekehrt in der Wirtschaft die gebotene wirtschaftspolitische Aktivität des Staates gänzlich fehlt oder unzureichend ist, kommt es schnell zu heilloser Verwirrung. Da herrscht die freche Ausbeutung fremder Not durch von Skrupeln wenig gehemmte Stärkere, die sich – leider – allzeit und allenthalben breitmachen wie Unkraut im Weizen.

Die gesellschaftliche Verflechtung

Ursprung und Umfang der Erscheinung

59. Zu den für unsere Zeit kennzeichnenden Merkmalen gehört zweifellos die wachsende Zahl gesellschaftlicher Verflechtungen, dieses täglich dichter werdende Netz sozialer Beziehungen zwischen den Menschen, die ihr Leben und Wirken durch eine Fülle von Organisationen bereichert haben, teils privatrechtlicher, teils öffentlich-rechtlicher Art. Das hat seinen Grund in einer Mehrzahl von zeitgeschichtlichen Umständen; zum Beispiel im wissenschaftlichen und technischen Fortschritt, in der gesteigerten Ergiebigkeit der Wirtschaft, in der gehobenen Lebenshaltung.

60. Diese im gesellschaftlichen Leben zu beobachtenden Tendenzen sind einerseits Anzeichen, anderseits aber auch Ursache dafür, daß der Staat mehr und mehr in Bereiche eindringt, die zum Persönlichsten des Menschen gehören und darum von höchster Bedeutung, aber auch ernsten Gefährdungen ausgesetzt sind. Als Beispiel seien genannt:

Gesundheitswesen, Unterricht und Erziehung der jungen Generation, Berufsberatung, Mittel und Wege der Rehabilitation und Wiedereingliederung der verschiedenen Gruppen von Behinderten. Eben diese Tendenzen sind aber auch teils Ergebnis, teils Ausdruck eines sozusagen unwiderstehlichen Strebens der menschlichen Natur, des Strebens, sich mit andern zusammenzutun, wenn es darum geht, Güter zu erlangen, die von den einzelnen begehrt werden, jedoch die Möglichkeiten und Mittel der einzelnen übersteigen. Dieses Streben führt, vor allem in der jüngsten Gegenwart, zu einer reichen Vielfalt von Verbänden, Vereinigungen, Einrichtungen mit wirtschaftlicher, gesellschaftlicher, kultureller, unterhaltender, sportlicher, beruflicher und politischer Zielsetzung sowohl im nationalen Raum wie auf Weltebene.

61. Zweifellos bringt der so verstandene Vergesellschaftungsprozeß mancherlei Vorteile. So kann zahlreichen Rechtsansprüchen der Person Genüge geschehen, insbesondere solchen wirtschaftlicher und gesellschaftlicher Natur, zum Beispiel auf Deckung des lebensnotwendigen Bedarfs, auf Gesundheitspflege, auf erweiterten und vertieften Grundunterricht, auf eine angemessene Fachausbildung, auf Wohnung, Arbeit, auf gebührende Freizeit und angemessene Erholung. Hinzu kommt, daß die immer vollkommenere Organisation der modernen Nachrichtenmittel, der Presse, des Films, des Rundfunks und Fernsehens den Menschen überall in der Welt gestattet, auch an weit entfernt sich abspielenden Ereignissen unmittelbaren Anteil zu nehmen.

62. Aber dieser täglich fortschreitende und wechselvolle Vergesellschaftungsprozeß läßt in vielen Bereichen auch die Vorschriften und Bindungen zahlreicher werden, die die wechselseitigen Beziehungen der Menschen regeln wollen. Dadurch wird der den einzelnen zur Verfügung stehende Freiheitsraum mehr und mehr eingeschränkt. Es kommen Mittel zur Anwendung, es entwickeln sich Methoden, es bilden sich Umweltbedingungen, unter denen es für den einzelnen wirklich schwer ist, noch unabhängig von äußeren Einflüssen zu denken, aus eigener Initiative tätig zu werden, in Eigenverantwortung seine Rechte auszuüben und seine Pflichten zu erfüllen, die geistigen Anlagen voll zu betätigen und zu entfalten. Werden also mit fortschreiten-

dem Vergesellschaftungsprozeß die Menschen entpersönlicht werden und aufhören, eigenverantwortlich zu sein? Dem ist entschieden zu widersprechen.

63. Der Vergesellschaftungsprozeß ist ja nicht das Produkt unwiderstehlich wirkender Naturgewalten; er ist vielmehr, wie gesagt, eine Schöpfung des Menschen selbst, freier Wesen also, von Natur auf verantwortliches Handeln angelegt; nichtsdestoweniger sind sie genötigt, die Gesetze einer wirtschaftlichen Entwicklung anzuerkennen und sich einem Fortschritt der Kultur zu fügen; sie sind nicht in der Lage, sich dem Druck ihrer Umwelt vollständig zu entziehen.

64. Deswegen kann und soll der Vergesellschaftungsprozeß sich nach unserer Meinung in einer Weise vollziehen, die bei größtmöglicher Nutzung seiner Vorteile doch die mit ihm verbundenen Nachteile vermeidet oder mildert.

65. Um zu diesem erwünschten Ergebnis zu gelangen, müssen die Staatslenker die richtige Auffassung vom Gemeinwohl haben. Dieses umfaßt ja den Inbegriff jener gesellschaftlichen Voraussetzungen, die den Menschen die volle Entfaltung ihrer Werte ermöglichen oder erleichtern. Außerdem halten Wir es für notwendig, daß die leistungsgemeinschaftlichen Gebilde sowie die vielfachen Unternehmungen, in denen der Vergesellschaftungsprozeß sich vorzugsweise abspielt, sich wirklich kraft eigenen Rechtes entwickeln können und daß die Verfolgung ihrer Interessen in Einklang mit dem Gemeinwohl bleibt. Aber nicht weniger notwendig ist, daß diese Sozialgebilde die Gestalt und den Charakter echter Gemeinschaftlichkeit haben, das heißt, daß sie ihre Glieder wirklich als menschliche Personen betrachten und zur aktiven Mitarbeit anhalten.

66. In der Entwicklung der Organisationsform des gesellschaftlichen Zusammenlebens unserer Zeit kommen die Staaten um so leichter zur rechten Ordnung, je mehr ihnen der Ausgleich zwischen zwei Kräften gelingt: einmal den Kräften, über die die einzelnen Bürger und Gruppen verfügen, sich unter Wahrung des Zusammenhalts des Ganzen selbst zu bestimmen; dann der staatlichen Tätigkeit, die die privaten Unternehmungen in geeigneter Weise ordnet und fördert.

67. Solange sich das gesellschaftliche Leben an diese Leitsätze und an die sittliche Ordnung hält, birgt seine Verdichtung nicht naturnotwendig neue Gefahren oder untragbare Belastungen für den einzelnen Menschen in sich; ja man darf sogar hoffen, daß sie nicht nur die Behauptung und Entfaltung der der Person eigentümlichen Anlagen fördert, sondern auch zu einem gedeihlichen Zusammenwachsen der menschlichen Gesellschaft beiträgt. Dieses erwünschte Zusammenwirken ist, wie Unser Vorgänger Pius XI. im Rundschreiben „Quadragesimo Anno" zu bedenken gibt, eine unerläßliche Voraussetzung dafür, daß den Rechten und Pflichten des gesellschaftlichen Lebens voll Genüge geschehen kann (QA 136/137).

Der Arbeitsentgelt

Gerechtigkeit und Billigkeit als Maßstab

68. Schwerer Kummer bedrückt Uns angesichts der traurigen Tatsache, daß in vielen Ländern und ganzen Erdteilen zahllosen Arbeitern ein Lohn gezahlt wird, der ihnen selbst und ihren Familien wirklich menschenunwürdige Lebensbedingungen aufzwingt. Das hat gewiß zum Teil darin seine Ursache, daß in diesen Gebieten die industrielle Produktionsweise gerade erst eingeführt wurde oder noch nicht ausreichend fortgeschritten ist.

69. In einigen von diesen Ländern steht jedoch zu diesem Zustand äußersten Elends der Mehrzahl der Überfluß und hemmungslose Luxus weniger Reicher in schreiendem und beleidigendem Gegensatz, während in andern Ländern die Menschen übermäßig belastet werden, um in kurzer Zeit den nationalen Reichtum in einem Maße zu steigern, wie es ohne Verletzung von Gerechtigkeit und Billigkeit nun einmal nicht möglich ist; in andern wieder wird ein hoher Anteil des volkswirtschaftlichen Ertrages für ein falsch verstandenes nationales Prestige verschwendet, oder es werden ungeheure Summen für die Rüstung ausgegeben.

70. Hierher gehört auch, daß in den wirtschaftlich fortgeschrittenen Ländern Leistungen von geringerer Bedeutung oder fraglichem Wert nicht selten hohe und höchste Entgelte erzielen, die ausdauernde und

werteschaffende Arbeit ganzer Schichten arbeitsamer und ehrbarer Bürger dagegen allzu niedrig und für den Lebensunterhalt unzureichend entgolten wird oder jedenfalls in keinem gerechten Verhältnis zu dem geleisteten Beitrag zum allgemeinen Wohl oder zum Gewinn der betreffenden Unternehmen oder zum Volkseinkommen.

71. Deswegen halten Wir es für Unsere Pflicht, noch einmal einzuschärfen: Wie die Höhe des Arbeitslohnes nicht einfachhin dem freien Wettbewerb überlassen bleiben darf, so darf sie auch nicht vom Stärkeren nach Willkür diktiert werden. Sie muß sich vielmehr unbedingt an den Maßstab von Gerechtigkeit und Billigkeit halten. Dazu ist geboten, dem Arbeiter einen Lohn zu zahlen, der für ihn selbst zu einem menschenwürdigen Leben ausreicht und ihm ermöglicht, die Familienlasten zu bestreiten. Um den Entgelt für die Arbeit gerecht zu bemessen, ist zu berücksichtigen an erster Stelle die produktive Leistung, sodann die wirtschaftliche Lage des Beschäftigung gebenden Unternehmens, weiter die Erfordernisse des volkswirtschaftlichen Gemeinwohls, besonders im Hinblick auf die Vollbeschäftigung, endlich des weltwirtschaftlichen Gemeinwohls, das heißt des Ineinandergreifens einer Vielzahl in ihrer Struktur und in ihrer Größe sehr verschieden gearteter Volkswirtschaften.

72. Die hier angeführten Maßstäbe gelten offenbar immer und überall; wie sie aber auf die konkrete Situation angwendet werden müssen, das kann mit Sicherheit nur bestimmt werden unter Berücksichtigung der zur Verfügung stehenden Mittel; diese Mittel können bei den einzelnen Ländern nach Menge und Art verschieden sein und sind es auch tatsächlich; und auch in der gleichen Volkswirtschaft können sie mit dem Wechsel der Zeiten schwanken.

Die Angleichung von wirtschaftlichem und sozialem Fortschritt

73. Angesichts der Tatsache, daß sich in der Gegenwart das Wirtschaftsleben der Länder rasch entwickelt, besonders nach dem letzten Weltkrieg, halten Wir es für angebracht, alle auf ein wichtiges Gebot der sozialen Gerechtigkeit aufmerksam zu machen: daß nämlich dem wirtschaftlichen Fortschritt der soziale Fortschritt entsprechen und folgen muß, so daß alle Bevölkerungskreise am wachsenden Reichtum

der Nation entsprechend beteiligt werden. Darauf ist zu achten und darauf wirksam hinzuarbeiten, daß die aus der ungleichen Lage sich ergebenden sozialen Spannungen nicht zunehmen, sondern nach Möglichkeit sich vermindern.

74. Mit vollem Recht bemerkt Unser Vorgänger Pius XII.: „Auch die nationale Wirtschaft als die Wirtschaft der in der staatlichen Gemeinschaft verbundenen wirtschaftenden Menschen hat keinen anderen Zweck, als dauernd die materielle Grundlage zu schaffen, auf der sich das volle persönliche Leben der Staatsbürger verwirklichen kann. Wird dies erreicht und dauernd erreicht, dann ist ein solches Volk in Wahrheit wirtschaftlich reich, eben weil die umfassende Wohlfahrt aller und somit das persönliche Nutzungsrecht aller an den irdischen Gütern nach dem vom Schöpfer gewollten Zweck verwirklicht ist" (Radioansprache vom 1. 6. 1941, U-G 509). Daraus ergibt sich, daß der wirtschaftliche Wohlstand eines Volkes weniger zu bemessen ist nach der äußeren Fülle von Gütern, über die seine Glieder verfügen, als vielmehr nach ihrer gerechten Verteilung, so daß alle im Lande etwas davon für die Entfaltung und Vervollkommnung ihrer Persönlichkeit erhalten; denn das das ist das Ziel, auf das die Volkswirtschaft ihrer Natur nach hingeordnet ist.

75. Hier muß bemerkt werden, daß die wirtschaftlichen Verhältnisse vieler Länder den Mittel- und Großbetrieben ein besonders schnelles Wachstum im Wege der Selbstfinanzierung ihrer Ersatz- und Erweiterungsinvestitionen gestatten. Wo dies zutrifft, könnte den Arbeitern ein rechtmäßiger Anspruch an diese Unternehmen zuzuerkennen sein, den diese einzulösen hätten, vor allem dann, wenn sie im übrigen nicht mehr als den Mindestlohn zahlen.

76. In diesem Zusammenhang ist zu beachten, was Unser Vorgänger Pius XI. in dem Rundschreiben „Quadragesimo Anno" aussprach: „Es widerstreitet den Tatsachen, einem der beiden, dem Kapital oder der Arbeit, die Alleinursächlichkeit an dem Ertrag ihres Zusammenwirkens zuzuschreiben; vollends widerspricht es der Gerechtigkeit, wenn der eine oder andere Teil, auf diese angebliche Alleinursächlichkeit pochend, das ganze Erträgnis für sich beansprucht" (QA 53).

77. Der hier angedeuteten Rechtspflicht kann, wie die Erfahrung zeigt, in mehreren Formen Genüge geschehen. Um von anderen zu schweigen, ist heute besonders zu wünschen, daß die Arbeiter in geeigneter Weise in Mitbesitz an ihrem Unternehmen hineinwachsen. Denn heute ist noch mehr als zu der Zeit, da Unser Vorgänger dies aussprach, „mit aller Macht und Anstrengung dahin zu arbeiten, daß (wenigstens) in Zukunft die neugeschaffene Güterfülle nur in einem billigen Verhältnis bei den besitzenden Kreisen sich anhäufe, dagegen in breitem Strom der Lohnarbeiterschaft zufließe" (QA 61).

78. Aber man muß darauf achten, zwischen dem Arbeitslohn und der verfügbaren Gütermenge ein Verhältnis zu wahren, das Rücksicht nimmt sowohl auf das volkswirtschaftliche als auch auf das gesamtmenschheitliche Gemeinwohl.

79. Was das erstere angeht, so sind als Anliegen des volkswirtschaftlichen Gemeinwohls zu nennen: einer möglichst großen Zahl von Arbeitern Beschäftigung zu sichern; zu vermeiden, daß innerhalb der Arbeiterschaft selbst privilegierte Gruppen entstehen; zwischen Löhnen und Preisen ein angemessenes Verhältnis zu wahren; breitesten Kreisen den Zugang zu Gütern und Dienstleistungen eines gehobenen Bedarfs zu erschließen; ein unausgewogenes Verhältnis zwischen den verschiedenen Wirtschaftszweigen, das heißt der Industrie, der Landwirtschaft und dem Dienstleistungsgewerbe, wenn schon nicht völlig zu beseitigen, so doch in Grenzen zu halten; zwischen dem steigenden materiellen Wohlstand und den vermehrten Dienstleistungen, besonders den öffentlichen Diensten zugunsten der Allgemeinheit, den rechten Einklang herzustellen; die Verfahren der Gütererzeugung an den Fortschritt von Wissenschaft und Technik nach Kräften anzupassen; schließlich dafür zu sorgen, daß der erreichte Wohlstand und die Kulturstufe nicht nur der Gegenwart, sondern auch kommenden Zeiten zugute kommen.

80. Was das zweite angeht, so gebietet das gesamtmenschheitliche Gemeinwohl, den Wettbewerb der verschiedenen Länder untereinander von unlauteren Machenschaften frei zu halten, vielmehr im wirtschaftlichen Bereich einträchtiges, freundschaftliches und daher gedeihliches Zusammenwirken zu pflegen; schließlich sich an der Ent-

wicklungshilfe zugunsten der wirtschaftlich schwächeren Länder zu beteiligen.

81. Eben diese Forderungen des volkswirtschaftlichen und gesamtmenschheitlichen Gemeinwohls sind selbstverständlich auch bei der Bemessung der Anteile gebührend zu berücksichtigen, die den leitenden Männern der Unternehmen als Entgelt für ihre unternehmerische Leistung oder den Kapitalgebern als Ausschüttungen zufließen.

Forderungen der Gerechtigkeit im Hinblick auf die Unternehmensverfassung

Anpassung an den Menschen

82. Aber nicht nur die Verteilung des Wirtschaftsertrages muß den Forderungen der Gerechtigkeit entsprechen, sondern auch der gesamte Wirtschaftsvollzug. In der menschlichen Natur selbst ist das Bedürfnis angelegt, daß, wer produktive Arbeit tut, auch in der Lage sei, den Gang der Dinge mitzubestimmen und durch seine Arbeit zur Entfaltung seiner Persönlichkeit zu gelangen.

83. Wenn darum in der Gütererzeugung eine Betriebsordnung gilt und Verfahren zur Anwendung kommen, die der Würde des arbeitenden Menschen zu nahe treten, sein Verantwortungsgefühl abstumpfen oder seine schöpferischen Kräfte lahmlegen, so widerspricht eine solche Art des Wirtschaftens doch wohl der Gerechtigkeit; das gilt selbst dann, wenn der Güterausstoß sehr hoch liegt und die Verteilung nach Recht und Billigkeit erfolgt.

Eine praktische Richtlinie

84. Es ist unmöglich, ein für allemal die Art des Wirtschaftens zu bestimmen, die am besten der Menschenwürde entspricht, die am besten im Menschen das Verantwortungsbewußtsein für seine Arbeit zu wekken vermag. Immerhin gibt unser Vorgänger Pius XII. folgenden praktischen Wink: „Zum selben Zweck müssen die kleineren und mittleren Besitzstände in der Landwirtschaft, in Handwerk und Gewerbe, in Handel und Industrie garantiert und gefördert werden; die

genossenschaftlichen Vereinigungen sollen ihnen die Vorteile des Großunternehmens verschaffen; und wo sich die Großunternehmung noch heute als produktionsfähiger erweist, soll die Möglichkeit geboten werden, den Arbeitsvertrag durch einen Gesellschaftsvertrag mildernd zu ergänzen" (Radioansprache vom 1. 9. 1944. U-G 736).

Der handwerkliche und genossenschaftliche Betrieb

85. Im Interesse des Gemeinwohls und im Rahmen des technischen Fortschritts sind der handwerkliche Betrieb und der landwirtschaftliche Familienbetrieb zu schützen und zu fördern, aber auch die genossenschaftlichen Unternehmen, insbesondere diejenigen, die darauf angelegt sind, den beiden ersteren Hilfsstellung zu leisten.

86. Vom landwirtschaftlichen Betrieb soll später die Rede sein. Hier halten Wir einige Bemerkungen über den Handwerksbetrieb und über die Genossenschaften für angebracht.

87. Zunächst sei die Bemerkung vorausgeschickt: um lebensfähig sein zu können, müssen diese Betriebe und Genossenschaften sich ständig – in Ausstattung und Verfahren – den Ansprüchen der Gegenwart anpassen. Diese ergeben sich einmal aus dem wissenschaftlichen und technischen Fortschritt, dann aus den wechselnden Bedürfnissen und Ansprüchen der Menschen. Um diese Anpassung haben die Handwerker und die Mitglieder der Genossenschaften in erster Linie sich selbst zu bemühen.

88. Beide bedürfen deshalb einer guten Allgemein- und Fachausbildung. Sie müssen sich ferner in entsprechenden Berufsorganisationen zusammenschließen. Ebenso muß aber auch der Staat eine geeignete Schulpolitik, Steuerpolitik, Kreditpolitik und Sozialpolitik betreiben.

89. Diese Sorge des Staates für das Handwerk und die Genossenschaften ist auch deshalb gerechtfertigt, weil diese wertechte Güter schaffen und zum kulturellen Fortschritt beitragen.

90. Und so ergeht aus väterlichem Herzen an Unsere geliebten Söhne auf der ganzen Welt, die in handwerklichen und genossenschaftlichen

Betrieben tätig sind, die Mahnung, sie sollen eine hohe Auffassung von der Bedeutung ihrer Arbeit für ihr ganzes Land haben. Diese Arbeit soll in allen Volksschichten den Sinn für verantwortliche Berufserfüllung und den Geist der Solidarität wecken; sie soll die Menschen auch zu Qualitätsleistungen anspornen.

Verantwortliche Mitarbeit der Arbeiter im Mittel- und Großbetrieb

91. Wie schon Unser Vorgänger sind auch Wir der Meinung, daß die Arbeiter mit Recht aktive Teilnahme am Leben des sie beschäftigenden Unternehmens fordern. Wie diese Teilnahme näher bestimmt werden soll, ist wohl nicht ein für allemal auszumachen. Das ergibt sich vielmehr aus der konkreten Lage des einzelnen Unternehmens. Diese ist keineswegs überall gleich, sie kann sogar in demselben Unternehmen rasch und grundlegend wechseln. In jedem Fall aber sollten die Arbeiter an der Gestaltung der Angelegenheiten ihres Unternehmens aktiv beteiligt werden. Das gilt sowohl für private als auch für öffentliche Unternehmen. Das Ziel muß in jedem Fall sein, das Unternehmen zu einer echten menschlichen Gemeinschaft zu machen; diese muß den wechselseitigen Beziehungen der Beteiligten bei aller Verschiedenheit ihrer Aufgaben und Pflichten das Gepräge geben.

92. Das erfordert im gegenseitigen Verhältnis von Arbeitgebern, leitenden Angestellten und Arbeitern im Betrieb Zusammenarbeit, Achtung voreinander und Wohlwollen; alle müssen zum gemeinsamen Werk mit ehrlichem und innerlichem Einsatz all ihrer Kräfte zusammenwirken; sie sollen ihre Arbeit nicht nur als Mittel des Erwerbs auffassen, sondern auch als Pflichterfüllung und Dienst an der Gemeinschaft. Das bedeutet aber: Bei der Erledigung der Angelegenheiten und beim Ausbau des Unternehmens sollte auch die Stimme des Arbeiters gehört und seine Mitverantwortung angesprochen werden. Unser Vorgänger Pius XII. sagte mit Recht: „Anderseits verlangt die wirtschaftliche und soziale Funktion, die jeder Mensch erfüllen möchte, daß die Tätigkeit die der einzelne entfaltet, nicht völlig dem Willen eines anderen untergeordnet sei" (Ansprache vom 8. 10. 1956, U-G 6193). Zweifellos muß ein Unternehmen, das der Würde des Menschen gerecht werden will, auch eine wirksame Einheitlichkeit der Leitung wahren; aber daraus folgt keineswegs, daß wer Tag für Tag in ihm

arbeitet, als bloßer Untertan zu betrachten ist, dazu bestimmt, stummer Befehlsempfänger zu sein, ohne das Recht, eigene Wünsche und Erfahrungen anzubringen; daß er bei Entscheidungen über die Zuweisung eines Arbeitsplatzes und die Gestaltung seiner Arbeitsweise sich passiv zu verhalten habe.

93. Hier ist ein weiterer Gedanke angebracht: Die weitergehende Verantwortung, die heute in verschiedenen Wirtschaftsunternehmen den Arbeitern übertragen werden soll, entspricht durchaus der menschlichen Natur; sie liegt aber auch im Sinn der geschichtlichen Entwicklung von heute in Wirtschaft, Gesellschaft und Staat.

94. Gewiß bestehen auch zu unserer Zeit in Wirtschaft und Gesellschaft noch schwere Mißverhältnisse, die im Widerspruch zu Gerechtigkeit und zur Menschlichkeit stehen; im ganzen Bereich der Wirtschaft machen sich Irrtümer geltend, die ihren Ablauf, ihre Zielsetzungen, ihre Struktur und ihre Funktionen schwer in Mitleidenschaft ziehen; niemand aber kann den bedeutenden Fortschritt der modernen Wirtschaftsverfahren leugnen, die der wissenschaftliche und technische Fortschritt ausgelöst hat, und ihr im Vergleich zur Vergangenheit rascheres Wachstum. Vom Arbeiter verlangt das heute erhöhte Geschicklichkeit und längere Erfahrung. Darum braucht er eine reichere Ausstattung mit Arbeitsmitteln, aber auch Zeit für eine entsprechende Ausbildung als Facharbeiter wie auch Gelegenheit für Weiterbildung und religiössittliche Gesamtbildung.

95. Unter diesen Umständen kann den Jugendlichen mehr Zeit gelassen werden für ihre Allgemeinbildung und berufliche Lehre.

96. So werden die Voraussetzungen dafür verwirklicht, daß die Arbeiter in der Lage sind, in ihren Unternehmen verantwortungsvollere Aufgaben zu übernehmen. Auch für den Staat ist es von nicht geringer Bedeutung, daß in allen Schichten sich das Bewußtsein verstärkt, für das Gemeinwohl mitverantwortlich zu sein.

Mitwirken der Arbeiter auf allen Ebenen

97. Offenkundig erleben die Arbeiterorganisationen in unserer Zeit einen mächtigen Aufschwung und haben ganz allgemein auf nationa-

ler und internationaler Ebene eine anerkannte Rechtsstellung. Sie treiben die Arbeiter nicht mehr in den Klassenkampf, sondern leiten sie zu sozialer Partnerschaft an. Dazu dienen vor allem die Gesamtarbeitsverträge zwischen den Arbeitnehmer- und Arbeitgeberverbänden. Wir möchten darauf hinweisen, wie notwendig oder mindestens höchst angemessen es ist, daß die Arbeiterschaft Gelegenheit hat, ihre Meinung und ihr Gewicht auch über die Grenzen des Unternehmens hinaus geltend zu machen, und zwar in allen Bereichen des gesellschaftlichen Lebens.

98. Der Grund dafür ist vor allem dieser: Wenn auch ein einzelnes Wirtschaftsunternehmen noch so groß, ergiebig und für das ganze Land bedeutsam ist, so steht es doch in engstem Zusammenhang mit dem Allgemeinzustand von Wirtschaft und Gesellschaft in dem betreffenden Land; seine eigene günstige Lage ist dadurch bedingt.

99. Über das zu entscheiden, was den allgemeinen Stand der Wirtschaft fördert, ist nicht Sache der einzelnen Wirtschaftssubjekte, sondern liegt bei der staatlichen Führung und bei jenen nationalen und übernationalen Institutionen, die für bestimmte Wirtschaftsbereiche zuständig sind. Daher erweist es sich als angemessen oder notwendig, daß an den staatlichen Stellen und in diesen Institutionen außer den Unternehmern und deren Beauftragten auch die Arbeiter vertreten sind oder diejenigen, die bestellt sind, die Rechte, Ansprüche und Interessen der Arbeiter wahrzunehmen.

100. So versteht es sich, daß Unser Gedenken und Unser väterliches Wohlwollen sich den verschiedenen Berufsorganisationen und Gewerkschaften zuwenden, die, von christlichem Gedankengut beseelt, in den verschiedenen Erdteilen am Werke sind. Wir wissen, wie schwierig der Einsatz Unserer geliebten Söhne war, wissen aber auch um ihren Erfolg, wenn es galt, im nationalen Bereich oder auf Weltebene die Rechte der Arbeiter wahrzunehmen und deren wirtschaftliche und kulturelle Lage zu heben.

101. Darüber hinaus möchten Wir anerkennend darauf hinweisen, wie verdienstlich diese Arbeit ist. Ihr Wert bestimmt sich nicht nach dem unmittelbaren, sichtbaren Erfolg; wirkt sie doch in die ganze Welt

der menschlichen Arbeit hinein – überallhin verbreitet sie die rechten Maßstäbe christlichen Denkens und Handelns und den Geist der christlichen Religion.

102. Mit dieser väterlichen Anerkennung wollen Wir auch jene geliebten Söhne auszeichnen, die, von christlichen Grundsätzen durchdrungen, ausgezeichnete Arbeit in anderen Berufsorganisationen und Gewerkschaften leisten, die sich vom natürlichen Sittengesetz leiten lassen und die religiös-sittliche Freiheit ihrer Mitglieder achten.

103. An dieser Stelle können Wir es nicht unterlassen, von Herzen Unseren Glückwunsch und Unsere Hochachtung der Internationalen Arbeits-Organisation (IAO) auszusprechen. Seit vielen Jahren leistet sie mit Geschick und Erfolg ihren wertvollen Beitrag dazu, im wirtschaftlichen und gesellschaftlichen Leben Gerechtigkeit und Menschlichkeit zu verwirklichen. Eine solche Ordnung der Dinge gewährleistet auch die gebührende Anerkennung der Rechte der Arbeiter.

Das Privateigentum

Die veränderte Lage

104. Augenscheinlich vollzieht sich in jüngster Zeit gerade bei den größten wirtschaftlichen Unternehmen eine immer schärfere Scheidung der Funktionen hier der Kapitaleigner, dort des Managements. Daraus erwachsen der staatlichen Führung recht schwierige Aufgaben. Diese hat ja darüber zu wachen, daß die Planungen der Leiter führender Unternehmen, besonders solcher, die für die gesamte Volkswirtschaft von entscheidender Bedeutung sind, nicht in dieser oder jener Hinsicht den Erfordernissen des Gemeinwohls zuwiderlaufen. Diese Schwierigkeiten bestehen, wie die Erfahrung zeigt, unabhängig davon, ob das für die großen Unternehmen notwendige Kapital sich in öffentlicher oder privater Hand befindet.

105. Wir wissen auch, daß heute immer mehr Menschen auf Grund der vielfältigen wirtschafts- und sozialpolitischen Sicherungen unbesorgt und zuversichtlich in die Zukunft blicken können. Früher gründete ihre Zuversicht auf einem wenn auch bescheidenen Vermögen.

106. Heute bemüht man sich vielfach mehr um die Erlernung eines Berufes als um den Eigentumserwerb. Man schätzt das Einkommen, das auf Arbeitsleistung oder auf einem davon abgeleiteten Rechtsanspruch beruht, höher als das Einkommen aus Kapitalbesitz oder daraus abgeleiteten Rechten.

107. Das entspricht vollkommen dem eigentlichen Wesen der Arbeit. Denn diese ist unmittelbarer Ausfluß der menschlichen Natur und deshalb wertvoller als Reichtum an äußeren Gütern, denen ihrer Natur nach nur der Wert eines Mittels zukommt. Diese Entwicklung ist deshalb ein echter Ausdruck menschlichen Fortschritts.

108. Auf Grund dieser wirtschaftlichen Entwicklung sind nun Zweifel darüber entstanden, ob ein von Unseren Vorgängern mit Nachdruck vorgetragener und verfochtener gesellschaftswirtschaftlicher Grundsatz unter den gegenwärtigen Umständen seine Geltung verloren habe oder weniger bedeutsam geworden sei, der Grundsatz nämlich, daß dem Menschen auf Grund seiner Natur das Recht zukommt, Privateigentum, und zwar auch an Produktionsmitteln, zu haben.

Das natürliche Recht auf Eigentum

109. Ein solcher Zweifel ist völlig unbegründet. Denn das Recht auf Privateigentum, auch an Produktionsmitteln, gilt für jede Zeit. Es ist in der Natur der Dinge selbst grundgelegt, die uns belehrt, daß der einzelne Mensch früher ist als die bürgerliche Gesellschaft, und daß diese zielhaft auf den Menschen hingeordnet sein muß. Übrigens würde die Anerkennung des menschlichen Rechts auf wirtschaftliche Privatinitiative gegenstandslos, wollte man dem Menschen nicht zugleich auch die Möglichkeit einräumen, die für die Ausübung dieses Rechts notwendigen Mittel selbst zu bestimmen und anzuwenden. Sowohl die Erfahrung wie die geschichtliche Wirklichkeit bestätigen es: wo das politische Regime dem einzelnen das Privateigentum auch an Produktionsmitteln nicht gestattet, dort wird auch die Ausübung der menschlichen Freiheit in wesentlichen Dingen eingeschränkt oder ganz aufgehoben. Das beweist: das Recht auf Eigentum bildet in der Tat eine Stütze und zugleich einen Ansporn für die Ausübung der Freiheit.

110. Hierin liegt die Erklärung für die Tatsache, daß jene gesellschaftlichen und politischen Verbände und Organisationen, die einen Ausgleich zwischen Freiheit und Gerechtigkeit im gesellschaftlichen Zusammenleben suchen und bis vor kurzem das Eigentum an Produktionsmitteln ablehnten, heute, durch die soziale Entwicklung belehrt, ihre Meinung merklich geändert haben und dieses Recht durchaus anerkennen.

111. Wir möchten hier auf eine Feststellung verweisen, die Unser Vorgänger Pius XII. getroffen hat: „Wenn also die Kirche den Grundsatz des Privateigentums verteidigt, so verfolgt sie dabei ein hohes ethisch-soziales Ziel. Sie beabsichtigt keineswegs, den gegenwärtigen Stand der Dinge einfachhin und ohne Abstriche zu befürworten, als ob sie darin etwa den Ausdruck des göttlichen Willens sähe, noch grundsätzlich den Reichen und Plutokraten gegenüber dem Armen und Habenichts zu schützen . . . Worauf die Kirche vielmehr abzielt, das ist, die Einrichtung des Privateigentums zu dem zu machen, was sie nach den Plänen der göttlichen Weisheit und den Anordnungen der Natur sein soll" (Radioansprache vom 1. 9. 1944, U-G 734). Das Privateigentum muß das Recht des Menschen auf Freiheit schützen und zugleich einen unentbehrlichen Beitrag leisten zum Aufbau der rechten gesellschaftlichen Ordnung.

112. Wir sagten schon, daß in nicht wenigen Ländern in der letzten Zeit die Wirtschaft einen raschen Aufschwung genommen hat. Wenn aber der Ertrag steigt, so verlangen Gerechtigkeit und Billigkeit auch eine im Rahmen des Gemeinwohls mögliche Erhöhung des Arbeitslohnes. Dadurch wird den Arbeitern erleichtert, Ersparnisse zu bilden und ein bescheidenes Vermögen zu erwerben. Es ist deswegen unverständlich, wenn von einigen der naturrechtliche Charakter des Eigentums bestritten wird. Lebt doch das Eigentum von der Fruchtbarkeit der Arbeit und erhält von ihr seine Bedeutung. Es schützt zudem in wirksamer Weise die Würde der menschlichen Person und erleichtert die Ausübung der beruflichen Verantwortung in allen Lebensbereichen. Es fördert die Ruhe und Beständigkeit des menschlichen Zusammenlebens in der Familie und fördert den innern Frieden und die Wohlfahrt des Landes.

Wirksame Streuung

113. Es genügt jedoch nicht, nur das naturgegebene Recht auf Privateigentum, auch an Produktionsmitteln, zu betonen. Mit gleichem Nachdruck muß alles unternommen werden, damit alle Kreise der Bevölkerung in den Genuß dieses Rechtes gelangen.

114. Pius XII. hat es klar ausgesprochen: „Die Persönlichkeitswürde des Menschen erheischt also das persönliche Nutzungsrecht an den Gütern der Erde als normale und naturgemäße Lebensgrundlage. Dem entspricht die grundsätzliche Forderung des Privateigentums, soweit möglich, für alle" (Weihnachtsbotschaft 1942, U-G 243). Anderseits fordert die Würde der Arbeit auch „die Erhaltung und Vervollkommnung einer Sozialordnung, welche allen Schichten des Volkes die Bildung eines dauerhaften, sei es auch nur bescheidenen Privateigentums ermöglicht" (ebd., U-G 255).

115. Breitere Streuung des Eigentums ist, wenn jemals, so heute ganz besonders geboten. In einer wachsenden Zahl von Ländern wächst der wirtschaftliche Wohlstand rasch. Bei kluger Anwendung bereits erprobter Verfahrensweisen dürfte es nicht schwer sein, die wirtschaftliche und soziale Entwicklung in diesen Ländern so zu lenken, daß sie den Zugang zu privatem Eigentum erleichtert und verbreitet, beispielsweise zu dauerhaften Gebrauchsgütern, Wohnhaus, Grundstück, Geräten für den handwerklichen oder bäuerlichen Familienbetrieb, in Wertpapieren verbrieften Kapitalanlagen in Groß- und Riesenunternehmen. In sozial und wirtschaftlich fortgeschrittenen Ländern sind da bereits erfreuliche Ergebnisse erzielt.

Öffentliches Eigentum

116. Das eben Gesagte schließt keineswegs aus, daß auch der Staat und andere öffentlich-rechtliche Gebilde rechtmäßig Eigentum besitzen, auch an Produktionsmitteln, ganz besonders dann, wenn „die mit ihnen verknüpfte übergroße Macht ohne Gefährdung des öffentlichen Wohls Privathänden nicht überantwortet bleiben kann" (QA 114).

117. Ja, es scheint ein Merkmal unserer Zeit zu sein, daß das staatliche und sonstige öffentliche Eigentum immer umfangreicher wird.

Das hat unter anderem darin seine Ursache, daß der Staat um des Gemeinwohls willen immer größere Aufgaben übernehmen muß. Aber auch hier will das bereits erwähnte Prinzip der Subsidiarität unbedingt beachtet sein. Nur dann dürfen der Staat und andere öffentlich-rechtliche Gebilde den Umfang ihres Eigentums ausweiten, wenn das richtig verstandene Gemeinwohl dies offenbar verlangt, wobei zu vermeiden ist, das Privateigentum übermäßig zu beschränken oder, was noch schlimmer wäre, ganz zu verdrängen.

118. Wir müssen auch darauf hinweisen, daß wirtschaftliche Unternehmungen des Staates oder anderer öffentlich-rechtlicher Gebilde nur solchen Männern anvertraut werden dürfen, die sich durch besondere Sachkenntnis, durch Charakterfestigkeit und durch großes Verantwortungsbewußtsein gegenüber der Volksgemeinschaft auszeichnen. Die Tätigkeit dieser Männer ist sorgsam zu überwachen. Es muß verhindert werden, daß innerhalb der staatlichen Verwaltung selbst wirtschaftliche Macht sich in den Händen weniger anhäuft. Das ist unvereinbar mit dem öffentlichen Wohl.

Soziale Funktion und Verpflichtung des Eigentums

119. Unsere Vorgänger haben auch wiederholt erklärt, daß das Recht auf Eigentum zugleich eine soziale Funktion einschließt. Nach dem Willen des Schöpfers sind alle Güter an erster Stelle auf die menschenwürdige Versorgung aller hingeordnet. In dem Rundschreiben „Rerum Novarum" heißt es: „Wem durch Gottes Fügung mehr Güter zuteil wurden, seien es leibliche und materielle Güter oder seien es Güter des Geistes, hat sie empfangen, um sie im Dienste der Vorsehung zu seiner eigenen Vervollkommnung und zum Nutzen der anderen zu gebrauchen. ,Wer Geist besitzt, darf nicht schweigen, wer Reichtum an Gütern besitzt, sehe zu, daß seine Barmherzigkeit nicht erlahme, wer über eine Handfertigkeit verfügt, verwende sein Können zum Besten der Mitmenschen' (Gregor d. Gr.)" (RN 19).

120. Wie sehr auch in unserer Zeit der Aufgabenbereich des Staates und der öffentlich-rechtlichen Gebilde sich ausgeweitet hat und immer noch mehr ausweitet, so folgt daraus keineswegs, wie manche offenbar meinen, die soziale Funktion des Eigentums sei dadurch überholt. Die

soziale Funktion des Eigentums entspringt vielmehr aus dem Eigentumsrecht selbst. Unmittelbar damit sind die jederzeit überaus zahlreichen Härtefälle und verborgenen, aber schwerwiegenden Notstände zu bedenken, denen die noch so vielseitige öffentliche Fürsorge nicht beikommt und denen sie in keiner Weise abhelfen kann. Hier bleibt für private menschliche Hilfsbereitschaft und christliche Caritas immer ein weites Feld. Es ist zudem eine Tatsache, daß jene Unternehmungen, bei denen es um ideelle Werte geht, durch die Initiative der einzelnen Personen oder Personengruppen besser gefördert werden als durch öffentliche Organe.

121. Hier scheint noch der Hinweis angebracht, daß die Autorität des Evangeliums das Recht auf Privateigentum eindeutig bestätigt, das nichtsdestoweniger uns Christus den Herrn vor Augen stellt, wie er eindringlich mahnt, die irdischen Güter den Armen zu schenken und sie so in übernatürliche Reichtümer zu verwandeln. „Suchet nicht Schätze auf Erden aufzuhäufen, wo Rost und Motten sie verzehren und Diebe sie ausgraben und stehlen. Sammelt euch vielmehr Schätze für den Himmel, wo weder Rost noch Motten sie verzehren noch Diebe sie ausgraben und stehlen" (Matth. 6, 19–20). Und der göttliche Meister sieht als ihm selbst erwiesen an, was den Armen getan worden ist. „Wahrlich, ich sage euch, was ihr dem geringsten meiner Brüder getan habt, das habt ihr mir getan" (Matth. 25, 40).

DRITTER TEIL

Neue Seiten der sozialen Frage

122. Die Entwicklung der geschichtlichen Situation stellt immer klarer heraus: Die Maßstäbe von Gerechtigkeit und Billigkeit müssen nicht nur auf die Beziehungen von Arbeitnehmern und Arbeitgebern angewandt werden, sondern ebenso auch auf die verschiedenen Wirtschaftszweige untereinander und die wirtschaftlich unterschiedlich gestellten Gebiete ein und desselben Landes; das gleiche gilt innerhalb der ganzen menschlichen Gemeinschaft für die verschiedenen wirtschaftlich und gesellschaftlich in verschiedenem Grade entwickelten Länder.

Forderungen der Gerechtigkeit in den Beziehungen zwischen den einzelnen Wirtschaftszweigen

Die Landwirtschaft, ein benachteiligter Bereich

123. Zuerst wollen Wir etwas über die Landwirtschaft sagen. Wir beginnen mit der Feststellung: Der Zahl nach ist die Landbevölkerung, aufs Ganze gesehen, wohl nicht zurückgegangen; dennoch verlassen heute zweifellos nicht wenig bäuerliche Menschen den angestammten Boden und ziehen in dichter besiedelte Räume oder auch in die Großstädte. In fast allen Ländern haben wir die Erscheinung der Landflucht, die manchmal Massencharakter annimmt; daraus erwachsen für ein menschenwürdiges Leben der Bürger nicht leicht zu behebende Schwierigkeiten.

124. Offenbar nimmt mit dem Wachstum und Fortschritt der Wirtschaft der Anteil der landwirtschaftlich erwerbstätigen Bevölkerung ab; dafür wächst die Zahl der in der Industrie und in den übrigen Sektoren Beschäftigten. Wir meinen nun, wer aus der Landwirtschaft in die anderen Wirtschaftszweige abwandert, tut das zwar oft aus Gründen, die mit der Entwicklung der Wirtschaft zusammenhängen; nicht selten aber ist mancherlei anderes mit im Spiel. Vorzugsweise seien genannt: der Wille, aus der Enge herauszukommen, die keine Aufstiegsmöglichkeiten in Aussicht stellt; der Drang nach Erlebnissen und Abenteuern, der die heutige Generation erfaßt hat; die Sucht nach rasch zu erwerbendem Reichtum; der glühende Durst nach freierem Leben und jenen Annehmlichkeiten, wie Räume dichterer Besiedlung und besonders Großstädte sie eben zu bieten haben. Ohne Zweifel verläßt aber die Landbevölkerung auch deshalb die Scholle, weil sie sich fast überall hinter der Entwicklung zurückgeblieben sieht – sowohl was die Arbeitsproduktivität als auch ihre Lebenshaltung angeht.

125. Bei diesem wichtigen Problem, unter dem heute fast alle Länder leiden, ist zunächst zu untersuchen, was sich tun läßt, um die Produktivitätsunterschiede zwischen Landwirtschaft, Industrie und Dienstleistungen zu verringern; um die Lebenshaltung der bäuerlichen Bevölkerung an die Lebenshaltung derer anzugleichen, die ihr Einkommen aus Industrie und Dienstleistungen beziehen; schließlich was geschehen kann, um den Minderwertigkeitskomplex der in der Landwirt-

schaft Beschäftigten gegenüber anderen zu überwinden, sie vielmehr zu überzeugen, daß man auch durch die Landarbeit seine Persönlichkeit entfalten und den Wechselfällen der Zukunft zuversichtlich entgegensehen kann.

126. Es erscheint Uns deshalb angebracht, einige allgemeingültige Leitsätze aufzustellen, die allerdings voraussetzen, daß man sich bei ihrer Anwendung in der Praxis nach dem richtet, was die Umstände der Zeit und des Ortes gestatten oder nahelegen, wenn nicht gar zwingend verlangen.

Gleichstellung in bezug auf die wesentlichen öffentlichen Dienste

127. Besonders müssen alle, vornehmlich aber die Staatsführung darauf hinwirken, daß die Maßnahmen, die allen zugute kommen sollen, auch auf dem Land entsprechend entwickelt werden, z. B. der Wegebau, der Ausbau des Transport- und Kommunikationswesens, die Trinkwasserversorgung, der Wohnungsbau, das Gesundheitswesen, das Volks-, Berufs- und Fachschulwesen; alles, was zur seelischen Erhebung und zur Arbeitsruhe gehört; schließlich alles, was eine zeitgemäße Ausstattung und Ausrüstung des landwirtschaftlichen Betriebes ausmacht. Wo die Landbevölkerung diese für ein angemessenes Leben auf dem Lande erforderlichen Dinge entbehren muß, kommt das wirtschaftliche und soziale Leben dortselbst überhaupt nicht oder allzu langsam voran. Dann setzt eine unaufhaltsame und in ihrem Umfang schwer abschätzbare Landflucht ein.

Schrittweise und ausgeglichene Entwicklung der Gesamtwirtschaft

128. Die Wirtschaft in den einzelnen Ländern sollte sich ferner Schritt für Schritt in rechter Ausgewogenheit ihrer verschiedenen Zweige entfalten. Man muß sich also darum bemühen, zunächst die Landbestellung durch Einsatz moderner Verfahrensweisen zu rationalisieren, in der Anbautechnik, in der Auswahl der Kulturen, in der Ausstattung des landwirtschaftlichen Betriebes mit Inventar, wie es der allgemeine Stand der Wirtschaft ermöglicht, wenn nicht gar erfordert. Das alles soll nach Möglichkeit so durchgeführt werden, daß man mit der Industrie und den Dienstleistungsgewerben Schritt hält.

129. So wird einerseits die Landwirtschaft eine größere Menge industrieller Erzeugnisse aufnehmen und eine gesteigerte Nachfrage nach Dienstleistungen ausüben; umgekehrt bietet sie selbst dann den beiden anderen Sektoren und dem ganzen Volk Erzeugnisse an, die in Menge und Qualität dem Bedarf der Verbraucher entgegenkommen; im Ergebnis trägt die Landwirtschaft damit zur Erhaltung der Kaufkraft des Geldes bei, einem der wichtigsten Erfordernisse, um das wirtschaftliche Wachstum in geordneter Bahn zu halten.

130. Folgt man diesen Ratschlägen, so ergeben sich daraus neben anderen auch diese Vorteile: Man kann dann sowohl in den Abwanderungs- als in den Zuwanderungsgebieten die Wanderbewegung der durch die fortschreitende Einführung moderner Arbeitsverfahren in der Landwirtschaft freigesetzten Arbeitskräfte besser überschauen; man kann ihnen eine entsprechende fachliche Ausbildung geben und ihnen so die Umstellung auf andere Berufe erleichtern; man kann ihnen endlich materielle Unterstützung und jede Art von Hilfe zur geistigen und seelischen Vorbereitung bieten, deren es bedarf, um sich in eine neue soziale Umwelt einzugliedern.

Spezifische Wirtschaftspolitik

131. Um ein ausgeglichenes Wachstum der verschiedenen Wirtschaftszweige zu sichern, müssen die staatlichen Stellen, was die Agrarpolitik angeht, in kluger Weise Bedacht nehmen auf Steuern und Abgaben, auf das Kreditwesen, die Sozialversicherung, die Preisbildung, die Förderung weiterverarbeitender Industrien, schließlich auf bessere Ausstattung der bäuerlichen Betriebe mit Inventar.

Besteuerung

132. Was die Besteuerung angeht, so kommt es unter der Rücksicht von Gerechtigkeit und Billigkeit vor allem darauf an, die Lasten entsprechend der unterschiedlichen Steuerkraft der Bürger zu verteilen.

133. Bei der Bemessung der Steuer für die Landwirtschaft gebietet aber ein Erfordernis des Gemeinwohls Rücksichtnahme auf die Tatsache, daß ihre Erträge langsamer einkommen und größeren Wechsel-

fällen ausgesetzt sind; daß es deshalb auch schwieriger ist für sie, das zur Leistungssteigerung notwendige Kapital aufzubringen.

Zinsgünstige Kapitalzufuhr

134. Unter diesen Umständen ist verständlich, daß die Kapitalbesitzer ihr Kapital lieber in andern Wirtschaftszweigen anlegen als gerade in der Landwirtschaft. Aus dem gleichen Grund können die Landwirte keine hohen Zinsen, für gewöhnlich nicht einmal den Kapitalmarktzins aufbringen, um sich das für den Fortschritt und die laufende Betriebsführung benötigte Kapital zu beschaffen. Aus Gründen des Gemeinwohls müssen daher die staatlichen Stellen für die Landwirtschaft nicht nur eine eigene Kreditpolitik vorsehen; es bedarf eigener Kreditinstitute, die ihr Kapital zu einem tragbaren Zinsfuß zur Verfügung stellen.

Sozialversicherung beziehungsweise soziale Sicherheit

135. Weiterhin scheinen zwei Versicherungssysteme notwendig: eines für die landwirtschaftlichen Erzeugnisse, das andere für die Landwirte selbst und ihre Familien. Es gilt als ausgemacht, daß das Je-Kopf-Einkommen des Landwirts im allgemeinen unter demjenigen der Industriearbeiter und der im Dienstleistungsbereich Beschäftigten liegt. Darum scheint es den Maßstäben der sozialen Gerechtigkeit und Rechtsgleichheit nicht voll zu entsprechen, die landwirtschaftliche Bevölkerung in bezug auf Sozialversicherung oder soziale Sicherheit schlechter zu stellen als die andern Berufsgruppen. Denn die allgemeinen Maßnahmen der Sozialversicherung und Versorgung sollten keine zu großen Unterschiede aufweisen je nach dem Wirtschaftsbereich, in dem die Menschen tätig sind und aus dem sie ihr Einkommen beziehen.

136. Im übrigen können die Maßnahmen der sozialen Sicherheit und der Sozialversicherung viel dazu beitragen, daß das Volkseinkommen sich nach Recht und Billigkeit unter alle verteilt; es ist daher angezeigt, sich ihrer als Mittel zu bedienen, um übergroße Unterschiede der Lebenslagen, die zwischen verschiedenen Volksgruppen bestehen, zu mildern.

Marktordnung

137. Die Eigenart der landwirtschaftlichen Erzeugnisse erfordert, daß man ihre Preise durch Maßnahmen sichert, die im einzelnen von Fachleuten der Wirtschaft auszuarbeiten sind. Am besten sorgen die Beteiligten selber dafür, und das kann billigerweise von ihnen erwartet werden; nichtsdestoweniger darf die Staatsführung sich daran nicht völlig desinteressieren.

138. Dabei darf man eines nicht übersehen: der Preis landwirtschaftlicher Erzeugnisse ist für gewöhnlich viel mehr Entgelt für die Arbeitsmühe des Landmanns als Vergütung von Kapitaleinsatz.

139. Mit vollem Recht lehrt dazu Unser Vorgänger Pius XI. in seinem Rundschreiben „Quadragesimo Anno" im Hinblick auf das Gemeinwohl: „Hierhin gehört auch das richtige Verhältnis der Löhne untereinander", und fährt fort: „Eng hängt damit wieder zusammen das richtige Verhältnis der Preise für die Erzeugnisse der verschiedenen Wirtschaftszweige, beispielshalber für Agrar- und Industrieprodukte u. a. m." (QA 75).

140. Da nun die landwirtschaftlichen Erzeugnisse vor allem der Befriedigung der wichtigsten Bedürfnisse der Menschen dienen, muß ihr Preis so bemessen sein, daß alle in der Lage sind, sie zu kaufen. Anderseits wäre es offenbares Unrecht, um dessentwillen eine ganze Berufsgruppe, hier die Bauern, wirtschaftlich und sozial schlechter zu stellen, indem ihnen die Kaufkraft mangeln würde, das zu einer ehrbaren Lebenshaltung Benötigte zu erwerben. Das widerspräche offensichtlich auch dem Gemeinwohl.

Ergänzung des Einkommens aus Landwirtschaft

141. Es erscheint angebracht, auf dem Lande jene Industrien und Dienstleistungsgewerbe zu fördern, die der Lagerung, Verarbeitung und dem Transport der landwirtschaftlichen Erzeugnisse dienen. Unternehmen weiterer Wirtschafts- und Berufszweige sollten hinzutreten. Auf diese Weise fänden die bäuerlichen Familien Gelegenheit, zusätzliches Einkommen zu erwerben, und dies in der gewohnten Umwelt ihres Lebens und Wirkens.

Strukturelle Agrarpolitik

142. Niemand kann sich vermessen, allgemeingültig die beste Gestaltung der Landwirtschaft (des landwirtschaftlichen Betriebes) festzulegen. Schon innerhalb ein und desselben Landes sind die Verhältnisse dafür viel zu verschieden, noch mehr in den verschiedenen Weltteilen. Wer jedoch die Würde des Menschen und der Familie schon ihrer Natur entsprechend und darüber hinaus im Sinne der christlichen Lehre wertet, dem schwebt hier ein bäuerlicher Betrieb als erstrebenswert vor, der eine echte Personengemeinschaft darstellt, wo die wechselseitigen Beziehungen der Glieder und die ganze Gestaltung des Betriebs den Maßstäben der Gerechtigkeit und der christlichen Lehre entsprechen, dies gilt in besonderer Weise vom bäuerlichen Familienbetrieb. Daher wird man sich mit aller Kraft dafür einsetzen, daß diese begrüßenswerte Betriebsform in der Landwirtschaft in zeitgemäßer Gestalt endlich Wirklichkeit wird.

143. Der Familienbetrieb ist aber nur dann auf die Dauer lebensfähig, wenn er so viel abwirft, wie für eine menschenwürdige und dem Stand der Kultur entsprechende Lebenshaltung der Familie benötigt wird. Um das zu erreichen, müssen die Landwirte über eine gründliche Ausbildung in ihrem Beruf verfügen, sich über den technischen Fortschritt auf dem laufenden halten und eine von Fachleuten ausgeübte Berufsberatung haben. Sie müssen ferner Hilfs- und Förderungswirtschaften genossenschaftlichen Charakters aufbauen, müssen Organisationen beruflicher Interessenvertretung schaffen; müssen sich wirksam ins öffentliche Leben einschalten, sowohl in die Verwaltungsstellen des Landes als auch in die eigentliche Politik.

Die Landwirte Vorkämpfer ihres eigenen Aufstiegs

144. Bahnbrecher des wirtschaftlichen Aufstiegs, des kulturellen Fortschritts und der sozialen Hebung der Landwirtschaft sollten Unserer Meinung nach diejenigen sein, die es zunächst angeht, die Bauern selbst. Sie müßten von der Überzeugung durchdrungen sein: die Arbeit, die sie tun, hat ihre besondere Ehre; sie vollzieht sich im weiten Raum von Gottes freier Natur; sie gilt vorzugweise Pflanze und Tier, deren Leben, unerschöpflich in seinen Ausdrucksformen und doch fe-

sten Gesetzen gehorchend, immer wieder auf Gott, den Schöpfer, und seine Vorsehung hinweist. Die Arbeit des Bauern versorgt nicht nur die Menschheit mit Nahrungsmitteln aller Art; sie beliefert auch die Industrie mit einer wachsenden Fülle von Rohstoffen.

145. Diese Arbeit ist ausgezeichnet durch die Vielfalt der Leistungen der Physik, Chemie und Biologie, die in ihr zur Anwendung kommen; angesichts der Bedeutung, die deren Anwendung für die Landwirtschaft besitzt, müssen diese unablässig den wechselnden Zeitbedürfnissen angepaßt werden. Nicht genug damit: diese Arbeit hat ihren eigenen Adel, fordert sie doch vom Bauern klare Übersicht über den Gang der Zeit und bereitwilliges Mitgehen mit ihr: ruhigen Blick in die Zukunft, Wissen um die Bedeutung und Verantwortung des eigenen Standes, entschlossenen und aufgeschlossenen unternehmerischen Sinn.

Solidarität und Zusammenarbeit

146. Hier darf der Hinweis nicht fehlen, daß sich die Landwirte, wie das in jedem andern Wirtschaftszweig geschieht, organisieren müssen. Das gilt besonders für die landwirtschaftlichen Familienbetriebe. Die in der Landwirtschaft Tätigen müssen sich ihresgleichen solidarisch verbunden fühlen und gemeinsam darangehen, Hilfs- oder Förderungsgenossenschaften und Fachverbände ins Leben zu rufen. Diese sind dringend notwendig, um die Bauern in den Genuß der wirtschaftlichen und technischen Fortschritte zu bringen, wie auch um auf die Preisbildung ihrer Erzeugnisse Einfluß zu nehmen. Hinzu kommt, daß durch diese Einrichtungen die Bauern die Gleichstellung mit den übrigen Berufszweigen, die gewöhnlich schon organisiert sind, erreichen. Schließlich können sie, wenn sie all das schaffen, den ihrer Bedeutung entsprechenden Einfluß und Gewicht bei der staatlichen Verwaltung gewinnen. Eine Stimme allein verliert sich in unserer Zeit ja, wie man mit Recht sagt, im Wind.

Verantwortung gegenüber dem Gemeinwohl

147. Wenn die Bauern das Gewicht und den Einfluß ihrer Organisation geltend machen wollen, so dürfen sie das, genauso wie die übrigen

arbeitenden Schichten, niemals im Widerspruch zur sittlichen Ordnung und zum staatlichen Gesetz tun. Sie müssen vielmehr bestrebt
sein, ihre Rechte mit den Rechten und Interessen der übrigen Gruppen im Rahmen des gesamtstaatlichen Gemeinwohls in Einklang zu
bringen. Arbeiten die Landwirte selbst nach Kräften an der Erhöhung
des Ertrages der Landwirtschaft, dann können sie anderseits mit Fug
und Recht verlangen, daß ihre eigenen Anstrengungen seitens des
Staates gefördert und ergänzt werden, vorausgesetzt daß sie selbst den
rechten Sinn für das Gemeinwohl zeigen und ihrerseits zu dessen Verwirklichung beitragen.

148. An dieser Stelle möchten Wir Unsere Anerkennung all denen
unter Unsern Söhnen aussprechen, die sich wo immer in der Welt um
die Gründung oder Ausbreitung von Selbsthilfeorganisationen und
Genossenschaften der verschiedensten Art bemühen, mit dem Ziel,
daß die Landwirtschaft in jedem Lande sich wirtschaftlichen Wohl-
stands wie auch eines Lebens in Gerechtigkeit und Ehre erfreuen
kann.

Berufung und Sendung

149. In der Arbeit des Bauern findet sich alles vereint, was der Würde, der Entfaltung und vollkommenen Bildung der menschlichen Person dient. Darum muß sie als eine gottgegebene Sendung und Berufung aufgefaßt werden, die den Menschen über sich selbst hinausweist.
Der Mensch muß diese Arbeit Gott weihen, der in seiner Vorsehung
alle Zeiten zum Heil der Menschen lenkt. Endlich muß der Bauer es
gewissermaßen zu seiner Aufgabe machen, durch seine Arbeit sein eigenes Menschtum und das seiner Umgebung zu immer höherer Stufe
zu erheben.

Ausgleichs- und Förderungsmaßnahmen innerhalb eines Staates

150. Manchmal haben die Bewohner ein und desselben Landes am
wirtschaftlichen und gesellschaftlichen Aufschwung in sehr ungleicher
Weise teil; vor allem deswegen, weil der Raum, in dem sie wohnen und
arbeiten, wirtschaftlich weiter oder weniger weit entwickelt ist als andere. In solchen Fällen gebieten Gerechtigkeit und Billigkeit der staat-

lichen Führung, dafür zu sorgen, daß solche Ungleichheiten behoben oder doch gemildert werden. Zu diesem Zweck muß man sich angelegen sein lassen, die wirtschaftlich zurückgebliebenen Gebiete mit jenen öffentlichen Diensten auszustatten, die den zeitlichen und örtlichen Bedürfnissen entsprechen und, soweit möglich, hinter dem allgemein herrschenden Lebensstand Schritt halten. Des weiteren bedarf es wohlüberlegter Maßnahmen, die sich vor allem zu befassen haben mit Arbeitsbeschaffung, mit Lenkung des Wanderungsstroms, mit Lohnbildung, mit Steuer- und Kreditwesen, mit der Finanzierung von Investitionen in denjenigen Gewerbezweigen, die geeignet sind, wieder andere Zweige zu befruchten. Alles das wird dazu beitragen, nicht nur die Arbeiter produktiv zu beschäftigen und die unternehmerische Initiative anzuregen, sondern auch dazu, die örtlichen Hilfsquellen zu erschließen.

151. Aber die staatliche Führung darf nur das anordnen, was dem Gemeinwohl dient. Ihr Bemühen muß sich im Hinblick auf das Gemeinwohl immer darauf richten, Landwirtschaft, Industrie und Dienstleistungsgewerbe sich möglichst im Gleichschritt und in wechselseitiger Abstimmung entwickeln zu lassen. Dabei sollte sie so vorangehen, daß die Bewohner der weniger entwickelten Gebiete, wenn sie sich über den erzielten Fortschritt ihrer wirtschaftlichen, sozialen und kulturellen Verhältnisse Rechenschaft ablegen, darin ihr eigenes Werk erblicken können. Denn es gehört zur Würde des Staatsbürgers, sich vor allem durch eigene Leistung emporzuarbeiten.

152. So müssen alle diejenigen, die über eigene Mittel und Unternehmungsgeist verfügen, nach Kräften zu diesem Wohlstandsausgleich innerhalb des Landes mitwirken. Nach dem Subsidiaritätsprinzip sollte die öffentliche Hand die Privatinitiative in der Weise fördern und unterstützen, daß sie die von ihr selbst in die Wege geleiteten Unternehmungen sobald als möglich privaten Händen zur Weiterführung überläßt.

Mißverhältnis zwischen Bevölkerung und Boden

153. An dieser Stelle scheint es angebracht, darauf hinzuweisen, welch großes Mißverhältnis in nicht wenigen Ländern zwischen dem

Umfang des bebaubaren Landes und der Zahl der Bewohner besteht. Manche Länder sind schwach besiedelt und haben dafür Überfluß an anbaufähigem Land; andere hingegen sind dicht bevölkert und leiden dafür Mangel an anbaufähigem Boden.

154. Daneben finden sich Länder, in denen der Boden zwar einen reichen Ertrag bieten könnte, wo aber die Bauern so primitive und rückständige Methoden der Feldbestellung anwenden, daß der Ertrag nicht ausreicht, um auch nur den lebensnotwendigen Bedarf der Bevölkerung zu decken. Umgekehrt ist in einigen Ländern die Landwirtschaft zu solcher Höchstleistung entwickelt, daß die Überzeugung an landwirtschaftlichen Erzeugnissen geradezu zu einer wirtschaftlichen Last wird.

155. Unter diesen Umständen verlangt schon die Solidarität aller Menschen und erst recht die christliche Brüderlichkeit dringend vielfache praktische Hilfen zwischen den Völkern. Aus einer solchen Hilfe erwächst nicht nur ein reger Austausch an Gütern, an Kapital und Menschen; sie vermindert auch die Ungleichheiten zwischen den verschiedenen Ländern. Darauf kommen wir noch ausführlich zurück.

156. Es liegt Uns viel daran, offen zu bekunden, wie sehr Wir die Arbeit der Organisation für Ernährung und Landwirtschaft (FAO) begrüßen, die sich vor allem die Aufgabe stellt, die Zusammenarbeit zwischen den Völkern zu fördern, um den Landbau in den wirtschaftlich unterentwickelten Ländern zu modernisieren und jenen Völkern zu helfen, denen es an Nahrungsmitteln fehlt.

Soziale Gerechtigkeit und wirtschaftlicher Ausgleich zwischen Völkern
verschieden hoher Wirtschaftsstufe

Das Problem unserer Zeit

157. Eine der größten unserer Zeit gestellten Aufgaben ist wohl diese, zwischen den wirtschaftlich fortgeschrittenen und den wirtschaftlich noch in Entwicklung begriffenen Ländern die rechten Beziehungen herzustellen. Während die einen im Wohlstand leben, leiden die andern bittere Not. Wenn nun die wechselseitigen Beziehungen der

Menschen in allen Teilen der Welt heute so eng geworden sind, daß sie sich gleichsam als Bewohner ein und desselben Hauses vorkommen, dann dürfen die Völker, die mit Reichtum und Überfluß gesättigt sind, die Lage jener anderen Völker nicht vergessen, deren Angehörige mit so großen inneren Schwierigkeiten zu kämpfen haben, daß sie vor Elend und Hunger fast zugrunde gehen und nicht in angemessener Weise in den Genuß der wesentlichen Menschenrechte kommen. Dies um so weniger, als die Staaten täglich mehr voneinander abhängig werden und ein dauerhafter und segensreicher Friede nicht gewährleistet ist, wenn die wirtschaftliche und soziale Lage des einen von der des andern allzu stark abweicht.

158. Da Wir alle Menschen als Unsere Söhne lieben, halten Wir es für Unsere Pflicht, hier feierlich zu wiederholen, was Wir schon einmal gesagt haben: „Uns alle gemeinsam trifft die Verantwortung für die Völker, die an Unterernährung leiden." Darum „muß bei den einzelnen, ja überhaupt, und zwar bei allen, ganz besonders aber bei den Wohlhabenden, das Bewußtsein für diese Pflicht geweckt werden" (Ansprache vom 3. 5. 1959).

159. Es ist leicht einzusehen, und die Kirche hat es immer nachdrücklich eingeschärft: die Pflicht, für Arme und Schwache zu sorgen, spricht von Rechts wegen die Katholiken vor allem deshalb an, weil sie Glieder sind am mystischen Leibe Christi. „Darin haben wir die Liebe Gottes erkannt", sagt der Apostel Johannes, „daß er sein Leben für uns hingab. Auch wir müssen das Leben geben für die Brüder. Wie kann die Liebe Gottes in dem bleiben, der irdisches Gut besitzt, aber sein Herz verschließt, wenn er seinen Bruder Not leiden sieht?" (1 Joh. 3, 16–17).

160. Darum sehen Wir mit großer Freude, wie wirtschaftlich besser ausgerüstete Länder den weniger gut gestellten helfen, ihre Lage zu bessern.

Nothilfe

161. Wenn offenbar manche Völker Überfluß haben an Nahrungsmitteln, namentlich an Stapelprodukten, während in anderen Ländern

breite Volksmassen Hunger und Not leiden, dann fordern Gerechtigkeit und Menschlichkeit, daß die Überschußländer den Mangelgebieten zu Hilfe kommen. Lebensnotwendige Güter einfach zu vernichten oder sonstwie zu vergeuden verstößt unter solchen Umständen gegen Gerechtigkeit und Menschlichkeit.

162. Wir verkennen keineswegs, daß, wenn irgendwo die Gütererzeugung, vor allem an Agrarprodukten, den Bedarf der Bevölkerung übersteigt, dies für bestimmte Berufsgruppen zu Schwierigkeiten führen kann. Daraus folgt aber nicht, daß die begüterten Völker nicht gehalten seien, ärmeren und hungernden Völkern Hilfe zu leisten, wenn sie sich in besonderer Bedrängnis befinden. Man muß vielmehr mit allem Ernst dafür sorgen, die durch Überproduktion hervorgerufenen Schwierigkeiten in Grenzen zu halten und ihre Last nach den Regeln der Billigkeit auf alle zu verteilen.

Wissenschaftliche, technische und finanzielle Hilfe

163. Maßnahmen dieser Art allein werden in vielen Fällen nicht ausreichen, um die nachhaltigen Ursachen von Hunger und Not schlagartig zu beseitigen. Meist wird rückständige Wirtschaftsweise die Schuld tragen. Um hier abzuhelfen, müssen alle gangbaren Wege versucht werden: man muß den Menschen zu einer guten fachlichen und beruflichen Ausbildung verhelfen; ferner muß ihnen Kapital zugeführt werden, um ihre Wirtschaft zeitgemäß auszustatten und weiterzuentwickeln.

164. Das Bewußtsein der Verpflichtung, jenen Völkern, die über wenig Mittel und eine unzureichende Ausstattung verfügen, Entwicklungshilfe zu leisten, hat – Wir verkennen das nicht – in den letzten Jahren weite Kreise ergriffen.

165. In diesem Sinne bemühen sich internationale und nationale Institutionen, ebenso private Unternehmen und Gesellschaften. Wir sehen, wie sie jenen Ländern in immer großzügigerer Weise ihren Beistand gewähren, indem sie ihnen leistungsfähigere Produktionsverfahren vermitteln. In diesem Zusammenhang gibt man zahlreichen jungen Leuten die Möglichkeit, an den Hochschulen der fortgeschritte-

nen Länder zu studieren und sich zeitgemäß in Technik und Wissenschaft auszubilden. Dazu kommen die von internationalen Finanzinstituten, von einzelnen Staaten oder von privater Seite den unterentwickelten Ländern gewährten Kredite, mittels deren dort zahlreiche wirtschaftliche Unternehmen ins Leben gerufen werden. Gern benutzen Wir die Gelegenheit, diesem großzügigen Werk Unsere Anerkennung auszudrücken. Zu wünschen bleibt, daß in Zukunft die wirtschaftlich starken Länder ihre Bemühungen mehr und mehr vereinigen, um den Entwicklungsländern zu helfen, in Wissenschaft, Technik und Wirtschaft Fortschritte zu machen.

Die Irrtümer der Vergangenheit vermeiden

166. Deshalb halten Wir es für Unsere Pflicht, an dieser Stelle auf einige Punkte hinzuweisen.

167. Zunächst scheint es richtig, daß die Staaten, deren Wirtschaft noch gar nicht oder erst wenig entwickelt ist, sich die Erfahrungen der Länder zunutze machen, die es zu wirtschaftlicher Blüte gebracht haben.

168. Der Gedanke an die Zukunft und die harte Not der Gegenwart zwingen dazu, mehr und rationeller zu produzieren. Ebenso gebieten Sachnotwendigkeit und Gerechtigkeit, alle Staatsbürger an dem erzeugten Reichtum in billigem Ausmaße teilnehmen zu lassen. Darum muß man darauf hinwirken, daß wirtschaftlicher und sozialer Aufstieg miteinander Schritt halten. Desgleichen müssen die Fortschritte in der Landwirtschaft, in der Industrie und im gesamten Sektor der Dienstleistungen aufeinander abgestimmt sein.

Rücksicht auf die Eigenart der einzelnen Völker

169. Man muß auch folgendes berücksichtigen: Die Entwicklungsländer weisen vielfach ganz bestimmte, kennzeichnende Merkmale auf, die aus der Natur, ihrer Lage, aus ihren menschlichen wertvollen Traditionen oder aus der besonderen Veranlagung der Bevölkerung sich ergeben.

170. Wenn die wirtschaftlich hochentwickelten Länder den bedürftigen Hilfe leisten, dann sollen sie nicht nur deren Eigenart kennen und gelten lassen; sie sollen sich auch unbedingt davor hüten, diesen Völkern bei ihrer Hilfe den eigenen Lebensstil aufzudrängen.

Uneigennütziges Werk

171. Ganz besonders müssen die wirtschaftlich fortgeschrittenen Länder, wenn sie wirtschaftlich schwächeren helfen, sich davor hüten, auf deren politische Verhältnisse in eigennütziger Weise Einfluß zu nehmen, um Herrschaftsansprüche durchzusetzen.

172. Würde etwas Derartiges angestrebt, so liefe das offenbar darauf hinaus, eine neue Form von Kolonialherrschaft aufzurichten, die unter einem heuchlerischen Deckmantel die frühere, überholte Abhängigkeit wiederherstellen würde, von der viele Staaten sich erst vor kurzem frei gemacht haben. Das würde die internationalen Beziehungen belasten und so zu einer Gefahr werden für den Weltfrieden.

173. Es ist also unerläßlich und nur gerecht, daß die Staaten, die technische und finanzielle Hilfe leisten, sie den Entwicklungsländern ohne irgendwelche Beherrschungsabsichten gewähren – und zwar so, daß diese in den Stand gesetzt werden, ihren wirtschaftlichen und sozialen Fortschritt einmal selbständig zu vollziehen.

174. Ist das einmal erreicht, dann wird es nicht wenig dazu beitragen, alle Staaten zu einer Gemeinschaft zu verbinden, deren einzelne Glieder im Bewußtsein ihrer Rechte und Pflichten übereinstimmend zur Wohlfahrt aller beitragen.

Die rechte Wertordnung

175. Wo immer Wissenschaft und Technik blühen und zugleich wirtschaftlicher Wohlstand herrscht, bedeutet das einen großen zivilisatorischen und kulturellen Fortschritt. Es bleibt aber zu bedenken, daß dies nicht die höchsten Werte sind; es sind nur Mittel, die dem Streben nach höheren Werten dienlich sein können.

176. Darum gewahren Wir mit großem Bedauern in wirtschaftlich fortgeschrittenen Ländern die große Zahl von Menschen, denen an einer gerechten Güterordnung nichts liegt, die geistige Werte allzusehr vernachlässigen, völlig übersehen oder sie überhaupt leugnen. Währenddessen verlegen sie sich mit äußerster Anspannung der Kräfte darauf, Wissenschaft, Technik, Wirtschaft voranzutreiben, und überschätzen den materiellen Wohlstand derart, daß sie ihn vielfach als den höchsten Wert des Lebens ansehen. Infolgedessen birgt die den wirtschaftlich armen Völkern von wirtschaftlich reichen zu ihrer Entfaltung gewährte Hilfe eine heimliche Gefahr: ist doch bei den Angehörigen jener Völker mit alter Tradition das Bewußtsein jener höheren Werte, die die sittliche Ordnung tragen, meist noch lebendig und für ihr Handeln bestimmend.

177. Diese noch ungebrochene Gesinnung irgendwie zu erschüttern hieße eindeutig sich an diesen Völkern schwer versündigen. Diese ihre Einstellung, die aller Ehren wert ist, sollte man vielmehr fördern und weiter veredeln, da ja in ihr das wahre und echte Menschentum gründet.

Der Beitrag der Kirche

178. Nach göttlichem Recht umfaßt die Kirche alle Völker. Dies wird auch durch die Tatsache bestätigt, daß sie überall auf Erden verbreitet ist und alle Völker zu erfassen sich müht.

179. Bei allen Völkern, die sie zu Christus führt, trägt die Kirche unausbleiblich auch zum Fortschritt des wirtschaftlichen und gesellschaftlichen Lebens bei; das zeigt die geschichtliche Erfahrung der Vergangenheit wie auch der Gegenwart. Jeder, der sich Christ nennt, muß es als seinen Auftrag und als seine Sendung ansehen, sich mit aller Kraft für die Vervollkommung der Gesellschaft einzusetzen und bis zum äußersten sich zu bemühen, daß die Menschenwürde in keiner Weise angetastet wird, vielmehr alle Schranken niedergelegt und alle Hilfen beigestellt werden, die ein Leben nach der Tugend anziehend machen und befördern.

180. Hat die Kirche in einem Volk lebendige Wurzeln geschlagen, so betrachtet sie sich deshalb nicht als etwas ihm von außen Aufgezwun-

genes und ist es auch nicht. Der Grund dafür ist, daß dort, wo Kirche lebt, die Menschen in Christus wiedergeboren werden und auferstehen. Wer aber in Christus wiedergeboren und auferstanden ist, der fühlt sich nie von außen gezwungen. Ja, weil er sich wirklich und wahrhaft frei fühlt, wird er in Freiheit zu Gott sich hingezogen fühlen und was ihm gut und wertvoll erscheint bejahen und vollbringen.

181. „Die Kirche Christi", so spricht Unser Vorgänger Pius XII. das klar aus, „als treue Hüterin der göttlichen Erziehungsweisheit, kann nicht daran denken und denkt nicht daran, die Eigentümlichkeiten anzutasten oder ihnen ihre Achtung zu versagen, die jedes Volk mit empfindlicher Ehrfurcht und begreiflichem Stolz bewahrt und als kostbares Erbe betrachtet. Ihr Ziel ist die übernatürliche Einheit in der allumfassenden, tief empfundenen und praktisch betätigten Liebe; nicht die rein äußerliche, oberflächliche und deshalb schädliche Gleichschaltung. Alle Bemühungen und Forderungen nach einer sinnvollen Entwicklung und Entfaltung der Anlagen und Kräfte und Bestrebungen, die im verborgenen Innern jedes Stammes schlummern, begrüßt die Kirche mit Freuden und begleitet sie mit ihren mütterlichen Wünschen, vorausgesetzt daß sie nicht im Widerstreit stehen mit den Pflichten, die sich aus der Einheit ihres Ursprungs und ihrer gemeinsamen Bestimmung für die Menschheit ergeben .." (Enzyklika Summi Pontificatus, U-G 35).

182. Mit großer Freude im Herzen stellen Wir fest, daß die Katholiken als Bürger unterentwickelter Länder aufs Ganze gesehen im Bemühen um den wirtschaftlichen und sozialen Fortschritt ihren Mitbürgern nicht nachstehen.

183. Anderseits beobachten Wir, daß die Katholiken der hochentwickelten Länder vieles unternehmen, damit die Hilfe, die ihre Länder den notleidenden Ländern gewähren, mehr und mehr zu deren wirtschaftlichem und sozialem Fortschritt beiträgt. Man kann darum die vielfältige und jährlich steigende Hilfe nur anerkennen, die sie den jungen Afrikanern und Asiaten bieten, damit diese an den europäischen und amerikanischen Hochschulen studieren können, ebenso das Bemühen, Fachleute jeder Sparte auszubilden, die bereit sind, in die Entwicklungsländer zu gehen, um dort berufstätig zu sein.

184. Allen Unseren geliebten Söhnen, die in der ganzen Welt mit so viel Eifer am echten Fortschritt der Völker und am gesunden Wachstum der Kultur arbeiten und dadurch die immerwährende Kraft und Wirksamkeit der Kirche öffentlich bezeugen, ihnen allen möchten Wir voll Freude Unser Wohlwollen und Unsere Anerkennung ausdrücken.

Bevölkerungszuwachs und wirtschaftliche Entwicklung

185. In der letzten Zeit drängt sich die Frage in den Vordergrund, wie die Wirtschaft und die verfügbare Menge lebensnotwendiger Güter der steigenden Bevölkerungszahl nachkommen können. Dies gilt für die Welt im ganzen, aber besonders für schlechtgestellte Völker.

Mißverhältnis zwischen Bevölkerung und Unterhaltsmitteln

186. Für die Welt im ganzen wollen manche errechnen, die Menschenzahl werde sich in einigen Jahrzehnten vervielfachen, wogegen das Wachstum der Wirtschaft viel langsamer vor sich gehen werde. Daraus will man schließen, wenn die menschliche Fortpflanzung nicht irgendwie begrenzt werde, müsse das Mißverhältnis zwischen Bevölkerungszahl und verfügbarem Lebensbedarf sich in absehbarer Zeit noch verschärfen.

187. Wie aus Statistiken der wirtschaftlich unterentwickelten Länder ohne weiteres hervorgeht, sinkt heute dank der zunehmenden Verbreitung der neueren hygienischen und medizinischen Errungenschaften die Kindersterblichkeit und steigt die durchschnittliche Lebenserwartung; die ohnehin schon hohe Geburtenziffer bleibt vorerst unverändert. – Während so aber die jährliche Geburtenzahl die Zahl der Sterbefälle übertrifft, steigt das Sozialprodukt nicht im Gleichschritt mit der Bevölkerungszahl. Infolgedessen verbessern sich die Lebensbedingungen in diesen ärmeren Ländern nicht, viel eher verschlechtern sie sich noch weiter. Um das Äußerste zu verhindern, halten es daher einige für notwendig, zu Mitteln der Empfängnisverhütung oder Geburtenbeschränkung aller Art zu greifen.

Der Stand des Problems

188. Tatsächlich dürfte, in weltweitem Maßstab gesehen, das Verhältnis zwischen Bevölkerungszahl und der Versorgungsmöglichkeiten weder jetzt noch in absehbarer Zukunft zu ernstlichen Schwierigkeiten führen. Die Gründe, die dafür angeführt werden, sind doch so unsicher und so umstritten, daß sich aus ihnen nichts Sicheres folgern läßt.

189. Zudem hat Gott in seiner Güte und Weisheit der Natur eine nahezu unerschöpfliche Ergiebigkeit mitgegeben und zugleich dem Menschen so viel geistige Fähigkeiten geschenkt, daß dieser mit Hilfe entsprechender Werkzeuge die Gaben der Natur zur Befriedigung seiner Lebensbedürfnisse nutzbar machen kann. Selbstverständlich dürfen, um die hier gestellte Frage von Grund auf zu lösen, nicht Wege eingeschlagen werden, die nicht nur der gottgegebenen Sittenordnung zuwiderlaufen, sondern die menschliche Fortpflanzung selbst ihrer Würde entkleiden. Vielmehr soll das menschliche Bemühen sich darauf richten, durch umfassenden Einsatz von Technik und Wissenschaft sich eine immer bessere Kenntnis der Kräfte der Natur und damit eine immer vollkommenere Beherrschung der Natur zu erwerben. Im übrigen berechtigt der bis zum heutigen Tage auf dem Gebiete der Wissenschaft und Technik erzielte Fortschritt in dieser Hinsicht zu fast unbegrenzten Hoffnungen für die Zukunft.

190. Uns entgeht nicht, daß, was dies angeht, in bestimmten Gebieten und zumal in weniger reichen Ländern infolge wirtschaftlicher und gesellschaftlicher Mißstände manchmal Schwierigkeiten entstehen, für die von Jahr zu Jahr anwachsende Bevölkerung im eigenen Lande die notwendigen Unterhaltsmittel zu finden, und daß auch die gebotene internationale Solidarität versagt.

191. Desungeachtet halten Wir entschieden daran fest: bei Behandlung und Lösung dieser Fragen darf der Mensch weder Wege gehen noch Mittel anwenden, die in Widerspruch zu seiner Würde stehen, wie sie von jenen ungescheut angeboten werden, die vom Menschen und seinem Leben rein materialistisch denken.

192. Unserer Überzeugung nach läßt sich die Frage nur lösen, wenn beim wirtschaftlichen und gesellschaftlichen Fortschritt sowohl der einzelnen wie des ganzen Menschengeschlechtes die echt menschlichen Güter und Werte geachtet und gemehrt werden. Deswegen verdient bei der Behandlung dieser Frage alles das den ersten Platz, was der Würde des Menschen im allgemeinen und dem Leben eines jeden einzelnen dient. Das geht über alles. In eben dieser Angelegenheit ist sodann eine weltweite Zusammenarbeit zu erstreben mit dem Ziel freizügigen Austauschs von Informationen, Kapital und Arbeitskräften zum größten Nutzen aller Beteiligten.

Achtung der Lebensgesetze

193. In dieser Sache erklären Wir feierlich: Die Weitergabe des menschlichen Lebens ist das Vorrecht der Familie; diese ist auf die eine unauflösliche Ehe gegründet, die für den Christen den Rang eines Sakramentes hat. Diese Weitergabe des menschlichen Lebens ist ein personaler Akt; damit ist sie gebunden an Gottes heilige, unerschütterliche und unantastbare Gesetze. Niemand darf sie mißachten oder übertreten. Darum sind hier Mittel und Wege schlechterdings unerlaubt, die bei der pflanzlichen und tierischen Fortpflanzung bedenkenfrei sind.

194. Das Menschenleben hat jedermann als heilig zu gelten. Sein Ursprung nimmt die Mitwirkung der Schöpfermacht Gottes in Anspruch. Wer daher von diesen göttlichen Gesetzen abweicht, beleidigt nicht nur die Majestät Gottes, sondern entwürdigt sich selbst und das Menschengeschlecht; er schwächt auch die innersten Kräfte seines Volkes.

Erziehung zur Verantwortung

195. Darum kommt viel darauf an, daß der jungen Generation nicht nur eine sorgfältige menschliche und religiöse Erziehung zuteil wird – dies ist Recht und die Pflicht der Eltern –, sondern daß sie in allen ihren Lebensäußerungen höchstes Verantwortungsbewußtsein an den Tag legt, folglich auch bei der Gründung einer eigenen Familie und bei der Zeugung und Erziehung von Kindern. Diesen Kindern müssen sie nicht nur ein festes Vertrauen auf die göttliche Vorsehung vermitteln,

es muß ihnen auch der unerschütterliche und entschlossene Wille anerzogen werden, Opfer zu bringen. Niemand darf selber sich Opfern entziehen, der die hohe und schwere Aufgabe auf sich nimmt, in der Weitergabe des Lebens und in der Erziehung der Kinder das eigene Wirken mit dem göttlichen zu verbinden. Mehr als irgend jemand sonst hilft die Kirche dazu mit. Aus diesem Grunde ist ihr Recht auf freie Ausübung ihres Auftrags anzuerkennen.

Dienst am Leben

196. Den ersten Wesen, denen Gott selbst, wie wir im Buche Genesis lesen, die menschliche Natur verlieh, gab er zwei Gebote, die sich gegenseitig ergänzen. Als erstes befahl er nämlich: „Wachset und mehret euch!" (Gen. 1, 28) Dann gebot er: „Erfüllet die Erde und machet sie euch untertan!" (ebd.)

197. Letzteres will keine Verschleuderung wirtschaftlicher Güter, sondern deren Nutzbarmachung für den menschlichen Lebensunterhalt.

198. Mit großer innerer Trauer stellen Wir heute zwei widersprüchliche Erscheinungen fest. Auf der einen Seite malt man den Mangel an Unterhaltsmitteln so düster, daß danach die Menschheit vor Elend und Hunger zugrunde gehen müsse. Auf der anderen Seite verwandeln sich die wissenschaftlichen und technischen Fortschritte sowie der wirtschaftliche Wohlstand in Werkzeuge, die das Menschengeschlecht an den Rand einer Katastrophe eines schrecklichen Todes treiben.

199. In seiner Vorsehung hat Gott zwar dem Menschen genügend Güter verliehen, mit deren Hilfe er die Lasten mit Würde auf sich nehmen kann, die mit der Zeugung von Kindern verbunden sind. Das aber läßt sich nur schwer oder überhaupt nicht verwirklichen, wenn die Menschen vom rechten Wege abweichen, wenn sie verkehrten Sinnes die Mittel, von denen Wir sprachen, verwenden im Widerspruch zur menschlichen Vernunft oder gegen ihre eigene soziale Natur, und so gegen Gottes Pläne verstoßen.

Zusammenarbeit auf Weltebene

Weltweites Ausmaß der großen Probleme

200. Der wissenschaftliche und technische Fortschritt hat in jüngster Zeit die zwischenstaatlichen Beziehungen in allen Bereichen des menschlichen Zusammenlebens verstärkt; dadurch wird die wechselseitige Abhängigkeit der Völker immer größer.

201. Jedes Problem von einiger Bedeutung, stelle es sich nun auf dem Gebiet der Wissenschaft, der Technik, der Wirtschaft und Gesellschaft, der Politik oder der Kultur, übersteigt darum sehr oft die Möglichkeiten eines einzelnen Landes. Es steht oft in internationalen, ja weltweiten Zusammenhängen.

202. Die einzelnen Länder, selbst wenn sie sich durch ihre Kultur, durch die Zahl und den Fleiß ihrer Bewohner, durch ihre fortgeschrittene Wirtschaft, durch die Werte und den Reichtum ihres Gebietes auszeichnen, können auf sich allein gestellt ihre eigene Probleme nicht sachgerecht lösen. Die einzelnen Länder sind darauf angewiesen, sich gegenseitig auszuhelfen und zu ergänzen; so können sie ihr eigenes Wohl nur wahren, wenn sie zugleich auf das Wohl anderer Länder Bedacht nehmen. Darum sind Einvernehmen und Zusammenarbeit dringend geboten.

203. Diese Überzeugung setzt sich bei den einzelnen und in der öffentlichen Meinung der Völker immer mehr durch. Nichtsdestoweniger sind die Menschen, namentlich die verantwortlichen Staatsmänner, offenbar nicht imstande, beides (Einvernehmen und Zusammenarbeit) zu verwirklichen, das die Völker doch so sehr ersehnen. Das liegt nicht an der Unzulänglichkeit der wissenschaftlichen, technischen oder wirtschaftlichen Ausrüstung, sondern an gegenseitigem Mißtrauen. Die Menschen und folgerecht die Staaten leben in ständigem Mißtrauen gegeneinander. Jeder fürchtet, der andere trage sich mit Eroberungsplänen und warte nur eine günstige Gelegenheit ab, um sie auszuführen. Darum bereitet jeder mit allen Mitteln seine Verteidigung vor, d. h., man rüstet, um andere – wie man versichert – von einem Angriff abzuschrecken.

204. Dies hat zur Folge, daß viel menschliche Arbeitskraft und ungeheure materielle Mittel mehr zum Schaden als zum Nutzen der menschlichen Gesellschaft eingesetzt werden müssen. Die einzelnen und die Völker sind von tiefem Unbehagen bedrückt, das Unternehmungslust und Arbeitsfreude lähmt.

Mißachtung der sittlichen Ordnung

205. Der Grund dafür liegt in den völlig verschiedenen Lebensauffassungen, die das Handeln der Menschen und vor allem der verantwortlichen Staatsmänner bestimmen. Manche leugnen überhaupt das Bestehen einer wahren und gültigen sittlichen Ordnung, die über die sichtbare Welt und über den Menschen selbst hinausweist, die unbedingt verbindlich ist, die alle umfaßt und für alle in gleicher Weise gilt. Mangels einer von allen übereinstimmend anerkannten Rechtsordnung läßt sich über nichts eine volle und sichere Übereinkunft erzielen.

206. Das Wort „Gerechtigkeit" und die Redensart von „Forderungen der Gerechtigkeit" sind zwar in aller Munde. Aber solche Redewendungen haben nicht bei allen die gleiche Bedeutung. Sehr oft versteht man darunter Entgegengesetztes. Wenn die verantwortlichen Führer sich auf die „Gerechtigkeit" und die „Forderungen der Gerechtigkeit" berufen, so sind sie sich nicht nur darüber uneins, was damit gemeint ist, sondern finden eben darin oft den Grund zu harten Auseinandersetzungen. So verbreiten sie die Auffassung, es gebe kein anderes Mittel zur Wahrung seiner Rechte und Interessen als die Gewalt, die doch die Quelle der größten Übel ist.

Gott als Fundament der sittlichen Ordnung

207. Damit das gegenseitige Vertrauen der führenden Staatsmänner sich bilde und festige, müssen zunächst auf beiden Seiten die wahren sittlichen Grundsätze der Ordnung anerkannt und beachtet werden.

208. Die sittliche Ordnung hat nur in Gott Bestand. Wird sie von Gott gelöst, löst sie sich selbst auf. Der Mensch ist eben kein bloßes Leibwesen, sondern zugleich mit Erkenntnis und freier Selbstbestimmung be-

gabtes Geistwesen. Dieser Geist verlangt nach einer religiös begründeten sittlichen Ordnung. Diese ist besser als jeder äußere Macht und jedes äußere Interesse imstande, Probleme zu lösen, die das Leben der einzelnen und der sozialen Gruppen, das eines Volkes und das der Völkergemeinschaft stellt.

209. Es fehlt heute nicht an Stimmen, die behaupten, bei einer solchen Hochblüte von Wissenschaft und Technik habe man Gott nicht mehr nötig. Die menschliche Kraft allein genüge für ein Höchstmaß an kultureller Entfaltung. In Wirklichkeit stellt aber gerade der wissenschaftliche und technische Fortschritt die Menschen vor Probleme von weltweitem Ausmaß. Diese Probleme können nur gelöst werden, wenn die Autorität Gottes, des Schöpfers und Lenkers des Menschen und der ganzen Welt, voll anerkannt wird.

210. Der bald grenzenlose Fortschritt der Wissenschaften selbst scheint diese Wahrheit zu bestätigen, indem sich bei vielen die Überzeugung bildet, eine an Zahl und Maß gebundene Wissenschaft könne zwar die Dinge und ihre wechselnden Erscheinungsformen beobachten und in etwa beschreiben, nicht aber ihr Wesen begreifen und befriedigend verständlich machen. Und mit Schrecken nehmen die Menschen wahr, wie die durch technische Mittel freigelegten Kräfte zwar dem Fortschritt dienen, nicht minder aber auch zum Verderben der Menschen führen können. Darum mögen sie beherzigen, daß geistige und sittliche Werte vor allen anderen den Vorrang haben müssen, soll der wissenschaftliche und technische Fortschritt nicht zur Vernichtung des Menschen führen, sondern dem kulturellen Aufstieg dienen.

211. In den wirtschaftlich reichen Ländern machen die Menschen mehr und mehr die Erfahrung, daß kein äußerer Wohlstand den Glückshunger zu sättigen vermag, und beginnen bereits, dem Trugbild eines unbegrenzt anhaltenden glücklichen und sorglosen Lebens auf Erden zu entsagen. Zugleich erstarkt das Bewußtsein der menschlichen Personwürde und ihrer unverzichtbaren Rechte und damit verbunden das Bemühen, gerechtere und der Menschenwürde angemessenere Beziehungen untereinander herzustellen. Das führt die Menschen zur Erkenntnis ihrer Begrenztheit und veranlaßt sie, sich mehr als in der Vergangenheit um geistige Werte zu bemühen. Dies alles be-

rechtigt offenbar zu einiger Hoffnung auf reiche und fruchtbare Zusammenarbeit, nicht nur im zwischenmenschlichen, sondern auch im zwischenstaatlichen Bereich.

Die Neuordnung des gesellschaftlichen Lebens in der Wahrheit, der Gerechtigkeit und der Liebe

Ideologien

212. Der wissenschaftliche und technische Fortschritt hat in Vergangenheit und Gegenwart eine Fülle von zwischenmenschlichen Verbindungen und Verbindlichkeiten geschaffen. Es scheint deshalb notwendig, dies alles, sowohl in den einzelnen Ländern wie in der Völkergemeinschaft, in ein besseres menschliches Gleichgewicht zu bringen.

213. Hierzu wurden schon viele Theorien entwickelt und im Schrifttum verbreitet. Einige davon haben sich bereits in nichts aufgelöst wie der Nebel vor der Sonne. Andere haben heute eine ganz andere Gestalt als früher. Wieder andere verlieren immer mehr an Anziehungskraft in der Gegenwart. Der Grund dafür liegt sicher darin, daß es sich dabei um Ideologien handelt, die nicht den ganzen Menschen sehen, sondern nur bestimmte Seiten an ihm, und oft nicht einmal die wichtigeren. Sie übersehen zudem die zweifellos vorhandenen Schwächen der menschlichen Natur, wie z. B. Krankheit und Schmerz. Diese Schwächen kann aber kein noch so gut entwickeltes Wirtschafts- und Sozialsystem beheben. Hinzu kommt der tiefe und unbesiegbare religiöse Sinn des Menschen, den keine Gewaltanwendung jemals niedertreten, keine Schlauheit ersticken kann.

214. Eine ganz irrige, aber in unseren Tagen weitverbreitete Meinung versucht den von Natur eingepflanzten religiösen Sinn des Menschen als eine Art Selbsttäuschung oder als Einbildung hinzustellen. Diesen Sinn müsse man restlos überwinden, da er nicht mehr zu unserem Zeitgeist und zu unserer fortschrittlichen Zivilisation passe. Aber gerade in diesem tiefen religiösen Bedürfnis wird offenbar, was der

Mensch wirklich ist: ein Geschöpf Gottes, zu dem es unwiderstehlich hinstrebt. Wie es bei Augustinus heißt: „Du hast uns zu dir hin geschaffen, Herr, und unruhig ist unser Herz, bis es ruht in Dir" (Bekenntnisse I, 1).

215. Technik und Wirtschaft sind zwar fortgeschritten. Aber es wird weder Friede noch Gerechtigkeit auf Erden geben, solange die Menschen ihre Würde als Geschöpfe und als Kinder Gottes nicht erkennen. Denn Gott ist der erste und letzte Grund aller geschaffenen Dinge. Losgelöst von Gott, wird der Mensch sich selbst und den Mitmenschen zum Ungeheuer: die gegenseitigen menschlichen Verbindlichkeiten setzen die rechte Bindung des menschlichen Gewissens an Gott voraus, die Quelle aller Wahrheit, Gerechtigkeit und Liebe.

216. Es ist allen hinlänglich bekannt, daß in vielen Ländern, darunter in solchen mit alter christlicher Kultur, viele Uns ganz besonders teure Brüder und Schwestern nun schon seit Jahren aufs grausamste verfolgt werden. Die überlegene Würde der Verfolgten ist dabei nicht weniger offenkundig als die ausgeklügelte Grausamkeit der Verfolger. Wenn diese Tatsache diese auch noch nicht zur gesunden Ordnung bekehrt, so kommen dadurch doch viele zum Nachdenken.

217. Es gibt in unserer Zeit wohl keine größere Torheit als den Versuch, in dieser Welt eine feste und brauchbare Ordnung aufzubauen ohne das notwendige Fundament, nämlich ohne Gott; die Größe des Menschen zu verherrlichen und dabei die Quelle versiegen zu lassen, aus der diese Größe fließt und genährt wird, indem man versucht, das Verlangen nach Gott zu schwächen oder womöglich zu unterdrücken. Aber was in dieser unserer Zeit geschehen ist, hat die falschen Hoffnungen vieler zerstört und tiefes Leid über viele Menschen gebracht. Da bewahrheitet sich das Wort der Schrift: „Wenn der Herr das Haus nicht baut, bauen die Bauleute vergebens" (Ps. 126, 1).

Bleibende Aktualität der kirchlichen Soziallehre

218. Die Soziallehre, die die katholische Kirche überliefert und verkündet, bleibt ohne Zweifel für alle Zeiten in Geltung.

219. Nach dem obersten Grundsatz dieser Lehre muß der Mensch der Träger, Schöpfer und das Ziel aller gesellschaftlichen Einrichtungen sein. Und zwar der Mensch, sofern er von Natur aus auf Mit-Sein angelegt und zugleich zu einer höheren Ordnung berufen ist, die die Natur übersteigt und diese zugleich überwindet.

220. Dieses oberste Prinzip trägt und schützt die unantastbare Würde der menschlichen Person. Aus dem gleichen Prinzip heraus hat die Kirche, besonders in den letzten hundert Jahren, unter Mitarbeit von Gelehrten aus dem Priester- und Laienstand ihre weitausgebaute Soziallehre entwickelt. Nach ihr sollen die menschlichen Beziehungen gestaltet werden entsprechend den allgemeinen Grundsätzen, die sich aus der Natur der Dinge sowie den konkreten Verhältnissen des menschlichen Zusammenlebens ergeben, wie aus dem spezifischen Charakter der Zeit. Die Grundsätze sind deshalb für alle annehmbar.

221. Diese Lehre muß nicht nur gekannt und erfaßt werden. Sie muß auch in die Tat umgesetzt werden, und zwar in der Weise und mit den Mitteln, die den jeweiligen örtlichen und zeitlichen Verhältnissen entsprechen. Dies ist eine zwar schwierige, aber äußerst bedeutsame Aufgabe. Zu ihrer Verwirklichung rufen Wir nicht nur Unsere Söhne auf der ganzen Welt auf, sondern darüber hinaus alle Menschen guten Willens.

Verbreitung der Soziallehre

222. Wir weisen vor allem darauf hin, daß die Soziallehre der katholischen Kirche ein integrierender Bestandteil der christlichen Lehre vom Menschen ist.

223. Deswegen wünschen Wir dringend, daß man sich immer mehr in sie vertieft. Vor allem wünschen Wir, daß sie in den katholischen Schulen aller Stufen, ganz besonders aber in den Seminarien, als Pflichtfach vorgetragen werde; Wir wissen allerdings, daß dies in verschiedenen Anstalten bereits seit längerer Zeit in ausgezeichneter Weise geschieht. Außerdem soll die Soziallehre in die religiöse Bildungsarbeit der Pfarreien und der apostolischen Laienbewegungen aufgenommen werden. Sie soll auch mit allen Mitteln verbreitet werden, die die mo-

derne Zeit bietet: durch Zeitungen und Zeitschriften, durch wissenschaftliche Publikationen und volkstümliche Schriften und schließlich durch Rundfunk und Fernsehen.

224. Zu einer immer weiteren Verbreitung dieser Lehre der katholischen Kirche können, so meinen Wir, vor allem Unsere Söhne aus dem Laienstande sehr viel beitragen, indem sie sie nicht nur selbst studieren und sich in ihrer Aktion zu eigen machen, sondern sich auch eifrig bemühen, ihre Wirkkraft auch anderen nahezubringen.

225. Sie müssen davon überzeugt sein, daß die Wahrheit und Lebenskraft dieser Lehre durch nichts besser dargestellt werden kann, als wenn sie zeigen, wie sehr sie sich für die Lösung praktischer Gegenwartsfragen eignet. Auf diese Weise werden sich ihr auch Menschen zuwenden, die sie heute noch ablehnen, weil sie sie nicht kennen. Vielleicht werden diese dann doch einmal etwas Anregung aus ihr schöpfen.

Anleitung zum sozialen Handeln

226. Alle Soziallehren müssen jedoch nicht nur vorgetragen, sie müssen auch verwirklicht werden. Dies gilt für die Soziallehre der Kirche ganz besonders. Ist doch die Wahrheit ihr Fundament, die Gerechtigkeit ihr Ziel und die Liebe ihre Triebkraft.

227. Darum ist es ganz besonders wichtig, daß Unsere Söhne die Grundsätze der Soziallehre nicht nur kennen, sondern auch nach ihnen erzogen werden.

228. Die christliche Erziehung muß, soll sie vollständig sein, alle Pflichtenkreise umfassen. In ihr müssen die Gläubigen also auch angeleitet werden, ihr Handeln nach der Lehre der Kirche über Wirtschaft und Gesellschaft auszurichten.

229. Der Übergang von der Theorie in die Praxis ist an sich schon schwierig. Noch schwieriger ist es, die Soziallehre der Kirche in die Tat umzusetzen. Die Gründe dafür sind die ungezügelte Selbstsucht des Menschen, die materialistische Weltanschauung, die sich heute in der

Gesellschaft breitmacht, und die Schwierigkeit, festzustellen, was die Gerechtigkeit in der konkreten Situation fordert.

230. Deswegen genügt es nicht, die Menschen bloß zu einem Handeln nach christlichen Grundsätzen auf wirtschaftlichem und sozialem Gebiet im Sinn der kirchlichen Lehre anzuhalten. Es müssen ihnen auch die Wege gezeigt werden, auf denen sie diese Aufgabe entsprechend erfüllen können.

231. Eine solche Erziehung wäre aber noch immer unzureichend, wenn nicht zu den Bemühungen der Erzieher eine ebensolche Bemühung des zu Erziehenden hinzutritt und wenn nicht zur Vermittlung der Lehre deren Einübung in der Praxis kommt.

232. Ein Sprichwort sagt, man lerne den rechten Gebrauch der Freiheit erst durch den Gebrauch der Freiheit selbst. Ebenso lernt niemand sein Handeln auf wirtschaftlichem und sozialem Gebiete nach der Lehre der Kirche ausrichten außer im Handeln und durch das Handeln nach dieser Lehre selbst.

Die soziale Mission der Laien

233. Aus diesem Grunde fällt nach Unserer Meinung in der Bildungsarbeit den apostolischen Laienbewegungen eine wichtige Rolle zu. Sie ist besonders Aufgabe derer, die sich zum Ziel gesetzt haben, alle Aufgaben der Gegenwart aus christlichem Geist zu erfüllen. Hier können in der Tat viele Mitglieder in täglicher Aktion sich selbst bilden und dann auch die Jugend in die Verwirklichung solcher Aufgaben besser einführen.

234. Es scheint Uns an dieser Stelle nicht unangebracht, die Reichen wie die Armen auf den Sinn des Lebens hinzuweisen, wie die Weisheit des Christentums ihn versteht. Die Ausrichtung darauf schließt unbedingt den Willen zur Nüchternheit und zum Ertragen von Opfern, natürlich mit Gottes Gnade, in sich.

235. Leider beherrscht heute nicht wenige Menschen die Sucht nach Vergnügen. Das Jagen nach Genuß und die unbändige Gier nach Ver-

gnügungen scheinen ihnen das Hauptziel des Lebens zu sein. Die Schäden, die für das geistige, aber auch für das leibliche Wohl daraus entstehen, sind unbestritten. Auch wer allein nach dem natürlichen Menschenverstand urteilt, wird zugeben, daß es klug und weise ist, in allen Dingen Maß zu halten und die Leidenschaften zu zügeln. Wer aber die Dinge im Lichte der Gottesordnung sieht, kann nicht verkennen, daß die Botschaft Christi, die Lehre der katholischen Kirche und die überlieferte Aszese uns auffordern, unsere Triebhaftigkeit zu zügeln und die Widerwärtigkeiten des Lebens mit besonderer Geduld zu ertragen. Diese Tugenden ermöglichen eine feste und ausgeglichene Beherrschung des Körpers durch den Geist. Sie sind auch eine mächtige Hilfe, die Strafen für die Sünde zu tilgen, von der außer Christus und seiner makellosen Mutter niemand frei ist.

Praktische Anregungen

236. Die Grundsätze der Soziallehre lassen sich gewöhnlich in folgenden drei Schritten verwirklichen: Zunächst muß man den wahren Sachverhalt überhaupt richtig sehen; dann muß man diesen Sachverhalt anhand dieser Grundsätze gewissenhaft bewerten; schließlich muß man feststellen, was man tun kann und muß, um die überlieferten Normen nach Ort und Zeit anzuwenden. Diese drei Schritte lassen sich in den drei Worten ausdrücken: sehen, urteilen, handeln.

237. Es ist sehr zu wünschen, daß die Jugend diese Schritte nicht nur theoretisch erlernt, sondern auch, soweit als möglich, in einem gegebenen Fall praktisch verwirklicht. So werden sie nicht der Meinung verfallen, die erlernten Grundsätze brauchten sie nur häufig zu erwägen, nicht aber zugleich praktisch zu verwirklichen.

238. Bei der Anwendung dieser Grundsätze können nun manchmal auch unter Katholiken, selbst wenn sie ehrlichen Willens sind, Meinungsverschiedenheiten aufkommen. In einem solchen Fall müssen sie trotzdem die gegenseitige Achtung und Ehrerbietung in Wort und Tat zu wahren trachten. Auch müssen sie überlegen, wie sie gemeinsam zusammenarbeiten können. Nur so tun sie zeitig, was die Situation erfordert. Sie sollen sich geflissentlich davor hüten, ihre Kräfte in ständigen Diskussionen zu verbrauchen und unter dem Schein, das

Beste zu suchen, das zu unterlassen, was sie verwirklichen können und darum auch verwirklichen sollen.

239. Die Katholiken kommen nun aber in ihrer wirtschaftlichen und sozialen Arbeit auch vielfach mit Menschen zusammen, die andere Lebensauffassungen haben als sie selber. Da sollen die Katholiken sorgfältig darauf achten, sich selber treu zu bleiben. Sie sollen sich nicht auf Kompromisse einlassen, durch die in irgendeiner Weise der volle Glaube oder die Sittlichkeit Schaden leidet. Sie sollen aber auch andere Auffassungen mit dem gebührenden Wohlwollen prüfen. Sie sollen nicht überall nur auf ihr eigenes Interesse schauen; vielmehr bereit sein, in ehrlicher Zusammenarbeit dort mitzuwirken, wo es um etwas geht, was seiner Natur nach gut ist oder zum Guten führen kann. Wenn aber in einer solchen Angelegenheit die kirchliche Hierarchie mit Weisung oder Vorschrift eingreifen sollte, müssen sich die Katholiken selbstverständlich unverzüglich nach einer solchen Entscheidung richten. Die Kirche hat ja nicht nur das Recht und die Pflicht, über die Grundsätze des Glaubens und der Sittlichkeit zu wachen, sondern sich auch in verbindlichen Entscheidungen mit Bezug auf die Verwirklichung dieser Grundsätze zu äußern.

Sachgerechtigkeit und Grundsatztreue

240. An die Grundsätze, die Wir für die Ausbildung gegeben haben, muß man sich aber auch in der Praxis halten. Das geht vor allem unsere Söhne aus dem Laienstande an. Denn bei ihrer Arbeit geht es gewöhnlich um die Gestaltung des irdischen Lebens oder auf dieses Ziel hin zu gründende Einrichtungen.

241. Bei dieser bedeutsamen Aufgabe müssen die Laien nicht nur beruflich auf der Höhe sein; sie müssen einerseits ihren Einsatz entsprechend den jeweiligen Zielen sachgerecht gestalten, anderseits ihre Aktion ausrichten nach den Grundsätzen und Forderungen der Soziallehre der Kirche; sie dürfen sich ihrer Weisheit aufrichtig anvertrauen und ihren Mahnungen folgen wie Kinder ihrer Mutter. Sie sollen bei sich bedenken: Wenn sie sich in ihrem Leben nicht treu an jene sozialen Grundsätze und Forderungen halten, wie die Kirche sie aufgestellt hat und wie Wir sie bestätigen, dann erfüllen sie nicht ihre Pflicht.

Dann werden aber oft auch die Rechte anderer gefährdet. Es kann dann so weit kommen, daß das Vertrauen in diese Lehre geschwächt wird, weil man glaubt, sie sei in sich zwar sehr gut, aber ohne jede Kraft, wirklich das Leben zu bestimmen.

Eine ernste Gefahr

242. Wie Wir schon erwähnten, haben die Menschen unserer Zeit die Naturgesetze gründlich und umfassend durchforscht. Sie haben Werkzeuge erfunden, die Naturkräfte zu beherrschen; sie haben wirklich großartige und staunenerregende Leistungen vollbracht und vollbringen weiterhin solche. Während sie aber so versuchen, sich der äußeren Dinge zu bemächtigen und sie umzugestalten, sind sie in Gefahr, selbst zu verkümmern und ihre Geistes- und Körperkräfte zu schwächen. Schon unser Vorgänger Pius XI. hat das bedauert. Er klagt darüber in dem Rundschreiben „Quadragesimo Anno": „. . . So wird der Hände Arbeit, die Gott in seiner väterlichen Vorsehung auch nach dem Sündenfalle zur leiblichen und seelischen Wohlfahrt der Menschen bestimmt hatte, weit und breit zur Quelle sittlicher Verderbnis. Während der tote Stoff veredelt die Stätte der Arbeit verläßt, werden die Menschen dort an Leib und Seele verdorben" (QA 135).

243. Auch Unser Vorgänger Pius XII. erklärt mit Recht, daß sich unsere Zeit dadurch von andern unterscheide, daß Wissenschaft und Technik zwar ins Ungeheure fortgeschritten seien, die Menschen aber an Sinn für ihre Würde verloren haben. Denn unsere Zeit sehe ihre ausschließliche, aber unheimliche Aufgabe darin, „den Menschen in einen Riesen der physischen Welt zu verwandeln auf Kosten seines Geistes, den sie zu einem Zwerg in der übernatürlichen Welt macht" (Rundfunkansprache, Weihnachten 1953, U-G 664).

244. Es trifft deshalb in unsern Tagen in weitestem Umfang zu, was der Psalmist von den Götzendienern bezeugt: daß sich die Menschen bei ihrem Handeln selbst sehr oft vernachlässigen, ihre Leistungen aber derart bewundern, daß sie sie als Götzen verehren: „Ihre Götzen sind Silber und Gold, Machwerk von Menschenhänden" (Ps. 113, 4).

Anerkennung und Achtung der rechten Wertordnung

245. Deswegen ermahnen Wir in der Hirtensorge, in der Wir allen Menschen nachgehen, Unsere Söhne eindringlich, sich bei der Erfüllung ihrer Aufgaben und dem Streben nach dem vorgesteckten Ziel ihr Pflichtbewußtsein nicht betäuben zu lassen noch die rechte Wertordnung in wichtigen Dingen zu vergessen.

246. Die Kirche hat immer ganz eindeutig gelehrt und lehrt noch, daß der Fortschritt in Wissenschaft und Technik und der daraus entstandene Wohlstand wirklich einen Wert darstellen; daß derselbe als ein Anzeichen fortschreitender menschlicher Kultur anzusehen ist. Aber ebenso lehrt die Kirche, die Güter dieser Art auf Grund ihrer wahren Natur zu beurteilen: sie müssen nämlich als Mittel betrachtet werden, die der Mensch benützt, um leichter sein letztes Ziel zu erreichen: seine natürliche und übernatürliche Vervollkommnung.

247. Deshalb wünschen Wir sehr, Unsere Söhne möchten sich immer die Worte unseres göttlichen Meisters zu eigen machen, der mahnt: „Was nützt es dem Menschen, wenn er die ganze Welt gewinnt, an seiner Seele aber Schaden leidet? Oder was kann der Mensch zum Tausch für seine Seele geben?" (Matth. 16, 26.)

Sonn- und Feiertage

248. Mit diesen Mahnungen hängt eng zusammen die Mahnung der Kirche zur Feiertagsruhe.

249. Um die Würde des Menschen zu schützen, der ein Geschöpf Gottes ist und dessen Seele Gott als sein Ebenbild geschaffen hat, hat die Katholische Kirche allzeit darauf bestanden, daß alle Menschen das dritte Gebot gewissenhaft beobachten: „Gedenke, daß du den Sabbat heiligst!" Gott hat das Recht und die Macht, dem Menschen zu gebieten, daß er jeweils den siebten Tag dazu verwende, den ewigen Gott in angemessener und gebührender Weise zu verehren, die Alltagsarbeit zu unterbrechen, den Geist zu den himmlischen Gütern zu erheben, die Geheimnisse seines Gewissens zu erforschen, sein notwendiges und heiliges Verhältnis zu Gott zu bedenken.

250. Aber der Mensch hat auch das Recht und das Bedürfnis, von Zeit zu Zeit mit der Arbeit aufzuhören. Einmal um sich körperlich von der harten Alltagsarbeit zu erholen und ehrbar zu entspannen. Er muß sich aber auch der Familiengemeinschaft widmen. Denn diese braucht den vertrauten Umgang und das frohe Zusammensein ihrer Glieder.

251. Übereinstimmend fordern also der Glaube, die sittliche Ordnung und die Sorge um die Gesundheit bestimmte Zeiten der Ruhe. Die katholische Kirche hat dafür schon seit vielen Jahrhunderten für die Gläubigen den Sonntag bestimmt und sie an diesem Tag zur Teilnahme an der heiligen Messe verpflichtet; sie erneuert das Gedächtnis unsrer Erlösung durch Gott und teilt deren Frucht der menschlichen Seele mit.

252. Wir müssen die Tatsache außerordentlich bedauern und mißbilligen, daß viele, wenn sie vielleicht auch nicht absichtlich dieses heilige Gesetz übertreten wollen, doch tatsächlich allzuoft von ihm abweichen. Notwendigerweise werden gerade dadurch die Uns besonders teuren Arbeiter an Leib und Seele geschädigt.

253. Um des Nutzens für Leib und Seele willen mahnen Wir darum, gleichsam mit Gottes Worten selber, alle Menschen, die leitenden Staatsmänner, die Arbeitgeber und Arbeitnehmer, dieses Gebot Gottes und der katholischen Kirche einzuhalten. Sie sollen bedenken, daß sie Gott und der menschlichen Gesellschaft darüber Rechenschaft schuldig sind.

Christlicher Dienst in der Welt

254. Wegen dieser kurzen Hinweise soll aber niemand meinen, Unsere Söhne, besonders aus dem Laienstand, handelten klug, wenn sie sich als Christen für diese innerweltlichen Angelegenheiten weniger einsetzen. Wir betonen mit Nachdruck, daß dieser Einsatz von Tag zu Tag größer und stärker werden muß.

255. Christus der Herr bat ja bei jenem feierlichen Gebet für die Einheit seiner Kirche den Vater um seiner Jünger willen: „Ich bitte nicht, daß du sie von der Welt hinwegnimmst, sondern daß du sie vor dem

Bösen bewahrst" (Joh. 17, 15). Niemand soll sich deshalb dem eitlen Wahn hingeben, die eigene geistliche Vervollkommnung und die irdische Alltagsarbeit widersprächen einander. Sie sind durchaus miteinander vereinbar. Und es soll niemand meinen, man müsse sich den Werken des zeitlichen Lebens notwendigerweise entziehen, um nach christlicher Vollkommenheit zu streben; oder man könne sich auf keinen Fall einer solchen Tätigkeit hingeben, ohne die eigene Würde als Mensch und Christ aufs Spiel zu setzen.

256. Es entspricht durchaus dem Plan der göttlichen Vorsehung, daß sich die Menschen bilden und vervollkommnen im Vollzug ihrer täglichen Arbeit. Fast alle müssen diese Arbeit zeitlichen Dingen widmen. Deshalb stellt die Gegenwart die Kirche heute vor die schwierige Aufgabe, in der modernen Kultur die Grundsätze echter Humanität und die Lehre des Evangeliums in Einklang zu bringen. Die heutige Zeit erwartet dies von der Kirche; ja sie scheint sogar dringend danach zu verlangen, um nicht nur ein höheres Ziel zu erreichen, sondern auch um das schon Erlangte ohne eigenen Schaden sicher zu erhalten. Dazu fordert die Kirche, wie Wir bereits sagten, vor allem die wirksame Unterstützung der Laien. Sie sollen deswegen ihre Arbeiten so erledigen, daß sie ihre Pflichten den andern gegenüber erfüllen und arbeiten in Verbundenheit mit Gott durch Christus und um seiner größeren Ehre willen. So mahnt der Apostel, der heilige Paulus: „Ihr möget essen oder trinken oder sonst etwas tun, tut alles zur Ehre Gottes" (1 Kor. 10, 31). Und an einer anderen Stelle: „Was ihr auch tut in Wort oder Werk, tut alles im Namen Jesu, des Herrn! Danket durch ihn Gott, dem Vater!" (Kol. 3, 17.)

257. Wenn das menschliche Schaffen und die Einrichtungen dieses Lebens auch zum geistigen Fortschritt und zum ewigen Glück des Menschen beitragen, dann können sie ohne Zweifel auch viel besser das erreichen, wozu sie bereits ihrer Natur nach hingeordnet sind. Für jede Zeit gilt das wichtige Wort des göttlichen Meisters: „Suchet also zuerst das Reich Gottes und seine Gerechtigkeit, und dies alles wird euch hinzugegeben werden" (Matth. 6, 33). Denn wer „Licht im Herrn" (Eph. 5, 8) geworden ist und „als Sohn des Lichtes" (vgl. ebd.) wandelt, der kann tatsächlich sicherer beurteilen, was die Gerechtigkeit in den verschiedenen Bereichen menschlichen Wirkens zu tun

verlangt; das gilt auch für diejenigen Bereiche, in denen die übertriebene Eigenliebe, der Nationalismus oder der Rassendünkel weiter Kreise den Erfolg erschweren. Wer sich von der christlichen Liebe leiten läßt, muß auch andere lieben; so empfindet er deren Nöte, Krankheiten und Freuden als seine eigenen. Sein Wirken, wo immer es geschieht, ist kraftvoll, ist froh, ist voller Menschlichkeit und bemüht um das Wohl der andern. Denn „die Liebe ist langmütig, die Liebe ist freundlich und ohne Neid, die Liebe prahlt nicht und bläht sich nicht auf. Sie benimmt sich nicht anmaßend und sucht nicht ihren Vorteil; sie läßt sich nicht aufreizen, sie trägt das Böse nicht nach; sie freut sich nicht über das Unrecht, sie freut sich mit an der Wahrheit. Alles trägt sie, alles glaubt sie, alles hofft sie, alles duldet sie" (1 Kor. 13, 4–7).

Lebendige Glieder am mystischen Leibe Christi

258. Wir können dieses Schreiben nicht schließen, ohne Euch, Ehrwürdige Brüder, an die so wichtige Wahrheit der katholischen Lehre zu erinnern, daß wir Glieder am geheimnisvollen Leibe Christi, an der Kirche, sind. „Wie der Leib zwar nur einer ist und dennoch viele Glieder hat und alle Glieder des Leibes, so viele es sind, nur einen Leib ausmachen, so ist es auch mit Christus" (1 Kor. 12, 12).

259. Darum bitten Wir eindringlich alle Unsere Söhne auf der ganzen Welt, im Klerus und im Laienstand: sie sollen sich des Adels und der Würde klar bewußt sein, die ihnen deshalb zukommen. Sie sind ja mit Christus wie Reben mit dem Weinstock verbunden gemäß jenem Wort: „Ich bin der Weinstock, ihr seid die Reben" (Joh. 15, 5). Sie dürfen ja an seinem göttlichen Leben selbst teilhaben. Wenn darum die Gläubigen unserem heiligen Erlöser aus ganzem Herzen verbunden sind bei ihrer Arbeit in der Welt, dann setzt ihre Arbeit in gewissem Sinn die Arbeit Jesu Christi selber fort; sie empfängt von ihm erlösende Kraft und Stärke: „Wer in mir bleibt und ich in ihm, der bringt viele Frucht" (ebd.). Diese menschliche Arbeit wird dann so über sich hinausgehoben und geadelt, daß sie die Menschen, die sie ausführen, innerlich vervollkommnet und dazu hilft, den Segen der christlichen Erlösung anderen mitzuteilen und überallhin zu verbreiten. So wirkt dann die christliche Lehre wie der Sauerteig des Evangeliums; sie

durchdringt das Geäder der Gesellschaft, in der wir leben und wirken, wie der Sauerteig den Teig.

260. Zugegeben: diese unsere Zeit ist in schlimme Irrtümer verstrickt und von tiefgehenden Unordnungen zerrüttet; und doch öffnen sich in dieser unserer Zeit den aktiven Christen unermeßlich weite Felder apostolischen Wirkens. Sie sind für Unser Herz ein Anlaß großer Hoffnung.

261. Ehrwürdige Brüder und geliebte Söhne! Ausgehend von dem bewunderungswürdigen Schreiben Leos XIII. haben Wir verschiedene Probleme der heutigen sozialen Wirklichkeit mit Euch besprochen. Wir bitten Euch dringend, die Grundsätze und Forderungen, die Wir in diesem Zusammenhang entwickelt haben, nicht nur sorgsam zu überdenken, sondern auch nach Kräften zu helfen, daß sie verwirklicht werden. Wenn jeder von Euch das tapferen Herzens tut, dann wird das viel dazu beitragen, Christi Reich in dieser Welt zu festigen – ,,das Reich der Wahrheit und des Lebens, das Reich der Heiligkeit und der Gnade, das Reich der Gerechtigkeit, der Liebe und des Friedens" (Präfation vom Christkönigsfest). Dann werden wir dereinst zu jener Seligkeit des Himmels gelangen, für die Gott uns erschaffen hat und die wir heiß ersehnen.

262. Es geht um die Lehre der katholischen und apostolischen Kirche, der Mutter und Lehrmeisterin aller Völker. Ihr Licht erleuchtet, entzündet und entflammt. Ihre mahnende Stimme, himmlischer Weisheit voll, wendet sich an alle Zeiten. In ihrer Kraft liegt das rechte und wirksame Heilmittel für die wachsenden Nöte der Menschen, für die Sorgen und Bedrängnisse dieses vergänglichen Lebens. Mit dieser ihrer Stimme vereint sich in wunderbarer Weise jene uralte Stimme des Psalmisten, die unaufhörlich unser Herz stärkt und erhebt: ,,Lauschen will ich, was Gott der Herr zu mir redet: wahrlich, er redet Frieden, zu seinem Volk und seinen Frommen, denen, die sich von Herzen zu ihm kehren. Sicher, nah ist sein Heil allen, welche ihn fürchten, seine Herrlichkeit wird in unserem Lande wohnen. Begegnen werden sich Gnade und Treue, Recht und Friede einander umarmen. Treue wird aus der Erde sprossen, Gerechtigkeit nieder vom Himmel schauen. Der Herr wird uns seine Güter spenden und unser Land seine Frucht bescheren.

Voraufgehen wird ihm Gerechtigkeit und Heil der Spur seiner Füße folgen" (Ps. 84, 9 ff.).

263. Ehrwürdige Brüder! Am Schluß dieses Schreibens, dem Wir ein gutes Stück Zeit in Unserer Sorge für die Gesamtkirche gewidmet haben, fassen Wir alles in einem Wunsch zusammen: Möge der göttliche Erlöser des Menschengeschlechts, der „für uns von Gott zur Weisheit, Gerechtigkeit, Heiligkeit und Erlösung geworden ist" (1 Kor. 1, 30), in allem und über alles in Ewigkeit herrschen und siegen. Es möge eine gerechte soziale Ordnung erstehen und alle Völker zu Wohlstand, Freude und Frieden führen.

264. Zeichen dieses Wunsches und Unterpfand Unseres väterlichen Wohlwollens sei der Apostolische Segen, den Wir Euch, Ehrwürdige Brüder, und allen Gläubigen, die Eurer Sorge anvertraut sind, von ganzem Herzen im Herrn erteilen – denen besonders, die auf diese Unsere Ermahnungen bereitwillig eingehen.

Gegeben in Rom, bei Sankt Peter, am 15. Mai 1961, im dritten Jahr Unseres Pontifikates

Papst Johannes XXIII.

Bei dieser Enzyklika sind ausnahmsweise die Fundstellen der Zitate und anderer in Bezug genommener Texte nicht hier am Ende zusammengestellt, sondern im Text der Enzyklika selbst an jeweiliger Stelle als Klammerzusatz eingefügt. – Soweit die angezogenen oder in Bezug genommenen Texte in dem Sammelwerk Utz-Groner, Die soziale Summe Pius' XII. (Paulus-Verlag, Freiburg i. Ue.) abgedruckt sind, ist im gleichen Klammerzusatz durch U-G nebst Ziffer auch auf die dortige Fundstelle hingewiesen.

Pacem in terris (Joh. XXIII. 1963)

Rundschreiben unseres Heiligen Vaters
Johannes XXIII.
durch Gottes Vorsehung
Papst
an die Ehrwürdigen Brüder,
die Patriarchen, Primaten, Erzbischöfe, Bischöfe
und die andern Oberhirten,
die in Frieden und Gemeinschaft
mit dem Apostolischen Stuhl leben,
an den Klerus und die Christgläubigen
des ganzen Erdkreises
sowie an alle Menschen guten Willens

Über den Frieden unter allen Völkern
in Wahrheit, Gerechtigkeit, Liebe und Freiheit

Papst Johannes XXIII.

Ehrwürdige Brüder, geliebte Söhne
Gruß und Apostolischen Segen!

1. Der Friede auf Erden, nach dem alle Menschen zu allen Zeiten sehnlichst verlangten, kann nur dann begründet und gesichert werden, wenn die von Gott gesetzte Ordnung gewissenhaft beobachtet wird.

2. Aus den Fortschritten der Wissenschaften und den Erfindungen der Technik ersehen wir deutlich, daß in den Lebewesen und in den Naturkräften eine wunderbare Ordnung herrscht, und auch, daß der Mensch gewürdigt wird, die Ordnung zu entdecken und geeignete Werkzeuge anzufertigen, um sich dieser Kräfte zu bemächtigen und sie zu seinem Nutzen zu gebrauchen.

3. Aber der Fortschritt der Wissenschaften und die Erfindungen der Technik offenbaren vor allem die unendliche Größe Gottes, der die Gesamtheit der Dinge und den Menschen selbst erschuf. Er schuf, so

sagen Wir, aus dem Nichts die Gesamtheit der Dinge und verschwendete auf sie die Fülle seiner Weisheit und Güte. Daher lobt der Psalmist Gott mit den Worten „Herr, Herr, wie wunderbar ist dein Name auf dem ganzen Erdenrund" (Ps. 8, 2); und an einer anderen Stelle: „Wie zahlreich sind deine Werke, Herr! Alles hast du mit Weisheit gemacht" (Ps. 103, 24). Den Menschen aber schuf Gott „nach seinem Bild und Gleichnis" (vgl. Gen. 1, 26), ausgestattet mit Verstand und Freiheit, und bestellte ihn zum Herrn aller Dinge, wie der Psalmist es bekennt: „Du hast ihn nur wenig unter die Engel gestellt, mit Ruhm und Ehre ihn gekrönt; du hast ihm Macht verliehen über deiner Hände Werk, alles hast du ihm zu Füßen gelegt" (Ps. 8, 6 f.).

4. Zu der vorzüglichen Ordnung des Universums steht nun aber die Unordnung unter den einzelnen wie unter den Völkern in krassem Widerspruch, wie wenn die Beziehungen, die sie untereinander verbinden, nur mit Gewalt geregelt werden könnten.

5. Jedoch hat der Schöpfer der Welt die Ordnung ins Innere des Menschen eingeprägt; sein Gewissen tut sie ihm kund und befiehlt ihm unbedingt, sie einzuhalten: „Sie lassen erkennen, daß der Inhalt des Gesetzes ihren Herzen eingeschrieben ist, indem ihnen ihr Gewissen Zeugnis gibt" (Röm. 2, 15). Wie könnte es auch anders sein? Denn was Gott auch immer gemacht hat, das offenbart seine unendliche Weisheit, und zwar um so klarer, je größer die Vollkommenheit ist, deren es sich erfreut (vgl. Ps. 18, 8–11).

6. Eine falsche Ansicht gibt jedoch häufig Anlaß zu einem Irrtum. Viele meinen, die Beziehungen, die zwischen den einzelnen Menschen und dem Staat bestehen, könnten durch dieselben Gesetze geregelt werden, durch welche die vernunftlosen Kräfte und Elemente des Universums gelenkt werden. Diese Gesetze aber, die von ganz anderer Art sind, können selbstverständlich nur dort entnommen werden, wo sie der Schöpfer aller Dinge eingeschrieben hat, nämlich aus der Natur der Menschen.

7. Durch diese Gesetze werden die Menschen deutlich belehrt, wie sie ihre gegenseitigen Beziehungen im Zusammenleben mit anderen Menschen gestalten sollen; wie die Beziehungen zu regeln sind, die

zwischen den Staatsbürgern und den staatlichen Behörden bestehen; ferner, wie die Staaten einander begegnen sollen; schließlich, in welcher Weise die einzelnen Menschen und Staaten und anderseits die Gemeinschaft aller Völker sich gegeneinander zu verhalten haben. Daß diese Gemeinschaft endlich gegründet werde, ist heute ein dringendes Erfordernis des allgemeinen Wohls.

ERSTER TEIL

Die Ordnung unter den Menschen

8. An erster Stelle ist die Ordnung darzustellen, die unter Menschen herrschen muß.

9. Jedem menschlichen Zusammenleben, das gut geordnet und fruchtbar sein soll, muß das Prinzip zugrunde liegen, daß jeder Mensch seinem Wesen nach Person ist. Er hat eine Natur, die mit Vernunft und Willensfreiheit ausgestattet ist; er hat daher aus sich Rechte und Pflichten, die unmittelbar und gleichzeitig aus seiner Natur hervorgehen. Wie sie allgemein gültig und unverletzlich sind, können sie auch in keiner Weise veräußert werden (vgl. Pius XII., Weihnachtsbotschaft 1942, U-G 219–271; Johannes XXIII., Ansprache vom 4. 1. 1963).

10. Wenn wir die Würde der menschlichen Person nach den Offenbarungswahrheiten betrachten, müssen wir sie noch viel höher einschätzen. Denn die Menschen sind ja durch das Blut Jesu Christi erlöst, durch die himmlische Gnade Kinder und Freunde Gottes geworden und zu Erben der ewigen Herrlichkeit eingesetzt.

Die Rechte

Das Recht auf Leben und Lebensunterhalt

11. Bezüglich der Menschenrechte, die Wir ins Auge fassen wollen, stellen Wir gleich zu Beginn fest, daß der Mensch das Recht auf Leben hat, auf die Unversehrtheit des Leibes sowie auf die geeigneten Mittel zu angemessener Lebensführung. Dazu gehören Nahrung, Kleidung,

Wohnung, Erholung, ärztliche Behandlung und die notwendigen
Dienste, um die sich der Staat gegenüber den einzelnen kümmern
muß. Daraus folgt auch, daß der Mensch ein Recht auf Beistand hat im
Falle von Krankheit, Invalidität, Verwitwung, Alter, Arbeitslosigkeit
oder wenn er ohne sein Verschulden sonst der zum Leben notwendigen Dinge entbehren muß (vgl. Pius XI., Enz. Divini Redemptoris;
Pius XII., Pfingstansprache 1941, U-G 493–522).

Moralische und kulturelle Rechte

12. Von Natur aus hat der Mensch außerdem das Recht, daß er gebührend geehrt und sein guter Ruf gewahrt wird, daß er frei nach der
Wahrheit suchen und unter Wahrung der moralischen Ordnung und
des Allgemeinwohls seine Meinung äußern, verbreiten und jedweden
Beruf ausüben darf; daß er schließlich der Wahrheit entsprechend
über die öffentlichen Ereignisse in Kenntnis gesetzt wird.

13. Zugleich steht es dem Menschen kraft des Naturrechtes zu, an der
geistigen Bildung teilzuhaben, d. h. also auch das Recht, sowohl eine
Allgemeinbildung als auch eine Fach- und Berufsausbildung zu empfangen, wie es der Entwicklungsstufe des betreffenden Staatswesens
entspricht. Man muß eifrig darauf hinarbeiten, daß Menschen mit entsprechenden geistigen Fähigkeiten zu höheren Studien aufsteigen
können, und zwar so, daß sie, wenn möglich, in der menschlichen Gesellschaft zu Aufgaben und Ämtern gelangen, die sowohl ihrer Begabung als auch der Kenntnis entsprechen, die sie sich erworben haben
(vgl. Pius XII., Weihnachtsbotschaft 1942, U-G 219 bis 271).

Das Recht auf Gottesverehrung

14. Zu den Menschenrechten gehört auch das Recht, Gott der rechten Norm des Gewissens entsprechend zu verehren und seine Religion
privat und öffentlich zu bekennen. Denn wie Lactantius treffend sagt,
„werden wir mit der Bestimmung geboren, Gott, unserm Schöpfer,
den gerechten und schuldigen Gehorsam zu erweisen; ihn allein sollen
wir anerkennen, ihm folgen. Durch dieses Band der Frömmigkeit sind
wir Gott verpflichtet und verbunden; und daher hat auch die Religion
ihren Namen" (Divinae Institutiones IV, c. 28, 2). Zur gleichen Sache

stellte Unser Vorgänger unsterblichen Andenkens Leo XIII. nachdrücklich fest: „Diese wahre und der Kinder Gottes würdige Freiheit, welche die Würde der menschlichen Person in vornehmster Weise schützt, ist größer als alle Gewalt und alles Unrecht; sie ist der Kirche immer ein Anliegen und besonders teuer. Diese Art von Freiheit haben die Apostel ständig für sich in Anspruch genommen, die Apologeten in den Schriften unverbrüchlich festgelegt, die Martyrer in unermeßlicher Zahl durch ihr Blut geheiligt" (Leo XIII., Enz. Libertas praestantissimum).

Das Recht auf freie Wahl des Lebensstandes

15. Darüber hinaus haben die Menschen das unantastbare Recht, jenen Lebensstand zu wählen, den sie für gut halten, d. h. also, entweder eine Familie zu gründen, wobei in dieser Gründung Mann und Frau gleiche Rechte und Pflichten haben, oder das Priestertum oder den Ordensstand zu ergreifen (vgl. Pius XII., Weihnachtsbotschaft 1942, U-G 219–271).

16. Die Familie, die auf der Ehe ruht, die selbstverständlich frei geschlossen, eins und unauflöslich ist, muß als die erste und natürliche Keimzelle der menschlichen Gesellschaft angesehen werden. Daraus folgt, daß für sie sowohl auf wirtschaftlichem und sozialem Gebiet als auch in kultureller und sittlicher Hinsicht möglichst gut gesorgt werden muß. Dies alles dient dazu, die Familie zu festigen und in der Erfüllung ihrer Aufgabe zu unterstützen.

17. Pflege und Erziehung der Kinder aber sind an erster Stelle das Recht der Eltern (vgl. Pius XI., Enz. Casti connubii; Pius XII., Weihnachtsbotschaft 1942, U-G 219–271).

Rechte in wirtschaftlicher Hinsicht

18. Wenn Wir Uns nun dem Bereich der Wirtschaft zuwenden, so ergibt sich für den Menschen auf Grund des Naturrechtes nicht nur, daß ihm Arbeitsmöglichkeit gegeben werden muß, sondern auch, daß er seine Arbeit frei übernimmt (vgl. Pius XII., Pfingstbotschaft 1941, U-G 512/513).

19. Mit diesen Rechten ist ohne Zweifel auch das Recht auf solche Arbeitsbedingungen verbunden, unter denen weder die Körperkräfte geschwächt noch die guten Sitten zugrunde gerichtet werden, noch dem rechten Wachsen und Gedeihen der Jugendlichen Schaden zugefügt wird. Bezüglich der Frauen gilt, daß ihnen solche Arbeitsbedingungen zugestanden werden, die den Bedürfnissen und Pflichten der Ehefrauen und Mütter entsprechen (vgl. Leo XIII., Enz. Rerum Novarum).

20. Aus der Würde der menschlichen Person entspringt auch das Recht, im Bewußtsein eigener Verantwortung wirtschaftliche Unternehmungen zu betreiben (vgl. Johannes XXIII., Enz. Mater et Magistra 82). Hier muß auch erwähnt werden, daß der Arbeiter Anspruch auf gerechten Lohn hat. Er muß im Verhältnis zu den zur Verfügung stehenden Mitteln dem Arbeiter und seiner Familie eine menschenwürdige Lebenshaltung gestatten. Darüber sagt Unser Vorgänger seligen Andenkens Pius XII.: „Der naturgegebenen persönlichen Arbeitspflicht entspricht folgerichtig das naturgegebene persönliche Recht, durch Arbeit für das eigene Leben und das Leben der Seinen Vorsorge zu treffen. So ist der Befehl der Natur auf das erhabene Ziel der Erhaltung des Menschen hingeordnet" (Pfingstbotschaft 1941, U-G 512/513).

21. Ferner leitet sich aus der Natur des Menschen das Recht auf Privateigentum, auch an Produktivgütern, her. Dieses Recht, wie Wir an anderer Stelle gesagt haben, „schützt in wirksamer Weise die Würde der menschlichen Person und erleichtert die Ausübung der beruflichen Verantwortung in allen Lebensbereichen. Es fördert die Ruhe und Beständigkeit des menschlichen Zusammenlebens in der Familie und fördert den inneren Frieden und die Wohlfahrt des Landes" (Enz. Mater et Magistra 112).

22. Schließlich ist es angebracht, zu bemerken, daß das Recht auf Eigentum zugleich eine soziale Funktion einschließt (Ebd. 119).

Recht auf Gemeinschaftsbildung

23. Daraus aber, daß die Menschen von Natur aus gemeinschaftsbezogen sind, entsteht das Recht der Versammlungs- und Vereinigungs-

freiheit. Sie können den Gemeinschaftsgründungen die Form geben, die sie für die geeignetere halten, um das Ziel zu erreichen, das sie sich gesteckt haben, und in diesen Gemeinschaften aus eigenem Antrieb und aus eigener Verantwortung handeln und diese zum gewünschten Ziel hinlenken (vgl. Leo XIII., Enz. Rerum Novarum; Pius XI., Enz. Quadragesimo Anno; Pius XII., Enz. Sertum laetitiae, U-G 2834–2860).

24. In der Enzyklika „Mater et Magistra" haben Wir selbst sehr eindringlich darauf hingewiesen, wie sehr es nottut, daß recht viele Vereinigungen oder Körperschaften, die zwischen Familie und Staat stehen, gegründet werden, die den Zwecken genügen, die der einzelne Mensch nicht wirksam erreichen kann. Diese Vereinigungen und Körperschaften sind als überaus notwendige Instrumente zu betrachten, um die Würde und Freiheit in Hinblick auf die Wahrung ihrer Eigenverantwortlichkeit zu schützen (vgl. Mater et Magistra 117/118).

Recht auf Auswanderung und Einwanderung

25. Jedem Menschen muß das Recht zugestanden werden, innerhalb der Grenzen seines Staates seinen Wohnsitz zu behalten oder zu ändern; ja, es muß ihm auch erlaubt sein, sofern gerechte Gründe dazu raten, in andere Staaten auszuwandern und dort seinen Wohnsitz aufzuschlagen (vgl. Pius XII., Weihnachtsbotschaft 1952, U-G 3273–3315). Auch dadurch, daß jemand Bürger eines bestimmten Staates ist, hört er in keiner Weise auf, Mitglied der Menschheitsfamilie und Bürger jener universalen Gesellschaft und jener Gemeinschaft aller Menschen zu sein.

Rechte politischen Inhalts

26. Dazu kommt, daß mit der Würde der menschlichen Person das Recht verknüpft ist, am öffentlichen Leben aktiv teilzunehmen und zum Gemeinwohl beizutragen. Dazu sagte Unser Vorgänger Pius XII.: „Weit entfernt, nur Gegenstand und gleichsam ein passives Element des sozialen Lebens zu sein, ist und muß er vielmehr dessen Träger, Grundlage und Ziel sein" (Weihnachtsbotschaft 1944, U-G 3472).

27. Zur menschlichen Person gehört auch der gesetzliche Schutz ihrer Rechte, der wirksam und unparteiisch sein muß in Übereinstimmung mit den wahren Normen der Gerechtigkeit, wie Unser Vorgänger seligen Andenkens Pius XII. mahnt: „Aus der gottgesetzten Rechtsordnung ergibt sich das unveräußerliche Recht des Menschen auf Rechtssicherheit und damit auf einen greifbaren Rechtsbereich, der gegen jeden Angriff der Willkür geschützt ist" (Weihnachtsbotschaft 1942, U-G 261).

Die Pflichten

Unauflösliche Beziehung zwischen Rechten und Pflichten in derselben Person

28. Die bisher von Uns erwähnten Rechte, die aus der Natur hervorgehen, sind in dem Menschen, dem sie zustehen, mit ebenso vielen Pflichten verbunden. Diese Rechte und Pflichten haben ihren Ursprung, ihre Nahrung und unzerstörbare Kraft vom Naturgesetz, durch das sie verliehen oder geboten sind.

29. Um dafür einige Beispiele anzuführen: das Recht des Menschen auf Leben hängt mit der Pflicht zusammen, sein Leben zu erhalten; das Recht auf ein menschenwürdiges Dasein mit der Pflicht, ehrenhaft zu leben; das Recht, frei nach der Wahrheit zu forschen, mit der Pflicht, immer tiefer und weiter nach der Wahrheit zu suchen.

Gegenseitige Rechte und Pflichten unter verschiedenen Personen

30. Daraus folgt auch, daß in der menschlichen Gemeinschaft dem natürlichen Recht des einen eine Pflicht der anderen entspricht: die Pflicht nämlich, jenes Recht anzuerkennen und zu achten. Denn jedes Grundrecht des Menschen leitet seine Kraft und Autorität aus dem natürlichen Sittengesetz her; dieses verleiht jenes Recht und legt die entsprechende Pflicht auf. Diejenigen also, die zwar ihre Rechte in Anspruch nehmen, aber ihre Pflichten ganz vergessen oder nicht entsprechend erfüllen, sind denen zu vergleichen, die ein Gebäude mit einer Hand aufbauen und es mit der anderen wieder zerstören.

In gegenseitiger Zusammenarbeit

31. Da die Menschen von Natur aus Gemeinschaftswesen sind, müssen sie miteinander leben und ihr gegenseitiges Wohl anstreben. Das geordnete Zusammenleben erfordert deshalb, daß sie gleicherweise Rechte und Pflichten wechselseitig anerkennen und erfüllen. Daraus | ergibt sich auch, daß jeder großmütig seinen Beitrag leisten muß, um jenes soziale Milieu zu schaffen, durch das die Rechte der Bürger immer sorgfältiger und segensreicher gewahrt und ihre Pflichten ebenso erfüllt werden.

32. Um dafür ein Beispiel anzuführen: Es genügt nicht,den Menschen das Recht auf das Lebensnotwendige zuzugestehen, wenn man nicht auch nach Kräften dahin wirkt, daß ihm auch das, was zum Lebensunterhalt gehört, in genügendem Maße zur Verfügung steht.

33. Dazu kommt, daß die Gemeinschaft der Menschen nicht nur geordnet, sondern auch möglichst fruchtbar sein muß. Das verlangt dringend, daß sie ihre Rechte und Pflichten gegenseitig anerkennen und erfüllen, daß sie aber darüber hinaus auch alle gemeinschaftlich an den so vielfältigen Unternehmungen teilnehmen, die der heutige Stand der Zivilisation erlaubt, nahelegt oder fordert.

Verantwortungsbewußtsein

34. Außerdem verlangt die Würde der menschlichen Person, daß es dem Menschen möglich gemacht wird, aus eigenem Entschluß und in Freiheit zu handeln. Im Zusammenleben hat er deshalb mit gutem Grund Rechte zu pflegen, Pflichten zu erfüllen und sich aus eigenem Antrieb und Entschluß in den so zahlreichen Werken, die durchzuführen sind, für andere in der Gemeinschaft dienend einzusetzen; und zwar so, daß jeder nach seiner Überzeugung, seinem Urteil und Pflichtbewußtsein handelt und nicht vorwiegend auf Grund von äußerem Zwang und Druck. Wenn eine Gemeinschaft von Menschen allein auf Gewalt aufgebaut ist, so ist sie nicht menschlich; die einzelnen haben dann keine Freiheit mehr, während sie doch im Gegenteil anzuspornen sind, ihr Leben selber zu entfalten und an ihrer Vervollkommnung zu arbeiten.

Zusammenleben in Wahrheit, Gerechtigkeit, Liebe und Freiheit

35. Das bürgerliche Zusammenleben ist deshalb dann als gut geordnet, fruchtbar und der menschlichen Würde entsprechend anzusehen, wenn es auf der Wahrheit gründet, wie der Apostel Paulus mahnt: „Darum leget ab die Lüge, ein jeder rede die Wahrheit mit seinem Nächsten; denn wir sind Glieder untereinander" (Eph. 4, 25). Das wird dann sicher der Fall sein, wenn jeder seine Rechte und besonders seine Pflichten gegenüber den anderen anerkennt. Überdies wird das Zusammenleben so sein, wie Wir es soeben gezeichnet haben, wenn die Menschen, von der Gerechtigkeit geleitet, sich bemühen, sowohl die Rechte anderer zu achten, als auch die eigenen Pflichten zu erfüllen; wenn sie in solchem Bemühen von der Liebe beseelt sind, daß sie die Nöte der anderen wie ihre eigenen empfinden und die anderen an ihren Gütern teilnehmen lassen, und somit danach streben, daß auf der Welt die höchsten geistigen Werte unter allen verbreitet werden. Aber auch das genügt noch nicht; denn die menschliche Gemeinschaft wächst durch die Freiheit zusammen, und zwar in Formen, die der Würde der Menschen angemessen sind. Da diese von Natur aus vernunftbegabt sind, tragen sie deshalb auch die Verantwortung für ihr Tun.

36. Das Zusammenleben der Menschen ist deshalb, Ehrwürdige Brüder und geliebte Söhne, als ein vordringlich geistiges Geschehen aufzufassen. In den geistigen Bereich gehören nämlich die Forderungen, daß die Menschen im hellen Licht der Wahrheit ihre Erkenntnisse untereinander austauschen, daß sie ihre Rechte wahrzunehmen und ihre Pflichten zu erfüllen in den Stand gesetzt werden, daß sie angespornt werden, die geistigen Güter zu erstreben, daß sie aus jeder ehrenhaften Sache, wie immer sie beschaffen sein mag, einen Anlaß zu gemeinsamer rechtschaffener Freude gewinnen, daß sie in unermüdlichem Wollen das Beste, was sie haben, einander mitzuteilen und voneinander zu empfangen suchen. Diese Werte berühren und lenken alles, was sich auf Wissenschaft, Wirtschaft, soziale Einrichtungen, Entwicklung und Ordnung des Staates, Gesetzgebung und schließlich auf alle übrigen Dinge bezieht, die äußerlich das menschliche Zusammenleben ausmachen und in ständigem Fortschritt entwickeln.

Gott, das Fundament der sittlichen Ordnung

37. Die Ordnung jedoch, die im menschlichen Zusammenleben waltet, ist ganz geistiger Art: auf der Wahrheit aufruhend, ist sie nach den Geboten der Gerechtigkeit zu verwirklichen; sie verlangt, durch gegenseitige Liebe beseelt und zur Vollendung geführt zu werden; schließlich ist sie in ungeschmälerter Freiheit zu einer täglich menschenwürdigeren Harmonie zu gestalten.

38. Aber diese Art von Ordnung, deren Prinzipien sich auf alle erstrecken und absolut und unveränderlich sind, geht ganz vom wahren, und zwar vom persönlichen und die menschliche Natur übersteigenden Gott aus. Denn da Gott die erste Wahrheit aller Dinge und das höchste Gut ist, ist er zugleich die erhabene Quelle, aus der die menschliche Gemeinschaft allein wahrhaft Leben schöpfen kann, um so recht geordnet, fruchtbar und der menschlichen Würde angemessen zu sein (vgl. Pius XII., Weihnachtsbotschaft 1942, U-G 235/236). Hierher gehört jenes Wort des heiligen Thomas von Aquin: „Daß aber die menschliche Vernunft die Richtschnur des menschlichen Willens ist, an der seine Gutheit gemessen werden muß, das hat sie aus dem ewigen Gesetz, welches die göttliche Vernunft ist . . . Daraus folgt klar, daß die Gutheit des menschlichen Willens viel mehr vom ewigen Gesetz abhängt als von der menschlichen Vernunft" (Summa theol. I/II, q. 19, a. 4; vgl. a. 9).

Zeichen der Zeit

39. Unsere Gegenwart ist durch drei Merkmale gekennzeichnet:

40. Vor allem stellt man den wirtschaftlich-sozialen Aufstieg der Arbeiterklasse fest. Die Arbeiter machten zunächst, vordringlich auf wirtschaftlichem und sozialem Gebiet, ihre Rechte geltend; dann taten sie den Schritt zur Wahrung ihrer politischen Interessen; schließlich richteten sie ihren Sinn besonders darauf, in angemessener Weise an den Gütern der Kultur teilzunehmen. Deshalb sind die Arbeiter heutzutage auf der ganzen Welt besonders darauf bedacht, nie nur als Sache ohne Verstand und Freiheit gewertet zu werden, die andere ausbeuten, sondern als Menschen in allen Bereichen menschlicher Ge-

meinschaft, d. h. auf wirtschaftlichem und sozialem Gebiet, im Staat und schließlich auch auf dem Feld der Wissenschaften und der Kultur.

41. An zweiter Stelle steht die allgemein bekannte Tatsache, daß die Frau am öffentlichen Leben teilnimmt, was vielleicht rascher geschieht bei den christlichen Völkern und langsamer, aber in aller Breite, bei den Völkern, welche als Erben anderer Überlieferungen auch andere Lebensformen und Sitten haben. Die Frau, die sich ihrer Menschenwürde heutzutage immer mehr bewußt wird, ist weit davon entfernt, sich als seelenlose Sache oder als bloßes Werkzeug einschätzen zu lassen; sie nimmt vielmehr sowohl im häuslichen Leben wie im Staat jene Rechte und Pflichten in Anspruch, die der Würde der menschlichen Person entsprechen.

42. Schließlich bemerken wir in unseren Tagen, daß die ganze Menschheitsfamilie im sozialen wie im politischen Leben eine völlig neue Gestalt angenommen hat. Da nämlich alle Völker für sich Freiheit beanspruchen oder beansprucht werden, wird es bald keine Völker mehr geben, die über andere herrschen, noch solche, die unter fremder Herrschaft stehen.

43. Denn die Menschen aller Länder und Völker sind entweder bereits Bürger eines freien Staatswesens oder werden es bald sein. Keine einzige Stammesgemeinschaft will in Zukunft noch unter fremder Herrschaft stehen. Denn in der Gegenwart schwinden die Anschauungen, die so viele Jahrhunderte überdauerten, auf Grund derer sich gewisse Menschengruppen für untergeordnet hielten, während andere sich überlegen dünkten, sei es wegen ihrer wirtschaftlichen oder sozialen Stellung, sei es wegen des Geschlechtes oder ihres gesellschaftlichen Ranges.

44. Dagegen verbreitete und behauptete sich weitgehendst die Auffassung, daß alle Menschen in der Würde ihrer Natur unter sich gleich sind. Deshalb wird, wenigstens theoretisch, eine Diskriminierung der Rassen in keiner Weise mehr anerkannt. Und dies ist von größter Bedeutung und größtem Gewicht für die Entwicklung eines menschlichen Zusammenlebens nach den Prinzipien, die Wir erwähnt haben. Sofern in einem Menschen das Bewußtsein seiner Rechte erwacht,

muß in ihm auch notwendig das Bewußtsein seiner Pflichten entstehen, so daß, wer bestimmte Rechte hat, zugleich auch die Pflicht hat, sie als Zeichen seiner Würde zu beanspruchen, während die übrigen Menschen die Pflicht haben, diese Rechte anzuerkennen und hochzuschätzen.

45. Wenn so das Grundgefüge der Beziehungen zwischen den Bürgern auf die Rechte und Pflichten abgestellt wird, entdecken die Menschen immer mehr die geistigen Werte, nämlich was Wahrheit, was Gerechtigkeit, was Liebe und was Freiheit ist. So werden sie sich bewußt, Glieder einer solchen Gemeinschaft zu sein. Doch nicht genug! Auf diesem Wege kommen die Menschen dazu, den wahren Gott als die Menschennatur überragendes persönliches Wesen besser zu erkennen. So halten sie schließlich die Beziehungen zu Gott für das Fundament ihres Lebens, das sie sowohl in ihrem Inneren leben als auch gemeinsam mit den übrigen Menschen gestalten.

ZWEITER TEIL

Die Beziehungen zwischen den Menschen
und der Staatsgewalt innerhalb der
politischen Gemeinschaften

Notwendigkeit der Autorität und ihr göttlicher Ursprung

46. Die menschliche Gesellschaft kann weder gut geordnet noch fruchtbar sein, wenn es in ihr niemanden gibt, der mit rechtmäßiger Autorität die Ordnung aufrechterhält und mit der notwendigen Sorgfalt auf das allgemeine Wohl bedacht ist. Alle Autorität aber leitet sich von Gott her, wie der heilige Paulus lehrt: „Es gibt keine Gewalt, außer von Gott" (Röm. 13, 1–6). Diese Lehre des Apostels erklärt der heilige Johannes Chrysostomus folgendermaßen: „Was sagst du? Ist jeder einzelne Fürst von Gott eingesetzt? Das behaupte ich nicht; denn ich habe jetzt nicht von den einzelnen Fürsten zu reden, sondern über die Sache an sich. Daß es Fürstentümer gibt und daß die einen befehlen, die anderen gehorchen, und daß alles nicht zufällig und planlos verursacht ist, das ist Sache der göttlichen Weisheit, behaupte ich" (Kommentar zum Römerbrief 13). Gott hat aber die Menschen ihrer

Natur nach als Gemeinschaftswesen geschaffen, und weil keine Gemeinschaft „bestehen kann, wenn nicht einer an der Spitze von allen steht, der durch kräftigen und gleichmäßigen Impuls einen jeden zu dem gemeinsamen Ziele hinwendet, so ergibt sich für die politische Gesellschaft die Notwendigkeit einer Autorität, welche sie regiert; wie die Gesellschaft selbst, hat auch sie in der Natur und somit in Gott selbst ihren Ursprung" (Leo XIII., Enz. Immortale Dei).

47. Dennoch darf man nicht glauben, die Autorität sei an keine Norm gebunden. Da sie im Gegenteil aus der Fähigkeit hervorgeht, sich befehlend an die rechte Vernunft zu wenden*, muß gefolgert werden, daß sie die Gewalt, Verpflichtungen aufzuerlegen, aus der sittlichen Ordnung herleitet, die ihrerseits Gott als Ursprung und Ziel hat. Deshalb schreibt Unser Vorgänger Pius XII. seligen Andenkens: „Dieselbe unbedingt gültige Ordnung des Seins und der Zwecke, die den Menschen als autonome Persönlichkeit ausweist, das heißt als Träger von unverletzlichen Pflichten und Rechten – Ursprung und Ziel seines gesellschaftlichen Lebens –, diese Ordnung umfaßt auch den Staat als eine notwendige Gesellschaft, bekleidet mit der Autorität, ohne die er weder bestehen noch leben könnte . . . Da nun diese unbedingt gültige Ordnung im Lichte der gesunden Vernunft, besonders aber im Lichte des christlichen Glaubens keinen andern Ursprung haben kann als den persönlichen Gott, unsern Schöpfer, so ist klar, daß die Würde des Staates, die Würde der von Gott gewollten sittlichen Gemeinschaft, die Würde der öffentlichen Gewalt die Würde ihrer Teilnahme an der Autorität Gottes ist" (Weihnachtsbotschaft 1944, U-G 3480/3481).

48. Befehlsgewalt, die nur oder hauptsächlich auf Drohung und Furcht vor Strafen oder auf Versprechungen von Lohn beruht, treibt keineswegs wirksam dazu an, das gemeinsame Wohl aller zu verwirklichen; sollte es vielleicht doch der Fall sein, so wäre dies immerhin nicht in Übereinstimmung mit der Würde von Menschen, die der Freiheit und des Vernunftgebrauches fähig und teilhaft sind. Denn da die Autorität hauptsächlich in einer geistigen Gewalt besteht, müssen die

---

* Der erste Halbsatz von Satz 2 ist falsch ins Deutsche übersetzt; richtig muß es heißen: „Sie wurzelt vielmehr in der Fähigkeit, nach Maßgabe der Vernunft zu befehlen (ital. ‚è invece la facoltà di comandare secondo ragione'); daraus ergibt sich, daß . . .".

Staatslenker an das Gewissen, d. h. an die Pflicht eines jeden appellieren, sich bereitwillig für das gemeinsame Wohl aller einzusetzen. Weil aber alle Menschen in der natürlichen Würde unter sich gleich sind, besitzt keiner von ihnen die Macht, einen anderen innerlich zu einem Tun zu bestimmen. Gott allein kann das tun, der ja als einziger die geheimen Ratschlüsse des Herzens durchforscht und richtet.

49. Die Träger staatlicher Gewalt dürfen die Menschen also nur dann im Gewissen verpflichten, wenn ihre Autorität mit Gottes Autorität in Einklang steht und an dieser teilhat (vgl. Leo XIII., Enz. Diuturnum illud).

50. Wo dieses Prinzip gilt, wird auch für die Würde der Bürger Sorge getragen. Indem sie nämlich den Regierungen gehorchen, gehorchen sie ihnen keineswegs als bloßen Menschen, sondern sie ehren tatsächlich Gott, den sorgenden Schöpfer aller Dinge, der gebot, daß die Beziehungen unter den Menschen nach der von ihm festgesetzten Ordnung gestaltet werden. Dadurch, daß wir Gott die schuldige Ehrfurcht erweisen, unterdrücken wir keineswegs unsere Überzeugung, vielmehr erheben und adeln wir sie; denn Gott dienen ist herrschen (vgl. ebd.; Leo XIII., Enz. Immortale Dei).

51. Da die staatliche Gewalt von der Ordnung der geistigen Wirklichkeit gefordert wird und von Gott ausgeht, können Gesetze oder Anordnungen die Staatsbürger innerlich nicht verpflichten, wenn die Staatslenker gegen diese Ordnung und deshalb gegen Gottes Willen Gesetze erlassen oder etwas vorschreiben; denn „man muß Gott mehr gehorchen als den Menschen" (Apg. 5, 29); in diesem Falle hört die Autorität ganz auf; an ihre Stelle tritt gräßliches Unrecht, wie der heilige Thomas von Aquin lehrt: „Zum Zweiten ist zu sagen, daß das menschliche Gesetz nur insoweit die Beschaffenheit eines Gesetzes hat, als es der rechten Vernunft gemäß ist. Demzufolge ist offenbar, daß es vom ewigen Gesetz abgeleitet wird. Insofern es aber von der Vernunft abweicht, wird es als ungerechtes Gesetz bezeichnet und hat nicht die Bewandtnis eines Gesetzes, sondern eher die einer Gewalttätigkeit" (Summa theol. I/II, q. 93, a. 3 ad 2; vgl. Pius XII., Weihnachtsbotschaft 1944, U-G 3467–3510).

52. Jedoch daraus, daß die Autorität aus Gott stammt, ist durchaus nicht zu folgern, daß die Menschen keine Möglichkeit hätten, diejenigen zu wählen, die an der Spitze des Staates stehen sollen, die Staatsform zu bestimmen und den Umfang sowie die Art und Weise der Gewaltausübung abzugrenzen. Daher kann diese Lehre mit jeder demokratischen Regierungsform in Einklang gebracht werden, die diesen Namen wirklich verdient (vgl. Leo XIII., Enz. Diuturnum illud; Pius XII., Weihnachtsbotschaft 1944, U-G 3467–3510).

Die Sorge für das Gemeinwohl als Existenzgrund der staatlichen Gewalt

53. Daraus, daß die einzelnen Menschen wie alle Körperschaften gehalten sind, durch ihren Beitrag das Gemeinwohl zu fördern, folgt vor allem, daß sie die eigenen Interessen den Bedürfnissen der anderen anpassen müssen; daß sie ihren Beitrag in der Güterbeschaffung und in den Dienstleistungen erbringen müssen gemäß den Zielsetzungen, die die staatliche Obrigkeit, natürlich unter Wahrung der Gerechtigkeit, in entsprechender Form im Rahmen ihrer Zuständigkeit gegeben hat. Wer nämlich die Staatsgewalt ausübt, muß solche Handlungen vorschreiben, die nicht nur rechtlich formell ordnungsgemäß sind, sondern auch entweder direkt das Gemeinwohl betreffen oder doch wenigstens dazu beitragen können.

54. Die Existenzberechtigung aller öffentlichen Gewalt ruht in der Verwirklichung des Gemeinwohls, die nur unter Berücksichtigung seines Wesens wie der gegebenen zeitlichen Verhältnisse zu erreichen ist (vgl. Pius XII., Weihnachtsbotschaft 1942, U-G 233; Leo XIII., Enz. Immortale Dei).

Grundlegende Gesichtspunkte zum Gemeinwohl

55. Gewiß bestimmt sich das Gemeinwohl auch aus dem, was einem jeden Volk eigentümlich ist (vgl. Pius XII., Enz. Summi pontificatus, U-G 1–92); doch macht dies keineswegs das Gemeinwohl in seiner Gesamtheit aus. Denn weil es wesentlich mit der Menschennatur zusammenhängt, kann es als Ganzes und vollständig stets nur bestimmt werden, wenn man es im Hinblick auf seine innerste Natur und ge-

schichtliche Wirklichkeit von der menschlichen Person aus sieht (vgl. Pius XI., Enz. Mit brennender Sorge; Pius XI., Enz. Divini Redemptoris).

56. Außerdem verlangt dieses Gut kraft seiner Natur, daß alle Glieder des Staates an ihm teilhaben, wenn auch in verschiedenem Grade je nach den Aufgaben, Verdiensten und Verhältnissen des einzelnen. Deshalb müssen alle Staatslenker darauf hinarbeiten, das gemeinsame Wohl ohne Bevorzugung irgendeines Bürgers oder einer Bevölkerungsschicht zum Nutzen aller zu fördern, wie es Unser Vorgänger unsterblichen Andenkens Leo XIII. eindringlich ausspricht, wenn er sagt: „Auf keinen Fall darf zugelassen werden, daß die Staatsgewalt dem Vorteil eines einzelnen oder nur wenigen diene, während sie doch für das Wohl aller eingesetzt ist" (Leo XIII., Enz. Immortale Dei). Doch können Gründe der Gerechtigkeit und Billigkeit zuweilen fordern, daß die Behörden sich um die Schwächeren sorgsamer kümmern, da diese selbst weniger in der Lage sind, ihre Rechte geltend zu machen und die ihnen zustehenden Interessen wahrzunehmen (vgl. Leo XIII., Enz. Rerum Novarum).

57. An dieser Stelle glauben Wir, Unsere Söhne darauf hinweisen zu müssen, daß das Gemeinwohl sich auf den ganzen Menschen erstreckt, also auf die Erfordernisse des Leibes ebenso wie auf die des Geistes. Daraus folgt, daß die Führer des Staates darauf sehen müssen, diesen Wert in geeigneter Weise und in Stufen zu verwirklichen, nämlich so, daß sie unter Einhaltung der rechten Wertordnung den Bürgern sowohl die materielle Wohlfahrt wie auch die geistigen Güter vermitteln (vgl. Pius XII., Enz. Summi pontificatus, U-G 45).

58. Diese Grundsätze stehen in vollem Einklang mit dem Satz Unseres Rundschreibens „Mater et Magistra", in welchem Wir dargelegt haben, daß das Gemeinwohl „der Inbegriff jener gesellschaftlichen Voraussetzungen ist, die den Menschen die volle Entfaltung ihrer Werte ermöglichen oder erleichtern" (Mater et Magistra 65).

59. Da die Menschen aus Leib und unsterblicher Seele bestehen, können sie in diesem sterblichen Leben weder ihr Dasein voll ausschöpfen noch ein vollkommenes Glück erreichen. Darum muß das

Gemeinwohl auf eine Weise verwirklicht werden, die dem ewigen Heil der Menschen nicht nur nicht entgegensteht, sondern ihm vielmehr dient (vgl. Pius XI., Enz. Quadragesimo Anno).

Aufgaben der staatlichen Gewalt und Rechte und Pflichten der Person

60. Da man heutzutage annimmt, daß das Gemeinwohl vor allem in der Wahrung der Rechte und der Pflichten der menschlichen Person besteht, muß dem Staat besonders daran gelegen sein, daß einerseits diese Rechte anerkannt, geachtet, aufeinander abgestimmt, geschützt und gefordert werden und daß anderseits ein jeder seinen Pflichten leichter nachkommen kann. Denn „den unantastbaren Lebenskreis der Pflichten und Rechte, der menschlichen Persönlichkeit zu schützen und seine Verwirklichung zu erleichtern ist wesentliche Aufgabe jeder öffentlichen Gewalt" (vgl. Pius XII., Pfingstbotschaft 1941, U-G 508).

61. Wenn deshalb Staatsbehörden die Rechte der Menschen nicht anerkennen oder sie verletzen, stehen sie nicht nur mit ihrer Aufgabe in Widerspruch, es sind dann ihre Anordnungen auch ohne jede rechtliche Verpflichtung (vgl. Pius XI., Enz. Mit brennender Sorge; Pius XI., Enz. Divini Redemptoris; Pius XII., Weihnachtsbotschaft 1942, U-G 219–271).

Harmonische Abstimmung und wirksamer Schutz der Rechte und Pflichten der Person

62. Ferner obliegt den Staatsorganen die vordringliche Pflicht, die gesellschaftlichen Rechte der Menschen derart zu regeln und aufeinander abzustimmen, daß die einen durch die Ausübung ihrer Rechte die anderen nicht in ihren Rechten stören; ferner daß jemand, der seine Rechte wahrt, nicht andere von der Erfüllung ihrer Pflichten abhält; und daß endlich die Rechte aller unversehrt wirksam gewahrt bleiben und, falls solche verletzt wurden, vollkommen wiederhergestellt werden (vgl. Pius XI., Enz. Divini Redemptoris; Pius XII., Weihnachtsbotschaft 1942, U-G 219–271).

Die Pflicht zur Förderung der Persönlichkeitsrechte

63. Ferner müssen die staatlichen Stellen im Interesse des Gemeinwohls sich auch dafür einsetzen, daß Bedingungen herrschen, in denen es den einzelnen Menschen möglich, und zwar leicht möglich ist, sowohl ihre Rechte wahrzunehmen als auch ihre Pflichten zu erfüllen. Hat uns doch die Erfahrung gelehrt: wenn in der Wirtschaft, in der Politik, in den kulturellen Fragen die Staatsorgane nicht in rechter Weise vorangehen, so verschärft sich, besonders in unseren Tagen, die Unausgeglichenheit immer weiter, und so geschieht es, daß die Rechte des Menschen und seine Pflichten unwirklich bleiben.

64. Darum müssen die Vertreter des Staates unbedingt dafür Sorge tragen, daß dem wirtschaftlichen Fortschritt der Bürger der soziale entspricht und daß gemäß der produktiven Kraft der Volkswirtschaft auch die wesentlichen Dienstleistungen entwickelt werden. Solche sind: Straßenbau, Transportmittel, Kommunikationsmöglichkeiten, Trinkwasserversorgung, Wohnungsbau, sanitäre Hilfe, entsprechende Hilfe zur religiösen Bildung und schließlich Erholungsmöglichkeiten. Die Staatsbehörden sollen sich auch um die Schaffung von Versicherungen kümmern, damit es den Bürgern nicht an dem zu einer angemessenen Lebensführung Notwendigen fehle, wenn ein Unglücksfall eintritt oder wenn die Familienverhältnisse allzu drückend werden. Nicht minder müssen die Inhaber der staatlichen Gewalt dafür sorgen, daß den Arbeitsfähigen eine ihren Kräften entsprechende Beschäftigung vermittelt werde; daß einem jeden der Lohn nach den Gesetzen der Gerechtigkeit und Billigkeit ausbezahlt werde; daß die Arbeiter sich in den Wirtschaftsunternehmungen als verantwortliche Schöpfer der erbrachten Güter und Leistungen fühlen dürfen; daß ungehindert Verbände und Einrichtungen geschaffen werden können, durch welche das Gesellschaftsleben reicher und fruchtbarer wird; daß endlich alle in angemessenem Umfang an den Gütern der Kultur und Bildung teilhaben können.

Gleichgewicht zwischen den beiden Formen staatlichen Wirkens

65. Das allgemeine Wohl verlangt von den Regierungen ein Zweifaches: einmal die Festlegung und Wahrung, dann aber auch die Förde-

rung der Rechte des einzelnen. Hier jedoch ist darauf zu achten, daß beide Funktionen sich im Gleichgewicht halten. So muß vermieden werden, daß durch die Überbetonung des Rechtsschutzes zugunsten bestimmter Personen oder Personenkreise privilegierte Gruppen entstehen; und daß man anderseits nicht beim Bemühen um die Förderung der Rechte der Bürger in absurder Weise ihre wirkliche Ausübung verhindert. „Immer aber muß dabei festgehalten werden: Die Sorge des Staates für die Wirtschaft, so weit und so tief sie auch in das Gemeinschaftsleben eingreift, muß dergestalt sein, daß sie den Raum der Privatinitiative der einzelnen Bürger nicht nur nicht einschränkt, sondern vielmehr ausweitet, allerdings so, daß die wesentlichen Rechte jeder menschlichen Person gewahrt bleiben" (Johannes XXIII., Enz. Mater et Magistra 55).

66. Daran müssen sich die verschiedenen Bemühungen halten, die von den Staatsbehörden in der Absicht unternommen werden, daß die Bürger leichter sowohl ihre Rechte gebrauchen wie auch in allen Bereichen des gesellschaftlichen Lebens ihren Pflichten nachkommen können.

Struktur und Funktion der staatlichen Gewalt

67. Im übrigen kann nicht ein für allemal entschieden werden, welche Staatsform die geeignetere ist oder welches die angemessenste Art und Weise ist, in der die Staatsgewalt ihre Aufgabe erfüllt in Gesetzgebung, öffentlicher Verwaltung und Rechtsprechung.

68. Um tatsächlich festzustellen, in welcher Form ein Staat regiert werden und wie er seine Aufgaben erfüllen soll, müssen vielmehr der augenblickliche Zustand und die Lage eines jeden Volkes in Betracht gezogen werden, die je nach Ort und Zeit verschieden sind. Wir meinen aber, es ist der Menschennatur angepaßt, wenn das Zusammenleben der Bürger so gestaltet wird, daß es auf jener Dreigliederung von Behörden beruht, die den drei hauptsächlichen Aufgaben der Staatsgewalt sachlich entsprechen dürfte; denn in einem solchen Staate sind nicht nur die Obliegenheiten der Behörden, sondern auch die Beziehungen zwischen Bürgern und den Trägern der staatlichen Gewalt rechtlich umschrieben. Gewiß gibt dies den Bürgern in der Wahrung

ihrer Rechte wie auch in der Erfüllung ihrer Pflichten einen bestimmten Schutz.

69. Damit jedoch eine solche rechtliche und politische Staatsordnung ihren Nutzen bringe, fordert es die Natur der Sache, daß die Behörden sorgsam ihres Amtes walten und die auftretenden Schwierigkeiten mit jenen geeigneten Verfügungen und Mitteln beheben, die ihren Aufgaben und der Lage des Staates entsprechen. Aus demselben Grunde ist erforderlich, daß der Gesetzgeber im Staate bei der stets sich verändernden Lage niemals die sittlichen Normen, noch die verfassungsmäßigen Grundsätze außer acht lassen, noch auch die Bedürfnisse des Gemeinwohls vernachlässigen darf. Und wie es den Verwaltungsorganen obliegt, in genauer Kenntnis der Gesetze und nach sorgfältiger Erwägung der Begleitumstände alles dem Rechte gemäß so zu regeln, so müssen die Richter mit menschlicher Integrität und frei von aller Parteilichkeit jedem zu seinem Recht verhelfen. Die Ordnung der Dinge verlangt sodann, daß die einzelnen Bürger nicht minder als die verschiedenen Sozialgebilde gesetzlich entsprechend gesichert seien, wenn sie Rechte zu behaupten und Pflichten zu erfüllen haben, ob es sich nun um die Beziehungen der Bürger untereinander oder um ihr Verhältnis zu den Behörden handelt (vgl. Pius XII., Weihnachtsbotschaft 1942, U-G 258–262).

Rechtsordnung und sittliches Gewissen

70. Es kann keinem Zweifel unterliegen, daß die Rechtsordnung eines Staates, die mit den Geboten der moralischen Ordnung und mit einer entsprechend fortgeschrittenen Reife der politischen Gemeinschaft im Einklang steht, in hohem Maße zur Verwirklichung des Gemeinwohls beiträgt.

71. Doch ist in unseren Tagen das Gesellschaftsleben so mannigfach, so vielfältig und so lebendig, daß die rechtliche Ordnung, wenn auch mit großer Klugheit und vorausschauender Umsicht ausgearbeitet, den Bedürfnissen häufig nicht gewachsen scheint.

72. Überdies sind die Beziehungen zwischen den einzelnen Bürgern wie die der Bürger und Verbände zu den Behörden und schließlich die

Beziehungen zwischen den verschiedenen Behörden innerhalb des Staatswesens zuweilen so heikel und schwierig, daß sie sich nicht in genauen Rechtsbestimmungen festlegen lassen. Wenn in solchen Fällen, wie die Sache selbst es erfordert, die Staatslenker die gegebene Rechtsordnung – sowohl in sich selbst wie auch in ihren tieferen Grundlagen – unversehrt bewahren wollen, wenn sie aufgeschlossen sein wollen für die wesentlichen Forderungen des sozialen Lebens, wenn sie die Gesetze an die Gegebenheiten und Gebräuche des heutigen Lebens anpassen und die neuen Probleme lösen wollen, dann müssen sie selbst klare Begriffe haben über Natur und Umfang ihrer Aufgaben, und sie müssen einen solchen Sinn für Gerechtigkeit und eine solche Rechtschaffenheit und so viel praktischen Scharfsinn und Ausdauer des Willens besitzen, daß sie unverzüglich erfassen, was geschehen muß, und dies rechtzeitig und tatkräftig durchführen (vgl. Pius XII., Weihnachtsbotschaft 1944, U-G 3483/3484).

Teilnahme der Bürger am öffentlichen Leben

73. Daß es den Menschen gestattet ist, am öffentlichen Leben aktiv teilzunehmen, ist ein Vorrecht ihrer Würde als Personen, auch wenn sie die Teilnahme nur in den Formen ausüben können, die dem Zustande des Staatswesens entsprechen, dessen Glieder sie sind.

74. Aus der Teilnahme am öffentlichen Leben ergeben sich neue, sehr weitgehende und nützliche Möglichkeiten. Auf diese Weise kommen die leitenden Amtsträger häufiger in Berührung und ins Gespräch mit den Bürgern und können somit leichter erfahren, was zum Gemeinwohl beiträgt. Zudem verhindert die regelmäßige Ablösung der höchsten Staatsdiener eine Überalterung der Autorität und sorgt für deren Erneuerung zum Fortschritt der menschlichen Gesellschaft (vgl. Pius XII., Weihnachtsbotschaft 1942, U-G 228).

Zeichen der Zeit

75. In der heutigen Zeit begegnet man bei der rechtlichen Organisation der politischen Gemeinschaften in erster Linie der Forderung, daß in klaren und bestimmten Sätzen eine Zusammenfassung der den

Menschen eigenen Grundrechte ausgearbeitet wird, die nicht selten in die Staatsverfassung selber aufgenommen wird.

76. Ferner wird gefordert, daß in exakter juristischer Form die Verfassung eines jeden Staates festgelegt wird. Darin soll angegeben werden, in welcher Weise die staatlichen Behörden bestimmt werden, durch welches Band diese untereinander verknüpft sind, wofür sie zuständig sind, und schließlich, auf welche Art und Weise sie zu handeln verpflichtet sind.

77. Schließlich wird gefordert, daß im Hinblick auf Rechte und Pflichten die Beziehungen festgelegt werden, die zwischen den Bürgern und den Staatsbehörden gelten sollen; daß deutlich als Hauptaufgabe der Behörden betont werde, die Rechte und Obliegenheiten der Bürger anzuerkennen, zu achten, harmonisch miteinander in Einklang zu bringen, zu schützen und zu fördern.

78. Selbstverständlich kann die Ansicht jener nicht gebilligt werden, die behaupten, der Wille einzelner Menschen oder gewisser Gemeinschaften wäre die erste und einzige Quelle, woraus die bürgerlichen Rechte und Pflichten fließen und woraus sich die Verpflichtung der Verfassungen wie auch die Autorität der Staatslenker ergeben (vgl. Leo XIII., Apostolischer Brief Annum ingressi).

79. Die erwähnten Bestrebungen bezeugen deutlich, daß die Menschen in unserer Zeit sich immer mehr ihrer eigenen Würde bewußt und sich dadurch angetrieben fühlen, aktiv am öffentlichen Leben teilzunehmen und darauf zu bestehen, daß die eigenen, unverletzlichen Rechte in der Ordnung des Staatswesens gewahrt bleiben. Überdies fordern die Menschen heute noch, daß die Träger der Staatsgewalt gemäß den in der Verfassung des Staatswesens festgelegten Richtlinien gewählt werden und daß sie ihre Ämter in den dort bestimmten Grenzen ausüben.

DRITTER TEIL

Die Beziehungen zwischen den politischen Gemeinschaften

Träger von Rechten und Pflichten

80. Was Unsere Vorgänger oftmals gelehrt haben, das wollen auch Wir nun mit Unserer Autorität bekräftigen: Es bestehen zwischen den Nationen gegenseitige Rechte und Pflichten. Deshalb sollen auch ihre Beziehungen von der Norm der Wahrheit, der Gerechtigkeit, der tatkräftigen Solidarität und der Freiheit bestimmt werden. Das gleiche natürliche Sittengesetz, das die Lebensordnung unter den einzelnen Bürgern regelt, soll auch die gegenseitigen Beziehungen zwischen den Staaten leiten.

81. Dies ist leicht zu begreifen, wenn man bedenkt, daß die Staatslenker keineswegs ihre natürliche Würde einbüßen können, wenn sie so im Namen und für die Interessen ihrer Gemeinschaft arbeiten; darum ist es ihnen nicht erlaubt, dem sie verpflichtenden natürlichen Sittengesetz, das die Grundnorm der Sittlichkeit selbst ist, untreu zu werden.

82. Im übrigen ist es ganz undenkbar, daß Menschen gezwungen sein sollten, ihr Menschsein aufzugeben, weil sie mit der Leitung des Staates beauftragt sind. Haben sie doch im Gegenteil gerade deshalb den Rang dieser höchsten Würde erlangt, weil sie in Anbetracht ihrer ausgezeichneten Geistesgaben und Anlagen als die vortrefflichsten Glieder des Staates befunden wurden.

83. Es folgt auch schon aus der moralischen Ordnung selbst, daß die bürgerliche Gemeinschaft der Menschen einer Autorität bedarf, durch die sie geleitet wird, und daß die Autorität nicht gegen ebendiese Ordnung ausgespielt werden kann; sonst würde sie sofort hinfällig werden, da ihr das Fundament entzogen wäre. Dies ist die Mahnung Gottes selbst: „Höret nun, ihr Könige, und merket wohl, lernet, ihr Richter der Enden der Erde! Lauschet, ihr Herrscher über die Volksmenge, die ihr euch brüstet mit Völkermassen! Denn vom Herrn ward euch die Macht gegeben und die Herrschaft vom Höchsten, der eure Werke prüfen und eure Pläne untersuchen wird" (Weish. 6, 2–4).

84. Auch hinsichtlich der Regelung der gegenseitigen Beziehungen zwischen den Staaten muß die Autorität für die Förderung des Gemeinwohls aller eintreten, da sie doch in erster Linie zu diesem Zweck eingesetzt ist.

85. Zu den obersten Gesetzen des Gemeinwohls gehört aber, daß die moralische Ordnung anerkannt wird und ihre Gebote unverletzt bewahrt werden: „Die rechte Ordnung unter den Staaten muß aufgebaut sein auf der unverrückbaren Grundlage jenes Sittengesetzes, das vom Schöpfer selbst durch die Ordnung der Natur erlassen und unaustilgbar in die Herzen der Menschen geschrieben ist . . . Wie ein Leuchtturm muß das göttliche Sittengesetz mit dem Strahl seiner Grundsätze allen menschlichen und staatlichen Bemühungen die Richtung weisen. Seine heilsamen und wohltätigen Warnungssignale müssen alle befolgen, wollen sie nicht Arbeit und Mühe zur Aufrichtung einer Neuordnung von vornherein zum Schiffbruch in stürmischer See verurteilen" (Pius XII., Weihnachtsbotschaft 1941, U-G 3790/3791).

In der Wahrheit

86. An erster Stelle gilt, daß die gegenseitigen Beziehungen der politischen Gemeinschaften untereinander von der Wahrheit bestimmt sein müssen. Die Wahrheit verlangt aber, daß es darin keine Diskriminierung der Rassen geben darf; unantastbar und unerschütterlich gilt darum, daß alle Staaten, was ihre natürliche Würde angeht, untereinander gleichgestellt sind. Jeder hat also das Recht auf Dasein, auf Entfaltung, auf den Besitz der dazu notwendigen Mittel und auch darauf, daß er in der Verwirklichung alles dessen die Hauptverantwortung übernimmt. Desgleichen kann er rechtmäßig verlangen, daß er geachtet und daß ihm die gebührende Ehre erwiesen wird.

87. Die Erfahrung lehrt, daß die Menschen sehr häufig und auch in hohem Maße voneinander verschieden sind an Wissen, Tugend, Geisteskraft und an Besitz äußerer Güter. Daraus kann aber niemals ein gerechter Grund abgeleitet werden, daß diejenigen, die den übrigen überlegen sind, diese irgendwie von sich abhängig machen; vielmehr haben sie, und zwar alle und jeder einzelne, die größere Verpflichtung,

den anderen zur Vervollkommnung zu verhelfen, die nur in gegenseitigem Bemühen zu erringen ist.

88. So kann es vorkommen, daß auch unter den Nationen die einen den anderen voraus sind an wissenschaftlichem Fortschritt, an menschlicher Kultur und an wirtschaftlicher Entwicklung. Doch diese Vorzüge erlauben es ihnen keineswegs, zu Unrecht andere zu beherrschen, sondern sollen ihnen vielmehr ein Ansporn sein, mehr zum gemeinsamen Fortschritt der Völker beizutragen.

89. Die Menschen können nicht ihrer Natur nach anderen überlegen sein, da alle mit der gleichen Würde der Natur ausgezeichnet sind. Folglich unterscheiden sich auch die staatlichen Gemeinschaften nicht voneinander hinsichtlich der ihnen von Natur aus innewohnenden Würde; die einzelnen Staaten gleichen nämlich einem Körper, dessen Glieder die Menschen sind. Übrigens zeigt die Erfahrung, daß die Völker in allem, was irgendwie die Würde ihres Namens betrifft, äußerst empfindsam sind, und zwar mit Recht.

90. Ferner gebietet die Wahrheit, daß man sich bei dem Gebrauch der vielfältigen Möglichkeiten, die durch den Fortschritt der modernen Publikationsmittel geschaffen wurden und durch welche die gegenseitige Kenntnis der Völker gefördert wird, von vornehmer Sachlichkeit leiten lasse. Dies schließt nicht aus, daß es für die Völker gerechtfertigt ist, ihre Vorzüge in das rechte Licht zu rücken. Abzulehnen sind jedoch jene Formen der Nachrichtengebung, durch die unter Mißachtung der Gebote der Wahrheit und Gerechtigkeit der Ruf eines Volkes verletzt wird (vgl. Pius XII., Weihnachtsbotschaft 1940, U-G 3567–3583).

In Gerechtigkeit

91. Die gegenseitigen Beziehungen der Staaten müssen gemäß den Forderungen der Gerechtigkeit geregelt werden. Dies bedeutet, daß die beiderseitigen Rechte anerkannt und die gegenseitigen Pflichten erfüllt werden.

92. Die Staaten haben das Recht auf Dasein, auf Entfaltung und Erwerb der für ihren Fortschritt notwendigen Mittel wie auch das Recht

auf ihre Erstzuständigkeit dabei sowie das Recht, ihren guten Ruf und die ihnen gebührenden Ehren zu sichern. Daraus folgt, daß die Staaten in gleicher Weise verpflichtet sind, diese Rechte im einzelnen zu achten und alles zu unterlassen, was eine Verletzung derselben bedeuten könnte. Wie nämlich die Menschen in ihren privaten Angelegenheiten ihren eigenen Vorteil nicht zum ungerechten Schaden anderer suchen dürfen, so dürfen auch die Staaten nicht – wenn sie nicht ein Verbrechen begehen wollen – einen solchen Vorteil erstreben, durch den anderen Nationen Unrecht zugefügt oder sie ungerecht bedrückt würden. Hier scheint das Wort des heiligen Augustinus zutreffend: „Fehlt die Gerechtigkeit, was sind dann die Reiche anderes als große Räuberbanden?" (De civitate Dei IV 4; vgl. Pius XII., Weihnachtsbotschaft 1939, U-G 3646–3667.)

93. Es kann natürlich vorkommen, wie es auch tatsächlich geschieht, daß die Vorteile, welche im Kampf der Interessen die politischen Gemeinschaften für sich zu erringen suchen, einander widerstreiten. Die daraus entstehenden Gegensätze sollen aber nicht mit Waffengewalt und nicht mit Trug und List gelöst werden, sondern, wie es sich für Menschen geziemt, in gegenseitigem Einvernehmen auf Grund reiflicher sachlicher Überlegung und unparteiischer Schlichtung.

Die Behandlung der Minderheiten

94. Hierher gehört ein besonderes Wort über jene Tendenz im Staatsleben, die seit dem 19. Jahrhundert sich überall verbreitete und zunahm: daß die Menschen gleicher Abstammung politisch selbständig und zu einer Nation vereint sein wollen. Dies kann jedoch aus verschiedenen Gründen nicht immer erreicht werden. Daraus ergibt sich die Tatsache, daß sich völkische Minderheiten innerhalb des Gebietes einer anderen Nation finden, woraus dann schwerwiegende Fragen entstehen.

95. Hierzu muß offen gesagt werden: Was immer gegen diese Völker zur Unterdrückung der Lebenskraft und des Wachstums ihres Stammes unternommen wird, ist eine schwere Verletzung der Gerechtigkeit, und dies um so mehr, wenn solche verwerfliche Gewaltanwendung auf die Ausrottung des Stammes selbst abzielt.

96. Vielmehr entspricht es vollkommen den Geboten der Gerechtigkeit, wenn die Staatslenker sich tatkräftig bemühen, die Lebensbedingungen der Minderheit zu heben, namentlich in dem, was deren Sprache, Kultur, Herkommen und Gebräuche sowie wirtschaftliche Unternehmungen und Initiativen betrifft (vgl. Pius XII., Weihnachtsbotschaft 1941, U-G 3776–3805).

97. Dennoch muß bemerkt werden, daß die Minderheiten – sei es in Reaktion auf die ihnen aufgezwungene schwierige Lage, sei es als Nachwirkung geschichtlicher Ereignisse – nicht selten dazu neigen, die Besonderheiten ihres Stammes über Gebühr hervorzuheben, und zwar so sehr, daß sie selbst die menschlichen Werte, die allen eigen sind, so herabmindern, als ob das Wohl der Menschheitsfamilie dem Wohl ihres eigenen Stammes dienen müsse, nicht aber umgekehrt. Es entspricht aber der gesunden Vernunft, daß diese Bürger auch die Vorteile anerkennen, die ihnen aus ihrer besonderen Lage erwachsen; daß nämlich der tägliche Umgang mit Bürgern einer anderen Kultur nicht wenig beiträgt zur Vervollkommnung ihres Geistes und Herzens, da sie sich allmählich die Tugenden des anderen Stammes innerlich aneignen können. Doch dies wird nur dann eintreten, wenn die Minderheiten eine gewisse Gemeinschaft mit den sie umgebenden Völkern pflegen und an deren Gebräuchen und Einrichtungen teilzunehmen suchen, nicht aber, wenn sie Zwistigkeiten säen, die unzählige Schäden verursachen und den Fortschritt der Nationen aufhalten.

Tätige Solidarität

98. Da die gegenseitigen Beziehungen der Staaten gemäß der Wahrheit und Gerechtigkeit geregelt werden sollen, müssen sie besonders durch tatkräftige Solidarität gefördert werden. Dies kann durch eine vielfältige gegenseitige Zusammenarbeit erreicht werden, wie es in unserer Zeit mit gutem Erfolg auf dem Gebiete der Wirtschaft, der Sozialarbeit, der Politik, der Kultur, des Gesundheitswesens und des Sportes geschieht. Diesbezüglich müssen wir uns vor Augen halten, daß die Staatsgewalt ihrer Natur nach nicht dazu eingesetzt ist, die Menschen in die Grenzen der jeweiligen politischen Gemeinschaft einzuzwängen, sondern vor allem für das Gemeinwohl des Staates zu

sorgen, das von dem der ganzen Menschheitsfamilie gewiß nicht getrennt werden kann.

99. Dies bedeutet, daß die einzelnen staatlichen Gemeinschaften in der Wahrung ihrer Interessen einander nicht nur nicht schaden dürfen, sondern auch mit Rat und Tat sich zusammen tun sollen, wenn die Anstrengungen der einzelnen Staaten die gewünschten Ziele nicht erreichen können. In diesem Falle muß man sehr darauf achten, daß die Vorteile, die sich für die einen Staaten ergeben, den anderen nicht mehr Schaden als Nutzen bringen.

100. Auch das universale Gemeinwohl verlangt, daß in jeder einzelnen Nation der Verkehr jeglicher Art zwischen Bürgern und zwischen sozialen Gruppen gefördert werde. Denn da es in vielen Teilen der Erde Stammesgruppen gibt, die der Abstammung nach mehr oder weniger voneinander verschieden sind, muß man Vorsorge treffen, daß nicht die Glieder eines Volksstammes am Umgang mit denen des anderen gehindert werden. Dies wäre in offenem Widerspruch zu einer Zeit wie der unsrigen, in der die Entfernungen unter den Völkern beinahe aufgehoben sind. Es darf auch nicht übersehen werden, daß die Menschen eines jeden Stammes neben ihren besonderen Anlagen, die sie von den anderen unterscheiden, auch mit diesen gemeinsame Eigenschaften besitzen, Eigenschaften, die eine bedeutende Rolle in ihrem stetigen Aufstieg und ihrer Vervollkommnung, besonders der geistigen, spielen. Sie haben also das Recht und die Pflicht, ihr Leben in Gemeinschaft mit den übrigen Gliedern der Gemeinschaft zu verbringen.

Gleichgewicht zwischen Bevölkerung, Land und Kapitalien

101. Es ist allgemein bekannt, daß mancherorts auf Erden ein ungleiches Verhältnis zwischen der Fläche des bestellbaren Landes und der Zahl der Einwohner besteht, anderswo zwischen den Bodenschätzen und den zur Verfügung stehenden Mitteln zu deren Ausbeutung. Daraus entspringt die Notwendigkeit internationaler Zusammenarbeit zum Zweck eines leichteren Austausches der Güter, der Kapitalien und der Menschen (vgl. Johannes XXIII., Enz. Mater et Magistra 153).

102. Hier halten Wir es für angebracht, daß, soweit möglich, das Kapital die Arbeit suche, nicht aber die Arbeit das Kapital. Auf diese Weise wird vielen die Möglichkeit einer Vermögensmehrung geboten, ohne daß sie zu ihrem großen Kummer gezwungen sind, ihre Heimat zu verlassen, einen anderen Wohnsitz zu suchen, in einer neuen Lage sich zurechtzufinden und mit anderen Menschen neue Beziehungen aufzunehmen.

Das Problem der politischen Flüchtlinge

103. Da Wir, von Gott selbst bewegt, gegenüber allen Menschen die Gesinnung väterlicher Liebe hegen, betrachten Wir mit großem Schmerz das Los derer, die aus politischen Gründen aus ihrer Heimat vertrieben wurden. Viele und unglaubliche Leiden begleiten ja ständig die große, in unserer Zeit wahrlich ungezählte Menge dieser Flüchtlinge.

104. Diese Erscheinung zeigt, daß die Regierungen gewisser Nationen die Grenzen der gehörigen Freiheit allzusehr einengen, in deren Bereich es den einzelnen gestattet sein soll, ein menschenwürdiges Leben zu führen. In solchen Staaten wird zuweilen sogar das Recht auf Freiheit selbst in Frage gestellt oder auch ganz aufgehoben. Wenn dies geschieht, wird die rechte Ordnung der bürgerlichen Gesellschaft völlig umgestürzt; denn die Staatsgewalt ist ihrer Natur nach zum Schutz des Wohles der Gemeinschaft bestimmt. Ihre erste Aufgabe besteht darin, den Raum der Freiheit anzuerkennen und ihre Rechte in vollem Umfang zu sichern.

105. Deshalb ist es angezeigt, an dieser Stelle daran zu erinnern, daß diese Flüchtlinge mit der Würde einer Person ausgestattet sind und daß ihnen die Rechte einer Person zuerkannt werden müssen. Diese Rechte können die Flüchtlinge dadurch, daß sie des Bürgerrechtes ihrer politischen Gemeinschaft beraubt wurden, nicht verlieren.

106. Zu den Rechten der menschlichen Person gehört es auch, sich in diejenige Staatsgemeinschaft zu begeben, in der man hofft, besser für sich und die eigenen Angehörigen sorgen zu können. Deshalb ist es Pflicht der Staatslenker, ankommende Fremde aufzunehmen und, so-

weit es das wahre Wohl ihrer Gemeinschaft zuläßt, dem Vorhaben derer entgegenzukommen, die sich einer neuen Gemeinschaft anschließen wollen.

107. Bei dieser Gelegenheit anerkennen und loben Wir daher öffentlich alle jene Bemühungen, die im Sinne der Grundsätze der brüderlichen Verbundenheit und der christlichen Liebe sich zum Ziele setzen, die Mühsal derer zu lindern, die aus ihrer Heimat anderswohin auszuwandern gezwungen sind.

108. Und Wir möchten nicht unterlassen, alle rechtschaffenen Menschen lobend hinzuweisen auf jene internationalen Einrichtungen, die auf diesem wichtigen Gebiet alle ihre Kräfte einsetzen.

Abrüstung

109. Anderseits sehen Wir nicht ohne großen Schmerz, daß in den wirtschaftlich gut entwickelten Staaten ungeheuere Kriegsrüstungen geschaffen wurden und noch geschaffen werden und daß dafür die größten geistigen und materiellen Güter aufgewendet werden. So kommt es, daß die Bürger dieser Nationen keine geringen Lasten zu tragen haben und andere Staaten, die sich wirtschaftlich und sozial entwickeln sollten, der notwendigen Hilfeleistungen entbehren.

110. Als rechtfertigenden Grund für diese militärische Rüstung pflegt man anzugeben, daß unter den gegenwärtigen Umständen der Friede nur durch das Gleichgewicht der Rüstungen gesichert werden kann. Die militärische Rüstungssteigerung an einer Stelle hat also zur Folge, daß auch anderswo das Bestreben aufzurüsten zunimmt. Und wenn eine Nation mit Atomwaffen ausgerüstet ist, gibt dies anderen Nationen Anlaß, daß auch sie sich solche Waffen mit gleicher Zerstörungskraft zu verschaffen suchen.

111. Infolgedessen befinden sich die Völker beständig in Furcht, wie vor einem Sturm, der jeden Augenblick mit erschreckender Gewalt losbrechen kann. Und das nicht ohne Grund, denn an Waffen fehlt es tatsächlich nicht. Wenn es auch kaum glaublich ist, daß es Menschen gibt, die es wagen möchten, die Verantwortung für die Vernichtung

und das Leid auf sich zu nehmen, die ein Krieg im Gefolge hat, so kann man doch nicht leugnen, daß unversehens und unerwartet ein Kriegsbrand entstehen kann. Und wenn auch die ungeheuere militärische Rüstung heute die Menschen davon abschrecken dürfte, einen Krieg zu beginnen, so besteht dennoch Grund zur Befürchtung, daß die schon für Kriegszwecke unternommenen Kernwaffenexperimente, wenn sie nicht aufhören, die verschiedenen Arten des Lebens auf Erden in schwere Gefahr bringen können.

112. Deshalb fordern Gerechtigkeit, gesunde Vernunft und Rücksicht auf die Menschenwürde dringend, daß der allgemeine Rüstungswettlauf aufhört; daß ferner die in verschiedenen Staaten bereits zur Verfügung stehenden Waffen auf beiden Seiten und gleichzeitig vermindert werden; daß Atomwaffen verboten werden; und daß endlich alle auf Grund von Vereinbarungen zu einer entsprechenden Abrüstung mit wirksamer gegenseitiger Kontrolle gelangen. „Es darf nicht gestattet werden", mahnte Unser Vorgänger seligen Andenkens Pius XII., „daß das Grauen eines Weltkrieges mit seiner wirtschaftlichen Not, seinem sozialen Elend und seinen sittlichen Verirrungen zum drittenmal über die Menschheit komme" (Pius XII., Weihnachtsbotschaft 1941, U-G 3795; vgl. Benedikt XV., Ansprache vom 1. 8. 1917).

113. Allerdings müssen alle davon überzeugt sein, daß das Ablassen von der Rüstungssteigerung, die wirksame Abrüstung oder – erst recht – die völlige Beseitigung der Waffen so gut wie unmöglich sind, wenn dieser Abschied von den Waffen nicht allseitig ist und auch die Gesinnung erfaßt, das heißt, wenn sich nicht alle einmütig und aufrichtig Mühe geben, daß die Furcht und die angstvolle Erwartung eines Krieges aus den Herzen gebannt werden. Dies setzt aber voraus, daß an die Stelle des obersten Gesetzes, worauf der Friede sich heute stützt, ein ganz anderes Gesetz trete, wonach der wahre Friede unter den Völkern nicht durch die Gleichheit der militärischen Rüstung, sondern nur durch gegenseitiges Vertrauen fest und sicher bestehen kann. Wir sind entschieden der Meinung, daß dies geschehen kann, da es sich um eine Sache handelt, die nicht nur von den Gesetzen der gesunden Vernunft befohlen wird, sondern auch höchst wünschenswert und überaus segensreich ist.

114. Zunächst handelt es sich um eine Sache, die die Vernunft gebietet. Denn wie alle wissen oder wenigstens wissen sollten, die Beziehungen der Staaten untereinander sind ebenso wie die der einzelnen Menschen nicht durch Waffengewalt, sondern nach den Gesetzen der gesunden Vernunft, also nach den Gesetzen der Wahrheit, Gerechtigkeit und der tätigen Solidarität zu regeln.

115. Danach aber muß man mit Leidenschaft streben. In der Tat, wer hätte nicht den brennenden Wunsch, daß des Krieges Unheil abgewendet, der Friede dagegen unversehrt bewahrt und täglich mehr gesichert werde?

116. Endlich ist der Friede von höchstem Wert für alle: für die einzelnen Menschen, für den häuslichen Herd, für die Völker und schließlich für die gesamte Menschheitsfamilie. Diesbezüglich hallt in Unseren Ohren noch die mahnende Stimme Unseres Vorgängers Pius XII. nach: ,,Nichts ist mit dem Frieden verloren. Aber alles kann mit dem Krieg verloren sein" (Pius XII., Rundfunkbotschaft vom 24. 8. 1939, U-G 3551).

117. Wir, die Wir auf Erden die Stelle Jesu Christi, des Welterlösers und des Urhebers des Friedens, vertreten und, von väterlicher Liebe gegenüber allen Menschen angetrieben, den brennenden Wunsch der ganzen Menschheitsfamilie deuten, Wir halten es für Unsere Aufgabe, alle Menschen und besonders jene, die die Staaten lenken, zu bitten und zu beschwören, keine Sorge und keine Mühe zu scheuen, bis endlich der Lauf der menschlichen Dinge mit der menschlichen Vernunft und Würde übereinstimmt.

118. Bei den Zusammenkünften der Männer, die durch ihre Klugheit und Autorität hervorragen, sollte gründlich geprüft werden, wie auf der ganzen Welt die gegenseitigen Beziehungen der Staaten in menschlicherem Gleichgewicht neu zu gestalten sind; Wir meinen ein Gleichgewicht, das auf gegenseitigem Vertrauen, auf aufrichtiger Gesinnung bei Vertragsschlüssen und auf unverletzlichen Vereinbarungen gegründet ist. Diese Frage soll aber von allen Seiten so erwogen werden, daß eine Grundlage gefunden wird, auf der freundschaftliche, feste und segensreiche Bündnisse entstehen können.

119. Wir Unsererseits bitten Gott ohne Unterlaß, daß er durch seine himmlische Kraft diesen Arbeiten Erfolg verleihe und sie fruchtbar mache.

In Freiheit

120. Eine weitere Forderung ist, daß die gegenseitigen Beziehungen der Staaten in Freiheit zu ordnen sind. Das heißt, daß keine Nation das Recht hat, irgend etwas zu tun, wodurch sie andere ungerechterweise unterdrückt oder sich ungebührlich in deren Angelegenheiten einmischt. Vielmehr sollen alle den anderen helfen, damit diese sich mehr und mehr ihrer Pflichten bewußt werden, selbst die Initiative zu Neuem und Nützlichem ergreifen und aus eigenen Kräften auf jedwedem Gebiete Fortschritte machen.

Der Aufstieg der Entwicklungsländer

121. Da alle Menschen durch die Gemeinsamkeit des Ursprungs, der christlichen Erlösung und des letzten Zieles untereinander verbunden sind und dazu berufen, eine einzige christliche Familie zu bilden, haben Wir in der Enzyklika „Mater et Magistra" die wirtschaftlich fortgeschrittenen Staaten ermahnt, jenen Völkern, deren wirtschaftliche Entwicklung sich noch im Aufbau befindet, alle nur mögliche Hilfe zu leisten (Mater et Magistra 158–162).

122. Mit großer innerer Genugtuung müssen Wir sagen, daß diese Mahnungen heute weitgehend angenommen worden sind, und Wir hegen die Hoffnung, daß sie in Zukunft noch weiter aufgegriffen werden, damit die wirtschaftlich bedürftigeren Völker bald so weit voranschreiten, daß ihre Bürger ein Leben führen können, das der Menschenwürde entspricht.

123. Und doch muß man sich immer wieder vor Augen halten, daß man jenen Völkern so zu Hilfe kommen muß, daß sie ihre Freiheit unversehrt wahren können. Auch müssen sie wissen, daß bei diesem wirtschaftlichen Fortschritt und sozialen Aufstieg ihnen selbst die erste Verantwortung zukommt und daß sie dabei die Hauptarbeit zu leisten haben.

124. Deshalb hat Unser Vorgänger seligen Andenkens Pius XII. weise gelehrt: „Im Rahmen einer sittlich begründeten neuen Ordnung ist kein Platz für die Antastung der Freiheit, Unverletzlichkeit und Sicherheit anderer Nationen, gleichviel welcher Ausdehnung und Wehrhaftigkeit sie sein mögen. So unvermeidlich es ist, daß die überragende Leistungsfähigkeit und Macht von Groß-Staaten der wirtschaftlichen Gruppenbildung zwischen ihnen selbst und den kleineren und schwächeren Staaten die Wege weist, so muß doch – wie für alle im Rahmen des Allgemeininteresses – auch für die kleineren Staaten unbestritten bleiben das Recht auf die Achtung vor ihrer politischen Freiheit, auf die wirksame Wahrung jener Neutralität, die ihnen nach Natur- und Völkerrecht bei politischen Verwicklungen zusteht, auf den Schutz ihrer wirtschaftlichen Entwicklung. Denn nur so werden sie das Gemeinwohl, dem materiellen und geistig-sittlichen Wohlstand ihres eigenen Volkes entsprechend, erreichen können" (Pius XII., Weihnachtsbotschaft 1941, U-G 3792).

125. Daher müssen die höherentwickelten Staaten bei der vielfältigen Hilfeleistung für die bedürftigeren die besonderen Eigenarten eines jeden Volkes und die von seinen Vorfahren überkommenen Bräuche unbedingt achten und sich in jeder Weise vor der Absicht hüten, eine Vorherrschaft auszuüben. Wenn sie sich daran halten, „werden sie nicht wenig dazu beitragen, alle Staaten zu einer Gemeinschaft zu verbinden, deren einzelne Glieder im Bewußtsein ihrer Rechte und Pflichten übereinstimmend zur Wohlfahrt aller beitragen" (Johannes XXIII., Enz. Mater et Magistra 174).

Zeichen der Zeit

126. Mehr und mehr hat sich in unseren Tagen die Überzeugung unter den Menschen verbreitet, daß die Streitigkeiten, die unter Umständen zwischen den Völkern entstehen, nicht durch Waffengewalt, sondern durch Verträge und Verhandlungen beizulegen sind.

127. Freilich gestehen Wir, daß diese Überzeugung meist von der schrecklichen Zerstörungsgewalt der modernen Waffen herrührt, von der Furcht vor dem Unheil grausamer Vernichtung, die diese Art von Waffen herbeiführen kann. Darum widerstrebt es in unserem Zeital-

ter, das sich rühmt, Atomzeitalter zu sein, der Vernunft, den Krieg noch als das geeignete Mittel zur Wiederherstellung verletzter Rechte zu betrachten.

128. Leider sehen Wir jedoch häufig Völker, die der Furcht als dem sozusagen höchsten Gesetz verfallen sind und deshalb größte Summen für die Rüstung ausgeben. Sie erklären – und es ist kein Grund vorhanden, warum man ihnen nicht glauben sollte –, daß sie dabei nicht die Absicht haben, andere anzugreifen, sondern sie nur von einem Angriff abzuschrecken.

129. Trotz allem ist zu hoffen, die Völker werden durch freundschaftliche wechselseitige Beziehungen und Verhandlungen die Bande der menschlichen Natur besser anerkennen, durch die sie aneinandergeknüpft sind; sie werden ferner deutlicher einsehen, daß es zu den hauptsächlichen Pflichten der menschlichen Natur gehört, darauf hinzuwirken, daß die Beziehungen zwischen den einzelnen Menschen und den Völkern nicht der Furcht, sondern der Liebe gehorchen sollen, denn der Liebe ist es vor allem eigen, die Menschen zu jener aufrichtigen, äußeren und inneren Verbundenheit zu führen, aus der für sie so viel Gutes hervorzusprießen vermag.

VIERTER TEIL

Die Beziehungen zwischen den einzelnen politischen Gemeinschaften und der Völkergemeinschaft

Gegenseitige Abhängigkeit der politischen Gemeinschaften

130. Die neueren Fortschritte in Wissenschaft und Technik, die das menschliche Verhalten so stark beeinflussen, leiten die Menschen der ganzen Erde zu immer größerer Zusammenarbeit und innerer Verbundenheit an. Tatsächlich hat sich heute der Austausch von Gütern, Ideen und Menschen sehr verstärkt. Die gegenseitigen Beziehungen zwischen den einzelnen, den Familien und den internationalen sozialen Organisationen sind sehr stark angewachsen, und auch die Fühlungnahme zwischen verschiedenen Regierungen ist häufiger gewor-

den. Die Volkswirtschaften der verschiedenen Staaten verflechten sich stufenweise so sehr, daß aus diesem Zusammenschluß gewissermaßen eine Wirtschaftsgemeinschaft der ganzen Welt entsteht. Schließlich hängen sozialer Fortschritt, Ordnung, Sicherheit und Ruhe jedes einzelnen Staates notwendig mit denselben Gegebenheiten in allen übrigen Nationen zusammen.

131. Bei dieser Sachlage ist es klar, daß die einzelnen Staaten, wenn sie von den übrigen getrennt sind, keineswegs in der Lage sind, ihre Interessen wahrzunehmen und sich entsprechend zu entwickeln, da der Wohlstand und der Fortschritt des einen Staates den Wohlstand und den Fortschritt der anderen teils zur Ursache hat, teils verursacht.

Ungenügen der gegenwärtigen Organisationen für das universale Gemeinwohl

132. Kein Zeitalter wird die Einheit der menschlichen Schicksalsgemeinschaft zerstören, da diese aus Menschen besteht, die gleichberechtigt an der naturgegebenen Würde teilhaben. Deshalb fordert die in der Natur des Menschen gründende Notwendigkeit immer, daß in geziemender Weise jenes umfassende Gemeinwohl angestrebt wird, welches die gesamte Menschheitsfamilie angeht.

133. In den vergangenen Zeiten konnten die Staatslenker, wie es scheint, hinreichend für das universale Gemeinwohl sorgen. Sie suchten es zu erreichen durch Diplomaten, durch Zusammenkünfte und Gespräche auf höchster Ebene und durch Abschluß von Konventionen und Verträgen, durch Mittel und Wege also, die sich im Rahmen des Naturrechts, des Völkerrechts oder des internationalen Rechts hielten.

134. In unseren Tagen aber haben die gegenseitigen Beziehungen der Staaten große Veränderungen erfahren. Denn das gemeinsame Wohl aller Völker wirft einerseits schwierige Fragen von höchster Tragweite auf, besonders bezüglich der Wahrung von Sicherheit und Frieden in der ganzen Welt. Anderseits können die Lenker der einzelnen Nationen, da sie unter sich gleichberechtigt sind und obgleich sie sehr viele Kongresse veranstalten und ihre Anstrengungen vervielfältigen, um geeignetere Rechtsmittel zu finden, die Probleme doch nicht in genügender Weise lösen. Nicht daß es ihnen am guten Willen oder an Un-

ternehmungsgeist fehlte, sondern weil ihre Autorität nicht über die nötige Macht verfügt.

135. Deshalb sind bei dem heutigen Zustand der menschlichen Gesellschaft sowohl die staatliche Organisation als auch der Einfluß, über welchen die einzelne Staatsgewalt bei allen übrigen Nationen des Erdkreises verfügt, als ungenügend anzusehen, um das gemeinsame Wohl aller Völker zu fördern.

Beziehungen zwischen dem konkreten Inhalt des Gemeinwohls und dem Aufbau und der Wirksamkeit der politischen Gewalt

136. Wer vollends aufmerksam einerseits die konkreten Bedingungen des Gemeinwohls und anderseits Natur und Wirksamkeit der politischen Gewalt bedenkt, sieht sehr deutlich, daß die beiden notwendigerweise aufeinander abgestimmt sein müssen. Denn wie die moralische Ordnung die staatliche Gewalt erfordert zur Förderung des Gemeinwohls im bürgerlichen Zusammenleben, so fordert sie auch, daß die staatliche Gewalt diese Aufgabe wirksam durchführen kann. Daher kommt es, daß die staatlichen Einrichtungen – in denen die politische Gewalt Gestalt annimmt, wirkt und ihr Ziel verfolgt – so angelegt und von solcher Gestalt und Wirkkraft sind, daß sie zum Gemeinwohl in jenen Methoden und Maßnahmen führen, welche der jeweiligen Situation entsprechen.

137. Da aber heute das allgemeine Wohl der Völker Fragen aufwirft, die alle Nationen der Welt betreffen, und da diese Fragen nur durch eine politische Gewalt geklärt werden können, deren Macht und Organisation und deren Mittel einen dementsprechenden Umfang haben müssen, deren Wirksamkeit sich somit über den ganzen Erdkreis erstrecken muß, so folgt um der sittlichen Ordnung willen zwingend, daß eine universale politische Gewalt eingesetzt werden muß.

Die politische Gewalt durch gemeinsames Übereinkommen eingesetzt und nicht aufgezwungen

138. Diese allgemeine politische Gewalt, deren Macht überall auf Erden Geltung haben soll und deren Mittel in geeigneter Weise zu ei-

nem universalen Gemeinwohl führen sollen, muß freilich durch Übereinkunft aller Völker begründet und nicht mit Gewalt auferlegt werden. Denn um ihres Amtes wirksam zu walten, muß diese Gewalt allen gegenüber sich voll und ganz unparteiisch verhalten und bestrebt sein, das allgemeine Wohl aller Völker zu fördern. Würde dagegen diese allgemeine Autorität von den mächtigeren Nationen gewaltsam eingesetzt, wäre mit Recht zu fürchten, daß sie entweder nur den Interessen einiger weniger dienen oder von einer einzigen Nation abhängen würde; und so wären Kraft und Wirksamkeit ihres Handelns in Gefahr. Denn wenn die Nationen untereinander auch sehr verschieden sind hinsichtlich ihrer wirtschaftlichen Entwicklung und ihrer militärischen Macht, so sind sie doch sehr darauf bedacht, ihre Rechtsgleichheit und die Werte ihres Eigenlebens zu wahren. Deshalb unterstehen politische Gemeinschaften mit Recht nur unwillig einer Gewalt, die ihnen entweder aufgebürdet wurde oder die sie nicht mitbegründet haben oder der sie sich nicht freiwillig gebeugt haben.

Das universale Gemeinwohl und die Rechte der Person

139. Wie das Gemeinwohl der einzelnen Staaten nicht bestimmt werden kann ohne Rücksicht auf die menschliche Person, so auch nicht das universale Gemeinwohl aller Staaten zusammen. Deshalb muß die universale politische Gewalt ganz besonders darauf achten, daß die Rechte der menschlichen Person anerkannt werden und ihnen die geschuldete Ehre zuteil wird, daß sie unverletzlich sind und wirksam gefördert werden. Das kann sie entweder unmittelbar aus sich tun, sofern es der einzelne Fall erheischt, oder durch Schaffung von solchen Lebensbedingungen auf der ganzen Welt, mit deren Hilfe die Lenker der Einzelstaaten leichter ihre Aufgabe zu erfüllen instand gesetzt werden.

Das Subsidiaritätsprinzip

140. Wie in den Einzelstaaten die Beziehungen zwischen der staatlichen Gewalt und den Bürgern, den Familien und den zwischen ihnen und dem Staat stehenden Verbänden durch das Subsidiaritätsprinzip gelenkt und geordnet werden müssen, so müssen durch dieses Prinzip natürlich auch jene Beziehungen geregelt werden, welche zwischen

der Autorität der universalen politischen Gewalt und den Staatsgewalten der einzelnen Nationen bestehen. Denn dieser universalen Autorität kommt als besondere Aufgabe zu, jene Fragen zu behandeln und zu entscheiden, die sich bezüglich des universalen Gemeinwohls stellen, und zwar in wirtschaftlicher, sozialer und politischer wie auch in kultureller Hinsicht: Fragen, die wegen ihres Gewichtes, wegen ihres weitverflochtenen Zusammenhangs und ihrer Dringlichkeit als zu schwierig angesehen werden müssen, als daß sie von den Lenkern der Einzelstaaten glücklich gelöst werden könnten.

141. Es ist natürlich nicht Aufgabe dieser universalen Autorität, den Machtbereich der Einzelstaaten einzuschränken oder ihre Angelegenheiten an sich zu ziehen. Sie muß sich im Gegenteil um die Schaffung solcher Daseinsbedingungen auf der ganzen Welt bemühen, in denen nicht nur die Staatsgewalt jeder einzelnen Nation, sondern auch die einzelnen Menschen und die sozialen Gruppen in größerer Sicherheit ihre Angelegenheiten erledigen, ihre Pflichten erfüllen und ihre Rechte ausüben können (vgl. Pius XII., Ansprache vom 12. 9. 1948, U-G 341).

Zeichen der Zeit

142. Wie allen bekannt ist, wurde am 26. Juni 1945 die Organisation der Vereinten Nationen (UN) gegründet, der in der Folgezeit kleinere Institutionen beigefügt wurden, die sich aus bevollmächtigten Mitgliedern verschiedener Nationen zusammensetzen. Ihnen sind große, in allen Teilen der Welt zu erfüllende Aufgaben auf wirtschaftlichem, sozialem, kulturellem, erzieherischem Gebiet und auf dem Gebiet des öffentlichen Gesundheitswesens übertragen. Ferner stellen sich die Vereinten Nationen als Hauptaufgabe, den Frieden unter den Völkern zu schützen und zu festigen sowie freundschaftliche Beziehungen unter ihnen zu pflegen und zu entwickeln, die auf den Grundsätzen der Gleichheit, der gegenseitigen Hochachtung und der vielfältigen Zusammenarbeit auf allen Gebieten menschlicher Aktivität gründen.

143. Ein Akt von höchster Bedeutung ist die „Allgemeine Erklärung der Menschenrechte", die am 10. Dezember 1948 von der Vollversammlung der Vereinten Nationen angenommen wurde. In der

Präambel dieser Erklärung wird eingeschärft, alle Völker und Nationen müßten in erster Linie danach trachten, daß alle Rechte und Formen der Freiheit, die in der Erklärung beschrieben sind, tatsächlich anerkannt und unverletzt gewahrt werden.

144. Wir verkennen nicht, daß gegenüber einigen Kapiteln dieser Erklärung mit Recht von manchen Einwände geäußert worden sind. Nichtsdestoweniger ist diese Erklärung gleichsam als Stufe und als Zugang zu der zu schaffenden rechtlichen und politischen Ordnung aller Völker auf der Welt zu betrachten. Denn durch sie wird die Würde der Person für alle Menschen feierlich anerkannt, und es werden jedem Menschen die Rechte zugesprochen, die Wahrheit frei zu suchen, den Normen der Sittlichkeit zu folgen, die Pflichten der Gerechtigkeit auszuüben, ein menschenwürdiges Dasein zu führen. Darüber hinaus werden noch andere Rechte ausgesprochen, die mit den erwähnten in Zusammenhang stehen.

145. Es ist daher zu wünschen, die Vereinten Nationen möchten ihre Organisation und ihre Mittel immer mehr der Weite und dem hohen Rang ihrer Aufgaben anzupassen imstande sein, damit bald die Zeit komme, in der diese Vereinigung die Rechte der menschlichen Person wirksam schützen kann; Rechte, die deswegen allgemein, unverletzlich und unveränderlich sind, weil sie unmittelbar aus der Würde der menschlichen Person entspringen. Und das um so mehr, weil die Menschen gegenwärtig in ihrer Nation mehr an der Gestaltung des öffentlichen Lebens teilhaben, mit lebhafterem Interesse die Anliegen aller Völker ununterbrochen verfolgen und sich immer mehr bewußt sind, daß sie als lebendige Glieder zur allgemeinen Menschheitsfamilie gehören.

FÜNFTER TEIL

Pastorale Weisungen

Die Pflicht, am öffentlichen Leben teilzunehmen

146. Nochmals ermahnen Wir Unsere Söhne, sie möchten sich für die Wahrnehmung der öffentlichen Aufgaben bereitwillig zur Verfügung

311

stellen und mitwirken, das Wohl der gesamten Menschheit und des eigenen Staates zu fördern. Ebenso sollen sie im Lichte des christlichen Glaubens und in der Kraft der Liebe sich darum bemühen, daß die dem wirtschaftlichen, sozialen, kulturellen und politischen Leben dienenden Einrichtungen den Menschen nicht nur keine Hindernisse bereiten, sondern darüber hinaus ihnen helfen, sich im Bereich des Natürlichen wie des Übernatürlichen zu vervollkommnen.

Zuständigkeit im Wissen, in technischer Befähigung und beruflicher Erfahrung

147. Es genügt nicht, vom Glauben erleuchtet zu sein und beseelt vom Wunsch, Gutes zu tun, um eine Kultur mit gesunden Grundsätzen zu durchdringen und sie im Geist des Evangeliums zu beleben. Zu solchem Zweck ist es notwendig, sich in ihren Einrichtungen zu engagieren und tatkräftig von innen her auf sie zu wirken.

148. Da die gegenwärtige profane Kultur am stärksten durch wissenschaftlichen und technischen Fortschritt geprägt ist, kann natürlich niemand in den öffentlichen Einrichtungen Einfluß gewinnen, wenn er nicht über reiches Wissen, technisches Können und berufliche Erfahrung verfügt.

Das Handeln als Einheit von Elementen des beruflichen Wissens und Könnens sowie der geistigen Werte

149. Wir möchten darauf hinweisen, daß alles dieses, so notwendig es ist, keineswegs als genügend erachtet werden kann, wenn man dem alltäglichen Zusammenleben eine menschenwürdigere Form geben will. Muß doch solch eine Form auf der Wahrheit beruhen, von der Gerechtigkeit geprägt sein, ihre Kraft aus der gegenseitigen Liebe schöpfen und die Lebensform der Freiheit wahren.

150. Sollen die Menschen zur Verwirklichung dieser Grundsätze gelangen, so müssen sie sich sorgfältig bemühen, die jeder Sache dieser Welt eigentümlichen Gesetze und Normen zu beachten, sodann ihr Handeln nach dem Sittengesetz zu richten, sich demnach so zu verhalten, daß sie ihr Recht ausüben und ihre Pflicht erfüllen. Ja, auch das

verlangt die rechte Ordnung, daß die Menschen in gewissenhafter Befolgung der unser Heil beabsichtigenden Weisungen und Gebote Gottes ihre wissenschaftliche, technische und berufliche Betätigung in eine Einheit mit den höheren inneren Werten bringen.

Kein Zwiespalt zwischen Glauben und Leben

151. In den Völkern mit alter christlicher Kultur weisen gegenwärtig die zivilisatorischen Einrichtungen unbestreitbar einen hohen Grad wissenschaftlich-technischen Fortschritts auf und verfügen über einen Reichtum von Mitteln zur Verwirklichung aller möglichen Ziele. Aber von christlichem Geist und Antrieb sind sie oft wenig durchdrungen.

152. Man fragt sich mit Recht, wie es dazu kommen konnte, da diese Lebensbedingungen unter erheblicher Beteiligung von Menschen entstanden sind und getragen werden, die sich als Christen bekennen und tatsächlich ihr Leben wenigstens teilweise der christlichen Norm angleichen. Der Grund dafür liegt wohl darin, daß ihr Handeln keinen Zusammenhang mit ihrem Glauben aufweist. In ihnen muß darum die Einheit von Geist und Leben wiederhergestellt werden, damit in ihrem Handeln das Licht des Glaubens und die Kraft der Liebe beherrschend wirksam werden.

Gleicher Fortschritt in der religiösen Bildung

153. Wenn in den Christen der Glaube vom Handeln so oft abweicht, wird es, wie Wir das beurteilen, auch daher rühren, daß sie in christlicher Lebensführung und christlicher Lehre nicht genügend gebildet ‖ sind. Zu oft und allenthalben geschieht es, daß für die religiöse und profane Ausbildung nicht gleichermaßen Sorge getragen wird, und während die wissenschaftliche Ausbildung auf dem Höhepunkt ist, reichen die Kenntnisse in der Religion über den Elementarunterricht gemeinhin nicht hinaus. Der Religionsunterricht der Jugend muß also notwendig umfassend sein, ununterbrochen fortgesetzt und so erteilt werden, daß religiöse Bildung und sittliche Festigung gleichen Schritt halten mit der wissenschaftlichen Ausbildung und der ständig fortschreitenden technischen Vervollkommnung. Auch die Jugend soll angeleitet werden, wie sie im einzelnen ihre Aufgaben in rechter

Weise zu erfüllen hat (vgl. Johannes XXIII., Enz. Mater et Magistra 222–225).

Ständiges Bereitsein

154. Es dürfte angebracht sein, hier darauf aufmerksam zu machen, wie schwer es ist, das Verhältnis zwischen dem wirklichen Leben und den Forderungen von Recht und Gerechtigkeit genau zu erfassen, also zuverlässig die Stufungen und die Formen zu umschreiben, in denen die lehrhaften Grundsätze und Weisungen dem gegenwärtigen Stand des Gesellschaftslebens anzupassen sind.

155. Die Bestimmung dieser Stufungen und dieser Formen ist um so schwieriger, als unsere Zeit, in der jeder einzelne zum Gemeinwohl beitragen muß, unter dem Druck eines überstarken Dynamismus steht. Da deshalb täglich zu prüfen ist, wie die einzelnen sozialen Vorgänge am besten den Grundsätzen der Gerechtigkeit anzupassen sind, dürfen Unsere Söhne gewiß nicht glauben, sie könnten jetzt innehalten und sich mit dem Erreichten zufriedengeben.

156. Alle Menschen sollen vielmehr bedenken, daß, was sie bisher getan haben, nicht genügt, daß sie vielmehr noch größere und zweckmäßigere Anstrengungen machen müssen auf den Gebieten der wirtschaftlichen Produktion, in den Bereichen der Arbeitgeber- und Arbeitnehmerorganisationen, der Berufsverbände, des öffentlichen Versicherungswesens, der Förderung der Kultur, auf dem Gebiet der Rechtspflege, der Politik, des Gesundheitswesens, des Sports und dergleichen. Das alles verlangt unsere Zeit des Atoms und des Einbruchs in den Weltenraum, ein Zeitalter, in dem die Menschheit ihren neuen Weg in grenzenlose Weite schon begonnen hat.

Beziehungen zwischen Katholiken und Nichtkatholiken auf dem wirtschaftlichen, sozialen und politischen Sektor

157. Die Grundsätze, die Wir hier aufgestellt haben, ergeben sich aus der Natur der Dinge selbst und sehr oft aus dem Naturrecht. In der Verwirklichung dieser Prinzipien kommt es oft vor, daß die Katholiken vielfältig mit Christen, die vom Apostolischen Stuhl getrennt sind,

zusammenarbeiten oder mit Nichtchristen, die von vernünftigem Denken bestimmt und von natürlich-untadeligem Charakter sind. „Da sollen die Katholiken sorgfältig darauf achten, sich selber treu zu bleiben. Sie sollen sich nicht auf Kompromisse einlassen, durch die in irgendeiner Weise der volle Glaube oder die Sittlichkeit Schaden leidet. Sie sollen aber auch andere Auffassungen mit dem gebührenden Wohlwollen prüfen. Sie sollen nicht überall nur auf ihr eigenes Interesse schauen; vielmehr bereit sein, in ehrlicher Zusammenarbeit dort mitzuwirken, wo es um etwas geht, was seiner Natur nach gut ist oder zum Guten führen kann" (vgl. ebd. 239).

158. Man muß ferner immer unterscheiden zwischen dem Irrtum und den Irrenden, auch wenn es sich um Menschen handelt, die im Irrtum oder in ungenügender Kenntnis über Dinge befangen sind, die mit religiös-sittlichen Werten zusammenhängen. Denn der dem Irrtum Verfallene hört nicht auf, Mensch zu sein, und verliert nie seine persönliche Würde, die doch immer geachtet werden muß. In der Natur des Menschen geht auch nie die Fähigkeit verloren, sich vom Irrtum frei zu machen und den Weg zur Wahrheit zu suchen. Hierin fehlt dem Menschen auch nie die Hilfe des vorsehenden Gottes. Wenn heute also jemand der Klarheit des Glaubens ermangelt oder zu falschen Lehren abgewichen ist, kann es sein, daß er später, von Gottes Licht erleuchtet, die Wahrheit annimmt. Wenn nämlich Gläubige weltlicher Belange wegen mit Menschen in Verbindung stehen, die überhaupt nicht oder, weil im Irrtum, nicht richtig an Christus glauben, so können sie ihnen Anlaß oder Antrieb sein, zur Wahrheit zu gelangen.

159. Von da aus gesehen, ist es durchaus angemessen, bestimmte Bewegungen, die sich mit wirtschaftlichen, sozialen, kulturellen Fragen oder der Politik befassen, zu unterscheiden von falschen philosophischen Lehrmeinungen über das Wesen, den Ursprung und das Ziel der Welt und des Menschen, auch wenn diese Bewegungen aus solchen Lehrmeinungen entstanden und von ihnen angeregt sind. Während die in ein System gefaßte und endgültig niedergelegte Weltanschauung nicht mehr geändert werden kann, unterliegen diese Bewegungen dort, wo sie sich mit den je und je sich wandelnden Verhältnissen befassen, doch notwendigerweise diesen Veränderungen. Wer könnte übrigens leugnen, daß in solchen Bewegungen, soweit sie sich den Ge-

setzen einer geordneten Vernunft anpassen und die gerechten Forderungen der menschlichen Person berücksichtigen, etwas Gutes und Anerkennenswertes sich finden kann?

160. Daher kann der Fall eintreten, daß Fühlungnahmen und Begegnungen über praktische Fragen, die in der Vergangenheit unter keiner Rücksicht sinnvoll erschienen, jetzt wirklich fruchtbringend sind oder es morgen sein können. Das Urteil jedoch, ob man jetzt schon so weit gekommen sei oder noch nicht, die Entscheidung, in welcher Weise und in welchem Grade eine echte nützliche Zusammenarbeit gesucht werden soll auf sozialem, wirtschaftlichem, kulturellem und politischem Gebiet, dieses Urteil steht allein der Klugheit zu, die maßgebend ist für alle menschlichen Tugenden, von denen das Leben des einzelnen und der Gemeinschaft bestimmt wird. Soweit es sich um den Standpunkt der Katholiken handelt, wird die Entscheidung über Dinge dieser Art vornehmlich bei den Männern liegen, die in der politischen Gemeinschaft und in diesem Problembereich führend sind. Allerdings müssen sie immer auf die Grundsätze des Naturrechts achten, sich nach der Soziallehre der Kirche richten und in Übereinstimmung mit den Richtlinien des kirchlichen Lehramts stehen. In der Tat darf niemand außer acht lassen, daß es Recht und Pflicht der Kirche ist, nicht nur die Reinheit der Glaubens- und Sittenlehre zu schützen, sondern ihre Autorität auch im Bereich diesseitiger Dinge einzusetzen, wenn nämlich die Durchführung der kirchlichen Lehre in konkreten Fällen ein solches Urteil notwendig macht (ebd. 239; vgl. Leo XIII., Enz. Immortale Dei; Pius XI., Enz. Ubi arcano; Pius XII., Ansprache vom 11. 9. 1947, U-G 1319).

Stufenweise Entwicklung

161. Tatsächlich fehlt es angesichts der Verhältnisse, die nur wenig oder überhaupt nicht den Grundsätzen der Gerechtigkeit entsprechen, nicht an hochgemuten Geistern, die darauf brennen, alles neu zu ordnen, und die so stürmisch vorangehen wollen, daß sich ihr Tun fast wie eine Revolution ausnimmt.

162. Sie mögen sich stets vor Augen halten, daß naturnotwendig alles

Sein und Wachsen sich stufenweise vollzieht. Man kann deshalb menschliche Einrichtungen nur verbessern, wenn man von innen her und behutsam vorangeht. Dies hat Unser Vorgänger Pius XII. folgendermaßen erklärt: „Nicht im Umsturz, sondern in der Entwicklung in Eintracht liegt Heil und Gerechtigkeit. Gewalt hat immer nur niedergerissen, nie aufgebaut, die Leidenschaften entfacht, nie beruhigt. Sie hat Menschen und Klassen immer nur in die harte Notwendigkeit gestürzt, nach leidvollen Prüfungen auf den Ruinen der Zwietracht zum mühevollen Wiederaufbau zu schreiten" (Pius XII., Pfingstansprache 13. 6. 1943, U-G 686).

Eine gewaltige Aufgabe

163. Allen Menschen guten Willens ist hier eine große Aufgabe gestellt: unter dem Leitstern der Wahrheit, der Gerechtigkeit, der Liebe und der Freiheit in der menschlichen Gesellschaft neue Wege der gegenseitigen Beziehungen zu finden; Beziehungen der einzelnen untereinander; zwischen den einzelnen und ihren Staaten; den Staaten untereinander; schließlich Beziehungen der einzelnen, der Familien, der intermediären Körperschaften, den Staaten auf der einen Seite zur Gemeinschaft aller Menschen auf der anderen. Ein solches Werk ist gewiß außerordentlich bedeutsam, da aus ihm der wahre Friede nach der gottgewollten Ordnung erwachsen kann.

164. Diesen Männern, gewiß zu wenige angesichts der Not, doch hochverdient um die menschliche Gemeinschaft, zollen Wir billigerweise öffentlich Anerkennung, verbunden mit der herzlichen Einladung, alle Kraft an jenes glückverheißende Unternehmen zu setzen. Zugleich hoffen Wir, daß viele andere, vor allem gläubige Christen, gedrängt von Pflichtbewußtsein und Liebe, sich zu ihnen gesellen. Für alle, die sich zu Christus bekennen, ziemt es sich besonders, in die menschliche Gesellschaft Licht und Liebe zu tragen, wie Sauerteig in der Masse zu wirken. Dies wird um so mehr der Fall sein, je enger sich das Herz eines jeden an Gott bindet.

165. Denn es wird gewiß kein Friede in der menschlichen Gesellschaft herrschen, wenn er nicht zuerst im Herzen jedes einzelnen

Wohnung nimmt, wenn nicht jeder in sich die gottgewollte Ordnung wahrt. Deshalb stellt der heilige Augustinus an den Menschen die Frage: „Wird dein Geist fähig sein, deine Leidenschaften zu besiegen? Er ordne sich selbst dem Höheren unter und mache das Niedere sich untertan. Dann wird in dir ein wahrer, sicherer und geordneter Friede herrschen. Wie sieht diese Friedensordnung aus? Gott herrscht über die Seele, die Seele aber beherrscht den Leib. Eine bessere Ordnung gibt es nicht" (Miscellanea Augustiniana).

Der Friedensfürst

166. Was Wir bisher über die Fragen ausgeführt haben, welche die menschliche Gesellschaft gegenwärtig so beunruhigen und die mit dem Fortschritt der Menschheitsfamilie eng zusammenhängen, das hat Unserm Herzen jene starke Sehnsucht eingegeben, von der alle Menschen guten Willens entflammt sind: daß auf dieser Erde der Friede gesichert werde.

167. Da Wir – wenn auch dieses Amtes unwürdig – der Stellvertreter dessen sind, den der Prophet in göttlicher Sehergabe den Friedensfürsten (vgl. Is. 9, 6) genannt hat, halten Wir es für Unsere heilige Pflicht, Unsere sorgenden Überlegungen und Unsere ganze Kraft der Förderung dieses allumfassenden Gutes zu weihen. Der Friede muß jedoch ein leeres Wort bleiben, wenn er sich nicht in jenem Ordnungsgefüge entwickelt, das Wir voller Hoffnung in diesem Rundschreiben in den Umrissen angedeutet haben: Wir meinen ein Ordnungsgefüge, das in der Wahrheit gegründet, nach den Richtlinien der Gerechtigkeit erbaut, von lebendiger Liebe erfüllt ist und sich schließlich in der Freiheit verwirklicht.

168. Es handelt sich hier um eine so hohe und so bedeutende Aufgabe, daß ein Mensch – sei er auch höchsten Lobes würdig und vom besten Willen beseelt – sie nie erfüllen könnte, wenn er sich nur auf seine eigene Kraft verließe. Daß die menschliche Gesellschaft soweit als möglich ein Abbild des Gottesreiches werde, dazu braucht es dringend der Hilfe des göttlichen Geistes.

169. Die Sache selbst fordert von uns, in diesen heiligen Tagen fle-

hentliche Gebete an den zu richten, der in seinem bitteren Leiden und Sterben nicht nur unsere Schuld, den Quell der Zwietracht, des Elends und der Ungerechtigkeiten, getilgt, sondern auch durch sein Blut das Menschengeschlecht mit seinem himmlischen Vater versöhnt hat: „Er selbst ist ja unser Friede, er hat das Getrennte vereint, . . . und so kam er, euch, den Fernen wie auch den Nahen, den Frieden kundzutun" (Eph. 2, 14–17).

170. Auch in der heiligen Liturgie dieser Ostertage hören wir dieselbe Botschaft: „Nach seiner Auferstehung stand unser Herr Jesus inmitten seiner Jünger und sprach: ‚Der Friede sei mit euch, alleluja': Da freuten sich die Jünger, weil sie den Herrn sahen" (Resp. ad Mat., Freitag in der Osterwoche). Christus selbst hat uns ja den Frieden geschenkt und zum Vermächtnis gegeben: „Den Frieden hinterlasse ich euch, meinen Frieden gebe ich euch" (Joh. 14, 27).

171. Diesen Frieden, den der göttliche Erlöser uns gebracht hat, müssen wir von ihm in eindringlichem Gebet erbitten. Christus möge von den menschlichen Herzen entfernen, was immer den Frieden gefährden kann; er möge alle zu Zeugen der Wahrheit, der Gerechtigkeit und der brüderlichen Liebe machen. Er möge auch den Geist der Regierenden erleuchten, daß sie mit angemessenem Wohlstand ihren Bürgern auch das schöne Geschenk des Friedens sichern. Endlich möge Christus selbst den Willen aller Menschen entzünden, daß sie die Schranken zerbrechen, die die einen von den andern trennen; daß sie die Bande gegenseitiger Liebe festigen, einander besser verstehen; daß sie schließlich allen verzeihen, die ihnen Unrecht getan haben. So werden unter Gottes Führung und Schutz alle Völker sich brüderlich umarmen, und so wird stets in ihnen der ersehnte Friede herrschen.

172. Zum Schluß wünschen Wir, Ehrwürdige Brüder, daß dieser Friede zu der euch anvertrauten Herde gelange, zum Nutzen vor allem der Schwächsten unter den Menschen, die der Hilfe und des Schutzes besonders bedürfen. So erteilen Wir euch, den Welt- und Ordenspriestern, den gottgeweihten Männern und Frauen, allen Christgläubigen, namentlich denen, welche Unseren Ermahnungen hochherzig Folge leisten werden, in väterlicher Liebe den Apostolischen Segen. Allen

Menschen guten Willens aber, an die sich dieser Unser Brief ebenfalls richtet, erflehen Wir Heil und Segen von Gott dem Allmächtigen.

Gegeben zu Rom, bei Sankt Peter, am Gründonnerstag, dem 11. April 1963, im fünften Jahr Unseres Pontifikates.

Johannes P. P. XXIII

Wie schon bei „Mater et magistra", so sind auch bei dieser Enzyklika die Fundstellen der Zitate und anderer in Bezug genommener Texte nicht hier am Ende zusammengestellt, sondern im Text der Enzyklika selbst an jeweiliger Stelle als Klammerzusatz eingefügt. – Soweit die angezogenen oder in Bezug genommenen Texte in dem Sammelwerk Utz-Groner, Die soziale Summe Pius' XII. (Paulus-Verlag, Freiburg i. Ue.) abgedruckt sind, ist im gleichen Klammerzusatz durch U-G nebst Ziffer auch auf die dortige Fundstelle hingewiesen.

Gaudium et spes (1965)

*Pastoralkonstitution des 2. Vatikanischen Konzils
über die Kirche in der Welt von heute**

Gliederung

---

* Die Pastoralkonstitution über die Kirche in der Welt von heute besteht zwar aus zwei Teilen, bildet jedoch ein Ganzes. Sie wird „pastoral" genannt, weil sie, gestützt auf Prinzipien der Lehre, das Verhältnis der Kirche zur Welt und zu den Menschen von heute darzustellen beabsichtigt. So fehlt weder im ersten Teil die pastorale Zielsetzung noch im zweiten Teil die lehrhafte Zielsetzung.
Im ersten Teil entwickelt die Kirche ihre Lehre vom Menschen, von der Welt, in die der Mensch eingefügt ist, und von ihrem Verhältnis zu beiden. Im zweiten Teil betrachtet sie näher die verschiedenen Aspekte des heutigen Lebens und der menschlichen Gesellschaft, vor allem Fragen und Probleme, die dabei für unsere Gegenwart besonders dringlich erscheinen. Daher kommt es, daß in diesem zweiten Teil die Thematik zwar den Prinzipien der Lehre unterstellt bleibt, aber nicht nur unwandelbare, sondern auch geschichtlich bedingte Elemente enthält.

Vorwort

1. (Die engste Verbundenheit der Kirche mit der ganzen Menschheitsfamilie) Freude und Hoffnung, Trauer und Angst der Menschen von heute, besonders der Armen und Bedrängten aller Art, sind auch Freude und Hoffnung, Trauer und Angst der Jünger Christi. Und es gibt nichts wahrhaft Menschliches, das nicht in ihren Herzen seinen Widerhall fände. Ist doch ihre eigene Gemeinschaft aus Menschen gebildet, die, in Christus geeint, vom Heiligen Geist auf ihrer Pilgerschaft zum Reich des Vaters geleitet werden und eine Heilsbotschaft empfangen haben, die allen auszurichten ist. Darum erfährt diese Gemeinschaft sich mit der Menschheit und ihrer Geschichte wirklich engstens verbunden.

2. (Wen das Konzil hier anspricht) Daher wendet sich das Zweite Vatikanische Konzil nach einer tieferen Klärung des Geheimnisses der Kirche ohne Zaudern nicht mehr bloß an die Kinder der Kirche und an alle, die Christi Namen anrufen, sondern an alle Menschen schlechthin in der Absicht, allen darzulegen, wie es Gegenwart und Wirken der Kirche in der Welt von heute versteht.
Vor seinen Augen steht also die Welt der Menschen, das heißt die ganze Menschheitsfamilie mit der Gesamtheit der Wirklichkeiten, in denen sie lebt; die Welt, der Schauplatz der Geschichte der Menschheit, von ihren Unternehmungen, Niederlagen und Siegen geprägt; die Welt, die nach dem Glauben der Christen durch die Liebe des Schöpfers begründet ist und erhalten wird; die unter die Knechtschaft der Sünde geraten, von Christus aber, dem Gekreuzigten und Auferstandenen, durch Brechung der Herrschaft des Bösen befreit wurde; bestimmt, umgestaltet zu werden nach Gottes Heilsratschluß und zur Vollendung zu kommen.

Die Konstitution ist also nach den allgemeinen theologischen Interpretationsregeln zu deuten, und zwar, besonders im zweiten Teil, unter Berücksichtigung des Wechsels der Umstände, der mit den Gegenständen dieser Thematik verbunden ist.
(Anmerkung des Übersetzers: Die Titel der einzelnen Nummern gehören bei dieser Konstitution aufgrund einer eigenen Abstimmung zum verkündeten Konzilstext selbst.)

3. (Der Auftrag zum Dienst am Menschen) Gewiß ist die Menschheit in unseren Tagen voller Bewunderung für die eigenen Erfindungen und die eigene Macht; trotzdem wird sie oft ängstlich bedrückt durch die Fragen nach der heutigen Entwicklung der Welt, nach Stellung und Aufgabe des Menschen im Universum, nach dem Sinn seines individuellen und kollektiven Schaffens, schließlich nach dem letzten Ziel der Dinge und Menschen. Als Zeuge und Künder des Glaubens des gesamten in Christus geeinten Volkes Gottes kann daher das Konzil dessen Verbundenheit, Achtung und Liebe gegenüber der ganzen Menschheitsfamilie, der dieses ja selbst eingefügt ist, nicht beredter bekunden als dadurch, daß es mit ihr in einen Dialog eintritt über all diese verschiedenen Probleme; daß es das Licht des Evangeliums bringt und daß es dem Menschengeschlecht jene Heilskräfte bietet, die die Kirche selbst, vom Heiligen Geist geleitet, von ihrem Gründer empfängt. Es geht um die Rettung der menschlichen Person, es geht um den rechten Aufbau der menschlichen Gesellschaft. Der Mensch also, der eine und ganze Mensch, mit Leib und Seele, Herz und Gewissen, Vernunft und Willen steht im Mittelpunkt unserer Ausführungen. Die Heilige Synode bekennt darum die hohe Berufung des Menschen, sie erklärt, daß etwas wie ein göttlicher Same in ihn eingesenkt ist, und bietet der Menschheit die aufrichtige Mitarbeit der Kirche an zur Errichtung jener brüderlichen Gemeinschaft aller, die dieser Berufung entspricht. Dabei bestimmt die Kirche kein irdischer Machtwille, sondern nur dies eine: unter Führung des Geistes, des Trösters, das Werk Christi selbst weiterzuführen, der in die Welt kam, um der Wahrheit Zeugnis zu geben[1]; zu retten, nicht zu richten; zu dienen; nicht sich bedienen zu lassen[2].

EINFÜHRUNG

Die Situation des Menschen in der heutigen Welt

4. (Hoffnung und Angst) Zur Erfüllung dieseses ihres Auftrags obliegt der Kirche allzeit die Pflicht nach den Zeichen der Zeit zu forschen und sie im Licht des Evangeliums zu deuten. So kann sie dann in einer jeweils einer Generation angemessenen Weise auf die bleibenden Fragen der Menschen nach dem Sinn des gegenwärtigen und des zu-

künftigen Lebens und nach dem Verhältnis beider zueinander Antwort geben. Es gilt also, die Welt in der wir leben, ihre Erwartungen, Bestrebungen und ihren oft dramatischen Charakter zu erfassen und zu verstehen. Einige Hauptzüge der Welt von heute lassen sich folgendermaßen umschreiben.

Heute steht die Menschheit in einer neuen Epoche ihrer Geschichte, in der tiefgehende und rasche Veränderungen Schritt um Schritt auf die ganze Welt übergreifen. Vom Menschen, seiner Vernunft und schöpferischen Gestaltungskraft gehen sie aus; sie wirken auf ihn wieder zurück, auf seine persönlichen und kollektiven Urteile und Wünsche, auf seine Art und Weise, die Dinge und die Menschen zu sehen und mit ihnen umzugehen. So kann man schon von einer wirklichen sozialen und kulturellen Umgestaltung sprechen, sie sich auch auf das religiöse Leben auswirkt.

Wie es bei jeder Wachstumskrise geschieht, bringt auch diese Umgestaltung nicht geringe Schwierigkeiten mit sich. So dehnt der Mensch seine Macht so weit aus und kann sie doch nicht immer so steuern, daß sie ihm wirklich dient. Er unternimmt es, in immer tiefere seelische Bereiche einzudringen, und scheint doch oft ratlos über sich selbst. Schritt für Schritt entdeckt er die Gesetze des gesellschaftlichen Lebens und weiß doch nicht, welche Ausrichtung er ihm geben soll.

Noch niemals verfügte die Menschheit über so viel Reichtum, Möglichkeiten und wirtschaftliche Macht, und doch leidet noch ein ungeheurer Teil der Bewohner unserer Erde Hunger und Not, gibt es noch unzählige Analphabeten. Niemals hatten die Menschen einen so wachen Sinn für Freiheit wie heute, und gleichzeitig entstehen neue Formen von gesellschaftlicher und psychischer Knechtung. Die Welt spürt lebhaft ihre Einheit und die wechselseitige Abhängigkeit aller von allen in einer notwendigen Solidarität und wird doch zugleich heftig von einander widerstreitenden Kräften auseinandergerissen. Denn harte politische, soziale, wirtschaftliche, rassische und ideologische Spannungen dauern an; selbst die Gefahr eines Krieges besteht weiter, der alles bis zum Letzten zerstören würde. Zwar nimmt der Meinungsaustausch zu; und doch erhalten die gleichen Worte, in denen sich gewichtige Auffassungen ausdrücken, in den verschiedenen Ideologien einen sehr unterschiedlichen Sinn. Man strebt schließlich unverdrossen nach einer vollkommeneren Ordnung im irdischen Bereich, aber das geistliche Wachstum hält damit nicht gleichen Schritt.

Betroffen von einer so komplexen Situation, tun sich viele unserer Zeitgenossen schwer, die ewigen Werte recht zu erkennen und mit dem Neuen, das aufkommt, zu einer richtigen Synthese zu bringen; so sind sie, zwischen Hoffnung und Angst hin und her getrieben, durch die Frage nach dem heutigen Lauf der Dinge zutiefst beunruhigt. Dieser verlangt eine Antwort vom Menschen. Ja er zwingt ihn dazu.

5. (Der tiefgehende Wandel der Situation) Die heute zu beobachtende Unruhe und der Wandel der Lebensbedingungen hängen mit einem umfassenden Wandel der Wirklichkeit zusammen, so daß im Bildungsbereich die mathematischen, naturwissenschaftlichen und anthropologischen Disziplinen, im praktischen Bereich die auf diesen Disziplinen aufbauende Technik ein wachsendes Gewicht erlangen. Diese positiv-wissenschaftliche Einstellung gibt der Kultur und dem Denken des Menschen ein neues Gepräge gegenüber früheren Zeiten. Schon geht die Technik so weit, daß sie das Antlitz der Erde selbst umformt, ja sie geht schon an die Bewältigung des planetarischen Raumes.

Auch über die Zeit weitet der Geist des Menschen gewissermaßen seine Herrschaft aus; über die Vergangenheit mit Hilfe der Geschichtswissenschaft; über die Zukunft durch methodisch entwickelte Voraussicht und Planung. In ihrem Fortschritt geben Biologie, Psychologie und Sozialwissenschaften dem Menschen nicht nur ein besseres Wissen um sich selbst; sie helfen ihm auch, in methodisch gesteuerter Weise das gesellschaftliche Leben unmittelbar zu beeinflussen. Gleichzeitig befaßt sich die Menschheit in immer steigendem Maß mit der Vorrausberechnung und Steuerung ihres eigenen Bevölkerungswachstums.

Der Gang der Geschichte selbst erfährt eine so rasche Beschleunigung, daß der Einzelne ihm schon kaum mehr zu folgen vermag. Das Schicksal der menschlichen Gemeinschaft wird eines und ist schon nicht mehr aufgespalten in verschiedene geschichtliche Abläufe. So vollzieht die Menschheit einen Übergang von einem mehr statischen Verständnis der Ordnung der Gesamtwirklichkeit zu einem mehr dynamischen und evolutiven Verständnis. Die Folge davon ist eine neue, denkbar große Komplexität der Probleme, die wiederum nach neuen Analysen und Synthesen ruft.

6. (Wandlungen in der Gesellschaft) Damit aber erfahren die überlieferten örtlichen Gemeinschaften, wie patriarchalische Familien, Clans, Stämme, Dörfer, die verschiedenen Gruppen und sozialen Verflochtenheiten einen immer tiefer greifenden Wandel. Es breitet sich allmählich der Typ der Industriegesellschaft aus; einige Nationen gelangen durch ihn zu wirtschaftlichem Wohlstand; zugleich gestaltet er in Jahrhunderten gewordene Denk- und Lebensformen der Gesellschaft völlig um. Entsprechend nimmt die Verstädterung zu, teils infolge des Wachstums der Städte und ihrer Einwohnerzahl, teils durch das Ausgreifen der städtischen Lebensart auf die Landbevölkerung.

Die neuen und immer mehr vervollkommneten sozialen Kommunikationsmittel tragen dazu bei, daß man über das Zeitgeschehen informiert wird und daß sich Ansichten und Einstellungen rasch und weit verbreiten mit all den damit verbundenen Kettenreaktionen.

Nicht zu unterschätzen ist die Bedeutung der Tatsache, daß Menschen, aus verschiedenen Gründen zur Wanderung veranlaßt, dadurch ihre Lebensart ändern.

So nehmen unablässig die Verflechtungen der Menschen untereinander zu und führt die „Sozialisation" zu immer neuen Verflechtungen, ohne aber immer eine entsprechende Reifung der Person und wirklich personale Beziehungen (,,Personalisation") zu fördern.

Diese Entwicklung zeichnet sich klarer ab in den durch wirtschaftlichen und technischen Fortschritt begünstigten Nationen; sie ergreift aber auch die Entwicklungsländer, die auch für ihre Gegenden die Vorteile der Industrialisierung und städtischen Kultur erringen möchten. Gleichzeitig erfahren diese Völker, besonders jene mit alten Überlieferungen, eine Bewegung hin zu einem entwickelteren und persönlicheren Vollzug der Freiheit.

7. (Psychologische, sittliche und religiöse Wandlungen) Die Wandlungen von Denkweisen und Strukturen stellen häufig überkommene Werte in Frage, zumal bei der jüngeren Generation, die nicht selten ungeduldig, ja angsthaft rebellisch wird und im Bewußtsein der eigenen Bedeutung im gesellschaftlichen Leben rascher daran teilzuhaben beansprucht. Von daher erfahren Eltern und Erzieher bei der Erfüllung ihrer Aufgabe immer größere Schwierigkeiten.

Die von früheren Generationen überkommenen Institutionen, Gesetze, Denk- und Auffassungsweisen scheinen aber den wirklichen Zuständen von heute nicht mehr in jedem Fall gut zu entsprechen. So kommt es zu schweren Störungen im Verhalten und sogar in den Verhaltensnormen.

Die neuen Verhältnisse üben schließlich auch auf das religiöse Leben ihren Einfluß aus. Einerseits läutert der geschärfte kritische Sinn das religiöse Leben von einem magischen Weltverständnis und von noch vorhandenen abergläubischen Elementen und fordert mehr und mehr eine ausdrücklicher personal vollzogene Glaubensentscheidung, so daß nicht wenige zu einer lebendigeren Gotteserfahrung kommen. Andererseits geben breite Volksmassen das religiöse Leben praktisch auf. Anders als in führeren Zeiten sind die Leugnung Gottes oder der Religion oder die völlige Gleichgültigkeit ihnen gegenüber keine Ausnahme und keine Sache nur von Einzelnen mehr. Heute wird eine solche Haltung gar nicht selten als Forderung des wissenschaftlichen Fortschritts und eines sogenannten neuen Humanismus ausgegeben. Das alles findet sich in vielen Ländern nicht nur in Theorien von Philosophen, sondern bestimmt in größtem Ausmaß die Literatur, die Kunst, die Deutung der Wissenschaft und Geschichte und sogar das bürgerliche Recht. Die Verwirrung vieler ist die Folge.

8. (Die Störungen des Geichgewichts in der heutigen Welt) Ein so rascher Wandel der Zustände, der oft ordnungslos vor sich geht, und dazu ein schärferes Bewußtsein für die Spannungen in der Welt erzeugen oder vermehren Widersprüche und Störungen des Gleichgewichts.

Schon in der Einzelperson entsteht öfters eine Störung des Gleichgewichts zwischen dem auf das Praktische gerichteten Bewußtsein von heute und einem theoretischen Denken, dem es nicht gelingt, die Menge der ihm angebotenen Erkenntnisse selber zu bewältigen und sie hinlänglich in Synthesen zu ordnen. Eine ähnliche Störung des Gleichgewichts entsteht ferner zwischen dem entschlossenen Willen zu wirkmächtigem Handeln und den Forderungen des sittlichen Gewissens, aber oft auch zwischen den kollektiven Lebensbedingungen und den Vorraussetzungen für ein persönliches Denken oder sogar eines besinnlichen Lebens. Endlich entsteht eine Störung des Gleichgewichts zwischen der Spezialisierung des menschlichen Tuns und einer umfassenden Weltanschauung.

In der Familie entstehen Spannungen unter dem Druck der demographischen, wirtschaftlichen und sozialen Situation, aus den Konflikten zwischen den aufeinanderfolgenden Generationen, aus den neuen gesellschaftlichen Beziehungen zwischen Mann und Frau.

Große Spannungen entstehen auch zwischen den Rassen, sogar zwischen den verschiedenartigen Gruppen einer Gesellschaft, zwischen reicheren und schwächeren oder notleidenden Völkern, schließlich zwischen den internationalen Institutionen, die aus der Friedenssehnsucht der Völker entstanden sind, und der rücksichtslosen Propaganda der eigenen Ideologie samt dem Kollektivegoismus in den Nationen und anderen Gruppen.

Die Folge davon sind gegenseitiges Mißtrauen und Feindschaft, Konflikte und Notlagen. Ihre Ursache und ihr Opfer zugleich ist der Mensch.

9. (Das umfassendere Verlangen der Menschheit) Gleichzeitig wächst die Überzeugung, daß die Menschheit nicht nur ihre Herrschaft über die Schöpfung immer weiter verstärken kann und muß, sondern daß es auch ihre Aufgabe ist, eine politische, soziale und wirtschaftliche Ordnung zu schaffen, die immer besser im Dienst des Menschen steht und die dem Einzelnen wie den Gruppen dazu hilft, die ihnen eigene Würde zu behaupten und zu entfalten.

Daher erheben sehr viele heftig Anspruch auf jene Güter, die ihnen nach ihrer tief empfundenen Überzeugung durch Ungerechtigkeit oder falsche Verteilung vorenthalten werden. Die aufsteigenden Völker, wie jene, die erst jüngst unabhängig geworden sind, verlangen ihren Anteil an den heutigen Kulturgütern nicht nur auf politischen, sondern auch auf wirtschaftlichem Gebiet und wollen frei ihre Rolle in der Welt spielen, während andererseits zugleich ihr Abstand und häufig auch ihre wirtschaftliche Abhängigkeit von den reicheren Völkern wächst, die sich schneller weiterentwickeln. Die vom Hunger heimgesuchten Völker fordern Rechenschaft von den reicheren Völkern. Die Frauen verlangen für sich die rechtliche und faktische Gleichstellung mit den Männern, wo sie diese noch nicht erlangt haben. Die Arbeiter und Bauern wollen nicht bloß das zum Lebensunterhalt Notwendige erwerben können, sondern durch ihre Arbeit auch ihre Persönlichkeitswerte entfalten und überdies an der Gestaltung des wirtschaftlichen, gesellschaftlichen, politischen und kulturellen Lebens ihren Anteil haben. Zum erstenmal in der Geschichte der Menschheit haben alle Völker die Überzeugung, daß die Vorteile der Zivilisation auch wirklich allen zugute kommen können und müssen.

Hinter allen diesen Ansprüchen steht ein tieferes und umfassenderes Verlangen: die Einzelpersonen und die Gruppen begehren ein erfülltes und freies Leben, das des Menschen würdig ist, indem sie sich selber alles, was die heutige Welt ihnen so reich darzubieten vermag, dienstbar machen. Die Völker streben darüber hinaus immer stärker nach einer gewissen alle umfassenden Gemeinschaft.

Unter diesen Umständen zeigt sich die moderne Welt zugleich stark und schwach, in der Lage, das Beste oder das Schlimmste zu tun; für sie ist der Weg offen zu Freiheit oder Knechtschaft, Fortschritt oder Rückschritt, Brüderlichkeit oder Haß. Zudem wird nun der Mensch sich dessen bewußt, daß es seine eigene Aufgabe ist, jene Kräfte, die er selbst geweckt hat und die ihn zermalmen oder ihm dienen können, richtig zu lenken. Wonach er fragt, ist darum er selber.

10. (Die tieferen Fragen der Menschheit) In Wahrheit hängen die Störungen des Gleichgewichts, an denen die moderne Welt leidet, mit jener tiefer liegenden Störung des Gleichgewichts zusammen, die im Herzen des Menschen ihren Ursprung hat. Denn im Menschen selbst sind viele widersprüchliche Elemente gegeben. Einerseits erfährt er sich nämlich als Geschöpf vielfältig begrenzt, andererseits empfindet er sich in seinem Verlangen unbegrenzt und berufen zu einem Leben höherer Ordnung. Zwischen vielen Möglichkeiten, die ihn anrufen, muß er dauernd unweigerlich eine Wahl treffen und so auf dieses oder jenes verzichten. Als schwacher Mensch und Sünder tut er oft das, was er nicht will, und was er tun wollte, tut er nicht[3]. So leidet er an einer inneren Zwiespältigkeit, und daraus entstehen viele und schwere Zerwürfnisse auch in der Gesellschaft. Freilich werden viele durch eine praktisch materialistische Lebensführung von einer klaren Erfassung dieses dramatischen Zustandes abgelenkt oder vermögen unter dem Druck ihrer Verelendung sich nicht mit ihm zu beschäftigen. Viele glauben, in einer der vielen Weltdeutungen ihren Frieden zu finden. Andere wieder erwarten vom bloßen menschlichen Bemühen die wahre und volle Befreiung der Menschheit und sind davon überzeugt, daß die künftige Herrschaft des Menschen über die Erde alle Wünsche ihres Herzens erfüllen wird. Andere wieder preisen, am Sinn des Le-

bens verzweifelnd, den Mut derer, die in der Überzeugung von der absoluten Bedeutungslosigkeit der menschlichen Existenz versuchen, ihr nun die ganze Bedeutung ausschließlich aus autonomer Verfügung des Subjekts zu geben. Dennoch wächst angesichts der heutigen Weltentwicklung die Zahl derer, die die Grundfragen stellen oder mit neuer Schärfe spüren: Was ist der Mensch? Was ist der Sinn des Schmerzes, des Bösen, des Todes – alles Dinge, die trotz solchen Fortschritts noch immer weiterbestehen? Wozu diese Siege, wenn sie so teuer erkauft werden mußten? Was kann der Mensch der Gesellschaft geben, was von ihr erwarten? Was kommt nach diesem irdischen Leben?

Die Kirche aber glaubt: Christus, der für alle starb und auferstand[4], schenkt dem Menschen Licht und Kraft durch seinen Geist, damit er seiner höchsten Berufung nachkommen kann; es ist kein anderer Name unter dem Himmel den Menschen gegeben, in dem sie gerettet werden sollen[5]. Sie glaubt ferner, daß in ihrem Herrn und Meister der Schlüssel, der Mittelpunkt und das Ziel der ganzen Menschheitsgeschichte gegeben ist. Die Kirche bekennt überdies, daß allen Wandlungen vieles Unwandelbare zugrunde liegt, was seinen letzten Grund in Christus hat, der derselbe ist gestern, heute und in Ewigkeit[6]. Im Licht Christi also, des Bildes des unsichtbaren Gottes, des Erstgeborenen vor aller Schöpfung[7], will das Konzil alle Menschen ansprechen, um das Geheimnis des Menschen zu erhellen und mitzuwirken dabei, daß für die dringlichsten Fragen unserer Zeit eine Lösung gefunden wird.

I. Hauptteil

Die Kirche und die Berufung des Menschen

11. (Antworten auf die Antriebe des Geistes) Im Glauben daran, daß es vom Geist des Herrn geführt wird, der den Erdkreis erfüllt, bemüht sich das Volk Gottes, in den Ereignissen, Bedürfnissen und Wünschen, die es zusammen mit den übrigen Menschen unserer Zeit teilt, zu unterscheiden, was darin wahre Zeichen der Gegenwart oder der Absicht Gottes sind. Der Glaube erhellt nämlich alles mit einem neuen Licht, enthüllt den göttlichen Ratschluß hinsichtlich der integralen Berufung des Menschen und orientiert daher den Geist auf wirklich humane Lösungen hin.

Das Konzil beabsichtigt, vor allem jene Werte, die heute besonders in Geltung sind, in diesem Licht zu beurteilen und auf ihren göttlichen Ursprung zurückzuführen. Insofern diese Werte nämlich aus der gottgegebenen Anlage des Menschen hervorgehen, sind sie gut. Infolge der Verderbtheit des menschlichen Herzens aber fehlt ihnen oft die notwendige letzte Ausrichtung, so daß sie einer Läuterung bedürfen.

Was denkt die Kirche vom Menschen? Welche Empfehlungen erscheinen zum Aufbau der heutigen Gesellschaft angebracht? Was ist die letzte Bedeutung der menschlichen Tätigkeit in der gesamten Welt? Auf diese Fragen erwartet man Antwort. Von da wird klarer in Erscheinung treten, daß das Volk Gottes und die Menschheit, der es eingefügt ist, in gegenseitigem Dienst stehen, so daß die Sendung der Kirche sich als eine religiöse und gerade dadurch höchst humane erweist.

ERSTES KAPITEL

Die Würde der menschlichen Person

12. (Der Mensch nach dem Bild Gottes) Es ist fast einmütige Auffassung der Gläubigen und der Nichtgläubigen, daß alles auf Erden auf den Menschen als seinen Mittel- und Höhepunkt hinzuordnen ist. Was ist aber der Mensch? Viele verschiedene und auch gegensätzliche Auffassungen über sich selbst hat er vorgetragen und trägt er vor, in denen er sich oft entweder selbst zum höchsten Maßstab macht oder bis zur Hoffnungslosigkeit abwertet, und ist so unschlüssig und voll Angst. In eigener Erfahrung dieser Nöte kann die Kirche doch, von der Offenbarung Gottes unterwiesen, für sie eine Antwort geben, um so die wahre Verfassung des Menschen zu umreißen und seine Schwäche zu erklären, zugleich aber auch die richtige Anerkennung seiner Würde und Berufung zu ermöglichen.

Die Heilige Schrift lehrt nämlich, daß der Mensch „nach dem Bild Gottes" geschaffen ist, fähig, seinen Schöpfer zu erkennen und zu lieben, von ihm zum Herrn über alle irdischen Geschöpfe gesetzt[8], um sie in Verherrlichung Gottes zu beherrschen und zu nutzen[9]. „Was ist der Mensch, daß du seiner gedenkst? Oder des Menschen Kind, daß du dich seiner annimmst? Wenig geringer als Engel hast du ihn gemacht, mit Ehre und Herrlichkeit ihn gekrönt und ihn über die Werke deiner Hände gesetzt. Alles hast du ihm unter die Füße gelegt" (Ps 8, 5-7).

Aber Gott hat den Menschen nicht allein geschaffen: denn von Anfang an hat er ihn „als Mann und Frau geschaffen" (Gn 1, 27); ihre Verbindung schafft die erste Form personaler Gemeinschaft. Der Mensch ist nämlich aus seiner innersten Natur ein gesellschaftliches Wesen; ohne Beziehung zu den anderen kann er weder leben noch seine Anlagen zur Entfaltung bringen.

Gott sah also, wie wir wiederum in der Heiligen Schrift lesen, „alles, was er gemacht hatte, und es war sehr gut" (Gn 1, 31).

13. (Die Sünde) Obwohl in Gerechtigkeit von Gott begründet, hat der Mensch unter dem Einfluß des Bösen gleich von Anfang der Geschichte an durch Auflehnung gegen Gott und den Willen, sein Ziel außerhalb Gottes zu erreichen, seine Freiheit mißbraucht. „Obwohl sie Gott erkannten, haben sie ihn nicht als Gott verherrlicht, sondern ihr unverständiges Herz wurde verfinstert, und sie dienten den Geschöpfen statt dem Schöpfer."[10] Was uns aus der Offenbarung Gottes bekannt ist, steht mit der Erfahrung in Einklang: der Mensch erfährt sich, wenn er in sein Herz schaut, auch zum Bösen geneigt und verstrickt in vielfältige Übel, die nicht von seinem guten Schöpfer herkommen können. Oft weigert er sich, Gott als seinen Ursprung anzuerkennen; er durchbricht auch die geschuldete Ausrichtung auf sein letztes Ziel, zugleich aber auch seine ganze Ordnung hinsichtlich seiner selbst wie hinsichtlich der anderen Menschen und der ganzen Schöpfung.

So ist der Mensch in sich selbst zwiespältig. Deshalb stellt sich das ganze Leben der Menschen, das einzelne wie das kollektive, als Kampf dar, und zwar als einen dramatischen, zwischen Gut und Böse, zwischen Licht und Finsternis. Ja, der Mensch findet sich unfähig, durch sich selbst die Angriffe des Bösen wirksam zu bekämpfen, so daß ein jeder sich wie in Ketten gefesselt fühlt. Der Herr selbst aber ist gekommen, um den Menschen zu befreien und zu stärken, indem er ihn innerlich erneuerte und „den Fürsten dieser Welt" (Jo 12, 31) hinauswarf, der ihn in der Knechtschaft der Sünde festhielt[11]. Die Sünde mindert aber den Menschen selbst, weil sie ihn hindert, seine Erfüllung zu erlangen.

Im Licht dieser Offenbarung finden zugleich die erhabene Berufung wie das tiefe Elend, die die Menschheit erfährt, ihre letzte Erklärung.

14. (Der Wesensstand des Menschen) In Leib und Seele einer, vereint der Mensch durch seine Leiblichkeit die Elemente der stofflichen Welt in sich: Durch ihn erreichen diese die Höhe ihrer Bestimmung und erheben ihre Stimme zum freien Lob des Schöpfers[12]. Das leibliche Leben darf also der Mensch nicht geringachten; er muß im Gegenteil seinen Leib als von Gott geschaffen und zur Auferweckung am Jüngsten Tage bestimmt für gut und der Ehre würdig halten. Durch die Sünde aber verwundet, erfährt er die Widerstände seiner Leiblichkeit. Daher verlangt die Würde des Menschen, daß er Gott in seinem Leibe verherrliche[13] und ihn nicht den bösen Neigungen seines Herzens dienen lasse.

Der Mensch irrt aber nicht, wenn er seinen Vorrang vor den körperlichen Dingen bejaht und sich selbst nicht nur als Teil der Natur oder als anonymes Element in der menschlichen Gesellschaft betrachtet, denn in seiner Innerlichkeit übersteigt er die Gesamtheit der Dinge. In diese Tiefe geht er zurück, wenn er in sein Herz einkehrt, wo Gott ihn erwartet, der die Herzen durchforscht[14], und wo er selbst unter den Augen Gottes über sein eigenes Geschick entscheidet. Wenn er daher die Geistigkeit und Unsterblichkeit seiner Seele bejaht, wird er nicht zum Opfer einer trügerischen Einbildung, die sich von bloß physischen und gesellschaftlichen Voraussetzungen herleitet, sondern erreicht er im Gegenteil die tiefe Wahrheit der Wirklichkeit.

15. (Die Würde der Vernunft, die Wahrheit und die Weisheit) In Teilnahme am Licht des göttlichen Geistes urteilt der Mensch richtig, daß er durch seine Vernunft die Dingwelt überragt. In unermüdlicher Anwendung seiner Geistesanlagen hat er im Lauf der Zeit die empirischen Wissenschaften, die Technik und seine geistige und künstlerische Bildung sehr entwickelt. In unserer Zeit aber hat er mit ungewöhnlichem Erfolg besonders die materielle Welt erforscht und sich dienstbar gemacht. Immer jedoch suchte und fand er eine tiefere Wahrheit. Die Vernunft ist nämlich nicht auf die bloßen Phänomene eingeengt, sondern vermag geistig-tiefere Strukturen der Wirklichkeit mit wahrer Sicherheit zu erreichen, wenn sie auch infolge der Sünde zum Teil verdunkelt und geschwächt ist.

Die zu erstrebende Vollendung der Vernunftnatur der menschlichen

Person ist die Weisheit, die den Geist des Menschen sanft zur Suche und Liebe des Wahren und Guten hinzieht und den durch sie geleiteten Menschen vom Sichtbaren zum Unsichtbaren führt.

Unsere Zeit braucht mehr als die vergangenen Jahrhunderte diese Weisheit, damit humaner wird, was Neues vom Menschen entdeckt wird. Es gerät nämlich das künftige Geschick der Welt in Gefahr, wenn nicht weisere Menschen entstehen. Zudem ist zu bemerken, daß viele Nationen an wirtschaftlichen Gütern verhältnismäßig arm, an Weisheit aber reicher sind und den übrigen hervorragende Hilfe leisten können.

Dank der Gabe des Heiligen Geistes kommt der Mensch im Glauben zu Erkenntnis und innerem Einverständnis des Geheimnisses des göttlichen Ratschlusses[15].

16. (Die Würde des sittlichen Gewissens) Im Innern seines Gewissens entdeckt der Mensch ein Gesetz, das er sich nicht selbst gibt, sondern dem er gehorchen muß und dessen Stimme ihn immer zur Liebe und zum Tun des Guten und zur Unterlassung des Bösen anruft und, wo nötig, in den Ohren des Herzens tönt: Tu dies, meide jenes. Denn der Mensch hat ein Gesetz, das von Gott seinem Herzen eingeschrieben ist, dem zu gehorchen eben seine Würde ist und gemäß dem er gerichtet werden wird[16]. Das Gewissen ist die verborgenste Mitte und das Heiligtum im Menschen, wo er allein ist mit Gott, dessen Stimme in diesem seinem Innersten zu hören ist[17]. Im Gewissen erkennt man in wunderbarer Weise jenes Gesetz, das in der Liebe zu Gott und dem Nächsten seine Erfüllung hat[18]. Durch die Treue zum Gewissen sind die Christen mit den übrigen Menschen verbunden im Suchen nach der Wahrheit und zur wahrheitsgemäßen Lösung all der vielen moralischen Probleme, die im Leben der Einzelnen wie im gesellschaftlichen Zusammenleben entstehen. Je mehr also das rechte Gewissen sich durchsetzt, desto mehr lassen die Personen und Gruppen von der blinden Willkür ab und suchen sich nach den objektiven Normen der Sittlichkeit zu richten. Nicht selten jedoch geschieht es, daß das Gewissen aus unüberwindlicher Unkenntnis irrt, ohne daß es dadurch seine Würde verliert. Das kann man aber nicht sagen, wenn der Mensch sich zuwenig darum müht, nach dem Wahren und Guten zu suchen, und das Gewissen durch Gewöhnung an die Sünde allmählich fast blind wird.

17. (Die hohe Bedeutung der Freiheit) Aber nur frei kann der Mensch sich zum Guten hinwenden. Und diese Freiheit schätzen unsere Zeitgenossen hoch und erstreben sie leidenschaftlich. Mit Recht. Oft jedoch vertreten sie sie in verkehrter Weise, als Berechtigung, alles zu tun, wenn es nur gefällt, auch das Böse. Die wahre Freiheit aber ist ein erhabenes Kennzeichen des Bildes Gottes im Menschen: Gott wollte nämlich den Menschen „in der Hand seines Entschlusses lassen"[19], so daß er seinen Schöpfer aus eigenem Entscheid suche und frei zur vollen und seligen Vollendung in Einheit mit Gott gelange. Die Würde des Menschen verlangt daher, daß er in bewußter und freier Wahl handle, das heißt personal, von innen her bewegt und geführt und nicht unter blindem innerem Drang oder unter bloßem äußerem Zwang. Eine solche Würde erwirbt der Mensch, wenn er sich aus aller Knechtschaft der Leidenschaften befreit und sein Ziel in freier Wahl des Guten verfolgt sowie sich die geeigneten Hilfsmittel wirksam und in angestrengtem Bemühen verschafft. Die Freiheit des Menschen, die durch die Sünde verwundet ist, kann nur mit Hilfe der Gnade Gottes die Hinordnung auf Gott zur vollen Wirksamkeit bringen. Jeder aber muß vor dem Richterstuhl Gottes Rechenschaft geben von seinem eigenen Leben, so wie er selber Gutes oder Böses getan hat[20].

18. (Das Geheimnis des Todes) Angesichts des Todes wird das Rätsel des menschlichen Daseins am größten. Der Mensch erfährt nicht nur den Schmerz und den fortschreitenden Abbau des Leibes, sondern auch, ja noch mehr die Furcht vor immerwährendem Verlöschen. Er urteilt aber im Instinkt seines Herzens richtig, wenn er die völlige Zerstörung und den endgültigen Untergang seiner Person mit Entsetzen ablehnt. Der Keim der Ewigkeit im Menschen läßt sich nicht auf die bloße Materie zurückführen und wehrt sich gegen den Tod. Alle Maßnahmen der Technik, so nützlich sie sind, können aber die Angst des Menschen nicht beschwichtigen. Die Verlängerung der biologischen Lebensdauer kann jenem Verlangen nach einem weiteren Leben nicht genügen, das unüberwindlich in seinem Herzen lebt.
Während vor dem Tod alle Träume nichtig werden, bekennt die Kirche, belehrt von der Offenbarung Gottes, daß der Mensch von Gott zu einem seligen Ziel jenseits des irdischen Elends geschaffen ist. Außerdem lehrt der christliche Glaube, daß der leibliche Tod, dem der Mensch, hätte er nicht gesündigt, entzogen gewesen wäre[21], besiegt

wird, wenn dem Menschen sein Heil, das durch seine Schuld verlorenging, vom allmächtigen und barmherzigen Erlöser wiedergeschenkt wird. Gott rief und ruft nämlich den Menschen, daß er ihm in der ewigen Gemeinschaft unzerstörbaren göttlichen Lebens mit seinem ganzen Wesen anhange. Diesen Sieg hat Christus, da er den Menschen durch seinen Tod vom Tod befreite, in seiner Auferstehung zum Leben errungen[22]. Jedem also, der ernsthaft nachdenkt, bietet daher der Glaube, mit stichhaltiger Begründung vorgelegt, eine Antwort auf seine Angst vor der Zukunft an; und zugleich zeigt er die Möglichkeit, mit den geliebten Brüdern, die schon gestorben sind, in Christus Gemeinschaft zu haben in der Hoffnung, daß sie das wahre Leben bei Gott erlangt haben.

19. (Formen und Wurzeln des Atheismus) Ein besonderer Wesenszug der Würde des Menschen liegt in seiner Berufung zur Gemeinschaft mit Gott. Zum Dialog mit Gott ist der Mensch schon von seinem Ursprung her aufgerufen: er existiert nämlich nur, weil er, von Gott aus Liebe geschaffen, immer aus Liebe erhalten wird; und er lebt nicht voll gemäß der Wahrheit, wenn er diese Liebe nicht frei anerkennt und sich seinem Schöpfer anheimgibt. Viele unserer Zeitgenossen erfassen aber diese innigste und lebensvolle Verbindung mit Gott gar nicht oder verwerfen sie ausdrücklich. So muß man den Atheismus zu den ernstesten Gegebenheiten dieser Zeit rechnen und aufs sorgfältigste prüfen.

Mit dem Wort Atheismus werden voneinander sehr verschiedene Phänomene bezeichnet. Manche leugnen Gott ausdrücklich; andere meinen, der Mensch könne überhaupt nichts über ihn aussagen; wieder andere stellen die Frage nach Gott unter solchen methodischen Voraussetzungen, daß sie von vornherein sinnlos zu sein scheint. Viele überschreiten den Zuständigkeitsbereich der Erfahrungswissenschaften und erklären, alles sei nur Gegenstand solcher naturwissenschaftlicher Forschung, oder sie verwerfen umgekehrt jede Möglichkeit einer absoluten Wahrheit. Manche sind, wie es scheint, mehr interessiert an der Bejahung des Menschen als an der Leugnung Gottes, rühmen aber den Menschen so, daß ihr Glaube an Gott keine Lebensmacht mehr bleibt. Andere machen sich ein solches Bild von Gott, daß jenes Gebilde, das sie ablehnen, keineswegs der Gott des Evangeliums ist. Andere nehmen die Fragen nach Gott nicht einmal in Angriff, da sie keine

Erfahrung der religiösen Unruhe zu machen scheinen und keinen Anlaß sehen, warum sie sich um Religion kümmern sollten. Der Atheismus entsteht außerdem nicht selten aus dem heftigen Protest gegen
das Übel in der Welt oder aus der unberechtigten Übertragung des
Begriffs des Absoluten auf gewisse menschliche Werte, so daß diese an
Stelle Gottes treten. Auch die heutige Zivilisation kann oft, zwar nicht
von ihrem Wesen her, aber durch ihre einseitige Zuwendung zu den irdischen Wirklichkeiten, den Zugang zu Gott erschweren.

Gewiß sind die, die in Ungehorsam gegen den Spruch ihres Gewissens
absichtlich Gott von ihrem Herzen fernzuhalten und religiöse Fragen
zu vermeiden suchen, nicht ohne Schuld; aber auch die Gläubigen
selbst tragen daran eine gewisse Verantwortung. Denn der Atheismus,
allseitig betrachtet, ist nicht eine ursprüngliche und eigenständige Erscheinung: er entsteht vielmehr aus verschiedenen Ursachen, zu denen
auch die kritische Reakion gegen die Religionen, und zwar in einigen
Ländern vor allem gegen die christliche Religion, zählt. Deshalb können an dieser Entstehung des Atheismus die Gläubigen einen erhebli-
chen Anteil haben, insofern man sagen muß, daß sie durch Vernachlässigung der Glaubenserziehung, durch mißverständliche Darstellung
der Lehre oder auch durch die Mängel ihres religiösen, sittlichen und
gesellschaftlichen Lebens das wahre Antlitz Gottes und der Religion
eher verhüllen als offenbaren.

20. (Der systematische Atheismus) Der moderne Atheismus stellt sich
oft auch in systematischer Form dar, die, außer anderen Ursachen, das
Streben nach menschlicher Autonomie so weit treibt, daß er Widerstände gegen jedwede Abhängigkeit von Gott schafft. Die Bekenner
dieses Atheismus behaupten, die Freiheit bestehe darin, daß der
Mensch sich selbst Ziel und einziger Gestalter und Schöpfer seiner eigenen Geschichte sei. Das aber, so behaupten sie, sei unvereinbar mit
der Anerkennung des Herrn, des Urhebers und Zieles aller Wirklichkeit, oder mache wenigstens eine solche Bejahung völlig überflüssig.
Diese Lehre kann begünstigt werden durch das Erlebnis der Macht,
das der heutige technische Fortschritt dem Menschen gibt.

Unter den Formen des heutigen Atheismus darf jene nicht übergangen
werden, die die Befreiung des Menschen vor allem von seiner wirtschaftlichen und gesellschaftlichen Befreiung erwartet. Er behauptet,
daß dieser Befreiung die Religion ihrer Natur nach im Wege stehe, in-

sofern sie die Hoffnung des Menschen auf ein künftiges und trügerisches Leben richte und ihn dadurch vom Aufbau der irdischen Gesellschaft abschrecke. Daher bekämpfen die Anhänger dieser Lehre, wo sie zur staatlichen Macht kommen, die Religion heftig und breiten den Atheismus aus, auch unter Verwendung, vor allem in der Erziehung der Jugend, jener Mittel der Pression, die der öffentlichen Gewalt zur Verfügung stehen.

21. (Die Haltung der Kirche zum Atheismus) Die Kirche kann, in Treue zu Gott wie zu den Menschen, nicht anders, als voll Schmerz jene verderblichen Lehren und Maßnahmen, die der Vernunft und der allgemein menschlichen Erfahrung widersprechen und den Menschen seiner angeborenen Größe entfremden, mit aller Festigkeit zu verurteilen, wie sie sie auch bisher verurteilt hat[23].

Jedoch sucht die Kirche die tiefer in der atheistischen Mentalität liegenden Gründe für die Leugnung Gottes zu erfassen und ist im Bewußtsein vom Gewicht der Fragen, die der Atheismus aufgibt, wie auch um der Liebe zu allen Menschen willen der Meinung, daß diese Gründe ernst und gründlicher geprüft werden müssen.

Die Kirche hält daran fest, daß die Anerkennung Gottes der Würde des Menschen keineswegs widerstreitet, da diese Würde eben in Gott selbst gründet und vollendet wird. Denn der Mensch ist vom Schöpfergott mit Vernunft und Freiheit als Wesen der Gemeinschaft geschaffen; vor allem aber ist er als dessen Kind zur eigentlichen Gemeinschaft mit Gott und zur Teilnahme an dessen eigener Seligkeit berufen. Außerdem lehrt die Kirche, daß durch die eschatologische Hoffnung die Bedeutung der irdischen Aufgaben nicht gemindert wird, daß vielmehr ihre Erfüllung durch neue Motive unterbaut wird. Wenn dagegen das göttliche Fundament und die Hoffnung auf das ewige Leben schwinden, wird die Würde des Menschen aufs schwerste verletzt, wie sich heute oft bestätigt, und die Rätsel von Leben und Tod, Schuld und Schmerz bleiben ohne Lösung, so daß die Menschen nicht selten in Verzweiflung stürzen.

Jeder Mensch bleibt vorläufig sich selbst eine ungelöste Frage, die er dunkel spürt. Denn niemand kann in gewissen Augenblicken, besonders in den bedeutenderen Ereignissen des Lebens, diese Frage gänzlich verdrängen. Auf diese Frage kann nur Gott die volle und ganz sichere Antwort geben; Gott, der den Menschen zu tieferem Nachdenken und demütigerem Suchen aufruft.

Das Heilmittel gegen den Atheismus kann nur von einer situationsgerechten Darlegung der Lehre und vom integren Leben der Kirche und ihrer Glieder erwartet werden. Denn es ist Aufgabe der Kirche, Gott den Vater und seinen menschgewordenen Sohn präsent und sozusagen sichtbar zu machen, indem sie sich selbst unter der Führung des Heiligen Geistes unaufhörlich erneuert und läutert[24]; das wird vor allem erreicht durch das Zeugnis eines lebendigen und gereiften Glaubens, der so weit herangebildet ist, daß er die Schwierigkeiten klar zu durchschauen und sie zu überwinden vermag. Ein leuchtendes Zeugnis dieses Glaubens gaben und geben die vielen Märtyrer. Dieser Glaube muß seine Fruchtbarkeit bekunden, indem er das gesamte Leben der Gläubigen, auch das profane, durchdringt und sie zu Gerechtigkeit und Liebe, vor allem gegenüber den Armen, bewegt. Dazu, daß Gott in seiner Gegenwärtigkeit offenbar werde, trägt schließlich besonders die Bruderliebe der Gläubigen bei, wenn sie in einmütiger Gesinnung zusammenarbeiten für den Glauben an das Evangelium[25] und sich als Zeichen der Einheit erweisen.

Wenn die Kirche auch den Atheismus eindeutig verwirft, so bekennt sie doch aufrichtig, daß alle Menschen, Glaubende und Nichtglaubende, zum richtigen Aufbau dieser Welt, in der sie gemeinsam leben, zusammenarbeiten müssen. Das kann gewiß nicht geschehen ohne einen aufrichtigen und klugen Dialog. Deshalb beklagt sie die Diskriminierung zwischen Glaubenden und Nichtglaubenden, die gewisse Staatslenker in Nichtachtung der Grundrechte der menschlichen Person ungerechterweise durchführen. Für die Glaubenden verlangt die Kirche Handlungsfreiheit, damit sie in dieser Welt auch den Tempel Gottes errichten können. Die Atheisten aber lädt sie schlicht ein, das Evangelium Christi unbefangen zu würdigen.

Denn sehr genau weiß die Kirche, daß ihre Botschaft dann dem tiefsten Verlangen des menschlichen Herzens entspricht, wenn sie die Würde der menschlichen Berufung verteidigt und denen, die schon an ihrer höheren Bestimmung verzweifeln, die Hoffnung wiedergibt. Ihre Botschaft mindert nicht nur den Menschen nicht, sondern verbreitet, um ihn zu fördern, Licht Leben und Freiheit; und außer ihr vermag nichts dem Menschenherzen zu genügen: „Du hast uns auf dich hin gemacht", o Herr, „und unruhig ist unser Herz, bis es Ruhe findet in dir"[26].

22. (Christus, der neue Mensch) Tatsächlich klärt sich nur im Geheimnis des fleischgewordenen Wortes das Geheimnis des Menschen wahrhaft auf. Denn Adam, der erste Mensch, war das Vorausbild des zukünftigen[27], nämlich Christi des Herrn. Christus, der neue Adam, macht eben in der Offenbarung des Geheimnisses des Vaters und seiner Liebe dem Menschen den Menschen selbst voll kund und erschließt ihm seine höchste Berufung. Es ist also nicht verwunderlich, daß in ihm die eben genannten Wahrheiten ihren Ursprung haben und ihren Gipfelpunkt erreichen.

Der „das Bild des unsichtbaren Gottes" (Kol 1, 15)[28] ist, er ist zugleich der vollkommene Mensch, der den Söhnen Adams die Gottebenbildlichkeit wiedergab, die von der ersten Sünde her verunstaltet war. Da in ihm die menschliche Natur angenommen wurde, ohne dabei verschlungen zu werden[29], ist sie dadurch auch schon in uns zu einer erhabenen Würde erhöht worden. Denn er, der Sohn Gottes, hat sich in seiner Menschwerdung gewissermaßen mit jedem Menschen vereinigt. Mit Menschenhänden hat er gearbeitet, mit menschlichem Geist gedacht, mit einem menschlichen Willen hat er gehandelt[30], mit einem menschlichen Herzen geliebt. Geboren aus Maria, der Jungfrau, ist er in Wahrheit einer aus uns geworden, in allem uns gleich außer der Sünde[31].

Als unschuldiges Opferlamm hat er freiwillig sein Blut vergossen und uns Leben erworben. In ihm hat Gott uns mit sich und untereinander versöhnt[32] und der Kechtschaft des Teufels und der Sünde entrissen. So kann jeder von uns mit dem Apostel sagen: Der Sohn Gottes „hat mich geliebt und sich selbst für mich dahingegeben" (Gal 2, 20). Durch sein Leiden für uns hat er uns nicht nur das Beispiel gegeben, daß wir seinen Spuren folgen[33], sondern er hat uns auch den Weg gebahnt, dem wir folgen müssen, damit Leben und Tod geheiligt werden und neue Bedeutung erhalten.

Der christliche Mensch empfängt, gleichförmig geworden dem Bild des Sohnes, der der Erstgeborene unter vielen Brüdern ist[34], „die Erstlingsgaben des Geistes" (Rom 8, 23), durch die er fähig wird, das neue Gesetz der Liebe zu erfüllen[35]. Durch diesen Geist, der das „Unterpfand der Erbschaft" (Eph 1, 14) ist, wird der ganze Mensch innerlich erneuert bis zur „Erlösung des Leibes" (Röm 8, 23): „Wenn der Geist dessen, der Jesus von den Toten erweckt hat, in euch wohnt, wird er, der Jesus Christus von den Toten erweckt hat, auch eure sterblichen Leiber lebendig machen wegen des in euch wohnenden Geistes" (Röm 8, 11)[36]. Auch auf dem Christen liegen ganz gewiß die Notwendigkeit und auch Pflicht, gegen das Böse durch viele Anfechtungen hindurch anzukämpfen und auch den Tod zu ertragen; aber dem österlichen Geheimnis verbunden und dem Tod Christi gleichgestaltet, geht er, durch Hoffnung gestärkt, der Auferstehung entgegen[37].

Das gilt nicht nur für die Christgläubigen, sondern für alle Menschen guten Willens, in deren Herzen die Gnade unsichtbar wirkt[38]. Da nämlich Christus für alle gestorben ist[39] und da es in Wahrheit nur eine letzte Berufung des Menschen gibt, die göttliche, müssen wir festhalten, daß der Heilige Geist allen die Möglichkeit anbietet, diesem österlichen Geheimnis in einer Gott bekannten Weise verbunden zu sein.

Solcher Art und so groß ist das Geheimnis des Menschen, das durch die christliche Offenbarung den Glaubenden aufleuchtet. Durch Christus und in Christus also wird das Rätsel von Schmerz und Tod hell, das außerhalb seines Evangeliums uns überwältigt. Christus ist auferstanden, hat durch seinen Tod den Tod vernichtet und uns das Leben geschenkt[40], auf daß wir, Söhne im Sohn, im Geist rufen: Abba, Vater![41]

ZWEITES KAPITEL

Die menschliche Gemeinschaft

23. (Die Absicht des Konzils) Zu den charakteristischen Aspekten der heutigen Welt gehört die Zunahme der gegenseitigen Verflechtungen unter den Menschen, zu deren Entwicklung der heutige technische Fortschritt ungemein viel beiträgt. Doch das brüderliche Gespräch der Menschen findet seine Vollendung nicht in diesen Fortschritten, sondern grundlegender in jener Gemeinschaft von Personen, die eine gegenseitige Achtung der allseits erfaßten geistigen Würde verlangt. Zur Förderung dieser Gemeinschaft der Personen bietet die christliche Offenbarung eine große Hilfe; gleichzeitig führt sie uns zu einem tieferen Verständnis der Gesetze des gesellschaftlichen Lebens, die der Schöpfer in die geistliche und sittliche Natur des Menschen eingeschrieben hat.

Da nun neuere Dokumente des kirchlichen Lehramts die christliche Lehre über die menschliche Gesellschaft ausführlich dargelegt haben[42], ruft das Konzil nur einige Hauptwahrheiten wieder in Erinnerung und trägt deren Grundlagen im Licht der Offenbarung vor. Im Anschluß daran legt es Nachdruck auf einige Folgerungen, die in unseren Tagen von erhöhter Bedeutung sind.

24. (Der Gemeinschaftscharakter der menschlichen Berufung im Ratschluß Gottes) Gott, der väterlich für alle sorgt, wollte, daß alle Menschen eine Familie bilden und einander in brüderlicher Gesinnung begegnen. Alle sind ja geschaffen nach dem Bild Gottes, der „aus einem alle Völker hervorgehen ließ, die das Antlitz der Erde bewohnen" (Apg 17, 26), und alle sind zu einem und demselben Ziel, d. h. zu Gott selbst, berufen.

Daher ist die Liebe zu Gott und zum Nächsten das erste und größte Gebot. Von der Heiligen Schrift werden wir belehrt, daß die Liebe zu Gott nicht von der Liebe zum Nächsten getrennt werden kann: „ . . . und wenn es ein anderes Gebot gibt, so ist es in diesem Wort einbegriffen: Du sollst deinen Nächsten lieben wie dich selbst . . . Demnach ist die Liebe die Fülle des Gesetzes" (Röm 13, 9–10; 1 Jo 4, 20). Das ist offenkundig von höchster Bedeutung für die immer mehr voneinander abhängig werdenden Menschen und für eine immer stärker eins werdende Welt.

Ja, wenn der Herr Jesus zum Vater betet, „daß alle eins seien . . . wie auch wir eins sind" (Jo 17, 20–22), und damit Horizonte aufreißt, die der menschlichen Vernunft unerreichbar sind, legt er eine gewisse Ähnlichkeit nahe zwischen der Einheit der göttlichen Personen und der Einheit der Kinder Gottes in der Wahrheit und der Liebe. Dieser Vergleich macht offenbar, daß der Mensch, der auf Erden die einzige von Gott um ihrer selbst willen gewollte Kreatur ist, sich selbst nur durch die aufrichtige Hingabe seiner selbst vollkommen finden kann[43].

25. (Die gegenseitige Abhängigkeit von menschlicher Person und menschlicher Gesellschaft) Aus der gesellschaftlichen Natur des Menschen geht hervor, daß der Fortschritt der menschlichen Person und das Wachsen der Gesellschaft als solcher sich gegenseitig bedingen. Wurzelgrund nämlich, Träger und Ziel aller gesellschaftlichen Institutionen ist und muß auch sein die menschliche Person, die ja von ihrem Wesen selbst her des gesellschaftlichen Lebens durchaus bedarf[44]. Da

also das gesellschaftliche Leben für den Menschen nicht etwas äußerlich Hinzukommendes ist, wächst der Mensch nach allen seinen Anlagen und kann seiner Berufung entsprechen durch Begegnung mit anderen, durch gegenseitige Dienstbarkeit und durch den Dialog mit den Brüdern. Unter den gesellschaftlichen Bindungen, die für die Entwicklung des Menschen notwendig sind, hängen die einen, wie die Familie und die politische Gemeinschaft, unmittelbarer mit seinem innersten Wesen zusammen; andere hingegen gehen eher aus seiner freien Entscheidung hervor. In unserer gegenwärtigen Zeit mehren sich beständig aus verschiedenen Ursachen die gegenseitigen Verflechtungen und Abhängigkeiten, und so entstehen mannigfache Verbindungen und Institutionen öffentlichen oder privaten Rechts. Obschon dieser Vorgang, den man als „Sozialisation" bezeichnet, gewiß nicht ohne Gefahren ist, bringt er doch viele Vorteile für die Festigung und Förderung der Eigenschaften der menschlichen Person und für den Schutz ihrer Rechte mit sich[45].

Wenn nun die menschliche Person zur Erfüllung ihrer Berufung, auch der religiösen, dem gesellschaftlichen Leben viel verdankt, so kann dennoch nicht geleugnet werden, daß die Menschen aus den gesellschaftlichen Verhältnissen heraus, in denen sie leben und in die sie von Kindheit an eingefangen sind, oft vom Tun des Guten abgelenkt und zum Bösen angetrieben werden. Ganz sicher stammen die so häufig in der gesellschaftlichen Ordnung vorkommenden Störungen zum Teil aus der Spannung in den wirtschaftlichen, politischen und gesellschaftlichen Gebilden selbst. Doch ihre tieferen Wurzeln sind Stolz und Egoismus der Menschen, die auch das gesellschaftliche Milieu verderben. Wenn aber einmal die objektiven Verhältnisse selbst von den Auswirkungen der Sünde betroffen sind, findet der mit Neigung zum Bösen geborene Mensch wieder neue Antriebe zur Sünde, die nur durch angestrengte Bemühung mit Hilfe der Gnade überwunden werden können.

26. (Die Förderung des Gemeinwohls) Aus der immer engeren und allmählich die ganze Welt erfassenden gegenseitigen Abhängigkeit ergibt sich als Folge, daß das Gemeinwohl, d. h. die Gesamtheit jener Bedingungen des gesellschaftlichen Lebens, die sowohl den Gruppen als auch deren einzelnen Gliedern ein volleres und leichteres Erreichen der eigenen Vollendung ermöglichen, heute mehr und mehr ei-

nen weltweiten Umfang annimmt und deshalb auch Rechte und Pflichten in sich begreift, die die ganze Menschheit betreffen. Jede Gruppe muß den Bedürfnissen und berechtigten Ansprüchen anderer Gruppen, ja dem Gemeinwohl der ganzen Menschheitsfamilie Rechnung tragen[46].

Gleichzeitig wächst auch das Bewußtsein der erhabenen Würde, die der menschlichen Person zukommt, da sie die ganze Dingwelt überragt und Träger allgemeingültiger sowie unverletzlicher Rechte und Pflichten ist. Es muß also alles dem Menschen zugänglich gemacht werden, was er für ein wirklich menschliches Leben braucht, wie Nahrung, Kleidung und Wohnung, sodann das Recht auf eine freie Wahl des Lebensstandes und auf Familiengründung, auf Erziehung, Arbeit, guten Ruf, Ehre und auf geziemende Information; ferner das Recht zum Handeln nach der rechten Norm seines Gewissens, das Recht auf Schutz seiner privaten Sphäre und auf die rechte Freiheit auch in religiösen Dingen.

Die gesellschaftliche Ordnung und ihre Entwicklung müssen sich dauernd am Wohl der Personen orientieren; denn die Ordnung der Dinge muß der Ordnung der Personen dienstbar werden und nicht umgekehrt. So deutete der Herr selbst es an, als er sagte, der Sabbat sei um des Menschen willen da, nicht der Mensch um des Sabbats willen[47]. Die gesellschaftliche Ordnung muß sich ständig weiterentwickeln, muß in Wahrheit gegründet, in Gerechtigkeit aufgebaut und von Liebe beseelt werden und muß in Freiheit ein immer humaneres Gleichgewicht finden[48]. Um dies zu verwirklichen, sind Gesinnungswandel und weitreichende Änderungen in der Gesellschaft selbst notwendig.

Der Geist Gottes, dessen wunderbare Vorsehung den Lauf der Zeiten leitet und das Antlitz der Erde erneuert, steht dieser Entwicklung bei. Der Sauerteig des Evangeliums hat im Herzen des Menschen den unbezwingbaren Anspruch auf Würde erweckt und erweckt ihn auch weiter.

27. (Die Achtung vor der menschlichen Person) Zu praktischen und dringlicheren Folgerungen übergehend, will das Konzil die Achtung vor dem Menschen einschärfen: alle müssen ihren Nächsten ohne Ausnahme als ein „anderes Ich" ansehen, vor allem auf sein Leben und die notwendigen Voraussetzungen eines menschenwürdigen Lebens bedacht[49]. Sonst gleichen sie jenem Reichen, der sich um den armen Lazarus gar nicht kümmerte[50].

Heute ganz besonders sind wir dringend verpflichtet, uns zum Nächsten schlechthin eines jeden Menschen zu machen und ihm, wo immer er uns begegnet, tatkräftig zu helfen, ob es sich nun um alte, von allen verlassene Leute handelt oder um einen Fremdarbeiter, der ungerechter Geringschätzung begegnet, um einen Heimatvertriebenen oder um ein uneheliches Kind, das unverdienterweise für eine von ihm nicht begangene Sünde leidet, oder um einen Hungernden, der unser Gewissen aufrüttelt durch die Erinnerung an das Wort des Herrn: „Was ihr einem der Geringsten von diesen meinen Brüdern getan habt, das habt ihr mir getan" (Mt 25, 40).

Was ferner zum Leben selbst in Gegensatz steht, wie jede Art Mord, Völkermord, Abtreibung, Euthanasie und auch der freiwillige Selbstmord; was immer die Unantastbarkeit der menschlichen Person verletzt, wie Verstümmelung, körperliche oder seelische Folter und der Versuch, psychischen Zwang auszuüben; was immer die menschliche Würde angreift, wie unmenschliche Lebensbedingungen, willkürliche Verhaftung, Verschleppung, Sklaverei, Prostitution, Mädchenhandel und Handel mit Jugendlichen, sodann auch unwürdige Arbeitsbedingungen, bei denen der Arbeiter als bloßes Erwerbsmittel und nicht als freie und verantwortliche Person behandelt wird: all diese und andere ähnliche Taten sind an sich schon eine Schande; sie sind eine Zersetzung der menschlichen Kultur, entwürdigen weit mehr jene, die das Unrecht tun, als jene, die es erleiden. Zugleich sind sie in höchstem Maße ein Widerspruch gegen die Ehre des Schöpfers.

28. (Die Achtung und die Liebe gegenüber dem Gegner) Achtung und Liebe sind auch denen zu gewähren, die in gesellschaftlichen, politischen oder auch religiösen Fragen anders denken oder handeln als wir. Je mehr wir in Menschlichkeit und Liebe inneres Verständnis für ihr Denken aufbringen, desto leichter wird es für uns, mit ihnen ins Gespräch zu kommen.

Diese Liebe und Güte dürfen uns aber keineswegs gegenüber der Wahrheit und dem Guten gleichgültig machen. Vielmehr drängt die Liebe selbst die Jünger Christi, allen Menschen die Heilswahrheit zu verkünden. Man muß jedoch unterscheiden zwischen dem Irrtum, der immer zu verwerfen ist, und dem Irrenden, der seine Würde als Person stets behält, auch wenn ihn falsche oder weniger richtige religiöse Auffassungen belasten[51]. Gott allein ist der Richter und Prüfer der Herzen; darum verbietet er uns, über die innere Schuld von irgend jemandem zu urteilen[52].

Christi Lehre fordert[53] auch, die Beleidigung zu verzeihen; sie dehnt das Gebot der Liebe als das Gebot des Neuen Bundes auf alle Feinde aus: „Ihr habt gehört, daß gesagt wurde: Du sollst deinen Nächsten lieben und deinen Feind hassen. Ich aber sage euch: Liebet eure Feinde, tut Gutes denen, die euch hassen, und betet für eure Verfolger und Verleumder" (Mt 5, 43–44).

29. (Die wesentliche Gleichheit aller Menschen und die soziale Gerechtigkeit) Da alle Menschen eine geistige Seele haben und nach Gottes Bild geschaffen sind, da sie dieselbe Natur und denselben Ursprung haben, da sie, als von Christus Erlöste, sich derselben göttlichen Berufung und Bestimmung erfreuen, darum muß die grundlegende Gleichheit aller Menschen immer mehr zur Anerkennung gebracht werden.

Gewiß, was die verschiedenen physischen Fähigkeiten und die unterschiedlichen geistigen und sittlichen Kräfte angeht, stehen nicht alle Menschen auf gleicher Stufe. Doch jede Form einer Diskriminierung in den gesellschaftlichen und kulturellen Grundrechten der Person, sei es wegen des Geschlechts oder der Rasse, der Farbe, der gesellschaftlichen Stellung, der Sprache oder der Religion, muß überwunden und beseitigt werden, da sie dem Plan Gottes widerspricht. Es ist eine beklagenswerte Tatsache, daß jene Grundrechte der Person noch immer nicht überall unverletzlich gelten; wenn man etwa der Frau das Recht der freien Wahl des Gatten und des Lebensstandes oder die gleiche Stufe der Bildungsmöglichkeit und Kultur, wie sie dem Mann zuerkannt wird, verweigert.

Obschon zwischen den Menschen berechtigte Unterschiede bestehen, fordert ferner die Gleichheit der Personwürde doch, daß wir zu humaneren und der Billigkeit entsprechenden Lebensbedingungen kommen. Allzu große wirtschaftliche und gesellschaftliche Ungleichheiten zwischen den Gliedern oder Völkern in der einen Menschheitsfamilie erregen Ärgernis; sie widersprechen der sozialen Gerechtigkeit, der Billigkeit, der menschlichen Personwürde und dem gesellschaftlichen und internationalen Frieden.

Die privaten und öffentlichen menschlichen Institutionen sollen sich darum bemühen, der Würde und dem Ziel des Menschen zu dienen,

indem sie gegen jedwede gesellschaftliche oder politische Verknech-
tung entschieden ankämpfen und die Wahrung der Grundrechte des
Menschen unter jedem politischen Regime sichern. Ja die Institutionen dieser Art müssen allmählich ein entsprechendes Verhältnis finden auch zu den eigentlich geistigen Werten, die an Rang am höchsten
stehen, auch wenn manchmal zur Erreichung des erstrebten Zieles
eine ziemlich lange Zeit nötig sein wird.

30. (Man muß über die individualistische Ethik hinausschreiten) Der
tiefe und rasche Wandel der Verhältnisse stellt mit besonderer Dringlichkeit die Forderung, daß niemand durch mangelnde Beachtung der
Entwicklung oder durch müde Trägheit einer rein individualistischen
Ethik verhaftet bleibe. Die Pflicht der Gerechtigkeit und der Liebe
wird immer mehr gerade dadurch erfüllt, daß jeder gemäß seinen eigenen Fähigkeiten und den Bedürfnissen der Mitmenschen zum Gemeinwohl beiträgt und auch die öffentlichen oder privaten Institutionen, die der Hebung der menschlichen Lebensverhältnisse dienen,
fördert und unterstützt. Es gibt aber auch solche, die zwar großzügige
und hochherzige Auffassungen im Munde führen, in Wirklichkeit jedoch immer so leben, als ob sie sich nicht um die Bedürfnisse der Gesellschaft zu kümmern brauchten, ja in verschiedenen Ländern beachten nicht wenige die sozialen Gesetze und Vorschriften so gut wie gar
nicht. Viele scheuen sich nicht, durch Betrug und Schliche sich gerechten Steuern oder anderen der Gesellschaft geschuldeten Leistungen zu
entziehen. Andere haben wenig Achtung vor gewissen Vorschriften
des gesellschaftlichen Lebens, z. B. vor solchen, die zum Schutz der
Gesundheit oder zur Verkehrsregelung aufgestellt wurden, und beachten nicht, daß sie durch diese Fahrlässigkeit ihr eigenes Leben und
das der anderen gefährden.
Allen sei es ein heiliges Gesetz, die Forderungen aus der gesellschaftlichen Verflochtenheit unter die Hauptpflichten des heutigen Menschen zu rechnen und sie als solche zu beobachten. Je mehr nämlich die
Welt zusammenwächst, desto offenkundiger greifen die Aufgaben der
Menschen über die Sondergruppen hinaus und erhalten allmählich
eine Bedeutung für die Welt als ganze. Das wird nur dann zur Auswirkung kommen, wenn die Einzelnen und ihre Gruppen die sittlichen
und gesellschaftlichen Tugenden bei sich selbst pflegen und in der Gesellschaft zur Geltung bringen; dann werden sie mit der notwendigen

Hilfe der göttlichen Gnade wahrhaft neue Menschen und Erbauer einer neuen Menschheit.

31. (Die Verantwortung und die Beteiligung) Damit die einzelnen Menschen ihre Gewissenspflicht sowohl gegenüber sich selbst als auch gegenüber den verschiedenen Gruppen, deren Glieder sie sind, genauer erfüllen, muß man darauf bedacht sein, sie mit den heute der Menschheit zur Verfügung stehenden reichen Hilfen zu einer umfassenderen Kultur des inneren Menschen zu erziehen. Vor allem ist die Erziehung der Jugendlichen jedweder gesellschaftlichen Herkunft so zu gestalten, daß Männer und Frauen werden, die nicht bloß intellektuell ausgezeichnet gebildet sind, sondern auch jenen hochherzigen Charakter besitzen, Menschen, wie sie unsere Zeit dringend fordert.

Doch zu diesem Verantwortungsbewußtsein kommt der Mensch kaum, wenn die Lebensbedingungen ihn nicht zu einer Erfahrung seiner Würde und zur Erfüllung seiner Berufung durch die Hingabe seiner selbst für Gott und den Nächsten kommen lassen. Die menschliche Freiheit ist oft eingeschränkt, wenn der Mensch in äußerster Armut lebt, wie sie umgekehrt verkommt, wenn der Mensch es sich im Leben zu bequem macht und sich in einer „einsamen Selbstherrlichkeit" verschanzt. Umgekehrt gewinnt sie an Kraft, wenn der Mensch die unvermeidlichen Notwendigkeiten des gesellschaftlichen Lebens auf sich nimmt, die vielfachen Forderungen des menschlichen Zusammenlebens bejaht und sich dem Dienst an der menschlichen Gemeinschaft verpflichtet weiß.

Bei allen muß daher der Wille zur Mitwirkung an gemeinsamen Werken geweckt werden. Anerkennung verdient das Vorgehen jener Nationen, in denen ein möglichst großer Teil der Bürger in echter Freiheit am Gemeinwesen beteiligt ist. Zu berücksichtigen sind jedoch die konkrete Lage jedes einzelnen Volkes und die notwendige Stärke der öffentlichen Gewalt. Damit aber alle Bürger zur Beteiligung am Leben der verschiedenen Gruppen des Gesellschaftskörpers bereit seien, müssen sie auch in diesen Gruppen Werte finden, die sie anziehen und zum Dienst für andere willig machen. Mit Recht dürfen wir annehmen, daß das künftige Schicksal der Menschheit in den Händen jener ruht, die den kommenden Geschlechtern Triebkräfte des Lebens und der Hoffnung vermitteln können.

32. (Das menschgewordene Wort und die menschliche Solidarität) So wie Gott die Menschen nicht zu einem Leben in Vereinzelung, sondern zum Zusammenschluß in gesellschaftlicher Einheit erschuf, hat es ihm ebenso „gefallen, die Menschen nicht einzeln, unabhängig von aller wechselseitigen Verbindung, zu heiligen und zu retten, sondern sie zu einem Volke zu machen, das ihn in Wahrheit anerkennen und ihm in Heiligkeit dienen soll"[54]. Seit Beginn der Heilsgeschichte erwählte er Menschen nicht nur als Einzelwesen, sondern als Glieder einer bestimmten Gemeinschaft. Denn jene Erwählten, denen Gott seinen Heilsratschluß offenbarte, nannte er „sein Volk" (Ex 3, 7–12); mit ihm schloß er dann den Sinaibund[55].

Dieser Gemeinschaftscharakter wird im Werk Jesu Christi vollendet und erfüllt. Als fleischgewordenes Wort wollte er selbst in die menschliche Lebensgemeinschaft eingehen. Er hat an einer Hochzeit in Kana teilgenommen, er ist in das Haus des Zachäus eingekehrt und hat mit Zöllnern und Sündern gegessen. Mit Hinweisen auf die allergewöhnlichsten gesellschaftlichen Verhältnisse und mit Redewendungen und Bildern aus dem Alltagsleben offenbarte er die Liebe des Vaters und die hohe Berufung der Menschen. Die menschlichen, besonders die familiären Verflechtungen, den Anfang der Gesellschaftlichkeit überhaupt, hat er geheiligt; freiwillig war er den Gesetzen seines Heimatlandes untertan; er hat das Leben eines Arbeiters, wie es Zeit und Land eigen war, leben wollen.

In seiner Verkündigung gab er den Kindern Gottes das klare Gebot, einander wie Brüder zu begegnen, und in seinem Gebet bat er darum, daß alle seine Jünger „eins" seien. Er selbst hat sich als der Erlöser aller bis in den Tod hinein für alle dahingegeben. „Eine größere Liebe hat niemand als der, der für seine Freunde sein Leben hergibt" (Jo 15, 13). Den Aposteln befahl er, allen Völkern die Frohbotschaft zu verkünden, damit die Menschheit zur Familie Gottes werde, in der die Liebe die Fülle des Gesetzes sein soll.

Erstgeborener unter vielen Brüdern, stiftete er nach seinem Tode und seiner Auferstehung unter allen, die ihn im Glauben und in der Liebe annehmen, durch das Geschenk seines Geistes eine neue brüderliche Gemeinschaft in seinem Leib, der Kirche, in dem alle einander Glieder sind und sich entsprechend der Verschiedenheit der empfangenen Gaben gegenseitig dienen sollen.

Diese Solidarität muß stetig wachsen bis zu jenem Tag, an dem sie vollendet sein wird und die aus Gnade geretteten Menschen als eine von Gott und Christus, ihrem Bruder, geliebte Familie Gott vollkommen verherrlichen werden.

DRITTES KAPITEL

Das menschliche Schaffen in der Welt

33. (Das Problem) Durch Arbeit und Geisteskraft hat der Mensch immer versucht, sein Leben reicher zu entfalten. Heute jedoch hat er, vor allem mit den Mitteln der Wissenschaft und der Technik, seine Herrschaft über beinahe die gesamte Natur ausgebreitet und breitet sie beständig weiter aus. Vor allem dank den zwischen den Völkern zunehmenden Beziehungen der mannigfaltigsten Art erfährt und gestaltet sich die Menschheitsfamilie allmählich als eine die ganze Welt umfassende Gemeinschaft. Die Folge von alldem ist, daß sich der Mensch heute viele Güter, die er einst vor allem von höheren Mächten erwartete, durch seine eigene Tat beschafft.

Angesichts dieses unermeßlichen Unternehmens, das schon die ganze Menschheit erfaßt, stellen sich den Menschen viele Fragen: Was ist der Sinn und der Wert dieser angestrengten Tätigkeit? Wie sind all diese Güter zu nutzen? Was ist das Ziel dieses individuellen und kollektiven Bemühens? Die Kirche hütet das bei ihr hinterlegte Wort Gottes, aus dem die Grundsätze der religiösen und sittlichen Ordnung gewonnen werden, wenn sie auch nicht immer zu allen einzelnen Fragen eine fertige Antwort bereit hat; und so ist es ihr Wunsch, das Licht der Offenbarung mit der Sachkenntnis aller Menschen in Verbindung zu bringen, damit der Weg, den die Menschheit neuerdings nimmt, erhellt werde.

34. (Der Wert des menschlichen Schaffens) Eines steht für die Glaubenden fest: das persönliche und gemeinsame menschliche Schaffen, dieses gewaltige Bemühen der Menschen im Lauf der Jahrhunderte, ihre Lebensbedingungen stets zu verbessern, entspricht als solches der Absicht Gottes. Der nach Gottes Bild geschaffene Mensch hat ja den Auftrag erhalten, sich die Erde mit allem, was zu ihr gehört, zu unterwerfen, die Welt in Gerechtigkeit und Heiligkeit zu regieren[56] und

durch die Anerkennung Gottes als des Schöpfers aller Dinge sich selbst und die Gesamtheit der Wirklichkeit auf Gott hinzuordnen, so daß alles dem Menschen unterworfen und Gottes Name wunderbar sei auf der ganzen Erde[57].

Das gilt auch für das gewöhnliche alltägliche Tun; denn Männer und Frauen, die, etwa beim Erwerb des Lebensunterhalts für sich und ihre Familie, ihre Tätigkeit so ausüben, daß sie ein entsprechender Dienst für die Gemeinschaft ist, dürfen überzeugt sein, daß sie durch ihre Arbeit das Werk des Schöpfers weiterentwickeln, daß sie für die Wohlfahrt ihrer Brüder sorgen und durch ihre persönliche Bemühung zur geschichtlichen Erfüllung des göttlichen Plans beitragen[58].

Den Christen liegt es deshalb fern, zu glauben, daß die von des Menschen Geist und Kraft geschaffenen Werke einen Gegensatz zu Gottes Macht bilden oder daß das mit Vernunft begabte Geschöpf sozusagen als Rivale dem Schöpfer gegenübertrete. Im Gegenteil, sie sind überzeugt, daß die Siege der Menschheit ein Zeichen der Größe Gottes und ‖ die Frucht seines unergründlichen Ratschlusses sind. Je mehr aber die Macht der Menschen wächst, desto mehr weitet sich ihre Verantwortung, sowohl die der Einzelnen wie die der Gemeinschaften. Daraus wird klar, daß die christliche Botschaft die Menschen nicht vom Aufbau der Welt ablenkt noch zur Vernachlässigung des Wohls ihrer Mitmenschen hintreibt, sondern sie vielmehr strenger zur Bewältigung dieser Aufgaben verpflichtet[59].

35. (Die Ordnung des menschlichen Schaffens) So wie das menschliche Schaffen aus dem Menschen hervorgeht, so ist es auch auf den Menschen hingeordnet. Durch sein Werk formt der Mensch nämlich nicht nur die Dinge und die Gesellschaft um, sondern vervollkommnet er auch sich selbst. Er lernt vieles, entwickelt seine Fähigkeiten, überschreitet sich und wächst über sich empor. Ein Wachstum dieser Art ist, richtig verstanden, mehr wert als zusammengraffter äußerer Reichtum. Der Wert des Menschen liegt mehr in ihm selbst als in seinem Besitz[60]. Ebenso ist alles, was die Menschen zur Erreichung einer größeren Gerechtigkeit, einer umfassenderen Brüderlichkeit und einer humaneren Ordnung der gesellschaftlichen Verflechtungen tun, wertvoller als der technische Fortschritt. Dieser technische Fortschritt kann nämlich gewissermaßen die Basis für den menschlichen Aufstieg bieten; den Aufstieg selbst wird er von sich allein aus keineswegs verwirklichen.

Richtschnur für das menschliche Schaffen ist daher, daß es gemäß dem Plan und Willen Gottes mit dem echten Wohl der Menschheit übereinstimme und dem Menschen als Einzelwesen und als Glied der Gesellschaft gestatte, seiner ganzen Berufung nachzukommen und sie zu erfüllen.

36. (Die richtige Autonomie der irdischen Wirklichkeiten) Nun scheinen viele unserer Zeitgenossen zu befürchten, daß durch eine engere Verbindung des menschlichen Schaffens mit der Religion die Autonomie des Menschen, der Gesellschaften und der Wissenschaften bedroht werde.

Wenn wir unter Autonomie der irdischen Wirklichkeiten verstehen, daß die geschaffenen Dinge und auch die Gesellschaften ihre eigenen Gesetze und Werte haben, die der Mensch schrittweise erkennen, gebrauchen und gestalten muß, dann ist es durchaus berechtigt, diese Autonomie zu fordern. Das ist nicht nur eine Forderung der Menschen unserer Zeit, sondern entspricht auch dem Willen des Schöpfers. Durch ihr Geschaffensein selber nämlich haben alle Einzelwirklichkeiten ihren festen Eigenstand, ihre eigene Wahrheit, ihre eigene Gutheit sowie ihre Eigengesetzlichkeit und ihre eigenen Ordnungen, die der Mensch unter Anerkennung der den einzelnen Wissenschaften und Techniken eigenen Methode achten muß. Vorausgesetzt, daß die methodische Forschung in allen Wissensbereichen in einer wirklich wissenschaftlichen Weise und gemäß den Normen der Sittlichkeit vorgeht, wird sie niemals in einen echten Konflikt mit dem Glauben kommen, weil die Wirklichkeiten des profanen Bereichs und die des Glaubens in demselben Gott ihren Ursprung haben[61]. Ja wer bescheiden und ausdauernd die Geheimnisse der Wirklichkeit zu erforschen versucht, wird, auch wenn er sich dessen nicht bewußt ist, von dem Gott an der Hand geführt, der alle Wirklichkeit trägt und sie in ihr Eigensein einsetzt. Deshalb sind gewisse Geisteshaltungen, die einst auch unter Christen wegen eines unzulänglichen Verständnisses für die legitime Autonomie der Wissenschaft vorkamen, zu bedauern. Durch die dadurch entfachten Streitigkeiten und Auseinandersetzungen schufen sie in der Mentalität vieler die Überzeugung von einem Widerspruch zwischen Glauben und Wissenschaft[62].

Wird aber mit den Worten „Autonomie der zeitlichen Dinge" gemeint, daß die geschaffenen Dinge nicht von Gott abhängen und der Mensch sie ohne Bezug auf den Schöpfer gebrauchen könne, so spürt jeder, der Gott anerkennt, wie falsch eine solche Auffassung ist. Denn das Geschöpf sinkt ohne den Schöpfer ins Nichts. Zudem haben alle Glaubenden, gleich, welcher Religion sie zugehören, die Stimme und Bekundung Gottes immer durch die Sprache der Geschöpfe vernommen. Überdies wird das Geschöpf selbst durch das Vergessen Gottes unverständlich.

37. (Das von der Sünde verderbte menschliche Schaffen) Die Heilige Schrift aber, der die Erfahrung aller Zeiten zustimmt, belehrt die Menschheitsfamilie, daß der menschliche Fortschritt, der ein großes Gut für den Menschen ist, freilich auch eine große Versuchung mit sich bringt: Dadurch, daß die Wertordnung verzerrt und Böses mit Gutem vermengt wird, beachten die einzelnen Menschen und Gruppen nur das, was ihnen, nicht aber was den anderen zukommt. Daher ist die Welt nicht mehr der Raum der wahren Brüderlichkeit, sondern die gesteigerte Macht der Menschheit bedroht bereits diese selbst mit Vernichtung.

Die ganze Geschichte der Menschheit durchzieht ein harter Kampf gegen die Mächte der Finsternis, ein Kampf, der schon am Anfang der Welt begann und nach dem Wort des Herrn[63] bis zum letzten Tag andauern wird. Der einzelne Mensch muß, in diesen Streit hineingezogen, beständig kämpfen um seine Entscheidung für das Gute, und nur mit großer Anstrengung kann er in sich mit Gottes Gnadenhilfe seine eigene innere Einheit erreichen.

Deshalb kann die Kirche Christi, obwohl sie im Vertrauen auf den Plan des Schöpfers anerkennt, daß der menschliche Fortschritt zum wahren Glück der Menschen zu dienen vermag, nicht davon absehen, das Wort des Apostels einzuschärfen: „Macht euch nicht dieser Welt gleichförmig" (Röm 12, 2), das heißt, dem Geist des leeren Stolzes und der Bosheit, der das auf den Dienst Gottes und des Menschen hingeordnete menschliche Schaffen in ein Werkzeug der Sünde verkehrt.

Vor der Frage, wie dieses Elend überwunden werden kann, bekennen die Christen, daß alles Tun des Menschen, das durch Stolz und ungeordnete Selbstliebe täglich gefährdet ist, durch Christi Kreuz und Auferstehung gereinigt und zur Vollendung gebracht werden muß. Als von Christus erlöst und im Heiligen Geist zu einem neuen Geschöpf gemacht, kann und muß der Mensch die von Gott geschaffenen Dinge lieben. Von Gott empfängt er sie, er betrachtet und schätzt sie als Gaben aus Gottes Hand. Er dankt seinem Wohltäter für die Gaben; in Armut und Freiheit des Geistes gebraucht und genießt er das Geschaffene; so kommt er in den wahren Besitz der Welt als einer, der nichts hat und doch alles besitzt[64]. „Alles gehört euch, ihr aber gehört Christus und Christus Gott" (1 Kor 3, 22–23).

38. (Das im Ostergeheimnis zur Vollendung geführte menschliche Schaffen) Das Wort Gottes, durch das alles geworden ist, ist selbst Fleisch geworden und ist, auf der Erde der Menschen wohnend[65], als wirklicher Mensch in die Geschichte der Welt eingetreten, hat sie sich zu eigen gemacht und in sich zusammengefaßt[66]. Er offenbart uns, „daß Gott die Liebe ist" (1 Jo 4, 8), und belehrt uns zugleich, daß das Grundgesetz der menschlichen Vervollkommnung und deshalb auch der Umwandlung der Welt das neue Gebot der Liebe ist. Denen also, die der göttlichen Liebe glauben, gibt er die Sicherheit, daß allen Menschen der Weg der Liebe offensteht und daß der Versuch, eine allumfassende Brüderlichkeit herzustellen, nicht vergeblich ist. Zugleich mahnt er, dieser Liebe nicht nur in großen Dingen nachzustreben, sondern auch und besonders in den gewöhnlichen Lebensverhältnissen. Für uns Sünder alle nahm er den Tod auf sich[67] und belehrt uns so durch sein Beispiel, daß auch das Kreuz getragen werden muß, das Fleisch und Welt denen auf die Schultern legen, die Frieden und Gerechtigkeit suchen. Durch seine Auferstehung zum Herrn bestellt, wirkt Christus, dem alle Gewalt im Himmel und auf Erden gegeben ist[68], schon durch die Kraft seines Geistes in den Herzen der Menschen dadurch, daß er nicht nur das Verlangen nach der zukünftigen Welt in ihnen weckt, sondern eben dadurch auch jene selbstlosen Bestrebungen belebt, reinigt und stärkt, durch die die Menschheitsfamilie sich bemüht, ihr eigenes Leben humaner zu gestalten und die ganze Erde diesem Ziel dienstbar zu machen. Verschieden sind jedoch die Gaben des Geistes: die einen beruft er dazu, daß sie das Verlangen nach der Heimat bei Gott deutlich bezeugen und es in der Menschheitsfamilie lebendig erhalten; andere beruft er, damit sie im irdischen Bereich den Menschen hingebungsvoll dienen und so durch ihren Beruf die Voraussetzungen für das Himmelreich schaffen. Alle aber befreit er, damit sie durch Absage an ihren Egoismus und unter Dienstbarmachung al-

ler Naturkräfte für das menschliche Leben nach jener Zukunft streben, in der die Menschheit selbst eine Gott angenehme Opfergabe wird[69].

Ein Angeld dieser Hoffnung und eine Wegzehrung hinterließ der Herr den Seinen in jenem Sakrament des Glaubens, in dem unter der Pflege des Menschen gewachsene Früchte der Natur in den Leib und das Blut des verherrlichten Herrn verwandelt werden zum Abendmahl brüderlicher Gemeinschaft und als Vorfeier des himmlischen Gastmahls.

39. (Die neue Erde und der neue Himmel) Den Zeitpunkt der Vollendung der Erde und der Menschheit kennen wir nicht[70], und auch die Weise wissen wir nicht, wie das Universum umgestaltet werden soll. Es vergeht zwar die Gestalt dieser Welt, die durch die Sünde mißgestaltet ist[71], aber wir werden belehrt, daß Gott eine neue Wohnstätte und eine neue Erde bereitet, auf der die Gerechtigkeit wohnt[72], deren Seligkeit jede Sehnsucht nach Frieden in den Herzen der Menschen erfüllt und übertrifft[73]. Der Tod wird besiegt sein, die Kinder Gottes werden in Christus auferweckt werden, und was in Schwachheit und Verweslichkeit gesät wurde, wird sich mit Unverweslichkeit bekleiden[74]. Die Liebe wird bleiben wie das, was sie einst getan hat[75], und die ganze Schöpfung, die Gott um des Menschen willen schuf, wird von der Knechtschaft der Vergänglichkeit befreit sein[76].

Zwar werden wir gemahnt, daß es dem Menschen nichts nützt, wenn er die ganze Welt gewinnt, sich selbst jedoch ins Verderben bringt[77]; dennoch darf die Erwartung der neuen Erde die Sorge für die Gestaltung dieser Erde nicht abschwächen, auf der uns der wachsende Leib der neuen Menschenfamilie eine umrißhafte Vorstellung von der künftigen Welt geben kann, sondern muß sie im Gegenteil ermutigen. Obschon der irdische Fortschritt eindeutig vom Wachstum des Reiches Christi zu unterscheiden ist, so hat er doch große Bedeutung für das Reich Gottes, insofern er zu einer besseren Ordnung der menschlichen Gesellschaft beitragen kann[78].

Alle guten Erträgnisse der Natur und unserer Bemühungen nämlich, die Güter menschlicher Würde, brüderlicher Gemeinschaft und Freiheit, müssen im Geist des Herrn und gemäß seinem Gebot auf Erden gemehrt werden; dann werden wir sie wiederfinden, gereinigt von jedem Makel, lichtvoll und verklärt, dann nämlich, wenn Christus dem Vater „ein ewiges, allumfassendes Reich übergeben wird: das Reich der Wahrheit und des Lebens, das Reich der Heiligkeit und der Gnade, das Reich der Gerechtigkeit, der Liebe und des Friedens"[79]. Hier auf Erden ist das Reich schon im Geheimnis da; beim Kommen des Herrn erreicht es seine Vollendung.

VIERTES KAPITEL

Die Aufgabe der Kirche in der Welt von heute

40. (Die gegenseitige Beziehung von Kirche und Welt) Alles, was wir über die Würde der menschlichen Person, die menschliche Gemeinschaft und über den letzten Sinn des menschlichen Schaffens gesagt haben, bildet das Fundament für die Beziehung zwischen Kirche und Welt wie auch die Grundlage ihres gegenseitigen Dialogs[80]. Unter Voraussetzung all der bisherigen Aussagen dieses Konzils über das Geheimnis der Kirche ist sie nun darzustellen, insofern sie gerade in dieser Welt besteht und mit ihr lebt und wirkt.

Hervorgegangen aus der Liebe des ewigen Vaters[81], in der Zeit gestiftet von Christus dem Erlöser, geeint im Heiligen Geist[82], hat die Kirche das endzeitliche Heil zum Ziel, das erst in der künftigen Weltzeit voll verwirklicht werden kann. Sie ist aber schon hier auf Erden anwesend, gesammelt aus Menschen, Gliedern des irdischen Gemeinwesens, die dazu berufen sind, schon in dieser geschichtlichen Zeit der Menschheit die Familie der Kinder Gottes zu bilden, die bis zur Ankunft des Herrn stetig wachsen soll. Der himmlischen Güter willen geeint und von ihnen erfüllt, ist diese Familie von Christus „in dieser Welt als Gesellschaft verfaßt und geordnet"[83] und „mit geeigneten Mitteln sichtbarer und gesellschaftlicher Einheit"[84] ausgerüstet. So geht denn diese Kirche, zugleich „sichtbare Versammlung und geistliche Gemeinschaft"[85], den Weg mit der ganzen Menschheit gemeinsam und erfährt das gleiche irdische Geschick mit der Welt und ist gewissermaßen der Sauerteig und die Seele der in Christus zu erneuernden und in die Familie Gottes umzugestaltenden menschlichen Gesellschaft[86].

Dieses Ineinander des irdischen und himmlischen Gemeinwesens kann nur im Glauben begriffen werden, ja es bleibt ein Geheimnis der menschlichen Geschichte, die bis zur vollen Offenbarung der Herrlichkeit der Kinder Gottes durch die Sünde verwirrt ist. In Verfolgung ihrer eigenen Heilsabsicht vermittelt die Kirche nicht nur den Menschen das göttliche Leben, sondern läßt dessen Widerschein mehr oder weniger auf die ganze Welt fallen, vor allem durch die Heilung und Hebung der menschlichen Personwürde, durch die Festigung des menschlichen Gemeinschaftsgefüges, durch die Erfüllung des alltäglichen menschlichen Schaffens mit tieferer Sinnhaftigkeit und Bedeutung. So glaubt die Kirche durch ihre einzelnen Glieder und als ganze viel zu einer humaneren Gestaltung der Menschenfamilie und ihrer Geschichte beitragen zu können.

Unbefangen schätzt zudem die katholische Kirche all das hoch, was zur Erfüllung derselben Aufgabe die anderen christlichen Kirchen und kirchlichen Gemeinschaften in Zusammenarbeit beigetragen haben und noch beitragen. Zugleich ist sie der festen Überzeugung, daß sie selbst von der Welt, sei es von einzelnen Menschen, sei es von der menschlichen Gesellschaft, durch deren Möglichkeiten und Bemühungen viele und mannigfache Hilfe zur Wegbereitung für das Evangelium erfahren kann. Zur sachgemäßen Förderung dieser gegenseitigen Beziehung und Hilfe in jenem Bereich, der Kirche und Welt gewissermaßen gemeinsam ist, werden hier einige allgemeinere Grundsätze vorgelegt.

41. (Die Hilfe, welche die Kirche den einzelnen Menschen leisten möchte) Der heutige Mensch ist unterwegs zur volleren Entwicklung seiner Persönlichkeit und zu einer immer tieferen Einsicht und Durchsetzung seiner Rechte. Da es aber der Kirche anvertraut ist, das Geheimnis Gottes, des letzten Zieles der Menschen, offenkundig zu machen, erschließt sie dem Menschen gleichzeitig das Verständnis seiner eigenen Existenz, das heißt die letzte Wahrheit über den Menschen. Die Kirche weiß sehr wohl, daß Gott, dem sie dient, allein die Antwort ist auf das tiefste Sehnen des menschlichen Herzens, das an den Gaben der Erde nie voll sich sättigen kann. Sie weiß auch darum, daß der Mensch unter dem ständigen Antrieb des Geistes Gottes niemals dem Problem der Religion gegenüber ganz gleichgültig sein kann, wie es nicht nur die Erfahrung so vieler vergangener Jahrhunderte, sondern auch das vielfältige Zeugnis unserer Zeit beweist. Denn immer wird der Mensch wenigstens ahnungsweise Verlangen in sich tragen, zu wissen, was die Bedeutung seines Lebens, seines Schaffens und seines To-

des ist. Schon das reine Dasein der Kirche als solches erinnert ihn an diese Probleme. Gott allein, der den Menschen nach seinem Bild geschaffen und von der Sünde erlöst hat, gibt auf diese Fragen die erschöpfende Antwort in seiner Offenbarung in Christus, seinem Sohn, der Mensch geworden ist. Wer Christus, dem vollkommenen Menschen, folgt, wird auch selbst mehr Mensch.

Aus diesem Glauben heraus vermag die Kirche die Würde des menschlichen Wesens allen Meinungsschwankungen zu entziehen, die z. B. den menschlichen Leib zu sehr abwerten oder über das rechte Maß emporheben. Durch kein menschliches Gesetz können die personale Würde und die Freiheit des Menschen so wirksam geschützt werden wie durch das Evangelium Christi, das der Kirche anvertraut ist. Diese Frohbotschaft nämlich verkündet und proklamiert die Freiheit der Kinder Gottes; sie verwirft jede Art von Knechtschaft, die letztlich aus der Sünde stammt[87]; sie respektiert sorgfältig die Würde des Gewissens und seiner freien Entscheidung; unablässig mahnt sie dazu, alle menschlichen Talente im Dienst Gottes und zum Wohl der Menschen Frucht bringen zu lassen; alle endlich empfiehlt sie der Liebe aller[88]. Dies entspricht dem grundlegenden Gesetz der christlichen Heilsordnung. Wenn auch derselbe Gott Schöpfer und Erlöser ist, Herr der Profangeschichte und der Heilsgeschichte, so wird doch in eben dieser göttlichen Ordnung die richtige Autonomie der Schöpfung und besonders des Menschen nicht nur nicht aufgehoben, sondern vielmehr in ihre eigene Würde eingesetzt und in ihr befestigt.

Kraft des ihr anvertrauten Evangeliums verkündet also die Kirche die Rechte des Menschen, und sie anerkennt und schätzt die Dynamik der Gegenwart, die diese Rechte überall fördert. Freilich muß diese Bewegung vom Geist des Evangeliums erfüllt und gegen jede Art falscher Autonomie geschützt werden. Wir sind nämlich der Versuchung ausgesetzt, unsere persönlichen Rechte nur dann für voll gewahrt zu halten, wenn wir jeder Norm des göttlichen Gesetzes ledig wären. Auf diesem Wege aber geht die Würde der menschlichen Person, statt gewahrt zu werden, eher verloren.

42. (Die Hilfe, welche die Kirche der menschlichen Gemeinschaft bringen möchte) Die Einheit der menschlichen Familie wird durch die Einheit der Familie der Kinder Gottes, die in Christus begründet ist[89], in vieler Hinsicht gestärkt und erfüllt.

Die ihr eigene Sendung, die Christus der Kirche übertragen hat, bezieht sich zwar nicht auf den politischen, wirtschaftlichen oder sozialen Bereich: das Ziel, das Christus ihr gesetzt hat, gehört ja der religiösen Ordnung an[90]. Doch fließen aus eben dieser religiösen Sendung Auftrag, Licht und Kraft, um der menschlichen Gemeinschaft zu Aufbau und Festigung nach göttlichem Gesetz behilflich zu sein. Ja wo es nötig ist, kann und muß sie selbst je nach den Umständen von Zeit und Ort Werke zum Dienst an allen, besonders an den Armen, in Gang bringen, wie z. B. Werke der Barmherzigkeit oder andere dieser Art.

Die Kirche anerkennt weiterhin, was an Gutem in der heutigen gesellschaftlichen Dynamik vorhanden ist, besonders die Entwicklung hin zur Einheit, den Prozeß einer gesunden Sozialisation und Vergesellschaftung im bürgerlichen und wirtschaftlichen Bereich. Förderung von Einheit hängt ja mit der letzten Sendung der Kirche zusammen, da sie „in Christus gleichsam das Sakrament, das heißt Zeichen und Werkzeug für die innigste Vereinigung mit Gott wie für die Einheit der ganzen Menschheit"[91] ist. So zeigt sie der Welt, daß die wahre Einheit in der äußeren gesellschaftlichen Sphäre aus einer Einheit der Gesinnungen und Herzen erwächst, aus jenem Glauben und jener Liebe nämlich, auf denen im Heiligen Geist ihre unauflösliche Einheit beruht. Die Kraft nämlich, die die Kirche der menschlichen Gesellschaft von heute mitzuteilen vermag, ist jener Glaube und jene Liebe, die sich in Tat und Wahrheit des Lebens auswirken, nicht aber irgendeine äußere, mit rein menschlichen Mitteln ausgeübte Herrschaft.

Da sie weiterhin kraft ihrer Sendung und Natur an keine besondere Form menschlicher Kultur und an kein besonderes politisches, wirtschaftliches oder gesellschaftliches System gebunden ist, kann die Kirche kraft dieser ihrer Universalität ein ganz enges Band zwischen den verschiedenen menschlichen Gemeinschaften und Nationen bilden. Nur müssen diese ihr Vertrauen schenken und ihr wahre Freiheit zur Erfüllung dieser ihrer Sendung ehrlich zuerkennen. So mahnt denn die Kirche ihre Kinder, aber auch alle Menschen, sie sollen in diesem Familiengeist der Gotteskinder alle Zwistigkeiten zwischen den Nationen und den Rassen überwinden und von innen her den legitimen menschlichen Vergesellschaftungen Festigkeit verleihen.

Mit großer Achtung blickt das Konzil auf alles Wahre, Gute und Gerechte, das sich die Menschheit in den verschiedenen Institutionen geschaffen hat und immer neu schafft. Es erklärt auch, daß die Kirche alle diese Einrichtungen unterstützen und fördern will, soweit es von ihr abhängt und sich mit ihrer Sendung vereinbaren läßt. Sie selbst hat keinen dringlicheren Wunsch, als sich selbst im Dienst des Wohles aller frei entfalten zu können unter jeglicher Regierungsform, die die Grundrechte der Person und der Familie und die Erfordernisse des Gemeinwohls anerkennt.

43. (Die Hilfe, mit der die Kirche durch die Christen das menschliche Schaffen unterstützen möchte) Das Konzil fordert die Christen, die Bürger beider Gemeinwesen, auf, nach treuer Erfüllung ihrer irdischen Pflichten zu streben, und dies im Geist des Evangeliums. Die Wahrheit verfehlen die, die im Bewußtsein, hier keine bleibende Stätte zu haben, sondern die künftige zu suchen[92], darum meinen, sie könnten ihre irdischen Pflichten vernachlässigen, und so verkennen, daß sie, nach Maßgabe der jedem zuteil gewordenen Berufung, gerade durch den Glauben selbst um so mehr zu deren Erfüllung verpflichtet sind[93]. Im selben Grade aber irren die, die umgekehrt meinen, so im irdischen Tun und Treiben aufgehen zu können, als hätte das darum gar nichts mit dem religiösen Leben zu tun, weil dieses nach ihrer Meinung in bloßen Kultakten und in der Erfüllung gewisser moralischer Pflichten besteht. Diese Spaltung bei vielen zwischen dem Glauben, den man bekennt, und dem täglichen Leben gehört zu den schweren Verirrungen unserer Zeit. Dieses Ärgernis haben schon die Propheten im Alten Bund heftig angegriffen[94], und noch viel strenger hat es Jesus Christus selbst im Neuen Bund mit schweren Strafen bedroht[95]. Man darf keinen künstlichen Gegensatz zwischen beruflicher und gesellschaftlicher Tätigkeit auf der einen Seite und dem religiösen Leben auf der anderen konstruieren. Ein Christ, der seine irdischen Pflichten vernachlässigt, versäumt damit seine Pflichten gegenüber dem Nächsten, ja gegen Gott selbst und bringt sein ewiges Heil in Gefahr. Die Christen sollen vielmehr froh sein, in der Nachfolge Christi, der als Handwerker gearbeitet hat, ihre ganze irdische Arbeit so leisten zu können, daß sie ihre menschlichen, häuslichen, beruflichen, wissenschaftlichen oder technischen Anstrengungen mit den religiösen Werten zu einer lebendigen Synthese verbinden; wenn diese Werte nämlich die letzte Sinngebung bestimmen, wird alles auf Gottes Ehre hingeordnet.
Die Laien sind eigentlich, wenn auch nicht ausschließlich, zuständig

für die weltlichen Aufgaben und Tätigkeiten. Wenn sie also, sei es als Einzelne, sei es in Gruppen, als Bürger dieser Welt handeln, so sollen sie nicht nur die jedem einzelnen Bereich eigenen Gesetze beobachten, sondern sich zugleich um gutes fachliches Wissen und Können in den einzelnen Sachgebieten bemühen. Sie sollen bereitwilligst mit denen, die die gleichen Aufgaben haben wie sie, zusammenarbeiten. In Anerkennung der Forderungen des Glaubens und in seiner Kraft sollen sie, wo es geboten ist, mit Entschlossenheit Neues planen und ausführen. Aufgabe ihres dazu von vornherein richtig geschulten Gewissens ist es, das Gebot Gottes im Leben der profanen Gesellschaft zur Geltung zu bringen. Von den Priestern aber dürfen die Laien Licht und geistliche Kraft erwarten. Sie mögen aber nicht meinen, ihre Seelsorger seien immer in dem Grade kompetent, daß sie in jeder, zuweilen auch schweren Frage, die gerade auftaucht, eine konkrete Lösung schon fertig haben könnten oder die Sendung dazu hätten. Die Laien selbst sollen vielmehr im Licht christlicher Weisheit und unter Berücksichtigung der Lehre des kirchlichen Lehramtes[96] darin ihre eigene Aufgabe wahrnehmen.

Oftmals wird gerade eine christliche Schau der Dinge ihnen eine bestimmte Lösung in einer konkreten Situation nahelegen. Aber andere Christen werden vielleicht, wie es häufiger, und zwar legitim, der Fall ist, bei gleicher Gewissenhaftigkeit in der gleichen Frage zu einem anderen Urteil kommen. Wenn dann die beiderseitigen Lösungen, auch gegen den Willen der Parteien, von vielen andern sehr leicht als eindeutige Folgerung aus der Botschaft des Evangeliums betrachtet werden, so müßte doch klar bleiben, daß in solchen Fällen niemand das Recht hat, die Autorität der Kirche ausschließlich für sich und seine eigene Meinung in Anspruch zu nehmen. Immer aber sollen sie in einem offenen Dialog sich gegenseitig zur Klärung der Frage zu helfen suchen; dabei sollen sie die gegenseitige Liebe bewahren und vor allem auf das Gemeinwohl bedacht sein.

Die Laien aber, die am ganzen Leben der Kirche ihren tätigen Anteil haben, sind nicht nur gehalten, die Welt mit christlichem Geist zu durchdringen, sondern sie sind auch dazu berufen, überall, und zwar inmitten der menschlichen Schicksalsgemeinschaft, Christi Zeugen zu sein.

Die Bischöfe aber, denen das Amt, die Kirche Gottes zu leiten, anvertraut ist, sollen mit ihren Priestern die Botschaft Christi so verkündigen, daß alle irdischen Tätigkeiten der Gläubigen von dem Licht des Evangeliums erhellt werden. Zudem sollen alle Seelsorger bemüht sein, in ihrer Lebensführung und ihrem Berufseifer[97] der Welt ein solches Antlitz der Kirche zu zeigen, daß die Menschen sich daran ein Urteil über die Kraft und Wahrheit der christlichen Botschaft bilden können. In Leben und Wort sollen sie zusammen mit den Ordensleuten und ihren Gläubigen beweisen, daß die Kirche mit all ihren Gütern schon durch ihre bloße Gegenwart eine unerschöpfliche Quelle jener sittlichen Kräfte ist, deren die heutige Welt so sehr bedarf. Durch beharrliches Studium sollen sie sich fähig machen, zum Dialog mit der Welt und mit Menschen jedweder Weltanschauung ihren Beitrag zu leisten. Besonders aber sollen sie die Worte dieses Konzils beherzigen: „Weil die Menschheit heute mehr und mehr zur Einheit im bürgerlichen, wirtschaftlichen und sozialen Bereich zusammenwächst, sollen die Priester um so mehr in vereinter Sorge und Arbeit unter Leitung der Bischöfe und des Papstes jede Art von Spaltung beseitigen, damit die ganze Menschheit der Einheit der Familie Gottes zugeführt werde."[98]

Obwohl die Kirche in der Kraft des Heiligen Geistes die treue Braut des Herrn geblieben ist und niemals aufgehört hat, das Zeichen des Heils in der Welt zu sein, so weiß sie doch klar, daß unter ihren Gliedern[99], ob Klerikern oder Laien, im Lauf so vieler Jahrhunderte immer auch Untreue gegen den Geist Gottes sich fand. Auch in unserer Zeit weiß die Kirche, wie groß der Abstand ist zwischen der von ihr verkündeten Botschaft und der menschlichen Armseligkeit derer, denen das Evangelium anvertraut ist. Wie immer auch die Geschichte über all dies Versagen urteilen mag, wir selber dürfen dieses Versagen nicht vergessen, sondern müssen es unerbittlich bekämpfen, damit es der Verbreitung des Evangeliums nicht schade. Die Kirche weiß auch, wie sehr sie selbst in ihrer lebendigen Beziehung zur Welt an der Erfahrung der Geschichte immerfort reifen muß. Vom Heiligen Geist geführt, mahnt die Mutter Kirche unablässig ihre Kinder „zur Läuterung und Erneuerung, damit das Zeichen Christi auf dem Antlitz der Kirche klarer erstrahle"[100].

44. (Die Hilfe, welche die Kirche von der heutigen Welt erfährt) Wie es aber im Interesse der Welt liegt, die Kirche als gesellschaftliche Wirklichkeit der Geschichte und als deren Ferment anzuerkennen, so

ist sich die Kirche auch darüber im klaren, wieviel sie selbst der Geschichte und Entwicklung der Menschheit verdankt.

Die Erfahrung der geschichtlichen Vergangenheit, der Fortschritt der Wissenschaften, die Reichtümer, die in den verschiedenen Formen der menschlichen Kultur liegen, durch die die Menschennatur immer klarer zur Erscheinung kommt und neue Wege zur Wahrheit aufgetan werden, gereichen auch der Kirche zum Vorteil. Von Beginn ihrer Geschichte an hat sie gelernt, die Botschaft Christi in der Vorstellungswelt und Sprache der verschiedenen Völker auszusagen und darüber hinaus diese Botschaft mit Hilfe der Weisheit der Philosophen zu verdeutlichen, um so das Evangelium sowohl dem Verständnis aller als auch berechtigten Ansprüchen der Gebildeten angemessen zu verkünden. Diese in diesem Sinne angepaßte Verkündigung des geoffenbarten Wortes muß ein Gesetz aller Evangelisation bleiben. Denn so wird in jedem Volk die Fähigkeit, die Botschaft Christi auf eigene Weise auszusagen, entwickelt und zugleich der lebhafte Austausch zwischen der Kirche und den verschiedenen nationalen Kulturen gefördert[101]. Zur Steigerung dieses Austauschs bedarf die Kirche vor allem in unserer Zeit mit ihrem schnellen Wandel der Verhältnisse und der Vielfalt ihrer Denkweisen der besonderen Hilfe der in der Welt Stehenden, die eine wirkliche Kenntnis der verschiedenen Institutionen und Fachgebiete haben und die Mentalität, die in diesen am Werk ist, wirklich verstehen, gleichgültig, ob es sich um Gläubige oder Ungläubige handelt. Es ist jedoch Aufgabe des ganzen Gottesvolkes, vor allem auch der Seelsorger und Theologen, unter dem Beistand des Heiligen Geistes auf die verschiedenen Sprachen unserer Zeit zu hören, sie zu unterscheiden, zu deuten und im Licht des Gotteswortes zu beurteilen, damit die geoffenbarte Wahrheit immer tiefer erfaßt, besser verstanden und passender verkündet werden kann.

Da die Kirche eine sichtbare gesellschaftliche Struktur hat, das Zeichen ihrer Einheit in Christus, sind für sie auch Möglichkeit und Tatsache einer Bereicherung durch die Entwicklung des gesellschaftlichen Lebens gegeben, nicht als ob in ihrer von Christus gegebenen Verfassung etwas fehle, sondern weil sie so tiefer erkannt, besser zur Erscheinung gebracht und zeitgemäßer gestaltet werden kann. Die Kirche erfährt auch dankbar, daß sie sowohl als Gemeinschaft wie auch in ihren einzelnen Kindern mannigfaltigste Hilfe von Menschen aus allen Ständen und Verhältnissen empfängt. Wer nämlich die menschliche

Gemeinschaft auf der Ebene der Familie, der Kultur, des wirtschaftlichen und sozialen Lebens, der nationalen und internationalen Politik voranbringt, leistet nach dem Plan Gottes auch der kirchlichen Gemeinschaft, soweit diese von äußeren Bedingungen abhängt, eine nicht unbedeutende Hilfe. Ja selbst die Feindschaft ihrer Gegner und Verfolger, so gesteht die Kirche, war für sie sehr nützlich und wird es bleiben[102].

45. (Christus, Alpha und Omega) Während sie selbst der Welt hilft oder von dieser vieles empfängt, strebt die Kirche nach dem einen Ziel, nach der Ankunft des Reiches Gottes und der Verwirklichung des Heiles der ganzen Menschheit.

Alles aber, was das Volk Gottes in der Zeit seiner irdischen Pilgerschaft der Menschenfamilie an Gutem mitteilen kann, kommt letztlich daher, daß die Kirche das „allumfassende Sakrament des Heiles"[103] ist, welches das Geheimnis der Liebe Gottes zu den Menschen zugleich offenbart und verwirklicht.

Gottes Wort, durch das alles geschaffen ist, ist selbst Fleisch geworden, um in vollkommenem Menschsein alle zu retten und das All zusammenzufassen. Der Herr ist das Ziel der menschlichen Geschichte, der Punkt, auf den hin alle Bestrebungen der Geschichte und der Kultur konvergieren, der Mittelpunkt der Menschheit, die Freude aller Herzen und die Erfüllung ihrer Sehnsüchte[104]. Ihn hat der Vater von den Toten auferweckt, erhöht und zu seiner Rechten gesetzt; ihn hat er zum Richter der Lebendigen und Toten bestellt. Von seinem Geist belebt und geeint, schreiten wir der Vollendung der menschlichen Geschichte entgegen, die mit dem Plan seiner Liebe zusammenfällt: „alles in Christus dem Haupt zusammenzufassen, was im Himmel und was auf Erden ist" (Eph 1, 10).

Der Herr selbst spricht: „Sieh, ich komme bald, und mein Lohn ist mit mir, einem jeden zu vergelten nach seinen Werken. Ich bin das Alpha und das Omega, der Erste und der Letzte, Anfang und Ende" (Apk 22, 12–13).

II. Hauptteil

Wichtigere Einzelfragen

46. (Vorwort) Nachdem das Konzil die Würde der menschlichen Person und die Erfüllung der individuellen und gesellschaftlichen Aufgabe dieser Person kraft ihrer Berufung in der ganzen Welt dargelegt hat, lenkt das Konzil nun im Licht des Evangeliums und der menschlichen Erfahrung die Aufmerksamkeit aller auf bestimmte besonders schwere Nöte dieser Zeit hin, welche die Menschheit in hohem Maß bedrängen.

Unter den vielen Problemen, die heute die Sorge aller wachrufen, sollen vor allem die folgenden behandelt werden: die Ehe und Familie, die Kultur, das wirtschaftliche, soziale und politische Leben, die Verbindung der Völkerfamilie und der Friede. Hinsichtlich dieser Einzelfragen sollen die lichtvollen Prinzipien, die von Christus herkommen, verdeutlicht werden, damit durch sie die Gläubigen geleitet werden und alle Menschen Klarheit finden bei der Suche nach der Lösung so vieler schwieriger Probleme.

ERSTES KAPITEL

Förderung der Würde der Ehe und der Familie

47. (Ehe und Familie in der heutigen Welt) Das Wohl der Person sowie der menschlichen und christlichen Gesellschaft ist zuinnerst mit einem Wohlergehen der Ehe- und Familiengemeinschaft verbunden. Darum begrüßen die Christen zusammen mit allen, welche diese Gemeinschaft hochschätzen, aufrichtig all die verschiedenen Hilfen, mittels derer man heute in der Förderung dieser Gemeinschaft der Liebe und im Schutz des Lebens vorwärtskommt und Gatten und Eltern bei ihrer großen Aufgabe unterstützt werden. Die Christen hoffen von daher auf noch bessere Resultate und suchen dazu beizutragen.

Jedoch nicht überall erscheint die Würde dieser Institution in gleicher Klarheit. Polygamie, um sich greifende Ehescheidung, sogenannte freie Liebe und andere Entartungen entstellen diese Würde. Darüber hinaus wird die eheliche Liebe öfters durch Egoismus, bloße Genußsucht und durch unerlaubte Praktiken gegen die Fruchtbarkeit der Ehe entweiht. Außerdem tragen die heutigen wirtschaftlichen, sozialpsychologischen und staatlichen Verhältnisse erhebliche Störungen in die Familie hinein. Schließlich werden in manchen Teilen der Welt die Probleme der Bevölkerungszunahme mit Besorgnis registriert. Durch all dies wird das Gewissen der Menschen beunruhigt. Andererseits zeigen sich Bedeutung und Stärke von Ehe und Familie als Institution gerade dadurch, daß sogar die tiefgreifenden Veränderungen der heutigen Gesellschaft trotz aller daraus entstehenden Schwierigkeiten sehr oft die wahre Eigenart dieser Institution in der verschiedensten Weise deutlich werden lassen.

Darum will das Konzil durch besondere Hervorhebung bestimmter Hauptpunkte der kirchlichen Lehre die Christen und alle jene Menschen belehren und bestärken, die die ursprüngliche Würde der Ehe und ihren hohen und heiligen Wert zu schützen und zu fördern suchen.

48. (Die Heiligkeit von Ehe und Familie) Die innige Gemeinschaft des Lebens und der Liebe in der Ehe, vom Schöpfer begründet und mit eigenen Gesetzen geschützt, wird durch den Ehebund, d. h. durch ein unwiderrufliches personales Einverständnis, gestiftet. So entsteht durch den personal freien Akt, in dem sich die Eheleute gegenseitig schenken und annehmen, eine nach göttlicher Ordnung feste Institution, und zwar auch gegenüber der Gesellschaft. Dieses heilige Band unterliegt im Hinblick auf das Wohl der Gatten und der Nachkommenschaft sowie auf das Wohl der Gesellschaft nicht mehr menschlicher Willkür. Gott selbst ist Urheber der Ehe, die mit verschiedenen Gütern und Zielen ausgestattet ist[105]; sie alle sind von größter Bedeutung für den Fortbestand der Menschheit, für den persönlichen Fortschritt der einzelnen Familienmitglieder und ihr ewiges Heil; für die Würde, die Festigkeit, den Frieden und das Wohlergehen der Familie selbst und der ganzen menschlichen Gesellschaft. Durch ihre natürliche Eigenart sind die Institutionen der Ehe und die eheliche Liebe auf die Zeugung und Erziehung von Nachkommenschaft hingeordnet und finden darin gleichsam ihre Krönung. Darum gewähren sich Mann und Frau, die im Ehebund nicht mehr zwei sind, sondern ein Fleisch (Mt 19, 6), in inniger Verbundenheit der Personen und ihres Tuns gegenseitige Hilfe und gegenseitigen Dienst und erfahren und vollziehen dadurch immer mehr und voller das eigentliche Wesen ihrer Einheit.

366

Diese innige Vereinigung als gegenseitiges Sichschenken zweier Personen wie auch das Wohl der Kinder verlangen die unbedingte Treue der Gatten und fordern ihre unauflösliche Einheit[106].

Christus der Herr hat diese Liebe, die letztlich aus der göttlichen Liebe hervorgeht und nach dem Vorbild seiner Einheit mit der Kirche gebildet ist, unter ihren vielen Hinsichten in reichem Maße gesegnet. Wie nämlich Gott einst durch den Bund der Liebe und Treue seinem Volk entgegenkam[107], so begegnet nun der Erlöser der Menschen und der Bräutigam[108] der Kirche durch das Sakrament der Ehe den christlichen Gatten. Er bleibt fernerhin bei ihnen, damit die Gatten sich in gegenseitiger Hingabe und ständiger Treue lieben, so wie er selbst die Kirche geliebt und sich für sie hingegeben hat[109]. Echte eheliche Liebe wird in die göttliche Liebe aufgenommen und durch die erlösende Kraft Christi und die Heilsvermittlung der Kirche gelenkt und bereichert, damit die Ehegatten wirksam zu Gott hingeführt werden und in ihrer hohen Aufgabe als Vater und Mutter unterstützt und gefestigt werden[110]. So werden die christlichen Gatten in den Pflichten und der Würde ihres Standes durch ein eigenes Sakrament gestärkt und gleichsam geweiht[111]. In der Kraft dieses Sakramentes erfüllen sie ihre Aufgabe in Ehe und Familie. Im Geist Christi, durch den ihr ganzes Leben mit Glaube, Hoffnung und Liebe durchdrungen wird, gelangen sie mehr und mehr zu ihrer eigenen Vervollkommnung, zur gegenseitigen Heiligung und so gemeinsam zur Verherrlichung Gottes.

Wenn somit die Eltern durch ihr Beispiel und ihr gemeinsames Gebet auf dem Weg vorausgehen, werden auch die Kinder und alle, die in der Familiengemeinschaft leben, leichter diesen Weg des echten Menschentums, des Heils und der Heiligkeit finden. Die Gatten aber müssen in ihrer Würde und Aufgabe als Vater und Mutter die Pflicht der Erziehung, vornehmlich der religiösen, die ihnen in ganz besonderer Weise zukommt, sorgfältig erfüllen.

Die Kinder als lebendige Glieder der Familie tragen auf ihre Weise zur Heiligung der Eltern bei. In Dankbarkeit, Ehrfurcht und Vertrauen müssen sie das erwidern, was die Eltern ihnen Gutes tun, und ihnen, wie es Kindern ziemt, im Unglück und in der Einsamkeit des Alters beistehen. Ein Leben, das nach dem Tod des einen Gatten als Fortführung der bisherigen ehelichen Berufung tapfer bejaht wird, soll von allen geachtet werden[112]. Von einem reichen geistlichen Leben soll die Familie auch anderen Familien in hochherziger Weise mitgeben. Daher soll die christliche Familie – entsteht sie doch aus der Ehe, die das Bild und die Teilhabe an dem Liebesbund Christi und der Kirche ist[113] – die lebendige Gegenwart des Erlösers in der Welt und die wahre Natur der Kirche allen kundmachen, sowohl durch die Liebe der Gatten, in hochherziger Fruchtbarkeit, in Einheit und Treue als auch in der bereitwilligen Zusammenarbeit aller ihrer Glieder.

49. (Die eheliche Liebe) Mehrfach fordert Gottes Wort Braut- und Eheleute auf, in keuscher Liebe ihre Brautzeit zu gestalten und in ungeteilter Liebe ihre Ehe durchzuhalten und zu entfalten[114]. Auch in unserer Zeit hat die wahre Liebe zwischen Mann und Frau in der Ehe, wie sie sich in verschiedener Weise je nach Volk und Zeit geziemend äußert, als hoher Wert Geltung. Diese eigentümlich menschliche Liebe geht in frei bejahter Neigung von Person zu Person, umgreift das Wohl der ganzen Person, vermag so den leib-seelischen Ausdrucksmöglichkeiten eine eigene Würde zu verleihen und sie als Elemente und besondere Zeichen der ehelichen Freundschaft zu adeln. Diese Liebe hat der Herr durch eine besondere Gabe seiner Gnade und Liebe geheilt, vollendet und erhöht. Eine solche Liebe, die Menschliches und Göttliches in sich eint, führt die Gatten zur freien gegenseitigen Übereignung ihrer selbst, die sich in zarter Zuneigung und in der Tat bewährt, und durchdringt ihr ganzes Leben[115]; ja gerade durch ihre Selbstlosigkeit in Leben und Tun verwirklicht sie sich und wächst. Sie ist viel mehr als bloß eine erotische Anziehung, die, egoistisch gewollt, nur zu schnell wieder erbärmlich vergeht.

Diese Liebe wird durch den eigentlichen Vollzug der Ehe in besonderer Weise ausgedrückt und verwirklicht. Jene Akte also, durch die die Eheleute innigst und lauter eins werden, sind von sittlicher Würde; sie bringen, wenn sie human vollzogen werden, jenes gegenseitige Übereignetsein zum Ausdruck und vertiefen es, durch das sich die Gatten gegenseitig in Freude und Dankbarkeit reich machen. Diese Liebe, die auf gegenseitige Treue gegründet und in besonderer Weise durch Christi Sakrament geheiligt ist, bedeutet unlösliche Treue, die in Glück und Unglück Leib und Seele umfaßt und darum unvereinbar ist mit jedem Ehebruch und jeder Ehescheidung. Wenn wirklich durch die gegenseitige und bedingungslose Liebe die gleiche personale Würde sowohl der Frau wie des Mannes anerkannt wird, wird auch die vom Herrn bestätigte Einheit der Ehe deutlich. Um die Pflichten dieser christlichen Berufung beständig zu erfüllen, ist ungewöhnliche Tugend erforderlich. Von daher müssen die Gatten, durch die Gnade zu heiligem Leben gestärkt, Festigkeit in der Liebe, Seelengröße und Opfergeist pflegen und im Gebet erbitten.

Die echte eheliche Liebe wird höher geschätzt werden, und es wird sich eine sachgerechte öffentliche Meinung über sie bilden, wenn die christlichen Gatten durch das Zeugnis der Treue und Harmonie in dieser Liebe und durch Sorge für die Kindererziehung sich hervortun und ihre Pflicht erfüllen bei einer notwendigen kulturellen, psychologischen und sozialen Erneuerung zugunsten von Ehe und Familie. Jugendliche sollen über die Würde, die Aufgaben und den Vollzug der ehelichen Liebe am besten im Kreis der Familie selbst rechtzeitig in geeigneter Weise unterrichtet werden, damit sie, an keusche Zucht gewöhnt, im entsprechenden Alter nach einer sauberen Brautzeit in die Ehe eintreten können.

50. (Die Fruchtbarkeit der Ehe) Ehe und eheliche Liebe sind ihrem Wesen nach auf die Zeugung und Erziehung von Nachkommenschaft ausgerichtet. Kinder sind gewiß die vorzüglichste Gabe für die Ehe und tragen zum Wohl der Eltern selbst sehr viel bei. Derselbe Gott, der gesagt hat: „Es ist nicht gut, daß der Mensch allein sei" (Gn 2, 28), und „der den Menschen von Anfang an als Mann und Frau schuf" (Mt 19, 14), wollte ihm eine besondere Teilnahme an seinem schöpferischen Wirken verleihen, segnete darum Mann und Frau und sprach: „Wachset und mehret euch" (Gn 1, 28). Ohne Hintansetzung der übrigen Eheziele sind deshalb die echte Gestaltung der ehelichen Liebe und die ganze sich daraus ergebende Natur des Familienlebens dahin ausgerichtet, daß die Gatten von sich aus entschlossen bereit sind zur Mitwirkung mit der Liebe des Schöpfers und Erlösers, der durch sie seine eigene Familie immer mehr vergrößert und bereichert.

In ihrer Aufgabe, menschliches Leben weiterzugeben und zu erziehen, die als die nur ihnen zukommende Sendung zu betrachten ist, wissen sich die Eheleute als mitwirkend mit der Liebe Gottes des Schöpfers und gleichsam als Interpreten dieser Liebe. Daher müssen sie in menschlicher und christlicher Verantwortlichkeit ihre Aufgabe erfüllen und in einer auf Gott hinhörenden Ehrfurcht durch gemeinsame Überlegung versuchen, sich ein sachgerechtes Urteil zu bilden. Hierbei müssen sie auf ihr eigenes Wohl wie auf das ihrer Kinder – der schon geborenen oder zu erwartenden – achten; sie müssen die materiellen und geistigen Verhältnisse der Zeit und ihres Lebens zu erkennen suchen und schließlich auch das Wohl der Gesamtfamilie, der weltlichen Gesellschaft und der Kirche berücksichtigen. Dieses Urteil müssen im Angesicht Gottes die Eheleute letztlich selbst fällen. In ihrem ganzen Verhalten seien sich die christlichen Gatten bewußt, daß sie nicht nach eigener Willkür vorgehen können; sie müssen sich vielmehr leiten lassen von einem Gewissen, das sich auszurichten hat am göttlichen Gesetz; sie müssen hören auf das Lehramt der Kirche, das dieses göttliche Gesetz im Licht des Evangeliums authentisch auslegt. Dieses göttliche Gesetz zeigt die ganze Bedeutung der ehelichen Liebe, schützt sie und drängt zu ihrer wahrhaft menschlichen Vollendung. So verherrlichen christliche Eheleute in Vertrauen auf die göttliche Vorsehung und Opfergesinnung[116] den Schöpfer und streben zur Vollkommenheit in Christus, indem sie in hochherziger menschlicher und christlicher Verantwortlichkeit Kindern das Leben schenken. Unter den Eheleuten, die diese ihnen von Gott aufgetragene Aufgabe erfüllen, sind besonders jene zu erwähnen, die in gemeinsamer kluger Beratung eine größere Zahl von Kindern, wenn diese entsprechend erzogen werden können, hochherzig auf sich nehmen[117].

Die Ehe ist aber nicht nur zur Zeugung von Kindern eingesetzt, sondern die Eigenart des unauflöslichen personalen Bundes und das Wohl der Kinder fordern, daß auch die gegenseitige Liebe der Ehegatten ihren gebührenden Platz behalte, wachse und reife. Wenn deshalb das – oft so erwünschte – Kind fehlt, bleibt die Ehe dennoch als volle Lebensgemeinschaft bestehen und behält ihren Wert sowie ihre Unauflöslichkeit.

51. (Die eheliche Liebe und der Fortbestand des menschlichen Lebens) Das Konzil weiß, daß die Gatten in ihrem Bemühen, das Eheleben harmonisch zu gestalten, oft durch mancherlei Lebensbedingungen der heutigen Zeit eingeengt sind und sich in einer Lage befinden, in der die Zahl der Kinder – mindestens zeitweise – nicht vermehrt werden kann und der Vollzug treuer Liebe und die volle Lebensgemeinschaft nur schwer gewahrt werden können. Wo nämlich das intime eheliche Leben unterlassen wird, kann nicht selten die Treue als Ehegut in Gefahr geraten und das Kind als Ehegut in Mitleidenschaft

gezogen werden; denn dann werden die Erziehung der Kinder und auch die tapfere Bereitschaft zu weiteren Kindern gefährdet. Manche wagen es, für diese Schwierigkeiten unsittliche Lösungen anzubieten, ja sie scheuen selbst vor Tötung nicht zurück. Die Kirche aber erinnert daran, daß es keinen wahren Widerspruch geben kann zwischen den göttlichen Gesetzen hinsichtlich der Übermittlung des Lebens und dem, was echter ehelicher Liebe dient.

Gott, der Herr des Lebens, hat nämlich den Menschen die hohe Aufgabe der Erhaltung des Lebens übertragen, die auf eine menschenwürdige Weise erfüllt werden muß. Das Leben ist daher von der Empfängnis an mit höchster Sorgfalt zu schützen. Abtreibung und Tötung des Kindes sind verabscheuenswürdige Verbrechen. Die geschlechtliche Anlage des Menschen und seine menschliche Zeugungsfähigkeit überragen in wunderbarer Weise all das, was es Entsprechendes auf niedrigeren Stufen des Lebens gibt. Deshalb sind auch die dem ehelichen Leben eigenen Akte, die entsprechend der wahren menschlichen Würde gestaltet sind, zu achten und zu ehren. Wo es sich um den Ausgleich zwischen ehelicher Liebe und verantwortlicher Weitergabe des Lebens handelt, hängt die sittliche Qualität der Handlungsweise nicht allein von der guten Absicht und Bewertung der Motive ab, sondern auch von objektiven Kriterien, die sich aus dem Wesen der menschlichen Person und ihrer Akte ergeben und die sowohl den vollen Sinn gegenseitiger Hingabe als auch den einer wirklich humanen Zeugung in wirklicher Liebe wahren. Das ist nicht möglich ohne aufrichtigen Willen zur Übung der Tugend ehelicher Keuschheit. Von diesen Prinzipien her ist es den Kindern der Kirche nicht erlaubt, in der Geburtenregelung Wege zu beschreiten, die das Lehramt in Auslegung des göttlichen Gesetzes verwirft[118].

Mögen alle daran denken: Das menschliche Leben und die Aufgabe, es weiterzuvermitteln, haben nicht nur eine Bedeutung für diese Zeit und können deshalb auch nicht von daher allein bemessen und verstanden werden, sondern haben immer eine Beziehung zu der ewigen Bestimmung des Menschen.

52. (Die Sorge aller um die Förderung von Ehe und Familie) Die Familie ist eine Art Schule reich entfalteter Humanität. Damit sie aber ihr Leben und ihre Sendung vollkommen verwirklichen kann, sind herzliche Seelengemeinschaft, gemeinsame Beratung der Gatten und

sorgfältige Zusammenarbeit der Eltern bei der Erziehung der Kinder erforderlich. Zu ihrer Erziehung trägt die anteilnehmende Gegenwart des Vaters viel bei. Aber auch die häusliche Sorge der Mutter, deren besonders die jüngeren Kinder bedürfen, ist zu sichern, ohne daß eine berechtigte gesellschaftliche Hebung der Frau dadurch irgendwie beeinträchtigt wird. Die Kinder sollen so erzogen werden, daß sie, erwachsen in vollem Verständnis für ihre Verantwortung, ihrer Berufung, auch einer geistlichen, folgen und einen Lebensstand wählen können, in dem sie, wenn sie heiraten, eine eigene Familie gründen können, und dies unter günstigen sittlichen, gesellschaftlichen und wirtschaftlichen Voraussetzungen. Es ist Aufgabe der Eltern oder Erzieher, die jungen Menschen bei der Gründung einer Familie mit klugem Rat, den sie gern hören sollen, anzuleiten. Doch sollen sie sich dabei hüten, sie mit direktem oder indirektem Zwang zum Eingehen einer Ehe oder zur Wahl des Partners zu bestimmen.

So ist die Familie, in der verschiedene Generationen zusammenleben und sich gegenseitig helfen, um zu größerer Weisheit zu gelangen und die Rechte der einzelnen Personen mit den anderen Notwendigkeiten des gesellschaftlichen Lebens zu vereinbaren, das Fundament der Gesellschaft. Deshalb müssen alle, die einen Einfluß auf Gemeinden und gesellschaftliche Gruppen haben, zur Förderung von Ehe und Familie wirksam beitragen. Die staatliche Gewalt möge es als ihre heilige Aufgabe betrachten, die wahre Eigenart von Ehe und Familie anzuerkennen, zu hüten und zu fördern, die öffentliche Sittlichkeit zu schützen und den häuslichen Wohlstand zu begünstigen. Das Recht der Eltern auf Zeugung der Nachkommenschaft und auf Erziehung in der Familie ist zu sichern. Durch umsichtige Gesetzgebung und andere Maßnahmen soll auch für diejenigen Sorge getragen und entsprechende Hilfe gegeben werden, die das Gut der Familie leider entbehren müssen.

Die christlichen Laien, die die Gegenwart auszukaufen[119] und das Ewige von den wandelbaren Formen zu unterscheiden haben, mögen die Werte der Ehe und Familie durch das Zeugnis ihres eigenen Lebens wie durch Zusammenarbeit mit den anderen Menschen guten Willens eifrig fördern, und so werden sie trotz aller Schwierigkeiten für die Familie das erreichen, was sie braucht, und auch das, was die moderne Zeit an Vorteilen bietet. Um dieses Ziel zu erreichen, sind die christliche Gesinnung der Gläubigen, das richtige sittliche Gewissen der Menschen und eine weise Erfahrung theologischer Fachleute von großem Nutzen.

Die Fachleute in den Wissenschaften, besonders in Biologie, Medizin, Sozialwissenschaften und Psychologie, können dem Wohl von Ehe und Familie und dem Frieden des Gewissens sehr dienen, wenn sie durch ihre gemeinsame wissenschaftliche Arbeit die Voraussetzungen für eine sittlich einwandfreie Geburtenregelung genauer zu klären suchen.

Die Seelsorger haben die Aufgabe, unter Voraussetzung einer genügenden Kenntnis des Familienproblems, mittels der verschiedenen pastoralen Hilfen, durch die Verkündigung des Wortes Gottes, durch die Feier der Liturgie und durch anderen geistlichen Beistand, die Berufung der Gatten in ihrem Ehe- und Familienleben zu fördern, sie menschlich und geduldig in Schwierigkeiten zu stützen und sie in der Liebe zu stärken, damit Familien von großer Ausstrahlungskraft entstehen.

Mancherlei Einrichtungen, besonders Familienvereinigungen, mögen den Jugendlichen und den Eheleuten selbst, besonders den Jungverheirateten, durch Rat und Tat beistehen und helfen, sie zu einem Familienleben hinzuführen, das seiner gesellschaftlichen und apostolischen Aufgabe gerecht wird.

Die Ehegatten selber aber sollen, nach dem Bild des lebendigen Gottes geschaffen, in eine wahre personale Ordnung gestellt, eines Strebens, gleichen Sinnes und in gegenseitiger Heiligung vereint[120] sein, damit sie, Christus, dem Ursprung des Lebens[121], folgend, in den Freuden und Opfern ihrer Berufung durch ihre treue Liebe Zeugen jenes Liebesgeheimnisses werden, das der Herr durch seinen Tod und seine Auferstehung der Welt geoffenbart hat[122].

ZWEITES KAPITEL

Die richtige Förderung des kulturellen Fortschritts

53. (Einführung) In der Person des Menschen selbst liegt es begründet, daß sie nur durch Kultur, das heißt durch die entfaltende Pflege der Güter und Werte der Natur, zur wahren und vollen Verwirklichung des menschlichen Wesens gelangt. Wo immer es daher um das

menschliche Leben geht, hängen Natur und Kultur engstens zusammen.

Unter Kultur im allgemeinen versteht man alles, wodurch der Mensch seine vielfältigen geistigen und körperlichen Anlagen ausbildet und entfaltet; wodurch er sich die ganze Welt in Erkenntnis und Arbeit zu unterwerfen sucht; wodurch er das gesellschaftliche Leben in der Familie und in der ganzen bürgerlichen Gesellschaft im moralischen und institutionellen Fortschritt menschlicher gestaltet; wodurch er endlich seine großen geistigen Erfahrungen und Strebungen im Lauf der Zeit in seinen Werken vergegenständlicht, mitteilt und ihnen Dauer verleiht – zum Segen vieler, ja der ganzen Menschheit.

Daraus folgt, daß die Kultur des Menschen notwendig eine geschichtliche und eine gesellschaftliche Seite hat und darum der Begriff der Kultur meist das Gesellschaftliche und das Völkische mitbezeichnet. In diesem Sinn spricht man von Kulturen im Plural. Denn aus der verschiedenen Weise des Gebrauchs der Sachen, der Arbeitsgestaltung, der Selbstdarstellung, der Religion und der Sittlichkeit, der Gesetzgebung und der rechtlichen Institution, der Entfaltung von Wissenschaft, Technik und Kunst entsteht eine Verschiedenheit der gemeinschaftlichen Lebensformen und der Gestalten, in denen die Lebenswerte zu einer Einheit zusammentreten. So bildet sich aus den überlieferten Einrichtungen ein jeder menschlichen Gemeinschaft eigentümliches Erbe. So entsteht für den Menschen jedweden Volkes und jeder Zeit auch eine abgegrenzte und geschichtliche Umwelt, in die er eingefügt bleibt und von der her er die Werte zur Weiterentwicklung der menschlichen und gesellschaftlichen Kultur empfängt.

Erster Abschnitt:
Die Situation der Kultur in der Welt von heute

54. (Neue Lebensformen) Die Lebensbedingungen des modernen Menschen sind in gesellschaftlicher und kultureller Hinsicht zutiefst verändert, so daß man von einer neuen Epoche der Menschheitsgeschichte sprechen darf[123]. Somit öffnen sich neue Wege zur Entwicklung und weiterer Ausbreitung der Kultur durch das unerhörte Wachstum der Natur- und Geisteswissenschaften, auch der Gesellschaftswissenschaften, die Ausweitung der Technik sowie den Fortschritt im Ausbau und in der guten Organisation der Kommunika-

tionsmittel. Dementsprechend ist die heutige Kultur durch besondere Merkmale gekennzeichnet: die sogenannten exakten Wissenschaften bilden das kritische Urteilsvermögen besonders stark aus; die neueren Forschungen der Psychologie bieten eine tiefere Erklärung des menschlichen Tuns; die historischen Fächer tragen sehr dazu bei, die Dinge unter dem Gesichtspunkt ihrer Wandelbarkeit und Entwicklung zu sehen; der Lebensstil und die ethische Haltung werden immer einheitlicher; Industrialisierung, Verstädterung und andere Ursachen, die die Vergemeinschaftung des Lebens vorantreiben, schaffen neue Kulturformen (Massenkultur), aus denen ein neues Lebensgefühl, neue Weisen des Handelns und der Freizeitgestaltung erwachsen; zugleich macht der Austausch zwischen verschiedenen Völkern und gesellschaftlichen Gruppen die Schätze verschiedener Kulturformen der Masse und den einzelnen immer mehr zugänglich. So bildet sich allmählich eine universalere Form der menschlichen Kultur, die die Einheit der Menschheit um so mehr fördert und zum Ausdruck bringt, je besser sie die Besonderheiten der verschiedenen Kulturen achtet.

55. (Der Mensch als Schöpfer der Kultur) Immer größer wird die Zahl der Männer und Frauen jeder gesellschaftlichen Gruppe und Nation, die sich dessen bewußt sind, selbst Gestalter und Schöpfer der Kultur ihrer Gemeinschaft zu sein. Immer mehr wächst in der ganzen Welt der Sinn für Autonomie und zugleich für Verantwortlichkeit, was ohne Zweifel für die geistige und sittliche Reifung der Menschheit von größter Bedeutung ist. Diese tritt noch deutlicher in Erscheinung, wenn wir uns die Einswerdung der Welt und die uns auferlegte Aufgabe vor Augen stellen, eine bessere Welt in Wahrheit und Gerechtigkeit aufzubauen. So sind wir Zeugen der Geburt eines neuen Humanismus, in dem der Mensch sich vor allem von der Verantwortung für seine Brüder und die Geschichte her versteht.

56. (Schwierigkeiten und Aufgaben) In dieser Situation ist es nicht verwunderlich, daß der Mensch, der seine Verantwortung für den Fortschritt der Kultur erkennt, einerseits Größeres als je hofft, andererseits aber auch mit Angst auf die vielfältigen Antinomien blickt, die er selbst auflösen muß:
Was ist zu tun, damit der zunehmende Austausch der Kulturen, der zu einem wahren und fruchtbaren Dialog unter den verschiedenen Grup-

pen und Nationen führen müßte, das Leben der Gemeinschaften nicht
in Verwirrung bringt, die Weisheit der Vorfahren nicht verwirft, noch
den je eigenen Volkscharakter gefährdet?

Wie kann man für die Dynamik und Expansion der neuen Kultur eintreten, ohne daß die lebendige Treue zum überlieferten Erbe verlo-
rengeht? Dies ist schon deshalb ein besonders drängendes Problem,
weil die Kultur, die aus dem ungeheuren Fortschritt der Naturwissenschaft und der Technik entsteht, zur Einheit gefügt werden muß mit
jener Geisteskultur, die von denjenigen Studien lebt, die entsprechend
den verschiedenen Überlieferungen als klassisch gelten.

Wie kann eine so schnell voranschreitende Zersplitterung der Einzel-
disziplinen mit der Notwendigkeit in Einklang gebracht werden, sie in
eine Synthese zu bringen und dem Menschen die Fähigkeit zu jener
Kontemplation und zu jenem Staunen zu wahren, die zur Weisheit
führen?

Was ist zu tun, daß alle Menschen der kulturellen Güter in der Welt
teilhaftig werden, wo doch zur gleichen Zeit die Kultur der Gebildete-
ren immer sublimer und komplexer wird?

Wie kann man endlich die Autonomie als rechtmäßig anerkennen, die
die Kultur für sich beansprucht, ohne daß man zu einem rein innerweltlichen, ja religionsfeindlichen Humanismus kommt?

Inmitten all dieser Antinomien muß die menschliche Kultur heute so
entwickelt werden, daß sie die volle menschliche Persönlichkeit harmonisch ausbildet und den Menschen bei den Aufgaben behilflich ist,
zu deren Erfüllung alle, vor allem aber die Christen, in einer einzigen
menschlichen Familie brüderlich vereint, berufen sind.

Zweiter Abschnitt:
Einige Prinzipien zur richtigen Förderung der Kultur

57. (Glaube und Kultur) Die Christen müssen auf der Pilgerschaft zur
himmlischen Vaterstadt suchen und sinnen, was oben ist[124]; dadurch
wird jedoch die Bedeutung ihrer Aufgabe, zusammen mit allen Menschen am Aufbau einer menschlicheren Welt mitzuarbeiten, nicht
vermindert, sondern gemehrt. In der Tat bietet ihnen das Mysterium
des christlichen Glaubens wirksame Antriebe und Hilfen, jene Aufgabe mit größerer Hingabe zu erfüllen und vor allem den vollen Sinn
solchen Tuns zu entdecken, so daß die menschliche Kulturbemühung

innerhalb der ganzen und einen Berufung des Menschen einen hervorragenden Platz erhält.

Wenn nämlich der Mensch mit seiner Handarbeit oder mit Hilfe der
Technik die Erde bebaut, damit sie Frucht bringe und eine würdige
Wohnstätte für die gesamte menschliche Familie werde, und bewußt
seinen Anteil nimmt an der Gestaltung des Lebens der gesellschaftlichen Gruppen, dann führt er den schon am Anfang der Zeiten kund-
gemachten Auftrag Gottes aus, sich die Erde untertan zu machen[125]
und die Schöpfung zu vollenden, und entfaltet er sich selbst; zugleich
befolgt er das große Gebot Christi, sich in den Dienst seiner Brüder zu
stellen.

Wenn überdies der Mensch sich den verschiedenen Fächern, der Philosophie und Geschichte, der Mathematik und Naturwissenschaft,
widmet und sich künstlerisch betätigt, dann kann er im höchsten Grad
dazu beitragen, daß die menschliche Familie zu den höheren Prinzipien des Wahren, Guten und Schönen und zu einer umfassenden
Weltanschauung kommt und so heller von jener wunderbaren Weisheit erleuchtet wird, die von Ewigkeit her bei Gott war, alles mit ihm
ordnete, auf dem Erdkreis spielte und ihre Wonne darin findet, bei den
Menschen zu sein[126].

Ebendadurch kann sich der Geist des Menschen, von der Versklavung
unter die Sachwelt befreit, ungehinderter zur Kontemplation und Anbetung des Schöpfers erheben. Ja unter dem Antrieb der Gnade wird
er zur Erkenntnis des Wortes Gottes vorbereitet, das schon, bevor es
Fleisch wurde, um alle zu retten und in sich als dem Haupt zusammenzufassen, „in der Welt war" als „das wahre Licht, das jeden Menschen
erleuchtet" (Jo 1, 9–10)[127].

Freilich kann der heutige Fortschritt der Naturwissenschaft und der
Technik, die kraft ihrer Methode nicht zu den innersten Seinsgründen
vordringen können, einen gewissen Phänomenalismus und Agnosti-
zismus begünstigen, wenn die Forschungsmethode dieser Disziplinen
unberechtigt als oberste Norm der Findung der Wahrheit schlechthin
angesehen wird. Ja es besteht die Gefahr, daß der Mensch in allzu großem Vertrauen auf die heutigen Errungenschaften sich selbst zu genügen glaubt und darüber hinaus nichts mehr sucht.

Doch diese Fehlentwicklungen ergeben sich nicht zwangsläufig aus der
heutigen Kultur, und sie dürfen uns nicht dazu verleiten, ihre positiven
Werte zu verkennen. Unter diesen sind zu nennen: die Pflege der Na-

turwissenschaften, unbedingte Sachlichkeit gegenüber der Wahrheit bei der wissenschaftlichen Forschung, die heute gegebene Unerläßlichkeit der Zusammenarbeit mehrerer in dafür organisierten Teams, der Geist der internationalen Solidarität, das immer wacher werdende Bewußtsein von der Verantwortung der Fachleute für den Dienst am Menschen und dessen Schutz, der Wille zur Verbesserung der menschlichen Lebensbedingungen aller, besonders jener, die die Verantwortung für sich selbst nicht übernehmen können oder kulturell zurückgeblieben sind. Das alles kann für die Aufnahme der Botschaft des Evangeliums in gewissem Sinn eine Vorbereitung bedeuten, die durch die göttliche Liebe von dem beseelt wird, der gekommen ist, die Welt zu retten.

58. (Der vielfältige Zusammenhang zwischen der guten Botschaft Christi und der Kultur) Vielfache Beziehungen bestehen zwischen der Botschaft des Heils und der menschlichen Kultur. Denn Gott hat in der Offenbarung an sein Volk bis zu seiner vollen Selbstkundgabe im fleischgewordenen Sohn entsprechend der den verschiedenen Zeiten eigenen Kultur gesprochen.

In gleicher Weise nimmt die Kirche, die im Lauf der Zeit in je verschiedener Umwelt lebt, die Errungenschaften der einzelnen Kulturen in Gebrauch, um die Botschaft Christi in ihrer Verkündigung bei allen Völkern zu verbreiten und zu erklären, um sie zu erforschen und tiefer zu verstehen, um sie in der liturgischen Feier und im Leben der vielgestaltigen Gemeinschaft der Gläubigen besser Gestalt werden zu lassen.

Zugleich ist die Kirche wohl zu allen Völkern, welcher Zeit und welchen Landes auch immer, gesandt, jedoch an keine Rasse oder Nation, an keine besondere Art der Sitte, an keinen alten oder neuen Brauch ausschließlich und unlösbar gebunden. Sie läßt zwar den Zusammenhang mit ihrer eigenen geschichtlichen Herkunft nicht abreißen, ist sich aber zugleich der Universalität ihrer Sendung bewußt und vermag so mit den verschiedenen Kulturformen eine Einheit einzugehen, zur Bereicherung sowohl der Kirche wie der verschiedenen Kulturen.

Die gute Botschaft Christi erneuert unausgesetzt Leben und Kultur des gefallenen Menschen und bekämpft und beseitigt Irrtümer und Übel, die aus der stets drohenden Verführung zur Sünde hervorgehen. Unablässig reinigt und hebt sie die Sitten der Völker. Die geistigen

Vorzüge und Anlagen eines jeden Volkes oder einer jeden Zeit befruchtet sie sozusagen von innen her mit überirdischen Gaben, festigt, vollendet und erneuert sie in Christus[128]. Schon durch die Erfüllung der eigenen Aufgabe[129] treibt die Kirche die menschliche und mitmenschliche Kultur voran und trägt zu ihr bei; durch ihr Wirken, auch durch ihre Liturgie, erzieht sie den Menschen zur inneren Freiheit.

59. (Verschiedene Gesichtspunkte für die rechte Pflege der Formen menschlicher Kultur) Aus den genannten Gründen erinnert die Kirche alle daran, daß die Kultur auf die Gesamtentfaltung der menschlichen Person und auf das Wohl der Gemeinschaft sowie auf das der ganzen menschlichen Gesellschaft auszurichten ist. Darum muß der menschliche Geist so gebildet werden, daß die Fähigkeit des Staunens, der eigentlichen Wesenserkenntnis, der Kontemplation, der persönlichen Urteilsbildung und das religiöse, sittliche und gesellschaftliche Bewußtsein gefördert werden.

Da nämlich die Kultur unmittelbar aus der vernünftigen und gesellschaftlichen Anlage des Menschen hervorgeht, bedarf sie immer des ihr zustehenden Freiheitsraumes, um sich zu entfalten, und der legitimen Möglichkeit, den eigenen Prinzipien gemäß selbständig zu handeln. Sie hat also einen berechtigten Anspruch auf Anerkennung, und ihr eignet eine gewisse Unverletzlichkeit, freilich unter Wahrung der Rechte der Person und der Gemeinschaft, von der einzelnen bis zur universalen, und innerhalb der Grenzen des Gemeinwohls.

Die Heilige Synode macht sich daher die Lehre des Ersten Vatikanischen Konzils zu eigen, daß es „zwei verschiedene Erkenntnisordnungen" gibt, nämlich die des Glaubens und die der Vernunft, und daß die Kirche keineswegs verbietet, „daß die menschlichen Künste und Wissenschaften bei ihrer Entfaltung, jede in ihrem Bereich, jede ihre eigenen Grundsätze und ihre eigene Methode gebrauchen". Daher bejaht sie „in Anerkennung dieser berechtigten Freiheit" die rechtmäßige Eigengesetzlichkeit der Kultur und vor allem der Wissenschaften[130].

Damit ist auch gefordert, daß der Mensch unter Wahrung der sittlichen Ordnung und des Gemeinnutzes frei nach der Wahrheit forschen, seine Meinung äußern und verbreiten und die Kunst nach seiner Wahl pflegen kann; schließlich, daß er wahrheitsgemäß über öffentliche Vorgänge unterrichtet werde[131]. Aufgabe der öffentlichen Gewalt ist

es nicht, die Kulturformen in ihrer besonderen Eigenart jeweils festzulegen, sondern günstige Voraussetzungen zu schaffen und entsprechende Hilfen zu gewähren, um das kulturelle Leben bei allen, auch
bei nationalen Minderheiten, zu fördern[132]. Darum muß man vor allem verhindern, daß die Kultur ihrem eigenen Zweck entfremdet und
politischen oder wirtschaftlichen Mächten zu dienen gezwungen wird.

Dritter Abschnitt:
Einige dringliche Aufgaben der Christen im Bereich der Kultur

60. (Die Anerkennung und Verwirklichung des Rechts aller auf die
Wohltaten der Kultur) Da jetzt die Möglichkeit gegeben ist, die meisten Menschen aus dem Elend der Unwissenheit zu befreien, ist es
heute eine höchst zeitgemäße Pflicht, vor allem für die Christen, tatkräftig darauf hinzuarbeiten, daß in der Wirtschaft wie in der Politik,
auf nationaler wie auf internationaler Ebene Grundentscheidungen
getroffen werden, durch die das Recht aller auf menschliche und mitmenschliche Kultur auf der ganzen Welt anerkannt wird und zur Verwirklichung kommt, ein Recht, das entsprechend der Würde der
menschlichen Person allen ohne Unterschied der Rasse, des Geschlechts, der Nation, der Religion oder der sozialen Stellung zukommt. Daher ist dafür Sorge zu tragen, daß die Kulturgüter in ausreichendem Maße allen zugänglich sind, vor allem jene, die die sogenannte Grundkultur ausmachen, damit nicht weiterhin ein großer Teil
der Menschheit durch Analphabetismus und Mangel an verantwortlicher Eigeninitiative von einer wahrhaft menschlichen Mitarbeit am
Gemeinwohl ausgeschlossen wird.
Ziel muß also sein, daß alle, die entsprechend begabt sind, zu höheren
Studien aufsteigen können, und zwar so, daß sie, soweit es möglich ist,
in der Gesellschaft jene Aufgaben, Ämter und Dienste erreichen, die
ihrer Begabung und ihren Fachkenntnissen entsprechen[133]. So werden
jeder einzelne und alle gesellschaftlichen Gruppen eines jeden Volkes
zur vollen Entfaltung ihres kulturellen Lebens gelangen können, wie
sie ihren Anlagen und Überlieferungen gemäß ist.
Darüber hinaus sind ernste Anstrengungen zu machen, daß sich alle
des Rechtes auf Kultur bewußt werden und der Pflicht, sich selbst zu
bilden und andere bei ihrer Bildung zu unterstützen; gibt es doch mitunter Lebens- und Arbeitsbedingungen, die die kulturellen Bemü-

hungen der Menschen behindern und das Streben nach Kultur in ihnen
ersticken. Das gilt in besonderer Weise für Landbevölkerung und Arbeiter; diesen müssen Arbeitsbedingungen geboten werden, die ihre
menschliche Kultur nicht beeinträchtigen, sondern fördern. Die
Frauen sind zwar schon in fast allen Lebensbereichen tätig, infolgedessen sollen sie aber auch in der Lage sein, die ihrer Eigenart angemessene Rolle voll zu übernehmen. Sache aller ist es, die je eigene und
notwendige Teilnahme der Frau am kulturellen Leben anzuerkennen
und zu fördern.

61. (Die Erziehung zur menschlichen Gesamtkultur) Die verschiedenen Wissenschaften und Künste in eine Synthese zu bringen ist heute
schwieriger als früher. Denn einerseits nimmt die Menge und Vielfalt
der Elemente zu, die die Kultur ausmachen, andererseits verringert
sich die Fähigkeit der einzelnen, diese zu erfassen und organisch zu
ordnen, so daß das Idealbild eines universal gebildeten Menschen immer mehr schwindet. Dennoch bleibt es Verpflichtung eines jeden, die
Totalität der menschlichen Person zu wahren, die vor allem durch die
Werte der Vernunft, des Willens, des Gewissens und der Brüderlichkeit bestimmt ist, Werte, die alle in Gott dem Schöpfer ihren Grund
haben und in Christus wunderbar geheilt und erhoben sind.
Insbesondere in der Familie, sozusagen der Mutter und Hüterin dieser
Erziehung, lernen die Kinder, von Liebe umhegt, leichter die wahre
Ordnung der Wirklichkeit; die erprobten Formen der menschlichen
Kultur prägen sich gleichsam von selbst dem Geist der heranwachsenden Jugend ein.
Für eben diese Erziehung gibt es in der heutigen Gesellschaft günstige
Möglichkeiten, besonders durch weitere Verbreitung von Büchern
und die neuen kulturellen und sozialen Kommunikationsmittel, die ei-
ner Universalkultur förderlich sein können. Da nämlich die Arbeits-
zeit allenthalben verkürzt wird, nimmt die frei verfügbare Zeit für sehr
viele ständig zu. Die Freizeit soll nun sinnvoll zur Entspannung und zur
Kräftigung der geistigen und körperlichen Gesundheit verwendet
werden: durch Beschäftigung nach eigener Wahl und Studien; durch
Reisen in andere Länder (Tourismus), durch die der menschliche
Geist weitergebildet wird, die Menschen aber auch durch gegenseitige
Bekanntschaft bereichert werden; durch den Sport mit seinen Veranstaltungen, der zum psychischen Gleichgewicht des einzelnen und der

Gesellschaft sowie zur Anknüpfung brüderlicher Beziehungen zwischen Menschen aller Lebensverhältnisse, Nationen oder Rassen beiträgt. Die Christen sollen sich also an den kollektiven Veranstaltungen und Aktionen im kulturellen Bereich beteiligen, die unserer Zeit eigentümlich sind, damit sie mit humanem und christlichem Geist durchdrungen werden.

Alle diese offenen Möglichkeiten aber vermögen eine volle kulturelle Erziehung des Menschen nicht zu verwirklichen, wenn man sich nicht gleichzeitig gründlich mit der Bedeutung von Kultur und Wissenschaft für die menschliche Person befaßt.

62. (Das rechte Verhältnis der menschlichen und mitmenschlichen Kultur zur christlichen Bildung) Wiewohl die Kirche zum kulturellen Fortschritt viel beigetragen hat, so steht doch durch Erfahrung fest, daß ein friedliches Verhältnis von Kultur und Christentum, wenn auch aus historisch bedingten Ursachen, sich nicht immer ohne Schwierigkeiten einstellt.

Diese Schwierigkeiten brauchen das Glaubensleben nicht notwendig zu schädigen, können vielmehr den Geist zu einem genaueren und tieferen Glaubensverständnis anregen. Denn die neuen Forschungen und Ergebnisse der Naturwissenschaften, aber auch der Geschichtswissenschaft und Philosophie stellen neue Fragen, die sogar für das Leben Konsequenzen haben und auch von den Theologen neue Untersuchungen verlangen. Außerdem sehen sich die Theologen veranlaßt, immer unter Wahrung der der Theologie eigenen Methoden und Erfordernisse nach einer geeigneteren Weise zu suchen, die Lehre des Glaubens den Menschen ihrer Zeit zu vermitteln. Denn die Glaubenshinterlage selbst, das heißt die Glaubenswahrheiten, darf nicht verwechselt werden mit ihrer Aussageweise, auch wenn diese immer denselben Sinn und Inhalt meint[134]. In der Seelsorge sollen nicht nur die theologischen Prinzipien, sondern auch die Ergebnisse der profanen Wissenschaften, vor allem der Psychologie und der Soziologie, wirklich beachtet und angewendet werden, so daß auch die Laien zu einem reineren und reiferen Glaubensleben kommen.

Auf ihre Weise sind auch Literatur und Kunst für das Leben der Kirche von großer Bedeutung. Denn sie bemühen sich um das Verständnis des eigentümlichen Wesens des Menschen, seiner Probleme und seiner Erfahrungen bei dem Versuch, sich selbst und die Welt zu erkennen und zu vollenden; sie gehen darauf aus, die Situation des Menschen in Geschichte und Universum zu erhellen, sein Elend und seine Freude, seine Not und seine Kraft zu schildern und ein besseres Los des Menschen vorausahnen zu lassen. So dienen sie der Erhebung des Menschen in seinem Leben in vielfältigen Formen je nach Zeit und Land, das sie darstellen.

Durch angestrengtes Bemühen soll erreicht werden, daß die Künstler das Bewußtsein haben können, in ihrem Schaffen von der Kirche anerkannt zu sein, und daß sie im Besitz der ihnen zustehenden Freiheit leichter zum Kontakt mit der christlichen Gemeinde kommen. Auch die neuen Formen der Kunst, die gemäß der Eigenart der verschiedenen Völker und Länder den Menschen unserer Zeit entsprechen, sollen von der Kirche anerkannt werden. In das Heiligtum aber sollen sie aufgenommen werden, wenn sie in einer dafür angepaßten Aussageweise den Erfordernissen der Liturgie entsprechen und den Geist zu Gott erheben[135].

So wird das Wissen um Gott besser verdeutlicht, die evangelische Botschaft wird dem Geist der Menschen zugänglicher und zeigt sich als etwas, was gewissermaßen ihrem Dasein schon immer eingestiftet war.

Die Gläubigen sollen also in engster Verbindung mit den anderen Menschen ihrer Zeit leben und sich bemühen, ihre Denk- und Urteilsweisen, die in der Geisteskultur zur Erscheinung kommen, vollkommen zu verstehen. Das Wissen um die neuen Wissenschaften, Anschauungen und Erfindungen sollen sie verbinden mit christlicher Sittlichkeit und mit ihrer Bildung in der christlichen Lehre, damit religiöses Leben und Rechtschaffenheit mit der wissenschaftlichen Erkenntnis und dem täglich wachsenden technischen Fortschritt bei ihnen Schritt halten und sie so alles aus einer umfassenden christlichen Haltung zu beurteilen und zu deuten vermögen.

Die Vertreter der theologischen Disziplinen an den Seminarien und Universitäten sollen mit hervorragenden Vertretern anderer Wissenschaften in gemeinsamer Bemühung und Planung zusammenzuarbeiten suchen. Die theologische Forschung soll sich zugleich um eine tiefe Erkenntnis der geoffenbarten Wahrheit bemühen und die Verbindung mit der eigenen Zeit nicht vernachlässigen, um den in so verschiedenen Wissenszweigen gebildeten Menschen zu einem umfassenderen Glaubensverständnis verhelfen zu können. Dieses gemeinsame Bemühen wird auch für die Ausbildung der Seelsorger von größtem Nutzen sein, damit diese imstande sind, die Lehre der Kirche über Gott, den Menschen und die Welt den Menschen unserer Zeit in geeigneter Weise darzulegen, und so das Wort der Kirche von diesen auch bereitwilliger angenommen wird[136]. Es ist sogar wünschenswert, daß einer großen Zahl von Laien eine hinreichende Bildung in der Theologie vermittelt werde und recht viele von ihnen die Theologie auch zum Hauptstudium machen und selber weiter fördern. Zur Ausführung dieser Aufgabe muß aber den Gläubigen, Klerikern wie Laien, die entsprechende Freiheit des Forschens, des Denkens sowie demütiger und entschiedener Meinungsäußerung zuerkannt werden in allen Bereichen ihrer Zuständigkeit[137].

DRITTES KAPITEL

Das Wirtschaftsleben

63. (Zum Erscheinungsbild des Wirtschaftslebens) Auch im Wirtschaftsleben sind die Würde der menschlichen Person und ihre ungeschmälerte Berufung wie auch das Wohl der gesamten Gesellschaft zu achten und zu fördern, ist doch der Mensch Urheber, Mittelpunkt und Ziel aller Wirtschaft.

Wie die andern Bereiche des gesellschaftlichen Lebens, so ist auch die heutige Wirtschaft geprägt durch die wachsende Herrschaft des Menschen über die Natur, durch die steigende Dichte und Gewichtigkeit der Beziehungen und wechselseitigen Abhängigkeit der einzelnen, der Gruppen und der Völker sowie durch das immer häufigere Eingreifen der öffentlichen Gewalt. Zugleich haben die Fortschritte in der Produktionstechnik wie auch im Austausch von Gütern und Dienstleistungen die Wirtschaft in den Stand gesetzt, die gestiegenen Bedürfnisse der Menschheitsfamilie besser zu befriedigen.

Es fehlt aber auch nicht an Gründen zur Beunruhigung. Nicht wenige Menschen, namentlich in den wirtschaftlich fortgeschrittenen Ländern, sind von der Wirtschaft geradezu versklavt, so daß fast ihr ganzes persönliches und gesellschaftliches Leben von ausschließlich wirtschaftlichem Denken bestimmt ist, und dies ebenso in Ländern, die einer kollektivistischen Wirtschaftsweise zugetan sind, wie in anderen. Gerade zu der Zeit, da das Wachstum der Wirtschaft, vernünftig und human gelenkt und koordiniert, die sozialen Ungleichheiten mildern könnte, führt es allzuoft zu deren Verschärfung, hie und da sogar zur Verschlechterung der Lage der sozial Schwachen und zur Verachtung der Notleidenden. Während einer ungeheueren Masse immer noch das absolut Notwendige fehlt, leben einige – auch in zurückgebliebenen Ländern – in Üppigkeit und treiben Verschwendung. Nebeneinander bestehen Luxus und Elend. Einige wenige erfreuen sich weitestgehender Entscheidungsfreiheit, während viele fast jeder Möglichkeit ermangeln, initiativ und eigenverantwortlich zu handeln, und sich oft in Lebens- und Arbeitsbedingungen befinden, die des Menschen unwürdig sind.

Ähnliche Störungen des ökonomischen und sozialen Gleichgewichts bestehen zwischen Landwirtschaft, Industrie und Dienstleistungsgewerben wie auch zwischen verschiedenen Gebieten einer und derselben Nation. Zwischen den wirtschaftlich fortgeschrittenen Völkern und anderen bildet sich ein ständig sich verschärfender Gegensatz heraus, der sogar den Weltfrieden gefährden kann.

Diese Gleichgewichtsstörungen werden von unseren Zeitgenossen mit um so wacherem Bewußtsein erlebt, als sie fest überzeugt sind, die gewaltigen technischen und ökonomischen Mittel, über die wir heute verfügen, machten es nicht nur möglich, sondern zur Pflicht, diesen unseligen Zustand zu überwinden. Daher werden vielfältige institutionelle Reformen in der Wirtschaft wie auch eine allgemeine Umstellung der Gesinnung und Verhaltensweise gefordert. Hierzu hat die Kirche Grundsätze der Gerechtigkeit und Billigkeit sowohl für das persönliche und das gesellschaftliche als auch für das internationale Leben, wie die rechte Vernunft sie fordert, im Lauf der Jahrhunderte unter dem Licht des Evangeliums erarbeitet und namentlich in jüngster Zeit vorgelegt. Das Heilige Konzil möchte diese Grundsätze der heutigen Lage entsprechend unterstreichen und vorzugsweise im Hinblick auf die Bedürfnisse einer im Fortschritt befindlichen Wirtschaft einige Orientierungen geben[138].

Erster Abschnitt:
Der wirtschaftliche Fortschritt

64. (Wirtschaftlicher Fortschritt zum Dienst am Menschen) Das Bemühen um vermehrte Erzeugung landwirtschaftlicher und industriel-

ler Güter und um gesteigerte Darbietung von Dienstleistungen mit dem Ziel, den Bedürfnissen der wachsenden Menschenzahl gerecht zu werden und den immer höheren Ansprüchen der Menschen Genüge zu tun, erscheint heute mehr als je gerechtfertigt. Darum verdienen technischer Fortschritt, Aufgeschlossenheit für das Neue, die Bereitschaft, neue Unternehmen ins Leben zu rufen und bestehende zu erweitern, die Entwicklung geeigneter Produktionsverfahren, das ernsthafte Bemühen aller irgendwie am Produktionsprozeß Beteiligten, überhaupt alles, was zu diesem Fortschritt beiträgt, durchaus gefördert zu werden. Die fundamentale Zweckbestimmung dieses Produktionsprozesses besteht aber weder in der vermehrten Produktion als solcher noch in Erzielung von Gewinn oder Ausübung von Macht, sondern im Dienst am Menschen, und zwar am ganzen Menschen im Hinblick auf seine materiellen Bedürfnisse, aber ebenso auch auf das, was er für sein geistiges, sittliches, spirituelles und religiöses Leben benötigt. Das gilt ausdrücklich für alle Menschen und für jeden einzelnen, für jede Gruppe, für Menschen jeder Rasse und jeden Erdteils. Daraus folgt: Alle wirtschaftliche Tätigkeit ist – nach den ihr arteigenen Verfahrensweisen und Gesetzmäßigkeiten – immer im Rahmen der sittlichen Ordnung[139] so auszuüben, daß das verwirklicht wird, was Gott mit dem Menschen vorhat[140].

65. (Der Mensch Herr des wirtschaftlichen Fortschritts) Niemals darf der wirtschaftliche Fortschritt der Herrschaft des Menschen entgleiten; ebensowenig darf er der ausschließlichen Bestimmung durch wenige mit übergroßer wirtschaftlicher Macht ausgestattete Einzelmenschen oder Gruppen noch auch durch den Staat, noch durch einige übermächtige Nationen ausgeliefert sein. Im Gegenteil ist geboten, daß auf jeder Stufe möglichst viele Menschen und, soweit es sich um den zwischenstaatlichen Bereich handelt, alle Nationen an der Lenkung des wirtschaftlichen Fortschritts aktiv beteiligt seien. Gleicherweise bedarf es der rechten Zusammenordnung und des sachgerechten inneren Verbundes des der eigenen Initiative entspringenden Wirkens der einzelnen und der freien Gruppen einerseits und der Maßnahmen öffentlicher Gewalten andererseits.

Das Wachstum ist weder ausschließlich dem Automatismus des Tuns und Lassens der einzelnen Wirtschaftssubjekte noch ausschließlich dem Machtgebot der öffentlichen Gewalt zu überantworten. Sowohl die Lehren, die unter Berufung auf eine mißverstandene Freiheit notwendigen Reformen den Weg verlegen, als auch solche, die um einer kollektivistischen Organisation des Produktionsprozesses willen grundlegende Rechte der Einzelpersonen und der Gruppen hintansetzen, sind daher gleicherweise als irrig abzulehnen[141].

Die Bürger sollen sich ihrer auch von der Staatsgewalt anzuerkennenden Berechtigung und Verpflichtung bewußt sein, nach Maßgabe ihrer Möglichkeiten zum wahren Fortschritt ihres Gemeinwesens beizutragen. Namentlich in den wirtschaftlich weniger entwickelten Ländern, wo alle verfügbaren Mittel dringend benötigt werden, heißt es das Gemeinwohl ernstlich gefährden, wenn man seine Mittel dem produktiven Einsatz vorenthält oder – unbeschadet des persönlichen Rechtes auszuwandern – seinem Gemeinwesen materielle und ideelle Hilfen, auf die es angewiesen ist, entzieht.

66. (Abbau übergroßer sozialökonomischer Unterschiede) Um den Erfordernissen von Gerechtigkeit und Billigkeit Genüge zu tun, müssen ernsthafte Anstrengungen unternommen werden, um – unbeschadet der Rechte der menschlichen Person und der besonderen Veranlagung jedes einzelnen Volkes – die übergroßen und noch weiter zunehmenden Ungleichheiten der wirtschaftlichen Lage und die damit Hand in Hand gehende persönliche und soziale Diskriminierung möglichst rasch abzubauen. Desgleichen bedarf es in manchen Gegenden angesichts der besonderen Schwierigkeiten, denen die Landwirtschaft in bezug auf Gewinnung und Absatz ihrer Erzeugnisse unterliegt, besonderer Maßnahmen zugunsten der Bauern mit dem Ziel, ihre Produktion zu erhöhen oder günstiger abzusetzen oder erforderliche Entwicklungen und Neugestaltungen in die Wege zu leiten oder ihr Einkommen auf eine angemessene Höhe zu bringen und so zu verhüten, daß sie, wie es öfters vorkommt, auf die Dauer über die Lage von Staatsbürgern zweiter Klasse nicht hinauskommen. Sache der Bauern selbst, vor allem der jungen Generation, ist es, sich angelegentlich darum zu bemühen, ihr berufliches Können zu steigern, ohne das es keinen Fortschritt in der Landwirtschaft geben kann[142].

Gerechtigkeit und Billigkeit gebieten ferner, die für wirtschaftlichen Fortschritt unerläßliche Mobilität so zu regeln, daß das Leben der einzelnen und der Familien nicht ungesichert oder gefährdet wird. Die aus anderen Völkern und Ländern herangezogenen Arbeiter, die durch ihre Arbeit zum wirtschaftlichen Aufstieg des Volkes oder Landes beitragen, dürfen, was Entlohnung und Arbeitsbedingungen angeht, in keiner Weise diskriminiert werden. Alle im Aufnahmeland, namentlich aber die öffentlichen Stellen, dürfen sie nicht als bloße Produktionsmittel behandeln, sondern haben ihnen als menschlichen Personen zu begegnen und sollen ihnen helfen, ihre Familien nachzuziehen und sich angemessene Wohngelegenheit zu verschaffen, sollen auch ihre Eingliederung in das gesellschaftliche Leben des Aufnahmelandes und seiner Bevölkerung begünstigen. Soweit wie möglich sollte man jedoch in ihren Heimatländern selbst Arbeitsgelegenheit schaffen.

Angesichts der heute sich vollziehenden Umwälzungen im Wirtschaftsleben und des Gestaltwandels zur industriellen Gesellschaft, wo beispielsweise die Automation im Vormarsch ist, muß Sorge dafür getragen werden, daß ausreichende und für den einzelnen passende Arbeitsgelegenheit, verbunden mit der Möglichkeit ausreichender technischer und fachlicher Ausbildung, bereitsteht und zugleich der Lebensunterhalt und die Menschenwürde namentlich derer gesichert sind, die wegen ihres gesundheitlichen Zustandes oder ihres Alters sich in besonders schwieriger Lage befinden.

Zweiter Abschnitt:
Einige für das ganze sozialökonomische Leben verbindliche Grundsätze

67. (Arbeit, Arbeitsbedingungen, Freizeit) Die in der Gütererzeugung, der Güterverteilung und in den Dienstleistungsgewerben geleistete menschliche Arbeit hat den Vorrang vor allen anderen Faktoren des wirtschaftlichen Lebens, denn diese sind nur werkzeuglicher Art.

Die Arbeit nämlich, gleichviel, ob selbständig ausgeübt oder im Lohnarbeitsverhältnis stehend, ist unmittelbarer Ausfluß der Person, die den stofflichen Dingen ihren Stempel aufprägt und sie ihrem Willen dienstbar macht. Durch seine Arbeit erhält der Mensch sein und der Seinigen Leben, tritt in tätigen Verbund mit seinen Brüdern und dient ihnen; so kann er praktische Nächstenliebe üben und seinen Beitrag zur Vollendung des Schöpfungswerkes Gottes erbringen. Ja wir halten fest: Durch seine Gott dargebrachte Arbeit verbindet der Mensch sich

mit dem Erlösungswerk Jesu Christi selbst, der, indem er in Nazareth
mit eigenen Händen arbeitete, der Arbeit eine einzigartige Würde verliehen hat. Daraus ergibt sich für jeden einzelnen sowohl die Verpflichtung zu gewissenhafter Arbeit wie auch das Recht auf Arbeit;
Sache der Gesellschaft aber ist es, nach jeweiliger Lage der Dinge für
ihren Teil behilflich zu sein, daß ihre Bürger Gelegenheit zu ausreichender Arbeit finden können. Schließlich ist die Arbeit so zu entloh-
nen, daß dem Arbeiter die Mittel zu Gebote stehen, um sein und der
Seinigen materielles, soziales, kulturelles und spirituelles Dasein angemessen zu gestalten – gemäß der Funktion und Leistungsfähigkeit
des einzelnen, der Lage des Unternehmens und unter Rücksicht auf
das Gemeinwohl[143].

Da der Wirtschaftsprozeß im allgemeinen auf Arbeitsvereinigung beruht, ist es unbillig und menschenunwürdig, ihn so zu gestalten und zu
lenken, daß irgendwelche Arbeitenden zu Schaden kommen. Nicht
selten aber geschieht es auch heute noch, daß die Werktätigen geradezu zu Sklaven ihres eigenen Werkes werden. Das aber läßt sich auf
keinen Fall durch sogenannte Gesetzmäßigkeiten des wirtschaftlichen
Lebens rechtfertigen. Der ganze Vollzug werteschaffender Arbeit ist
daher auf die Bedürfnisse der menschlichen Person und ihrer Lebensverhältnisse auszurichten, insbesondere auf die Bedürfnisse des häuslichen Lebens, dies namentlich bei den Familienmüttern, unter ständiger Rücksichtnahme auf Geschlecht und Alter. Überdies sollte der arbeitende Mensch in seiner Arbeit selbst Gelegenheit haben zur Entwicklung seiner Anlagen und Entfaltung seiner Personwerte. Alle
aber, die ihre Zeit und Kraft mit gebührendem Verantwortungsbewußtsein der Arbeit widmen, sollten auch über ausreichende Ruhezei-
ten und Muße verfügen für das Leben mit ihren Familien, für ihr kulturelles, gesellschaftliches und religiöses Leben. Ja sie sollten auch die
Möglichkeit haben, gerade diejenigen Anlagen und Fähigkeiten frei
zu entwickeln, zu deren Entfaltung ihre berufliche Tätigkeit vielleicht
nur wenig Gelegenheit bietet.

68. (Die Beteiligung in der Ordnung von Unternehmen und Gesamtwirtschaft; die Arbeitskämpfe) In den wirtschaftlichen Unternehmen
stehen Personen miteinander in Verbund, d. h. freie, selbstverant-
wortliche, nach Gottes Bild geschaffene Menschen. Darum sollte man
unter Bedachtnahme auf die besonderen Funktionen der einzelnen,

sei es der Eigentümer, der Arbeitgeber, der leitenden oder der ausführenden Kräfte, und unbeschadet der erforderlichen einheitlichen Werkleitung die aktive Beteiligung aller an der Unternehmensgestaltung[144] voranbringen; die geeignete Art und Weise der Verwirklichung wäre näher zu bestimmen. In großem Umfang werden Entscheidungen über wirtschaftliche und soziale Angelegenheiten, die für das künftige Los der Arbeiter und ihrer Nachkommenschaft von Bedeutung sind, nicht so sehr in den einzelnen Unternehmen als vielmehr an höheren Stellen getroffen; darum sollten die Arbeiter auch daran beteiligt sein, sei es unmittelbar, sei es durch frei gewählte Abgesandte.

Eines der grundlegenden Rechte der menschlichen Person ist das Recht der im Arbeitsverhältnis stehenden Menschen, in voller Freiheit Organisationen zu gründen, die sie echt vertreten und imstande sind, zur rechten Gestaltung des Wirtschaftslebens einen wirksamen Beitrag zu leisten, wie auch in diesen Organisationen sich frei zu betätigen, ohne Gefahr zu laufen, deswegen irgendwelchen Nachteilen ausgesetzt zu sein. Durch eine solche geordnete Beteiligung, verbunden mit steigendem wirtschaftlichem und sozialem Bildungsstand, werden bei allen das Verständnis der eigenen Aufgabe und das Verantwortungsbewußtsein ständig zunehmen; das wird weiter dazu führen, alle – gemäß den Anlagen und Fähigkeiten eines jeden – ihrer Verbundenheit im gemeinsamen Bemühen um das allumfassende Werk des wirtschaftlichen und sozialen Fortschritts und um die allseitige Verwirklichung des Gemeinwohls inne werden zu lassen.

Wo der Gegensatz wirtschaftlicher oder sozialer Interessen zu kämpferischen Auseinandersetzungen zu führen droht, müssen alle Bemühungen dahin zielen, eine friedliche Lösung zu finden. An erster Stelle muß immer die ehrliche Aussprache der Beteiligten stehen. Nichtsdestoweniger wird auch unter den heutigen Verhältnissen der Streik, wenn auch nur als letzter Behelf, unentbehrlich bleiben, um Rechte der Arbeiter zu verteidigen oder berechtigte Forderungen durchzusetzen. So schnell als möglich muß dann aber versucht werden, den Weg zur Wiederaufnahme von Verhandlungen und gemeinsamen Überlegungen über eine Verständigung zu finden.

69. (Die Widmung der irdischen Güter an alle Menschen) Gott hat die Erde mit allem, was sie enthält, zum Nutzen aller Menschen und

Völker bestimmt; darum müssen diese geschaffenen Güter in einem billigen Verhältnis allen zustatten kommen; dabei hat die Gerechtigkeit die Führung, Hand in Hand geht mit ihr die Liebe[145]. Wie immer das Eigentum und seine nähere Ausgestaltung entsprechend den verschiedenartigen und wandelbaren Umständen in die rechtlichen Institutionen der Völker eingebaut sein mag, immer gilt es, achtzuhaben auf diese allgemeine Bestimmung der Güter. Darum soll der Mensch, der sich dieser Güter bedient, die äußeren Dinge, die er rechtmäßig besitzt, nicht nur als ihm persönlich zu eigen, sondern muß er sie zugleich auch als Gemeingut ansehen in dem Sinn, daß sie nicht ihm allein, sondern auch anderen von Nutzen sein können[146]. Zudem steht allen das Recht zu, einen für sich selbst und ihre Familien ausreichenden Anteil an den Erdengütern zu haben. Das war die Meinung der Väter und Lehrer der Kirche, die sagen, es sei Pflicht, die Armen zu unterstützen, und zwar nicht nur vom Überfluß[147]. Wer aber sich in äußerster Notlage befindet, hat das Recht, vom Reichtum anderer das Benötigte an sich zu bringen[148]. Angesichts der großen Zahl derer, die in der Welt Hunger leiden, legt das Heilige Konzil sowohl den einzelnen als auch den öffentlichen Gewalten dringend ans Herz, sie möchten doch eingedenk des Väterwortes: „Speise den vor Hunger Sterbenden, denn ihn nicht speisen heißt ihn töten[149]", jeder nach dem Maße dessen, was ihm möglich ist, Ernst damit machen, ihre Güter mitzuteilen und hinzugeben und dabei namentlich jene Hilfen zu gewähren, durch die sie, seien es einzelne, seien es ganze Völker, sich selber helfen und entwickeln können.

In den wirtschaftlich wenig entwickelten Gesellschaften wird der Gemeinwidmung der Güter zu einem Teil durch Gewohnheiten und Überlieferungen Rechnung getragen, die jedem Glied der Gemeinschaft das unbedingt Nötige sichern. Es muß aber vermieden werden, bestimmte Gewohnheiten als starr und unveränderlich anzusehen, wenn sie neuen Bedürfnissen der Gegenwart nicht mehr genügen, nicht minder aber auch, in unkluger Weise gegen an sich achtenswerte Gewohnheiten anzugehen, die bei geschickter Anpassung an die heutigen Verhältnisse auch weiterhin großen Nutzen stiften. In ähnlicher Weise kann in wirtschaftlich weit fortgeschrittenen Ländern eine Vielfalt von Einrichtungen sozialer Vorsorge und Sicherung zu ihrem Teil die Gemeinwidmung der Güter verwirklichen. Weiter auszubauen sind Familien- und Gemeinschaftsdienste, namentlich solche mit bildenden und erzieherischen Zielen. Bei allen Maßnahmen dieser Art gilt es aber darauf zu achten, daß die Staatsbürger nicht zu Passivität gegenüber der Gesellschaft verleitet werden, nicht der Erfüllung der ihnen obliegenden Pflichten aus dem Wege gehen oder ihre Dienstleistung verweigern.

70. (Investitionen, Währung) Investitionen ihrerseits müssen dahin zielen, in ausreichendem Maße Arbeits- und Verdienstgelegenheiten zu schaffen nicht allein für die gegenwärtige, sondern auch für die künftige Bevölkerung. Alle, die über diese Investitionen und über die Ausrichtung der Wirtschaft zu entscheiden haben, seien es einzelne, Gruppen oder öffentliche Gewalten, sind gehalten, diese Zielsetzung vor Augen zu haben und ihrer strengen Verpflichtung eingedenk zu sein, einerseits den derzeitigen Bedarf menschenwürdiger Lebenshaltung sowohl der einzelnen als auch des gesellschaftlichen Ganzen zu decken, andererseits den Blick auf die Zukunft zu richten und für ein ausgewogenes Verhältnis zu sorgen zwischen dem, was zur Deckung der derzeitigen privaten und öffentlichen Verbrauchsbedürfnisse bereitgestellt wird, und den notwendigen Investitionen zugunsten der nachfolgenden Generation. Auch die dringenden Bedürfnisse der wirtschaftlich weniger fortgeschrittenen Völker und Länder sind ständig im Auge zu halten. In Sachen der Währung hüte man sich, dem wahren Wohl der eigenen oder fremder Nationen zuwiderzuhandeln. Darüber hinaus treffe man Vorsorge, daß die wirtschaftlich Schwachen nicht durch Änderung des Geldwertes ungerecht geschädigt werden.

71. (Der Zugang zu Eigentum und privatem Vermögen; landwirtschaftlicher Großgrundbesitz) Eigentum und andere Formen privater Verfügung über äußere Güter tragen bei zur Selbstdarstellung der Person; überdies geben sie dem Menschen die Möglichkeit, seine Aufgabe in Gesellschaft und Wirtschaft zu erfüllen; darum liegt viel daran, den Zugang sowohl der einzelnen als auch der Vergemeinschaftungen zu einem gewissen Maß von Verfügungsmacht über äußere Güter zu begünstigen.

Privateigentum und ein gewisses Maß an Verfügungsmacht über äußere Güter vermitteln den unbedingt nötigen Raum für eigenverantwortliche Gestaltung des persönlichen Lebens jedes einzelnen und seiner Familie; sie müssen als eine Art Verlängerung der menschlichen Freiheit betrachtet werden; auch spornen sie an zur Übernahme von Aufgaben und Verantwortung; damit zählen sie zu den Voraussetzungen staatsbürgerlicher Freiheit[150].

Diese Verfügungsmacht oder dieses Eigentum gibt es heute in vielerlei Gestalt; von Tag zu Tag werden sie noch vielgestaltiger. Alle behalten auch neben den Einrichtungen der sogenannten sozialen Sicherheit, neben den von der Gesellschaft gewährleisteten Rechtsansprüchen und Dienstleistungen ihre Bedeutung als nicht geringzuschätzende Daseinssicherung. Das gilt aber nicht allein vom materiellen, sondern auch vom immateriellen Eigentum, z. B. von beruflichen Fähigkeiten.

Das Recht auf Privateigentum schließt aber die Rechtmäßigkeit von Gemeineigentum in verschiedenen Formen nicht aus. Die Überführung von Gütern in Gemeineigentum kann nur von den zuständigen obrigkeitlichen Stellen entsprechend dem, was das Gemeinwohl fordert, und in dieser Begrenzung sowie gegen billige Entschädigung erfolgen. Sache der öffentlichen Gewalt ist es auch, Vorsorge zu treffen gegen einen Mißbrauch privaten Eigentums im Widerspruch zum Gemeinwohl[151].

Aber auch das Privateigentum selbst hat eine ihm wesentliche soziale Seite; sie hat ihre Grundlage in der Widmung der Erdengüter an alle[152]. Bei Außerachtlassung dieser seiner sozialen Seite führt das Eigentum in großem Umfang zu Raffgier und schweren Verirrungen; das aber liefert seinen Gegnern den Vorwand, das Eigentumsrecht als solches in Frage zu stellen.

In manchen wirtschaftlich weniger entwickelten Ländern besteht großer, ja riesengroßer Landbesitz, der nur schwach genutzt oder gar in spekulativer Absicht völlig ungenützt liegen gelassen wird, während die Mehrheit der Bevölkerung entweder überhaupt keinen Boden besitzt oder nur äußerst geringe landwirtschaftliche Nutzflächen in Bestellung hat, während auf der anderen Seite die Steigerung der landwirtschaftlichen Erträge unverkennbar dringlich ist. Nicht selten beziehen diejenigen, die von den Eigentümern als Arbeitskräfte gedungen werden oder Teile von deren Besitz als Pächter bewirtschaften, nur einen menschenunwürdigen Lohn oder Ertragsanteil, ermangeln angemessener Unterkunft und werden von Mittelspersonen ausgebeutet. Ohne jede Daseinssicherung leben sie in einer Dienstbarkeit, die ihnen nahezu jede Möglichkeit raubt, aus eigenem Antrieb und in eigener Verantwortung etwas zu unternehmen, ihnen jeden kulturellen Fortschritt und jede Beteiligung am gesellschaftlichen und politischen Leben versagt. Hier sind Reformen geboten mit dem Ziel, je nach Lage des Falles die Bezüge zu erhöhen, die Arbeitsbedingungen zu verbessern, das Beschäftigungsverhältnis zu sichern, Anreiz zu eigener Unternehmungslust zu bieten, schließlich auch die nicht hinreichend genutzten Besitzungen aufzuteilen unter diejenigen, die imstande sind, diese Flächen ertragbringend zu machen. In letzterem Falle müssen die nötigen Sachmittel und Hilfseinrichtungen beigestellt werden, insbesondere Ausbildungsbeihilfe und organisatorischer Verbund echt genossenschaftlicher Art. Wo das Gemeinwohl die Entziehung des Eigentums erfordert, ist die Entschädigung nach Billigkeit zu bemessen unter Abwägung aller einschlägigen Gesichtspunkte.

72. (Wirtschaft und Reich Christi) Wer als Christ am heutigen sozialökonomischen Fortschritt mitwirkt und dabei für Gerechtigkeit und Liebe eintritt, der möge überzeugt sein, er könne viel beitragen zum Wohl der Menschheit und zum Frieden auf dieser Welt. Bei all diesem seinem Wirken möge er, gleichviel, ob er als einzelner oder im Verbund mit anderen tätig wird, leuchtendes Beispiel geben. Hat er sich erst einmal die unerläßliche Sachkenntnis und Erfahrung angeeignet, dann möge er unter den irdischen Betätigungen die rechte Ordnung innehalten, in Treue gegen Christus und seine frohe Botschaft, dergestalt, daß sein ganzes persönliches und gesellschaftliches Auftreten geprägt sei vom Geist der Bergpredigt, insbesondere von der Seligpreisung der Armut.

Wer immer im Gehorsam gegen Christus zuerst das Reich Gottes sucht, der stärkt und läutert dadurch seine Liebesgesinnung, um allen seinen Brüdern zu helfen und unter dem Antrieb der göttlichen Liebe das, was die Gerechtigkeit verlangt, zur vollen Verwirklichung zu führen[153].

VIERTES KAPITEL

Das Leben der politischen Gemeinschaft

73. (Das öffentliche Leben heute) Tiefgreifende Änderungen zeigen sich heute auch innerhalb der politischen Strukturen und Einrichtungen der Völker als Folge ihrer kulturellen, wirtschaftlichen und gesellschaftlichen Entwicklung. Diese Veränderungen haben großen Einfluß auf das Leben der politischen Gemeinschaft, vor allem hinsichtlich der Rechte und Pflichten aller bei der Ausübung der staatsbürgerlichen Freiheit, zur Verwirklichung des Gemeinwohls und bei der Ordnung der Beziehungen der Bürger untereinander und zur öffentlichen Gewalt.

Aus dem lebendigeren Bewußtsein der menschlichen Würde wächst ja in den verschiedenen Teilen der Welt das Bestreben, eine neue politisch-rechtliche Ordnung zu schaffen, in der die Rechte der menschlichen Person im öffentlichen Leben besser geschützt sind, etwa das Recht auf Versammlungs-, Vereinigungs- und Meinungsfreiheit und das Recht auf privates und öffentliches Bekenntnis der Religion. Der Schutz dieser Personenrechte ist nämlich die notwendige Bedingung dafür, daß die Bürger einzeln oder im Verbund am Leben und der Leitung des Staates tätigen Anteil nehmen können.

Parallel zu dem kulturellen, wirtschaftlichen und gesellschaftlichen Fortschritt wächst bei vielen das Verlangen nach mehr Anteil an der Gestaltung des Lebens der politischen Gemeinschaft. Im Bewußtsein vieler wächst das Verlangen, die Rechte der Minderheiten zu wahren, ohne daß deren Pflichten der politischen Gemeinschaft gegenüber außer acht gelassen werden; überdies nimmt die Achtung vor Menschen anderer Meinung oder Religion zu. Gleichzeitig bildet sich eine immer breitere Zusammenarbeit dafür heraus, daß alle Bürger, nicht nur einige privilegierte, wirklich in den Genuß ihrer persönlichen Rechte gelangen können. Umgekehrt werden alle jene politischen Formen in manchen Ländern verworfen, die die staatsbürgerliche und religiöse Freiheit schmälern, die Zahl der Opfer politischer Leidenschaften und Verbrechen vermehren und die Ausübung der staatlichen Gewalt zum Eigennutz einer bestimmten Partei oder gar der Machthaber selbst und zum Schaden des Gemeinwohls mißbrauchen.

Für den Aufbau eines wirklich menschenwürdigen politischen Lebens ist nichts so wichtig wie die Pflege der inneren Einstellung auf Gerechtigkeit, Wohlwollen und Dienst am Gemeinwohl sowie die Schaffung fester Grundüberzeugungen über das wahre Wesen politischer Gemeinschaft und über das Ziel, den rechten Gebrauch und die Grenzen der öffentlichen Gewalt.

74. (Natur und Endzweck der politischen Gemeinschaft) Die einzelnen, die Familien und die verschiedenen Gruppen, aus denen sich die politische Gemeinschaft zusammensetzt, wissen, daß sie allein nicht imstande sind, alles das zu leisten, was zu einem in jeder Richtung menschlichen Leben gehört. Sie erfassen die Notwendigkeit einer umfassenderen Gesellschaft, in der alle täglich ihre eigenen Kräfte zusammen zur ständig besseren Verwirklichung des Gemeinwohls einsetzen[154]. So begründen sie denn die politische Gemeinschaft in ihren verschiedenen Formen. Die politische Gemeinschaft besteht also um dieses Gemeinwohls willen; in ihm hat sie ihre letztgültige Rechtfertigung und ihren Sinn, aus ihm leitet sie ihr ursprüngliches Eigenrecht ab. Das Gemeinwohl aber begreift in sich die Summe aller jener Bedingungen gesellschaftlichen Lebens, die den einzelnen, den Familien und gesellschaftlichen Gruppen ihre eigene Vervollkommnung voller und ungehinderter zu erreichen gestatten[155].

Aber die Menschen, die zu einer politischen Gemeinschaft zusammenfinden, sind zahlreich und verschiedenartig. Sie können mit Recht verschiedene Meinungen haben. Damit nun der Staat nicht dadurch, daß jeder seiner eigenen Ansicht folgt, zerfällt, bedarf es einer Autorität, welche die Kräfte aller Bürger auf das Gemeinwohl lenkt, nicht bloß durch die Automatismen des Institutionellen oder durch brutale Gewalt, sondern vor allem als moralische Macht, die sich stützt auf die Freiheit und auf das Bewußtsein einer übernommenen Verantwortung.

Offenkundig sind also die politische Gemeinschaft und die öffentliche Autorität in der menschlichen Natur begründet und gehören zu der von Gott vorgebildeten Ordnung, wenngleich die Bestimmung der Regierungsform und die Auswahl der Regierenden dem freien Willen der Staatsbürger überlassen bleiben[156].

Ebenso ergibt sich, daß sich die Ausübung der politischen Gewalt in der Gemeinschaft als solcher oder in den für sie repräsentativen Institutionen immer nur im Rahmen der sittlichen Ordnung vollziehen darf, und zwar zur Verwirklichung des Gemeinwohls – dieses aber dynamisch verstanden – und entsprechend einer legitimen juridischen Ordnung, die bereits besteht oder noch geschaffen werden soll. Dann aber sind auch die Staatsbürger im Gewissen zum Gehorsam verpflichtet[157]. Daraus ergeben sich also die Verantwortlichkeit, Würde und Bedeutung der Regierenden.

Wo jedoch die Staatsbürger von einer öffentlichen Gewalt, die ihre Zuständigkeit überschreitet, bedrückt werden, sollen sie sich nicht weigern, das zu tun, was das Gemeinwohl objektiv verlangt. Sie haben jedoch das Recht, ihre und ihrer Mitbürger Rechte gegen den Mißbrauch der staatlichen Autorität zu verteidigen, freilich innerhalb der Grenzen des Naturrechts und des Evangeliums.

Die konkrete Art und Weise, wie die politische Gemeinschaft ihre eigene Verfassung und die Ausübung der öffentlichen Gewalt ordnet, kann entsprechend der Eigenart der verschiedenen Völker und der geschichtlichen Entwicklung verschieden sein. Immer aber muß sie im Dienst der Formung eines gebildeten, friedliebenden und gegenüber allen anderen wohlwollenden Menschen stehen, zum Vorteil der gesamten Menschheitsfamilie.

75. (Die Mitarbeit aller im öffentlichen Leben) In vollem Einklang mit der menschlichen Natur steht die Entwicklung von rechtlichen und politischen Strukturen, die ohne jede Diskriminierung allen Staatsbürgern immer mehr die tatsächliche Möglichkeit gibt, frei und aktiv teilzuhaben an der rechtlichen Grundlegung ihrer politischen Gemeinschaft, an der Leitung des politischen Geschehens, an der Festlegung des Betätigungsbereichs und des Zwecks der verschiedenen Institutionen und an der Wahl der Regierenden[158]. Alle Staatsbürger aber sollen daran denken, von Recht und Pflicht der freien Wahl Gebrauch zu machen zur Förderung des Gemeinwohls. Die Kirche ihrerseits zollt der Arbeit jener, die sich zum Dienst an den Menschen für das Wohl des Staates einsetzen und die Lasten eines solchen Amtes tragen, Anerkennung und Achtung.

Soll die verantwortungsbewußte Mitarbeit der Bürger im täglichen Leben des Staates den gewünschten Erfolg haben, so muß eine Ordnung des positiven Rechtes vorhanden sein, in der eine sinnvolle Aufteilung der Ämter und Institutionen der öffentlichen Gewalt in Verbindung mit einem wirksamen und nach allen Seiten hin unabhängigen

Schutz der Rechte gegeben ist. Die Rechte aller Personen, Familien und gesellschaftlichen Gruppen und deren Ausübung sollen anerkannt, geschützt und gefördert werden[159] zusammen mit den Pflichten, die alle Staatsbürger binden. Unter diesen Pflichten muß ausdrücklich die Pflicht genannt werden, dem Staat jene materiellen und persönlichen Dienste zu leisten, die für das Gemeinwohl notwendig sind. Die Regierenden sollen sich davor hüten, den Familien, gesellschaftlichen und kulturellen Gruppen, vorstaatlichen Körperschaften und Institutionen Hindernisse in den Weg zu legen oder ihnen den ihnen zustehenden freien Wirkungskreis zu nehmen; vielmehr sollen sie diese großzügig und geregelt fördern. Aber auch die Staatsbürger, einzeln oder in Gruppen, sollen der öffentlichen Autorität nicht eine zu umfangreiche Gewalt zugestehen noch von ihr ungebührlich große Zuwendungen und Begünstigungen fordern, so daß die Eigenverantwortung der einzelnen, der Familien und gesellschaftlichen Gruppen gemindert wird.

Die heutzutage stets verwickelter werdenden Verhältnisse zwingen die staatliche Autorität, häufiger in soziale, wirtschaftliche und kulturelle Angelegenheiten einzugreifen; sie will damit geeignetere Voraussetzungen dafür schaffen, daß die Staatsbürger und gesellschaftlichen Gruppen wirksamer in Freiheit das Wohl des Menschen in jeder Hinsicht verwirklichen können. Je nach der Verschiedenheit der Länder und der Entwicklung der Völker können jedoch die Beziehungen zwischen der Sozialisation"[160] und der Autonomie sowie der Entfaltung der Person verschieden gedacht werden. Überall jedoch, wo die Ausübung von Rechten um des Gemeinwohls willen zeitweise beschränkt wird, muß die Freiheit, sobald die Voraussetzungen für diese Beschränkung wegfallen, unverzüglich wiederhergestellt werden. Unmenschlich ist es, wenn eine Regierung auf totalitäre oder diktatorische Formen verfällt, die die Rechte der Person und der gesellschaftlichen Gruppen verletzen.

Die Staatsbürger sollen eine hochherzige und treue Vaterlandsliebe pflegen, freilich ohne geistige Enge, vielmehr so, daß sie dabei das Wohl der ganzen Menschheitsfamilie im Auge behalten, die ja durch die mannigfachen Bande zwischen den Rassen, Völkern und Nationen miteinander verbunden ist.

Die Christen sollen in der politischen Gemeinschaft jene Berufung beachten, die ihnen ganz besonders eigen ist. Sie sollen beispielgebend dafür sein, insofern sie pflichtbewußt handeln und sich für das Gemeinwohl einsetzen. Sie sollen durch ihre Tat zeigen, wie sich Autorität mit Freiheit, persönliche Initiative mit solidarischer Verbundenheit zum gemeinsamen Ganzen, gebotene Einheit mit fruchtbarer Vielfalt verbinden lassen. Berechtigte Meinungsverschiedenheiten in Fragen der Ordnung irdischer Dinge sollen sie anerkennen, und die anderen, die als einzelne oder kollektiv solche Meinungen anständig vertreten, sollen sie achten. Die politischen Parteien müssen das fordern, was ihres Erachtens nach vom Gemeinwohl gefordert wird; sie dürfen niemals ihre Sonderinteressen über dieses Gemeinwohl stellen.

Die heute dem Volk und besonders der Jugend so notwendige staatsbürgerliche und politische Erziehung ist eifrig zu pflegen, so daß alle Bürger am Leben der politischen Gemeinschaft aktiv teilnehmen können. Wer dazu geeignet ist oder sich dazu ausbilden kann, soll sich darauf vorbereiten, den schweren, aber zugleich ehrenvollen[161] Beruf des Politikers auszuüben, und sich diesem Beruf unter Hintansetzung des eigenen Vorteils und materiellen Gewinns widmen. Sittlich integer und klug zugleich, soll er angehen gegen alles Unrecht und jeder Unterdrückung, gegen Willkürherrschaft und Intoleranz eines einzelnen oder einer politischen Partei. Redlich und gerecht, voll Liebe und politischen Muts soll er sich dem Wohl aller widmen.

76. (Politische Gemeinschaft und Kirche) Sehr wichtig ist besonders in einer pluralistischen Gesellschaft, daß man das Verhältnis zwischen der politischen Gemeinschaft und der Kirche richtig sieht, so daß zwischen dem, was die Christen als einzelne oder im Verbund im eigenen Namen als Staatsbürger, die von ihrem christlichen Gewissen geleitet werden, und dem, was sie im Namen der Kirche zusammen mit ihren Hirten tun, klar unterschieden wird.

Die Kirche, die in keiner Weise hinsichtlich ihrer Aufgabe und Zuständigkeit mit der politischen Gemeinschaft verwechselt werden darf noch auch an irgendein politisches System gebunden ist, ist zugleich Zeichen und Schutz der Transzendenz der menschlichen Person.

Die politische Gemeinschaft und die Kirche sind auf je ihrem Gebiet voneinander unabhängig und autonom. Beide aber dienen, wenn auch in verschiedener Begründung, der persönlichen und gesellschaftlichen Berufung der gleichen Menschen. Diesen Dienst können beide zum Wohl aller um so wirksamer leisten, je mehr und besser sie rechtes Zusammenwirken miteinander pflegen; dabei sind jeweils die Umstände von Ort und Zeit zu berücksichtigen. Der Mensch ist ja nicht auf die zeitliche Ordnung beschränkt, sondern inmitten der menschlichen Geschichte vollzieht er ungeschmälert seine ewige Berufung. Die Kirche aber, in der Liebe des Erlösers begründet, trägt dazu bei, daß sich innerhalb der Grenzen einer Nation und im Verhältnis zwischen den Völkern Gerechtigkeit und Liebe entfalten. Indem sie nämlich die Wahrheit des Evangeliums verkündet und alle Bereiche menschlichen Handelns durch ihre Lehre und das Zeugnis der Christen erhellt, achtet und fördert sie auch die politische Freiheit der Bürger und ihre Verantwortlichkeit.

Wenn die Apostel und ihre Nachfolger mit ihren Mitarbeitern gesandt sind, den Menschen Christus als Erlöser der Welt zu verkünden, so stützen sie sich in ihrem Apostolat auf die Macht Gottes, der oft genug die Kraft des Evangeliums offenbar macht in der Schwäche der Zeugen. Wer sich dem Dienst am Wort Gottes weiht, muß sich der dem Evangelium eigenen Wege und Hilfsmittel bedienen, die weitgehend verschieden sind von den Hilfsmitteln der irdischen Gesellschaft.

Das Irdische und das, was am konkreten Menschen diese Welt übersteigt, sind miteinander eng verbunden, und die Kirche selbst bedient sich des Zeitlichen, soweit es ihre eigene Sendung erfordert. Doch setzt sie ihre Hoffnung nicht auf Privilegien, die ihr von der staatlichen Autorität angeboten werden. Sie wird sogar auf die Ausübung von legitim erworbenen Rechten verzichten, wenn feststeht, daß durch deren Inanspruchnahme die Lauterkeit ihres Zeugnisses in Frage gestellt ist, oder wenn veränderte Lebensverhältnisse eine andere Regelung fordern. Immer und überall aber nimmt sie das Recht in Anspruch, in wahrer Freiheit den Glauben zu verkünden, ihre Soziallehre kundzumachen, ihren Auftrag unter den Menschen unbehindert zu erfüllen und auch politische Angelegenheiten einer sittlichen Beurteilung zu unterstellen, wenn die Grundrechte der menschlichen Person oder das Heil der Seelen es verlangen. Sie wendet dabei alle, aber auch nur jene Mittel an, welche dem Evangelium und dem Wohl aller je nach den verschiedenen Zeiten und Verhältnissen entsprechen.

In der Treue zum Evangelium, gebunden an ihre Sendung in der Welt und entsprechend ihrem Auftrag, alles Wahre, Gute und Schöne in der menschlichen Gemeinschaft zu fördern[162] und zu überhöhen, festigt die Kirche zur Ehre Gottes den Frieden unter den Menschen[163].

FÜNFTES KAPITEL

Die Förderung des Friedens
und der Aufbau der Völkergemeinschaft

77. (Einführung) In unseren Jahren, in denen die Leiden und Ängste wütender oder drohender Kriege noch schwer auf den Menschen lasten, ist die gesamte Menschheitsfamilie in einer entscheidenden Stunde ihrer Entwicklung zur Reife angelangt. Allmählich ist sie sich untereinander nähergekommen, und überall ist sie sich schon klarer ihrer Einheit bewußt. Da kann sie ihre Aufgabe, die Welt für alle überall wirklich menschlicher zu gestalten, nur erfüllen, wenn alle sich in einer inneren Erneuerung dem wahren Frieden zuwenden. Dann strahlt unserer Zeit jene Botschaft des Evangeliums, die dem höchsten Sehnen und Bemühen der Menschheit entspricht, in neuem Licht auf, jene Botschaft, die die Friedensstifter seligpreist, „denn sie werden Kinder Gottes heißen" (Mt 5, 9).

Darum möchte das Konzil den wahren und hohen Begriff des Friedens klarlegen, die Unmenschlichkeit des Krieges verurteilen und mit allem Ernst einen Aufruf an alle Christen richten, mit Hilfe Christi, in dem der Friede gründet, mit allen Menschen zusammenzuarbeiten, um untereinander in Gerechtigkeit und Liebe den Frieden zu festigen und all das bereitzustellen, was dem Frieden dient.

78. (Vom Wesen des Friedens) Der Friede besteht nicht darin, daß kein Krieg ist; er läßt sich auch nicht bloß durch das Gleichgewicht entgegengesetzter Kräfte sichern; er entspringt ferner nicht dem Machtgebot eines Starken; er heißt vielmehr mit Recht und eigentlich ein „Werk der Gerechtigkeit" (Is 32, 17). Er ist die Frucht der Ordnung, die ihr göttlicher Gründer selbst in die menschliche Gesellschaft eingestiftet hat und die von den Menschen durch stetes Streben nach immer vollkommenerer Gerechtigkeit verwirklicht werden muß. Zwar wird das Gemeinwohl des Menschengeschlechts grundlegend vom ewigen Gesetz Gottes bestimmt, aber in seinen konkreten Anforderungen unterliegt es dem ständigen Wandel der Zeiten; darum ist der Friede niemals endgültiger Besitz, sondern immer wieder neu zu erfüllende Aufgabe. Da zudem der menschliche Wille schwankend und von der Sünde verwundet ist, verlangt die Sorge um den Frieden,

daß jeder dauernd seine Leidenschaft beherrscht und daß die recht-mäßige Obrigkeit wachsam ist.

Dies alles genügt noch nicht. Dieser Friede kann auf Erden nicht er-reicht werden ohne Sicherheit für das Wohl der Person und ohne daß die Menschen frei und vertrauensvoll die Reichtümer ihres Geistes und Herzens miteinander teilen. Der feste Wille, andere Menschen und Völker und ihre Würde zu achten, gepaart mit einsatzbereiter und tätiger Brüderlichkeit – das sind unerläßliche Voraussetzungen für den Aufbau des Friedens. So ist der Friede auch die Frucht der Liebe, die über das hinausgeht, was die Gerechtigkeit zu leisten vermag.

Der irdische Friede, der seinen Ursprung in der Liebe zum Nächsten hat, ist aber auch Abbild und Wirkung des Friedens, den Christus ge-bracht hat und der von Gott dem Vater ausgeht. Dieser menschgewor-dene Sohn, der Friedensfürst, hat nämlich durch sein Kreuz alle Men-schen mit Gott versöhnt und die Einheit aller in einem Volk und in ei-nem Leib wiederhergestellt. Er hat den Haß an seinem eigenen Leib getötet[164], und durch seine Auferstehung erhöht, hat er den Geist der Liebe in die Herzen der Menschen ausgegossen.

Das ist ein eindringlicher Aufruf an alle Christen: die Wahrheit in Liebe zu tun und sich mit allen wahrhaft friedliebenden Menschen zu vereinen, um den Frieden zu erbeten und aufzubauen.

Vom gleichen Geist bewegt, können wir denen unsere Anerkennung nicht versagen, die bei der Wahrung ihrer Rechte darauf verzichten, Gewalt anzuwenden, sich vielmehr auf Verteidigungsmittel beschrän-ken, so wie sie auch den Schwächeren zur Verfügung stehen, vorausge-setzt, daß dies ohne Verletzung der Rechte und Pflichten anderer oder der Gemeinschaft möglich ist.

Insofern die Menschen Sünder sind, droht ihnen die Gefahr des Krie-ges, und sie wird ihnen drohen bis zur Ankunft Christi. Soweit aber die Menschen sich in Liebe vereinen und so die Sünde überwinden, über-winden sie auch die Gewaltsamkeit, bis sich einmal die Worte erfüllen: „Zu Pflügen schmieden sie ihre Schwerter um, zu Winzermessern ihre Lanzen. Kein Volk zückt mehr gegen das andere das Schwert. Das Kriegshandwerk gibt es nicht mehr" (Is 2, 4).

Erster Abschnitt:
Von der Vermeidung des Krieges

79. (Der Unmenschlichkeit der Kriege Dämme setzen) Obwohl die jüngsten Kriege unserer Welt ungeheuren materiellen und moralischen Schaden zugefügt haben, setzt der Krieg doch jeden Tag in irgendeinem Teil der Welt seine Verwüstungen fort. Es droht sogar beim Gebrauch wissenschaftlicher Waffen, gleich welcher Art, eine Barbarei der Kriegführung, die die Kämpfenden zu Grausamkeiten verleitet, die die vergangener Zeiten weit übersteigt. Die Kompliziertheit der heutigen Lage und die Verflochtenheit der internationalen Beziehungen ermöglichen zudem neue hinterhältige und umstürzlerische Methoden, Kriege zu tarnen und in die Länge zu ziehen. In vielen Fällen gibt der Einsatz terroristischer Praktiken der Kriegsführung eine neue Gestalt.

Diesen beklagenswerten Zustand der Menschheit vor Augen, möchte das Konzil vor allem an die bleibende Geltung des natürlichen Völkerrechts und seiner allgemeinen Prinzipien erinnern. Das Gewissen der gesamten Menschheit bekennt sich zu diesen Prinzipien mit wachsendem Nachdruck. Handlungen, die in bewußtem Widerspruch zu ihnen stehen, sind Verbrechen; ebenso Befehle, die solche Handlungen anordnen; auch die Berufung auf blinden Gehorsam kann den nicht entschuldigen, der sie ausführt. Zu diesen Handlungen muß man an erster Stelle rechnen: ein ganzes Volk, eine Nation oder eine völkische Minderheit aus welchem Grunde und mit welchen Mitteln auch immer auszurotten. Das sind furchtbare Verbrechen, die aufs schärfste zu verurteilen sind. Höchste Anerkennung verdient dagegen die Haltung derer, die sich solchen Befehlen furchtlos und offen widersetzen.

Für den Kriegsfall bestehen verschiedene internationale Konventionen, von einer recht großen Anzahl von Ländern mit dem Ziel unterzeichnet, die Unmenschlichkeit von Kriegshandlungen und -folgen zu mindern, etwa die Konventionen zum Schutz der Verwundeten und Kriegsgefangenen und verschiedene ähnliche Abmachungen. Diese Verträge müssen gehalten werden. Außerdem müssen alle, insbesondere die Regierungen und die Sachverständigen, alles tun, um diese Abmachungen nach Möglichkeit zu verbessern und dadurch die Unmenschlichkeiten des Krieges besser und wirksamer einzudämmen. Ferner scheint es angebracht, daß Gesetze für die in humaner Weise

Vorsorge treffen, die aus Gewissensgründen den Wehrdienst verweigern, vorausgesetzt, daß sie zu einer anderen Form des Dienstes an der menschlichen Gemeinschaft bereit sind.

Allerdings – der Krieg ist nicht aus der Welt geschafft. Solange die Gefahr von Krieg besteht und solange es noch keine zuständige internationale Autorität gibt, die mit entsprechenden Mitteln ausgestattet ist, kann man, wenn alle Möglichkeiten einer friedlichen Regelung erschöpft sind, einer Regierung das Recht auf sittlich erlaubte Verteidigung nicht absprechen. Die Regierenden und alle, die Verantwortung für den Staat tragen, sind verpflichtet, das Wohl der ihnen anvertrauten Völker zu schützen, und sie sollen diese ernste Sache ernst nehmen. Der Einsatz militärischer Mittel, um ein Volk rechtmäßig zu verteidigen, hat jedoch nichts zu tun mit dem Bestreben, andere Nationen zu unterjochen. Das Kriegspotential legitimiert auch nicht jeden militärischen oder politischen Gebrauch. Auch wird nicht deshalb, weil ein Krieg unglücklicherweise ausgebrochen ist, damit nun jedes Kampfmittel zwischen den gegnerischen Parteien erlaubt.

Wer als Soldat im Dienst des Vaterlandes steht, betrachte sich als Diener der Sicherheit und Freiheit der Völker. Indem er diese Aufgabe recht erfüllt, trägt er wahrhaft zur Festigung des Friedens bei.

80. (Der totale Krieg) Mit der Fortentwicklung wissenschaftlicher Waffen wachsen der Schrecken und die Verwerflichkeit des Krieges ins Unermeßliche. Die Anwendung solcher Waffen im Krieg vermag ungeheure und unkontrollierbare Zerstörungen auszulösen, die die Grenzen einer gerechten Verteidigung weit überschreiten. Ja wenn man alle Mittel, die sich schon in den Waffenlagern der Großmächte befinden, voll einsetzen würde, würde sich daraus eine fast totale und gegenseitige Vernichtung des einen Gegners durch den anderen ergeben, abgesehen von den zahllosen Verwüstungen in der Welt, die dem Gebrauch solcher Waffen als verhängnisvolle Nachwirkungen folgen.

All dies zwingt uns, die Frage des Krieges mit einer ganz neuen inneren Einstellung zu prüfen[165]. Die Menschen unseres Zeitalters sollen wissen, daß sie über ihre kriegerischen Handlungen einmal schwere Rechenschaft abzulegen haben. Von ihren heutigen Entscheidungen hängt nämlich weitgehend der Lauf der Zukunft ab.

Deshalb macht sich diese Heilige Synode die Verurteilung des totalen

Krieges, wie sie schon von den letzten Päpsten ausgesprochen wurde[166], zu eigen und erklärt:

Jede Kriegshandlung, die auf die Vernichtung ganzer Städte oder weiter Gebiete und ihrer Bevölkerung unterschiedslos abstellt, ist ein Verbrechen gegen Gott und gegen den Menschen, das fest und entschieden zu verwerfen ist.

Die besondere Gefahr des modernen Krieges besteht darin, daß er sozusagen denen, die im Besitz neuerer wissenschaftlicher Waffen sind, die Gelegenheit schafft, solche Verbrechen zu begehen, und in einer Art unerbittlicher Verstrickung den Willen des Menschen zu den fürchterlichsten Entschlüssen treiben kann. Damit in Zukunft so etwas nie geschieht, beschwören die versammelten Bischöfe des ganzen Erdkreises alle, insbesondere die Regierenden und die militärischen Befehlshaber, sich jederzeit der großen Verantwortung bewußt zu sein, die sie vor Gott und der ganzen Menschheit tragen.

81. (Der Rüstungswettlauf) Die wissenschaftlichen Waffen werden nun allerdings nicht nur zum Einsatz im Kriegsfall angehäuft. Weil man meint, daß die Stärke der Verteidigung von der Fähigkeit abhänge, bei einem Angriff des Gegners blitzartig zurückzuschlagen, dient diese noch jährlich wachsende Anhäufung von Waffen dazu, auf diese ungewöhnliche Art mögliche Gegner abzuschrecken. Viele halten dies heute für das wirksamste Mittel, einen gewissen Frieden zwischen den Völkern zu sichern.

Wie immer man auch zu dieser Methode der Abschreckung stehen mag – die Menschen sollten überzeugt sein, daß der Rüstungswettlauf, zu dem nicht wenige Nationen ihre Zuflucht nehmen, kein sicherer Weg ist, den Frieden zu sichern, und daß das daraus sich ergebende sogenannte Gleichgewicht kein sicherer und wirklicher Friede ist. Statt daß dieser die Ursachen des Krieges beseitigt, drohen diese dadurch sogar eher weiter zuzunehmen. Während man riesige Summen für die Herstellung immer neuer Waffen ausgibt, kann man nicht genügend Hilfsmittel bereitstellen zur Bekämpfung all des Elends in der heutigen Welt. Anstatt die Spannungen zwischen den Völkern wirklich und gründlich zu lösen, überträgt man sie noch auf andere Erdteile. Neue Wege, von einer inneren Wandlung aus beginnend, müssen gewählt werden, um dieses Ärgernis zu beseitigen, die Welt von der drückenden Angst zu befreien und ihr den wahren Frieden zu schenken.

Darum muß noch einmal erklärt werden: Der Rüstungswettlauf ist eine der schrecklichsten Wunden der Menschheit, er schädigt unerträglich die Armen. Wenn hier nicht Hilfe geschaffen wird, ist zu befürchten, daß er eines Tages all das tödliche Unheil bringt, wozu er schon jetzt die Mittel bereitstellt.

Gewarnt vor Katastrophen, die das Menschengeschlecht heute möglich macht, wollen wir die Frist, die uns noch von oben gewährt wurde, nützen, um mit geschärftem Verantwortungsbewußtsein Methoden zu finden, unsere Meinungsverschiedenheiten auf eine Art und Weise zu lösen, die des Menschen würdiger ist. Die göttliche Vorsehung fordert dringend von uns, daß wir uns von der alten Knechtschaft des Krieges befreien. Wohin uns der verhängnisvolle Weg, den wir beschritten haben, führen mag, falls wir nicht diesen Versuch zur Umkehr machen, das wissen wir nicht.

82. (Die absolute Ächtung des Krieges; eine weltweite Aktion, ihn zu verhindern) Es ist also deutlich, daß wir mit all unseren Kräften jene Zeit vorbereiten müssen, in der auf der Basis einer Übereinkunft zwischen allen Nationen jeglicher Krieg absolut geächtet werden kann. Das erfordert freilich, daß eine von allen anerkannte öffentliche Weltautorität eingesetzt wird, die über wirksame Macht verfügt, um für alle Sicherheit, Wahrung der Gerechtigkeit und Achtung der Rechte zu gewährleisten. Bevor aber diese wünschenswerte Autorität konstituiert werden kann, müssen die jetzigen internationalen höchsten Gremien sich intensiv um Mittel bemühen, die allgemeine Sicherheit besser zu gewährleisten. Da der Friede aus dem gegenseitigen Vertrauen der Völker erwachsen sollte, statt den Nationen durch den Schrecken der Waffen auferlegt zu werden, sollten alle sich bemühen, dem Wettrüsten ein Ende zu machen. Man soll wirklich mit der Abrüstung beginnen, nicht einseitig, sondern in vertraglich festgelegten gleichen Schritten und mit echten und wirksamen Sicherungen[167].

Inzwischen sind Versuche, wie sie schon unternommen wurden und noch werden, die Gefahr des Krieges abzuwenden, keineswegs geringzuschätzen. Man sollte vielmehr den guten Willen der überaus vielen stützen, die, beladen durch ihr hohes Amt, aber zugleich im Gewissen bedrängt durch die Schwere ihrer Verantwortung, darauf hinwirken, daß der Krieg, den sie verabscheuen, aus der Welt geschafft werde, wenn sie auch nicht an der Kompliziertheit der faktischen Verhältnisse vorbeisehen können. Inständig muß man zu Gott beten, daß er ihnen die Kraft gibt, dieses hohe Werk der Liebe zu den Menschen, den kraftvollen Aufbau des Friedens immer wieder neu zu beginnen und tapfer durchzuhalten. Dies verlangt heute sicher von ihnen, daß sie mit Geist und Herz über die Grenzen ihrer eigenen Nation hinausschauen, daß sie auf nationalen Egoismus und den Ehrgeiz, andere Nationen zu beherrschen, verzichten, daß sie eine tiefe Ehrfurcht empfinden für die ganze Menschheit, die sich so mühsam schon auf eine größere Einheit hinbewegt.

Über die Probleme des Friedens und der Abrüstung sind schon tiefe, mutige und unermüdliche Forschungen angestellt worden. Internationale Kongresse befaßten sich damit. Man sollte dieses alles als erste Schritte zur Lösung dieser so schwierigen Fragen ansehen und für die Zukunft noch intensiver fördern, wenn man praktikable Ergebnisse erreichen will. Indessen soll man sich hüten, sich nur auf die Anstrengungen einiger zu verlassen, ohne die eigene Einstellung zu überprüfen. Denn die Staatsmänner, die das Gemeinwohl ihres eigenen Volkes zu verantworten und gleichzeitig das Wohl der gesamten Welt zu fördern haben, sind sehr abhängig von der öffentlichen Meinung und Einstellung der Massen. Nichts nützt ihnen ihr Bemühen, Frieden zu stiften, wenn Gefühle der Feindschaft, Verachtung, Mißtrauen, Rassenhaß und ideologische Verhärtung die Menschen trennen und zu Gegnern machen. Darum sind vor allem eine neue Erziehung und ein neuer Geist in der öffentlichen Meinung dringend notwendig. Wer sich der Aufgabe der Erziehung, vor allem der Jugend, widmet und wer die öffentliche Meinung mitformt, soll es als seine schwere Pflicht ansehen, in allen eine neue Friedensgesinnung zu wecken. Wir alle müssen uns wandeln in unserer Gesinnung und müssen die ganze Welt und jene Aufgaben in den Blick bekommen, die wir alle zusammen zum Fortschritt der Menschheit auf uns nehmen können.

Täuschen wir uns nicht durch eine falsche Hoffnung! Wenn Feindchaft und Haß nicht aufgegeben werden, wenn es nicht zum Abschluß fester und ehrenhafter Verträge kommt, die für die Zukunft einen allgemeinen Frieden sichern, dann geht die Menschheit, die jetzt schon in Gefahr schwebt, trotz all ihrer bewunderungswürdigen Wissenschaft jener dunklen Stunde entgegen, wo sie keinen andern Frieden mehr spürt als die schaurige Ruhe des Todes. Aber während die Kirche Christi mitten in den Ängsten dieser Zeit lebt und diese Worte ausspricht, hört sie nicht auf, zuversichtlich zu hoffen. Unserer Zeit will sie immer wieder – gelegen oder ungelegen – die apostolische Botschaft verkünden: „Seht, jetzt ist die Zeit der Gnade" zur Bekehrung der Herzen; „jetzt ist der Tag des Heils"[168].

Zweiter Abschnitt:
Der Aufbau der internationalen Gemeinschaft

83. (Die Ursachen der Zwietracht und ihre Heilmittel) Um den Frieden aufzubauen, müssen vor allem die Ursachen der Zwietracht in der Welt, die zum Krieg führen, beseitigt werden, an erster Stelle die Ungerechtigkeiten. Nicht wenige entspringen allzu großen wirtschaftlichen Ungleichheiten oder auch der Verzögerung der notwendigen Hilfe. Andere entstehen aus Herrschsucht und Mißachtung der Menschenwürde und, wenn wir nach den tieferen Gründen suchen, aus Neid, Mißtrauen, Hochmut und anderen egoistischen Leidenschaften. Da der Mensch so viel Unordnung nicht ertragen kann, folgt daraus, daß die Welt auch ohne das Wüten des Krieges dauernd von zwischenmenschlichen Spannungen und gewaltsamen Auseinandersetzungen vergiftet wird. Weil außerdem dieselben Übel auch in den Beziehungen unter den Völkern zu finden sind, müssen, will man sie überwinden oder verhüten und die zügellose Gewaltanwendung verhindern, die internationalen Institutionen besser und enger zusammenarbeiten und koordiniert werden; ebenso muß auf die Bildung neuer Organe für die Förderung des Friedens unermüdlich hingearbeitet werden.

84. (Die Völkergemeinschaft und die internationalen Institutionen) Um bei der wachsenden gegenseitigen engen Abhängigkeit aller Menschen und aller Völker auf dem ganzen Erdkreis das allgemeine Wohl der Menschheit auf geeignetem Weg zu suchen und in wirksamerer Weise zu erreichen, muß sich die Völkergemeinschaft eine Ordnung geben, die den heutigen Aufgaben entspricht, vor allem im Hinblick auf die zahlreichen Gebiete, die immer noch unerträgliche Not leiden.
Um diese Ziele zu erreichen, müssen die Institutionen der internationalen Gemeinschaft den verschiedenen Bedürfnissen der Menschen nach Kräften Rechnung tragen, und zwar sowohl in den Bereichen des

sozialen Lebens, z. B. Ernährung, Gesundheit, Erziehung, Arbeit, als auch in besonderen Situationen, die hier und dort entstehen können, z. B. die allgemein bestehende Notwendigkeit, den Aufstieg der Entwicklungsländer zu fördern, die Leiden der Flüchtlinge in der ganzen Welt zu lindern oder auch Auswanderer und ihre Familien zu unterstützen.

Die bereits bestehenden internationalen Institutionen, sowohl auf weltweiter wie auf regionaler Ebene, machen sich ohne Zweifel um die Menschheit hoch verdient. Sie erscheinen als erste Versuche, eine internationale Grundlage für die Gemeinschaft der ganzen Menschheit zu schaffen, damit so die schweren Fragen unserer Zeit gelöst werden: den Fortschritt überall zu fördern und Kriege in jeder Form zu verhindern. Die Kirche freut sich über den Geist wahrer Brüderlichkeit zwischen Christen und Nichtchristen, der auf all diesen Gebieten zu immer größeren Anstrengungen drängt, um die ungeheuere Not zu lindern.

85. (Die internationale wirtschaftliche Zusammenarbeit) Die heutige enge Verbundenheit der Menschheit erfordert auch auf wirtschaftlichem Gebiet eine stärkere internationale Zusammenarbeit. Wenn auch fast alle Völker politische Unabhängigkeit erlangt haben, ist es doch noch lange nicht so weit, daß sie von allzu großen Ungleichheiten und jeder Form ungebührlicher Abhängigkeit frei und jeder Gefahr schwerer innerer Konflikte enthoben sind.

Die Entwicklung einer Nation hängt von menschlichen und finanziellen Hilfen ab. Die Bürger einer jeden Nation müssen durch Erziehung und Berufsausbildung für die verschiedenen Aufgaben in Wirtschaft und Gesellschaft vorbereitet werden. Dazu ist die Hilfe ausländischer Fachkräfte erforderlich, die bei ihrem Einsatz nicht als Herren auftreten dürfen, sondern Helfer und Mitarbeiter sein sollen. Materielle Hilfe wird den aufstrebenden Völkern nicht zuteil werden, wenn die Praktiken des heutigen Welthandels sich nicht von Grund auf ändern. Darüber hinaus müssen von den hochentwickelten Ländern Hilfen in Form von Zuschüssen, Krediten und Kapitalinvestitionen gewährt werden. Diese sollen von der einen Seite großherzig und ohne Profitsucht gewährt und von der anderen in ehrenhafter Haltung angenommen werden.

Um zu einer echten weltumfassenden Wirtschaftsordnung zu kommen, muß auf übertriebenes Gewinnstreben, nationales Prestige, politische Herrschsucht, militaristische Überlegungen und Machenschaften zur zwangsweisen Verbreitung von Ideologien verzichtet werden. Viele wirtschaftliche und soziale Systeme werden vorgeschlagen. Es ist zu wünschen, daß Fachleute eine gemeinsame Grundlage für einen gesunden Welthandel finden können. Das wird leichter zu erreichen sein, wenn die einzelnen ihre Vorurteile ablegen und zu einem aufrichtigen Dialog bereit sind.

86. (Einige praktische Normen) Für diese Zusammenarbeit scheinen folgende Normen nützlich zu sein:

a) Den Völkern der Entwicklungsländer muß sehr daran gelegen sein, als Ziel des Fortschritts ausdrücklich und entschieden die volle menschliche Entfaltung ihrer Bürger zu erstreben. Sie sollen daran denken, daß der Fortschritt vor allem aus der Arbeit und den Fähigkeiten der Völker selbst entspringt und sich steigert und sich nicht allein auf fremde Hilfe, sondern vor allem auf die volle Erschließung der eigenen Hilfsquellen und ihren Ausbau entsprechend den eigenen Fähigkeiten und Traditionen stützen muß. Hier sollen jene Völker mit gutem Beispiel vorangehen, die größeren Einfluß auf andere haben.

b) Es ist eine schwere Verpflichtung der hochentwickelten Länder, den aufstrebenden Völkern bei der Erfüllung der genannten Aufgaben zu helfen. Darum sollen sie bei sich selbst die geistigen und materiellen Anpassungen durchführen, die zur Organisation dieser weltweiten Zusammenarbeit erforderlich sind. So sollen sie beim Handel mit den schwächeren und ärmeren Nationen deren Wohl bewußt berücksichtigen. Denn diese brauchen den Erlös aus dem Verkauf ihrer Erzeugnisse zum eigenen Unterhalt.

c) Aufgabe der internationalen Gemeinschaft ist es, die wirtschaftliche Entwicklung zu ordnen und ihr Anreize zu geben, jedoch so, daß die dafür bestimmten Mittel so wirksam und gerecht wie möglich vergeben werden. Sache dieser Gemeinschaft ist es auch, unter Berücksichtigung des Subsidiaritätsprinzips die wirtschaftlichen Verhältnisse weltweit so zu ordnen, daß sie sich nach der Norm der Gerechtigkeit entwickeln.

Es sollen geeignete Institutionen zur Förderung und Ordnung des internationalen Handels gegründet werden, vor allem mit den weniger entwickelten Nationen, und zwar zum Ausgleich der Unzuträglichkeit, die sich aus den allzu großen Machtunterschieden zwischen den Völkern ergeben. Solche ordnende Maßnahmen in Verbindung mit technischer, kultureller und finanzieller Unsterstützung sollen den aufstrebenden Nationen die notwendigen Hilfen gewähren, damit sie ein entsprechendes Wachstum ihrer Wirtschaft erreichen können.

d) In vielen Fällen besteht die Notwendigkeit, die wirtschaftliche und soziale Struktur zu überprüfen. Aber man muß sich hüten vor bloß organisatorischen, unausgereiften Lösungen, besonders vor solchen, die dem Menschen zwar materielle Erleichterungen bieten, seiner geistigen Anlage und Entwicklung aber schaden. Dennn „nicht vom Brot allein lebt der Mensch, sondern von jedem Wort, das aus dem Munde Gottes kommt" (Mt 4, 4). Jeder Teil der Menschheitsfamilie trägt in sich und in seinen besten Traditionen einen Teil des geistigen Erbes, das Gott der Menschheit anvertraut hat, wenn auch viele seine Herkunft nicht kennen.

87. (Die internationale Zusammenarbeit im Hinblick auf das Bevölkerungswachstum) Besonders drängend wird die internationale Zusammenarbeit im Hinblick auf jene Völker, die heute häufig neben vielen anderen Problemen vor allem durch jenes bedrängt werden, das aus dem raschen Bevölkerungswachstum entsteht. Es ist dringend erforderlich, daß alle Nationen, besonders die wohlhabenden, in umfassender und gründlicher Zusammenarbeit Wege suchen, wie die zum Lebensunterhalt und zur angemessenen Ausbildung nötigen Mittel bereitgestellt und der ganzen Menschheit zugänglich gemacht werden können. Manche Völker könnten ihre Lebensbedingungen sehr verbessern, wenn sie nach entsprechender Unterweisung von veralteten Methoden der landwirtschaftlichen Erzeugung zu neuen technischen Verfahren übergingen, die sie mit der notwendigen Klugheit ihren Verhältnissen anpassen müßten, und darüber hinaus eine bessere soziale Ordnung einführten sowie die Verteilung des Landbesitzes gerechter ordneten.

Die Regierungen aber haben in bezug auf die Bevölkerungsprobleme in ihrem eigenen Land Rechte und Pflichten innerhalb der Grenzen ihrer Zuständigkeit, z. B. was die Sozial- und Familiengesetzgebung angeht, die Landflucht und die Information über den Zustand und die Bedürfnisse der Nation. Da die Menschen heute von diesem Problem so stark bewegt werden, ist auch zu wünschen, daß katholische Fachleute, vor allem an den Universitäten, die Forschung und die Versuche auf diesem Gebiet planmäßig weiterverfolgen und entwickeln. Vielfach wird die Behauptung aufgestellt, das Wachstum der Erdbevölkerung müsse, wenigstens in bestimmten Ländern, mit allen Mitteln, auch durch Eingriffe des Staates, gleich welcher Art, radikal gedrosselt werden. Das Konzil richtet deshalb an alle die Mahnung, sich vor öffentlich oder privat empfohlenen, manchmal auch aufgenötigten Lösungen zu hüten, die dem Sittengesetz widersprechen. Nach dem unveräußerlichen Menschenrecht auf Ehe und Kinderzeugung hängt die Entscheidung über die Zahl der Kinder vom rechten Urteil der Eltern ab und kann keinesfalls dem Urteil der staatlichen Autorität überlassen werden. Da aber das Urteil der Eltern ein richtig gebildetes Gewissen voraussetzt, ist es von großer Bedeutung, daß allen die Möglichkeit geboten wird, in sich die rechte und wahrhaft menschliche Verantwortlichkeit zu bilden, die sich am göttlichen Gesetz orientiert und die jeweiligen Verhältnisse berücksichtigt. Das erfordert aber, daß weithin die erzieherischen und sozialen Bedingungen verbessert werden und vor allem daß eine religiöse Bildung oder wenigstens eine umfassende sittliche Unterweisung geboten wird. Über die wissenschaftlichen Fortschritte in der Erforschung von sicheren und moralisch einwandfreien Methoden, die den Eheleuten bei der Regelung der Kinderzahl helfen können, sollen die Menschen in kluger Weise unterrichtet werden.

88. (Der Auftrag der Christen zur Hilfeleistung) Zum Aufbau einer internationalen Ordnung, in der die rechtmäßigen Freiheiten aller wirklich geachtet werden und wahre Brüderlichkeit bei allen herrscht, sollen die Christen gern und von Herzen mitarbeiten, und das um so mehr, als der größte Teil der Welt noch unter solcher Not leidet, daß Christus selbst in den Armen mit lauter Stimme seine Jünger zur Liebe aufruft. Das Ärgernis soll vermieden werden, daß einige Nationen, deren Bürger in überwältigender Mehrheit den Ehrennamen „Christen" tragen, Güter in Fülle besitzen, während andere nicht genug zum Leben haben und von Hunger, Krankheit und Elend aller Art gepeinigt werden. Denn der Geist der Armut und Liebe ist Ruhm und Zeugnis der Kirche Christi. Lob und Unterstützung verdienen jene Christen, vor allem jene jungen Menschen, die freiwillig anderen Menschen und

Völkern ihre persönliche Hilfe zur Verfügung stellen. Es ist jedoch Sache des ganzen Volkes Gottes, wobei die Bischöfe mit Wort und Beispiel vorangehen müssen, die Nöte unserer Zeit nach Kräften zu lindern, und zwar nach alter Tradition der Kirche nicht nur aus dem Überfluß, sondern auch von der Substanz.

Das Sammeln und Verteilen von Mitteln muß, zwar ohne starre und einförmige Organisation, jedoch ordnungsgemäß in den Diözesen, den Ländern und in der ganzen Welt durchgeführt werden, und das in Zusammenarbeit der Katholiken mit den übrigen Christen, wo immer es angebracht erscheint. Denn der Geist der Liebe verbietet durchaus nicht die wohlüberlegte und organisierte Durchführung einer sozialen und caritativen Aktion, sondern fordert sie sogar. Darum ist es auch notwendig, daß diejenigen, die sich dem Dienst in Entwicklungsländern widmen wollen, in geeigneten Instituten ausgebildet werden.

89. (Die wirksame Präsenz der Kirche in der internationalen Gemeinschaft) Kraft ihrer göttlichen Sendung verkündet die Kirche allen Menschen das Evangelium und spendet ihnen die Schätze der Gnade. Dadurch leistet sie überall einen wichtigen Beitrag zur Festigung des Friedens und zur Schaffung einer soliden Grundlage der brüderlichen Gemeinschaft unter den Menschen und Völkern, nämlich die Kenntnis des göttlichen und natürlichen Sittengesetzes. Darum muß die Kirche in der Völkergemeinschaft präsent sein, um die Zusammenarbeit unter den Menschen zu fördern und anzuregen. Das geschieht sowohl durch ihre öffentlichen Institutionen wie durch die umfassende und aufrichtige Zusammenarbeit aller Christen, deren einziger Beweggrund der Wunsch ist, allen zu dienen.

Das wird um so eher gelingen, wenn alle Gläubigen im Bewußtsein ihrer menschlichen und christlichen Verantwortung in ihrem eigenen Lebensbereich daran mitwirken, den Wunsch zu tatkräftiger Zusammenarbeit mit der internationalen Gemeinschaft zu wecken. Besondere Sorgfalt ist dabei auf die Bildung der Jugend zu verwenden, vor allem in der religiösen und staatsbürgerlichen Erziehung.

90. (Die Aufgabe der Christen in den internationalen Institutionen) Eine hervorragende Form des internationalen Wirkens der Christen ist zweifellos die Mitarbeit, die sie einzeln und organisiert in den vorhandenen oder zu gründenden Institutionen zur Förderung der Zu-

sammenarbeit unter den Nationen leisten. Darüber hinaus können die
verschiedenen katholischen internationalen Organisationen auf vielfache Weise zum Aufbau einer friedlichen und brüderlichen Völkergemeinschaft beitragen. Sie verdienen gestärkt zu werden durch erhöhten Einsatz gut vorgebildeter Mitarbeiter, durch Vermehrung der
notwendigen Hilfsmittel und durch geeignete Koordinierung der
Kräfte. Denn in unserer Zeit sind sowohl zum Erfolg von Aktionen als
auch zu dem notwendig gewordenen Dialog gemeinsame Bemühungen erforderlich. Solche Vereinigungen tragen außerdem nicht wenig
dazu bei, den Sinn für die Weltprobleme zu entwickeln, was den Katholiken gemäß ist, und das Bewußtsein wahrhaft weltweiter Solidarität und Verantwortung zu wecken.

Schließlich ist zu wünschen, daß die Katholiken zur rechten Erfüllung
ihrer Aufgabe in der internationalen Gemeinschaft eine tatkräftige
und positive Zusammenarbeit anstreben mit den getrennten Brüdern,
die sich gemeinsam mit ihnen zur Liebe des Evangeliums bekennen,
und mit allen Menschen, die den wahren Frieden ersehnen.

Aber angesichts der zahllosen Drangsale, unter denen der größere Teil
der Menschheit auch heute noch leidet, hält es das Konzil für sehr
zweckmäßig, ein Organ der Gesamtkirche zu schaffen, um die Gerechtigkeit und Liebe Christi den Armen in aller Welt zuteil werden zu lassen. Seine Aufgabe soll es sein, die Gemeinschaft der Katholiken immer wieder anzuregen, den Aufstieg der notleidenden Gebiete und die
soziale Gerechtigkeit unter den Völkern zu fördern.

Schlußwort

91. (Der Auftrag der einzelnen Gläubigen und der Teilkirchen) Was
diese Heilige Synode aus dem Schatz der kirchlichen Lehre vorlegt,
will allen Menschen unserer Zeit helfen, ob sie an Gott glauben oder
ihn nicht ausdrücklich anerkennen, klarer ihre Berufung unter jeder
Hinsicht zu erkennen, die Welt mehr entsprechend der hohen Würde
des Menschen zu gestalten, eine weltweite und tiefer begründete Brüderlichkeit zu erstreben und aus dem Antrieb der Liebe in hochherzi-
gem, gemeinsamem Bemühen den dringenden Erfordernissen unserer
Zeit gerecht zu werden.

Mit Rücksicht auf die unabsehbare Differenzierung der Verhältnisse

und der Kulturen in der Welt hat diese konziliare Erklärung in vielen
Teilen mit Bedacht einen ganz allgemeinen Charakter; ja, obwohl sie
eine Lehre vorträgt, die in der Kirche schon anerkannt ist, wird sie
noch zu vervollkommnen und zu ergänzen sein, da oft von Dingen die
Rede ist, die einer ständigen Entwicklung unterworfen sind. Wir sind
aber von der festen Zuversicht erfüllt, daß vieles von dem, was wir, gestützt auf Gottes Wort und den Geist des Evangeliums, vorgetragen
haben, allen eine gute Hilfe sein kann, zumal wenn es von den Gläubigen unter Leitung ihrer Hirten an die Situation und Denkweisen der
einzelnen Völker angepaßt sein wird.

92. (Der Dialog mit allen Menschen) Die Kirche wird kraft ihrer Sendung, die ganze Welt mit der Botschaft des Evangeliums zu erleuchten
und alle Menschen aller Nationen, Rassen und Kulturen in einem
Geist zu vereinigen, zum Zeichen jener Brüderlichkeit, die einen auf-
richtigen Dialog ermöglicht und gedeihen läßt.
Das aber verlangt von uns, daß wir vor allem in der Kirche selbst, bei
Anerkennung aller rechtmäßigen Verschiedenheit, gegenseitige
Hochachtung, Ehrfurcht und Eintracht pflegen, um ein immer frucht-
bareres Gespräch zwischen allen in Gang zu bringen, die das eine Volk
Gottes bilden, Geistliche und Laien. Stärker ist, was die Gläubigen
eint als was sie trennt. Es gelte im Notwendigen Einheit, im Zweifel
Freiheit, in allem die Liebe[169].
Im Geist umarmen wir auch die Brüder, die noch nicht in voller Einheit mit uns leben, und ihre Gemeinschaften, mit denen wir aber im
Bekenntnis des Vaters und des Sohnes und des Heiligen Geistes und
durch das Band der Liebe verbunden sind. Dabei sind wir uns bewußt,
daß heute auch von vielen Nichtchristen die Einheit der Christen erwartet und gewünscht wird. Je mehr diese Einheit unter dem mächtigen Antrieb des Heiligen Geistes in Wahrheit und Liebe wächst, um so
mehr wird sie für die ganze Welt eine Verheißung der Einheit und des
Friedens sein. Darum müssen wir mit vereinten Kräften und in Formen, die zur wirksamen Erreichung dieses großen Zieles immer besser
geeignet sind, in immer größerer Übereinstimmung mit dem Evangelium brüderlich zusammenarbeiten, um der Menschheitsfamilie zu
dienen, die in Christus Jesus zur Familie der Gotteskinder berufen ist.
Wir wenden uns dann auch allen zu, die Gott anerkennen und in ihren
Traditionen wertvolle Elemente der Religion und Humanität bewah-

ren, und wünschen, daß ein offener Dialog uns alle dazu bringt, die Anregungen des Geistes treulich aufzunehmen und mit Eifer zu erfüllen.

Der Wunsch nach einem solchen Dialog, geführt einzig aus Liebe zur Wahrheit und unter Wahrung angemessener Diskretion, schließt unsererseits niemanden aus, weder jene, die hohe Güter der Humanität pflegen, deren Urheber aber noch nicht anerkennen, noch jene, die Gegner der Kirche sind und sie auf verschiedene Weise verfolgen. Da Gott der Vater Ursprung und Ziel aller ist, sind wir alle dazu berufen, Brüder zu sein. Und darum können und müssen wir aus derselben menschlichen und göttlichen Berufung ohne Gewalt und ohne Hintergedanken zum Aufbau einer wahrhaft friedlichen Welt zusammenarbeiten.

93. (Der Aufbau und die Vollendung der Welt) Die Christen können, eingedenk des Wortes des Herrn: „Daran werden alle erkennen, daß ihr meine Jünger seid, wenn ihr einander liebt" (Jo 13, 35), nichts sehnlicher wünschen, als den Menschen unserer Zeit immer großherziger und wirksamer zu dienen. Dem Evangelium gewissenhaft folgend und aus seinen Kräften lebend, verbunden mit allen, die die Gerechtigkeit lieben und pflegen, haben sie das große Werk, das sie hier auf Erden zu erfüllen haben, begonnen, über das sie ihm, der am Jüngsten Tag alle richten wird, Rechenschaft geben müssen. Nicht alle, die sagen „Herr, Herr", werden ins Himmelreich eingehen, sondern die den Willen des Vaters tun[170] und tatkräftig ans Werk gehen. Der Vater will, daß wir in allen Menschen Christus als Bruder sehen und lieben in Wort und Tat und so der Wahrheit Zeugnis geben und anderen das Geheimnis der Liebe des himmlischen Vaters mitteilen. Auf diese Weise wird in den Menschen überall in der Welt eine lebendige Hoffnung erweckt, die eine Gabe des Heiligen Geistes ist, daß sie am Ende in Frieden und vollkommenem Glück aufgenommen werden in das Vaterland, das von der Herrlichkeit des Herrn erfüllt ist.

„Dem aber, der Macht hat, gemäß der in uns wirkenden Kraft weitaus mehr zu tun als alles, was wir erbitten oder ersinnen, ihm sei Ehre in der Kirche und in Christus Jesus durch alle Geschlechter von Ewigkeit zu Ewigkeit. Amen" (Eph 3.20–21).

Was in dieser Pastoralkonstitution im gesamten und im einzelnen ausgesprochen ist, hat die Zustimmung der Väter gefunden. Und Wir, kraft der von Christus Uns übertragenen Apostolischen Vollmacht, billigen, beschließen und verordnen es zusammen mit den Ehrwürdigen Vätern im Heiligen Geiste und gebieten zur Ehre Gottes die Veröffentlichung dessen, was so durch das Konzil verordnet ist*.

Rom, bei St. Peter, am 7. Dezember 1965

Ich PAULUS Bischof der katholischen Kirche

* Zu der bis auf 29. Juni 1966 festgesetzten Frist bis zum Inkrafttreten vgl. Motu proprio „Munus Apostolicum" vom 10. Juni 1966; AAS 58 (1966) 465 f.

Belegstellen

[1] Jo 18, 37.

[2] Vgl. Jo 3, 17; Mt 20, 28; Mk 10, 45.

[3] Vgl. Röm 7, 14 ff.

[4] Vgl. 2 Kor 5, 15.

[5] Vgl. Apg 4, 12.

[6] Vgl. Hebr 13, 8.

[7] Vgl. Kol 1, 15.

[8] Vgl. Gn 1, 26; Weish 2, 23.

[9] Vgl. Sir 17, 3–10.

[10] Vgl. Röm 1, 21–25.

[11] Vgl. Jo 8, 34.

[12] Vgl. Dn 3, 57–90.

[13] Vgl. 1 Kor 6, 13–20.

[14] Vgl. 1 Kg 16, 7; Jr 17, 10.

[15] Vgl. Sir 17, 7–8.

[16] Vgl. Röm 2, 14–16.

[17] Vgl. Pius XII., Radiobotschaft über die rechte Ausbildung des christlichen Gewissens in den Jugendlichen, 23. März 1952: AAS 44 (1952) 271.

[18] Vgl. Mt 22, 37–40; Gal 5, 14.

[19] Vgl. Sir 15, 14.

[20] Vgl. 2 Kor 5, 10.

[21] Vgl. Weish. 1, 13; 2, 23–24; Röm 5, 21; 6, 23; Jak 1, 15.

[22] Vgl. 1 Kor 15, 56–57.

[23] Vgl. Pius XI., Enz. Divini Redemptoris, 19. März 1937: AAS 29 (1937) 65–106; Pius XII., Enz. Ad Apostolorum Principis, 29. Juni 1958: AAS 50 (1958) 601–614; Johannes XXIII., Enz. Mater et Magistra, 15. Mai 1961: AAS 53 (1961) 451–453; Paul VI., Enz. Ecclesiam Suam, 6. Aug. 1964: AAS 56 (1964) 651–653.

[24] Vgl. II. Vat. Konzil, Dogm. Konst. über die Kirche, I. Kap., Nr. 8: AAS 57 (1965) 12.

[25] Vgl. Phil 1, 27.

[26] Augustinus, Bekenntnisse I, 1: PL 32, 661.

[27] Vgl. Röm 5, 14. Vgl. Tertullian, De carnis resurr. 6: „Was im Lehm geformt wurde, war auf Christus hin gedacht, den künftigen Menschen" (PL 2, 282 [848]; CSEL 47, S. 33, Z. 12–13).

[28] Vgl. 2 Kor 4, 4.

[29] Vgl. II. Konzil von Konstantinopel, Can. 7: „Weder wurde das Wort (Gottes) in die Natur des Fleisches verwandelt, noch ging das Fleisch in die Natur des Wortes über" (Denz. 219 [428]). – Vgl. auch III. Konzil von Konstantinopel: „Wie nämlich sein heiligstes und unbeflecktes beseeltes Fleisch durch die Vergöttlichung nicht verschlungen (theôtheisa ouk anèrethè), sondern in dem ihm eigenen Zustand und Wesen blieb" (Denz. 291 [556]). – Vgl. Konzil von Chalkedon: „in beiden Naturen unvermischt, unverwandelt, ungetrennt, ungesondert" (Denz. 148 [302]).

[30] Vgl. III. Konzil von Konstantinopel: „So ist auch sein menschlicher Wille durch die Vergöttlichung nicht zerstört worden" (Denz. 291 [556]).

[31] Vgl. Hebr 4, 15.

[32] Vgl. 2 Kor 5, 18–19; Kol 1, 20–22.

[33] Vgl. 1 Petr 2, 21; Mt 16, 24; Lk 14, 27.

[34] Vgl. Röm 8, 29; Kol 1, 18.

[35] Vgl. Röm 8, 1–11.

[36] Vgl. 2 Kor 4, 14.

[37] Vgl. Phil 3, 10; Röm 8, 17.

[38] Vgl. II. Vat. Konzil, Dogm. Konst. über die Kirche, II. Kap., Nr. 16: AAS 57 (1965) 20.

[39] Vgl. Röm 8, 32.

[40] Vgl. die byzantinische Osterliturgie.

[41] Vgl. Röm 8, 15 u. Gal 4, 6; vgl. auch Jo 1, 12 u. 1 Jo 3, 1–2.

[42] Vgl. Johannes XXIII., Enz. Mater et Magistra, 15. Mai 1961: AAS 53 (1961) 401–464; ders., Enz. Pacem in terris, 11. Apr. 1963: AAS 55 (1963) 257–304; Paul VI., Enz. Ecclesiam Suam, 6. Aug. 1964: AAS 56 (1964) 609–659.

[43] Vgl. Lk 17, 33.

[44] Vgl. Thomas v. Aquin, L. 1 zum 1. Buch der Ethik.

[45] Vgl. Johannes XXIII., Enz. Mater et Magistra: AAS 53 (1961) 418; vgl. auch Pius XI., Enz. Quadragesimo anno: AAS 23 (1931) 222 ff.

[46] Vgl. Johannes XXIII., Enz. Mater et Magistra: AAS 53 (1961) 417.

[47] Vgl. Mk 2, 27.

[48] Vgl. Johannes XXIII., Enz. Pacem in terris: AAS 55 (1963) 266.

[49] Vgl. Jak 2, 15–16.

[50] Vgl. Lk 16, 19–31.

[51] Vgl. Johannes XXIII., Enz. Pacem in terris: AAS 55 (1963) 299 u. 300.

[52] Vgl. Lk 6, 37–38; Mt 7, 1–2; Röm 2, 1–11; 14, 10–12.

[53] Vgl. Mt 5, 43–47.

[54] II. Vat. Konzil, Dogm. Konst. über die Kirche, Kap. II, Nr. 9: AAS 57 (1965) 12–13.

[55] Vgl. Ex 24, 1–8.

[56] Vgl. Gn 1, 26–27; 9, 3; Weish 9, 3.

[57] Vgl. Ps 8, 7–10.

[58] Vgl. Johannes XXIII., Enz. Pacem in terris: AAS 55 (1963) 297.

[59] Vgl. Botschaft der Konzilsväter an alle Menschen zu Beginn des II. Vat. Konzils, 20. Okt. 1962: AAS 54 (1962) 822–823.

[60] Vgl. Paul VI., Ansprache an das Diplomatische Korps, 7. Jan. 1963: AAS 57 (1965) 232.

[61] Vgl. I. Vat. Konzil, Dogm. Konst. über den katholischen Glauben, Kap. III: Denz. 1785–1786 (3004–3005).

[62] Vgl. Pio Paschini, Vita e opere di Galileo Galilei, 2 Bde. (Päpstl. Akademie der Wissenschaften, Vatikanstadt 1964).

[63] Vgl. Mt 24, 13; 13, 24–30, 36–43.

[64] Vgl. 2 Kor 6, 10.

[65] Vgl. Jo 1, 3, 14.
[66] Vgl. Eph 1, 10.
[67] Vgl. Jo 3, 14–16; Röm 5, 8.
[68] Vgl. Apg 2, 36; Mt 28, 18.
[69] Vgl. Röm 15, 16.
[70] Vgl. Apg 1, 7.
[71] Vgl. 1 Kor 7, 31; Irenäus, Adv. Haer. V, 36; PG 7, 1222.
[72] Vgl. 2 Kor 5, 2; 2 Petr 3, 13.
[73] Vgl. 1 Kor 2, 9; Apk 21, 4–5.
[74] Vgl. 1 Kor 15, 42.53.
[75] Vgl. 1 Kor 13, 8; 3, 14.
[76] Vgl. Röm 8, 19–21.
[77] Vgl. Lk 9, 25.
[78] Vgl. Pius XI., Enz. Quadragesimo anno: AAS 23 (1931) 207.
[79] Präfation vom Christkönigsfest.
[80] Vgl. Paul VI., Enz. Ecclesiam Suam, III: AAS 56 (1964) 637–659.
[81] Vgl. Tit 3, 4: „Liebe zum" (philanthropia).
[82] Vgl. Eph 1, 3 5 6 13–14 23.
[83] II. Vat. Konzil, Dogm. Konst. über die Kirche, Kap. I, Nr. 8: AAS 57 (1965) 12.
[84] Ebd. Kap. II, Nr. 9: AAS 57 (1965) 14; vgl. Nr. 8: a.a.O. 11.
[85] Ebd. Kap. I, Nr. 8: AAS 57 (1965) 11.
[86] Ebd. Kap. IV, Nr. 38: AAS 57 (1965) 43, mit Anm. 120.
[87] Vgl. Röm 8, 14–17.
[88] Vgl. Mt 22, 39.
[89] Vgl. Dogm. Konst. über die Kirche, Kap. II, Nr. 9: AAS 57 (1965) 12–14.
[90] Vgl. Pius XII., Ansprache an Historiker und Archäologen, 9. März 1956: AAS 48 (1956) 212: „Ihr göttlicher Stifter Jesus Christus gab ihr weder einen Auftrag noch eine Zielsetzung auf der Ebene der Kultur. Das Ziel, das Christus ihr anweist, ist streng religiös (. . .). Die Kirche muß die Menschen zu Gott führen, damit sie sich ihm vorbehaltlos hingeben (. . .). Die Kirche kann dieses streng religiöse und übernatürliche Ziel nie aus dem Auge verlieren. Der Sinn all ihrer Tätigkeiten, bis zum letzten Artikel ihres Rechtsbuches, kann nur der sein, direkt oder indirekt zu diesem Ziel beizutragen."
[91] II. Vat. Konzil, Dogm. Konst. über die Kirche, Kap. I, Nr. 1: AAS 57 (1965) 5.
[92] Vgl. Hebr 13, 14.
[93] Vgl. 2 Thess 3, 6–13; Eph 4, 28.
[94] Vgl. Is 58, 1–12.
[95] Vgl. Mt 23, 3–23; Mk 7, 10–13.
[96] Vgl. Johannes XXIII., Enz. Mater et Magistra, IV: AAS 53 (1961) 456–457, I: a. a. O. 407 410–411.
[97] Vgl. II. Vat. Konzil, Dogm. Konst. über die Kirche, Kap. III, Nr. 28: AAS 57 (1965) 35.
[98] Ebd. Nr. 28: AAS 57 (1965) 35–36.
[99] Vgl. Ambrosius, De Virginitate, Kap. VIII, Nr. 48: PL 16, 278.

[100] II. Vat. Konzil, Dogm. Konst. über die Kirche, Kap. II, Nr. 15: AAS 57 (1965) 20.
[101] Vgl. II. Vat. Konzil, Dogm. Konst. über die Kirche, Kap. II, Nr. 13: AAS 57 (1965) 17.
[102] Vgl. Justin, Dialogus cum Tryphone, Kap. 110: PG 6, 729: ed. Otto (1897) 391–393: „. . . je mehr aber solches uns zugefügt wird, um so mehr entstehen andere Gläubige und Fromme durch den Namen Jesu." Vgl. Tertullian, Apologeticus, Kap. 50, 13: PL 1, 534; CChr ser. lat. I, 171: „Auch werden wir mehr, sooft wir von euch niedergemäht werden: der Samen ist das Blut der Christen." Vgl. Dogm. Konst. über die Kirche, Kap. II, Nr. 9: AAS 57 (1965) 14.
[103] II. Vat. Konzil, Dogm. Konst. über die Kirche, Kap. VII, Nr. 48: AAS 57 (1965) 53.
[104] Paul VI., Ansprache, 3. Febr. 1965; L'Osservatore Romano, 4. Febr. 1965.
[105] Vgl. Augustinus, De bono coniugii: PL 40, 375–376 u. 394; Thomas v. Aquin, Summa Theol., Suppl. q. 49, a. 3, ad 1; Decretum pro Armenis: Denz. 702 (1327); Pius XI., Enz. Casti connubii: AAS 22 (1930) 543–555; Denz. 2227–2238 (3703–3714).
[106] Vgl. Pius XI., Enz. Casti connubii: AAS 22 (1930) 546–547; Denz. 2231 (3706).
[107] Vgl. Os 2; Jr 3, 6–13; Ez 16 u. 23; Is 54.
[108] Vgl. Mt 9, 15; Mk 2, 19–20; Lk 5, 34–35; Jo 3, 29; vgl. auch 2 Kor 11, 2; Eph 5, 27; Apk 19, 7–8; 21, 2 9.
[109] Vgl. Eph 5, 25.
[110] Vgl. II. Vat. Konzil, Dogm. Konst. über die Kirche: AAS 57 (1965) 15–16 40–41 47.
[111] Vgl. Pius XI., Enz. Casti connubii: AAS 22 (1930) 583.
[112] Vgl. 1 Tim 5, 3.
[113] Vgl. Eph 5, 22.
[114] Vgl. Gn 2, 22–24; Spr 5, 15–20; 31, 10–31; Tob 8, 4–8; Hl 1, 2–3; 2, 16; 4, 16–5, 1; 7, 8–14; 1 Kor 7, 3–6; Eph 5, 25–33.
[115] Vgl. Pius XI., Enz. Casti connubii: AAS 22 (1930) 547–548; Denz. 2232 (3707).
[116] Vgl. 1 Kor 7, 5.
[117] Vgl. Pius XII., Ansprache „Tra le visite", 20. Jan. 1958: AAS 50 (1958) 91.
[118] Vgl. Pius XI., Enz. Casti connubii: AAS 22 (1930) 559–561; Denz.-Schönm. 3716–3718. Pius XII., Ansprache an die Hebammen, 29. Oktober 1951: AAS 43 (1951) 835–854; Paul VI., Ansprache an die Kardinäle, 23. Juni 1964: AAS 56 (1964) 581–589.

Bestimmte Fragen, die noch anderer sorgfältiger Untersuchungen bedürfen, sind auf Anordnung des Heiligen Vaters der Kommission für das Studium des Bevölkerungswachstums, der Familie und der Geburtenhäufigkeit übergeben worden, damit, nachdem diese Kommission ihre Aufgabe erfüllt hat, der Papst eine Entscheidung treffe. Bei diesem Stand der Doktrin des Lehramtes beabsichtigte das Konzil nicht, konkrete Lösungen unmittelbar vorzulegen.

[119] Vgl. Eph 5, 16; Kol 4, 5.
[120] Vgl. Sacramentarium Gregorianum: PL 78, 262.
[121] Vgl. Röm 5, 15–18; 6, 5–11; Gal 2, 20.
[122] Vgl. Eph 5, 25–27.
[123] Vgl. Einführung dieser Konstitution, Nr. 4–14.
[124] Vgl. Kol 3, 1–2.
[125] Vgl. Gn 1, 28.
[126] Vgl. Spr 8, 30–31.
[127] Vgl. Irenäus, Adv. Haer. III, 11, 8: ed. Sagnard, S. 200; vgl. ebd. 16, 6, S. 290 bis 292; 21, 10–22, S. 370–372; 22, 3, S. 378 u. ö.
[128] Vgl. Eph 1, 10.
[129] Vgl. die Worte Pius' XI. an M.-D. Roland-Gosselin: „Nie darf man aus dem Blick verlieren, daß es das Ziel der Kirche ist, zu evangelisieren, und nicht, Kultur zu treiben. Wenn sie Kultur betreibt, dann durch Evangelisation" (Semaines sociales de France [Versailles 1936] 461–462).
[130] I. Vat. Konzil, Konst, Dei Filius: D 1795 1799 (3015 3019); vgl. Pius XI., Enz. Quadragesimo anno: AAS 23 (1931) 190.
[131] Vgl. Johannes XXIII., Enz. Pacem in terris: AAS 55 (1963) 260.
[132] Johannes XXIII., Enz. Pacem in terris: AAS 55 (1963) 283; Pius XII., Radiobotschaft, 24. Dez. 1941: AAS 34 (1942) 16–17.
[133] Vgl. Johannes XXIII., Enz. Pacem in terris: AAS 55 (1963) 260.
[134] Vgl. Johannes XXIII., Rede zur Konzilseröffnung, 11. Okt. 1962: AAS 54 (1962) 792.
[135] Vgl. II. Vat. Konzil, Konstitution über die heilige Liturgie, Nr. 123: AAS 56 (1964) 131; Paul VI., Ansprache an die römischen Künstler 7. Mai 1964, AAS 56 (1964) 439–442; Civ. Catt. 1964, II, S. 982.
[136] Vgl. II. Vat. Konzil, Dekret über die Ausbildung der Priester und Erklärung über die christliche Erziehung.
[137] Vgl. II. Vat. Konzil, Dogm. Konst. über die Kirche, Kap. IV, Nr. 37: AAS 57 (1965) 42–43.
[138] Vgl. Pius XII., Botschaft, 23. März 1952: AAS 44 (1952) 273; Johannes XXIII., Ansprache an die ACLI, 1. Mai 1959: AAS 51 (1959) 358.
[139] Vgl. Pius XI., Enz. Quadragesimo anno: ASS 23 (1931) 190 ff.; Pius XII. Botschaft, 23. März 1952: AAS 44 (1952) 276 ff.; Johannes XXIII., Enz. Mater et Magistra: AAS 53 (1961) 450; II. Vat. Konzil, Dekret über die sozialen Kommunikationsmittel, Kap. I, Nr. 6: AAS 56 (1964) 147.
[140] Vgl. Mt 16, 26; Lk 16, 1–31; Kol 3, 17.
[141] Vgl. Leo XIII., Enz. Libertas praestantissimum, 20. Juni 1888: ASS 20 (1887–1888) 597 ff. Pius XI., Enz. Quadragesimo anno: AAS 23 (1931) 191 ff.; ders., Divini Redemptoris: AAS 29 (1937) 65 ff.; Pius XII., Weihnachtsbotschaft 1941: AAS 34 (1942) 10 ff.; Johannes XXIII., Enz. Mater et Magistra: AAS 53 (1961) 401–464.
[142] Zum Problem der Landwirtschaft vgl. vor allem Johannes XXIII., Enz. Mater et Magistra: AAS 53 (1961) 431 ff.
[143] Vgl. Leo XIII., Enz. Rerum novarum: ASS 23 (1890–91) 649 662; Pius XI., Enz. Quadragesimo anno: AAS 23 (1931) 200–201; ders., Enz. Divini

Redemptoris: AAS 29 (1937) 92; Pius XII., Radiobotschaft am Vorabend des Weihnachtsfestes 1942: AAS 35 (1943) 20; ders., Ansprache, 13. Juni 1943: AAS 35 (1943) 172; ders., Radiobotschaft an die Arbeiter Spaniens, 11. März 1951: AAS 43 (1951) 215; Johannes XXIII., Enz. Mater et Magistra: AAS 53 (1961) 419.

[144] Vgl. Johannes XXIII., Enz. Mater et Magistra: AAS 53 (1961) 408 424 427; der Begriff „curatio" (Mitgestaltung) wurde dem lateinischen Text der Enz. Quadragesimo anno entnommen: AAS 23 (1931) 199; für die Entwicklung dieses Problemkreises vgl. auch Pius XII., Ansprache, 3. Juni 1950: AAS 42 (1950) 485–488; Paul VI., Ansprache, 8. Juni 1964: AAS 56 (1964) 574–579.

[145] Vgl. Pius XII., Enz. Sertum Laetitiae: AAS 31 (1939) 642; Johannes XXIII., Konsistorialrede: AAS 52 (1960) 5–11; ders., Enz. Mater et Magistra: AAS 53 (1961) 411.

[146] Vgl. Thomas, Summa Theol. II–II. q. 32, a. 5. ad 2; q. 66. a. 2; vgl. die Erklärung dazu bei Leo XIII., Enz. Rerum novarum: ASS 23 (1890–91) 651; vgl. auch Pius XII., Ansprache, 1. Juni 1941: AAS 35 (1941) 199; ders., Radiobotschaft zum Weihnachtsfest 1954: AAS 47 (1955) 27.

[147] Vgl. Basilius, Homilie zu Lukas Destruam horrea mea, Nr. 2: PG 31, 263; Lactantius, Divinarum Institutionum, 5. Buch: Über die Gerechtigkeit: PL 6, 565 B; Augustinus, In Ioannis Evang. tr. 50, N. 6: PL 35, 1760; Enarratio in Ps 147, 12: PL 37, 1922; Gregor d. Gr., Homilien zu den Evangelien, hom. 20: PL 76, 1165; Regulae Pastoralis liber, pars III, c. 21: PL 77, 87; Bonaventura, In III Sent., d. 33, dub. 1: ed. Quaracchi III, 728; In IV Sent., d. 15, p. 2. a. 2, q. 1; ed. cit. IV, 368; q. de superfluo (ms. Assisi, Bibl. Comun. 186, fol. 112a–113a); Albertus Magnus, In III Sent., d. 33, a. 3. sol. 1: ed. Borgnet XXVIII, 611: In IV Sent., d. 15, a. 14–16, sol. 1: ed. cit. XXIX, 494–497. Was die Bestimmung des „superfluum" für unsere Zeit angeht, vgl. Johannes XXIII., Radio- und Fernsehbotschaft, 11. Sept. 1962: AAS 54 (1962) 682: „Pflicht eines jeden Menschen, drängende Pflicht des Christen ist es, den Überfluß am Maßstab der Not anderer zu betrachten und gut darüber zu wachen, daß die Verwaltung und Verteilung der geschaffenen Güter zum Vorteil aller erfolgt."

[148] Für diesen Fall gilt das alte Prinzip: „In äußerster Notlage ist alles gemeinsam, d. h. mitzuteilen." Andererseits vgl. für die Begründung, das Ausmaß und die Art und Weise, wie das Prinzip im vorliegenden Text angewendet wird, neben bewährten modernen Autoren schon Thomas, Summa Theol. II–II, q. 66, a. 7. Natürlich sind für die richtige Anwendung dieses Prinzips alle erforderlichen sittlichen Voraussetzungen zu erfüllen.

[149] Vgl. Gratiani Decretum, C. 21, dist. 86: ed. Friedberg, I, 302. Dieser Satz findet sich schon in PL 54, 591 A; vgl. Antonianum 27 (1952) 349–366.

[150] Vgl. Leo XIII., Enz. Rerum novarum: ASS 23 (1890–91) 643–646; Pius XI., Enz. Quadragesimo anno: AAS 23 (1931) 191; Pius XII., Radiobotschaft, 1. Juni 1941: AAS 33 (1941) 199; ders., Radiobotschaft am Vorabend des Weihnachtsfestes 1942: AAS 35 (1943) 17; ders., Radiobotschaft, 1. Sept. 1944: AAS 36 (1944) 253; Johannes XXIII., Enz. Mater et Magistra: AAS 53 (1961) 428–429.

[151] Vgl. Pius XI., Enz. Quadragesimo anno: AAS 23 (1931) 214: Johannes XXIII., Enz. Mater et Magistra: AAS 53 (1961) 429.

[152] Vgl. Pius XII., Radiobotschaft zum Pfingstfest 1941: AAS 33 (1941) 199; Johannes XXIII., Enz. Mater et Magistra: AAS 53 (1961) 430.

[153] Zum rechten Gebrauch der Güter nach der Lehre des Neuen Testaments vgl. Lk 3, 11; 10, 30 ff.; 11, 41; 1 Petr 5, 3; Mk 8, 36; 12, 29–31; Jak 5, 1–6; 1 Tim 6, 8; Eph 4, 28; 2 Kor 8, 13 ff.; 1 Jo 3, 17 ff.

[154] Vgl. Johannes XXIII., Enz. Mater et Magistra: AAS 53 (1961) 417.

[155] Ebd.

[156] Vgl. Röm 13, 1–5.

[157] Vgl. Röm 13, 5.

[158] Vgl. Pius XII., Radiobotschaft, 24. Dez. 1942: AAS 35 (1943) 9–24; ders., Radiobotschaft, 24. Dez. 1944: AAS 37 (1945) 11–17; Johannes XXIII., Enz. Pacem in terris: AAS 55 (1963) 263 272 277 f.

[159] Vgl. Pius XII., Radiobotschaft, 1. Juni 1941: AAS 33 (1941) 200; Johannes XXIII., Enz. Pacem in terris: AAS 55 (1963) 273 f.

[160] Vgl. Johannes XXIII., Enz. Mater et Magistra: AAS 53 (1961) 416.

[161] Pius XI., Ansprache an die Leiter der „Federazione Universitaria Cattolica": Discorsi di Pio XI, Bd. I: ed. Bertetto (Turin 1960) 743.

[162] II. Vat. Konzil, Dogm. Konst. über die Kirche, Nr. 13; AAS 57 (1965) 17.

[163] Vgl. Lk 2, 14.

[164] Vgl. Eph 2, 16, Kol 1, 20–22.

[165] Vgl. Johannes XXIII., Enz. Pacem in terris, 11. April 1963: AAS 55 (1963) 291: „Darum ist es in unserer Zeit, die sich des Besitzes der Atomkraft rühmt, sinnlos, den Krieg als geeignetes Mittel zur Wiederherstellung verletzter Rechte zu betrachten."

[166] Vgl. Pius XII., Ansprache, 30. Sept. 1954: AAS 46 (1954) 589; ders., Radiobotschaft, 24. Dez. 1954: AAS 47 (1955) 15 ff.; Johannes XXIII., Enz. Pacem in terris: AAS 55 (1963) 286–291; Paul VI., Ansprache an die Vereinten Nationen, 4. Okt. 1965, AAS 57 (1965) 877–885.

[167] Vgl. Johannes XXIII., Enz. Pacem in terris, wo von der Abrüstung die Rede ist (AAS 55 [1963] 287).

[168] Vgl. 2 Kor 6, 2.

[169] Vgl. Johannes XXIII., Enz. Ad Petri Cathedram, 29. Juni 1959, AAS 51 (1959) 513.

[170] Vgl. Mt 7, 21.

In der amtlichen Ausgabe der Pastoralkonstitution in den Acta Apostolicae Sedis beginnt die Zählung der Fußnoten mit jedem Kapitel von neuem; auch andere Ausgaben halten sich an diese Zählung. Um unseren Lesern das Auffinden der nach solchen Ausgaben zitierten Belegstellen zu erleichtern, stellen wir hier die beiden Zählweisen nebeneinander.

Zählweise der AAS:		unsere Zählweise:
Einführung	1–7	1–7
Kap. I. 1	1–34	8–41
I. 2	1–14	42–55
I. 3	1–24	56–79
I. 4	1–25	80–104
II. 1	1–18	105–122
II. 2	1–15	123–137
II. 3	1–16	138–153
II. 4	1–10	154–163
II. 5	1–5	164-168
Schlußwort	1–2	169–170

Ansprache bei der 75-Jahrfeier von „Rerum Novarum" (Papst Paul VI., 22. 5. 1966)

Euch Arbeitern, gilt unser Gruß! Ihr, die ihr hier eure Brüder im Glauben und in der Arbeit aus der ganzen Welt vertretet, seid herzlich willkommen! Seid versichert, daß ihr hier als liebe und treue Söhne Aufnahme findet! Als Arbeiter, würdig, die Uniform eurer Mühen und den Ausdruck eurer Hoffnungen vor den Papst zu bringen, den sichtbaren Stellvertreter des Welterlösers, eures göttlichen Kameraden, des Sohnes des Zimmermanns, unseres Herrn Jesus Christus! Warum seid ihr so zahlreich aus so vielen verschiedenen Ländern zusammengekommen? Weil ihr ein gutes Gedächtnis habt; ein Gedächtnis, das sich seit einigen Generationen überliefert hat und das der 75-Jahrfeier eines großen Wortes gedenkt, das hier ausgesprochen wurde: ein Lehrwort und ein Leitwort, ein befreiendes und prophetisches Wort, das Unseres Vorgängers von unsterblicher Größe, Papst Leos XIII., über euer Los, über die ‚Arbeiterfrage', wie man damals sagte, über die soziale Frage, die sich aus den neuen Ideologien und neuen Formen der modernen, industriellen und wirtschaftlichen Produktion ergab. Ihr erinnert euch dieses Wortes; ja ihr wißt seine Bedeutung so sehr zu schätzen, daß ihr es mit den Jahren stärker und immer mehr als euer Wort empfindet, ein wirklich entscheidendes und richtungsweisendes Wort; mit Freude erkennt ihr an, daß dieses Wort eine wunderbare Quelle des Denkens und Tuns gewesen ist; eine Quelle, die eine Überlieferung der Lehre hervorgebracht hat, und das nicht nur in der Welt, sondern auch hier, wo dieses Wort Anlaß war für eine Reihe von höchst wertvollen päpstlichen Verlautbarungen, wie die Enzyklika Papst Pius XI. „Quadragesimo Anno", die Sozialbotschaften Papst Pius XII., die Enzyklika „Mater et Magistra" Papst Johannes XXIII.

Ihr versteht gut, zum Gehen braucht es ein Licht, zur Förderung eines sozialen Fortschritts bedarf es einer Lehre – einer Ideologie, wie man heute sagt –; denn der Gedanke führt das Leben, und wenn dieser Gedanke die Wahrheit widerspiegelt – die Wahrheit über den Menschen, die Welt, die Geschichte, die Dinge – dann kann der Weg unbeschwert und zügig vonstatten gehen, andernfalls wird der Weg verlangsamt oder unsicher oder schwierig oder falsch. Ihr wißt, daß von hier aus, von dieser Schule, die die katholische Kirche ist, von diesem Lehrstuhl, der das päpstliche Lehramt ist, die Wahrheit kommt, die dem Menschen dient und ihn rettet. Hier ist es, wo uns der Lehrmeister der Menschheit, Christus der Herr, zuerst zu Schülern und dann zu sicheren und freien Menschen macht, die fähig sind, auf dem Weg des wahren Fortschritts voranzuschreiten.

Eure Anwesenheit hier hat in unseren Augen die doppelte Bedeutung eines Aktes der Dankbarkeit und die einer stummen Frage. Ihr seid gekommen, um jenem bereits fernen – aber in der Erinnerung immer noch lebendigen und Wohltaten spendenden – Papst zu danken. Und ihr bekundet Glaube, Überzeugung, Einsatz und Hoffnung in dieses sein Wort; und hier, von wo es ausging, sagt ihr ihm, daß jenes Wort, die Enzyklika „Rerum Novarum", wahr und gut und immer noch lebendig und wirksam ist. Die Zeit hat dieses Wort nicht ausgeschöpft, sondern erprobt, so daß ihr es noch als so aktuell und fruchtbar empfindet, um aus ihm Mut für jene neue Entwicklung der sozialen Ordnung zu schöpfen, die die Welt der Arbeit angeht. Für diesen Akt der Dankbarkeit und des Vertrauens, der intelligenter Menschen und treuer Söhne würdig ist, danken Wir euch, liebe Arbeiter.

Weiter scheint Uns, aus eurem Herzen eine verschwiegene Frage herauszuhören, gleichsam das Bedürfnis, festzustellen, welchen Widerhall jenes Wort, das vor 75 Jahren gesprochen wurde, beim Heiligen Stuhl selbst gefunden hat. Hat es noch immer den gleichen Akzent der Autorität, der Prophezeiung und der Freundschaft? Ja, liebe Arbeiter, wenn ihr aufmerksam verfolgt, was die Kirche auch heute lehrt und für die Arbeiter tut, dann hört ihr, daß dieser Widerhall treu ist; ja, er ist noch klarer, noch vielfältiger in seinen Motiven und Anwendungsformen geworden.

Darüber ist bereits alles gesagt und geschrieben worden. Diese Feier selbst hat und wird in vielfacher Form autoritativ die Beständigkeit und Entfaltung der päpstlichen Lehren, die aus der Enzyklika Papst Leos stammen, bewiesen. Über dieses Dokument ist nicht nur eine Literatur entstanden, die ihm noch weiterhin Seiten abgewinnt, die Betrachtung und Verbreitung verdienen, sondern aus der Enzyklika ist ein ganzes Lehrgebäude geworden, das sich mit der Wirtschaft, der Soziologie, dem Recht, der Ethik, der Geschichte, mit einem Wort, der gesamten Kultur, befaßt, Lehren, die den Namen ‚christliche Soziallehre' verdienen.

Wenn wir als Beispiel und zur Erinnerung an diese bedeutsame Stunde den Widerhall der berühmten Enzyklika in einige grundsätzliche Punkte zusammenfassen wollen, so können wir u. a. diese schlichten, aber fundamentalen Grundsätze verkünden:

(1) Die Kirche hat sich eingehend mit der sozialen Frage beschäftigt. Niemand kann ihr vorwerfen, sie habe dieses Problem nicht gesehen, sei furchtsam, oberflächlich und unbeständig gewesen. Sie hat den Aufschrei des Arbeiterproletariates gehört, und nicht nur das, sondern sie hat ihn zu ihrem eigenen Aufschrei gemacht, nicht als Haß- und Racheschrei, sondern als Forderung der Liebe und Gerechtigkeit. Und noch bevor sie sich mit den Erfordernissen und Rechten der anderen befaßte, hat sie offen ihre neue Pflicht erkannt, die ihr die Geschichte der menschlichen Entwicklungen stellte, nämlich sich der Arbeiterwelt anzunehmen, sich an die Seite der Wehrlosen zu stellen und mit ihnen und für sie bessere Lebensbedingungen anzustreben.

(2) Die Kirche hat die Würde jeder – sofern nur ehrbaren – Arbeit proklamiert und wunderbare Folgerungen daran geknüpft. Man hat sogar von einer „Theologie der Arbeit" (vgl. Chenu) gesprochen, so sehr ist im Denken der Kirche das menschliche Schaffen, auch die Handarbeit in ihren menschlichsten und geheimnisvollsten Verflechtungen, anerkannt worden. Was den Arbeiter betrifft, seine Person, seine individuelle und gesellschaftliche, seine in der Menge (die die Kirche nicht Masse, sondern Volk nennt) verlorene Einheit, sein Gewissen, seine Freiheit, seine unveräußerlichen und heiligen Rechte auf Nahrung, Familie, Erziehung, auf geistliche Hoffnung, auf Ausübung der Religion, – was hat die Kirche darüber nicht alles gesagt und ver-

kündet? Wer hat mehr Hochschätzung, Achtung, Sorge und Liebe für eure Persönlichkeit gezeigt, Arbeiter, die ihr Uns hört, als die Kirche?

(3) Die Kirche hat sich das Prinzip des Fortschritts der sozialen Gerechtigkeit zu eigen gemacht, und das nicht nur in der spekulativen Lehre (wie dies immer der Fall war, seit die Frohbotschaft erklang, die jene selig pries, die Hunger und Durst haben nach der Gerechtigkeit), sondern auch im praktischen Lehramt (vgl. Summa Theol. II–II,58,5), d. h., sie hat sich das Prinzip zu eigen gemacht, daß es notwendig ist, die Verwirklichung des Gemeinwohles durch eine Reform der geltenden rechtlichen Ordnung zu fördern, wenn diese die gerechte Verteilung der Vorteile und Lasten des Gemeinschaftslebens nicht genügend berücksichtigt (vgl. Jarlot, Doctrine pontificale et histoire, S. 178). Außer dem Begriff der statischen Gerechtigkeit, die durch das positive Recht sanktioniert ist und die eine bestimmte gesetzmäßige Ordnung schützt, wird noch ein anderer Begriff der dynamischen Gerechtigkeit in der Entfaltung des menschlichen Zusammenlebens wirksam, der sich aus den Erfordernissen des Naturrechtes ableitet: nämlich der Begriff der sozialen Gerechtigkeit.

(4) Die Kirche hat sich nicht gescheut, aus der ihr eigenen religiösen Sphäre in die konkrete Umwelt des sozialen Lebens hinabzusteigen. Wie der Barmherzige Samariter im evangelischen Gleichnis ist die Kirche aus dem rein kulturellen Bereich hinabgestiegen und hat sich zur Dienerin der Liebe gemacht, und das nicht nur auf individueller, sondern auch auf sozialer Ebene. Sie hat sich über den wirtschaftlichen Bereich gebeugt; sie hat von den Beziehungen zwischen Kapital und Arbeit gesprochen, sie hat sich zum Arbeitsvertrag geäußert, zum Lohn, zu den Sozialleistungen, zum Familienrecht, zum Privateigentum, zum Sparen, zu hundert anderen praktischen Fragen, die wesentlich mit den ehrenhaften und berechtigten Lebenserfordernissen zusammenhängen. Ihre Liebe bewaffnete sich mit progressiven Forderungen, die sie menschlich und christlich, und damit gerecht nannte. Sie wertete die Erwartungen und Interessen der minderbegüterten Klassen und zögerte nicht, mit Weisheit und Klugheit, aber auch mit bahnbrechendem Mut, neue Rechtsansprüche aufzuzeigen, die es zu befriedigen galt. Die Kirche hat eine Gesetzgebung inspiriert und inspiriert sie noch heute, die dem Privileg und dem Egoismus entgegen-

steht und die Schwachen, die Bescheidenen, die Enterbten schützt. Ja, sie hat den Staat aufgefordert, zu intervenieren, aber nicht in dem Sinne, daß er sich Rechte und Funktionen anmaße, die in einer freien Gesellschaft den Bürgern zustehen, sowohl den einzelnen wie den Gemeinschaften, sondern daß er die Freiheit und Gleichheit der Bürger selbst schütze und jene Tätigkeit ausübe, die nur die öffentliche Obrigkeit leisten kann, wenn das Gemeinwohl gewährleistet sein soll.

(5) Die Kirche hat das Recht auf gewerkschaftlichen Zusammenschluß anerkannt, verteidigt und gefördert und dabei eine gewisse theoretische und historische Vorliebe für korporative und bipolare Formen überwunden. Sie hat nicht nur die zahlenmäßige Stärke entdeckt, die die Tatsache des Zusammenschlusses zu einer Gemeinschaft mit sich bringen mußte, die auf die Demokratie ausgerichtet ist, sondern sie gewahrte auch die Fruchtbarkeit der neuen Ordnung, die aus der Organisation der Arbeiter erblühen konnte: das Bewußtsein des Arbeiters um seine Würde und seine Stellung im sozialen Gefüge, der Sinn für Disziplin und Solidarität, der Anreiz zu beruflicher und kultureller Vervollkommnung, die Fähigkeit, am Produktionszyklus teilzunehmen, und zwar nicht mehr als bloß ausführendes Organ, sondern in gewissem Sinne auch als mitverantwortliches und mitinteressiertes Glied usw.

(6) Und ein sechster Grundsatz, der meistdiskutierte und schwierigste: Die Kirche hat den sozialen, ideologischen und politischen Bewegungen, die ihren Ursprung und ihre Kraft aus dem Marxismus ableiten und dessen negative Prinzipien und Methoden beibehalten haben, nicht zugestimmt und kann ihnen nicht zustimmen; denn die Auffassung des radikalen Marxismus vom Menschen, von der Geschichte und von der Welt ist unvollständig und damit falsch. Der Atheismus, den der radikale Marxismus bekennt und fördert, gereicht der wissenschaftlichen Konzeption vom Kosmos und von der Gesellschaft nicht zum Nutzen, sondern ist eine Blindheit, für die Mensch und Gesellschaft am Ende mit schwersten Folgen zu zahlen haben. Der Materialismus, der sich daraus ergibt, setzt den Menschen äußerst schädlichen Erfahrungen und Versuchungen aus, löscht seine echte Spiritualität und seine transzendentale Hoffnung aus. Der zum System erhobene Klassenkampf verletzt und verhindert den sozialen Frieden und

kommt in fataler Weise in Gewalt und Unterdrückung zum Ausdruck, führt so zur Abschaffung der Freiheit und schließlich zur Errichtung eines erdrückend autoritären und in seiner Tendenz totalitären Systems. Damit läßt die Kirche keinen ihrer Versuche fallen, die auf Gerechtigkeit und Fortschritt der Arbeiterklasse ausgerichtet sind. Es sei nochmals betont, wenn die Kirche diese Irrtümer und diese Abweichungen richtigstellt, dann schließt sie damit keinen Menschen und keinen Arbeiter von ihrer Liebe aus.

Diese Dinge sind bekannt auch aufgrund der historischen Erfahrung, die wir jetzt noch machen und die keine Illusionen erlaubt. Es sind schmerzhafte Dinge, besonders angesichts des ideologischen und praktischen Drucks, den sie gerade in der Welt der Arbeit ausüben, deren Erwartungen sie angeblich interpretieren und deren berechtigte Forderungen sie angeblich unterstützen; dabei schaffen sie in Wirklichkeit große Schwierigkeiten und Spaltungen. Wir wollen an dieser Stelle nicht darüber diskutieren, sondern nur daran erinnern, daß das gleiche Wort, für das ihr, christliche Arbeiter, heute ein ehrenvolles und dankbares Zeugnis ablegt, uns mahnt, unser Vertrauen nicht auf irrige und gefährliche Ideologien zu setzen, und das uns vielmehr zu einer anderen Überlegung einlädt, die Wir an das Ende Unserer zusammenfassenden Betrachtungen setzen.

(7) Sie soll der siebte Grundsatz sein, der von der Enzyklika „Rerum Novarum" und den folgenden Sozialenzykliken immer besonders klar herausgestellt worden ist. Es ist die unerläßliche Funktion, die die Religion bei der Förderung des sozialen Fortschritts und in der Lösung der berühmten und der heutigen sozialen Frage einnimmt. Sie hat nicht nur eine rein instrumentale, sondern – Wir möchten sagen – eine umwandelnde Funktion, und zwar aufgrund der Prinzipien, der Energien, der Ermutigungen und Hoffnungen, die die Religion – Wir meinen jene wahre, jene, die glücklicherweise die unsere ist, nämlich die christliche – in die ganze Welt der Arbeit hineinträgt. Christus, ihr wißt es, bietet uns eine Erfahrung Seiner selbst, des Lebens, der Gesellschaft der Dinge, der Zeit, der Gerechtigkeit und der Liebe, die keinen Vergleich kennt, die keine Definition hat, es sei denn jene der Seligpreisung, die Er den Armen verkündete, den Weinenden, den Verfolgten, den Gerechten, denen, die hungern nach Gerechtigkeit und Liebe.

Gut denn, liebe Arbeiter, Wir empfehlen euch Christo; Wir weisen euch hin auf Christus als das Licht eures persönlichen Gewissens; so wie er auch Zentrum der christlichen Arbeiterbewegung sein muß, der ihr heute weltweite Bedeutung geben wollt; Wir freuen uns darüber, sind stolz, die Institution begrüßen zu können und begleiten sie mit Unseren väterlichen Ermutigungen. Und damit ihr gewiß seid, daß Christus euch erwartet, daß Christus euch aufnimmt, daß Christus euch eint, daß Christus euch stärken und heiligen wird, erteilen Wir, sein geringer Stellvertreter auf Erden, euch den Apostolischen Segen.

Populorum progressio (Paul VI., 1967)

Rundschreiben unseres Heiligen Vaters
Paul VI.
durch Gottes Vorsehung
Papst
an die Bischöfe,
die Priester, die Ordensleute,
die Gläubigen der gesamten
katholischen Welt
und an alle Menschen guten Willens

Über die Entwicklung
der Völker

Paul VI.
Ehrwürdige Brüder und geliebte Söhne
Gruß und Apostolischen Segen

Weltweite Ausmaße der sozialen Frage

1. Die Entwicklung der Völker wird von der Kirche aufmerksam verfolgt: vor allem derer, die dem Hunger, dem Elend, den herrschenden Krankheiten, der Unwissenheit zu entrinnen suchen; derer, die umfassender an den Früchten der Zivilisation teilnehmen und ihre Begabung wirksamer zur Geltung bringen wollen, die entschieden ihre vollere Entfaltung erstreben. Das Zweite Vatikanische Konzil wurde vor kurzem abgeschlossen. Seither steht das, was das Evangelium in dieser Frage fordert, klarer und lebendiger im Bewußtsein der Kirche. Es ist ihre Pflicht, sich in den Dienst der Menschen zu stellen, um ihnen zu helfen, dieses schwere Problem in seiner ganzen Breite anzupacken, und sie in diesem entscheidenden Augenblick der Menschheitsgeschichte von der Dringlichkeit gemeinsamen Handelns zu überzeugen.

2. In ihren großen Enzykliken Rerum novarum[1] Leos XIII., Quadragesimo anno[2] Pius' XI. – nicht zu sprechen von den Botschaften, die Pius XII. durch den Rundfunk an alle Völker gerichtet hat[3] –, Mater et Magistra[4] und Pacem in terris[5] Johannes' XXIII. haben sich Unsere

Vorgänger der Pflicht ihres Amtes, die soziale Frage ihrer Zeit im Licht des Evangeliums zu erhellen, nicht entzogen.

3. Heute ist – darüber müssen sich alle klar sein – die soziale Frage weltweit geworden. Johannes XXIII. hat dies deutlich ausgesprochen[6], und das Konzil hat es in der pastoralen Konstitution über Die Kirche in der Welt von heute[7] bestätigt. Die darin enthaltene Lehre ist gewichtig, ihre Verwirklichung drängt. Die Völker, die Hunger leiden, bitten die Völker, die im Wohlstand leben, dringend und inständig um Hilfe. Die Kirche erzittert vor diesem Schrei der Angst und wendet sich an jeden einzelnen, dem Hilferuf seines Bruders in Liebe zu antworten.

4. Bevor Uns die Leitung der katholischen Kirche anvertraut wurde, haben Uns zwei Reisen, die eine nach Lateinamerika (1960), die andere nach Afrika (1962), in unmittelbare Berührung mit den beängstigenden Problemen gebracht, die jene Kontinente, die an sich reich sind an unverbrauchten körperlichen und geistigen Kräften, bedrängen und geradezu einschnüren. Erhoben zu dem Amt, dem die väterliche Sorge um alle Menschen obliegt, konnten Wir anläßlich der Reisen ins Heilige Land und nach Indien die ungeheuren Schwierigkeiten sehen und gleichsam mit unseren Händen greifen, mit denen sich jene Völker einer alten Kultur auseinanderzusetzen haben, um die Entwicklung ihrer Verhältnisse zu erlangen. Schließlich ergab sich gegen Ende des Zweiten Vatikanischen Konzils für Uns durch Gottes Fügung die Gelegenheit, Uns an die Generalversammlung der Vereinten Nationen zu wenden. Wir haben Uns vor diesem weltweiten Forum zum Anwalt der armen Völker gemacht.

5. Erst jüngst haben Wir schließlich in dem Bestreben, den Wünschen des Konzils zu entsprechen und zugleich dem Interesse des Apostolischen Stuhles an der großen und gerechten Sache der Entwicklungsländer Ausdruck zu geben, es für Unsere Pflicht erachtet, die Behörden der Römischen Kurie durch eine Päpstliche Kommission zu ergänzen, deren Aufgabe es sein soll, „im ganzen Volk Gottes die Einsicht zu wecken, welche Aufgaben die Gegenwart von ihm fordert: die Entwicklung der armen Völker vorantreiben, die soziale Gerechtigkeit zwischen den Nationen fördern; den weniger entwickelten Natio-

nen zu helfen, daß sie selbst und für sich selbst an ihrem Fortschritt arbeiten können[8]. „Gerechtigkeit und Friede" ist Name und Programm dieser Kommission. Wir zweifeln nicht daran, daß sich mit Unseren katholischen Söhnen und den christlichen Brüdern alle Menschen guten Willens vereinen werden, um diese Vorhaben in die Tat umzusetzen. Deshalb richten Wir heute an alle diesen feierlichen Aufruf zu gemeinsamem Werk in Fragen der Entwicklung, einer umfassenden für jeden Menschen, einer solidarischen für die Menschheit.

I. TEIL

Umfassende Entwicklung des Menschen

1. Das Problem

6. Freisein von Elend, Sicherung des Lebensunterhalts, Gesundheit, feste Beschäftigung, Schutz vor Situationen, die seine Würde als Mensch verletzen, ständig wachsende Leistungsfähigkeit, bessere Bildung, mit einem Wort: mehr arbeiten, mehr lernen, mehr besitzen, um mehr zu gelten. Das ist die Sehnsucht des Menschen von heute, und doch ist eine große Zahl von ihnen dazu verurteilt, unter Bedingungen zu leben, die dieses Verlangen illusorisch machen. Überdies empfinden viele Völker, die erst vor kurzem ihre nationale Selbständigkeit erlangt haben, die Notwendigkeit, daß zu der erlangten bürgerlichen Freiheit die gesellschaftliche und wirtschaftliche Entwicklung hinzukomme, um ihren Bürgern eine volle menschliche Entfaltung zu sichern und somit einen angemessenen Platz in der Gemeinschaft der Völker zu erlangen.

7. Vor dem Umfang und der Dringlichkeit dieser Aufgabe sind die bisherigen Mittel unzureichend; aber sie waren nicht schlechthin falsch. Man wird sicher zugeben müssen, daß die Kolonialmächte häufig ihre eigenen Interessen verfolgt haben, ihre Machtstellung, ihr Ansehen, und daß ihr Abzug manchmal eine verwundbare wirtschaftliche Situation hinterlassen hat, die z. B. an den Ertrag einer Monokultur*

* Agrarische Wirtschaftsform, bei der die Erzeugung einer Pflanze vorherrscht.

gebunden war, deren Erzeugnisse jähen und breiten Preisschwankungen ausgesetzt sind. Man kann sicherlich manche Übelstände eines sogenannten Kolonialismus und seine Folgen nicht leugnen. Trotzdem darf man auch die Tüchtigkeit und das Werk mancher Kolonisatoren rühmend erwähnen, die so manchem bettelarmen Land ihr Wissen und ihr Können zur Verfügung gestellt und gesegnete Früchte ihres Wirkens hinterlassen haben. So unvollkommen auch die damals geschaffenen Einrichtungen sein mögen, sie haben die Unwissenheit und die Krankheit zurückgedrängt, neue Verbindungswege eröffnet und die Lebenslage verbessert.

8. Dies alles zugegeben, ist es trotzdem einleuchtend, daß diese Einrichtungen schlechthin unzureichend sind, um der schwierigen wirtschaftlichen Situation in unseren Tagen zu steuern. Wenn nämlich die Möglichkeiten, die heute zur Verfügung stehen, nicht genutzt werden, so führt dies notwendig zur Verschärfung der Ungleichheiten, nicht zur Entspannung, zum Mißverhältnis im Lebensstandard: die reichen Völker erfreuen sich eines raschen Wachstums, bei den armen geht es nur langsam voran. Die Störung des Gleichgewichts wird bedrohlicher: die einen erzeugen Nahrungsmittel in Überfluß, während andere daran jämmerlichen Mangel leiden oder für ihren geringfügigen Überschuß keine gesicherten Absatzmöglichkeiten haben.

9. Gleichzeitig haben die sozialen Konflikte weltweites Ausmaß angenommen. Unruhen, die die ärmeren Bevölkerungsklassen während der Entwicklung ihres Landes zum Industriestaat erfaßt haben, greifen auch auf Länder über, deren Wirtschaft noch fast rein agrarisch ist. Auch die ländliche Bevölkerung wird sich so heute ihrer „elenden und unheilvollen Verhältnisse" bewußt[9]. Und zu allem kommt der Skandal schreiender Ungerechtigkeit nicht nur im Besitz der Güter, sondern mehr noch in deren Gebrauch. Eine kleine Schicht genießt in manchen Ländern alle Vorteile der Zivilisation und der Rest der Bevölkerung ist arm, hin- und hergeworfen und ermangelt „fast jeder Möglichkeit, initiativ und eigenverantwortlich zu handeln, und befindet sich oft in Lebens- und Arbeitsbedingungen, die des Menschen unwürdig sind[10]".

10. Ein weiterer Punkt: das Aufeinanderprallen der überlieferten Kulturen mit der neuen industriellen Welt zerbricht die Strukturen,

die sich nicht den neuen Gegebenheiten anpassen. Ihr Gefüge, manchmal sehr starr, war der notwendige Halt für das Leben des einzelnen wie der Familie. Die Älteren halten noch daran fest, die Jungen entziehen sich ihnen als einem unnützen Hindernis und wenden sich begierig den neuen Formen sozialen Lebens zu. Der Konflikt der Generationen verschärft sich so zu einem tragischen Dilemma: entweder die Gebräuche und Überzeugung der Väter bewahren und auf den Fortschritt verzichten, oder sich der von außen kommenden Technik und Zivilisation öffnen und die Tradition mit ihrem ganzen menschlichen Reichtum hingeben. Und in der Tat: der sittliche, geistige, religiöse Halt von früher löst sich nur allzuoft auf, ohne daß die Eingliederung in die neue Welt genügend gesichert ist.

11. In dieser Verwirrung wächst die Versuchung, sich durch großtuerische, aber trügerische Versprechungen von Menschen verlocken zu lassen, die sich wie ein zweiter Messias aufspielen. Wer sieht nicht die daraus erwachsenden Gefahren: Zusammenrottung der Massen, Aufstände, Hineinschlittern in totalitäre Ideologien? Das sind die verschiedenen Gesichtspunkte des Problems, um das es geht, deren schwerwiegender Bedeutung, so meinen Wir, sich niemand entziehen kann.

2. Die Kirche und die Entwicklung

12. Treu der Weisung und dem Beispiel ihres göttlichen Stifters, der die Verkündigung der Frohbotschaft an die Armen als Zeichen für seine Sendung hingestellt hat[11], hat sich die Kirche immer bemüht, die Völker, denen sie den Glauben an Christus brachte, zur menschlichen Entfaltung zu führen. Ihre Missionare haben neben Kirchen auch Hospize, Krankenhäuser, Schulen, Universitäten gebaut. Sie haben die Eingeborenen gelehrt, die Hilfsquellen ihres Landes besser zu nutzen, und haben sie so nicht selten gegen die Gier der Fremden geschützt. Natürlich war auch ihr Werk, wie jegliches menschliche Werk, nicht vollkommen, und manche von ihnen mögen ihre heimische Denk- und Lebensweise mit der Verkündigung der eigentlichen Frohbotschaft verbunden haben. Trotzdem verstanden sie es, auch die dortigen Lebensformen zu pflegen und zu fördern. Vielerorts gehören sie zu den Pionieren des materiellen Fortschritts und des kulturellen Auf-

stiegs; um nur ein Beispiel zu nennen: Charles de Foucauld, der um seiner Nächstenliebe willen „Bruder aller" genannt wurde und der ein wertvolles Lexikon der Sprache der Tuareg schuf. Sie alle sollen in Ehren erwähnt sein, die allzu oft Unbekannten, die Vorboten, die die Liebe Christi drängte, und die ihrem Beispiel und ihren Spuren gefolgt sind und noch heute in einem hochherzigen und selbstlosen Dienst bei denen ausharren, denen sie die Frohbotschaft bringen.

13. Aber diese Anstrengungen, die heute von einzelnen und Gruppen in jenen Ländern unternommen werden, genügen heute jedoch nicht mehr. Die gegenwärtige Situation der Welt verlangt ein gemeinsames Handeln, beginnend bereits mit einer klaren Konzeption auf wirtschaftlichem, sozialem, kulturellem und geistigem Gebiet. Auf Grund ihrer Erfahrung in allem, was den Menschen betrifft, geht es der Kirche, ohne sich in die staatlichen Belange einmischen zu wollen, „nur um dies eine: unter Führung des Geistes, des Trösters, das Werk Christi selbst weiterzuführen, der in die Welt kam, um der Wahrheit Zeugnis zu geben; zu retten, nicht zu richten; zu dienen, nicht sich bedienen zu lassen[12]". Gegründet, um schon auf dieser Erde das Himmelreich aufzurichten, nicht um irdische Macht zu erringen, bezeugt sie ohne Zweideutigkeit, daß die beiden Bereiche voneinander verschieden sind, daß beide, die kirchliche und die staatliche Gewalt, die höchste ist in ihrer Ordnung[13]. Aber, weil die Kirche wirklich unter den Menschen lebt, darum hat sie „die Pflicht, nach den Zeichen der Zeit zu forschen und sie im Licht des Evangeliums zu deuten[14]". Sie teilt mit den Menschen deren bestes Streben, und leidet, wenn es nicht erfüllt wird. Sie möchte ihnen helfen, sich voll zu entfalten, und deswegen eröffnet sie ihnen das, was ihr allein eigen ist: eine umfassende Sicht des Menschen und des Menschentums.

14. Entwicklung ist nicht einfach gleichbedeutend mit wirtschaftlichem Wachstum. Wahre Entwicklung muß umfassend sein, sie muß jeden Menschen und den ganzen Menschen im Auge haben, wie ein Fachmann auf diesem Gebiet geschrieben hat: „Wir lehnen es ab, die Wirtschaft vom Menschlichen zu trennen, von der Entwicklung der Kultur, zu der sie gehört. Was für uns zählt, ist der Mensch, jeder Mensch, jede Gruppe von Menschen bis hin zur gesamten Menschheit[15]."

15. Nach dem Plan Gottes ist jeder Mensch gerufen, sich zu entwik-
keln, weil das Leben eines jeden Menschen von Gott zu irgendeiner
Aufgabe bestimmt ist. Von Geburt an ist allen keimhaft eine Fülle von
Fähigkeiten und Eigenschaften gegeben, die Frucht tragen sollen. Ihre
Entfaltung, Ergebnis der Erziehung durch die Umwelt und persönlicher Anstrengung, gibt jedem die Möglichkeit, sich auf das Ziel auszurichten, das ihm sein Schöpfer gesetzt hat. Mit Verstand und freiem
Willen begabt, ist der Mensch für seinen Fortschritt ebenso verantwortlich wie für sein Heil. Unterstützt, manchmal auch behindert
durch seine Erzieher und seine Umwelt, ist jeder seines Gückes
Schmied, seines Versagens Ursache, wie immer auch die Einflüsse
sind, die auf ihn wirken. Jeder Mensch kann durch die Kräfte seines
Geistes und seines Willens als Mensch wachsen, mehr wert sein, sich
vervollkommnen.

16. Dieses Wachstum der menschlichen Persönlichkeit ist nicht dem
freien Belieben des Menschen anheimgestellt. Wie die gesamte Schöpfung auf ihren Schöpfer hingeordnet ist, so ist auch das geistbegabte
Geschöpf gehalten, von sich aus sein Leben auf Gott, die erste Wahrheit und das höchste Gut, auszurichten. Deshalb ist auch für uns die
Entfaltung der menschlichen Person unsere oberste Pflicht. Mehr
noch, dieser durch persönliche und verantwortungsbewußte Anstrengung zur Ausgewogenheit gekommene Mensch ist darüber hinaus zu
einer höheren Würde berufen. Durch seine Eingliederung in den le-
bendigmachenden Christus gelangt er zu einer neuen Entfaltung, zu
einem Humanismus jenseitiger, ganz anderer Art, der ihm die höchste
Lebensfülle schenkt: das ist das letzte Ziel und der letzte Sinn menschlicher Entfaltung.

17. Der Mensch ist aber auch Glied der Gemeinschaft. Er gehört zur
ganzen Menschheit. Nicht nur dieser oder jener, alle Menschen sind
aufgerufen, zur vollen Entwicklung der ganzen menschlichen Gesellschaft beizutragen. Die Kulturen entstehen, wachsen, vergehen. Aber
wie jede Woge der steigenden Flut weiter als die vorhergehende den
Strand überspült, schreitet auch die Menschheit auf dem Weg ihrer
Geschichte voran. Erben unserer Väter und Beschenkte unserer Mitbürger, sind wir allen verpflichtet, und jene können uns nicht gleichgültig sein, die nach uns den Kreis der Menschheitsfamilie weiten. Die

Solidarität aller, die etwas Wirkliches ist, bringt für uns nicht nur Vorteile mit sich, sondern auch Pflichten.

18. Die Entfaltung des einzelnen und der ganzen Menschheit wäre in Frage gestellt, wenn die wahre Hierarchie der Werte abgebaut würde. Da das Verlangen des Menschen, sich die notwendigen Güter zu beschaffen, berechtigt ist, folgt, daß die Arbeit, durch die wir jene Güter erlangen, zur Pflicht wird: „Wer nicht arbeiten will, soll auch nicht essen[16]." Aber der Erwerb zeitlicher Güter kann zu maßloser Gier führen, zum Verlangen nach immer mehr Besitz und zum Streben nach immer größerer Macht. Die Habsucht der einzelnen, der Familien, der Völker kann die Armen und die Reichen packen und bei den einen wie den andern einen erstickenden Materialismus hervorrufen.

19. Mehr haben ist also weder für die Völker noch für den einzelnen das höchste Ziel. Jedes Wachstum hat seine zwei Seiten. Es ist unentbehrlich, damit der Mensch mehr Mensch werde, aber es sperrt ihn wie in ein Gefängnis ein, wenn es zum höchsten Wert wird, der dem Menschen den Blick nach oben versperrt. Dann verhärtet sich das Herz, der Geist verschließt sich, die Menschen kennen keine Freundschaft mehr, sondern nur noch das eigene Interesse, das sie gegeneinander aufbringt und entzweit. Das ausschließliche Streben nach materiellen Gütern verhindert das innere Wachstum und steht seiner wahren menschlichen Größe entgegen. Sowohl die Völker als auch die einzelnen, die von der Habsucht infiziert sind, offenbaren deutlich eine moralische Unterentwicklung.

20. Die Entwicklungshilfe braucht immer mehr Techniker. Noch nötiger freilich hat sie weise Menschen mit tiefen Gedanken, die nach einem neuen Humanismus Ausschau halten, der den Menschen von heute sich selbst finden läßt, im Ja zu den hohen Werten der Liebe, der Freundschaft, des Gebets, der Betrachtung[17]. Nur so kann sich die wahre Entwicklung voll und ganz erfüllen, die für den einzelnen, die für die Völker der Weg von weniger menschlichen zu menschlicheren Lebensbedingungen ist.

21. Weniger menschlich: das sind die materiellen Nöte derer, denen das Existenzminimum fehlt; das ist die sittliche Not derer, die vom

Egoismus zerfressen sind. Weniger menschlich: das sind die Züge der
Gewalt, die im Mißbrauch des Besitzes oder der Macht ihren Grund
haben, in der Ausbeutung der Arbeiter, in ungerechtem Geschäftsge-
baren. Menschlicher: das ist der Aufstieg aus dem Elend zum Besitz
des Lebensnotwendigen, die Überwindung der sozialen Mißstände,
die Erweiterung des Wissens, der Erwerb von Bildung. Menschlicher:
das ist das deutlichere Wissen um die Würde des Menschen, das Ausrichten auf den Geist der Armut[18], die Zusammenarbeit zum Wohle
aller, der Wille zum Frieden. Menschlicher: das ist die Anerkennung
letzter Werte von seiten des Menschen und die Anerkennung Gottes,
ihrer Quelle und ihres Zieles. Menschlicher: das ist endlich vor allem
der Glaube, Gottes Gabe, angenommen durch des Menschen guten
Willen, und die Einheit in der Liebe Christi, der uns alle ruft, als Kinder am Leben des lebendigen Gottes teilzunehmen, des Vaters aller
Menschen.

3. Die Aufgabe

22. „Erfüllt die Erde und macht sie euch untertan[19]": die Heilige
Schrift lehrt uns auf ihrer ersten Seite, daß die gesamte Schöpfung für
den Menschen da ist. Freilich, er muß seine Geisteskraft einsetzen, um
ihre Werte zu entwickeln und sie durch seine Arbeit sich dienstbar zu
machen und der Vollendung näher zu bringen. Wenn aber die Erde da
ist, um jedem die Mittel für seine Existenz und seine Entwicklung zu
geben, dann hat jeder Mensch das Recht, auf ihr das zu finden, was er
nötig hat. Das Konzil hat dies in Erinnerung gerufen: „Gott hat die
Erde mit allem, was sie enthält, zum Nutzen für alle Menschen und
Völker bestimmt; darum müssen diese geschaffenen Güter in einem
billigen Verhältnis allen zustatten kommen, dabei hat die Gerechtigkeit die Führung, Hand in Hand geht mit ihr die Liebe[20]." Alle anderen Rechte, ganz gleich welche, auch das des Eigentums und des freien
Tausches, sind diesem Grundgesetz untergeordnet. Sie dürfen seine
Verwirklichung nicht erschweren, sondern müssen sie im Gegenteil
erleichtern. Es ist eine ernste und dringende soziale Aufgabe, alle
diese Rechte zu ihrem ursprünglichen Sinn zurückzuführen.

23. „Wer die Güter dieser Welt hat und seinen Bruder Not leiden
sieht und sein Herz gegen ihn verschließt, wie soll da die Liebe Gottes

in ihm bleiben?[21]" Es ist bekannt, mit welcher Entschiedenheit die Kirchenväter gelehrt haben, welche Haltung die Besitzenden gegenüber den Notleidenden einzunehmen haben: „Es ist nicht dein Gut", sagt Ambrosius, „mit dem du dich gegen den Armen großzügig erweist. Du gibst ihm nur zurück, was ihm gehört. Denn du hast dir nur herausgenommen, was zu gemeinsamer Nutzung gegeben ist. Die Erde ist für alle da, nicht nur für die Reichen[22]." Das Privateigentum ist also für niemand ein unbedingtes und unumschränktes Recht. Niemand ist befugt, seinen Überfluß ausschließlich sich selbst vorzubehalten, wo andern das Notwendigste fehlt. „Das Eigentumsrecht darf nach der herkömmlichen Lehre der Kirchenväter und der großen Theologen niemals zum Schaden des Gemeinwohls genutzt werden." Sollte ein Konflikt zwischen den „wohlerworbenen Rechten des einzelnen und den Grundbedürfnissen der Gemeinschaft" entstehen, dann ist es an der staatlichen Gewalt, „unter aktiver Beteiligung der einzelnen und der sozialen Gruppen eine Lösung zu suchen[23]".

24. Das Gemeinwohl verlangt deshalb manchmal eine Enteignung von Grundbesitz, wenn dieser wegen seiner Größe, seiner geringen oder überhaupt nicht erfolgten Nutzung, wegen des Elends, das die Bevölkerung durch ihn erfährt, wegen eines beträchtlichen Schadens, den die Interessen des Landes erleiden, dem Gemeinwohl hemmend im Wege steht. Das Konzil hat das ganz klar gesagt[24]. Und nicht weniger klar hat es erklärt, daß verfügbare Mittel nicht einfach dem willkürlichen Belieben der Menschen überlassen sind und daß egoistische Spekulationen keinen Platz haben dürfen. Deshalb darf es nicht geduldet werden, daß Bürger mit übergroßen Einkommen aus den Mitteln und der Arbeit des Landes davon einen großen Teil ins Ausland schaffen, zum ausschließlichen persönlichen Nutzen, ohne sich um das offensichtliche Unrecht zu kümmern, das sie ihrem Lande damit zufügen[25].

25. Für das wirtschaftliche Wachstum und den menschlichen Fortschritt unentbehrlich ist die Industrialisierung, die sowohl Kennzeichen als auch treibende Kraft der Entwicklung bedeutet. Durch die zähe Anwendung seiner Intelligenz und seiner Arbeit entreißt der Mensch Schritt um Schritt der Natur ihre verborgenen Gesetze und macht sich ihre Kräfte dienstbar. Indem er seine Lebensweise in Zucht

nimmt, entwickelt er in sich den Drang am Forschen und Erfinden, das Ja zum berechneten Risiko, das Wagnis zu neuen und großzügigen Unternehmungen und den Sinn für Verantwortung.

26. Im Gefolge dieses Wandels der Daseinsbedingungen haben sich unversehens Vorstellungen in die menschliche Gesellschaft eingeschlichen, wonach der Profit der eigentliche Motor des wirtschaftlichen Fortschritts, der Wettbewerb das oberste Gesetz der Wirtschaft, das Eigentum an den Produktionsmitteln ein absolutes Recht, ohne Schranken, ohne entsprechende Verpflichtungen der Gesellschaft gegenüber darstellt. Dieser ungehemmte Liberalismus führte zu jener Diktatur, die Pius XI. mit Recht als die Ursache des finanzkapitalistischen Internationalismus oder des Imperialismus des internationalen Finanzkapitals[26] brandmarkte. Man kann diesen Mißbrauch nicht scharf genug verurteilen. Noch einmal sei feierlich daran erinnert, daß die Wirtschaft ausschließlich dem Menschen zu dienen hat[27]. Aber wenn es auch wahr ist, daß viele Übel, Ungerechtigkeiten und brudermörderische Kämpfe, deren Folgen heute noch zu spüren sind, sich von einer bestimmten Abart dessen, was man „Kapitalismus" nennt, herleiten, so würde man doch zu Unrecht der Industrialisierung als solcher die Übel anlasten, die in Wahrheit den verderblichen Auffassungen von der Wirtschaft zur Last zu legen sind, die neben dem wirtschaftlichen Aufschwung herliefen. Ganz im Gegenteil ist der unersetzbare Beitrag anzuerkennen, den die Organisierung der Arbeit und der industrielle Fortschritt zur Entwicklung geleistet haben.

27. Und ebenso bleibt es wahr, daß die Arbeit, mag sie auch hier und da in verstiegener Weise mystifiziert werden, von Gott befohlen und gesegnet ist. Nach dem Bilde Gottes geschaffen, „muß der Mensch mit dem Schöpfer an der Vollendung der Schöpfung mitarbeiten und die Welt mit dem Siegel seines Geistes prägen, den er selbst empfangen hat[28]". Gott, der den Menschen mit Verstand, Phantasie und Einfühlungsvermögen ausgestattet hat, hat ihm auch die Mittel gegeben, irgendwie sein Werk zu vollenden. Ob Künstler oder Handwerker, ob Unternehmer, Arbeiter oder Bauer, jeder, der arbeitet, ist in gewissem Sinne schöpferisch tätig. Beschäftigt mit einer widerspenstigen Materie, prägt er ihr sein Siegel auf und bildet bei sich Zähigkeit, Scharfsinn und Erfindungsgabe aus. Ja, gemeinsame, in Hoffnung,

Mühen, Streben und Freude geteilte Arbeit eint die Willen, bringt die
Geister einander näher und verbindet die Herzen: im gemeinsamen
Werk entdecken sich die Menschen als Brüder[29].

28. In zweifacher Richtung wirkt die Arbeit: einerseits verspricht sie
Geld, Vergnügen, Macht, drängt die einen zur Selbstsucht, die anderen zur Revolte; andererseits entwickelt sie Berufsethos, Pflichtbewußtsein und Nächstenliebe. Wenn auch die Arbeit heute mehr nach
wissenschaftlichen Gesichtspunkten ausgeführt wird und in wirksamerer Weise organisiert ist, so bleibt doch immer die Gefahr bestehen,
daß durch sie der Mensch entmenschlicht und ihr Sklave wird. Die Arbeit ist nur dann menschlich, wenn sie der Intelligenz und der Freiheit
Platz läßt. Johannes XXIII. hat an die dringende Aufgabe erinnert,
dem Arbeiter seine Würde zu geben, ihn wirklich am gemeinsamen
Werk teilnehmen zu lassen: „Das Ziel muß in jedem Falle sein, das
Unternehmen zu einer echten menschlichen Gemeinschaft zu machen; diese muß den wechselseitigen Beziehungen der Beteiligten bei
aller Verschiedenheit ihrer Aufgaben und Pflichten das Gepräge geben[30]." Die Mühen der Menschen haben für den Christen noch einen
weiteren Sinn: beizutragen am Aufbau einer übernatürlichen Welt[31],
die erst dann vollendet ist, wenn wir alle zusammen den vollkommenen Menschen bilden, von dem der heilige Paulus spricht und der die
„Fülle Christi" darstellt[32].

29. Es eilt. Zu viele Menschen sind in Not, und es wächst der Abstand,
der den Fortschritt der einen von der Stagnation, besser gesagt, dem
Rückschritt der anderen trennt. Die zu treffenden Maßnahmen müssen aufeinander abgestimmt werden; andernfalls würden sie sich
wechselseitig stören. Eine unbedachte Agrarreform kann ihr Ziel verfehlen. Eine übereilte Industrialisierung kann Strukturen zerschlagen,
die noch notwendig sind, und zu sozialen Mißständen führen, was
menschlich gesehen ein Rückschritt wäre.

30. Es gibt ganz sicher Situationen, deren Ungerechtigkeit zum
Himmel schreit. Wenn ganze Völker, die am Mangel des Notwendig-
sten leiden, unter fremder Herrschaft gehindert werden, irgend etwas
aus eigener Initiative zu unternehmen, zu höherer Bildung aufzustei-
gen, am sozialen und politischen Leben teilzunehmen, dann ist die

Versuchung groß, solches gegen die menschliche Würde verstoßende Unrecht mit Gewalt zu beseitigen.

31. Trotzdem: Jede Revolution – ausgenommen im Fall der eindeutigen und lange dauernden Gewaltherrschaft, die die Grundrechte der Person schwer verletzt und dem Gemeinwohl des Landes ernsten Schaden zufügt – zeugt neues Unrecht, bringt neue Störungen des Gleichgewichts mit sich, ruft neue Zerrüttung hervor. Man kann das Übel, das existiert, nicht mit einem noch größeren Übel vertreiben.

32. Man verstehe Uns recht: wir müssen uns der gegenwärtigen Situation mutig stellen und ihre Ungerechtigkeiten tilgen und aus der Welt schaffen. Das Entwicklungswerk verlangt kühne bahnbrechende Umgestaltungen. Drängende Reformen müssen unverzüglich in Angriff genommen werden. Alle müssen sich hochherzig daran beteiligen, vor allem jene, die durch Erziehung, Stellung, Einfluß große Möglichkeiten haben. Möchten sie doch, Beispiel gebend, wie es einige Unserer Brüder aus dem Episkopat taten[33], aus ihrem eigenen Vermögen etwas opfern. Damit entsprechen sie der Erwartung der Menschen, damit gehorchen sie dem Geist Gottes, denn „der Sauerteig des Evangeliums hat im Herzen des Menschen den unbezwingbaren Anspruch auf Würde erweckt und erweckt ihn auch weiter[34]".

33. Die Einzelinitiative und das freie Spiel des Wettbewerbs können den Erfolg des Entwicklungswerkes jedoch nicht sichern. Man darf es nicht darauf ankommen lassen, daß der Reichtum der Reichen und die Stärke der Starken noch größer werden, während man das Elend der Völker verewigt und die Knechtschaft der Unterdrückten noch härter werden läßt. Man braucht Programme, die die Aktionen der einzelnen und der Organisationen „fördern, anregen und regeln, Programme, die Lücken schließen und Vollständigkeit gewährleisten[35]". Es ist Sache der Staaten, die Vorhaben, die Ziele und die Verfahrensweisen zu bestimmen und verbindlich aufzuerlegen; an ihnen ist es auch, die Kräfte aller zu mobilisieren, die an diesem Gemeinschaftswerk mitzuwirken haben. Ebenso sollen sie sich bemühen, auch die privaten Unternehmer und Verbände zur Mitwirkung heranzuziehen. So wird die Gefahr einer Kollektivierung oder einer mehr oder weniger willkürlichen Planung vermieden, die, freiheitsfeindlich, die Ausübung grundlegender Rechte der menschlichen Person unmöglich machen.

34. Jedes Programm zur Steigerung der Produktion hat nur so weit Berechtigung, als es dem Menschen dient. Es soll die Ungleichheiten abtragen, Diskriminierungen beseitigen, den Menschen aus Versklavungen befreien und ihn so fähig machen, in eigener Verantwortung sein materielles Wohl, seinen sittlichen Fortschritt, seine geistige Entfaltung in die Hand zu nehmen. Entwicklung besagt, sich den sozialen Fortschritt ebenso angelegen sein lassen wie den wirtschaftlichen. Es reicht nicht, den allgemeinen Wohlstand zu erhöhen, um alle in angemessener Weise daran teilnehmen zu lassen. Es reicht nicht, die Technik auszubauen, damit die Erde menschlicher zu bewohnen sei. Die Irrtümer der Vergangenheit sollten die Entwicklungsländer vor den Gefahren auf diesem Gebiet warnen. Die Technokratie von morgen kann genau so schwere Fehler begehen wie der Liberalismus von gestern. Wirtschaft und Technik erhalten ihren Sinn erst durch den Menschen, dem sie zu dienen haben. Und der Mensch ist nur in dem Maß wahrer Mensch, als er, Herr seiner Handlungen und Richter über ihren Wert, selbst der Meister seines Fortschritts ist, in Übereinstimmung mit seiner Natur, die ihm der Schöpfer gegeben hat und zu deren Möglichkeiten und Forderungen er in Freiheit sein Ja sagt.

35. Man kann sogar sagen, daß das wirtschaftliche Wachstum in erster Linie vom sozialen Fortschritt abhängt. Deshalb ist eine Grundausbildung die erste Stufe eines Entwicklungsplanes. Der Hunger nach Bildung ist nicht weniger bitter als der Hunger nach Nahrung. Ein Analphabet ist geistig unterentwickelt. Lesen und schreiben können, eine Berufsausbildung erwerben heißt Selbstvertrauen gewinnen und entdecken, daß man zusammen mit anderen vorankommt. Wie Wir schon in Unserer Botschaft an den UNESCO-Kongreß von Teheran im Jahre 1965 gesagt haben, ist die Erlernung des Alphabets für den Menschen „ein erstrangiger Faktor seiner sozialen Eingliederung und seiner reicheren persönlichen Entfaltung, für die Gesellschaft ein hervorragendes Mittel des wirtschaftlichen Fortschritts und der Entwicklung[36]". Deshalb freuen Wir Uns über die gute Arbeit, die auf diesem Gebiet durch Einzelinitiative, staatliche und internationale Stellen geleistet wird. Sie sind die Hauptträger der Entwicklung; denn sie machen den Menschen fähig, zu sich selbst zu kommen.

36. Aber der Mensch ist ganz er selbst nur in seiner sozialen Umwelt, in der die Familie die erste Rolle spielt. Das konnte nach Zeiten und

Orten das rechte Maß übersteigen, vor allem dann, wenn es sich zum Nachteil der grundlegenden Freiheiten der menschlichen Person auswirkte. Oft zu starr und schlecht strukturiert, sind die alten sozialen Verbände in den Entwicklungsländern trotzdem noch eine Zeitlang notwendig, freilich ihre allzu starren Bande müssen Schritt für Schritt gelockert werden. Aber die natürliche Familie, die auf der Einehe beruht und fest gegründet ist, die Familie, wie sie nach Gottes Plan sein soll[37] und die das Christentum geheiligt hat, in der „verschiedene Generationen zusammenleben und sich gegenseitig helfen, um zu größerer Weisheit zu gelangen und die Rechte der einzelnen Personen mit den anderen Notwendigkeiten des gesellschaftlichen Lebens zu vereinbaren, ist das Fundament der Gesellschaft[38]".

37. Es ist richtig, daß zu oft ein schnelles Anwachsen der Bevölkerung für das Entwicklungsproblem eine zusätzliche Schwierigkeit bedeutet; die Bevölkerung wächst schneller als die zur Verfügung stehenden Hilfsmittel, und man gerät sichtlich in einen Engpaß. Dann ist die Versuchung groß, das Anwachsen der Bevölkerung durch radikale Maßnahmen aufzuhalten. Der Staat hat zweifellos innerhalb der Grenzen seiner Zuständigkeit das Recht, hier einzugreifen, eine zweckmäßige Aufklärung durchzuführen und geeignete Maßnahmen zu treffen, vorausgesetzt, daß diese in Übereinstimmung mit dem Sittengesetz sind und die berechtigte Freiheit der Eheleute nicht antasten. Ohne das unabdingbare Recht auf Ehe und Zeugung gibt es keine Würde des Menschen. Die letzte Entscheidung über die Kinderzahl liegt bei den Eltern. Sie haben es reiflich zu überlegen. Sie nehmen die Verantwortung auf sich vor Gott, vor sich selbst, vor den Kindern, die sie bereits haben, vor der Gemeinschaft, zu der sie gehören, nach ihrem gemäß dem authentisch interpretierten Gesetz Gottes gebildeten und durch ihr Gottvertrauen gestärkten Gewissen[39].

38. In der Arbeit an der Entwicklung wird dem Menschen, der in der Familie seine erste Heimstatt hat, oft von Berufsorganisationen geholfen. Wenn deren Daseinsberechtigung in der Wahrung der Interessen ihrer Mitglieder besteht, dann haben sie eine große Verantwortung für die erzieherische Aufgabe, die sie leisten können und müssen. In ihrer Aufklärungs- und Bildungsarbeit haben sie die große Möglichkeit, in allen den Gemeinsinn und die Verpflichtung dem Gemeinwohl gegenüber zu wecken.

39. Alles soziale Handeln setzt eine gewisse Lehre voraus. Der Christ kann kein System annehmen, dem eine materialistische und atheistische Philosophie zugrunde liegt, die weder die Ausrichtung des Menschen auf sein letztes Ziel, noch seine Freiheit, noch seine Würde als Mensch achtet. Wo jedoch diese Werte sichergestellt sind, ist nichts gegen einen Pluralismus beruflicher und gewerkschaftlicher Organisationen einzuwenden; in bestimmter Hinsicht ist er sogar nützlich, sofern er die Freiheit schützt und den Wetteifer anregt. Aufrichtig bekunden Wir allen, die in diesen Organisationen im selbstlosen Dienst für ihre Brüder arbeiten, Unsere Hochschätzung.

40. Neben den Berufsorganisationen sind auch kulturelle Einrichtungen am Werk. Ihre Rolle ist für das Gelingen der Entwicklung nicht weniger wichtig. „Es gerät nämlich", wie das Konzil mit Nachdruck sagt, „das künftige Geschick der Welt in Gefahr, wenn nicht weisere Menschen auftreten." Und es fügt hinzu: „Viele Nationen sind an wirtschaftlichen Gütern verhältnismäßig arm, an Weisheit aber reicher und können den übrigen hervorragende Hilfe leisten[40]."Reich oder arm, jedes Land hat eine Kultur, die es von den Vorfahren übernommen hat: Institutionen für das materielle Leben, Werke geistigen Lebens, künstlerischer, denkerischer, religiöser Art. Sofern sie wahre menschliche Werte darstellen, wäre es ein großer Fehler, sie aufzugeben. Ein Volk, das dazu bereit wäre, verlöre das Beste seiner selbst, es gäbe, um zu leben, den Grund seines Lebens hin. Das Wort Christi: „Was nützt es dem Menschen, wenn er die ganze Welt gewinnt, aber seine Seele verliert[41]", gilt auch für die Völker.

41. Die ärmeren Völker können sich nie genug vor der Versuchung hüten, die ihnen von den reicheren kommt. Diese bieten nur allzu oft neben dem Vorbild ihrer Erfolge im Technischen und Zivilisatorischen das Beispiel eines hauptsächlich auf das materielle Wohl ausgerichteten Handelns. Nicht als ob dieses von sich aus gegen den Geist gerichtet wäre. Im Gegenteil: „Der Geist des Menschen kann sich, von der Versklavung unter die Sachwelt befreit, ungehinderter zur Kontemplation und Anbetung des Schöpfers erheben[42]." Aber „die heutige Zivilisation kann oft, zwar nicht von ihrem Wesen her, aber durch ihre einseitige Zuwendung zu den irdischen Wirklichkeiten, den Zugang zu Gott erschweren[43]". Die Entwicklungsländer müssen also aus

dem, was ihnen angeboten wird, auswählen: kritisch beleuchten und ablehnen die Scheinwerte, die den Charakter des menschlichen Lebens verderben, annehmen dagegen die gesunden und nützlichen Werte, um sie zusammen mit ihren eigenen ihrer Eigenart gemäß weiterzuentwickeln.

42. Das ist der Humanismus im Vollsinn des Wortes, den es zu entfalten gilt[44]. Und was ist dies anders als eine umfassende Entwicklung des ganzen Menschen und der ganzen Menschheit? Ein verkürzter Humanismus, der die Augen vor den Werten des Geistes und vor Gott, ihrer Quelle und ihrem Ursprung, verschließt, kann nur scheinbar Erfolg haben. Gewiß, der Mensch kann die Erde ohne Gott gestalten, aber „ohne Gott kann er sie letzten Endes nur gegen den Menschen formen. Der in sich verschlossene Humanismus ist ein unmenschlicher Humanismus[45]“. Nur jener Humanismus also ist der wahre, der sich zum Absoluten hin öffnet, in Dank für eine Berufung, die die richtige Auffassung vom menschlichen Leben schenkt. Der Mensch ist keineswegs letzte Norm seiner selbst und wird nur durch Hinausschreiten über sich selbst zu dem, der er sein soll, gemäß dem tiefen Wort Pascals: unermeßlich übersteigt der Mensch sich selbst[46].

II. TEIL

Um eine solidarische Entwicklung der Menschheit

43. Die allseitige Entwicklung des Einzelmenschen muß Hand in Hand gehen mit der Entwicklung der gesamten Menschheit; beide müssen sich wechselseitig unterstützen. Wir sagten in Bombay: „Der Mensch muß dem Menschen begegnen. Die Völker müssen sich als Brüder und Schwestern begegnen, als Kinder Gottes. In diesem gegenseitigen Verstehen und in dieser Freundschaft, in dieser heiligen Gemeinschaft müssen wir mit dem gemeinsamen Werk und der gemeinsamen Zukunft der Menschheit beginnen[47].“ Deshalb schlugen Wir vor, konkrete Mittel und praktische Formen der Organisation und Zusammenarbeit zu suchen, um die verfügbaren Hilfsmittel gemeinsam zu nutzen und so eine echte Gemeinschaft unter den Völkern zu stiften.

44. Diese Pflicht betrifft an erster Stelle die Begüterten. Sie wurzelt in der natürlichen und übernatürlichen Brüderlichkeit der Menschen, und zwar in dreifacher Hinsicht: zuerst in der Pflicht zur Solidarität, der Hilfe, die die reichen Völker den Entwicklungsländern leisten müssen; sodann in der Pflicht zur sozialen Gerechtigkeit, das, was an den Wirtschaftsbeziehungen zwischen den mächtigen und schwachen Völkern ungesund ist, abzustellen; endlich in der Pflicht zur Liebe zu allen, zur Schaffung einer menschlicheren Welt für alle, wo alle geben und empfangen können, ohne daß der Fortschritt der einen ein Hindernis für die Entwicklung der anderen ist. Diese Angelegenheit wiegt schwer; von ihr hängt die Zukunft der Zivilisation ab.

1. Die Hilfe für die Schwachen

45. „Wenn ein Bruder oder eine Schwester keine Kleidung besitzen, wie es bei Jakobus heißt, oder der täglichen Nahrung entbehren, es sagt aber einer von euch zu ihnen: Geht hin in Frieden, erwärmt und sättigt euch, ihr gebt ihnen aber nicht, was sie für ihren Körper brauchen, was nützt das?[48]" Heute gibt es – da ist niemand, der es nicht wüßte – in einigen Kontinenten unzählige Männer und Frauen, die vom Hunger gequält werden; unzählige Kinder, die unterernährt sind, so daß viele noch im zarten Alter sterben; bei anderen ist aus diesem Grunde die körperliche und geistige Entwicklung gefährdet, und ganze Landstriche sind zu düsterer Hoffnungslosigkeit verurteilt.

46. Aufrufe aus tiefer Sorge sind schon ergangen. Der Appell von Johannes XXIII. wurde herzlich aufgenommen[49]. Wir selbst haben ihn in Unserer Weihnachtsbotschaft von 1963[50] wiederholt und von neuem zugunsten Indiens im Jahre 1966[51]. Der Kampf gegen den Hunger, den die Internationale Organisation für Ernährung und Landwirtschaft (FAO) führt und worin sie vom Heiligen Stuhl ermutigt wird, wird hochherzig unterstützt. Unsere Caritas Internationalis ist überall am Werk, und viele Katholiken steuern unter Führung Unserer Brüder aus dem Episkopat bei und setzen sich voll und ganz ein, um den Notleidenden zu helfen, und weiten den Kreis ihrer Nächsten so mehr und mehr aus.

47. Aber das reicht nicht aus, ebensowenig wie die privaten und öffentlichen geschenkten oder kreditierten Geldmittel. Denn es handelt

sich nicht nur darum, den Hunger zu besiegen, die Armut einzudämmen. Der Kampf gegen das Elend, so dringend und notwendig er ist, ist zu wenig. Es geht darum, eine Welt zu bauen, wo jeder Mensch, ohne Unterschied der Rasse, der Religion, der Abstammung, ein volles menschliches Leben führen kann, frei von Versklavung seitens der Menschen oder einer noch nicht hinreichend gebändigten Natur; eine Welt, wo die Freiheit nicht ein leeres Wort ist, wo der arme Lazarus an derselben Tafel mit dem Reichen sitzen kann[52]. Das fordert von diesem ein hohes Maß an Hochherzigkeit, große Opfer und unermüdliche Anstrengungen. Jeder muß sein Gewissen erforschen, das ihn auf diese neuen Forderungen für unsere Zeit hinweist. Ist er bereit, auf seine Kosten die Werke und Aufgaben zugunsten der Ärmsten zu unterstützen? Mehr Steuern zu zahlen, damit die öffentlichen Stellen ihre Entwicklungshilfe intensivieren können? Höhere Preise für Einfuhrgüter zu zahlen, damit die Erzeuger einen angemessenen Verdienst erhalten? Notfalls seine Heimat zu verlassen, wenn er jung ist, um den zu höherer Zivilisation aufstrebenden Nationen zu helfen?

48. Die Pflicht zur Solidarität unter den Menschen besteht auch für die Völker. „Es ist eine schwere Verpflichtung der hochentwickelten Länder, den aufstrebenden Völkern zu helfen[53]." Diese Lehre des Konzils muß in die Tat umgesetzt werden. Wenn es auch richtig ist, daß jedes Volk die Gaben, die ihm die Vorsehung als Frucht seiner Arbeit geschenkt hat, an erster Stelle genießen darf, so kann trotzdem kein Volk seinen Reichtum für sich allein beanspruchen. Jedes Volk muß mehr und besser produzieren, einmal um seinen eigenen Angehörigen ein wahrhaft menschenwürdiges Leben zu gewährleisten, dann aber auch, um an der solidarischen Entwicklung der Menschheit mitzuarbeiten. Bei der wachsenden Not der unterentwickelten Länder ist es durchaus in der Ordnung, daß die reichen Länder einen Teil ihrer Produktion zur Befriedigung der Bedürfnisse der andern abzweigen; und ebenso, daß sie Lehrer, Ingenieure, Techniker, Wissenschaftler ausbilden, die ihr Wissen und Können in den Dienst der anderen stellen.

49. Es sei noch einmal wiederholt: Der Überfluß der reichen Länder muß den ärmeren zustatten kommen. Die Regel, die einmal zugunsten der nächsten Angehörigen galt, muß heute auf die Gesamtheit der Weltnöte angewandt werden. Die Reichen haben davon den ersten

Vorteil. Tun sie es nicht, so wird ihr hartnäckiger Geiz das Gericht Gottes und den Zorn der Armen erregen, und unabsehbar werden die Folgen sein. Würden sich die heute blühenden Kulturen in ihrem Egoismus verschanzen, so verübten sie einen Anschlag auf ihre höchsten Werte; den Willen, sich durch Leistungen anzureichern, opferten sie der Gier, mehr zu haben. Und es gälte von ihnen das Wort vom Reichen, dessen Ländereien so guten Ertrag abwarfen, daß er ihn nicht unterzubringen wußte. „Gott aber sprach zu ihm: Du Tor, in dieser Nacht wird man dein Leben von dir fordern[54]."

50. Damit diese Anstrengungen einen vollen Erfolg zeitigen, dürfen sie nicht verzettelt werden und noch weniger aus Geltungssucht und Machtstreben einander entgegenarbeiten. Die Situation verlangt Programme, die aufeinander abgestimmt sind. Ein Programm ist wirksamer und besser als eine Hilfe, die je nach Gelegenheit dem guten Willen der einzelnen überlassen bleibt. Das setzt, Wir haben bereits darauf hingewiesen, vertiefte Studien voraus. Festlegung der Ziele, Bestimmung der Mittel, Zusammenfassung der Kräfte, um den augenblicklichen Nöten und den voraussehbaren Erfordernissen zu begegnen. Mehr noch: ein Programm übersteigt die Gesichtspunkte des rein wirtschaftlichen Wachstums und des sozialen Fortschritts: es gibt dem Werk, das getan werden soll, Bedeutung und Gewicht. Und indem es sich um eine Verbesserung der Ordnung in der Welt bemüht, verleiht es dem Menschen selbst ein höheres Maß an Würde und Kraft.

51. Man muß aber noch weiter gehen. Als Wir anläßlich des Eucharistischen Weltkongresses in Bombay weilten, forderten Wir die obersten Lenker der Staaten auf, sie möchten einen Teil der Beträge, die sie für Rüstungszwecke ausgeben, zur Schaffung eines Weltfonds verwenden, um so den notleidenden Völkern zu helfen[55]. Was für den unmittelbaren Kampf gegen das Elend gilt, hat seine Bedeutung auch für die Entwicklungshilfe. Nur eine weltweite Zusammenarbeit, für die der gemeinsame Fonds Symbol und Mittel wäre, würde es erlauben, unfruchtbare Rivalitäten zu überwinden und ein fruchtbares und friedliches Gespräch unter den Völkern in Gang zu bringen.

52. Ohne Zweifel bleibt daneben auch Raum für bilaterale und multilaterale Abkommen: sie geben die Möglichkeit, die Abhängigkeits-

verhältnisse und Bitterkeiten, die noch als Folgen der Kolonialzeit geblieben sind, durch Freundschaftsbeziehungen auf dem Boden rechtlicher und politischer Gleichheit zu ersetzen. Eingebettet in Programme weltweiter Zusammenarbeit, wären sie über jeden Verdacht erhaben. Die Empfänger brauchten kein Mißtrauen und keine Furcht zu haben vor einem sogenannten Neokolonialismus, der unter dem Schein finanzieller und technischer Hilfe politischen Druck und wirtschaftliches Übergewicht ausübt, um eine Vormachtstellung zu verteidigen oder zu erobern.

53. Wer sähe nicht, daß ein solcher Fonds manche Vergeudung, zu der heute Furcht oder Stolz verleiten, verhindern könnte? Wenn so viele Völker Hunger leiden, wenn so viele Familien in Elend sind, wenn so viele Menschen in Unwissenheit dahinleben, wenn so viele Schulen, Krankenhäuser, richtige Wohnungen zu bauen sind, dann ist jede öffentliche und private Vergeudung, jede aus nationalem oder persönlichem Ehrgeiz gemachte Ausgabe, jedes die Kräfte erschöpfende Wettrüsten ein unerträgliches Ärgernis. Wir müssen das anprangern! Möchten Uns doch die Verantwortlichen hören, bevor es zu spät ist!

54. Es ist daher unbedingt notwendig, daß zwischen allen ein Gespräch beginnt, zu dem Wir in Unserer ersten Enzyklika „Ecclesiam suam[56]" aufgerufen haben. Ein solches Gespräch zwischen denen, die die Hilfsmittel bereitstellen, und denen, die sie empfangen, ermöglichte es, die Größe der Beiträge festzusetzen, nicht nur nach Hochherzigkeit und Bereitschaft der einen, sondern auch nach den wirklichen Bedürfnissen und Verwendungsmöglichkeiten der anderen. Die Entwicklungsländer liefen nicht mehr Gefahr, von Schulden erdrückt zu werden, deren Abzahlung ihr ganzes Aufkommen von Zahlungsmitteln verschlingt. Zinsen und Laufzeit der Anleihen könnten so geregelt werden, daß es für die einen wie die anderen erträglich ist: es ließe sich nämlich ein vernünftiges Verhältnis herstellen zwischen unentgeltlichen Hilfeleistungen, zinslosen oder niedrig verzinsbaren Anleihen und den Tilgungsfristen. Garantien für eine geplante und wirksame Verwendung der Kredite könnten denen gegenüber, die Hilfe leisten, übernommen werden. Denn es kann sich nicht darum handeln, Bequemlichkeit und Schmarotzertum zu unterstützen. Die Empfänger

könnten verlangen, daß man sich nicht in ihre Politik einmische, daß man ihre soziale Ordnung nicht in Unordnung bringe. Sie sind souverän, und es ist ihre Sache, die eigenen Angelegenheiten selbst zu führen, ihre Politik selbst zu bestimmen, sich nach eigenem Ermessen frei eine Staatsform zu wählen. Es geht also darum, eine freie Zusammenarbeit zustandezubringen, in gleichberechtigter Partnerschaft eine wahrhaft menschenwürdige Gemeinschaft zu schaffen.

55. Ein solches Vorhaben scheint unmöglich zu sein in Ländern, wo die tägliche Existenzsorge das gesamte Dasein der Familien in Beschlag nimmt, so daß man gar nicht auf den Gedanken kommen kann, Vorbereitungen für ein weniger kummervolles Leben in der Zukunft zu treffen. Aber gerade diesen Männern und Frauen muß man helfen; sie muß man überzeugen, daß sie selbst ihr Vorankommen in die Hand nehmen und schrittweise die Mittel dazu erwerben müssen. Dieses gemeinsame Werk kann nicht ohne gemeinsame zähe und mutige Anstrengung geschehen. Aber jeder sei davon überzeugt: es geht um das Leben der armen Völker, es geht um die Eintracht der Bürger in den Entwicklungsländern, es geht um den Frieden der Welt.

2. Recht und Billigkeit in den Handelsbeziehungen

56. Auch beträchtliche Anstrengungen, um den Entwicklungsländern finanziell und technisch zu helfen, sind umsonst, wenn ihre Erfolge durch die Schwankungen in den Handelsbeziehungen zwischen den reichen und armen Ländern großenteils wieder zunichte gemacht würden. Das Vertrauen der armen würde erschüttert, wenn sie den Eindruck gewännen, daß die anderen wieder wegnehmen, was sie ihnen gegeben haben.

57. Die hochindustrialisierten Nationen exportieren vor allem Fertigprodukte, während die unterentwickelten Wirtschaften nur Agrarprodukte und Rohstoffe exportieren können. Dank dem technischen Fortschritt steigt deren Wertschätzung rasch, und sie finden einen guten Absatz. Dagegen unterliegen die Produkte der unterentwickelten Länder breiten und jähen Preisschwankungen, an eine sich steigernde Wertschätzung ist gar nicht zu denken. Daraus entstehen für die wenig industrialisierten Nationen große Schwierigkeiten, wenn sie aus ihren

Exporterlösen ihren öffentlichen Haushalt ausgleichen und ihre Entwicklungspläne verwirklichen wollen. Die armen Völker werden dabei immer ärmer, die reichen immer reicher.

58. Die Spielregel des freien Handels kann also für sich allein die internationalen Beziehungen nicht regieren. Ihre Vorteile sind klar, wo es sich um Partner in nicht allzu ungleicher wirtschaftlicher Lage handelt: sie fördert den weiteren Fortschritt und belohnt die Anstrengung. Deshalb sehen die Industrieländer darin in gewissem Sinne ein Gesetz der Gerechtigkeit. Aber es ist etwas anderes, wenn die Bedingungen von Land zu Land zu ungleich sind: Die Preise, die sich frei auf dem Markt bilden, können ganz verderbliche Folgen haben. Man muß es einfach zugeben: in diesem Bereich wird ein Grundprinzip des sogenannten Liberalismus als Regel des Handels überaus fragwürdig.

59. Noch immer gilt die Lehre Leos XIII. in „Rerum novarum": das Einverständnis von Partnern, die in zu ungleicher Situation sind, genügt nicht, um die Gerechtigkeit eines Vertrages zu garantieren. Die Regel, wonach Verträge durch das freie Einverständnis der Partner zustandekommen, ist den Forderungen des Naturrechts untergeordnet[57]. Was dort von dem gerechten Lohn für den einzelnen Arbeiter gelehrt wird, gilt ebenso von internationalen Verträgen: eine Verkehrswirtschaft kann nicht mehr allein auf die Gesetze des freien und ungezügelten Wettbewerbs gegründet sein, der nur zu oft zu einer Wirtschaftsdiktatur führt. Der freie Austausch von Gütern ist nur dann recht und billig, wenn er mit den Forderungen der sozialen Gerechtigkeit übereinstimmt.

60. Die hochentwickelten Länder haben dies übrigens für sich schon begriffen, und sie bemühen sich, durch geeignete Maßnahmen innerhalb ihrer Wirtschaft ein gewisses Gleichgewicht herzustellen, das der sich selbst überlassene freie Wettbewerb zu stören droht. So stützen sie oft ihre Landwirtschaft mit Zuwendungen, deren Aufbringung sie den höhere Gewinne erzielenden Wirtschaftszweigen auferlegen. Um ferner ihre gegenseitigen Handelsbeziehungen vor allem innerhalb eines gemeinsamen Marktes zu fördern, bemüht sich ihre Finanz-, Steuer- und Sozialpolitik, den unter ungünstigen Wettbewerbsbedingungen stehenden Industrien in etwa vergleichbare Chancen zu schaffen.

61. Man darf hier nicht zweierlei Maß anwenden. Was von der Volkswirtschaft gilt, was man unter den hochentwickelten Ländern gelten läßt, muß auch von den Handelsbeziehungen zwischen den reichen und armen Ländern gelten. Ohne den freien Markt abzuschaffen, sollte man doch den Wettbewerb in den Grenzen halten, die ihn gerecht und sozial, also menschlich machen. Im Austausch zwischen entwickelten und unterentwickelten Wirtschaften sind die Situationen zu verschieden und die gegebenen Möglichkeiten zu ungleich. Die soziale Gerechtigkeit fordert, daß der internationale Warenaustausch, um menschlich und sittlich zu sein, zwischen Partnern geschehe, die wenigstens eine gewisse Gleichheit der Chancen haben. Diese ist sicher nicht schnell zu erreichen. Um sie zu beschleunigen, sollte schon jetzt eine wirkliche Gleichheit im Gespräch und in der Preisgestaltung geschaffen werden. Auch hier könnten sich internationale Abkommen, an denen eine hinreichend große Zahl von Staaten beteiligt sind, als nützlich erweisen; sie könnten allgemeine Normen und gewisse Preise regeln, könnten gewisse Produktionen sichern, gewisse sich im Aufbau befindliche Industrien stützen. Wer sähe nicht, daß ein solch gemeinsames Bemühen um eine größere Gerechtigkeit in den Handelsbeziehungen zwischen den Völkern den Entwicklungsländern positiv helfen würde? Eine solche Hilfe hätte nicht nur unmittelbare, sondern auch dauernde Wirkungen.

62. Noch andere Hindernisse stellen sich dem Aufbau einer gerechteren und nach dem Prinzip der wechselseitigen Solidarität geordneten menschlichen Gesellschaft heute entgegen: der Nationalismus und der Rassenwahn. Es ist verständlich, daß die Völker, die erst jüngst ihre politische Unabhängigkeit erlangt haben, eifersüchtig auf ihre noch zerbrechliche nationale Einheit bedacht sind und sich bemühen, sie zu schützen. Es ist ebenfalls normal, daß die Völker einer alten Kultur stolz sind auf das Erbe, das ihnen die Geschichte überliefert hat. Aber diese berechtigten Gefühle müssen doch überhöht werden durch eine Liebe, die alle Glieder der Menschheitsfamilie umfaßt. Der Nationalismus trennt die Völker voneinander und schadet ihrem wahren Wohl. Er wirkt sich dort besonders schädlich aus, wo die Schwäche der Volkswirtschaften vielmehr die Gemeinsamkeit von Anstrengungen, Erkenntnissen und finanziellen Mitteln fordert, um die Entwicklungsprogramme zu verwirklichen und den wirtschaftlichen und kulturellen Austausch zu fördern.

63. Der Rassenwahn ist keineswegs eine Eigenart der jüngst erst zur politischen Selbständigkeit gelangten Völker, wo er sich unter den Rivalitäten der Stammesverbände und der politischen Parteien verbirgt, zum großen Schaden der Gerechtigkeit und zur Gefahr für den inneren Frieden. Während der Kolonialzeit wütete er oft zwischen den Kolonisatoren und den Eingeborenen. Er verhinderte so ein fruchtbares gegenseitiges Verständnis und ließ als Folge vieler Ungerechtigkeiten bittere Abneigung entstehen. Und noch immer verhindert er die Zusammenarbeit zwischen den Entwicklungsländern; er ist ein Ferment der Trennung und des Hasses inmitten der Staaten, wenn sich unter Mißachtung der unaufgebbaren Rechte der menschlichen Person, die einzelnen und die Familien ihrer Rasse oder Hautfarbe wegen ungerecht einer Ausnahmeregelung unterworfen sehen.

64. Diese Situation voll dunkler Drohungen für die Zukunft bedrückt Uns zutiefst. Wir hegen jedoch die Hoffnung: schließlich wird sich doch die immer stärker spürbare Notwendigkeit einer Zusammenarbeit, der immer wacher werdende Sinn für Solidarität über alles Unverständnis und allen Egoismus durchsetzen. Wir hoffen, daß aneinander angrenzende Entwicklungsländer die Möglichkeit nutzen werden, ihre weiten Gebiete zu einheitlichen Wirtschaftsräumen zusammenzufassen, wobei sie gemeinsame Programme aufstellen, die Investitionen koordinieren, die Produktion verteilen, den Güteraustausch organisieren. Wir hoffen auch, daß die Organisationen, die einige oder sogar fast alle Nationen umfassen, entsprechende Mittel und Wege finden, die es den Entwicklungsländern möglich machen, aus den Engpässen, in denen sie sind, herauszukommen und in Treue zu ihrem Wesen selbst die Mittel zu ihrem sozialen und menschlichen Fortschritt zu finden.

65. Das muß unbedingt erstrebt werden. Es scheint, daß diese Solidarität unter den Völkern der Erde immer mehr Wirklichkeit wird. Sie muß es allen Völkern erlauben, ihr Geschick selbst in die Hand zu nehmen. Die Vergangenheit war zu oft von den Gewalttaten der Völker gegeneinander gekennzeichnet. Möge der Tag kommen, wo die internationalen Beziehungen von gegenseitiger Achtung und Freundschaft geprägt sind, von gegenseitiger Zusammenarbeit, von gemeinsamem Aufstieg, für den sich jeder verantwortlich fühlt. Die jetzt auf-

strebenden ärmeren Völker fordern ihren Anteil am Aufbau einer
besseren Welt, in der die Rechte und die Aufgaben eines jeden geachtet werden. Dieses Verlangen ist berechtigt, jeder muß es hören und
darauf antworten.

3. Die Liebe zu allen

66. Die Welt ist krank. Das Übel liegt jedoch weniger darin, daß die
Hilfsquellen versiegt sind oder daß einige wenige alles abschöpfen. Es
liegt im Fehlen der brüderlichen Bande unter den Menschen und unter
den Völkern.

67. Wir können nicht genug auf die Pflicht zur Gastfreundschaft hinweisen – eine Pflicht menschlicher Solidarität und christlicher Liebe –,
die den Familien und den Kulturwerken der Staaten obliegt. Vor allem
sollten Familien und Heime in größerer Zahl namentlich zur Aufnahme von Jugendlichen bereitstehen. Deren bedarf es, um sie vor der
Einsamkeit zu bewahren, vor dem Gefühl der Verlassenheit, der
Trostlosigkeit, wo jegliche sittliche Widerstandskraft zerbricht. Auch
um sie in der ungesunden Situation zu beschützen, in der sie sich befinden, wo sich ihnen der Vergleich zwischen der furchtbaren Armut ihrer Heimat mit dem Luxus und der Verschwendung, die sie oft umgeben, geradezu aufdrängt. Und auch, um sie vor verderblichen Lehren
zu bewahren und vor Versuchungen, die sie überfallen, wenn sie an so
viel unverdientes Elend[58] daheim denken. Schließlich aber, um ihnen
in herzlicher brüderlicher Gastfreundschaft das Beispiel eines gesunden Lebens zu geben, sie zu einer Hochschätzung der wahren und
wirksamen christlichen Liebe, der Achtung vor den geistigen Werten
zu führen.

68. Es ist für Uns schmerzlich, daran denken zu müssen: viele junge
Menschen, die in die hochentwickelten Länder kommen, um dort Wissen, Können, Bildung zu erwerben, damit sie ihrer Heimat besser dienen können, erwerben dort zwar ganz gewiß eine Ausbildung von hoher Qualität, aber sie verlieren zu oft die Achtung vor den geistigen
Werten, die sich als kostbares Erbe in den Kulturen finden, in denen
sie groß geworden sind.

69. Die gleiche Gastfreundschaft sind wir auch den Gastarbeitern schuldig, die oft unter menschenunwürdigen Bedingungen leben und mit ihrem Geld äußerst sparsam umgehen müssen, um ihre Familie zu unterhalten, die in der Heimat zurückgeblieben ist und Not leidet.

70. Unsere Mahnung richten Wir weiterhin an die, die ihr Beruf in die Länder führt, die erst jüngst der Industrialisierung erschlossen wurden: Industrielle, Kaufleute, Leiter und Bevollmächtigte von Großunternehmen. Nicht selten erweisen sie sich in ihrer Heimat für soziale Verantwortung aufgeschlossen. Warum betreiben sie dann aber in den Entwicklungsländern ihre Geschäfte nach den unmenschlichen Grundsätzen des krassen Eigennutzes? Ihre Überlegenheit sollte für sie doch eigentlich ein Ansporn sein, dort, wo sie von ihren geschäftlichen Interessen hingeführt werden, als Initiatoren des sozialen Fortschritts und des menschlichen Aufstiegs zu wirken. Ihre unternehmerische Begabung müßte ihnen Wege zeigen, wie man die Arbeit der Eingeborenen produktiver gestalten könnte; wie Facharbeiter, Ingenieure und Betriebsleiter heranzubilden sind; wie man ihre Initiative wecken, wie man sie Schritt für Schritt in führende Stellungen bringen kann, um so mit ihnen in nicht allzu ferner Zukunft die Führungsverantwortung zu teilen. In der Zwischenzeit sollten wenigstens die Beziehungen zwischen Vorgesetzten und Untergebenen immer nach der Gerechtigkeit geregelt, die gegenseitigen Verpflichtungen in einwandfreien Verträgen niedergelegt und keiner, welche Stellung er immer haben mag, rechtlos der Willkür anderer ausgeliefert sein!

71. Wir freuen Uns über die stetig wachsende Zahl von Fachleuten, die von weltweiten oder auf gegenseitiger Vereinbarung beruhenden Institutionen oder auch von privaten Organisationen zur Entwicklungshilfe ausgesandt werden. „Sie dürfen bei ihrem Einsatz (jedoch) nicht als Herren auftreten, sondern sollen Helfer und Mitarbeiter sein[59]." Jedes Volk merkt sehr schnell, ob seine Helfer mit oder ohne Zuneigung zugreifen, ob sie nur Technik bringen oder die Würde der Menschen fördern wollen. Ihre Botschaft wird nur dann angenommen, wenn sie von brüderlicher Liebe getragen ist.

72. Das unerläßlich fachliche Können genügt also nicht, hinzukommen müssen echte Erweise selbstloser Liebe. Frei von jedem nationa-

listischen Hochmut wie von jedem Anschein eines Rassenvorurteils, müssen diese Fachleute lernen, eng mit allen zusammenzuarbeiten. Sie müssen wissen, daß ihr Fachwissen durchaus keine Überlegenheit auf allen Gebieten besagt. Die Kultur, in der sie aufgewachsen sind, enthält zweifellos Elemente eines universalen Humanismus, aber sie ist nicht die einzige, darf andere nicht ablehnen und bedarf der Anpassung, wenn sie in andere Weltteile übertagen werden soll. Wer sich dieser Aufgabe widmet, dem muß es ein Anliegen sein, mit der Geschichte des Landes, in dem er gleichsam als Gast weilt, auch dessen kulturelle Kräfte und Reichtümer zu entdecken. So kommt es zu einer Verschmelzung beider Kulturen, durch die beide befruchtet werden.

73. Aufrichtiger Austausch zwischen den Kulturen wie den Menschen schafft brüderliche Gesinnung. Wenn alle, angefangen von den Regierungen und ihren Vertretern bis zum letzten Fachmann, von brüderlicher Liebe beseelt und von dem aufrichtigen Verlangen erfüllt sind, eine allgemeine Geisteskultur auf der ganzen Welt aufzubauen, dann werden die Unternehmungen der Entwicklungshilfe die Völker innerlich verbinden. Dann nimmt das Gespräch seinen Anfang mit dem Menschen, nicht mit Agrar- und Industrieerzeugnissen. Es wird fruchtbar sein, wenn es den Völkern, die so ins Sprechen gekommen sind, die Möglichkeit gibt, wirtschaftlich und geistig voranzukommen; wenn die Techniker zu Lehrern werden, und wenn die Unterweisung von solcher geistiger und sittlicher Kraft ist, daß sie nicht nur den wirtschaftlichen, sondern auch den menschlichen Fortschritt gewährleistet; dann bleiben auch nach Abschluß der Hilfeleistung die entstandenen menschlichen Beziehungen bestehen. Und wer sähe nicht, welche Bedeutung dies für den Frieden der Welt hat?

74. Viele junge Menschen haben bereits mit Feuereifer auf den Anruf Pius' XII. für die laienmissionarische Bewegung geantwortet[60]. Zahlreich sind auch jene, die sich freiwillig den öffentlichen und privaten Organisationen zur Arbeit in den Entwicklungsländern zur Verfügung gestellt haben. Wir freuen Uns zu hören, daß in manchen Nationen der Militärdienst durch einen Sozialdienst oder überhaupt durch irgendeinen sonstigen Dienst wenigstens teilweise ersetzt werden kann. Wir segnen diese Initiativen und die Menschen voll guten Willens, die sie verwirklichen. Möchten doch alle, die sich zu Christus bekennen, sei-

nen Ruf hören: „Ich war hungrig, ihr habt mich gespeist; ich war durstig, ihr habt mich getränkt; ich war Fremdling, ihr habt mich beherbergt; ich war nackt, ihr habt mich bekleidet; ich war krank, ihr habt mich besucht; ich war im Gefängnis, ihr seid zu mir gekommen[61]." Niemand darf dem Los seiner Brüder gleichgültig gegenüberstehen, die in Elend versunken, der Unwissenheit ausgeliefert, Opfer der Unsicherheit sind. Wie das Herz Christi, muß auch das Herz der Christen mit dem Elend mitempfinden: „Mich erbarmt des Volkes[62]."

75. Möchten doch alle Gott, den allmächtigen Vater, bitten, daß sich die Menschheit in Erkenntnis der großen Übel mit Intelligenz und Mut daran mache, sie aus der Welt zu schaffen. Diesem Gebetseifer aller muß die Entschlossenheit eines jeden entsprechen, sich nach dem Maß seiner Kräfte und Möglichkeiten im Kampf gegen die Unterentwicklung einzusetzen. Möchten sich doch alle Menschen, die sozialen Gruppen und die Völker, brüderlich die Hand reichen, die Starken den Schwachen zum Fortschritt verhelfen, indem sie ihre ganze Einsicht, ihre Tatkraft, ihre selbstlose Liebe einsetzen. Mehr als irgend jemand, ist der wahre Liebende erfinderisch im Entdecken der Ursachen des Elends, im Finden der Mittel, es zu bekämpfen und zu besiegen. Der Friedensstifter „geht gerade seinen Weg, entzündet die Freude und verbreitet Licht und Gnade in den Herzen der Menschen auf der ganzen Welt, und lehrt sie über alle Grenzen hinweg das Antlitz von Brüdern, das Antlitz von Freunden, entdecken[63]".

Entwicklung, der neue Name für Friede

76. Die zwischen den Völkern bestehenden übergroßen Unterschiede der wirtschaftlichen und sozialen Verhältnisse, wie auch der Lehrmeinungen, sind dazu angetan, Eifersucht und Uneinigkeiten hervorzurufen und gefährden so immer wieder den Frieden. Nach der Rückkehr von Unserer Friedensreise zur UNO haben Wir vor den Konzilsvätern gesagt: „Die Daseinsbedingungen der Entwicklungsländer verdienen unsere gespannte Aufmerksamkeit, deutlicher gesagt: unsere Liebe zu den Armen in dieser Welt – und es sind unzählige Scharen – muß hellhöriger, aktiver, hochherziger werden[64]." Das Elend bekämpfen und der Ungerechtigkeit entgegentreten heißt nicht nur die äußeren Lebensverhältnisse bessern, sondern auch am geisti-

gen und sittlichen Fortschritt aller arbeiten und damit zum Nutzen der
Menschheit beitragen. Der Friede besteht nicht einfach im Schweigen
der Waffen, nicht einfach im immer schwankenden Gleichgewicht der
Kräfte. Er muß Tag für Tag aufgebaut werden mit dem Ziel einer von
Gott gewollten Ordnung, die eine vollkommenere Gerechtigkeit unter
den Menschen herbeiführt[65].

77. Weil die Völker die Baumeister ihres eigenen Fortschritts sind,
müssen sie selbst auch an erster Stelle die Last und Verantwortung dafür tragen. Aber sie werden es nicht schaffen, wenn sie gegenseitig isoliert bleiben. Regionale Übereinkünfte unter den schwachen Völkern
zu gegenseitiger Unterstützung, umfassende Hilfeleistungsabma-
chungen und noch gewichtigere Zusammenschlüsse und gemeinsame
Vorhaben sind sozusagen Meilensteine auf dem Weg zur Entwicklung,
der auch zum Frieden führt.

78. Diese internationale Zusammenarbeit auf Weltebene braucht Institutionen, die sie vorbereiten, aufeinander abstimmen, leiten, bis
eine Rechtsordnung geschaffen wird, die allgemein anerkannt ist. Von
ganzem Herzen ermutigen Wir die Organisationen, die bisher schon
das Werk der kulturellen Entwicklung der Völker in die Hand genommen haben, und Wir wünschen, daß ihre Autorität wachse. „Ihre
Aufgabe ist es", so sagten Wir vor den Vertretern der Vereinten Nationen in New York, „nicht einige, sondern alle Völker einander brüderlich näherzubringen . . . Wer sieht nicht die Notwendigkeit ein,
allmählich zur Errichtung einer die Welt umfassenden Autorität zu
kommen, die imstande ist, auf der rechtlichen wie auf der politischen
Ebene wirksam zu handeln?[66]"

79. Manche mögen solche Hoffnungen für utopisch halten. Es könnte
aber sein, daß sich ihr Realismus als irrig erweist, daß sie die Dynamik
einer Welt nicht erkannt haben, die brüderlicher leben will, die sich
trotz ihrer Unwissenheit, ihrer Irrtümer, ihrer Fehler, ihrer Rückfälle
in die Barbarei, ihres Abschweifens vom Weg des Heils, langsam, ohne
sich darüber klar zu sein, ihrem Schöpfer nähert. Dieser Weg zu einer
größeren Menschlichkeit verlangt Anstrengungen und Opfer. Aber
auch die Widrigkeiten, angenommen aus Liebe zu unseren Brüdern,
tragen bei zum Fortschritt der gesamten Menschheitsfamilie. Die

Christen wissen sehr wohl, wieviel ihre Vereinigung mit dem Sühnopfer des göttlichen Erlösers beiträgt zur Erbauung des Leibes Christi, damit er nämlich seine Fülle erlangt in der Vereinigung des Volkes Gottes[67].

80. Auf diesem Weg müssen wir alle solidarisch sein. Darum halten Wir es für unsere Pflicht, allen die gewaltige Bedeutung dieses Anliegens und die dringende Notwendigkeit der Aufgabe vor Augen zu stellen. Jetzt schlägt die Stunde der Tat: das Leben so vieler unschuldiger Kinder, der Aufstieg so vieler unglücklicher Familien zu einem menschlichen Leben, der Friede der Welt, die Zukunft der Kultur, stehen auf dem Spiel. Alle Menschen, alle Völker haben ihre Verantwortung zu übernehmen.

Schlußmahnung

81. Wir richten diesen Aufruf in erster Linie an Unsere Söhne. Denn auch in den Entwicklungsländern, genau so wie in den andern, müssen die Laien es als ihre Aufgabe erkennen, die irdischen Dinge in eine bessere Ordnung zu bringen. Wenn es die Aufgabe der Hierarchie ist, die für diesen Bereich geltenden sittlichen Grundsätze zu lehren und verbindlich zu interpretieren, dann ist es die Aufgabe der Laien, in freier Initiative und ohne erst träge Weisungen und Direktiven von anderer Seite abzuwarten, das Denken und die Sitten, die Gesetze und die Lebensordnungen ihrer Gemeinschaft mit christlichem Geist zu durchdringen[68]. Wandlungen sind notwendig, tiefgreifende Reformen der gegenwärtigen Lebensverhältnisse unumgänglich. Die sich damit befassen, müssen vor allem sich bemühen, die Reformen mit dem Geist des Evangeliums zu durchdringen. Besonders die Katholiken in den wohlhabenden Ländern bitten Wir, ihre Kenntnis und wirksame Hilfe den öffentlichen und privaten, den staatlichen und kirchlichen Organisationen zur Überwindung der Notlagen in den Entwicklungsländern zur Verfügung zu stellen. Es wird ihnen sicher ein Herzensanliegen sein, in der vordersten Linie derer zu stehen, die sich unablässig darum bemühen, daß wirklich bei allen Völkern die sittlichen Grundsätze der Gerechtigkeit und Billigkeit herrschen.

82. Weiter sind Wir sicher, daß alle, die sich als Christen bekennen und deshalb Unsere Brüder sind, ihre gemeinsame Anstrengung ver-

doppeln, um den Menschen zu helfen, über den Egoismus, den Stolz, die Rivalitäten und Streitigkeiten zu triumphieren. Ehrsucht und Ungerechtigkeiten zu überwinden, um allen den Weg zu einem menschlicheren Leben zu öffnen, wo jeder als Bruder von Brüdern geliebt und ihm geholfen wird. Ebenso sind Wir noch tief bewegt von der unvergeßlichen Begegnung, die Wir mit Männern aus verschiedenen nichtchristlichen Religionsgemeinschaften in Bombay hatten; auch diese Unsere Brüder laden Wir ein, mit ihrem Herzen und ihrer Intelligenz mitzuarbeiten, damit alle Menschenkinder ein der Kinder Gottes würdiges Leben führen können.

83. Schließlich wenden Wir Uns an alle Menschen guten Willens, die sich dessen bewußt sind, daß der Weg zum Frieden nur über den Fortschritt der Zivilisation und das Wachstum der verfügbaren Mittel führt. Delegierte bei den internationalen Organisationen, Staatsmänner, Publizisten, Erzieher und Lehrer, jeder an seinem Platz. Wir möchten euch darauf aufmerksam machen, ihr alle seid die Baumeister einer neuen Welt! Wir bitten den allmächtigen Gott, euren Verstand zu erleuchten, euren Mut zu stärken, um die öffentliche Meinung zu alarmieren und die Völker mitzureißen zur Mitarbeit an der Lösung dieser schwierigen Fragen. Erzieher, an euch ist's, schon in den Kindern die Liebe zu den notleidenden Völkern zu wecken! Publizisten, ihr müßt uns die Augen öffnen für das, was unternommen wird, um die gegenseitige Hilfe unter den Völkern in Gang zu bringen, aber auch für das bejammernswerte Bild des Elends, vor dem die Menschen nur zu leicht den Blick abwenden, um in ihrer Ruhe nicht gestört zu werden! Die Reichen sollen wenigstens wissen, daß die Armen vor ihrer Tür stehen und auf die Brosamen von ihren Tischen warten.

84. Staatsmänner, ihr habt die Pflicht, eure Völker zu einer wirksameren weltweiten Solidarität zu mobilisieren, sie davon zu überzeugen, daß Abstriche an verschwenderischen Ausgaben notwendig sind zugunsten der Entwicklungshilfe und zur Sicherung des Friedens! Delegierte der internationalen Organisationen, ihr vermögt viel, um an die Stelle der gefährlichen und unfruchtbaren militärischen Blockbildungen eine freundschaftliche, friedliche, selbstlose Zusammenarbeit zu einer solidarischen Entwicklung der Menschheit zu setzen, die allen Menschen Gelegenheit zu reicherer Entfaltung bietet!

85. Da die Menschen – wie man gestehen muß – oft genug nur deshalb verkehrt handeln, weil sie diese Dinge nicht genug bedenken, deshalb rufen Wir alle besonnenen und weisen Menschen auf, Katholiken, Christen, jene, die Gott verehren, jene, die nach der höchsten Wahrheit und der Gerechtigkeit verlangen: alle Menschen guten Willens. Mit den Worten Christi bitten Wir sie inständig: „Suchet und ihr werdet finden[69]", erschließt den Menschen die Wege zu gegenseitiger Hilfe, zu vertieftem Wissen, zu einem weiten Herzen, zu einem brüderlichen Leben in der einen, wahrhaft universalen Gemeinschaft der Menschen.

86. Ihr alle, die ihr den Ruf der notleidenden Völker gehört habt, ihr alle, die ihr euch müht, darauf zu antworten, euch alle betrachten Wir als Apostel einer wahren und gesunden Entwicklung. Diese besteht nicht in egoistischem und um seiner selbst willen erstrebtem Reichtum, sondern in einer Wirtschaftsgestaltung im Dienst des Menschen, im täglichen Brot für alle. Da liegt die Quelle der Brüderlichkeit, hier wird die Hilfe der Fürsorge Gottes sichtbar dargestellt.

87. Von ganzem Herzen segnen Wir euch, und Wir rufen alle Menschen guten Willens auf, sich mit euch brüderlich zu verbinden. Denn wenn heute niemand mehr bezweifeln kann, daß Entwicklung gleichbedeutend ist mit Frieden, wer wollte dann nicht mit ganzer Kraft an dieser Entwicklung mitarbeiten? Gewiß niemand. Darum laden Wir alle ein, auf Unsern Ruf der Sorge eine hochherzige und mutvolle Antwort zu geben im Namen des Herrn.

Gegeben zu Rom bei St. Peter am Osterfest, dem 26. März 1967, im vierten Jahre Unseres Pontifikates.

Paulus PP VI.

Belegstellen

[1] Vgl. Acta Leonis XIII., t. XI (1892) 97–148.

[2] Vgl. AAS 23 (1931) 177–228.

[3] Vgl. besonders: Rundfunkbotschaft vom 1. Juni 1941 zum 50jährigen Jubiläum von Rerum novarum: AAS 33 (1941) 195–205; Weihnachtsbotschaft 1942: AAS 35 (1943) 9–24; Ansprache an die katholische Arbeiterbewegung Italiens anläßlich der jährlichen Gedenkfeier von Rerum novarum am 14. Mai 1953: AAS 45 (1953) 402–408.

[4] Vgl. AAS 53 (1961) 401–464.

[5] Vgl. AAS 55 (1963) 257–304.

[6] Vgl. Enzyklika Mater et Magistra, 15. Mai 1961: AAS 53 (1961) 440.

[7] Gaudium et spes Nr. 63–72: AAS 58 (1966) 1084–1094.

[8] Motu Proprio Catholicam Ecclesiam, 6. Januar 1967: AAS 59 (1967) 27.

[9] Enzyklika Rerum novarum, 15. Mai 1891: Acta Leonis XIII., t. XI (1892) 98.

[10] Gaudium et spes Nr. 63, § 3.

[11] Vgl. Lk 7, 22.

[12] Gaudium et spes Nr. 3, § 2.

[13] Vgl. Enzyklika Immortale Dei, 1. November 1885: Acta Leonis XIII., t. V. (1885) 127.

[14] Gaudium et spes Nr. 4, § 1.

[15] L.-J. Lebret OP, Dynamique concrète du développement (Economie et Humanisme) (Paris 1961), Les Editions Ouvrières, 28.

[16] 2 Thess 3, 10.

[17] Vgl. J. Maritain, Les conditions spirituelles du progrès et de la paix, in: Rencontres des cultures à l'UNESCO sous le signe du Concile oecuménique Vatican II (Paris 1966) Mame 66.

[18] Vgl. Mt 5, 3.

[19] Gn 1, 28.

[20] Gaudium et spes Nr. 69, § 1.

[21] 1 Jo 3, 17.

[22] De Nabuthe (Über Naboth) c. 12, n. 53 PL 14, 747 – vgl. R. Palanque, Saint Ambroise et l'empire romain (Paris 1953) de Broccard, 336 ff.

[23] Brief an die Semaine sociale zu Brest, in: L'homme et la révolution urbaine (Lyon 1965) Chronique sociale, 8 f.

[24] Gaudium et spes Nr. 71, § 6.

[25] Vgl. ebd. Nr. 65, § 3.

[26] Enzyklika Quadragesimo anno, 15 Mai 1931: AAS 23 (1931) 212.

[27] Vgl. z. B. Colin Clark, The conditions of economic progress (London³ 1960) Macmillan & Co. (New York) St. Martin's Press, 3–6.

[28] Brief an die Semaine sociale von Lyon, in: Le travail et les travailleurs dans la société contemporaine (Lyon 1965) Chronique sociale, 6.

[29] Vgl. z. B. M.-D. Chenu OP, Pour une théologie du travail (Paris 1955) Editions du Seuil.

[30] Mater et Magistra: AAS (1961) 423.

[31] Vgl. z. B. Oswald von Nell-Breuning SJ, Wirtschaft und Gesellschaft Bd. 1 Grundfragen (Freiburg 1956 – Herder), 183–184.

[32] Eph 4, 13.

[33] Vgl. z. B. Mgr. M. Larrain Errazuriz, Bischof von Talca (Chile), Präsident der CELAM, Hirtenschreiben über die Entwicklung und den Frieden (Paris 1965) Pax Christi.

[34] Gaudium et spes Nr. 25, § 4.

[35] Mater et Magistra: AAS 53 (1961) 414.

[36] L'Osservatore Romano, 11. September 1965.

[37] Vgl. Mt 19, 6.

[38] Gaudium et spes Nr. 52, § 2.

[39] Vgl. ebd. Nr. 50–51 (mit Fußnote 14), Nr. 87, § 2 und 3.

[40] Ebd. Nr. 15, § 3.

[41] Mt 16, 26.

[42] Gaudium et spes Nr. 57, § 4.

[43] Ebd. Nr. 19, § 2.

[44] Vgl. z. B. J. Maritain, L'humanisme intégral (Paris 1936) Aubier.

[45] H. de Lubac SJ, Le drame de l'humanisme athée (Paris 1945) Spes, 10.

[46] Pensées, ed. Brunschvieg Nr. 434 – Vgl. M. Zundel, L'homme passe l'homme (Kairo 1944) Editions du lien.

[47] Ansprache an die Vertreter der nichtchristlichen Religionsgemeinschaften, 3. Dezember 1964: AAS 57 (1965) 132.

[48] Jak 2, 15 f.

[49] Vgl. Mater et Magistra: AAS 53 (1961) 440.

[50] Vgl. AAS 56 (1964) 57–58.

[51] Vgl. Encicliche e Discorsi di Paolo VI (Rom 1966) ed. Paoline, t. IX., 132–136.

[52] Vgl. Lk 16, 19–31.

[53] Gaudium et spes Nr. 86, § 3.

[54] Lk 12, 20.

[55] Botschaft an die Journalisten in Begleitung des Hl. Vaters auf der Reise nach Bombay, 4. Dezember 1964: AAS 57 (1965) 135.

[56] Vgl. AAS 56 (1964) 639 f.

[57] Vgl. Acta Leonis XIII. t. XI (1892) 131.

[58] Vgl. ebd. 98.

[59] Gaudium et spes Nr. 58, § 2.

[60] Enzyklika Fidei Donum, 21. April 1957: AAS 49 (1957) 246.

[61] Mt 25, 35–36.

[62] Mk 8, 2.

[63] Ansprache Johannes' XXIII. anläßlich der Überreichung des Balzanpreises, 10. Mai 1963: AAS 55 (1963) 455.

[64] AAS 57 (1965) 896.

[65] Vgl. Enzyklika Pacem in terris, 11. Apr. 1963: AAS 55 (1963) 301.

[66] AAS 57 (1965) 880.
[67] Vgl. Eph 4, 12; Lumen gentium Nr. 13.
[68] Vgl. Apostolicam actuositatem Nr. 7, 13–24.
[69] Lk 11, 9.

Ansprache vor der
Internationalen Arbeitsorganisation
(Paul VI., 1969)

Ansprache seiner Heiligkeit Papst Paul VI.
an die Hauptversammlung der
Internationalen Arbeitsorganisation
(Genf, 10. Juni 1969)

Hochgeehrter Herr Präsident,
Sehr verehrter Herr Generaldirektor,
Sehr geehrte Damen und Herren!

Einleitung

1. Es ist Uns eine Ehre und Freude, offiziell an dieser Versammlung teilzunehmen, an dieser Feier, mit der die Internationale Arbeitsorganisation den 50. Jahrestag ihrer Gründung begeht. Warum sind Wir hier? Wir gehören nicht dieser Internationalen Organisation an. Wir fühlen Uns nicht für die speziellen Aufgaben zuständig, die hier ihr Forschungszentrum und ihre Arbeitsstätte haben. Mit Unserer geistlichen Sendung haben Wir nicht die Absicht als Außenstehender in das Aufgabengebiet der Organisation einzugreifen. Wir sind vielmehr hier, sehr verehrter Herr Direktor, um Ihrer an Uns ergangenen liebenswürdigen Einladung zu entsprechen. Wir freuen Uns, Ihnen hierfür öffentlich danken zu können und Ihnen zu versichern, wie sehr Wir dieses freundliche Entgegenkommen schätzen, welche Wichtigkeit Wir ihm beimessen und welch hohe Bedeutung Wir darin sehen.

I. Niemals unbeteiligt an der Sache der Arbeit – sondern Freund

2. Wir sind nicht speziell zuständig in der Erörterung der technischen Fragen über den Schutz und die Förderung der menschlichen Arbeit. Wir haben Uns aber niemals unbeteiligt an der Sache der Arbeit gefühlt. Auf sie gründet sich Ihre Existenz. Ihr schenken Sie Ihre ganze Kraft.

Die Hl. Schrift und die menschliche Arbeit

3. Die erste Seite der Hl. Schrift, deren Bote Wir sind, berichtet uns von der Schöpfung als dem Auftrag des Schöpfergottes zur Arbeit[1]. Die Schöpfung ist dem gestaltenden Schaffen des Geschöpfes überantwortet. Das Bemühen des menschlichen Verstandes muß ihr eine neue Werthaftigkeit geben, ihr sozusagen menschliche Züge aufprägen und sie in den Dienst des Menschen stellen[2]. So ist die Arbeit nach dem Plan Gottes die selbstverständliche Aufgabe des Menschen[3] und die Freude an ihren Früchten und deren Nutznießung ein Gottesgeschenk[4], da jedem ganz selbstverständlich nach seinen Werken vergolten wird[5].

Christus und die Würde der Arbeit

4. Auf allen diesen Seiten der Hl. Schrift erscheint die Arbeit als etwas mit dem Menschsein Gegebenes, und zwar derart, daß der Sohn Gottes, da er einer von uns wurde, auch zugleich Arbeiter geworden ist. Man hat ihn ganz selbstverständlich in seiner Umgebung mit dem Beruf seiner Familie bezeichnet: Jesus war bekannt als „der Sohn des Zimmermanns". Dadurch erlangt die menschliche Arbeit die höchste Ehrenurkunde, die man sich vorstellen kann. Sie haben dieser Urkunde einen Ehrenplatz am Sitz Ihrer Organisation einräumen wollen durch das eindrucksvolle Fresko von Maurice Denis, das die Würde der Arbeit darstellt. Christus kündet hier den Arbeitern, die ihn umgeben, die Frohe Botschaft: auch sie sind Kinder Gottes und alle Brüder.

Die Vorkämpfer für die soziale Gerechtigkeit

5. Es ist zwar nicht Unsere Aufgabe, jene geschichtlichen Augenblicke zu beschwören, in denen Ihre Organisation entstanden ist und sich behauptet hat, Wir können aber in diesem gastlichen Land nicht einfach stillschweigend das Werk solcher Vorkämpfer wie des Herrn Mermillod und der Union von Fribourg übergehen. Wir können nicht schweigen von dem bewundernswerten Beispiel des protestantischen Industriellen Daniel le Grand und der segensreichen Initiative des Katholiken Gaspard Decurtins. Gerade sie ist der erste Baustein zu einer

internationalen Konferenz über die Arbeit. Wie könnten Wir aber auch nicht unerwähnt lassen, sehr geehrte Herren, was das Herzensanliegen Ihres ersten Direktors war: Zum 40. Jahrestag der Enzyklika Leo XIII. über die Arbeiterfrage wollte er „den unermüdlichen Kämpfern für die soziale Gerechtigkeit, u. a. denen, die sich auf die Enzyklika Rerum Novarum berufen"[6], Ehre erweisen. Bei der Bilanz über „Zehn Jahre der Internationalen Arbeitsorganisation" zögerten die Funktionäre des Internationalen Arbeitsamtes nicht anzuerkennen: „Die große Bewegung, die durch die Enzyklika Rerum Novarum von der katholischen Kirche ausgegangen ist, hat ihre Fruchtbarkeit unter Beweis gestellt"[7].

Von Rerum Novarum zu Populorum Progressio

6. Das warme Interesse der Kirche für Ihre Organisation wie für die Belange der Arbeit zeigte sich fortan immer wieder neu vor allem in der Enzyklika Quadragesimo Anno Pius XI[8], in der Ansprache Pius XII. an den Verwaltungsrat des Internationalen Arbeitsamtes[9] und in der Enzyklika Mater et Magistra Johannes XXIII. Dieser bringt seine „von Herzen kommende Wertschätzung gegenüber der IAO" zum Ausdruck „wegen ihres tatkräftigen und wertvollen Beitrages zum Aufbau einer wirtschaftlichen und sozialen Ordnung in der Welt, die von Gerechtigkeit und Humanität geprägt ist, in der die berechtigten Forderungen der Arbeiterschaft sich Geltung verschaffen können"[10]. Wir selbst hatten die Freude, zum Abschluß des Zweiten Vatikanischen Konzils die Pastoralkonstitution Gaudium et Spes zu promulgieren. Sie ist das Ergebnis der Arbeit der Bischöfe der ganzen Welt. Die Kirche bekräftigt darin den Wert „des gewaltigen Bemühens des persönlichen und gemeinsamen menschlichen Schaffens", ebenso wie den Vorrang der menschlichen Arbeit vor den „übrigen Faktoren des Wirtschaftslebens, die nur werkzeuglicher Art sind", mit allen unverjährbaren Rechten und allen Pflichten, die ein solches Prinzip fordert[11]. Unser Rundschreiben Popularum Progressio endlich setzt sich für die Tatsache ein, daß die „soziale Frage weltweit geworden ist", mit den Folgerungen, die sich daraus für eine vollständige Entwicklung der Völker auf gemeinsamer Basis ergeben. Diese Entwicklung ist „der neue Name für Friede"[12].

Beobachter und Freund der IAO und der übrigen Organisationen in Genf

7. Wir möchten Ihnen versichern: Wir sind ein aufmerksamer Beobachter der Arbeit, die Sie hier vollbringen, ja mehr noch, ein begeisterter Bewunderer der Tätigkeit, die Sie entfalten. Zudem sind Wir, Ihr Mitarbeiter, freudig bewegt über die Einladung, mit Ihnen das Bestehen, die Aufgaben, die Leistungen und Verdienste Ihrer weltweiten Organisation zu feiern, und zwar als Ihr Freund. Bei dieser festlichen Gelegenheit möchten Wir nicht die übrigen internationalen Organisationen in Genf unerwähnt lassen, wie das Rote Kreuz und alle verdienten wie lobenswerten Verbände, an die Wir gleichermaßen verehrungsvolle Grüße und herzliche Wünsche richten möchten.

Zeiten mutiger Bewährung für ein hohes Ideal

8. Für Uns, die Wir einer Institution angehören, die seit 2000 Jahren den Wandel der Zeit überdauert hat, sind die 50 Jahre ununterbrochenen Bestehens der Internationalen Arbeitsorganisation Anlaß fruchtbarer Überlegungen. Jeder weiß, daß eine solche Dauer ein geradezu einmaliges Ereignis in der Geschichte unseres Jahrhunderts ist. Die verhängnisvolle Unsicherheit alles Menschlichen – durch das Tempo der modernen Zivilisation tritt diese Unsicherheit noch offenkundiger zu Tage und erscheint noch aufreibender – hat Ihre Organisation nicht erschüttert. Ihrem Ideal möchten Wir Ehre erweisen: „Ein allgemeiner dauerhafter Friede auf der Grundlage der sozialen Gerechtigkeit"[13]. Ihre Kraftprobe bestand diese Idee durch die Tatsache der Auflösung des Völkerbundes, an den sie angegliedert war, und durch die Tatsache der Gründung der Vereinigten Nationen in einem anderen Kontinent. Weit entfernt davon die Grundlagen Ihrer Existenz aufzugeben, benützte Ihre Organisation die Gelegenheit, durch die berühmte Erklärung von Philadelphia vor 25 Jahren, diese Grundlagen zu bekräftigen und näherhin zu bestimmen, um sie so fest in der Wirklichkeit des gesellschaftlichen Fortschrittes zu verankern: „Alle Menschen, ganz gleich welcher Rasse, welchen Glaubensbekenntnisses oder welchen Geschlechtes sie sind, haben das Recht, sich für ihren materiellen Fortschritt und ihre geistige Entwicklung in Freiheit und Würde, in wirtschaftlicher Sicherheit und bei gleichen Aussichten einzusetzen"[14].

Ehrung der Persönlichkeiten und ihres Werkes

9. Von ganzem Herzen freuen wir Uns über die Lebenskraft Ihrer 50jährigen und doch immer jungen Organisation seit ihrem Entstehen im Jahre 1919 durch den Friedensvertrag von Versailles. Wer spricht schon von der Arbeit, von den Mühen, von den durchwachten Nächten, die so mutige und segensreiche Entscheidungen für alle arbeitenden Menschen wie auch für das Leben der ganzen Menschheit hervorgebracht haben. Wer spricht schon von den Männern, die nicht ohne eigenes Verdienst dieser Organisation ihre Tätigkeit und ihr Talent zur Verfügung gestellt haben. Wir dürfen es keinesfalls versäumen, aus ihren Reihen namentlich den ersten Direktor Albert Thomas und seinen derzeitigen Nachfolger David Morse zu erwähnen. Wir können nicht stillschweigend die Tatsache übergehen, daß sich auf ihren Wunsch hin schon kurze Zeit nach der Gründung inmitten jener Männer, die die Väter dieser hervorragenden Organisation sind, die sie aufgebaut, erhalten und ihr gedient haben, stets ein Priester befand. Wir sind von tiefer Dankbarkeit für alle geleistete Arbeit erfüllt und wünschen, daß die Organisation ihre so vielschichtige, schwierige und doch wahrhaft providentielle Sendung zum höchsten Wohl der modernen Gesellschaft glücklich weiterführe.

II. Die IAO im Dienste des arbeitenden Menschen

10. Besser unterrichtete Kreise als Wir es sind, mögen darlegen, welche Fülle an Aufgaben die Internationale Arbeitsorganisation in den 50 Jahren ihres Bestehens verwirklicht hat und welche Ergebnisse ihre 128 Konventionen und 132 Empfehlungen zeitigten.

Die moderne und christliche Grundidee: der Vorrang des Menschen

11. Wie könnten Wir nicht diese grundlegende Tatsache von höchster Wichtigkeit gebührend herausstellen, welche diese eindrucksvolle Dokumentation kundtut. Hier – dies ist eine entscheidende Tatsache in der Geschichte der Zivilisation – hier wird der Arbeit des Menschen ein grundsätzliches Interesse entgegengebracht. Wie man weiß, war dies keineswegs immer so in der nun schon langen Geschichte der

Menschheit. Man bedenke die antike Auffassung von der Arbeit[15], den Verruf, in den sie geraten war, die Sklaverei, diese entsetzliche Plage, die durch sie verursacht wurde. Man muß leider zugeben, daß sie noch nicht ganz von der Erde verschwunden ist. Die moderne Auffassung, deren Verfechter und Künder Sie sind, ist eine ganz andere. Sie wurzelt in einem grundlegenden Prinzip, das das Christentum seinerseits besonders herausgestellt hat: bei der Arbeit steht der Mensch an erster Stelle. Mag er Künstler oder Handwerker sein, Unternehmer, Arbeiter oder Bauer, mag er Handarbeit verrichten oder geistig tätig sein, es ist immer der Mensch, der arbeitet, und es ist immer der Mensch, für den er arbeitet. Damit hat es aber ein Ende mit dem Vorrang der Arbeit vor dem Arbeiter, mit der Überlegenheit der technischen und wirtschaftlichen Erfordernisse über die menschlichen Bedürfnisse. Niemals mehr die Arbeit über den Arbeiter, niemals mehr die Arbeit gegen den Arbeiter, jedoch stets die Arbeit für den Arbeiter, die Arbeit im Dienste des Menschen, jedes Menschen und des ganzen Menschen.

Ein Blick auf die Technik

12. Wie kann der Beobachter nicht davon beeindruckt sein, wenn er sieht, daß diese Auffassung sich in einem Augenblick herausbildete, der theoretisch günstig dafür war, den Vorrang des menschlichen Faktors vor dem Arbeitsprodukt zu betonen. Es war der Augenblick, wo die Maschine fortschreitenden Einlaß fand. Sie vervielfacht die Arbeit bis zum Übermaß und hat dabei die Tendenz, sie überhaupt abzulösen. Bei einer abstrakten Betrachtung der Dinge wäre die Arbeit, die nunmehr durch die Maschine und ihre Energien verrichtet wird, welche nicht mehr aus den Armen des Menschen, sondern von furchterregenden geheimen Kräften der gebändigten Natur gespeist werden, im Werturteil der modernen Zeit derart vorzuziehen, daß der Arbeiter in Vergessenheit geraten würde. Er wäre dann oftmals befreit von der entnervenden und demütigenden Last einer physischen Anstrengung, die im Mißverhältnis zum allzu spärlichen Ertrag seiner Arbeit steht. Nun ist es aber so. Auch in der Stunde des Triumphes der Technik und ihrer ungeheuren Auswirkungen auf die Produktionswirtschaft lenkt der Mensch die Beachtung des Philosophen, des Soziologen und des Politikers auf sich. Denn es gibt schließlich keinen anderen wahren

Reichtum als den Menschen. Nunmehr ist es klar, daß die Eingliederung der Technik in den Arbeitsprozeß des Menschen sich zum Nachteil des Menschen auswirkt, wenn er sie nicht ständig meistert und
nicht Herr ihrer Entwicklung bleibt. Wenn es „gilt, mit vollem Recht
den unersetzbaren Beitrag der Arbeitsorganisation und des industriellen Fortschrittes zu den Entwicklungsaufgaben anzuerkennen"[16], wissen Sie besser als jeder andere um die schlimmen Auswirkungen dessen, was man in der heutigen Industrie als Zerlegung der Arbeit in
Takte bezeichnet[17]. Anstatt dem Menschen zu helfen, mehr Mensch
zu werden, entmenscht sie ihn. Anstatt ihn zu entfalten, erstickt sie ihn
unter der Decke drückender Langeweile. Die Arbeit bleibt doppel-
wertig, und der Arbeitsprozeß läuft Gefahr, den Arbeiter zu entper-
sönlichen, bis er schließlich Sklave der Arbeit geworden ist, ihr seine
geistigen Fähigkeiten und seine Freiheit opfert, um dann ganz seine
Würde einzubüßen[18]. Wem ist nicht bekannt, daß die Arbeit eine
Quelle wunderbarer Früchte sein kann, wenn sie wirklich schöpferisch
ist; daß sie aber auch hineingezogen in den Strudel der Willkür, der
Ungerechtigkeit, der Habsucht und Gewalt zu einer wahren sozialen
Plage ausarten kann, wovon die Arbeitslager Zeugnis geben, die Institutionen angehörten, die die Schande der zivilisierten Welt gewesen
sind.

Die segensreiche Aufgabe der IAO

13. Wer möchte schon von dem manchmal geradezu schrecklichen
Drama des modernen Arbeiters sprechen. Er ist ein Opfer seiner doppelten Bestimmung, ein großartiger Schöpfer und allzu oft dem unerträglichen Elend eines erbarmungswürdigen Proletariates preisgege-
ben zu sein, wo sich der Mangel an täglichem Brot mit sozialer Erniedrigung verbindet und einen Zustand offensichtlicher persönlicher und
familiärer Unsicherheit schafft. Sie, sehr geehrte Herren, haben dies
begriffen. Die Arbeit ist als Tun des Menschen von erstrangiger und
grundlegender Bedeutung. In ihr wurzelt die Lebenskraft Ihrer Organisation. Dies ist in der Tat ein herrlicher Baum, ein Baum, der seine
Zweige kraft seines internationalen Charakters über die ganze Welt
ausdehnt, ein Baum, der unserer Zeit zur Ehre gereicht, ein Baum
endlich, dessen immer keimende Wurzel zu fortgesetzter organischer
Tätigkeit antreibt. Dieselbe Wurzel hindert Sie daran, eigenen Inter-

essen nachzugehen, sie stellt Sie vielmehr ganz in den Dienst des Gemeinwohls. Sie ist die Grundlage des Ihnen eigenen genialen Schaffens und der Früchte dieses Schaffens: nämlich die ständige und allseitige Intervention zur Beilegung der Arbeitskonflikte, die eventuelle Durchführung vorbeugender Maßnahmen, die spontane Hilfeleistung bei Unfällen, die Ausarbeitung neuer Schutzmaßnahmen gegen künftige Gefahren, die Verbesserung der Lage des Arbeiters und der Beachtung eines objektiven Gleichgewichtes der tatsächlichen wirtschaftlichen Gegebenheiten, der Kampf gegen jede Form von Trennung, die Minderwertigkeitsgefühle hervorrufen kann, aus welchem Grund sie auch immer geschehen mag – ob Sklaverei, Kastenwesen, Rasse, Religion und Klasse – mit einem Wort, die Verteidigung der Freiheit des Arbeiters gegenüber allem und gegen alle, und der ständige Einsatz für die Idee der Brüderlichkeit aller Menschen, die alle gleich sind an Würde.

Die Sendung der IAO: der Fortschritt des sittlichen Bewußtseins der Menschheit

14. Dazu sind Sie berufen. Ihre Tätigkeit darf weder durch die Aussichtslosigkeit eines unversöhnlichen Kampfes zwischen Arbeitgebern und Arbeitnehmern noch durch die Parteilichkeit bei der Wahrnehmung ihrer Interessen und Aufgaben zum Stillstand kommen. Sie ist im Gegenteil eine frei organisierte und sozial geordnete organische Teilnahme an der Verantwortung für die Arbeit und an ihrem Nutzen. Ein einziges Ziel: weder Geld noch Macht, sondern das Wohl des Menschen. Mehr als jede wirtschaftliche und besser als jede politische Einstellung ist die moralische und menschliche Einstellung, die Sie, sehr geehrte Herren, leitet: der Aufbau der sozialen Gerechtigkeit Tag für Tag, in Freiheit und gemeinsamem Einvernehmen. Sie sehen immer besser die Erfordernisse des Wohles des arbeitenden Menschen. Nach und nach bringen Sie diese zum Bewußtsein der anderen und machen sie sich zum Leitbild. Mehr noch, Sie übersetzen sie gleichsam in neue Richtlinien für das soziale Verhalten, die wie rechtliche Normen verpflichten. Damit sichern Sie den kontinuierlichen Übergang von der ideellen Ordnung der Prinzipien zur rechtlichen Ordnung, d. h. zum positiven Rechtsbereich. Mit einem Wort, Sie frischen allmählich das moralische Bewußtsein der Menschheit auf und führen es

zum Fortschritt. Sicherlich eine schwierige und heikle, aber doch hohe und notwendige Aufgabe, die alle wahren Freunde des Menschen zur Mitarbeit aufruft. Wie könnten Wir ihr Unsere Gefolgschaft und Unsere Unterstützung vorenthalten!

Arbeitsmittel und Arbeitsmethode der IAO: Zusammenarbeit der drei sozialen Kräfte

15. Auf Ihrem Weg fehlt es nicht an Hindernissen, die es zu beseitigen gilt, noch an Schwierigkeiten, die überwunden werden müssen. Doch Sie haben dies vorausgesehen. Um diesen Hindernissen und Schwierigkeiten zu begegnen, haben Sie Mittel und Methoden zur Hilfe genommen, die schon für sich allein genügen würden, Ihre Organisation zu rechtfertigen. Ihr ursprüngliches und organisches Arbeitsmittel ist die Zusammenarbeit der drei Kräfte, welche in der modernen Dynamik des menschlichen Arbeitsprozesses am Werke sind: die Vertreter der Regierungen, der Arbeitgeber und der Arbeitnehmer. Und Ihre Methode – sie ist jetzt schon typisches Musterbeispiel – besteht darin, die drei Kräfte zur Übereinstimmung zu bringen, damit sie sich nicht mehr feindlich gegenüberstehen, sondern „in mutiger und fruchtbarer Zusammenarbeit"[19] nebeneinander wirken durch einen ständigen Gedankenaustausch bei der Bearbeitung und Lösung der immer wieder neu auftretenden Probleme.

Das Ziel der IAO: der allgemeine Friede durch soziale Gerechtigkeit

16. Diese neue begrüßenswerte Verhaltensweise sollte ein für alle mal jene andere ablösen, die unseligerweise in unserem Zeitalter herrschend war. Sie wollte den Erfolg durch heftige Auseinandersetzungen *erzwingen,* die allzu oft nur neue Leiden und neue Niederlagen zur Folge hatten, auf jeden Fall aber die Gefahr heraufbeschworen, anstatt frühere, um den Preis harter Kämpfe (und Opfer) errungene Erfolge weiter auszubauen, sie wieder zu verspielen. – Mit aller Entschiedenheit ist festzuhalten: Konflikte des Arbeitslebens lassen sich nicht ausräumen, indem man eine sachfremde Regelung von oben her aufzwingt; das hieße die Arbeiter, ja die Gesellschaft insgesamt um ihr erstes und unveräußerliches Menschenrecht, um die Freiheit, be-

trügen. Ebensowenig erledigen Konflikte sich allerdings einfach durch das, was sich als Ergebnis des freien Spiels des sog. Automatismus der Marktkräfte einpendelt. Eine solche Erledigung von Konflikten kann zwar sehr wohl den Anschein haben, gerecht zu sein; mißt man sie jedoch am menschlichen Leben, wie es wirklich ist, dann erweist sie sich als alles andere als gerecht. – Durch Ihr Verständnis für die tieferen Gründe dieser Konflikte und durch Ihr Bemühen, den darin zum Ausdruck kommenden berechtigten Ansprüchen zu ihrem Recht zu verhelfen, beugen Sie dramatischen Ausbrüchen vor und verhüten deren zerstörende Folgen. – Mit *A. Thomas* sei gesagt: „Das ‚Soziale‘ muß über das ‚Ökonomische‘ siegen; es muß es ordnen und lenken, damit es der Gerechtigkeit besser entspricht." – Darum bietet die IAO sich heute in dieser Welt, in der die Interessen und die Weltanschauungen gefährlich auf einander prallen, als Weg dar, auf dem wir einer besseren Zukunft entgegenschreiten. Dazu können Sie vielleicht mehr als irgendeine andere Institution beitragen, ganz einfach durch tätige und erfinderische Treue zu dem, was die IAO als ihr Hochziel bekennt: *allumfassender Friede durch soziale Gerechtigkeit.*

III. Der Zukunft entgegen

17. Wir sind aus dem Grund hierher gekommen, um Ihnen ein Wort der Ermunterung zu sagen und Ihnen Unsere Übereinstimmung kundzutun, um Sie aufzufordern, Ihre Sendung der Gerechtigkeit und des Friedens mit Festigkeit fortzusetzen, und um Sie Unserer schlichten, aber ebenso aufrichtigen Solidarität zu versichern. Es steht ja der Friede auf dem Spiel, die Zukunft der Menschheit. Diese Zukunft kann sich nur in Frieden unter der gesamten Menschheitsfamilie, unter allen Klassen und Völkern auf Arbeit aufbauen. Ein Friede, der sich auf eine Gerechtigkeit gründet, die immer vollkommenere Gestalt unter den Menschen annimmt[21].

Ein Werk, das mit jedem Tag dringlicher wird: der Schrei der leidenden Menschheit

18. In dieser Stunde, die in schroffem Gegensatz zur Geschichte und zur Menschheit steht, die voll ist von Gefahren, in der aber doch ein

Schimmer von Hoffnung aufleuchtet, ist es in hohem Maße Ihre Aufgabe, Bauleute der Gerechtigkeit zu sein, um den Frieden zu sichern. Glauben Sie nicht, sehr geehrte Herren, Ihre Aufgabe bereits erfüllt zu haben. Im Gegenteil: Sie wird mit jedem Tag dringlicher. Wieviel schlimme Dinge – und was für schlimme Dinge – wieviel Unterlassungen, Mißbräuche, Ungerechtigkeiten, wieviel Elend und wieviel Klagen kommen noch jetzt aus dem Bereich der Arbeit! Gestatten Sie Uns, bei Ihnen für jene zu sprechen, die noch ungerechterweise leiden, die in unwürdiger Weise ausgenützt werden, die in schimpflicher Weise an Leib und Seele verhöhnt werden, und zu einer erniedrigenden Arbeit herabgewürdigt sind, welche systematisch gewollt, organisiert und aufgezwungen wird. Hören Sie auf diesen Weheruf, der noch immer aus der Mitte der leidenden Menschheit aufsteigt!

Die Verkündigung der Rechte und die Gewährleistung ihrer Einhaltung

19. Kämpfen Sie mutig und unablässig gegen die täglich auftretenden Mißbräuche und immer wieder neuen Ungerechtigkeiten! Bringen Sie sich dazu, Ihr persönliches Interesse der weiten Sicht auf das Gemeinwohl unterzuordnen, gleichen Sie die alten Bestimmungen den neuen Erfordernissen an, regen Sie neue Normen an und bemühen Sie sich bei den einzelnen Staaten um ihre Ratifizierung. Gebrauchen Sie die entsprechenden Maßnahmen, um die Einhaltung dieser Bestimmungen zu gewährleisten. Es gilt hier den Satz zu wiederholen: „Die Verkündigung der Rechte wäre umsonst, wenn man nicht gleichzeitig darauf hinarbeitete, daß ihre Einhaltung als eine Pflicht von allen, überall und für alle gewährleistet wird"[22].

Den Menschen vor sich selbst schützen

20. Noch mehr! Sagen Wir es ungescheut: worum es geht, ist (letzten Endes nichts anderes als) den Menschen vor sich selbst zu schützen, gegen ihn, der auf dem Wege ist, nichts anderes mehr zu sein als ein Teil seiner selbst oder, wie man es gesagt hat, ein „eindimensionaler Mensch"[23]. Um jeden Preis gilt es, ihn davor zu bewahren, nichts anderes mehr zu sein als nur ein mechanisierter Bediener einer gefühllosen Maschine, die den besseren Teil seines Ich in sich hineinschlingt,

oder eines Staates, der es darauf ablegt, alle seine Kräfte ausschließlich für seinen Dienst in Anspruch zu nehmen. Der Mensch ist es, den es zu schützen gilt, er, der sich von den ungeheuerlichen Kräften, die er in Bewegung setzt, fortreißen läßt und von der riesenhaften Steigerung seiner Arbeitsleistung geradezu verschlungen wird; der Mensch, den der unwiderstehliche Drang seiner Erfindergabe überwältigt, der aber nicht fertig wird mit dem wachsenden Widerspruch zwischen der ans Wunder grenzenden Vermehrung der verfügbar gewordenen Güter und deren allzu oft ungerechten Verteilung zwischen den einzelnen und ganzen Völkern. – Der Mythos des Prometheus wirft seinen beängstigenden Schatten auf das Drama unserer Zeit, wo das menschliche Gewissen es noch nicht geschafft hat, sich zu der Ebene aufzuschwingen, auf der unser heutiges Leben sich abspielt, und sich der damit verbundenen Verantwortung zu stellen in Treue zu Gottes wohlmeinenden Absichten mit dieser Welt. Es ist, als hätten wir die Lehre des tragischen Ereignisses des Turmbaus von Babel[24] vergessen, wo die Eroberung der Natur durch den Menschen, der von Gott nichts mehr wissen wollte, gefolgt war von der Auflösung der menschlichen Gemeinschaft.

Vom Mehr-Haben zum Mehr-Sein

21. Im Siege über alle auf Auflösung hinwirkenden Kräfte des Widerspruchs und babylonischer Verwirrung gilt es, die „Stadt des Menschen" zu bauen, deren einziges dauerhaftes Bindemittel die brüderliche Liebe ist, sowohl zwischen Rassen und Nationen als auch zwischen gesellschaftlichen Klassen und Geschlechterfolgen. – Quer durch alle Konflikte, die unsere Zeit zerreißen, macht sich stärker als der Anspruch auf Mehr-Haben in steigendem Maß ein berechtigtes Verlangen geltend nach Mehr-Sein[25]. Seit fünfzig Jahren haben Sie ein immer dichteres Netz rechtlicher Regelungen geschaffen, durch das die Arbeit der Männer, der Frauen und der Jugendlichen geschützt und ihnen eine angemessene Entlohnung gesichert wird. Nunmehr ist es Ihre Aufgabe, durch entsprechende Maßnahmen allen Arbeitern eine organische Beteiligung zu sichern nicht nur an den Früchten ihrer Arbeit, sondern auch an den Entscheidungen über wirtschaftliche und soziale Angelegenheiten, die für deren eigenes Los und für dasjenige ihrer Nachkommenschaft von Bedeutung sind[26].

Das Recht der Völker auf Entwicklung

22. Es ist auch notwendig, daß Sie allen Völkern die Beteiligung am Aufbau der Welt gewährleisten. Es ist notwendig, daß Sie von jetzt an den weniger begünstigten Völkern Ihre Sorge angedeihen lassen, so wie Sie in der Vergangenheit sich in erster Linie der von der Ungunst des Schicksals heimgesuchten Volksschichten annahmen. Das bedeutet, daß Ihre gesetzgebende Arbeit mutig weitergeführt werden und daß sie sich auf ganz neuen Wegen betätigen muß, welche den Völkern eine feste Rechtsgrundlage für ihre ganzheitliche Entwicklung zusichern und in besonderem Maße „allen Völkern" die Möglichkeit einräumen, „daß sie selbst die Bauleute ihrer Zukunft werden"[27]. Es ist eine Herausforderung, die heute an Sie in der Morgenstunde des zweiten Jahrzehnts der Entwicklungsprogramme gerichtet wird.

Es ist Ihre Pflicht, sie aufzunehmen. Ihnen stellt sich die Aufgabe, diejenigen Entscheidungen zu treffen, die eine Enttäuschung so vieler Hoffnungen vermeiden können und die Versuchung zu zerstörerischer Gewalttat im Keim ersticken. Es ist notwendig, daß Sie mit rechtlichen Begriffen die Solidarität zum Ausdruck bringen. Sie setzt sich immer mehr im Bewußtsein der Menschheit durch. Wie Sie in der Vergangenheit durch Ihre Gesetzgebung den Schutz und das Überleben des Schwachen gegen die Gewalt des Starken gewährleistet haben – Lacordaire drückt dies aus mit den Worten: „Zwischen Starken und dem Schwachen unterdrückt die Freiheit das freie Gesetz"[28] –, ist es jetzt notwendig, daß Sie die Rechte der starken Völker einschränken und die Entwicklung der schwachen Völker fördern, indem Sie die Voraussetzungen nicht nur theoretischer, sondern auch praktischer Natur für ein wirkliches internationales Arbeitsrecht auf Völkerebene schaffen. Wie jeder Mensch, muß jedes Volk durch seine Arbeit sich wirksam entwickeln, in seinem Menschsein wachsen und von weniger menschlichen zu menschlicheren Bedingungen gelangen[29]. Es braucht geeignete Voraussetzungen und Mittel, ja einen gemeinsamen Willen. Ihre zwischen den Regierungen, Arbeitern und Unternehmern völlig frei vereinbarten Konventionen könnten und müßten diesen Willen nach und nach zum Ausdruck bringen. Verschiedene Spezialistengruppen arbeiten bereits an der Fertigstellung dieses großen Werkes. Auf diesem Weg müssen Sie weitergehen.

Ein Lebensgrund für die junge Generation

23. Wenn auch die technischen Einrichtungen unerläßlich sind, könnten sie doch nicht ihre Früchte zeitigen ohne diesen Sinn für das Gemeinwohl, der die Forschungen bewegt und leitet und alle Bemühungen unterstützt, ohne dieses Ideal, das die Menschen dazu veranlaßt, sich gegenseitig beim Aufbau einer brüderlichen Welt zu übertreffen. Der Aufbau dieser Welt von morgen ist die Aufgabe der jungen Generation von heute; aber Ihre Sache ist es, sie darauf vorzubereiten. Viele erhalten eine ungenügende Ausbildung, sie verfügen nicht über reale Möglichkeiten, einen Beruf zu erlernen oder eine Arbeit zu finden. Viele nehmen auch Aufgaben wahr, die für sie bedeutungslos sind. Ihre eintönige Wiederholung kann ihnen wohl zum Vorteil sein, genügt ihnen aber nicht als Grund zu leben und ihr berechtigtes Streben danach zu stillen, als Menschen ihren Platz in der Gesellschaft einzunehmen. Wer versteht nicht ihre Angst vor der erdrückenden Herrschaft der Technik in den reichen Ländern, ihre Ablehnung einer Gesellschaft, der es nicht gelingt, ihr einen Platz zuzuweisen. Wer begreift nicht ihre Klage in den armen Völkern, daß sie aus Mangel an genügender Vorbildung und geeigneten Mitteln nicht in der Lage sind, in großzügiger Weise ihren Anteil an den Aufgaben zu leisten, die sie interessieren. Bei der gegenwärtigen Umgestaltung der Welt ertönt ihr Protest wie ein Signal des Elends und wie ein Aufruf zur Gerechtigkeit. Inmitten der Krise, die die moderne Gesellschaft durchmacht, ist die Erwartung der jungen Generation von Ungeduld und ängstlicher Sorge erfüllt: Laßt uns ihnen die Wege in die Zukunft weisen, ihnen nützliche Aufgaben zuteilen und sie darauf vorbereiten. Auf diesem Gebiet gibt es sehr viel zu tun. Sie sind sich übrigens dessen wohl bewußt, und Wir beglückwünschen Sie, daß Sie in die Tagesordnung Ihrer 53. Sitzung die Erarbeitung spezieller Programme für die Bildung und Beschäftigung der Jugend in den Entwicklungsländern aufgenommen haben[30].

Schlußwort: Die geistige Kraft der Liebe als Quelle der Hoffnung

24. Ein umfangreiches Programm, sehr geehrte Herren, das zu Recht Ihre Begeisterung entfachen kann und alle Ihre Kräfte veredelt im Dienst der großen Sache, die die Ihre ist – die auch die Unsre ist –, die

Sache des Menschen. An dieser friedlichen Auseinandersetzung wollen auch die Jünger Christi aus ganzem Herzen teilnehmen. Wenn es notwendig ist, daß alle menschlichen Kräfte zusammenarbeiten für diese Förderung des Menschen, gilt es, dem Geist jenen Platz zuzuweisen, der ihm zukommt, nämlich den ersten Platz, denn der Geist ist Liebe. Wer sieht es nicht? Dieses Werk übersteigt die rein menschlichen Kräfte. Aber der Christ weiß, daß er nicht allein ist mit seinen Brüdern in diesem Werk der Liebe, der Gerechtigkeit und des Friedens, worin er Vorbereitung und Unterpfand der ewigen Stadt sieht, die er von der Gnade Gottes erwartet. Der Mensch ist sich nicht selber ausgeliefert, verloren in der Menschenmasse. Die Stadt der Menschen, die er baut, ist die Stadt einer Familie von Brüdern, von Söhnen des einen Vaters. Denn sie werden getragen in ihren Bemühungen von einer Kraft, die sie beseelt und erhält, die Kraft des Geistes, eine geheimnisvolle, aber wirkliche Kraft, weder magisch noch gänzlich außerhalb unserer geschichtlichen und persönlichen Erfahrung, denn sie drückt sich in menschlichen Worten aus. Und seine Stimme ertönt mehr als anderswo in diesem Haus, das den Leiden und Ängsten der arbeitenden Menschen offen steht, ebenso wie ihren Errungenschaften und ihren großartigen Erfolgen. Es ist eine Stimme, deren unaussprechlicher Widerhall, heute wie gestern nicht aufhört, ja niemals aufhören wird, die Hoffnung in den arbeitenden Menschen zu wecken: ,,Kommt alle zu mir, die ihr mühselig und beladen seid, und ich will euch erquikken". ,,Selig sind die, die Hunger und Durst haben nach Gerechtigkeit, denn sie werden gesättigt werden"[31].

Belegstellen

[1] Vgl. Gen 2, 7.

[2] Vgl. Gen 1, 29; Populorum Progressio nr. 22.

[3] Vgl. Ps 104, 23 und Eccli 7, 15.

[4] Vgl. Eccli 5, 18.

[5] Vgl. Ps 62, 13 und Ps 128; Mt 16, 27; I Kor 15, 58; II Thess 3, 13.

[6] Zit. bei A. Le Roy, Catholicisme social et Organisation Internationale du Travail, Paris, Spes, 1937, S. 16.

[7] Dix ans d'OIT, Genf, BIT, 1931, S. 461.

[8] Enz. Quadragesimo Anno, 15. V. 1931, nr. 24.

[9] Anspr. vom 19. Nov. 1954.

[10] Enz. Mater et Magistra, 15. V. 1961, Nr. 103.

[11] Pastoralkonst. Gaudium et Spes, 7. Dez. 1965, Nr. 34 und 67–68.

[12] Enz. Populorum Progressio, 26. März 1967, Nr. 3 und 76.

[13] Constitution de l'OIT, Genf, BIT, 1968, Präambel, S. 5.

[14] Ebd. Art. 2, S. 24.

[15] Vgl. z. B. Cicero De Officiis 1, 42.

[16] Populorum Progressio, Nr. 26.

[17] Vgl. z. B. G. Friedmann, Ou va le travail humain?; und Le travail en miettes, Paris, Gallimard, 1950 und 1956.

[18] Vgl. Mater et Magistra, Nr. 83, Konst. Populorum Progressio.

[19] Anspr. Pius XII. an den Verwaltungsrat des BIT, 19. Nov. 1954.

[20] Dix ans d'Organisation Internationale du Travail, Genf, BIT, 1931, Vorwort, S. XIV.

[21] Vgl. Enz. Pacem in terris und Populorum Progressio, Nr. 76.

[22] Botschaft an die Internationale Konferenz über die Menschenrechte in Teheran, 15. April 1968.

[23] H. Marcuse, Der eindimensionale Mensch.

[24] 1. Buch Moses 11, 1–9.

[25] Enzyklika Populorum progressio, Nr. 1 und 8.

[26] Konzilskonstitution Gaudium et Spes, Nr. 68.

[27] Populorum Progressio, Nr. 65.

[28] 52.ème Conférence de Notre-Dame, Fastenzeit 1848, in Ouvres des P. Lacordaire, t. IV, Paris, Poussielgue, 1872, S. 494.

[29] Vgl. Populorum Progressio, Nr. 15 und 20.

[30] OIT, Bericht VIII (I), Genf, BIT, 1968.

[31] Mt 11, 28 und 5, 6.

Octogesima adveniens (Paul VI., 1971)

Apostolisches Schreiben
an Seine Eminenz Kardinal Maurice Roy
Präsident des Laienrates
und der Päpstlichen Kommission
„Iustitia et Pax"

Papst Paul VI.
Unser ehrwürdiger Bruder,
Gruß und Apostolischen Segen

Einleitung

1. Das 80. Jahrgedächtnis der Enzyklika „Rerum novarum" steht bevor. Für alle, die im Dienste der sozialen Gerechtigkeit wirken, ist dieses Dokument immer noch ein wirksamer Antrieb. Darum möchten Wir diese Gelegenheit benutzen, um in Weiterführung der Soziallehre Unserer Vorgänger mit einigen Gedanken auf neue Bedürfnisse der sich ständig wandelnden Welt einzugehen und Empfehlungen dazu vorzulegen – ist doch die Kirche mit der menschlichen Gemeinschaft unterwegs und teilt mit ihr die Wechselschläge der Zeiten. Die Kirche hat der Menschheit die Liebe Gottes und das ihr durch Christus gebrachte Heil zu verkünden; eben damit läßt sie aber das Licht des Evangeliums auch in Handel und Wandel den Menschen hineinstrahlen und hilft ihnen damit, dem, was Gott in seiner liebevollen Absicht mit ihnen vorhat, zu entsprechen und das Vollmaß dessen zu erreichen, was Ziel ihres eigenen Strebens ist.

2. Ermutigend ist es für Uns zu sehen, wie der Geist des Herrn nicht aufhört, in den Menschenherzen zu wirken und immer neue, vom Bewußtsein ihrer sozialen Verantwortung erfüllte christliche Gemeinschaften zu erwecken. In allen Kontinenten, aus allen Rassen, Völkern, Kulturen und Lebenslagen beruft der Herr auch heute noch echte Apostel des Evangeliums. – Auf Unsern letzten Reisen hatten Wir Gelegenheit, ihnen zu begegnen, sie zu bewundern und zu ermuti-

gen. Wir suchten und fanden Berührung mit den Menschenmassen, vernahmen ihre Zurufe, ihre Schreie, aus denen verzweifelte Not und zuversichtliche Hoffnung zugleich herausklangen. Unter diesen Umständen zeichnete sich schärfer vor Unsern Augen ab, wie die schweren Probleme unserer Zeit, obzwar in jedem Lande von besonderer Erscheinungsform, nichtsdestoweniger der ganzen, nach ihrer Zukunft, nach Richtung und Bedeutung der sich derzeit abspielenden Vorgänge fragenden Menschheit gemeinsam sind. Die wirtschaftliche, kulturelle und politische Entwicklung der verschiedenen Völker weist bedrohliche Spannungen auf: neben Ländern, die voll industrialisiert sind, befinden andere sich noch im Stadium der Agrarwirtschaft; neben Völkern, die sich reichlichen Wohlstandes erfreuen, leiden andere Mangel am Nötigsten; neben Völkern, die auf höchster Bildungs- und Kulturstufe stehen, beginnen andere erst, sich aus dem Analphabetismus herauszuarbeiten. Übereinstimmend meldet sich allenthalben das Verlangen nach mehr Gerechtigkeit und sehnt man sich nach gesichertem Frieden bei gegenseitiger Achtung der Menschen und der Völker untereinander.

3. So unterscheiden sich in der Tat die Bedingungen, untern denen die Christen – gleichviel, ob es ihnen paßt oder nicht – zu wirken haben, nach Ländern, nach gesellschaftlicher und politischer Ordnung, nach kulturellen Merkmalen in hohem Maße. Hier sind die Christen zum Schweigen gezwungen, werden beargwöhnt, sozusagen als Menschen zweiter Klasse behandelt, erleiden Freiheitsbeschränkungen unter einem totalitären politischen System. Anderswo bilden sie in ihrer geringen Zahl eine so verschwindende Minderheit, daß ihre Stimme sich kaum Gehör verschaffen kann. In manchen Staaten hinwieder, wo die Kirche eine feste, manchmal auch öffentlich-rechtlich gesicherte Stellung innehat, wird sie von Rückschlägen betroffen, die ausgelöst sind durch eine die Gesellschaft erschütternde Krise, in der einzelne ihrer Mitglieder sich zu radikalen und gewalttätigen Schritten hinreißen lassen, von denen sie sich eine Wendung zum Guten versprechen. Stützen die einen ungeachtet der bestehenden Ungerechtigkeiten die bestehende Ordnung, so lassen andere sich durch revolutionäre Parolen verführen, die ihnen die illusionäre Vision einer definitiv besseren Welt vorspiegeln.

4. Angesichts solch unterschiedlicher Voraussetzungen erweist es sich für Uns als untunlich, ein für alle gültiges Wort zu sagen oder allerorts passende Lösungen vorzuschlagen, doch ist das auch weder Unsere Absicht noch Unsere Aufgabe. Das ist vielmehr Sache der einzelnen christlichen Gemeinschaften; sie müssen die Verhältnisse ihres jeweiligen Landes objektiv abklären, müssen mit dem Licht der unwandelbaren Lehre des Evangeliums hineinleuchten und der Soziallehre der Kirche Grundsätze für die Denkweise, Normen für die Urteilsbildung und Direktiven für die Praxis entnehmen – aus jener Lehre, die im Lauf der Zeiten, vor allem im heutigen Zeitalter des Industrialismus seit jenem denkwürdigen Tage aufgebaut wurde, an dem Leo XIII. seine Botschaft zur „Arbeiterfrage" verlautbarte, deren Jahrfeier zu begehen Uns heute zur Ehre und Freude gereicht. Diesen einzelnen christlichen Gemeinschaften also obliegt es, mit dem Beistand des Heiligen Geistes, in Verbundenheit mit ihren zuständigen Bischöfen und im Gespräch mit den anderen christlichen Brüdern und allen Menschen guten Willens darüber zu befinden, welche Schritte zu tun und welche Maßnahmen zu ergreifen sind, um die gesellschaftlichen, wirtschaftlichen und politischen Reformen herbeizuführen, die sich als wirklich geboten erweisen und zudem oft unaufschiebbar sind.

Bei ihren Bemühungen um diese Reformen sollen die Christen sich vor allem erneuern in ihrem Vertrauen auf die Kraft des Evangeliums und die Eigenständigkeit seiner Forderungen. Das Evangelium ist nicht etwa deswegen als veraltet anzusehen, weil es in ganz anderen sozialen und kulturellen Verhältnissen verkündet, niedergeschrieben und in die Praxis des Lebens eingeführt worden ist. Der Geist des Evangeliums, seine Lehren und Ermahnungen, wozu noch die in jahrhundertelanger christlicher Übung erworbene Erfahrung kommt, spenden immer neue Kraft für die Bekehrung der Menschen und die Vervollkommnung ihres Gemeinschaftslebens. Verfehlt wäre es jedoch, sie speziellen zeitbedingten Zielsetzungen in einer Weise dienstbar zu machen, daß darüber der Raum und Zeit überschreitende Sinn der evangelischen Botschaft verdunkelt würde[1].

5. In den Wirren und der Unsicherheit dieser Zeit hat die Kirche eine besondere Botschaft zu verkünden und den Menschen, die ihre Zukunft selbst in die Hand nehmen und nach ihren Plänen gestalten wol-

len, festen Rückhalt zu bieten. Seit sie erstmals in der Enzyklika „Rerum novarum" nachdrücklich und entschieden die unwürdige Lage der Arbeiter in der entstehenden Industriegesellschaft anprangerte, hat sie im weiteren Verlauf andere Gegenstände und andere Fragen sozialer Gerechtigkeit ins öffentliche Bewußtsein gerückt, wie zu ersehen aus den Rundschreiben „Quadragesimo anno[2]" und „Mater et magistra[3]".

In jüngster Zeit hat das Ökumenische Konzil es sich angelegen sein lassen, die drängenden Fragen voranzubringen, besonders durch die Pastoralkonstitution „Gaudium et spes" („Die Kirche in der Welt von heute"). Wir selbst haben in der Enzyklika „Populorum progressio" diese Richtlinien weiter ausgezogen. „Heute ist – darüber müssen sich alle klar sein – die soziale Frage weltweit geworden[4]. Was das Evangelium Jesu Christi in dieser Frage fordert, steht jetzt klarer und lebendiger im Bewußtsein der Kirche. Es ist ihre Pflicht, sich in den Dienst der Menschen zu stellen, um ihnen zu helfen, dieses schwere Problem in seiner ganzen Breite anzupacken, und sie in diesem entscheidenden Augenblick der Menschheitsgeschichte von der Dringlichkeit gemeinsamen Handelns zu überzeugen[5]."

Tief durchdrungen von dieser Pflicht möchten Wir heute einige Gedanken und Empfehlungen vorlegen, die angesichts der großen, im Augenblick zur Lösung anstehenden Probleme sich Uns aufdrängen.

6. Überdies wird die demnächstige Bischofssynode sich damit zu befassen haben, die Aufgabe der Kirche genauer zu durchdenken und gründlicher zu klären, was ihr angesichts der schwerwiegenden Fragen obliegt, die die Gerechtigkeit heute in der Welt aufwirft. Uns aber bietet der heutige Gedenktag der Enzyklika „Rerum novarum" die willkommene Gelegenheit, Dir, ehrwürdiger Bruder, als dem Präsidenten Unserer Kommission „Justitia et Pax" sowie des Laienrats Unsere Sorgen und Überlegungen zu übermitteln. Damit möchten Wir auch diese Institutionen des Heiligen Stuhles anspornen, ihre Anstrengungen im Dienste des Wirkens der Kirche für das Wohl der Menschen noch zu verstärken.

7. Ohne die bleibenden großen Fragen, mit denen bereits Unsere Vorgänger sich befaßt haben, aus dem Auge zu verlieren, möchten Wir auf andere Fragen hinweisen, denen die Christen wegen ihrer

Dringlichkeit, ihres Umfangs und ihrer Komplexität in den kommenden Jahren besondere Aufmerksamkeit schenken müssen, um vereint mit allen anderen Menschen die neuen Schwierigkeiten zu meistern, von denen die Zukunft der Menschheit bedroht ist. Alle sozialen Probleme, die die heutige Wirtschaftsweise mit sich bringt, als da sind: der Mensch und seine Lage im Produktionsprozeß, gerechter Güteraustausch und gerechte Verteilung des Reichtums, Bedeutung und Gewicht des gesteigerten Verbrauchs lebensnotwendiger Bedarfdeckungsmittel, Teilhabe an der Verantwortung (Mitbestimmung) müssen in den umfassenderen Zusammenhang einer neuen (Stufe der) Zivilisation hineingestellt werden*. Im Trubel der stürmischen Wandlungen kommt der Mensch immer wieder auf sich selbst zurück und fragt sich selbst nach dem Sinn seines persönlichen Daseins und des Fortbestandes der Menschheit. Angewandelt von dem Zweifel, ob die ihm überholt erscheinenden und allzu fremdartig anmutenden Lehren der Vergangenheit noch für ihn annehmbar seien, hat er doch das Bedürfnis, seine ihm ebenso ungewiß wie unbeständig erscheinenden künftigen Geschicke in das Licht unwandelbarer und ewiger Wahrheiten hineinzustellen, die ihn zwar transzendieren, deren Spuren aber bei gutem Willen für ihn nicht unauffindbar sind[6].

I. Die neuen Probleme

8. Ernste, ja einzigartige Sorge bereitet Uns die übermäßige Zusammenballung von Menschenmassen in den Städten (französisch ‚urbanisation‘, italienisch ‚urbanesimo‘), eine Erscheinung, die in allen Ländern zu beobachten ist, nicht nur in den hochindustrialisierten, sondern auch in den Entwicklungsländern. Die jahrhundertelang von der Landwirtschaft eingenommene Vorrangstellung schwindet mehr und mehr dahin. Hat man übrigens den Lebensverhältnissen der Landbevölkerung und ihrer Verbesserung genügend Aufmerksamkeit geschenkt? Ist es nicht ihre gedrückte, manchmal jammervolle Lage auf

---

* Die von der Vatikanischen Druckerei herausgegebenen modernsprachlichen Ausgaben fragen nicht nach dem lebensnotwendigen Verbrauch, sondern wie die gesteigerten Ansprüche an die Lebenshaltung (= Mehrverbrauch nicht lebensnotwendiger Güter) zu beurteilen seien.

dem Lande, die sie in die Elendsviertel der Vorstädte abwandern läßt,
wo sie weder Arbeitsgelegenheit noch Unterkunft finden? Die andauernde Landflucht, die Zunahme der Industrie, der ununterbrochene Bevölkerungszuwachs verbunden mit der Anziehungskraft der Großstädte lassen dort unvorstellbare Menschenmassen sich zusammenballen; schon geht die Rede von Riesenstädten mit Zehnermillionen von Einwohnern; man hat dafür die Bezeichnung „Megalopolis" geprägt. Allerdings gibt es auch Städte, deren Weiträumigkeit eine ausgeglichene Wohndichte ermöglichen würde; sie könnten den durch die Entwicklung der Landwirtschaft arbeitslos Gewordenen zugleich mit einem Arbeitsplatz auch eine menschliche Umwelt bieten, wodurch sowohl die Proletarisierung als auch die Bevölkerungsmassierung vermieden würden.

9. Das übermäßige Wachstum der Städte ist eine Begleiterscheinung des Wachstums der Industrie, ohne daß man beides in eins setzen dürfte. Gestützt auf die Errungenschaften technischen und naturwissenschaftlichen Fortschritts geht das Wachstum der Industrie unaufhaltsam seinen Weg und erweist seine schöpferische Kraft. Während einzelne Unternehmen durch Steigerung ihrer Produktion oder durch Zusammenschluß mit anderen wachsen, gehen andere zugrunde oder wandern ab. Das hat wiederum neue soziale Kalamitäten im Gefolge: berufliche oder gebietliche Arbeitslosigkeit, Zurückstufung (französisch ,reconversion', italienisch ,riqualificazione'), Wechsel des Wohnsitzes oder ständige Umschulung der Arbeiter im Wechsel zwischen Wachstums- und Schrumpfungsbranchen. Der maßlose, modernster Werbemittel sich bedienende Wettbewerb wirft immer neue Erzeugnisse auf den Markt und wirbt dafür um die Gunst der Verbraucher; darüber kommen noch voll betriebsfähige ältere Produktionsanlagen zum Erliegen. Während ein Großteil der Bevölkerung seine elementaren Lebensbedürfnisse nicht befriedigen kann, verlegt man sich darauf, Bedürfnisse nach überflüssigen Dingen zu wecken. Mit gutem Recht kann man daher die Frage stellen, ob der Mensch nicht trotz aller Errungenschaften den Erfolg seiner Arbeit nicht gegen sich selbst kehrt. Wird er nicht – nachdem er sich, wie nur recht und billig, die Naturschätze dienstbar gemacht hat[7], zum Sklaven seiner eigenen Erzeugnisse?

10. Ist diese Verstädterung, diese Massierung von Menschen in den Städten im Zusammenhang mit der zunehmenden Industrialisierung nicht geradezu eine Herausforderung an die menschliche Intelligenz, an die Fähigkeit zu organisieren und Vorsorge zu treffen für die Zukunft? Der übermäßige Drang in die Städte in der industriellen Gesellschaft droht die gewohnte Lebensweise und die überkommenen Lebensräume: Familie, Nachbarschaft, ja die Strukturen christlicher Gemeinschaft aus den Angeln zu heben. Der Mensch erfährt eine Einsamkeit, nicht angesichts einer feindseligen Natur, um deren Beherrschung er schon immer rang, sondern weil er sich in der anonymen Masse, in der er untergeht, als Fremder fühlt. Die Bevölkerungsverdichtung in den Städten – zweifellos eine nicht mehr rückgängig zu machende menschheitsgeschichtliche Entwicklungsstufe – wirft schwer zu beantwortende Fragen auf: wie kann man das Anwachsen der Städte in Grenzen halten; wie soll man sie organisieren; wie läßt sich ein gesunder Gemeinsinn wecken?

Im ungeordneten Wachstum der Städte entstehen neue Proletariate; sie nisten sich in der Stadtmitte ein, aus der die Reichen mehr und mehr ausziehen; sie besetzen aber auch die Stadtränder und schließen als ein wahrer Elendsgürtel im vorerst noch stummen Protest einen Belagerungsring um die Stadt mit ihrem übermäßigen Luxus, der Güter nicht nur zügellos genießt, sondern auch regelrecht vergeudet. Die Stadt fördert nicht brüderliche Begegnung und gegenseitige Hilfeleistung, sondern erzeugt Klassengegensätze und Entfremdung; sie führt zu neuen Formen der Ausbeutung und Beherrschung, wobei einige es verstehen, sich an dem, was andere benötigen, schamlos zu bereichern. Hinter den Fassaden verbirgt sich viel Elend, von dem nicht einmal die nächsten Nachbarn wissen; andere Formen des Elends liegen offen zutage, wo die Menschenwürde verkommt: Liederlichkeit, Kriminalität, Rauschgiftsucht, geschlechtliche Ausschreitungen.

11. Gerade die Schwächsten fallen diesen entmenschenden, die Gewissen abstumpfenden, die Familien zerstörenden Lebensbedingungen zum Opfer. Das enge Zusammenleben in den Massenquartieren läßt nicht einmal ein Mindestmaß häuslicher Intimsphäre übrig. Jungverheiratete, die vergeblich auf eine passende Wohnung zu erschwinglichem Preise warten, werden entmutigt, wodurch auch ihr Zusammenhalt gefährdet werden kann. Jungen und Mädchen entfliehen der

zu engen Wohnung und suchen auf der Straße Ausgleich in unkontrollierter Gesellschaft und Freundschaft. Allen Verantwortlichen obliegt die schwere Pflicht, die äußersten Anstrengungen zu machen, um diese Entwicklung in den Griff zu bekommen und ihr eine gesunde Richtung zu geben.

Dringend notwendig muß der soziale Zusammenhalt (französisch ‚tissu social‘, italienisch ‚tessuto sociale‘) im Bereich der Straße, des Wohnviertels, der Gemeinde wiederhergestellt werden, wo der Mensch finden kann, was er braucht, um seine Persönlichkeit entfalten zu können. Auf Gemeinde- und Pfarrebene sollte man Zentren schaffen für gemeinsame Entspannung und Fortbildung, desgleichen Heime zur rechten Erholung, für Tagungen und für Veranstaltungen zur religiösen Besinnung; dorthin könnte ein jeder aus seiner Vereinsamung entfliehen und fände Gelegenheit, brüderliche Beziehungen anzuknüpfen*.

12. Bau von Städten, in denen die Menschen und ihre erweiterten Gemeinschaften Platz finden und neue nachbarliche und zwischenmenschliche Beziehungen knüpfen können, Entwicklung eigener Initiativen, um soziale Gerechtigkeit in die Tat umzusetzen. Übernahme von Verantwortung für eine Zukunft, die aller Voraussicht nach nicht leicht sein wird, all das sind Aufgaben, denen der Christ sich nicht entziehen darf. Gelebte echte Brüderlichkeit und ersichtlich geübte Gerechtigkeit müssen den in diesem allgemeinen, zur Unerträglichkeit sich steigernden Misch-Masch der Städte zusammengehäuften Menschen die Kunde von einer neuen Hoffnung bringen. Möchten doch die Christen dieser ihrer Verantwortung bewußt vor diesen maß- und gesichtslosen Städten nicht verzagen. Möchten sie sich vielmehr des Propheten Jonas erinnern, der tagelang die Riesenstadt Ninive durchwanderte, um die frohe Kunde von Gottes Barmherzigkeit dorthin zu bringen, und sich dabei in seiner Schwäche einzig auf das Wort des Allmächtigen stützte. Im Verständnis der Heiligen Schrift ist die Stadt tatsächlich oft der Ort der Sünde und des Hochmuts, wo der Mensch in seinem Stolz sich zutraut, ohne Gott auszukommen, ja sogar sich gegen ihn zu stemmen wagt. Aber da ist auch Jerusalem, die

---

* An dieser Stelle weisen alle Übersetzungen der Vatikanischen Druckerei die gleiche Abweichung vom lateinischen Text auf; so z. B. französisch „centres d'intérèts et de culture".

heilige Stadt, Ort der Begegnung mit Gott, Sinnbild der verheißenen Stadt, die vom Himmel herniedersteigt[8].

13. Die heutige städtische Lebensweise und der durch die industrielle Entwicklung ausgelöste Wandel der Dinge läßt viele Probleme brennend werden, die bislang nicht die gebührende Aufmerksamkeit gefunden haben. Welches wird in der heute sich herausbildenden gesellschaftlichen Ordnung der Platz der Frau, welches der Platz der Jugend sein?

Allenthalben tun die jungen Menschen sich heute schwer im Gedankenaustausch mit der älteren Generation. Sie brennen vor Eifer, die Welt zu verändern, und sind doch voll innerer Unsicherheit dem gegenüber, was die Zukunft ihnen bringen wird. Wer wollte übersehen, daß es hier zu schweren Zusammenstößen kommen kann, daß man sich auseinanderlebt und seinen gegenseitigen Pflichten entzieht, selbst im Kreis der Familie? Wer sähe nicht, daß hier die Ausübung der Autorität, die Erziehung zur Selbstverantwortung, die Übermittlung von Werten und fester Überzeugung in Frage gestellt werden, alles Dinge, die an die Grundlagen der menschlichen Gesellschaft rühren.

In vielen Ländern dringt man bereits stark darauf, manchmal wird sogar stürmisch gefordert, durch gesetzliche Bestimmung jede ungerechtfertigte Benachteiligung der Frau gegenüber dem anderen Geschlecht aufzuheben und ihr die volle, ihrer Würde entsprechende Gleichberechtigung einzuräumen. Die Gleichberechtigung, wie Wir sie verstehen, darf sich natürlich nicht über die vom Schöpfer selbst grundgelegten Verschiedenheiten hinwegsetzen, womit sie auch der bedeutsamen Aufgabe widerspräche, die der Frau nicht nur im Raum der Familie, sondern auch der Gesellschaft zukommt. Was dies angeht, müssen die künftig zu erlassenden Gesetze darauf achten, das, was der Frau durch ihre physische Konstitution als ihre besondere Aufgabe vorgegeben ist, zu schützen, zugleich aber ihre Unabhängigkeit als Person und ihre Gleichberechtigung im kulturellen, wirtschaftlichen und politischen Leben anzuerkennen.

14. Auf dem letzten Konzil hat die Kirche ausdrücklich betont: „Wurzelgrund, Träger und Ziel aller sozialen Institutionen ist und muß sein die menschliche Person[9]." Darum hat jeder Mensch das

Recht auf Arbeit, auf Gelegenheit, die ihm eigenen Anlagen und seine Persönlichkeit in Ausübung seines Berufes zu entfalten, sowie auf gerechten Lohn, der ihm gestattet, „sein und der Seinigen materielles, soziales, kulturelles und spirituelles Dasein angemessen zu gestalten[10]", endlich auch auf Unterstützung bei Krankheit und im Alter.

Zur Verteidigung dieser Rechte lassen demokratische Staaten grundsätzlich den gewerkschaftlichen Zusammenschluß zu, erweisen sich jedoch der praktischen Anwendung des Koalitionsrechts manchmal wenig gewogen. Das ändert nichts an der großen Bedeutung der Gewerkschaften, haben sie doch zur Aufgabe, die Interessen aller Gruppen der Arbeitnehmerschaft zu vertreten, ihrer aller Zusammenspiel zum wirtschaftlichen Aufstieg des Ganzen zu fördern und ihr Bewußtsein von ihrer Mitverantwortung für das Gemeinwohl zu vertiefen. Allerdings verläuft ihre Wirksamkeit nicht reibungslos. Die Gewerkschaften können gelegentlich der Versuchung erliegen, eine günstige Machtkonstellation auszunutzen und namentlich durch Streik – der als äußerstes Mittel der Verteidigung unbestritten rechtmäßig ist – der gesamten Wirtschaft und damit der Gesellschaft im ganzen übermäßige Belastungen aufzuerlegen oder ausgesprochen politische Forderungen durchzusetzen. Vor allem, wenn es sich um öffentliche, für das tägliche Leben der Allgemeinheit unentbehrliche Dienstleistungen handelt, ist sorgfältig abzuwägen, wo die Grenze liegt, über die hinaus die der Gesamtheit (aus dem Streik) erwachsenden Schädigungen das Maß des Vertretbaren übersteigen.

15. In aller Kürze gesagt sind schon mehr Gerechtigkeit und breitere Beteiligung an verantwortlichen Funktionen in den zwischenmenschlichen Beziehungen verwirklicht; nichtsdestoweniger bleibt in diesem ungeheuer weiten Bereich noch eine Menge zu tun. Mit aller Anstrengung gilt es, weiter nachzudenken, zu forschen und auszuproben, um nicht hinter den berechtigten Ansprüchen der Arbeiter zurückzubleiben, die sich in dem Maße erhöhen, wie ihre Bildung, das Bewußtsein ihrer Würde und die Stärke ihrer Organisationen zunehmen.

Verblendeter Eigennutz und Machtstreben sind ständige Versuchungen für den Menschen. Um so genauer muß man zusehen, um Entwicklungen, die zu neuen Ungerechtigkeiten führen, gleich in der Wurzel zu treffen, und allmählich eine rechtliche Ordnung aufzubauen, die immer mehr Mängel abstreift. Bei dem durch die Industrialisierung bedingten Wandel der Dinge, der es erforderlich macht, sich ständig und schnell anzupassen, wird die Zahl der Betroffenen zu groß und zugleich verschlimmert ihre Lage sich zu sehr, als daß sie sich noch Gehör verschaffen könnten. Gerade diesen neuen „Armen", den körperlich Behinderten, nur beschränkt Leistungsfähigen, den Alten, den aus welchen Gründen auch immer am Rande der Gesellschaft Lebenden, wendet die Kirche ihre Sorge zu. Sie will sie ausfindig machen, ihnen helfen, ihre Stellung und ihre Würde zu verteidigen in einer durch Wettbewerb und Erfolgsstreben geradezu unmenschlich gewordenen Gesellschaft.

16. Zur Zahl derer, denen Unrecht geschieht, gehören auch – was leider keine neue Erscheinung ist – alle, die auf Grund ihrer Rasse, ihrer Herkunft, ihrer Hautfarbe, ihrer Kultur, ihres Geschlechts oder ihrer Religion rechtlich oder tatsächlich diskriminiert werden.

Die Rassendiskriminierung wird heute dadurch besonders verschärft, daß sie nicht nur in einzelnen Ländern, sondern weltweit Spannungen erzeugt. Mit vollem Recht erachten die Menschen es als durchaus zu mißbilligen und verwerfen es als unzulässig, Gesetze oder Verhaltensweisen beizubehalten oder gar neu einzuführen, die sich auf hartnäckig festgehaltene Rassenvorurteile stützen: alle Glieder der menschlichen Gesellschaft teilen die gleiche Menschennatur und folgerecht die gleiche Menschenwürde mit den gleichen Grundrechten und Grundpflichten wie auch die gleiche übernatürliche Endbestimmung. Im gemeinsamen Vaterland müssen alle vor dem Gesetz gleich sein und den gleichen Zutritt zum wirtschaftlichen, kulturellen, politischen und gesellschaftlichen Leben haben und sich eines angemessenen Anteils am Volksvermögen erfreuen.

17. Ein weiterer Gegenstand Unserer Sorge ist die schwierige Lage der vielen Arbeiter, die ihr Heimatland verlassen haben und im fremden Land, ungeachtet des Beitrags, den sie zu dessen wirtschaftlichem Wohlergehen leisten, es schwer haben, ihre Rechte geltend zu machen. Es ist ein dringendes Gebot, das nationalistischer Engherzigkeit entspringende Verhalten ihnen gegenüber abzustellen und für sie einen rechtlichen Status vorzusehen, der ihnen das Recht der Auswanderung gewährleistet, die Einbürgerung erleichtert, ihren beruflichen

Aufstieg begünstigt und ihnen ausreichende Unterkunftsmöglichkeiten sichert, wodurch es ihnen ermöglicht würde, ihre Familien nachkommen zu lassen[11].

Hierhin gehören denn auch jene Bevölkerungsgruppen, die ihre Heimat verlassen haben, um Arbeitsgelegenheit zu suchen oder aus Katastrophengebieten und ungesundem Klima geflohen sind und irgendwo als Heimatlose oder Vertriebene leben müssen.

Pflicht aller, besonders aber der Christen[12] ist es, entschieden zu brüderlicher Verbundenheit der Völker mitzuwirken, ohne die es keine wahre Gerechtigkeit und keinen dauerhaften Frieden gibt. „Wir können nämlich Gott den Vater aller nicht anrufen, wenn wir gegen irgendwelche Menschen, die ja nach dem Ebenbild Gottes geschaffen sind, uns nicht brüderlich verhalten wollen. Das Verhalten des Menschen Gott dem Vater gegenüber ist so eng mit dem Verhalten zu den menschlichen Brüdern verbunden, daß die Schrift sagt: ‚Wer nicht liebt, kennt Gott nicht' (1 Jo 4, 8)[13]."

18. Die namentlich bei den jungen Völkern hohe Geburtenrate wird in nächster Zeit die Zahl der Arbeitslosen emporschnellen lassen, die zu einem Elends- oder Schmarotzerleben gezwungen sein werden, es sei denn, ein Sich-Aufraffen des Weltgewissens bewirke eine weltumfassende Solidarität, die alle Kräfte und allen guten Willen wirkungsvoll zusammenfaßt zur Hilfeleistung durch Investitionen, rationellere Gestaltung der Gütererzeugung und -vermarktung und nicht zuletzt durch entsprechende Schulung. Wir kennen die Bemühungen der internationalen Organisationen in dieser Sache und können nur von Herzen wünschen, daß deren Mitglieder ihren öffentlichen Beteuerungen bald auch die Taten folgen lassen.

Beunruhigend ist es wahrzunehmen, wie verantwortliche Politiker einem gewissen Fatalismus erliegen. Eine solche Stimmung verleitet zu malthusianischen Lösungen, die durch eine rührige Propaganda für Empfängnisverhütung und Abtreibung angepriesen werden. In dieser ernsten und gefährlichen Situation muß mit allem Nachdruck vertreten werden: die Familie, ohne die keine menschliche Gemeinschaft bestehen kann, hat ein Recht auf Subsistenzmittel, deren sie bedarf, um sich gesund entwickeln zu können. „Zweifellos hat der Staat" – so sagten Wir in der Enzyklika „Populorum progressio" („Über die Entwicklung der Völker") „innerhalb der Grenzen seiner Zuständigkeit

das Recht, hier einzugreifen, eine zweckmäßige Aufklärung durchzuführen und geeignete Maßnahmen zu treffen, vorausgesetzt, daß diese
mit dem Sittengesetz übereinstimmen und die berechtigte Freiheit der
Eheleute nicht antasten. Das Recht auf Ehe und Zeugung ist unent-
ziehbar und gehört zur Würde des Menschen[14]."

19. Zu keiner anderen Zeit war die schöpferische Erfindungsgabe des
Menschen auf gesellschaftspolitischem Gebiet so dringend angefor-
dert wie heute. Darum müssen ihr unbedingt ebensoviel Geisteskraft
und finanzielle Mittel zur Verfügung stehen wie für kriegerische Auf-
rüstung oder technische Spitzenleistungen. Läßt man die sich bieten-
den Gelegenheiten zum Handeln ungenützt vorübergehen, versäumt
man es, die neu aufkommenden Probleme rechtzeitig ins Auge zu fassen, dann können diese sich derart verschärfen, daß kaum noch eine
Hoffnung auf friedliche Lösung bleibt.

20. Nicht unterlassen möchten Wir auch einen Hinweis auf die zunehmende Bedeutung der Massenmedien und ihren Einfluß auf den
Wandel der geistigen Haltung, des Wissensstandes, des Verbandswesens, der menschlichen Gesellschaft schlechthin. Ganz gewiß weisen
sie große Vorzüge auf: sie vermitteln uns fast augenblicklich Nachrichten aus allen Teilen der Welt, stellen Verbindungen her über alle Entfernungen hinweg, fördern gemeinsame Interessen und ermöglichen
größere Verbreitung allgemeiner Bildung und der Teilhabe an den
höheren Kulturgütern. Wie dem auch sei: durch eben diese Leistungen
werden sie mehr und mehr zu einer neuen (Groß-)Macht. Soll man da
nicht nach den Machtträgern fragen: welche Ziele sie verfolgen; welche Mittel ihnen dafür zu Gebote stehen; welche Wirkung sie auf die
Freiheit der einzelnen ausüben oder im Bereich der Politik und der
Ideologien oder auch im sozialen, wirtschaftlichen und kulturellen Leben? Wer über diese Machtmittel gebietet, trägt eine schwere sittliche
Verantwortung: daß die verbreiteten Nachrichten der Wahrheit entsprechen, aber auch in bezug auf die durch sie hervorgerufenen Bedürfnisse und sonstigen Wirkungen, schließlich in bezug auf die von
ihnen angepriesenen Werte des Lebens. Mehr noch: das Fernsehen
eröffnet geradezu eine neue Erkenntnisweise; damit beginnen Um-
risse eines neuen Zeitalters menschlicher Kultur sich abzuzeichnen:
des Zeitalters des Bildes.

Die Inhaber der öffentlichen Gewalt können natürlich weder den wachsenden Einfluß der Massenmedien übersehen noch auch den Nutzen und die Gefahren, die ihre Anwendung für wahren Fortschritt und Aufstieg der Gesellschaft mit sich bringt.

Deshalb liegt es an ihnen, ihre Aufgabe im Dienste des Gemeinwohls in der rechten Weise dadurch zu erfüllen, daß sie aufbauende Unternehmungen fördern und diejenigen einzelnen oder auch Gruppen stützen, die sich der Verteidigung der Grundrechte der menschlichen Person und der menschlichen Gemeinschaften annehmen. Des weiteren wird es ihre Sorge sein, durch geeignete Maßnahmen die Verbreitung dessen zu verhindern, was dem gemeinsamen Erbgut lebenswichtiger Werte widerstreitet, jener Werte, auf die der wahre Fortschritt der Gesellschaft sich gründet[15].

21. Während der Gesichtskreis des Menschen durch die für ihn ausgewählten Bilder sich wandelt, wird eine andere Veränderung spürbar, die als Folge seines eigenen Tuns ebenso katastrophal wie unerwartet über ihn hereinbricht. Plötzlich wird der Mensch sich heute bewußt, infolge seiner unbedachten Ausbeutung der Natur laufe er Gefahr, diese zu zerstören und selbst zum Opfer ihrer auf ihn selbst zurückschlagenden Schändung zu werden. Aber nicht nur die stoffliche Umwelt wird zu einer Bedrohung für den Menschen: die Verschmutzung, die Abfälle, neue Krankheiten, die absolute Zerstörungsgewalt. Dasselbe gilt auch von seiner menschlichen Umgebung, die er nicht mehr meistert und die darum in Kürze zu Lebensbedingungen führen kann, die ihm unerträglich werden. Hier handelt es sich um ein so weit ausgreifendes Problem, daß die ganze Menschheitsfamilie davon betroffen wird.

All diesen neuen Sichten der Dinge muß der Christ seine Aufmerksamkeit zuwenden, um zusammen mit seinen Mitmenschen die Verantwortung für ein hinfort allen gemeinsames Geschick auf sich zu nehmen.

II. Ansprüche und Ideologien

22. Während der Fortschritt von Wissenschaft und Technik den äußeren Lebensbereich der Menschen gewaltig verändert hat und neue Denk- und Arbeitsformen, wie auch neue Kontakte unter den Men-

schen brachte, machen sich unter diesen Lebensverhältnissen von heute immer deutlicher zwei Bestrebungen bemerkbar. Je mehr nämlich das allgemeine Wissen und die Bildung zunehmen, um so mehr machen sich diese beiden Ausdrucksformen der menschlichen Würde und Freiheit geltend: der Anspruch auf Gleichheit und der Anspruch auf Mitbestimmung.

23. Manches ist schon geschehen, um diese beiden Bestrebungen zu verwirklichen und in die Strukturen der Gesellschaft einzubauen. Man hat die Menschenrechte proklamiert und durch internationale Abmachungen ihrer Anwendung die Wege gebahnt[16]. Trotzdem gibt es immer wieder ungerechte Diskriminierungen wegen Unterschieden von Rasse, Kultur, Religion, Staatsform. Tatsächlich werden die Menschenrechte zwar nicht mißachtet, aber doch zu wenig beachtet oder sie werden nur dem äußerlichen Schein nach beobachtet. In vielen Fällen bleibt die Gesetzgebung hinter den Erfordernissen des Lebens zurück. Freilich sind Gesetze nötig; aber sie reichen nicht aus, um menschliche Kontakte zu schaffen, die tatsächlich auf Gerechtigkeit und Gleichheit begründet sind. Die Lehre des Evangeliums schreibt uns Liebe vor und fordert besondere Rücksicht auf die Armen und ihre besondere Lage innerhalb der Gesellschaft. Zudem sind die mehr Begüterten verpflichtet, auf gewisse Rechte zu verzichten, um großzügiger mit ihren Mitteln anderen zu helfen. Ja, wenn der Mensch sich nur auf das beschränkt, was die Gesetze verpflichtend vorschreiben, und darüber hinaus sich nicht verpflichtet weiß zur Achtung und zur Hilfsbereitschaft für den anderen, kann auch die bürgerliche Gleichheit vor dem Gesetz als Vorwand dienen für schreiende Diskriminierungen, ständige Ausbeutung, ja verletzende Mißachtung. Ohne Neubelebung der Solidarität kann einseitig betonte Gleichheit zu einem überspannten Individualismus führen, wo jeder nur seine eigenen Rechte geltend macht auf Kosten des Gemeinwohls.

Wer sähe hier nicht die große Bedeutung christlicher Gesinnung, die zudem dem innersten Sehnen des Menschen entspricht, der geliebt sein will? „Die Liebe nimmt unter den irdischen Werten den ersten Platz ein; sie gewährleistet Frieden im sozialen wie im internationalen Bereich, indem sie allgemeine Brüderlichkeit herstellt[17]."

24. Die erwähnte doppelte Forderung von Gleichheit und Mitbestimmung zielt auf eine bestimmte Gestalt demokratischer Gesell-

schaft. Verschiedene Formen liegen vor; einige sind schon erprobt; aber keine von ihnen befriedigt vollkommen. So wird zwischen Ideologien und praktischer Erfahrung weiter um brauchbare Lösungen gerungen. Aufgabe des Christen ist es, sich daran ebenso zu beteiligen wie an der Gestaltung und am Leben der politischen Gemeinschaft. Als soziales Wesen schafft sich der Mensch sein eigenes Glück innerhalb zahlreicher partikularer Gemeinschaften, die als Abschluß eine Gemeinschaft universalen Charakters erfordern, nämlich die politische Gemeinschaft. In diese umfassende Gemeinschaft ist die Leistung der einzelnen einzugliedern; eben damit wird sie auf das Gemeinwohl hingeordnet[18]. Damit erhellt, wie wichtig die Erziehung zum politischen Leben ist, die dem einzelnen die Kenntnis seiner Rechte vermittelt, darüber hinaus den unlöslichen Zusammenhang zwischen den eigenen Rechten und den Pflichten gegenüber den anderen in Erinnerung ruft. Bewußtsein und tatsächliche Erfüllung von Pflichten hängen entscheidend ab von der Selbstbeherrschung, von der Anerkennung von Belastungen und von Einschränkungen, die der Freiheit des einzelnen wie auch der partikulären Gemeinschaft Grenzen ziehen.

25. Die politische Tätigkeit – muß man eigens bemerken, daß wir es hier mit einem Tun und nicht mit einer Ideologie zu tun haben? – muß sich stützen auf ein Gesellschaftsbild, das in sich geschlossen ist, sowohl was die anzuwendenden Maßnahmen angeht, als auch in der gedanklichen Konzeption, und sich gründet auf eine umfassendere Vorstellung von der Bestimmung des Menschen und von der Vielgestaltigkeit, in der eben diese Bestimmung in der Gesellschaft in Erscheinung tritt. Weder dem Staate noch den politischen Parteien, die ihre Anstrengungen auf sich selbst richten sollten, steht es zu, sich darauf zu verlegen, eine Ideologie anderen mit Mitteln aufzuzwingen, die zu einer Diktatur des Geistes, der schlimmsten aller Diktaturen, führen würden. Sache der kulturellen und religiösen Gemeinschaften ist es, bei ihren Anhängern – unbeschadet der Freiheit der Mitglieder ohne jeden Eigennutz und streng im Rahmen ihrer Zuständigkeit innerhalb des Gesellschaftsganzen – jene festen Überzeugungen zu fördern und zu entwickeln, die Wesen, Ursprung und Ziel des Menschen und der Gesellschaft betreffen.

In diesem Zusammenhang ist es gut an den Grundsatz zu erinnern, den das II. Vatikanische Konzil aussprach: „Die Wahrheit drängt sich auf keine andere Weise auf als kraft der Wahrheit selbst, die sanft und zugleich stark den Geist durchdringt[19]."

26. Daher kann der Christ, der nach seinem Glauben leben will und die politische Tätigkeit als Dienst zum Nutzen anderer ausübt, niemals – ohne sich selbst zu widersprechen – jenen Ideologien (ideologischen Systemen) Folge leisten, die von Grund aus oder doch in wesentlichen Stücken ihrer Lehre mit dem Glauben und dessen Menschenbild unvereinbar sind. Folglich kann er auch nicht der marxistischen Ideologie beipflichten, ihrem atheistischen Materialismus, ihrer Dialektik der Gewaltsamkeit, endlich der Art und Weise, wie sie die persönliche Freiheit in der Gemeinschaft aufgehen läßt und dabei zugleich dem Menschen, seiner persönlichen wie auch der gesamtmenschheitlichen Geschichte jeden transzendenten Bezug abspricht. Ebenso wenig kann der Christ der liberalistischen Ideologie beipflichten, die einseitig die Freiheit der Person überbetont, sie von jeder Bindung an Normen lösen möchte, nur aufstachelt zum Erwerb von Besitz und Macht, die sozialen Beziehungen der Menschen fast nur als sich von selbst einstellende Ergebnisse der privaten Initiativen ansieht, nicht aber als Ziel und als das Merkmal, wonach die Würde einer wohlgeordneten Gesellschaft sich bemißt.

27. Ist es noch nötig, die Zweideutigkeit einer jeden gesellschaftlichen Ideologie darzulegen? Einmal führt sie die praktische Staatspolitik oder Gesellschaftspolitik dahin, nur ein weltfremdes, rein theoretisches Gedankengebäude den tatsächlichen Gegebenheiten überzustülpen; ein andermal wird die Theorie zum bloßen Mittel einer gerissenen Taktik herabgewürdigt. Läuft der Mensch nicht in beiden Fällen Gefahr, sich selbst entfremdet zu werden? Der christliche Glaube steht wahrlich über diesen Ideologien und in wesentlichen Stücken gegen sie, insoweit er einen überweltlichen Gott als Schöpfer aller anerkennt, der durch alle Stufen der Schöpfung den Menschen ruft und anspricht, den Menschen, der mit Freiheit begabt und seinem Gewissen verantwortlich ist.

28. Eine weitere Gefahr wäre gegeben, wollte man sich ganz und gar einer Ideologie verschreiben, der eine wahre und vollständige wissenschaftliche Grundlage fehlt, und sich zu ihr flüchten, als spreche sie das

letzte und als Erklärung aller Dinge ausreichende Wort. Damit schüfe man sich ein neues Idol, dessen absolutem und sich aufzwingendem Charakter man sich unterwürfe – manchmal ohne es überhaupt zu merken. In einer solchen Ideologie meint man eine Rechtfertigung zu finden für noch so gewalttätiges Handeln und dabei und zugleich sein Verlangen, anderen Gutes zu tun, in großzügiger Weise befriedigen zu können. Dieses Verlangen besteht gewiß fort, läßt sich aber von einer Ideologie verschlingen, die zwar Mittel und Wege zur Befreiung des Menschen aufzeigen will, letzten Endes aber ihn versklavt.

29. Wenn heute erfahrene Männer von einem Rückgang der Ideologien zu sprechen beginnen, so könnte das vielleicht die Aussicht eröffnen, daß man für die christliche Religion und ihre unerschütterliche Transzendenz offener würde. Es kann aber auch das Abgleiten zu einer neuen, nämlich technizistischen Form des Positivismus kommen: beherrscht doch die Technik heimlich bereits seit langem das Tun und Treiben der Menschen und ihre menschliche Lebensweise, ja sogar die Form des sprachlichen Ausdrucks. Was aber ihr eigentlicher Sinn ist, danach wird kaum gefragt.

30. Übergehen wir diesen Positivismus, der nur den eindimensionalen Menschen kennt – so bedeutsam diese eine Dimension auch ist – und damit den Menschen sozusagen verstümmelt, so stößt der Christ doch bei seiner Tätigkeit auf Bewegungen, die auf ideologische Systeme zurückgehen, in anderer Hinsicht sich aber doch von ihnen unterscheiden. Bereits Unser verehrter Vorgänger seligen Andenkens Johannes XXIII. hat in seiner Enzyklika „Pacem in terris" auf diesen Unterschied hingewiesen. „Unbedingt sollte man", so führt er aus, „bestimmte Bewegungen, die sich mit wirtschaftlichen, sozialen und kulturellen Fragen oder der Politik befassen, unterscheiden von falschen philosophischen Lehrmeinungen über das Wesen, den Ursprung und das Ziel der Welt und Menschen, auch wenn diese Bewegungen aus solchen Auffassungen entstanden und von ihnen angeregt sind. Während die in ein System gefaßte und endgültig niedergelegte Weltanschauung nicht mehr geändert werden kann, unterliegen diese Bewegungen, die sich mit den je und je sich wandelnden Verhältnissen auseinanderzusetzen und ihnen anzupassen haben, unvermeidlichen Wandlungen. Wer könnte übrigens leugnen, daß in solchen Bewegun-

504

gen, soweit sie sich den Gesetzen einer geordneten Vernunft anpassen, und die gerechten Forderungen der menschlichen Person berücksichtigen, etwas Gutes und Anerkennenswertes sich finden kann[20]?"

31. Heutzutage üben sozialistische Ideologien und deren verschiedene, im Laufe der Zeit entstandene Abwandlungen große Anziehungskraft auf Christen aus. Sie suchen darin einige Anliegen wiederzuerkennen, die ihnen von ihrem Glauben her vertraut sind. Sie glauben sich auf diesen geschichtlichen Weg gedrängt zu sehen und möchten da ihre Mitarbeit leisten. Aber diese geschichtliche Strömung nimmt unter demselben Namen je nach Kontinenten oder Kulturen ganz andere Methoden an, auch wenn sie von Lehren ausgegangen ist oder heute noch ausgeht, die mit dem christlichen Glauben unvereinbar sind. Hier bedarf es eines genauen, scharfsichtigen Urteils. Allzu oft lassen Christen sich vom Sozialismus anziehen und zeigen die Neigung, sich von ihm ein Idealbild zu machen, als sei er etwas allseitig Vollkommenes; so erscheint der Sozialismus als der Wille zur Gerechtigkeit, zu gegenseitigem Verständnis und zur Gleichheit. Zudem weigern sie sich, von den Gewaltmaßnahmen der geschichtlichen sozialistischen Bewegungen Kenntnis zu nehmen, die nach wie vor Ausfluß seiner ursprünglichen Lehren sind. Zwischen den verschiedenen bekannten Formen, in denen sich der Sozialismus ausdrückt – hochherziges Streben und Suchen nach einer gerechteren Gestalt der Gesellschaft, geschichtliche Bewegungen mit politischer Organisation und Ausrichtung, systematisch ausgebaute Ideologie, die vorgibt, ein vollständiges und autonomes Menschenbild zu bieten – sind Unterschiede zu machen, um die richtige Auswahl zu treffen. Allerdings darf man dabei nicht so verfahren, daß der Anschein entsteht, diese verschiedenen Erscheinungsformen ließen sich sauber voneinander trennen und bestünden jede für sich. Vielmehr muß das je nach Lage der Dinge sie tatsächlich untereinander verbindende Band deutlich gesehen werden; dieser Durchblick macht es für den Christen erkennbar, wie weit er sich einlassen und an den Vorhaben beteiligen darf, ohne daß unmerklich die Werte der Freiheit, der Verantwortung im Gewissen und der Raum für geistiges (geistliches) Leben dabei zu Schaden kommen; all das sind ja Vorbedingungen einer ganzheitlichen und vollkommenen Entwicklung des Menschen.

32. Andere Christen fragen sich sogar, ob die geschichtliche Entwicklung des Marxismus nunmehr eine gewisse Annäherung erlaube. Sie glauben eine Auflösung (Auffächerung) des Marxismus zu beobachten, der sich als eine Erklärung des Menschen und der Welt aus der Entwicklungstheorie dargeboten habe und daher atheistisch gewesen sei. Außer den in aller Öffentlichkeit ausgetragenen ideologischen Kontroversen zwischen den Repräsentanten der verschiedenen Richtungen des Marxismus-Leninismus über die rechte Auslegung und Meinung der Begründer, außer dem offenen Gegensatz der sich auf sie berufenden politischen Machtblöcke, wollen einige auch Unterschiede feststellen zwischen verschiedenen „Ebenen" des Marxismus.

33. Für die einen bleibt der Marxismus hauptsächlich aktive Praxis des Klassenkampfes. Auf Grund ihrer Erfahrung von der ständigen Härte und der unablässigen Wiederkehr von Machtherrschaft und ungerechter Ausbeutung der Menschen sind sie der Ansicht, der Marxismus sei nichts anderes als Kampf manchmal ohne jedes weitere Ziel, ein Kampf, der dauernd in Gang zu halten und immer von neuem zu schüren sei. Für andere wieder ist er die Ausübung aller politischen und wirtschaftlichen Macht unter der Leitung einer einzigen Partei, die für sich in Anspruch nimmt, sie allein vertrete und gewährleiste das Wohl aller, und die darum allen einzelnen wie auch allen Gemeinschaften die Macht zu handeln und Entscheidungen zu treffen versage. Für wieder andere besagt der Marxismus drittens – gleichviel, ob er sich an der Macht befindet oder nicht – eine sozialistische Ideologie auf der Grundlage des historischen Materialismus und der Leugnung alles Jenseitigen. Schließlich erscheint er anderen noch in einer verdünnten Form, die gerade die Menschen unserer Zeit sehr anspricht: er erscheint als eine wissenschaftliche Arbeitsweise, als eine Methode zu genauester Erforschung sozialer und politischer Verhältnisse und als die rationelle, zudem geschichtlich bereits erprobte Verknüpfung theoretischer Erkenntnisse mit der Praxis revolutionären Umsturzes. Obwohl diese Deutungsweise einige Aspekte der wirklichen Sache überbewertet, andere hingegen vernachlässigt und sie ideologisch interpretiert, verschafft sie doch manchen Menschen – zugleich mit einem Arbeitsinstrument – die vorweggenommene Überzeugung zum Handeln, indem sie sich zuschreibt, auf wissenschaftlichem Wege zu ermitteln, welches die treibenden Kräfte sind, die den Fortschritt der menschlichen Gesellschaft tragen.

34. Kann man im Marxismus, wie er im Leben praktiziert wird, diese verschiedenen Ausdrucksformen und die sich daraus für die Entscheidung und für das Handeln der Christen ergebenden Fragen unterscheiden, so wäre es doch in hohem Grad töricht und gefährlich, darüber zu vergessen, welch enges Band sie alle untereinander verknüpft; desgleichen, Elemente der marxistischen Forschung zu übernehmen, ohne ihre Beziehungen zur Lehre selbst in Betracht zu ziehen, und schließlich sich am Klassenkampf zu beteiligen und dabei seine marxistische Deutung zu bejahen, dagegen den gewaltsamen und absolutistischen Charakter der Gesellschaft zu übersehen, zu dem diese Verfahrensweise allmählich führt.

35. Auf der anderen Seite erleben wir eine Erneuerung der sogenannten liberal(istisch)en Ideologie. Diese Bewegung erhält sich lebenskräftig, indem sie sich auf ihre wirtschaftlichen Erfolge beruft, aber auch dank dem Streben des einzelnen, sich gegen die immer mehr um sich greifende Macht der Verbände wie auch gegen totalitäre Staatsgewalt zu schützen. Gewiß sind die Initiativen der einzelnen zu unterstützen und zu fördern. Machen aber die Christen, die sich für diesen Weg entscheiden, sich nicht ein idealisiertes Bild eines in jeder Hinsicht vollkommenen Liberalismus, der so zum Herold der Freiheit aufgewertet wird? Sie wünschen sich eine neue zeitentsprechendere Form des Liberalismus, wobei sie jedoch allzuleicht vergessen, daß der philosophische Liberalismus in seiner Wurzel die Irrlehre von der Autonomie des einzelnen ist in bezug auf sein Tun, seine Motivation und in bezug auf den Gebrauch, den er von seiner Freiheit macht. Daraus folgt, daß auch die liberalistische Ideologie vom Christen sorgsames Urteil erfordert.

36. Bei diesem neuen Ansturm der Ideologien muß der Christ die Grundsätze und Regeln für sein Handeln den Quellen seines Glaubens und dem Lehramt der Kirche entnehmen, um sich nicht zunächst anziehen und zuletzt einsperren zu lassen in ein Lehrgebäude, über dessen Ziele und Totalitätsanspruch er sich erst zu spät klar wird, wenn er sie nicht bereits in seinen Wurzeln erkannte. Über alle ideologischen Systeme hinausschreitend, ohne deswegen in seinem Einsatz für seine Brüder zu erlahmen, wird er durch die Wahl der Mittel und Wege, für die er sich entscheidet, den besonderen Wertgehalt des christlichen Beitrages zur Bessergestaltung der Gesellschaft erweisen[21].

37. Heute treten zudem die Schwächen der Ideologien deutlicher zutage in den verschiedenen Versuchen, sie in die Praxis umzusetzen. Der bürokratische Sozialismus, der technokratische Kapitalismus und die autokratische Demokratie zeigen zur Genüge die Schwierigkeit der großen Aufgabe, menschliches Zusammenleben in Gerechtigkeit und Gleichheit zu gestalten. Wie könnten sie dem Materialismus, der nur auf eigenen Nutzen bedachten Ichsucht und grausamer Zwangsgewalt entgehen, die notwendig zu ihnen gehören? Woher der Protest, der sich mehr oder weniger überall als Ausdruck inneren Mißbehagens erhebt, während zugleich ein Wiederaufleben dessen zu beobachten ist, was man als Utopien zu bezeichnen pflegt, die bessere Lösungen der heute anstehenden gesellschaftspolitischen Probleme versprechen als die Ideologien? Unbestreitbar ist die Berufung auf irgendein Traumbild der Gesellschaft oft nur eine bequeme Ausrede für diejenigen, die sich den ernsthaft drängenden Aufgaben zu entziehen wünschen, um sich in eine erdichtete, unwirkliche Welt zu flüchten. In einer ersonnenen Zukunftswelt zu leben kann leicht als Vorwand dienen, um im Augenblick dringende Pflichten zu vernachlässigen. Allerdings muß anerkannt werden, daß diese Art, an der heute bestehenden Gesellschaft Kritik zu üben, die schöpferische Kraft des Geistes beflügelt, sowohl gegenwärtige, aber bisher übersehene Möglichkeiten zu entdecken als auch den Sinn auf bessere künftige Lösungen zu lenken. Überdies stützt sie die soziale Dynamik durch die Zuversicht, die sie den schöpferischen Kräften des menschlichen Geistes und Herzens einflößt, und wenn sie sich nach allen Seiten offen hält, kann es auch zur Begegnung mit den aus christlichen Quellen entsprungenen Antrieben kommen. Denn der Geist des Herrn, der den in Christus erneuerten Menschen belebt, setzt sich ohne Unterlaß hinweg über die Grenzen, hinter denen der Mensch, um jeder Beunruhigung zu entgehen, sich zu verschanzen sucht, wie auch über die äußersten Ziele, über die hinaus er keinen Einsatz wagen möchte. In ihm ist eine Kraft, die über alle Systeme und Ideologien hinaustreibt. Mitten in dieser Welt liegt das Geheimnis des Menschen, der sich als Kind Gottes vorfindet in einem geschichtlichen und psychologischen Prozeß, in dem Zwang und Freiheit, die Last der Sünde und das Wehen des Geistes mit wechselreichem Ausgang miteinander ringen.

Die frohe christliche Glaubenskraft überwindet auch die kleinlichen Berechnungen einer verblendeten, auf Eigennutz bedachten Selbstliebe. Beseelt von der Kraft des Geistes Jesu Christi, des Erlösers der Menschen, und bestärkt durch die Hoffnung, opfert sich der Christ zur Mitarbeit am Aufbau einer friedlichen, gerechten und brüderlichen Menschheitsfamilie, die eine gottwohlgefällige Gabe sein soll[22]. In der Tat „darf die Erwartung einer neuen Erde die Sorge für die Gestaltung dieser unserer Erde nicht abschwächen, auf der uns der wachsende Leib der neuen Menschheitsfamilie eine umrißhafte Vorstellung von der zukünftigen Welt geben kann, sondern muß sie im Gegenteil ermutigen[23]".

38. In dieser Welt, die auf Grund der fachwissenschaftlichen und technischen Errungenschaften einem Wandel unterworfen ist, der eine neue Art von Positivismus mit sich zu bringen droht, erhebt sich noch ein anderes Problem von noch viel größerer Bedeutung. Nachdem der Mensch die Natur seiner Vernunft untertan gemacht hat, sieht er sich selbst in seine Vernunftschlüsse eingesperrt; er wird seinerseits zum Gegenstand der Wissenschaft. Die Humanwissenschaften erfahren heute einen sehr bezeichnenden Aufschwung. Auf der einen Seite werden die bisher gültigen Kenntnisse vom Menschen, als zu einseitig empirisch oder theoretisch fundiert, einer bis auf den Grund gehenden Prüfung unterzogen. Auf der anderen Seite kommen die Humanwissenschaften infolge von Zwangsläufigkeiten ihrer Methode, aber auch infolge ihrer vorgefaßten Meinungen mehr und mehr dazu, je nach Lage der Dinge bestimmte Aspekte des Menschen auseinanderzureißen, ihnen aber trotzdem eine Deutung zu geben, als sei damit der ganze Mensch erfaßt, oder doch eine Deutung, für die sie trotz der rein quantitativen oder phänomenologischen Sicht Totalität in Anspruch nehmen. Diese wissenschaftliche „Reduktion" verrät eine gefährliche Anmaßung. Einer solchen Forschungsweise und Analyse das Hauptgewicht zuerkennen, heißt den Menschen verstümmeln und ihn unter dem Schein wissenschaftlicher Verfahrensweise unfähig zu machen zum vollständigen Verständnis seiner selbst*.

39. Nicht weniger sorgfältig ist auf die Auswirkungen zu achten, welche diese Wissenschaften haben könnten. Sie geben nämlich Anlaß,

---

* Auch an dieser Stelle weichen die Übersetzungen der Vatikanischen Druckerei übereinstimmend vom lateinischen Text ab; nach ihm machen die Humanwissenschaften sich selbst (!) unfähig zum vollen Verständnis des Menschen.

soziale Musterbeispiele auszuarbeiten, die später als wissenschaftlich bewährte Verhaltensnormen anderen auferlegt werden sollen. Somit könnte der Mensch gleichsam zum Objekt werden, dessen Wünsche und Bedürfnisse gelenkt, seine Gesinnung verändert, ja sogar dessen Werthierarchie angetastet wird. Zweifellos liegen darin ernste Gefahren für die Gesellschaft der Zukunft wie auch für den Menschen selbst. Sind auch alle darin einig, eine neue Gesellschaft aufbauen zu wollen, die wirklich dem Menschen dient, so muß man doch zuallererst wissen, was für einen Menschen man da meint.

40. Argwohn gegenüber den Humanwissenschaften befällt den Christen mehr als jeden anderen, doch erweist er sich ihnen gegenüber nicht als wehrlos*. Schrieben Wir doch in Unserer Enzyklika „Populorum progressio", gerade in diesem Bereich könne die Kirche zu allen Kulturen einen spezifischen Beitrag leisten: „Sie teilt mit den Menschen deren bestes Streben, und leidet, wenn es nicht erfüllt wird. Sie möchte ihnen helfen, sich voll zu entfalten und deswegen eröffnet sie ihnen das, was ihr allein eigen ist: eine umfassende Sicht des Menschen und des Menschtums[24]."
Muß daher die Kirche gegen die Humanwissenschaften und ihre Fortschritte protestieren und ihre Anmaßung rügen? Gleich wie bei den Naturwissenschaften, so bringt die Kirche auch ihren Forschungen Vertrauen entgegen und fordert die Christen auf, sich nachdrücklich daran zu beteiligen[25]. Christen, die mit Methodenstrenge und beseelt von dem Verlangen, mehr über den Menschen zu wissen, zugleich aber erleuchtet von ihrem Glauben, sich den Humanwissenschaften widmen, können den gute Früchte versprechenden Dialog zwischen der Kirche und den Fachleuten dieses Gebiets eröffnen. – Freilich kann jede wissenschaftliche Einzeldisziplin nur einen, wenn auch zutreffenden Aspekt des Menschen studieren; der ganzheitliche Aspekt und seine Bedeutung entzieht sich ihr. Nichtsdestoweniger erfüllen diese Wissenschaften innerhalb ihrer Grenzen einen Dienst, den die Kirche gern anerkennt. Ja, sie könnten der christlichen Sozialethik hilfreich beispringen, die sich damit wird abfinden müssen, aus dem Bereich,

---

* Nach den modernsprachlichen Ausgaben der Vatikanischen Druckerei muß es heißen: „Der Argwohn der Humanwissenschaften richtet sich mehr als auf alle anderen auf den Christen, trifft ihn aber nicht waffenlos an."

wo es darum geht, fertige Sozialmodelle auszuarbeiten, hinausgedrängt zu werden, wogegen ihre Aufgabe an Gewicht gewinnen wird, zu werten und die Verknüpfung nach oben herzustellen, indem sie die Fragwürdigkeit der Verhaltensvorschriften und der Werte dartut, die in diesen und jenen Modellen als endgültig und der Menschennatur eingeboren aufscheinen. Um unser Wissen vom Menschen zu erweitern, sind diese Wissenschaften wohl nicht zu entbehren, aber doch auch wieder ungenügend. Die Sprache dieser Wissenschaften wird von Tag zu Tag komplizierter, und anstatt das Geheimnis des menschlichen Herzens zu erklären, machen sie es nur noch größer. Auf das Sehnen, das aus seiner innersten Tiefe hervorbricht, haben sie keine Antwort.

41. Dieses reichere Wissen über den Menschen gestattet auch, einen Grundbegriff besser zu beurteilen und zu durchleuchten, der Triebkraft, Norm und Ziel der heutigen Gesellschaft ist: den Begriff „Fortschritt". Schon seit dem 19. Jahrhundert setzten die abendländischen Völker und viele andere, die mit ihnen in Führung standen, ihre Hoffnung auf einen ununterbrochenen weitergehenden Fortschritt ohne absehbares Ende. Dieser Fortschritt schien ihnen zu bestehen in dem Ringen des Menschen um Befreiung von naturgesetzlichen Schranken und sozialen Zwängen. Darin erblicken sie die Voraussetzung und das Maß der menschlichen Freiheit! In dem Maße, wie die heutigen Massenmedien die Begierde nach mehr Wissen und mehr Konsum steigern, wird der Fortschritt sozusagen eine allgemeingültige Ideologie. Trotzdem wird heute der Zweifel laut: welchen Wert hat er denn eigentlich und worauf läuft er hinaus? Was bedeutet letztendlich dieses unersättliche Streben nach einem Fortschritt, der jedesmal wieder entschlüpft, wenn man ihn erreicht zu haben glaubt? Ein ungezügelter Fortschritt schenkt dem Menschen keine wahre Zufriedenheit. Zweifellos mit vollem Recht hat man auf die Grenzen und sogar Schäden eines rein quantitativen wirtschaftlichen Wachstums hingewiesen und hat mehr Gewicht auf die qualitative Seite gelegt. Beschaffenheit und namentlich Echtheit der menschlichen Beziehungen, der Grad der Mitbestimmung und Mitverantwortung sind für die künftige Gesellschaft nicht weniger bedeutsam und wichtig als die Menge und Vielfalt der produzierten und dem Verbraucher zugeführten Güter. Hat der Mensch erst einmal die einseitige Sucht überwunden, alles nach dem

Erfolg in der Gütererzeugung und im Güteraustausch, nach Macht- und Nutzenbeziehungen zu beurteilen und zu messen, dann will er diese quantifizierbaren Güter ersetzen durch vertiefte zwischenmenschliche Beziehungen, Verbreitung des Wissens, Entfaltung vielfältiger Formen menschlichen Geisteslebens, Austausch wechselseitiger Dienste, Einsatz aller für gemeinsame Aufgaben. Besteht ein Fortschritt, der wirklich diesen Namen verdient, nicht in der Schärfung des Gewissens, derzufolge der Mensch Verantwortung für weitere gesellschaftliche Bereiche auf sich nimmt und aus freien Stücken sich für das zur Verfügung stellt, was Gott und die Menschen von ihm erwarten? Beim Christen kann es nicht ausbleiben, daß dieser Fortschritt sich mit dem eschatologischen Geheimnis des Todes berührt: der Tod Christi nämlich, seine Auferstehung wie auch der Antrieb des Geistes des Herrn, helfen dem Menschen, zum Dank für die empfangenen Wohltaten seine schöpferische Freiheit dort einzusetzen, wo allein wahrer Fortschritt ist, und nur für die Hoffnung, die allein nicht zuschanden wird[26].

III. Die Christen vor den neuen Problemen

42. Angesichts der Fülle neuer Probleme muß die Kirche verstärkte Überlegungen anstellen, wie sie in dem ihr eigenen Bereich den in sie gesetzten Erwartungen gerecht werden könne. Erscheinen die heute uns bedrängenden Schwierigkeiten einzigartig, sei es wegen ihres Ausmaßes, sei es wegen ihrer Dringlichkeit, ist der Mensch deswegen unfähig, sie zu meistern? Die kirchliche Soziallehre mit dem ihr eigenen Dynamismus geht ihm bei diesem seinem Suchen nach Lösungen zur Hand. Wenn sie auch nicht interveniert, um eine bestehende Struktur kraft ihrer Autorität zu bestätigen oder ein vorfabriziertes Muster vorzulegen, beschränkt sie sich doch nicht darauf, einige allgemeine Grundsätze in Erinnerung zu rufen. Nein, sie entfaltet sich durch Überlegung und Forschung in ständiger Anwendung auf den ständigen Wechsel der Dinge dieser Welt, alles unter dem Impuls des Evangeliums als einer Quelle der Erneuerung, sofern nur seine Botschaft und seine Forderungen in ihrem vollen Umfang ernst genommen werden. Diese Soziallehre entfaltet sich besonders kraft der der Kirche eigenen, ganz und gar uneigennützigen Gesinnung des Dienst-

willens und besonderen Zuwendung zu den Ärmsten. Schließlich schöpft sie Kräfte aus der reichen Erfahrung von Jahrhunderten, was ihr erlaubt, die in der heutigen Zeit erforderlichen kühnen und schöpferischen Neuerungen einzubauen in das, was unveränderlich das Ziel aller Mühen und Sorgen der Kirche bleibt.

43. Vor allem muß eine größere Gerechtigkeit in der Verteilung der Güter, sowohl auf nationaler wie auch auf internationaler Ebene, hergestellt werden. Im Welthandel muß man von machtbestimmten Beziehungen abkommen und zu freien Vereinbarungen gelangen, die den Interessen aller Beteiligten gerecht werden. In der Tat haben Machtbeziehungen noch nie eine wahre, dauerhafte Gerechtigkeit hergestellt, obwohl der Wechsel der Machtlagen gelegentlich günstigere Voraussetzungen für die Verhandlungen herbeiführt. Der Einsatz von Macht ruft Gegenmacht auf den Plan, woraus sich ein Kampfzustand ergibt, der zu schwerem Unrecht und zu Ausschreitungen führt[27]. Schon oft haben Wir betont, daß die wichtigste Pflicht der Gerechtigkeit darin besteht, jedem Volk seine eigene Entwicklung zu erlauben, frei von jedem wirtschaftlichen und politischen Machtdruck. Freilich sind die Probleme außerordentlich komplex, weil alles mit allem zusammenhängt. Man muß aber den Mut aufbringen zu einer Umgestaltung der Beziehungen der Völker untereinander, gleichviel ob es um die Aufteilung der Gütererzeugung unter den Völkern geht, oder um die Art und Weise des Güteraustausches, um Kontrolle der Gewinne oder um die Regelung des Geldwesens – nicht zu vergessen auch die großen Aktionen menschlicher Solidarität –; auf diese Weise werden die Ursachen des vorauseilenden wirtschaftlichen Wachstums der wohlhabenden Länder einer Prüfung unterzogen und ein Wandel der Gesinnung sowie die Bereitschaft herbeigeführt, den internationalen Verpflichtungen den Vorrang zuzuerkennen; endlich bedürfen die internationalen Organisationen einer Neubelebung, um ihre Wirksamkeit zu steigern.

44. Die neuen Produktionssysteme sprengen sozusagen die nationalen Grenzen; neue Wirtschaftsmächte entstehen, multinationale Konzerne, die, gestützt auf die gewaltigen in ihnen zusammengefaßten und zu vielseitiger Verwendung einsetzbaren Mittel völlig eigenmächtig vorgehen, niemanden unterstehen, weitgehend auch von staatlicher

Autorität unabhängig sind und daher auch keiner Kontrolle in bezug auf das Gemeinwohl unterliegen. Auf Grund ihrer weit ausgreifenden Geschäftigkeit können diese privaten Unternehmen sich zu einem neuartigen, durchaus unzulässigen wirtschaftlichen Machtfaktor auswachsen mit Auswirkungen in den sozialen, in den kulturellen, ja sogar auch in den politischen Bereich. Diese ungeheure Zusammenballung von Kapital und Macht, vor der schon Unser Vorgänger seligen Andenkens Pius XI. gelegentlich der Vierzigjahrfeier von „Rerum novarum" gewarnt hat, kommt erst heute so richtig zum Abschluß.

45. Heute haben die Menschen das dringende Verlangen nach Freiheit von Not und Abhängigkeit. Diese Befreiung beginnt aber mit der wiedererrungenen inneren Freiheit gegenüber dem eigenen Besitz und der eigenen Macht. Dazu werden sie aber nur gelangen durch eine sich selbst übersteigende Liebe zum Mitmenschen und aus ihr entspringender Dienstbereitschaft. Andernfalls führen die revolutionärsten Ideologien bekanntlich nur zu einem Wechsel der Machthaber. An die Macht gelangt, werden die neuen Herren sich selbst Vergünstigungen zuerkennen, die Freiheit anderer einschränken und neue Formen von Ungerechtigkeit einreißen lassen.
Ein großer Teil der Menschen von heute geht so weit, ganz grundsätzlich nach der menschlichen Gesellschaft und ihrer rechten Gestalt zu fragen. Der Ehrgeiz vieler Nationen geht dahin, in einem Wetteifer, der sie in Gegensatz zueinander bringt, die technische, wirtschaftliche und militärische Überlegenheit zu erringen. Eben dies verhindert, daß Einrichtungen geschaffen werden, die den Aufstiegswillen an ein strenges Maß der Gerechtigkeit binden, anstatt daß der Abstand (zwischen arm und reich) immer noch wächst, die Menschen in Argwohn und Streit miteinander leben und damit den Frieden ständig gefährden.

46. Zeigt sich übrigens nicht gerade hier die Begrenztheit der Wirtschaft? Unentbehrlich wie sie ist, kann die wirtschaftliche Betätigung, sofern sie sich wirklich in den Dienst an der menschlichen Person stellt, „die brüderliche Liebe zur Entfaltung bringen und Gottes hilfreiche Fürsorge sichtbar darstellen[28]". Sie gibt Gelegenheit, Güter und anderes unter den Menschen auszutauschen, Rechte anzuerkennen, Dienste zu leisten und zu empfangen und die Würde der menschlichen Ar-

beit zu bekunden. Oft genug Schlachtfeld, auf dem die streitenden Teile zusammenprallen und sich bekämpfen, kann die Wirtschaft ebensogut zu Absprachen führen und hilfreiche Zusammenarbeit veranlassen. Freilich bleibt die Gefahr, daß sie zu einem übermäßigen Verschleiß von Kräften und Verlust an Freiheit führt[29]. Eben darum erweist sich der Schritt von der Wirtschaft zur Politik als unerläßlich. ‖
Ganz gewiß kann, wenn von „Politik" die Rede ist, vielerlei darunter verstanden werden, woraus Verwirrung entsteht, und das darum klar auseinandergehalten werden muß; darüber aber besteht allgemeine Übereinstimmung, daß die Entscheidungen im sozialen und wirtschaftlichen Bereich sowohl auf nationaler wie auf internationaler Ebene der politischen Autorität zustehen.

Diese politische Autorität, die gleichsam das naturgegebene und notwendige Band ist, das die sozialen Gebilde zusammenhält, muß sich das Gemeinwohl zum Ziel setzen. Unbeschadet der berechtigten Freiheiten der Personen, Familien und der intermediären (subsidiären) Gruppen, richtet ihre Wirksamkeit sich darauf, allen einzelnen die Daseinsbedingungen zu sichern, ohne die das wahre und vollständige Wohl des Menschen, das auch seine geistliche Endbestimmung einschließt, nicht erreicht werden kann. Diese Autorität betätigt sich innerhalb der Grenzen ihrer Zuständigkeit, die nach Ländern und Völkern verschieden bemessen sein kann. Immer läßt sie sich vom Gerechtigkeitssinn leiten und vom Willen, dem Gemeinwohl zu dienen, für das sie die letzte Verantwortung trägt. Auch entzieht sie weder den einzelnen Menschen noch den intermediären Gruppen die ihnen zustehenden Arbeitsbereiche und ihre eigenen Verantwortlichkeiten für ihre Beiträge zum Gemeinwohl. Ist doch „jedwede Gesellschaftstätigkeit ihrem Wesen und Begriff nach subsidiär; sie soll die Glieder des Sozialkörpers unterstützen, darf sie aber niemals zerschlagen oder aufsaugen[30]". Bei der Ausübung des ihr eigenen Amtes muß die politische Autorität sich von Einzelinteressen freimachen und sich verantwortlich wissen für das Wohl aller, sogar über die staatlichen Grenzen hinaus. Nimmt man die Politik auf ihren verschiedenen Ebenen, der lokalen, der regionalen, der nationalen und auf Weltebene wirklich ernst, dann kommt es darauf hinaus, daß der Mensch, jeder einzelne Mensch die Pflicht hat, anzuerkennen, was es heißt und was es bedeutet, daß ihm offensteht, in freier Entscheidung seine Mitarbeit zu leisten und Mitsorge zu tragen um das Wohl und Wehe der Gemeinde, der Nation, der Menschheit. Die Politik ist eine anspruchsvolle, aber nicht die einzige Art, die schwerwiegende Christenpflicht zu erfüllen, anderen zu dienen. Die Politik kann nicht alle Probleme lösen, bemüht sich aber, die wechselseitigen Beziehungen der Menschen zu verbessern. So weit und umfassend ihr Bereich auch ist, so läßt sie nichtsdestoweniger auch anderen Raum. Das Vorhaben jedoch, die Politik ohne Einschränkung in alle Bereiche eindringen zu lassen, würde zu einer großen Gefahr. Bei aller Anerkenntnis, daß die Politik ihren eigenen Gesetzen untersteht, werden die in ihren Dienst tretenden Christen alles daran setzen, daß ihre Entscheidungen mit dem Evangelium in Einklang stehen. In dem Bereich jedoch, wo in guten Treuen eine Mehrzahl von Plänen und Meinungen nebeneinander vertreten werden kann, werden sie als einzelne und als Gemeinschaft Zeugnis ablegen für die Echtheit und die Aufrichtigkeit ihres Glaubens, aus dem sie den Antrieb schöpfen, in nicht eigennütziger, sondern gemeinnütziger Gesinnung ihren Dienst am Menschen zu leisten.

47. Der Übertritt (aus dem Bereich der Wirtschaft) in die Politik ist ein deutliches Zeichen dafür, wie sehr der heutige Mensch nach mehr Mitverantwortung und Mitentscheidung verlangt. Je höher die Kultur steht, je stärker der Sinn für Freiheit wird, und je mehr der Mensch zu der Einsicht kommt, wie schwerwiegend die unter den Ungewißheitsbedingungen von heute getroffenen Entscheidungen sich auf die Lebensbedingungen der Zukunft auswirken können, um so dringender wird dieses berechtigte Verlangen. Unser Vorgänger seligen Andenkens Johannes XXIII. bezeichnet in seinem Rundschreiben „Mater et magistra[31]" die Übernahme von Verantwortung als eine elementare Forderung der Natur der Menschen und zugleich als Bestätigung seiner Freiheit und als Weg zur persönlichen Entfaltung; er zeigt auch Wege auf, wie diese Mitbestimmung sich im Bereich der Wirtschaft, insbesondere in den Unternehmungen verwirklichen läßt[32]. Heute erstreckt dieser Bereich sich noch weiter und umfaßt auch den gesellschaftlichen und staatlichen Raum, in dem gleichfalls Beteiligung an Pflichten und Entscheidungen eingeführt und weiter ausgebaut werden sollten. Freilich sind die zur Entscheidung stehenden Fragen immer verwickelter, die Gesichtspunkte, die zu beachten sind, immer zahlreicher; die zu erwartenden Ergebnisse hängen immer von nicht

berechenbaren Zufallsfaktoren ab, trotz der besseren Informationen, die von neu entstandenen Fachwissenschaften geliefert werden und die in kritischen Augenblicken zu treffende verantwortliche Entscheidung auf eine bessere Grundlage stellen. Mögen also auch hier und da unübersteigbare Grenzen bestehen, so dürfen diese Schwierigkeiten doch auf keinen Fall verzögern, daß immer mehr Menschen an der Vorbereitung von Entscheidungen, an den Entscheidungen selbst und an deren Ausführung beteiligt werden. Um gegen die um sich greifende Technokratie ein Gegengewicht zu schaffen, müssen neue, dem heutigen Leben angepaßte Formen einer echten Volksherrschaft gefunden werden, die dem einzelnen Menschen Möglichkeit zur Information und zur Meinungsäußerung geben und ihn auch zur Übernahme von Verantwortungen verpflichten. Auf diese Weise verwandeln sich lose Menschengruppen allmählich in Partnerschaften und Lebensgemeinschaften. Desgleichen wird die menschliche Freiheit, die allzu oft ihre Rechte beansprucht auf Kosten der Freiheit anderer, eine ihrem innersten Sinn gemäße höhere Stufe ersteigen, indem sie nämlich dahin zielt, sich zu mühen und dafür einzusetzen, daß alle ihr Tun und Wollen auf das soziale Miteinander ausrichten. In christlicher Sicht aber ist es nur die völlige Hingabe an Gott, in der der Mensch jene wahre Freiheit erlangt, die durch Christi Tod und Auferstehung uns wiedergeschenkt worden ist.

IV. Aufruf zum Einsatz

48. Im sozialen Bereich hat die Kirche immer eine doppelte Aufgabe erfüllen wollen: einmal durch das Licht, das sie ausstrahlt, dem Menschen zu helfen, die Wahrheit zu ermitteln und unter den vielen, sie umwerbenden Lehrsystemen den sicheren Weg zu erkennen; zum anderen Mal ihre Bemühungen darauf zu richten, daß das Evangelium seine Kraft ausstrahlen lasse durch tatkräftigen Dienst am Menschen. Geschah es nicht aus Treue zu dieser ihrer apostolischen Aufgabe, wenn die Kirche Priester zu den Arbeitern entsandte, die dadurch, daß sie ganz und gar deren Lebensbedingungen teilten, ihnen die Sorge und Hilfsbereitschaft der Kirche bezeugten?

517

Deshalb drängen Wir von neuem und noch nachdrücklicher alle Glieder der christlichen Familie zum täglichen Einsatz und tun dies mit den gleichen Worten, wie Wir sie in der Enzyklika „Popularum progressio" (Über die Entwicklung der Völker) an alle Kreise richteten, um sie zur Tat aufzurufen: „die Laien müssen es als ihre Aufgabe erkennen, die irdischen Dinge in eine bessere Ordnung zu bringen. Wenn es die Aufgabe der Hierarchie ist, die für diesen Bereich geltenden Grundsätze zu lehren und verbindlich auszulegen, dann ist es die Aufgabe der Laien, in freier Initiative und ohne erst saumselige Weisungen und Vorschriften von anderer Seite abzuwarten, das Denken und die Sitten, die Gesetze und die Lebensordnungen ihrer Gemeinschaft mit christlichem Geist zu durchdringen[33]." So möge ein jeder sich erforschen und sich Rechenschaft darüber geben, was er bis jetzt getan hat und was er von Rechts wegen tun sollte. Es genügt nicht, allgemeine Grundsätze dem Gedächtnis der Menschen einzuhämmern, gute Vorsätze zu beteuern, schreiende Ungerechtigkeiten anzuprangern, mit prophetischem Freimut Strafgerichte anzukündigen; alles das bedeutet nichts, wenn damit nicht verbunden ist das Ernstnehmen der eigenen Verantwortung und ein entsprechend entschlossenes Handeln. Zweifellos ist es bequemer, anderen die Schuld an den bestehenden, ungerechten Lebensverhältnissen zuzuschieben, als sich der Einsicht zu erschließen, daß man auch selbst nicht frei von Schuld ist und daß jeder mit der Besserung bei sich selbst anfangen muß. Diese allem zugrundeliegende demütige Geisteshaltung jedoch bewahrt die Arbeit vor verletzenden Schärfen und allem Sektierertum; sie verhütet auch die Entmutigung angesichts der geradezu unermeßlichen Größe der zu bewältigenden Aufgabe. Der Anhänger Christi schöpft Hoffnung vor allem aus seinem Wissen, daß der Herr Jesus mit uns am Werke ist in der Welt, und daß er in der Kirche – die sein Leib ist – und durch sie in der gesamten Menschheit sein Erlösungswerk weiterführt, das durch das Kreuzesopfer vollbracht, am Auferstehungsmorgen siegreich erstrahlte[34]. Diese Hoffnung stützt sich zudem beim Christen auch darauf, daß er wahrnimmt, wie andere in gleichem Sinne wie er für Gerechtigkeit und Frieden eintreten. Schlummert doch in jedem Menschenherzen unter der Maske der Gleichgültigkeit ein geheimes Verlangen nach brüderlichem Zusammenleben und die Sehnsucht nach Frieden, die Erfüllung finden muß.

49. Angesichts der Vielfalt der Situationen, der Funktionen und der Organisationen muß jeder sich darüber klar werden, wie er seinen Pflichtenkreis abzustecken hat, und nur von seinem ehrlichen Gewissen sich sagen lassen, zu welchem Einsatz er berufen ist. Inmitten weit auseinanderlaufender Bewegungen, in denen sich neben rechtmäßigen Forderungen auch sehr verworrene Bestrebungen zeigen, muß der Christ sehr sorgfältig seinen Weg wählen und sich hüten, sich auf bedingungslose und den Grundsätzen echter Humanität zuwiderlaufende Beteiligung an Unternehmungen einzulassen, sei es auch mit Berufung auf tiefempfundene Solidarität. Will der Christ wirklich in Übereinstimmung mit dem, was sein Glaube ihn lehrt, seine spezifische Leistung erbringen – was gerade die Nichtgläubigen von ihm erwarten –, dann muß er bei seinem aktiven Einsatz hellwach darauf achten, seine Motivation deutlich hervortreten zu lassen, um in viel umfassenderer Sicht über die unmittelbar verfolgten Ziele hinausblickend, die Gefahren sowohl eines eigennützigen Partikularismus als auch die Freiheit erdrückender Gewaltmaßnahmen zu vermeiden.

50. Unter den jeweils gegebenen Verhältnissen und je nach den persönlichen Bindungen des einzelnen muß freie Wahl bestehen zwischen verschiedenen Wegen zum Ziel. Ein und derselbe christliche Glaube kann die Triebkraft sein für Unternehmen verschiedener Art[35]. Die Kirche ruft alle Christen zu der zweifachen Aufgabe auf: die Welt mit christlichem Geist zu beseelen und sie neu zu gestalten, damit die Strukturen zu vervollkommnen und den wirklichen Erfordernissen der heutigen Zeit anzupassen. Entscheiden Christen sich für verschiedene Wege und erscheinen daher auf den ersten Blick als Gegner, so erwartet die Kirche von ihnen, daß sie sich mit gutem Willen und in gegenseitiger Achtung um Verständnis für die Meinung des anderen und die von ihm dafür geltend gemachten Gründe bemühen. Unvoreingenommene Prüfung des Verhaltens des anderen und dessen, was für deren Richtigkeit spricht, wird zu einer Haltung tieferer Liebe führen, die ungeachtet aller Verschiedenheiten, die als solche anerkannt werden, darauf vertraut, es könne (und werde) gelingen, sich schließlich am Ziel zu treffen und übereinzukommen. „Was die Gläubigen eint, ist stärker als das, was sie trennt[36]."
Viele sind derart in die heutigen sozialen Strukturen und Verflechtungen eingespannt, daß diese, wenn nicht gar ihre materiellen Interessen,

für ihre geistige Haltung und ihre Tätigkeit bestimmend sind. Andere sind so tief von der Solidarität der Stände und der Kultur durchdrungen, daß sie vorbehaltlos alle Überzeugungen und Verfahrensweisen ihrer Umgebung übernehmen[37]. Daher sei ein jeder kritisch gegen sich selbst und trachte danach, sich zu der wahren Freiheit in Christo zu erheben, die den Blick und das Interesse auch desjenigen, der in den allerbeschränktesten Verhältnissen lebt, auf das Große und Allgemeine ausweitet.

51. In gleicher Weise haben auch die christlichen Verbände, jeder nach seiner besonderen Art, die Pflicht der Zusammenarbeit. Ohne an die Stelle öffentlich-rechtlicher Institutionen zu treten, ist es ihre Aufgabe, jede auf ihre Weise, jedoch über sich selbst und ihre Eigeninteressen hinauswachsend, die eindeutigen Forderungen des christlichen Glaubens hinsichtlich einer gerechten und eben darum gebotenen Umgestaltung der Gesellschaft zu vertreten[38].

Heute – mehr als je zuvor – kann das Wort Gottes nur verkündigt und verstanden werden, wenn es vom Zeugnis der Kraft des Heiligen Geistes begleitet wird, der sich wirksam erweist in dem Dienst, den Christen ihren Brüdern leisten, wo deren Dasein oder deren Zukunft auf dem Spiel steht.

52. Diese Unsere Überlegungen teilen Wir Dir, ehrwürdiger Bruder, mit und sind Uns dabei wohl bewußt, daß Wir nicht alle sozialen Probleme berührt haben, vor denen heute die Menschen stehen, die gläubig oder doch guten Willens sind. Unsere jüngsten Erklärungen, zu denen noch Deine Botschaft „Humanam Progressionem" anläßlich der Eröffnung des zweiten Jahrzehnts der Entwicklungshilfe kommt, sind Uns noch deutlich in Erinnerung; Wir behandelten darin die Pflichten der Gesamtheit der Nationen in bezug auf die Entwicklungshilfe mit dem Ziel allseitiger und solidarischer Entfaltung des Menschen. – Das aber, was Wir hier niedergelegt haben, schreiben Wir Dir, damit es dem Laienrat und der Päpstlichen Kommission „Justitia et Pax" neue Anregung und Ermutigung gebe, ihre übernommenen Aufgaben weiter zu erfüllen. Ihnen ist ja dieses Ziel gestellt: „das gesamte Gottesvolk zum vollen Verständnis seines Auftrags in der ge-

genwärtigen Stunde aufzurütteln und das Apostolat . . . weltweit vor-
zutragen[39]."

Von diesem Wunsch beseelt, erteilen Wir Dir, ehrwürdiger Bruder,
den Apostolischen Segen.

Gegeben zu Rom bei St. Peter, am 14. Mai 1971, im 8. Jahre Unseres
Pontifikates.

Papst Paul VI.

Belegstellen

[1] Vgl. II. Vat. Konz., Pastoralkonst. Gaudium et spes, Nr. 10, A.A.S. 58 (1966), Seite 1033.

[2] A.A.S. 23 (1931), Seite 209 f.

[3] A.A.S. 53 (1961) Seite 429.

[4] Nr. 3, A.A.S. 59 (1967), Seite 258.

[5] Ebd. Nr. 1, Seite 257.

[6] Vgl. 2 Kor. 4, 17.

[7] Vgl. Enzykl. Populorum progressio, Nr. 25, A.A.S. 59 (1967), Seite 269–270.

[8] Vgl. Apk. 3, 12; 21, 2.

[9] Pastoralkonst. Gaudium et spes, Nr. 25, A.A.S. 58 (1966), Seite 1045.

[10] Ebd. Nr. 67; Seite 1089.

[11] Vgl. Enzykl. Populorum progressio, Nr. 69, A.A.S. 59 (1967), Seite 290–291.

[12] Vgl. Mt 25, 35.

[13] II. Vat. Konz., Erklärung Nostra aetate – über das Verhältnis der Kirche zu den nichtchristlichen Religionen – Nr. 5, A.A.S. 58 (1966), Seite 743.

[14] Enzykl. Populorum progressio Nr. 37, A.A.S. 59 (1967), S. 276.

[15] II. Vat. Konz., Dekret Inter mirifica, Nr. 12, A.A.S. 56 (1964) – über die Kommunikationsmittel – Seite 149.

[16] Vgl. Enzykl. Pacem in terris, A.A.S. 55 (1963), Seite 261 f.

[17] Vgl. Botschaft zum Weltfriedenstag; A.A.S. 63 (1971), Seite 5–9.

[18] Vgl. Pastoralkonst. Gaudium et spes, Nr. 74, A.A.S. 58 (1966), Seite 1095–1096.

[19] II. Vat. Konz., Erklärung Dignitatis humanae – über die Religionsfreiheit – Nr. 1, A.A.S. 58 (1966), Seite 930.

[20] Enzykl. Pacem in terris, A.A.S. 55 (1963), Seite 300.

[21] Vgl. Pastoralkonst. Gaudium et spes, Nr. 11, A.A.S. 58 (1966), Seite 1033.

[22] Vgl. Röm 15, 16.

[23] Pastoralkonst. Gaudium et spes, Nr. 39, A.A.S. 58 (1966), Seite 1057.

[24] Enzykl. Populorum progressio, Nr. 13; A.A.S. 59 (1967), Seite 264.

[25] Vgl. Pastoralkonst. Gaudium et spes, Nr. 36, A.A.S. 58 (1966), Seite 1054.

[26] Vgl. Röm 5, 5.

[27] Vgl. Enzykl. Populorum progressio, Nr. 56 ff., A.A.S. 59 (1967), Seite 285 ff.

[28] Ebd. Nr. 86, Seite 299.

[29] Vgl. Pastoralkonst. Gaudium et spes, Nr. 63, A.A.S. 58 (1966), Seite 1085.

[30] Enzykl. Quadragesimo anno: A.A.S. 23 (1931), Seite 203; vgl. Enzykl. Mater et magistra: A.A.S. 53 (1961) Seite 414, 428; Pastoralkonst. Gaudium et spes, Nr. 74, 75, 76; A.A.S. 58 (1966), Seite 1095–1100.

[31] Enzykl. Mater et magistra, A.A.S. 53 (1961), Seite 420–422.

[32] Vgl. Pastoralkonst. Gaudium et spes, Nr. 68, 75, A.A.S. 58 (1966), Seite 1089–1090; 1097.

[33] Enzykl. Populorum progressio Nr. 81; A.A.S. 59 (1967), Seite 296–297.

[34] Vgl. Mt. 28, 30; Phil. 2, 8–11.

[35] Vgl. Pastoralkonst. Gaudium et spes, Nr. 43, A.A.S. 58 (1966), Seite 1061.

[36] Ebd. 93, Seite 1113.

[37] Vgl. 1 Thess. 5, 21.

[38] Vgl. Dogm. Konst. Lumen gentium, Nr. 31: A.A.S. 57 (1965), Seite 37–38; Dekret Apostolicam actuositatem – über das Laienapostolat – Nr. 5: A.A.S. 58 (1966), S. 842.

[39] Motuproprio Catholicam Christi Ecclesiam, Nr. 6, A.A.S. 59 (1967), Seite 27 und 26.

De justitia in mundo (1971)

Römische Bischofssynode 1971
Gerechtigkeit in der Welt

Einleitung

1. Zusammengekommen aus der ganzen Welt, in Gemeinschaft mit allen, die an Christus glauben, und mit der ganzen Menschheitsfamilie, das Herz weit geöffnet für den Geist, der alles neu schafft, haben wir nachgedacht und uns die Frage gestellt nach dem Auftrag des Volkes Gottes, mehr Gerechtigkeit zu schaffen in der Welt.

2. Bemüht, die Zeichen der Zeit zu deuten und den Sinn des heutigen Weltgeschehens zu enträtseln, teilnehmend an dem Streben und Verlangen all derer, die eine menschlichere Welt bauen wollen, lauschen wir auf das, was Gott uns zu sagen hat über unseren Anteil an der Verwirklichung seines Heilsplanes für die Welt.

3. Ist es auch nicht unseres Amtes, die Weltlage tiefer auszuloten und zu werten, so gewahren wir doch die schweren Ungerechtigkeiten, die sich wie ein Netz von Beherrschung, Bedrückung und Ausbeutung um die Welt schlingen, die Freiheit ersticken und einem Großteil der Menschheit verwehren, eine gerechtere und brüderlichere Welt zu bauen und sich ihrer zu erfreuen.

4. Gleichzeitig beobachten wir eine aus den Tiefen aufbrechende und die Welt aufrüttelnde Bewegung. Es tun sich bereits Dinge, die zu mehr Gerechtigkeit führen. In bestimmten Gruppen und selbst in gan-

525

zen Völkern wird ein neues Bewußtsein wach, das sie aus der dulden-
den Hinnahme eines als unabwendbar angesehenen Schicksals auf-
weckt und anstrebt, sich aus ihrer Lage zu befreien und ihr Geschick in
die eigene Verantwortung zu nehmen. Es regen sich Kräfte, die deutli-
che Anzeichen sind für die Zuversicht auf eine bessere Welt und für
den Willen, mit allem aufzuräumen, was nicht länger tragbar ist.

5. Wir hören den Aufschrei derer, denen Gewalt angetan wird, und
derer, die von ungerechten Systemen und Mechanismen zermalmt
werden, wie auch den trotzigen Widerspruch einer in ihrer Verderbtheit gegen Gottes Absichten sich auflehnenden Welt. Damit wurde
uns allen gemeinsam wieder so recht die Berufung der Kirche bewußt,
sozusagen in der Herzmitte dieser Welt gegenwärtig zu sein, um den
Armen die Frohe Botschaft, den Unterdrückten die Befreiung, den
Niedergeschlagenen die Freude zu verkünden. – Die Hoffnungen und
die Triebkräfte, die die Welt in ihren Tiefen erschüttern, vertragen
sich sehr wohl mit dem Dynamismus des Evangeliums, der in der Kraft
des Hl. Geistes die Menschen aus ihrer persönlichen Schuld und aus
deren üblen Folgen im gesellschaftlichen Leben befreit.

6. Die Ungewißheit des geschichtlichen Ablaufs wie auch die aus
schmerzhaften Erfahrungen erwachsenen gleichgerichteten Anstrengungen der Menschheit auf ihrem Weg nach oben verweisen uns auf
die Heilsgeschichte, in der Gott selbst sich uns geoffenbart hat, indem
er uns seinen Ratschluß der Befreiung und des Heiles kund tat, der sich
fortschreitend verwirklicht und sich im Pascha Christi ein für alle mal
erfüllt hat. Für uns sind Einsatz für die Gerechtigkeit und die Beteiligung an der Umgestaltung der Welt wesentlicher Bestandteil der Verkündigung der Frohen Botschaft, d. i. der Sendung der Kirche zur Erlösung des Menschengeschlechts und zu seiner Befreiung aus jeglichem Zustand der Bedrückung.

I.

Gerechtigkeit auf Weltebene

Weltweite Solidarität im Umbruch

7. Die Welt, in der die Kirche lebt und wirkt, ist zur Gefangenen eines gefahrvollen Widerspruchs geworden. Niemals erwiesen die auf Verwirklichung einer weltumspannenden Einheitsgesellschaft hindrängenden Kräfte sich als so mächtig und wirksam wie heute; wurzeln sie doch in der Überzeugung von der völligen wesentlichen Gleichheit wie auch von der (gleichen) menschlichen Würde aller Menschen. Alle Glieder ein und derselben Menschheitsfamilie sind unlösbar verbunden in ein und derselben Bestimmung der Welt und sind mitverantwortlich für sie.

8. Die neuesten technischen Möglichkeiten beruhen auf der weltweiten Einheit des Wissenschaftsbetriebs, auf dem weltumspannenden zeitlosen Nachrichtenverkehr und auf der Entwicklung einer Weltwirtschaft, in der alles mit allem in Wechselwirkung steht. Neuerdings beginnen die Menschen jedoch, sich auf eine neue und tiefere Dimension ihrer Einheit zu besinnen, indem ihnen bewußt wird, wie Naturschätze, beispielsweise so kostbare Güter wie Luft und Wasser, ohne die kein Leben möglich ist, und all die Dinge, die zu der schmalen und gebrechlichen „Biosphäre" alles dessen gehören, was auf dieser Welt lebt, nicht unerschöpflich sind, sondern als einmalige und unersetzliche Ausstattung der gesamten Menschheit sorgsamer Pflege und des Schutzes bedürfen.

9. Der Widerspruch liegt darin, daß diesem Ausblick auf Einheit zum Trotz trennende und gegensätzliche Kräfte heute offenbar wieder an Stärke gewinnen. Den alten Streitigkeiten zwischen Völkern und Staaten, Volksstämmen und gesellschaftlichen Schichten stehen heute neue technische Mittel der Zerstörung zu Gebote. Der Rüstungswettlauf gefährdet das wertvollste aller menschlichen Güter, das Leben; er macht die armen Völker und Menschen noch ärmer und bereichert nur die ohnehin schon mächtigen; er verursacht ständige Kriegsgefahr und droht, wenn Nuklearwaffen zum Einsatz kommen, alles Leben auf der Welt zu vernichten. Zu gleicher Zeit tun sich neue Spaltungen auf, die

die Menschen voneinander trennen. Werden die Auswirkungen dieser neuen industriellen und technologischen Welt nicht durch gesellschaftliche und staatliche Maßnahmen in Grenzen gehalten oder zurückgedrängt, dann begünstigen sie die Zusammenballung von Reichtum, Macht und Entscheidungsbefugnissen in den Händen einer an Zahl geringen privaten oder öffentlichen Machtelite. Die Ungerechtigkeit im ökonomischen Bereich und der Mangel an sozialer Partnerschaft sind schuld daran, daß vielen die grundlegenden Menschen- und Bürgerrechte vorenthalten werden.

10. Die in den letzten 25 Jahren weltweit verbreitete Erwartung, das Wirtschaftswachstum werde zu einer solchen Güterfülle führen, daß die von den Tischen der Reichen fallenden Brosamen für die Armen ausreichen würden, um davon zu leben, hat sich für die Entwicklungsländer, aber auch für Notstandsinseln in hochentwickelten Ländern als trügerischer Wahn enthüllt. Gründe dafür sind der schnelle Anstieg der Geburtenzahl und das zunehmende Überangebot an Arbeitskräften, die Rückständigkeit der Bodenbewirtschaftung und das Ausbleiben bodenrechtlicher Reformmaßnahmen, die massenhafte Abwanderung in die Städte, wo hoch kapitalintensive Industrien nur wenig Arbeitsplätze bieten, so daß vielfach ein Viertel aller Arbeitsuchenden keine Beschäftigung findet. Diese erstickenden Ungerechtigkeiten schaffen ständig eine Vielzahl von „Randexistenzen" des gesellschaftlichen Lebens, unzureichend ernährt, menschenunwürdig hausend, als Analphabeten ohne politischen Rechte wie auch ohne alles, was zur Selbstverantwortung und zu sittlicher Würde fähig macht.

11. Überdies hat die Nachfrage der wohlhabenderen – gleichviel ob kapitalistischen oder sozialistischen – Länder nach Rohstoffen und Energie (wie auch die schädliche Wirkung ihrer Abfälle auf Atmosphäre und Ozeane) ein solches Ausmaß erreicht, daß die wesentlichen Voraussetzungen des Lebens auf dieser Erde wie Luft und Wasser unwiederherstellbar geschädigt würden, wenn diese Höhe des Verbrauchs, dieser Grad der Verschmutzung und diese Schnelligkeit des Wachstums bei der gesamten Menschheit Platz greifen würde.

12. Der starke Drang nach planetarischer Einheit, die ungleiche Verteilung, derzufolge ein Drittel der Menschheit über drei Viertel der

Einkommensquellen, der Investitionen und des Welthandels verfügt, und zwar jenes Drittel, bei dem auch die Fortschrittsrate am höchsten liegt, endlich der Fehlschlag einer rein ökonomistischen Entwicklungspolitik sowie das aufbrechende Verständnis für die Begrenztheit der materiellen Grundlage der „Biosphäre", all das zusammen hat uns zu Bewußtsein gebracht, daß sich in der Welt von heute ganze neue Sichten für das Verständnis der Menschenwürde eröffnen.

Recht auf Fortschritt

13. Angesichts der internationalen Machtsysteme hängt die Verwirklichung der Gerechtigkeit mehr und mehr ab von der Entschlossenheit, sich dafür einzusetzen.

14. In den Entwicklungsländern und in der sog. sozialistischen Welt zeigt sich dieses Bestreben vor allem im Kampf um freie Meinungsäußerung und überhaupt um die Durchsetzung der (höchst-)persönlichen Rechte; mit der Höherentwicklung ihres Wirtschaftssystems ist das von selbst gegeben.

15. Dieses Streben nach (mehr) Gerechtigkeit macht sich (namentlich) geltend, wenn eine Schwelle überschritten wird, an der man beginnt, sich des eigenen Wertes und der eigenen Würde bewußt zu werden, sei dies bezogen auf den Einzelmenschen in seiner Ganzheit oder auf die Gesamtheit der Menschen (vgl. Enz. „Populorum progressio", Ziff. 15). Darin blitzt zugleich das Bewußtsein des Rechtes auf Fortschritt auf. Dieses Recht offenbart sich dem Blick gerade in der dynamischen Verflochtenheit all jener menschlichen Grundrechte, die den Ansprüchen sowohl der einzelnen als auch der Völker zugrunde liegen.

16. Diesem Streben wird es jedoch nicht gelingen, das zu verwirklichen, was unsere Zeit begehrt, wenn es die sozialstrukturellen Hindernisse außer acht läßt, die der Bekehrung der Herzen und der idealen Verwirklichung eines Höchstmaßes an Liebe im Wege stehen. Um das zu ermöglichen, muß der Zustand, daß ganze Gruppen von Menschen nur als gesellschaftliche Randexistenzen leben, überwun-

den und müssen die zu einem System gewordenen Sperren und Teufelskreise gesprengt werden, die den Aufstieg einer ganzen gesellschaftlichen Klasse zu einer ihrer produktiven Leistung entsprechenden Entlohnung verhindern und den Ausschluß eines Großteils der Bevölkerung von gleichmäßiger Beteiligung an all dem, was die Gesellschaft an Sachgütern und Dienstleistungen zu bieten hat, noch verfestigen. Mißlingt den Entwicklungsländern und ihren Völkern die Befreiung durch Fortschritt, dann besteht ernste Gefahr, daß die durch die (frühere) Kolonialherrschaft verschuldete Lage in einen Neo-Kolonialismus umschlägt, unter dem sie zum Spielball internationaler (privater) Wirtschaftsmächte werden. – Dieses Recht auf Fortschritt berechtigt sie von vornherein, sich Erwartungen hinzugeben, die sich voll und ganz nach dem bemessen, was unsere heutige Generation zu leisten imstande ist. Wollen wir diesen Erwartungen entsprechen, dann muß der Begriff von Entwicklung oder Fortschritt von Mystifikationen und anderen Fehlvorstellungen geläutert werden, die einer Geisteshaltung entsprungen sind, die sich unter „Fortschritt" nur einen deterministisch und automatisch ablaufenden Prozeß vorstellen kann.

17. Nehmen die Völker der Entwicklungsländer, getragen vom Willen zum Aufstieg, ihre Geschicke in die eigene Hand, dann prägen sie damit – selbst wenn ihnen der volle Erfolg versagt bleibt – in authentischer Weise ihre Persönlichkeit. In der Auseinandersetzung mit ihrer derzeitigen Benachteiligung in den internationalen Beziehungen verleiht ein verantwortungsbewußter Nationalismus ihnen den nötigen Auftrieb, um in ihr Selbstverständnis hineinzuwachsen. Diese grundlegende (Selbstbesinnung und) Selbstbestimmung kann einmal Versuche auslösen, größere politische Einheiten zu bilden, um so die Bahn für allseitige Entwicklung frei zu machen, zum anderen Maßnahmen zu treffen, deren es bedarf, um über sonst nicht zu behebende Hindernisse – wie in bestimmten Fällen Bevölkerungsüberdruck – hinwegzukommen oder die zusätzlichen Opfer zu verkraften, die ein hochgesteigertes Planungswesen einer Generation als Preis für die planerische Gestaltung ihrer Zukunft abfordert.

18. Echter Fortschritt ist undenkbar ohne eine Entwicklung, die – im Rahmen der jeweiligen politischen Gesamtkonzeption – zugleich wirt-

schaftliches Wachstum und Partnerschaft umfaßt, eine Wohlstands-
mehrung, die zugleich sozialen Fortschritt der ganzen Volksgemeinschaft besagt, indem sie das Ungleichgewicht zwischen Notstandsge-
bieten und Wohlstandsinseln ausräumt. Partnerschaft besagt eine
rechtliche Gestaltung der Dinge, die gleicherweise im ökonomischen
wie im sozialen und politischen Bereich Anwendung zu finden hat.

19. Während wir uns damit befassen, das Recht der Völker auf Wahrung ihrer Identität erneut zu betonen, wird uns um so deutlicher bewußt, welch ein Unding es ist, eine für diese Identität zerstörerische
Modernisierung einfach dadurch aufhalten zu wollen, daß man sich an
angeblich unaufgebbare geschichtliche Überlieferungen und noch so
ehrwürdiges Brauchtum klammert.

Stumme Opfer der Ungerechtigkeit

20. Wir gewahren in dieser Welt ein Knäuel von Ungerechtigkeiten,
die das Kernproblem unserer Zeit bilden und zu deren Überwindung
es verantwortungsbewußter Zusammenarbeit auf allen Stufen der Gesellschaft bedarf bis hinauf zu der Weltgesellschaft, auf die hin wir uns
im letzten Viertel des 20. Jahrhunderts bewegen. Wollen wir wirklich
die Gerechtigkeit verwirklicht sehen, dann müssen wir uns bereit finden, neue Pflichten und neue Dienste auf uns zu nehmen, und zwar in
allen Bereichen menschlicher Tätigkeit, nicht zuletzt auch auf Weltebene. Unser Bemühen muß sich vor allem auf jene Menschen und
Völker richten, die auf Grund verschiedenartiger Bedrückung und des
tatsächlichen Befundes oder der geistigen Haltung unserer heutigen
Gesellschaft stumm leiden müssen und jeder Möglichkeit beraubt
sind, sich Gehör zu verschaffen.

21. Da sind beispielsweise die Auswanderer. Um Arbeitsgelegenheit
zu suchen, verlassen sie ihre Heimat, werden diskriminiert und stehen
als solche vor verschlossenen Türen oder, wenn man ihnen den Eintritt
gestattet, leben sie vielfach in Existenzunsicherheit und werden
menschenunwürdig behandelt. Dasselbe gilt von sozial benachteilig-
ten Gruppen wie der Arbeiterschaft, insbesondere der Landarbeiter,
trotz ihrer Unentbehrlichkeit für die Entwicklung. Besonders zu be-

klagen ist die Lage der Flüchtlinge, all der Gruppen und Völkerschaften, die – oft in institutionalisierter Weise – wegen ihrer Rasse, ihres Volkstums oder ihrer Stammeszugehörigkeit verfolgt werden. Solche Verfolgungen um der Abstammung willen können sich zu wahrem Völkermord auswachsen. – Vielerorts wird die Gerechtigkeit denen gegenüber aufs schwerste verletzt, die um ihres Glaubens willen verfolgt oder von politischen Parteien oder der öffentlichen Gewalt unablässig und auf vielerlei Weise dem Atheismus zugetrieben und der Freiheit ihre Religion zu bekennen, beraubt werden, sei es, daß ihnen die Gottesverehrung durch Akte des öffentliches Kultes verwehrt oder daß die öffentliche Verkündigung und Verbreitung des Glaubens unterbunden wird, sei es, daß man ihnen unmöglich macht, auch nur ihre Wirksamkeit in weltlichen Berufen nach den Geboten ihrer religiösen Überzeugung zu gestalten.

22. Verletzt wird die Gerechtigkeit sowohl durch repressive Maßnahmen der Staatsgewalt als auch durch eigenmächtige Gewalttätigkeit einzelner in alten und neuen Formen der Unterdrückung, die bis an die äußerste Grenze der persönlichen Integrität gehen. Man weiß um die Folterung namentlich politischer Gegner, denen zudem vielfach ein ordentliches Gerichtsverfahren verweigert oder über die nach Willkür abgeurteilt wird. Nicht vergessen seien auch die Kriegsgefangenen, die den Genfer Konventionen zum Trotz unmenschliche Behandlung erfahren.

23. Im Aufbegehren gegen den Schwangerschaftsabbruch von Gesetzes wegen und den aufgezwungenen Gebrauch von Verhütungsmitteln wie auch im Widerstand gegen den Krieg kommt der Rechtsanspruch auf Leben unzweideutig zum Ausdruck.

24. Auf einem anderen Feld liegt die Forderung unseres heutigen öffentlichen Bewußtseins an die Massenmedien, sich an die Wahrheit zu halten. Das schließt auch den Anspruch auf objektive Bildberichterstattung ein sowie die Möglichkeit, Verzerrungen der wahren Tatbestände zu berichtigen.

25. In diesem Zusammenhang darf gerade heute der Hinweis nicht fehlen auf die schwere Gefährdung des Anspruchs vor allem der Kin-

der und Jugendlichen auf Erziehung, auf Lebensraum und nicht zuletzt auf moralisch einwandfreie und sachgerecht arbeitende Kommunikationsmittel.

26. Die Bedeutung der Familie für die Gemeinschaft wird von den öffentlichen Instanzen nur selten und nur unzulänglich gewürdigt.

27. Nicht zu vergessen ist die immer weiter wachsende Zahl der von ihrer Familie oder von der Gesellschaft im Stich Gelassenen: Alte, Waisen, Kranke und alle, um die sich niemand kümmert.

Man muß miteinander ins Gespräch kommen

28. Um zu jener Einheit in den Zielen zu gelangen, nach der eine planetarisch gewordene Gesellschaft sucht und die sie braucht, bedarf es eines Mittlerdienstes, dem es gelingt, endlich einmal die Gegensätzlichkeiten, die Blockierungen und überholten Strukturen zu überwinden, die sich dem Streben nach einer menschlicheren Gesellschaft in den Weg stellen.

29. Wirksame Vermittlung besteht vor allem darin, eine vertrauensvolle Atmosphäre für das Gespräch (den Gedankenaustausch) herzustellen, zu dessen erfolgreichen Fortsetzung alle, die von geopolitisch, ideologisch, sozialökonomisch oder aus Altersgründen bedingter Voreingenommenheit frei sind, beitragen können*. Um dem Leben durch Anerkennung der wahren menschlichen Werte wieder einen Sinn zu geben, bedarf es der Mitwirkung und des Zeugnisses der heranwachsenden Generation ebenso notwendig wie des wechselseitigen Austauschs unter den Völkern.

II.
Die Frohbotschaft und die Sendung der Kirche

30. Beim Anblick der heutigen, durch die große Sünde der Ungerechtigkeit gekennzeichneten Weltlage verspüren wir auf der einen Seite

---

* franz.: aufeinander zukommen sollen.

unsere Verantwortung, auf der anderen unser Unvermögen, sie mit unseren eigenen Kräften zu überwinden. Diese unsere Lage läßt uns demütig und offenen Herzens auf das Wort Gottes hören, der uns neue Wege weist, um die Welt gerechter zu machen.

Gottes erlösende Gerechtigkeit durch Christus

31. Im Alten Testament offenbart Gott sich uns als Befreier der Unterdrückten und Anwalt der Armen. Von den Menschen fordert er den Glauben an ihn und Gerechtigkeit gegenüber dem Nächsten. Nur durch Gehorsam gegen das, was die Gerechtigkeit gebietet, wird Gott als der Befreier der Unterdrückten anerkannt.

32. In seinem Leben und in seiner Lehre hat Christus das Verhältnis des Menschen zu Gott unlösbar verknüpft mit seinem Verhalten gegenüber seinen Mitmenschen. Christi Erdenleben war restlose Hingabe seiner selbst an Gott für das Heil und die Befreiung der Menschen. In seiner Predigt hat er Gott als Vater aller Menschen verkündet (Lk 6, 21–23). So hat Christus sich ineinsgesetzt mit seinen „geringsten Brüdern", so daß er sagen konnte: „Was ihr einem dieser meiner geringsten Brüder getan habt, das habt ihr mir getan" (Mt 25. 40).

33. Von ihren ersten Anfängen an hat die Kirche das Ereignis des Todes und der Auferstehung Christi erlebt und begriffen als den Anruf Gottes zur Bekehrung zum Glauben an Christus und zur brüderlichen Liebe, die sich in gegenseitiger Hilfeleistung bewährt bis zur freiwilligen Gütergemeinschaft.

34. Der Glaube an Christus, den Sohn Gottes und unseren Erlöser, und die Nächstenliebe sind Hauptgegenstand der neutestamentlichen Schriften. Paulus faßt das ganze Christ-sein zusammen im Glauben, der sich in der Liebe und im Dienste des Nächsten auswirkt, nicht zuletzt in Erfüllung der Rechtspflichten. Der Christ unterstellt sein Leben dem Gesetz der inneren Freiheit, das ihn unablässig anruft zur Umkehr des Herzens, nicht nur von seinem Selbstvertrauen zum Vertrauen auf Gott, sondern auch von seiner selbstsüchtigen Eigenliebe

zu uneigennütziger Liebe des Nächsten. Dadurch wird er selbst wirklich frei und setzt sich rückhaltlos ein für die Befreiung seiner Mitmenschen.

35. Die christliche Botschaft setzt das Verhältnis des Menschen zu Gott in unlösbare Einheit mit seinem Verhalten zu seinen Mitmenschen. Seine Antwort auf die Liebe Gottes, der uns in Christus das Heil schenkt, findet in der Liebe zum Nächsten und in dem Dienst an ihm ihren Ausdruck durch die Tat. Christliche Nächstenliebe und Gerechtigkeit sind untrennbar. Die Liebe gebietet an erster Stelle unbedingte Gerechtigkeit, nämlich die Anerkennung der Würde des Mitmenschen und seiner Rechte; umgekehrt kommt die Gerechtigkeit erst in der Liebe zur Vollendung. Jeder Mensch ist sichtbares Ebenbild des unsichtbaren Gottes und Bruder Christi; darum erkennt der Christ in jedem Mitmenschen Gott selbst mit seinem unbedingten Anspruch auf Gerechtigkeit und Liebe.

36. Die heutige Weltlage, im Lichte des Glaubens betrachtet, fordert von uns die Rückbesinnung auf den innersten Kern der christlichen Botschaft und führt uns zu einem vertieften Verständnis ihres wahren Sinnes und ihrer dringendsten Erfordernisse. Der Auftrag, das Evangelium zu verkünden, erfordert heute den ungeteilten Einsatz für die volle Befreiung des Menschen, und zwar von Stund an und für die ganze Dauer seines irdischen Daseins. Den Menschen unserer Tage kann die christliche Botschaft von Liebe und Gerechtigkeit nur dann glaubwürdig erscheinen, wenn sie sich als wirksam erweist in ihrem Einsatz für Gerechtigkeit in der Welt.

Sendung der Kirche, der Hierarchie und der Gläubigen

37. Die Kirche hat von Christus den Auftrag erhalten, die Frohbotschaft zu verkünden. Diese begreift in sich den Ruf zur Abkehr von der Sünde zur Liebe des himmlischen Vaters, die allumfassende Brüderlichkeit und darin eingeschlossen die Forderung nach Gerechtigkeit in der Welt. Deshalb hat die Kirche das Recht und die Pflicht, für Gerechtigkeit im sozialen, nationalen und internationalen Bereich einzutreten und rechtswidrige Zustände zu rügen, wenn grundlegende Men-

schenrechte oder gar das ewige Heil des Menschen auf dem Spiele steht. Die Kirche ist nicht alleinverantwortlich für Gerechtigkeit in der Welt; vielmehr hat sie eine ihr eigentümliche Aufgabe, die nichts anderes ist als ihr Auftrag, vor der Welt Zeugnis abzulegen von dem im Evangelium enthaltenen Gebot der Liebe und der Gerechtigkeit. Dieses Zeugnis hat sichtbar zu werden in der Wirksamkeit der kircheneigenen Anstalten und Einrichtungen wie auch im Leben eines jeden Christen.

38. Der Kirche als religiöser und hierarchischer Gemeinschaft steht es an und für sich nicht zu, fertige Lösungen anzubieten*, um im sozialen, ökonomischen und politischen Bereich die Gerechtigkeit in der Welt zu verwirklichen. Wohl aber gehört zu ihrer Sendung die Verteidigung und ggf. der kämpferische Einsatz für die personale Würde und die Grundrechte des Menschen.

39. In ihrer Eigenschaft als Angehörige des bürgerlichen Gemeinwesens haben die Glieder der Kirche das Recht und die Pflicht wie alle anderen Bürger, sich für das Gemeinwohl einzusetzen. Die Christen sollen ihre weltlichen Aufgaben gewissenhaft und mit Sachkenntnis erfüllen. In ihrer Familie, in ihrem Beruf, im sozialen, kulturellen und politischen Leben sollen sie als Sauerteig wirken. In all diesen Bereichen kommt es ihnen zu, geleitet vom Geist der Frohen Botschaft und von der Lehre der Kirche, die Last der Verantwortung auf sich zu nehmen. So bezeugen sie durch ihr Wirken im Dienst der Menschen in den für den Fortbestand und das künftige Ergehen der Menschheit bedeutsamen Bereichen die Kraft des Hl. Geistes. Dabei handeln sie im allgemeinen aus eigener Initiative, ohne die kirchliche Hierarchie mit Verantwortung dafür zu belasten; in gewissem Grade allerdings wird die Verantwortung der Kirche mitberührt, insofern nämlich, als sie deren Glieder sind.

III.
Vollzug der Gerechtigkeit

Das Zeugnis der Kirche

40. Für viele Christen führt der Weg zur Bewährung als wahrhafte Bekenner der Gerechtigkeit über Einsätze verschiedenster Art unter

* frz.: „Die Kirche . . . verfügt über keine fertigen Lösungen."

dem Antrieb der Liebe, wie Gott ihnen die Gnade dazu schenkt. Für die einen bietet sich die Gelegenheit zu solcher Wirksamkeit im Bereich der sozialen oder politischen Auseinandersetzungen, in denen sie als Christen für das Evangelium Zeugnis ablegen und verdeutlichen, daß Fortschritt im Lauf der Geschichte (auch) anderen Quellen entspringt als dem (haß- und neiderfüllten) Kampf, nämlich aus Liebe und Gerechtigkeit. Andere Christen hinwiederum bevorzugen wegen dieser geschichtlich erwiesenen Überlegenheit der Liebe den Weg der Gewaltlosigkeit und der öffentlichen Meinungsbildung.

41. Weiß die Kirche sich verpflichtet, Zeugnis zu geben für die Gerechtigkeit, dann weiß sie auch und anerkennt, daß, wer immer sich anmaßt, den Menschen von Gerechtigkeit zu reden, an allererster Stelle selbst vor ihren Augen gerecht dastehen muß. Darum ist unser eigenes Verhalten, unser Besitz und unser Lebensstil in der Kirche einer genauen Prüfung zu unterziehen.

42. Im eigenen Bereich der Kirche ist jedes Recht unbedingt zu achten. Keiner, welcher Art auch immer seine Beziehungen zur Kirche sein mögen, darf in den jedermann zustehenden Rechten verkürzt werden. Wer der Kirche durch seine Tätigkeit dient – das gilt auch für Priester und Ordensleute – soll auskömmlichen Lebensunterhalt beziehen und an den in seinem Lande bestehenden Vorkehrungen sozialer Sicherheit teilhaben. Laienkräfte sollen angemessene* Entlohnung erhalten und (die gleichen) Chancen des Aufstiegs haben. Erneut dringen wir darauf, daß Laien mehr Verantwortung hinsichtlich des kirchlichen Vermögens und Anteil an dessen Verwaltung haben sollen.

43. Desgleichen fordern wir für die Frauen den ihnen gebührenden Anteil an der Verantwortung und überhaupt am öffentlichen Leben, nicht zuletzt in der Kirche.

44. Wir schlagen vor, diese Frage gründlich unter Einsatz aller geeigneten Mittel studieren zu lassen, etwa durch eine gemischte Kommission aus Männern und Frauen, Ordensleuten und Laien verschiedener gesellschaftlicher und beruflicher Herkunft.

* frz.: „die gleiche".

45. Die Kirche erkennt jedermann das Recht auf Meinungs- und Gedankenfreiheit zu; dazu gehört auch das Recht eines jeden auf Anhörung im Sinne eines von Achtung für die berechtigte Vielfalt der Meinungen im Raume der Kirche getragenen Gesprächs.

46. Das Gerichtsverfahren soll dem Beschuldigten das Recht einräumen, seine Ankläger zu kennen, wie auch das Recht, sich in geeigneter Weise zu verteidigen. Zu einer vollkommenen Rechtspflege gehört auch ein zügiges Verfahren; das gilt insbesondere für Ehesachen.

47. Schließlich sollten die Glieder der Kirche einen gewissen Anteil haben an der Vorbereitung von Entscheidungen gemäß den vom 2. Vatikanischen Konzil und vom Hl. Stuhl erlassenen Richtlinien, insbesondere durch Einführung von Räten auf allen Ebenen.

48. Beim Gebrauch der zeitlichen Güter, gleichviel zu welchem Verwendungszweck, darf es niemals dazu kommen, daß das evangelische Zeugnis, das die Kirche zu geben hat, zwielichtig wird. – Ob bestimmte Machtpositionen oder andere Bevorrechtigungen beizubehalten sind, ist daher an Hand dieses grundsätzlichen Maßstabes fortlaufend zu überprüfen. Ganz allgemein: obwohl es schwierig ist, eine scharfe Grenze zu ziehen zwischen dem, was zum rechten Gebrauch benötigt wird, und dem, was das prophetische Zeugnis uns abverlangt, so ist doch unbedingt an dem Grundsatz festzuhalten: unser Glaube verlangt von uns ein gewisses Maß von Enthaltsamkeit im Gebrauch der irdischen Dinge; die Kirche hat so zu leben und ihre Güter so zu verwalten, daß das Evangelium den Armen verkündet wird. Erscheint die Kirche dagegen als eine, die es mit den Reichen und Mächtigen dieser Erde hält, dann büßt sie dadurch an Glaubwürdigkeit ein.

49. Unsere Gewissenserforschung soll sich auf den Lebensstil aller erstrecken: der Bischöfe, der Priester, der Ordensmänner und Ordensfrauen, der Laien. – In den armen Ländern hat man sich zu fragen, ob die Zugehörigkeit zur Kirche nicht schon den Zutritt bedeutet zu einer Wohlstandsinsel inmitten einer Umwelt allgemeiner Armut und Not. In einer Gesellschaft mit hoher Lebenshaltung wird man sich zu fragen haben, ob der eigene Lebensstil das Vorbild jenes Konsumverzichtes ist, den wir anderen predigen, um den aber Millionen Hungernder auf der Welt zu essen zu geben.

Erziehung zur Gerechtigkeit

50. Der spezifisch christliche Beitrag zur Gerechtigkeit besteht in dem Alltag des gläubigen Christen, der vom Evangelium her wie ein Sauerteig in Familie, Schule, Arbeit ins gesellschaftliche und bürgerliche Leben hineinwirkt. Dazu kommt die Ausrichtung und der Sinngehalt, den Christen zu allen menschlichen Bemühungen beisteuern können. Darum muß die Erziehung derart sein, daß sie den Menschen dahin bringt, sein Leben als Ganzes nach den Grundsätzen zu gestalten, die das Evangelium für die Bereiche der Individual- und der Sozialethik lehrt, und für die ein vollchristlicher Lebenswandel Zeugnis gibt.

51. Offenbar stehen dem Fortschritt, den wir für uns selbst und für alle wünschen, schwere Hindernisse entgegen. Die heute noch vorwiegende Art der Erziehung begünstigt einen engstirnigen Individualismus. Ein Großteil der Menschen versinkt geradezu in maßloser Überschätzung des Besitzes. Schule und Massenmedien stehen nun einmal im Bann des etablierten „Systems" und können daher nur einen Menschen formen, wie dieses „System" ihn braucht, einen Menschen nach dessen Bild, keinen neuen Menschen, sondern nur eine Reproduktion des herkömmlichen Typs.

52. Die rechte Erziehung erfordert einen Herzenswandel; grundlegend dafür ist das Eingeständnis der Sünde sowohl in ihrer personalen als auch in ihrer sozialen Erscheinungsform. Die Erziehung muß dringen auf eine ganz und gar menschliche Lebensweise in Gerechtigkeit, Liebe und Einfachheit. Sie muß die Fähigkeit wecken zu kritischem Nachdenken über unsere Gesellschaft und über die in ihr geltenden Werte sowie die Bereitschaft, diesen Werten abzusagen, wenn sie nicht mehr dazu beitragen, allen Menschen zu ihrem Recht zu verhelfen. – In den Entwicklungsländern muß das Hauptziel dieser Erziehung zur Gerechtigkeit wohl darin bestehen, daß sie dazu aufrüttelt, von der hier und jetzt bestehenden Wirklichkeit Kenntnis zu nehmen, und daß sie zu umfassender Verbesserung anspornt. Das ist dann wenigstens schon einmal ein Anfang zum Umbau der Welt.

53. Diese Erziehung, die den Menschen überhaupt erst im höheren

Sinn zum (Voll-)Menschen heranbildet, immunisiert ihn eben dadurch gegen Manipulierung, sei es durch die Massenmedien, sei es durch politische Parteien. Damit setzt sie die Menschen in den Stand, ihr Geschick in die eigene Hand zu nehmen und echt menschliche Gemeinschaften aufzubauen.

54. Mit gutem Grund bezeichnet man eine solche Erziehung als niemals abgeschlossen. Sie geht jeden Menschen in jedem Alter an. Zugleich ist sie eine praktische Erziehung, denn sie erzieht durch eigenes Tun und Mit-Tun in unmittelbarer Konfrontation mit dem handgreiflichen Unrecht.

55. An erster Stelle leistet die Familie diese Erziehung zur Gerechtigkeit. – Wir sind uns bewußt, daß nicht kirchliche Institute allein ihren Beitrag dazu leisten, sondern auch andere Bildungswerke, Gewerkschaften und politische Parteien.

56. Zum Inhalt dieser Erziehung gehört notwendig die Achtung vor der Person und ihrer Würde. In diesem Zusammenhang, wo es um weltweite Gerechtigkeit geht, ist die Einheit des Menschengeschlechts, in die hinein nach Gottes Plan der Mensch geboren wird, nachdrücklich zu betonen. Für den Christen gibt es noch ein eigenes Zeichen dieser allumfassenden solidarischen Verbundenheit, nämlich die Tatsache, daß alle Menschen bestimmt sind zur Teilhabe an der göttlichen Natur in Christus.

57. Die tragenden Grundsätze, um die Kraft des Evangeliums in die heutige Gesellschaft einströmen zu lassen, sind zu finden in dem Inbegriff von Lehren, wie sie angefangen von der Enzyklika „Rerum novarum" bis zum Schreiben „Octogesima adveniens" Schritt für Schritt und den Zeitbedürfnissen entsprechend entfaltet worden sind. Mit der Konstitution „Gaudium et Spes" des 2. Vatikanischen Konzils hat die Kirche klarer als je zuvor ihre Aufgabe* in der Welt erkannt, wo der Christ durch seinen Dienst an der Gerechtigkeit sein Heil wirkt. Die Enzyklika „Pacem in terris" hat uns die** Magna Charta der Men-

* frz.: „ihren Platz".
** frz.: „eine wahre".

schenrechte geschenkt. Mit der Enzyklika „Mater et magistra" rückt die internationale Gerechtigkeit an die erste Stelle vor, wird in der Enzyklika „Populorum progressio" zu einer Abhandlung über das Recht der Völker auf Fortschritt ausgebaut und im Schreiben „Octogesima adveniens" zu einem Umriß der politischen Ethik abgerundet.

58. Mit dem Apostel mahnen wir – gelegen und ungelegen –: tragt das Wort Gottes in alle Lagen hinein, in die jemals Menschen hineingeraten können. Was wir hier sagen, will Ausdruck eines Glaubens sein, der heute uns und alle Christen* in Pflicht nimmt. Wir alle wünschen, daß diese Darlegungen** stets den Verhältnissen von Ort und Zeit gerecht werden. Unser Amt verlangt von uns, unerschrocken, aber mit Liebe, Klugheit und Festigkeit das Unrecht anzuprangern, und zwar in offener Auseinandersetzung mit allen, die es angeht. Wir sind uns bewußt, daß unsere Kritik so viel Gehör finden wird, wie sie im Einklang steht mit unserem Leben und in unserem ganzen Verhalten sichtbaren Ausdruck findet.

59. Die Liturgie, die das Herz der Kirche ist und bei der wir den Vorsitz haben, kann viel beitragen zur Erziehung zur Gerechtigkeit. Ist sie doch die Danksagung an den Vater in Christus, zeigt in ihrem Gemeinschaftscharakter unsere brüderliche Verbundenheit und erinnert uns immer wieder daran, was der Auftrag der Kirche ist. Wortgottesdienst, Katechese und Feier der Sakramente führen uns immer wieder zurück zur Lehre der Propheten, Jesu Christi und der Apostel über die Gerechtigkeit. Die Taufvorbereitung macht den Anfang mit der christlichen Gewissensbildung. Die Bußpraxis soll die soziale Dimension der Sünde und des Sakramentes vor Augen stellen. Die Eucharistie endlich stiftet Gemeinschaft und entsendet sie zum Dienst an den Menschen.

Zusammenarbeit der Ortskirchen

60. Will die Kirche wirklich Zeichen der von den Völkern ersehnten Einheit sein, dann muß sie der Welt das Vorbild einer viel engeren Zu-

---

* frz.: „unser und aller Leben".
** frz. bezieht das „diese" sich auf „Leben".

sammenarbeit der Kirchen der reicheren und der armen Länder vor Augen führen sowohl im gemeinsamen Besitz der spirituellen Güter als auch in der Teilhabe an kulturellen und materiellen Gütern. Die heute schon geübte wechselseitige Hilfsbereitschaft könnte sich mit noch mehr Erfolg auswirken bei straffer Koordination (Kongregation für die Evangelisierung der Völker und Päpstlicher Rat „Cor unum"), durch weitsichtig geplante gemeinsame Verwaltung der Gaben Gottes und durch eine brüderliche Verbundenheit, die sowohl beim Aufstellen der Maßstäbe als auch bei der Auswahl und Durchführung der Einzelvorhaben ständig Bedacht nimmt auf die Selbständigkeit und die Eigenverantwortung der Empfänger.

61. Diese Vorausplanung darf sich nicht auf wirtschaftliche Vorhaben beschränken. Sie soll vielmehr gerade auf Maßnahmen Gewicht legen, die geeignet sind, den allgemein menschlichen und den spirituellen Bildungsstand zu heben, der allein den zur allseitigen menschlichen Entwicklung (développement intégral de l'homme) unentbehrlichen Auftrieb geben kann.

Ökumenische Zusammenarbeit

62. In Kenntnis dessen, was auf diesem Gebiet bereits geschieht, empfehlen wir in Übereinstimmung mit dem 2. Vatikanischen Konzil aufs dringendste die Zusammenarbeit mit den von uns getrennten Brüdern zur Förderung der Gerechtigkeit in der Welt, zum Fortschritt der Völker und zur Sicherung des Friedens. Bei dieser Zusammenarbeit geht es vor allem um den Schutz der Menschenwürde und der grundlegenden Menschenrechte, vor allem des Rechtes auf freie Religionsübung. Daraus ergeben sich die gemeinsamen Anstrengungen im Kampf gegen religiöse, rassische, kulturelle und andere Diskriminierung. Diese Zusammenarbeit erstreckt sich auch auf gemeinsames Bemühen um das rechte Verständnis der Lehre des Evangeliums über alles, was zur Weltarbeit des Christen gehört. – Das Sekretariat zur Förderung der Einheit der Christen und die Päpstliche Kommission „Justitia et Pax" sollten in einvernehmlichem Bemühen dieses ökumenische Zusammenarbeit fördern.

63. Im gleichen Sinn empfehlen wir, beim Bemühen um mehr soziale Gerechtigkeit, Frieden und Freiheit mit allen zusammenzuarbeiten, die an Gott glauben; ja auch mit denen, die zwar den Schöpfer der Welt nicht anerkennen, nichtsdestoweniger aber in Achtung vor den menschlichen Grundwerten aufrichtig und auf sittlich bedenkenfreien Wegen nach (mehr) Gerechtigkeit suchen.

Internationale Maßnahmen

64. Entsprechend ihrer internationalen Zusammensetzung befaßt diese Synode sich mit denjenigen Fragen nach (mehr) Gerechtigkeit, die unmittelbar die ganze Menschheitsfamilie angehen. Darum möchten wir im Hinblick auf die große Bedeutsamkeit internationaler Zusammenarbeit für den sozialen und ökonomischen Fortschritt an erster Stelle die gar nicht hoch genug einzuschätzende Leistung rühmend herausstellen, die die Ortskirchen, die Missionare und die sie unterstützenden Hilfswerke bei den ärmeren Völkern vollbracht haben. Sodann verwenden wir uns für die Förderung der Einrichtungen und Unternehmen, die für (mehr) internationale Gerechtigkeit und menschlichen Fortschritt wirken. – So rufen wir denn die Katholiken auf, die folgenden Vorschläge zu überdenken.

1.) Allgemein soll anerkannt werden, daß die internationale Ordnung ihre Grundlage hat in den unverlierbaren Rechten des Menschen und in seiner Würde. – Die Erklärung der Menschenrechte der Vereinten Nationen soll von denjenigen Regierungen, die dieser Konvention noch nicht beigetreten sind, ratifiziert und von allen vorbehaltlos eingehalten werden.

2.) Die Vereinten Nationen, die sich gemäß ihrem satzungsmäßigen Ziel um den Beitritt aller Nationen zu bemühen haben, wie auch die internationalen Institutionen sind zu unterstützen, sind sie doch der Anfang zu einer Ordnung, der es gelingen könnte, das Wettrüsten einzuschränken, den Handel mit Waffen und deren Anhäufung* abzustellen und Konflikte auf friedlichem Weg durch Schiedsspruch

---

* frz.: „die Abrüstung durchzuführen".

und/oder internationale Polizeiaktion zu bereinigen. Unbedingt geboten ist es, internationale Streitigkeiten nicht durch Krieg auszutragen; andere, der Menschennatur angemessenere Mittel und Wege müssen gefunden werden. Überdies sollte die Strategie der Gewaltlosigkeit gefördert werden, und alle Staaten sollten die Wehrdienstverweigerung aus Gewissensgründen anerkennen und gesetzlich regeln.

3.) Die Ziele des zweiten Zehnjahresprogramms für Entwicklung – darunter Abführung eines festen Vomhundertsatzes des Nationaleinkommens der fortgeschrittenen Länder an die Entwicklungsländer, angemessene Rohstoffpreise, Öffnung der Märkte der fortgeschrittenen Länder und in gewissem Umfang Vorzugsbehandlung zugunsten der Ausfuhr industrieller Erzeugnisse der Entwicklungsländer – sind zu fördern als ein erster Anlauf zu allmählicher Einführung einer weltumfassenden Wirtschafts- und Sozial-Ordnung. Schmerzlich beklagen müßten wir es, wenn die reichen Länder sich diesem Hochziel weltweiter Verteilung(sgerechtigkeit) und (Mit-)Verantwortung versagen wollten. Hoffentlich wird der gegenwärtige Schwächeanfall der internationalen Solidarität die von der UNCTAD (Konferenz der Vereinten Nationen für Welthandel und Entwicklung) vorbereitete Welthandelskonferenz und deren Verhandlungen nicht um jeden Erfolg bringen.

4.) Die Zusammenballung von Macht durch nahe vollständige wirtschaftliche Beherrschung von Forschung, Investition, Schiffahrt und Versicherungswesen wäre schrittweise abzubauen durch institutionelle Maßnahmen, die den Entwicklungsländern zu mehr Macht und Gelegenheit verhelfen, ihre entwicklungspolitischen Entscheidungen eigenverantwortlich zu treffen, so z. B. volle und gleichberechtigte Mitgliedschaft in den einschlägigen internationalen Organisationen. Daß sie unlängst im praktischen Ergebnis aus den Verhandlungen über den Welthandel und von den ihre lebenswichtigen Interessen betreffenden währungspolitischen Entscheidungen ausgeschlossen werden konnten, beweist ein Machtungleichgewicht, wie es in einer gerechten und verantwortbaren Weltordnung nicht vorkommen dürfte.

5.) Zugegeben, daß die internationalen Organisationen wie jedes Menschenwerk verbesserungsfähig und stärkungsbedürftig sind, so möchten wir doch mit Nachdruck die Bedeutung der Sonderorganisationen der Vereinten Nationen betonen, insbesondere derjenigen, die es unmittelbar zu tun haben mit den eigentlichen und brennenden Angelegenheiten, d. i. mit der Armut in der Welt, mit der Agrarreform und dem Fortschritt der Agrarwirtschaft*, dem Gesundheits- und Erziehungswesen, der Arbeitsplatz- und Wohnungsbeschaffung, der übermäßigen und sich überstürzenden Zusammendrängung in den Städten. – Ins einzelne gehend möchten wir hier noch hinweisen auf das Bedürfnis nach einem Weltfonds, der ausreichende Ernährungsmittel, namentlich Eiweißstoffe, für die geistige und körperliche Entwicklung der Kinder bereitstellt. Im Hinblick auf die Bevölkerungsexplosion wiederholen wir die Aussage Pauls VI. über die Aufgabe der öffentlichen Gewalt: „Innerhalb der Grenzen seiner Zuständigkeit ist der Staat unzweifelhaft berufen, hier einzugreifen, eine zweckmäßige Aufklärung durchzuführen und geeignete Maßnahmen zu treffen, vorausgesetzt daß diese in Übereinstimmung mit dem Sittengesetz stehen und die berechtigte Freiheit der Ehegatten nicht antasten" (Enzyklika „Populorum progressio", Ziff. 37).

6.) Die Regierungen mögen fortfahren, in ihre Haushalte Mittel für (bilaterale) Entwicklungshilfe einzustellen. Sie sollten es aber darauf ablegen, den größeren Teil ihrer Entwicklungshilfe multilateral zu leisten und so die Eigenverantwortlichkeit der Entwicklungsländer voll und ganz zu wahren, die an den Entscheidungen über die Prioritäten und über die Investitionen unbedingt beteiligt sein sollten.

7.) Auf eine neue, die Welt in Atem haltende Angelegenheit glauben wir noch hinweisen zu sollen, mit der die für Juni 1972 nach Stockholm einberufene Konferenz sich befassen soll: Umwelt und Umweltschutz. Unerfindlich ist, wie die reichen Völker es rechtfertigen wollen, ihren Zugriff auf die Güter der Erde noch weiter zu steigern, wenn das zur Folge hat, daß entweder die anderen Völker niemals über ihre elende Notlage hinauskommen oder gar die physischen Grundlagen des Lebens auf der Erde Gefahr laufen zerstört zu werden. Die jetzt schon Reichen müssen sich mit einer materiell weniger anspruchsvollen Lebenshaltung bescheiden und weniger verschwenderisch mit den Din-

---

* frz. hier noch „Wohlergehen der Familie".

gen der Umwelt umgehen, um nicht jenes Erbgut zu zerstören, in das sie sich mit der ganzen übrigen Menschheit nach strenger Gerechtigkeit zu teilen haben.

8.) Damit das Recht auf Fortschritt verwirklicht wird,
a) darf keinem Volk verwehrt werden, sich seiner kulturellen Eigenart gemäß zu entwickeln;
b) sollte in Zusammenarbeit mit den anderen jedes Volk selbst der eigentliche Baumeister seines wirtschaftlichen und sozialen Fortschritts sein;
c) sollte jedes Volk als tätiges und verantwortliches Glied der menschlichen Gemeinschaft seinen Beitrag zu deren allgemeinem Wohl erbringen in Gleichberechtigung mit allen anderen.

Verwirklichung der synodalen Anregungen

65. Soll die Gewissenserforschung, die wir hier miteinander über den Anteil der Kirche an der Verwirklichung der Gerechtigkeit angestellt haben, Früchte tragen, dann muß sie in das Leben der Ortskirchen überführt werden, und zwar auf allen Ebenen. – An die Bischofskonferenzen richten wir die Bitte, die Gedanken, die uns in den Tagen unseres Beisammenseins beschäftigt haben, weiter zu verfolgen und unsere Empfehlungen in die Tat umzusetzen; so könnten sie beispielsweise sozial-theologische Forschungsstätten gründen.

66. Wir drücken auch den Wunsch aus, die Päpstliche Studienkommission „Justitia et Pax" in Verbindung mit dem Rat des Synodendekretariats und den sonstigen zuständigen Stellen zu beauftragen, das, was unsere Versammlung hier an Wünschen und Anregungen vorlegt, zu analysieren, auf seine Tragweite und Tragfähigkeit zu prüfen und überhaupt es einem vertieften Studium zu unterziehen mit dem Ziel, unser Bemühen zu einem erfolgreichen Abschluß zu bringen.

Wort der Hoffnung

67. Die Kraft des Geistes, der Christus von den Toten auferweckt hat, wirkt unausgesetzt in der Welt. Das Volk Gottes selbst zählt – oft ge-

rade in Person der besten Söhne (und Töchter) der Kirche – zu den Armen, Bedrückten und Verfolgten* und erlebt so am eigenen Leib und im eigenen Herzen das Leiden Christi und gibt Zeugnis von seiner Auferstehung.

68. Die gesamte Schöpfung seufzt bis zum heutigen Tag und liegt in Geburtswehen und wartet auf die Offenbarung der Herrlichkeit der Kinder Gottes (Vgl. Röm 8. 22). So mögen denn die Christen überzeugt sein, daß sie den Ertrag ihres Lebenswerks und ihrer Anstrengungen von allem Makel geläutert wiederfinden werden in der neuen Welt, die Gott ihnen schon jetzt bereitet und wo ein Reich der Gerechtigkeit und der Liebe sein wird. Voll entfalten wird sich dieses Reich (erst), wenn der Herr wiederkommt.

69. Schon beginnt die Hoffnung auf dieses kommende Reich Wurzel zu schlagen in den Herzen der Menschen. Die völlige Umwandlung der Welt durch das Pascha des Herrn verleiht den Bemühungen der Menschen, unter ihnen nicht an letzter Stelle der Jugendlichen, Unrecht, Gewalt, Haß abzubauen und allen zu mehr Gerechtigkeit, Freiheit, Brüderlichkeit, Liebe zu verhelfen, erst ihren vollen Sinn.

70. Als Verkünderin der Frohbotschaft vom Herrn, dem Erlöser und Heiland, wendet die Kirche sich an alle Menschen, ganz besonders an die Armen, Unterdrückten und Leidtragenden, und lädt sie ein, Mitarbeiter Gottes zu werden bei dem Werk, die Welt von Sünde frei zu machen und eine Welt zu bauen, die nur als das Werk des Menschen für den Menschen dem Sinn der Schöpfung im Vollmaß entspricht.

---

* Rein sprachlich kann der lat. und frz. Text auch so übersetzt werden und ist auch so übersetzt worden: ,,Das Volk Gottes ist . . . mitten unter den Armen . . . anwesend", nämlich um sich helfend und mit-leidend ihrer anzunehmen. Die hier gewählte Übersetzung dürfte den wirklich gemeinten Sinn besser treffen.

Evangelii nuntiandi (Paul VI., 1975)

*Apostolisches Schreiben
an den Episkopat, den Klerus und alle Gläubigen
der katholischen Kirche*

Über die Evangelisierung in der Welt von heute

Vom 8. Dezember 1975

Papst Paul VI.

*Ehrwürdige Brüder, geliebte Söhne und Töchter!
Gruß und Apostolischen Segen!
(Auszug)*

III.

Der Inhalt der Evangelisierung

Die von der Kirche verkündete Botschaft Christi, das Evangelium, enthält wesentlich das Zeugnis von Gott als dem Schöpfer und liebenden Vater und die Bezeugung Christi als Sohn Gottes, der gesandt ist, allen Menschen das Heil anzubieten durch Berufung in das Reich Gottes.

Wesentlicher Gehalt und beiläufige Inhalte

25. In der Botschaft, die die Kirche verkündet, gibt es natürlich eine Reihe zweitrangiger Bestandteile. Ihre Darstellung hängt stark von den sich wandelnden Umständen ab. Auch ändern sie sich selbst. Doch gibt es ebenso den wesentlichen Inhalt, die lebendige Substanz, die man nicht verändern noch unter Schweigen übergehen kann, ohne die Evangelisation selbst schwer zu entstellen.

Zeugnis für die Liebe des Vaters

26. Es ist nützlich, daran zu erinnern: Evangelisieren besagt zuallererst, auf einfache und direkte Weise Zeugnis zu geben von Gott, der sich durch Jesus Christus geoffenbart hat im Heiligen Geist. Zeugnis davon zu geben, daß er in seinem Sohn die Welt geliebt hat; daß er in seinem menschgewordenen Wort allen Dingen das Dasein gegeben und die Menschen zum ewigen Leben berufen hat. Dieses Zeugnis von Gott wird vielleicht für viele den unbekannten Gott[1] mitbezeichnen, den sie anbeten, ohne ihm einen Namen zu geben, oder den sie auf Grund eines verborgenen Antriebs ihres Herzens suchen, wenn sie erfahren, wie hohl alle Idole sind. Es wird aber erst zur wirklichen Evangelisierung, wenn aufgezeigt wird, daß der Schöpfer für den Menschen keine anonyme und ferne Macht ist: er ist der Vater. „Wir heißen Kinder Gottes, und wir sind es[2]." Also sind wir untereinander Brüder in Gott.

Mittelpunkt der Botschaft: das Heil in Jesus Christus

27. Die Evangelisation wird auch immer – was Grundlage, Zentrum und zugleich Höhepunkt ihrer Dynamik ist – eine klare Verkündigung dessen sein, daß in Jesus Christus, dem menschgewordenen, gestorbenen und auferstandenen Sohne Gottes, das Heil einem jeden Menschen angeboten ist als ein Geschenk der Gnade und des Erbarmens Gottes selbst[3]. Dabei geht es nicht etwa um ein diesseitiges Heil nach dem Maß der materiellen Bedürfnisse oder auch der geistigen, die sich im Rahmen der zeitlichen Existenz erschöpfen und sich mit den zeitlichen Wünschen, Hoffnungen, Geschäften und Kämpfen gänzlich decken, sondern um ein Heil, das alle Grenzen übersteigt, um sich dann in einer Gemeinschaft mit dem einen Absoluten, mit Gott, zu vollenden: ein transzendentes, eschatologisches Heil, das seinen Anfang gewiß schon in diesem Leben hat, aber sich erst in der Ewigkeit vollendet.

Unter dem Zeichen der Hoffnung

28. Die Predigt des Evangeliums muß folglich die prophetische Verkündigung eines Jenseits enthalten, das eine tiefe, endgültige Berufung des Menschen ist, die zugleich eine Fortsetzung und ein völliges Übersteigen des jetzigen Zustandes darstellt: jenseits der Zeit und der

Geschichte, jenseits der Wirklichkeit dieser Welt, von denen sich eines Tages eine verborgene Dimension offenbaren wird; jenseits des Menschen selbst, dessen wahres Geschick sich nicht in seiner zeitlichen Gestalt erschöpft, sondern erst offenbar werden wird im ewigen Leben[4]. |

Das Evangelium enthält somit auch die Verkündigung einer Hoffnung in die Verheißungen, die von Gott im Neuen Bund in Jesus Christus gegeben worden sind; die Verkündigung der Liebe Gottes zu uns und unserer Liebe zu Gott; die Verkündigung der Bruderliebe zu allen Menschen – der Fähigkeit zur Hingabe und zum Verzeihen, zum Verzicht und zur Hilfe des Bruders –, die aus der Liebe Gottes entspringt und den Kern des Evangeliums bildet; die Verkündigung des Geheimnisses des Bösen und des Strebens nach dem Guten. Gleichermaßen – und das ist stets vordringlich – die Verkündigung von der Suche nach Gott selbst durch das Gebet, vor allem durch Anbetung und Danksagung, aber auch durch die Gemeinschaft mit jenem sichtbaren Zeichen | der Begegnung mit Gott, das die Kirche Jesu Christi ist. Diese Gemeinschaft findet dann ihrerseits ihren Ausdruck im Vollzug der anderen Zeichen des in der Kirche lebenden und wirkenden Christus, nämlich der Sakramente. Die Sakramente so zu leben, daß in ihrer Feier | ihre ganze Fülle zum Ausdruck kommt, bedeutet nicht, wie einige behaupten, ein Hindernis aufzurichten oder einen Irrweg der Evangelisierung hinzunehmen, sondern ihr ihre ganzheitliche Vollendung zu geben. Denn die Evangelisierung besteht in ihrer Gesamtheit über die Verkündigung einer Botschaft hinaus darin, die Kirche einzupflanzen, die es aber ohne dieses sakramentale Leben nicht gibt, welches seinen Höhepunkt in der Eucharistie hat[5].

Botschaft, die das ganze Leben erfaßt

29. Doch wäre das Werk der Verkündigung nicht vollkommen, wenn es nicht dem Umstand Rechnung tragen würde, daß sich im Lauf der Zeit das Evangelium und das konkrete, persönliche und gemeinschaftliche Leben des Menschen gegenseitig fordern. Darum gehört zur Evangelisierung eine ausführliche Botschaft, die den verschiedenen Situationen jeweils angepaßt und dadurch stets aktuell ist, über die Rechte und Pflichten jeder menschlichen Person, über das Familienleben, ohne das kaum eine persönliche Entfaltung möglich ist[6], über das Zusammenleben in der Gesellschaft, über das internationale Le-

ben, den Frieden, die Gerechtigkeit, die Entwicklung; eine Botschaft über die Befreiung, die in unseren Tagen besonders eindringlich ist.

Eine Botschaft der Befreiung

30. Es ist bekannt, mit welchen Worten auf der letzten Synode zahlreiche Bischöfe aus allen Kontinenten, vor allem die Bischöfe der dritten Welt, mit einem pastoralen Akzent gerade über die Botschaft der Befreiung gesprochen haben, wobei die Stimme von Millionen von Söhnen und Töchtern der Kirche, die jene Völker bilden, miterklungen ist. Völker, wie Wir wissen, die sich mit all ihren Kräften dafür einsetzen und kämpfen, daß all das überwunden wird, was sie dazu verurteilt, am Rande des Lebens zu bleiben: Hunger, chronische Krankheiten, Analphabetismus, Armut, Ungerechtigkeiten in den internationalen Beziehungen und besonders im Handel, Situationen eines wirtschaftlichen und kulturellen Neokolonialismus, der mitunter ebenso grausam ist wie der alte politische Kolonialismus. Die Kirche hat, wie die Bischöfe erneut bekräftigt haben, die Pflicht, die Befreiung von Millionen menschlicher Wesen zu verkünden, von denen viele ihr selbst angehören; die Pflicht zu helfen, daß diese Befreiung Wirklichkeit wird, für sie Zeugnis zu geben und mitzuwirken, damit sie ganzheitlich erfolgt. Dies steht durchaus im Einklang mit der Evangelisation.

In notwendiger Verbindung mit der Förderung des Menschen

31. Zwischen Evangelisierung und menschlicher Förderung – Entwicklung und Befreiung – bestehen in der Tat enge Verbindungen: Verbindungen anthropologischer Natur, denn der Mensch, dem die Frohbotschaft gilt, ist kein abstraktes Wesen, sondern sozialen und wirtschaftlichen Problemen unterworfen; Verbindungen theologischer Natur, da man ja den Schöpfungsplan nicht vom Erlösungsplan trennen kann, der hineinreicht bis in die ganz konkreten Situationen des Unrechts, das es zu bekämpfen, und der Gerechtigkeit, die es wiederherzustellen gilt. Verbindungen schließlich jener ausgesprochen biblischen Ordnung, nämlich der der Liebe: Wie könnte man in der Tat das neue Gebot verkünden, ohne in der Gerechtigkeit und im wah-

ren Frieden das echte Wachstum des Menschen zu fördern? Wir haben
es für nützlich erachtet, das selbst hervorzuheben, indem Wir daran er-
innert haben, daß es unmöglich hinzunehmen ist, „daß das Werk der
Evangelisierung die äußerst schwierigen und heute so stark erörterten
Fragen vernachlässigen kann und darf, die die Gerechtigkeit, die Befreiung, die Entwicklung und den Frieden in der Welt betreffen. Wenn
das eintreten würde, so hieße das, die Lehre des Evangeliums von der
Liebe zum leidenden und bedürftigen Nächsten zu vergessen"[7].
Dieselben Stimmen, die während der genannten Synode mit Eifer,
Klugheit und Mut dieses brennende Thema berührt haben, haben zu
unserer großen Freude auch die klärenden Prinzipien aufgezeigt, um
die Bedeutung und den tiefen Sinn der Befreiung richtig zu verstehen,
so wie sie Jesus von Nazaret verkündet und verwirklicht hat und sie die
Kirche lehrt.

Weder Einschränkung noch Zweideutigkeit

32. Wir dürfen uns in der Tat nicht verheimlichen, daß viele hochherzige Christen, die für die dramatischen Fragen aufgeschlossen sind, die
sich mit dem Problem der Befreiung stellen, in der Absicht, die Kirche
am Einsatz für die Befreiung zu beteiligen, oft versucht sind, ihre Sendung auf die Dimensionen eines rein diesseitigen Programmes zu beschränken; ihre Ziele auf eine anthropozentrische Betrachtungsweise;
das Heil, dessen Bote und Sakrament sie ist, auf einen materiellen
Wohlstand; ihre Tätigkeit, unter Vernachlässigung ihrer ganzen geistlichen und religiösen Sorge, auf Initiativen im politischen und sozialen
Bereich. Wenn es aber so wäre, würde die Kirche ihre grundlegende
Bedeutung verlieren. Ihre Botschaft der Befreiung hätte keine Origi-
nalität mehr und würde leicht von ideologischen Systemen und politischen Parteien in Beschlag genommen und manipuliert. Sie hätte
keine Autorität mehr, gleichsam von Gott her die Befreiung zu verkünden. Darum haben Wir in derselben Ansprache zur Eröffnung der
dritten Generalversammlung der Synode unterstreichen wollen, „daß
es notwendig ist, die spezifisch religiöse Zielsetzung der Predigt des
Evangeliums erneut klar herauszustellen. Diese würde ihre Existenzberechtigung verlieren, wenn sie sich von der religiösen Zielsetzung
entfernen würde, die sie bestimmt: das Reich Gottes vor allen anderen
Dingen in seinem vollen theologischen Sinn[8]".

Die Befreiung durch das Evangelium

33. Von der Befreiung, die das Evangelium verkündet und zu verwirklichen sucht, muß vielmehr folgendes gesagt werden:
– sie kann sich nicht einfach auf die begrenzte wirtschaftliche, politische, soziale oder kulturelle Dimension beschränken, sondern muß den ganzen Menschen in allen seinen Dimensionen sehen, einschließlich seine Öffnung auf das Absolute, das Gott ist;
– sie ist deshalb an ein bestimmtes Menschenbild gebunden, an eine Lehre vom Menschen, die sie niemals den Erfordernissen irgendeiner Strategie, einer Praxis oder eines kurzfristigen Erfolges wegen opfern kann.

Ausrichtung auf das Reich Gottes

34. Das ist der Grund, warum in der Verkündigung der Befreiung und in der Solidarität mit denen, die sich für sie einsetzen und für sie leiden, die Kirche es nicht hinnimmt, daß ihre Sendung nur auf dem Bereich des Religiösen beschränkt wird, indem sie sich für die zeitlichen Probleme des Menschen nicht interessiert; sie bekräftigt jedoch den Vorrang ihrer geistlichen Sendung; sie weigert sich, die Verkündigung des Reiches Gottes durch die Verkündigung der menschlichen Befreiung zu ersetzen, und behauptet, daß auch ihr Beitrag zur Befreiung unvollkommen wäre, wenn sie es vernachlässigt, das Heil in Jesus Christus zu verkünden.

Nach einer biblischen Sicht des Menschen

35. Die Kirche verbindet die menschliche Befreiung und das Heil in Jesus Christus eng miteinander, ohne sie jedoch jemals gleichzusetzen, denn sie weiß auf Grund der Offenbarung, der geschichtlichen Erfahrung und durch theologische Reflexion, daß nicht jeder Begriff von Befreiung zwingend schlüssig und vereinbar ist mit einer biblischen Sicht des Menschen, der Dinge und Ereignisse; daß es für die Ankunft des Reiches Gottes nicht genügt, die Befreiung herbeizuführen sowie Wohlstand und Fortschritt zu verwirklichen.
Die Kirche ist vielmehr der festen Überzeugung, daß jede zeitliche Befreiung, jede politische Befreiung – selbst wenn sie sich bemüht, ihre Rechtfertigung auf dieser oder jener Seite des Alten oder Neuen

Testamentes zu finden, selbst wenn sie sich für ihre ideologischen Forderungen und ihre Verhaltensregeln auf die Autorität theologischer Gegebenheiten und Schlußfolgerungen beruft, selbst wenn sie beansprucht, die Theologie für heute zu sein – den Keim ihrer eigenen Negation und des Verfalls des von ihr vorgestellten Ideals bereits in sich selbst trägt, sofern ihre tieferen Beweggründe nicht die der Gerechtigkeit in der Liebe sind, der Elan, der sie beseelt, keine wirklich geistige Dimension besitzt und ihr Endziel nicht das Heil und die Glückseligkeit in Gott ist.

Notwendigkeit einer Bekehrung

36. Die Kirche erachtet es gewiß als bedeutend und dringlich, Strukturen zu schaffen, die menschlicher und gerechter sind, die Rechte der Person mehr achten, weniger beengend und unterdrückend sind; sie ist sich aber dessen bewußt, daß die besten Strukturen, die idealsten Systeme schnell unmenschlich werden, wenn nicht die unmenschlichen Neigungen im Herzen des Menschen geläutert werden, wenn nicht bei jenen, die in diesen Strukturen leben oder sie bestimmen, eine Bekehrung des Herzens und des Geistes erfolgt.

Ausschluß von Gewalttätigkeit

37. Die Kirche kann nicht die Gewalttätigkeit, vor allem nicht die Waffengewalt – die unkontrollierbar ist, wenn sie entfesselt wird – und auch nicht den Tod von irgend jemand als Weg zur Befreiung akzeptieren, denn sie weiß, daß die Gewalttätigkeit immer Gewalt hervorruft und unwiderstehlich neue Formen der Unterdrückung und der Sklaverei erzeugt, die oft noch drückender sind als jene, von denen sie zu befreien vorgibt. Wir sagten es bereits deutlich während Unserer Reise nach Kolumbien: „Wir ermahnen euch, euer Vertrauen weder auf die Gewalttätigkeit noch auf die Revolution zu setzen; eine solche Haltung widerspricht dem christlichen Geist und kann den sozialen Fortschritt, nach dem ihr euch berechtigterweise sehnt, auch eher verzögern als fördern[9]". „Wir müssen feststellen und erneut bekräftigen, daß die Gewalttätigkeit nicht christlich ist noch dem Geist des Evangeliums entspricht, daß die plötzlichen oder gewaltsamen Veränderungen der Strukturen eine Täuschung und in sich unwirksam wären und ganz gewiß nicht mit der Würde des Volkes in Einklang stünden[10]."

Spezifischer Beitrag der Kirche

38. Nach diesen Überlegungen geben Wir Unserer Freude darüber Ausdruck, daß die Kirche ein immer lebendigeres Bewußtsein von ihrer eigenen, grundlegend biblischen Weise erwirbt, in der sie zur Befreiung der Menschen beitragen kann. Und was tut sie? Sie sucht immer mehr Christen heranzubilden, die sich für die Befreiung der anderen einsetzen. Sie gibt diesen Christen, die als „Befreier" tätig werden, eine vom Glauben geprägte Einstellung, eine Motivation zur Bruderliebe und eine Soziallehre, die ein echter Christ nicht außer acht lassen kann, sondern die er als Grundlage für seine Überlegungen und seine Erfahrungen nehmen muß, um sie in die Tat umzusetzen im eigenen Handeln, im Zusammenwirken mit andern und dadurch, daß man dafür eintritt. Das alles muß, ohne daß es mit taktischem Verhalten noch mit Unterordnung unter ein politisches System verwechselt werden darf, den Eifer des engagierten Christen kennzeichnen. Die Kirche bemüht sich, den christlichen Einsatz für die Befreiung stets in den umfassenden Heilsplan einzuordnen, den sie selbst verkündet.

Was Wir hier in Erinnerung gebracht haben, ist in den Betrachtungen der Synode des öfteren zur Sprache gekommen. Darüber hinaus wünschten Wir, schon in der Ansprache, die Wir am Ende der Versammlung an die Väter gerichtet haben, diesem Thema einige klärende Worte zu widmen[11].

Alle diese Überlegungen sollten, wie man hoffen darf, helfen, die Mißverständnisse zu vermeiden, denen das Wort „Befreiung" sehr oft in den Ideologien, Systemen oder politischen Gruppen ausgesetzt ist. Die Befreiung, die das Evangelium verkündet und vorbereitet, ist jene, die Christus selbst dem Menschen durch sein Opfer verkündet und geschenkt hat.

Die Religionsfreiheit

39. In dieser echten Befreiung, die mit der Evangelisation verbunden ist und sich um die Verwirklichung von Strukturen bemüht, die die menschliche Freiheit schützen, muß die Gewährleistung aller Grundrechte des Menschen miteingeschlossen sein, unter denen der Religionsfreiheit eine erstrangige Bedeutung zukommt. Wir haben erst kürzlich von der Aktualität dieser Frage gesprochen, als Wir darauf hingewiesen haben, „wie viele Christen noch heute, nur weil sie Chri-

sten, weil sie Katholiken sind, mit Gewalt systematisch unterdrückt werden! Der Kampf gegen diejenigen, die Christus die Treue halten, geht immer noch weiter, ungeachtet lauter und ständig wiederholter Erklärungen zugunsten der Menschenrechte und einer freien menschlichen Gesellschaft"[12].

Belegstellen

[1] Vgl. Apg. 17, 22–23.

[2] 1 Jo 3, 1; vgl. Röm 8, 14–17.

[3] Vgl. Eph 2, 8; Röm 1, 16. Vgl. Kongregation für die Glaubenslehre, *Declaratio ad fidem tuendam in mysteria Incarnationis et SS. Trinitatis a quibusdam recentibus erroribus* (21. Febr. 1972): AAS 64 (1972), S. 237–241.

[4] Vgl. 1 Jo 3, 2; Röm 8, 29; Phil 3, 20–21. Vgl. II. Vat. Ökum. Konzil, Dogm. Konst. über die Kirche *Lumen gentium,* Nr. 48–51: AAS 57 (1965), s. 53–58.

[5] Vgl. Kongregation für die Glaubenslehre, *Declaratio circa Catholicam Doctrinam de Ecclesia contra nonnullos errores hodiernos tuendam* (24. Juni 1973): AAS 65 (1973), S. 396–408.

[6] Vgl. II. Vat. Ökum. Konzil, Past. Konst. über die Kirche in der Welt von heute *Gaudium et spes,* Nr. 47–52: AAS 58 (1966), S. 1067–1074; Papst Paul VI., Enzykl. *Humanae vitae:* AAS 60 (1968), S. 481–503.

[7] Papst Paul VI., Ansprache zur Eröffnung der dritten Generalversammlung der Bischofssynode (27. September 1974): AAS 66 (1974), S. 562.

[8] Papst Paul VI., Ansprache zur Eröffnung der dritten Generalversammlung der Bischofssynode (27. September 1974): AAS 66 (1974), S. 562.

[9] Papst Paul VI., Ansprache an die „Campesinos" von Kolumbien (23. August 1968): AAS 60 (1968), S. 623.

[10] Papst Paul VI., Ansprache zum „Tag der Entwicklung" in Bogotá (23. August 1968): AAS 60 (1968), S. 627; vgl. Augustinus, *Epistola* 229, 2: PL 33, 1020.

[11] Papst Paul VI., Ansprache zum Abschluß der dritten Generalversammlung der Bischofssynode (26. Oktober 1974): AAS 66 (1974), S. 637.

[12] Papst Paul VI., Ansprache bei der Generalaudienz vom 15. Oktober 1975: *L'Osservatore Romano* (17. Oktober 1975), S. 1.

Anhang

Das Kommunismusdekret des Hl. Offizium
vom 30. 6. / 1. 7. 1949

Wortlaut:

Fragen:

1) Ist es erlaubt, einer kommunistischen Partei als Mitglied beizutreten oder ihr seine Unterstützung zu leihen?

2) Ist es erlaubt, Bücher, Zeitschriften, Zeitungen oder Flugblätter, die sich für die kommunistische Theorie oder Praxis einsetzen, herauszugeben, zu vertreiben oder zu lesen oder für sie zu schreiben?

3) Können Gläubige, die wissentlich und aus freien Stücken sich im Sinne von Ziffer 1 oder 2 *betätigt* haben, zu den Sakramenten zugelassen werden?

4) Ziehen Gläubige, die sich zur materialistischen und widerchristlichen kommunistischen *Lehre* bekennen, vor allem sie verteidigen oder für sie werben, sich eben dadurch als vom christlichen Glauben Abtrünnige die dem hl. Stuhl vorbehaltene Exkommunikation zu?

Antworten:

zu 1): NEIN, denn der Kommunismus ist materialistisch und widerchristlich; mögen auch die Führer der Kommunisten manchmal in ihren Reden behaupten, sie bekämpften die Religion nicht, so erweisen sie sich in Wirklichkeit doch, gleichviel ob in der Theorie oder in der Praxis, als Feinde Gottes und der wahren Religion und der Kirche Christi.

zu 2): NEIN; ist von Rechts wegen verboten; siehe Kirchliches Rechtsbuch c. 1399.

zu 3): NEIN, und zwar nach den allgemein geltenden Grundsätzen, wonach die Sakramente denen zu versagen sind, denen die rechte Disposition zu ihrem Empfang fehlt.

zu 4): JA!

Das in Ziffer 2 erwähnte Verbot, kommunistische Schriften zu *lesen,* ist inzwischen *aufgehoben;* um sich mit dem Kommunismus auseinanderzusetzen, um sich wirksam gegen ihn zu wehren, *muß* man ihn hinreichend kennen; um sich diese Kenntnis zu verschaffen, kann es sogar *geboten* sein, kommunistische Schriften gründlich zu studieren.

Erläuterung

Aus dem Wortlaut des Dekrets ergibt sich eindeutig klar:

a) Der Exkommunikation verfällt *nur,* wer sich zur materialistischen und widerchristlichen *Lehre* des Kommunismus bekennt und/oder für sie eintritt; als Materialist und damit Atheist ist er *abtrünnig* vom christlichen Glauben und hat sich damit selbst aus der Glaubensgemeinschaft der Christen ausgeschlossen, sich „exkommuniziert".

b) Bei denen, die *nicht* in diesem Sinne vom Glauben an Gott und an die christliche Heilsbotschaft abtrünnig sind, jedoch *in* kommunistischen Parteien oder Bewegungen oder doch zu deren Gunsten sich betätigen, ist zu *unterscheiden,* ob sie es mit klarer Erkenntnis und aus eigenem freiem Entschluß tun oder in Unkenntnis der wahren Natur des Kommunismus und mehr oder weniger unfreiwillig unter Druck oder Zwang. Was sie tun, ist in beiden Fällen verkehrt; als *schwere* Verfehlung rechnet die Kirche es ihnen jedoch nur im ersteren Fall an und versagt ihnen den Zutritt zu den Sakramenten; im letzteren Fall übt die Kirche große Nachsicht und begnügt sich mit ernstem *Abmahnen.*

Das Dekret hat gar nichts Neues gebracht, sondern ruft (außer in Ziffer 2) nur das in Erinnerung, was immer schon galt und woran, solange der Kommunismus sich nicht grundlegend wandelt, kein Papst etwas ändern kann: wer sich zu einer *Lehre* bekennt, die ausdrücklich das Dasein Gottes und die Grundwahrheiten des christlichen Glaubens bestreitet, der ist kein Christ, der steht *außerhalb* der Glaubensgemeinschaft der Kirche; die Kirche braucht ihn gar nicht erst zu „exkommunizieren"; er selbst hat sich „exkommuniziert" und bleibt „exkommuniziert", solange er seine Absage an den Glauben an Gott und an Jesus Christus nicht zurücknimmt und reumütig darum bittet, in die Glaubensgemeinschaft der Kirche wieder zugelassen zu werden.

Mitläuferschaft mit kommunistischen Parteien, Gewerkschaften oder anderen kommunistischen Bewegungen gibt es in vielerlei Stufen. Zu dem, was der Kommunismus bisher immer als sein Endziel bekannt und betrieben hat, ist *jede* Mitwirkung verwerflich, und solange er an diesen Zielen festhält, ist selbst die Zusammenarbeit mit ihm zu an sich berechtigten Zielen nicht frei von Bedenken. Die einzelnen Fälle können da sehr verschieden zu beurteilen sein. Nur in den wirklich *schweren* Fällen sieht die Kirche ein Hindernis, um „disponiert", d. i. in der rechten Verfassung für den Empfang der Sakramente zu sein.

Quellenverzeichnis

*Fundstellen des Urtextes oder der Erstveröffentlichung
sowie der hier zugrundegelegten deutschen Übersetzung*

„Rerum novarum", 15. 5. 1891   ASS XXIII (1890/1), 641–670
dt. Übers. („autorisiert") Verlag Herder, vielfach nachgedruckt, seit 1931
mit einzelnen Berichtigungen

Fuldaer Pastorale, 22. 8. 1900
in den Amtsblättern der zur Fuldaer Bischofskonferenz gehörenden
Bistümer; hier Kirchl. Anzeiger f. d. Erzdiözese Köln 40 (1900), 95–99;
vielfach auch als Sonderbeilage zu den diözesanen Amtsblättern gedruckt

„Singulari quadam", 24. 9. 1912   AAS 4 (1912), 657–662
dt. Übers. („authentisch") in den Amtsblättern der deutschen Bistümer;
hier Kirchl. Anzeiger f. d. Erzdiözese Köln 62 (1912), 137–140; ebenso
andere diözesane Amtsblätter

Begleitschreiben der Bischofskonferenz 5. 11. 1912, wie vor S. 140/1

„Quadragesimo anno", 15. 5. 1931   AAS 23 (1931), 177–228
dt. Übers. Verlag Herder-Freiburg, Schöningh-Paderborn und zahlreiche
Nachdrucke

Pius XII., Pfingstbotschaft 1. 6. 1941   AAS 33 (1941), 195–205
dt. Übers. (amtlich!), ebda 237–249

Pius XII., Weihnachts-Rundfunkbotschaft 1944   AAS 37 (1945), 10–23
dt. Übers. von P. W. Jussen S. J.

Pius XII., Ansprache an die ACLI 11. 3. 1945   AAS 37 (1945), 68–72
dt. Übers. nach Utz-Groner, Soziale Summe Pius' XII., S. 1463 f.

Pius XII., Schreiben an Kardinal Faulhaber 1. 11. 1945
AAS 37 (1945), 278–284, hier 280–282
dt. Übers. nach Utz-Groner, ebda, S. 1458 ff.

Pius XII., Schreiben an KAB Westdeutschlands 9. 5. 1956
Privatdruck KAB

„Mater et magistra", 15. 5. 1961   AAS 53 (1961), 401–464
dt. Übers., besorgt im Auftrag der dt. Bischöfe, zahlreiche Drucke,
u. a. Herder-Bücherei Bd. 110

„Pacem in terris", 11. 4. 1963   AAS 55 (1963), 257–304
  dt. Übers., besorgt im Auftrag der dt. Bischöfe, zahlreiche Drucke,
  u. a. Herder-Bücherei Bd. 157

Pastoral-Konstitution „Gaudium et Spes", 7. 12. 1965
 ˙AAS 58 (1966), 1025–1120
  dt. Übers:, besorgt im Auftrag der dt. Bischöfe, in Lexikon für Theologie
  und Kirche, Erg.-Bd. III., S. 241–592; auch Rahner-Vorgrimler (Verlag
  Herder); andere Übers. in „Vatikanum II." (Verlag Fromm, Osnabrück)

Paul VI., Ansprache bei der 75-Jahr-Feier von „Rerum novarum" 22. 5. 1966
  AAS 58 (1966), 492–496
  dt. Übers. nach KNA (geringfügig überarbeitet)

„Populorum progressio"; 26. 3. 1967   AAS 59 (1967), 257–299
  dt. Übers., besorgt im Auftrag der dt. Bischöfe in „Nachkonziliare Dokumentation", Paulinus-Verlag Trier, Bd. 4

Paul VI., Ansprache an die IAO 10. 6. 1969   AAS 61 (1969), 491–502
  dt. Übers. nach dem in Genf an die Journalisten verteilten Text im
  Johannesverlag Leutesdorf; auch Privatdruck des DGB; Ziff. 16, 20 und 21
  hier in *eigener* Übersetzung

„Octogesima adveniens", 14. 5. 1971   AAS 63 (1971), 401–441
  dt. Übers., besorgt im Auftrag der dt. Bischöfe in „Nachkonziliare
  Dokumentation", Paulinus-Verlag Trier, Bd. 35

De justitia in mundo; Dokument der römischen Bischofssynode 1971
  AAS 63 (1971), 923–942
  dt. Übers. Paulinus-Verlag Trier, jedoch außerhalb der Reihe „Nachkonziliare Dokumente"; hier *eigene* Übersetzung

Evangelii nuntiandi, 8. 12. 1975   AAS 68 (1976), 5 ff.
  dt. Übersetzung, besorgt im Auftrag der dt. Bischöfe in „Nachkonziliare
  Dokumentation" Paulinus Verlag Trier, Band 57

Kommunismusdekret des Hl. Offiziums, 30. 6. / 1. 7. 1949   AAS 41 (1949), 1;
  hier *eigene* Übersetzung

ASS = Acta Sanctae Sedis war ursprünglich eine private, zuletzt offiziöse
        Zeitschrift, die ausschließlich Verlautbarungen des Hl. Stuhles ver-
        öffentlichte; erschien bis 1908

AAS = Acta Apostolicae Sedis ist das seit 1909 erscheinende Amtsblatt des
        Hl. Stuhles·

Die Übersetzungen der Ansprache Pius' XII., vom 11. 3. 1945 an die ACLI
        (Original italienisch) und seines Schreibens an Kardinal Faulhaber
        vom 1. 11. 1945 (Original lateinisch) sind mit freundlicher Genehmi-
        gung des Verlags entnommen aus Utz-Groner, „Die soziale Summe
        Pius' XII.", Paulus-Verlag Freiburg (Schweiz).

Namensverzeichnis

Stichwortverzeichnis